Dolcetto d'Acqui, Dolcetto d'Alba, Dolcetto di Diano d'Alba, Lessona, Bramaterra, Boca, Sizzano, Fara, Carema, Erbaluce di Cheri, Freisa d'Asti, Bubino di Cantavenna, Gabbiano, Makvasia di Castelnuovo Don Bosco, Malvasia di Casorzo d'Asti, Dolcetto delle Langhe Monregalesi, Dolcetto di Dogliani, Roero Nebbiolo, Roero Arneis, Dolcetto d'Asti, Ruche di Castagnole Monferrato, Colli Tortonesi, Loazzolo, Colline Novaresi, Monferrato, Piemonte, Langhe, Folcetto di Ovada, Cinque Terre, Rossese di Dolceacqua, Dolceacqua, Riviera Ligure di Ponente, Colli di Luni, Franciacorta, Terre di Franciacorta, Alto Adige, Trentino, Sorni, Colli Conegliano, Pivae, Lison, Pramaggiore, Bagnoli di Sopra, Prosecco di Conegliano Valdobbiadene, Collio Goriziano, Collio, Colli Orientali del Friuli, Friuli Aquileia, Colli Parma, Bianco di Scandiano, Montuni del Reno

自由行

乐游全球……11

意大利

所有的城镇均以其极富魅力的个性和氛围抓住游客们的心，令人流连忘返。

实业之日本社海外版编辑部◎编著
张潇　赵季玉◎译
颜悦◎审订

北京·旅游教育出版社

自由行
乐游全球……11

意大利 Italy

目录 CONTENTS

可剪切便携版

剪切方便、范围超大的城市地图

罗马（正面）

佛罗伦萨／威尼斯（反面）

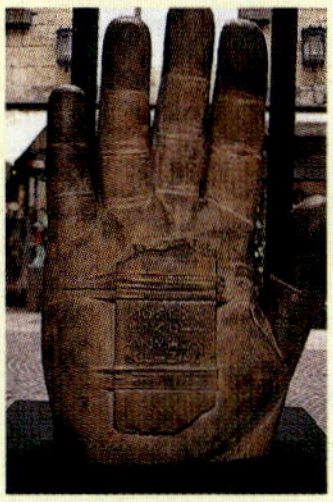

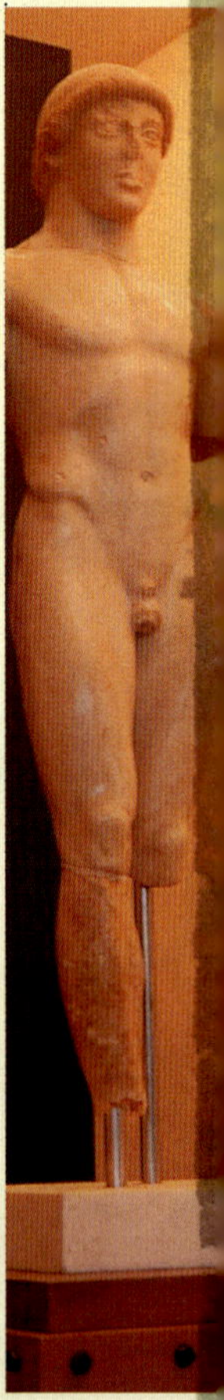

真情提示

本书使用方法

●货币符号

€代表欧元，1欧元约兑换8元多人民币（2013年10月）

●地图标记

- H…酒店
- R…餐厅
- S…购物中心
- ☕…咖啡厅
- N…娱乐场所
- 〒…邮局
- B…公交车
- P…停车点
- ♀…公交车站
- 文…学校
- ✈…机场
- ✚…医院
- ⛪…教堂
- ℹ…旅游咨询处
- ☒…警亭
- ▲…山峰
- ……地下隧道
- ——地铁

●此颜色的建筑表示酒店
●此颜色的建筑表示购物中心
●此颜色的建筑表示观光景点或者地标性建筑

卷首剪切地图的使用方法

地图正面为红色，边框用红色标注（如罗马）
地图反面为蓝色，边框用蓝色标注（如威尼斯）

地图上对一些观光景点和购物商店的具体位置进行了标注。见如下说明。

●**剪切地图 -15、p.66-F**
↑表示此景点或商店在正面地图的 15 区域内标注了位置。此外，在内文第 66 页的地图 F 区也有标注。

●**剪切地图 -30、p.146-F**
↑表示此景点或商店在反面地图的 30 区域内标注了位置。此外，在内文第 146 页的地图 F 区也有标注。

€：一般指单样点拼盘、主菜、餐后甜点（不包括饮料）的价位标准
☎：表示需要预约电话，只有认可预约方可进入
👔：表示对着装有要求。男士一般要求西装，女士要求晚礼服
★本书中景点门票以及餐厅、酒店等费用数据后的“~”，表示“……起”，如“€30~”表示“30欧元起”
★内文中相关符号的说明如下：

交…交通	✉…地址	开…营业时间	€…费用	休…休息时间
☎…电话	FAX…传真	HP…网址	邮…电子邮箱	室…客房

★鉴于本书中提供的相关费用、营业时间、休息时间、电话号码、交通工具运行时刻表等信息资料，时有变动，建议使用本书的读者，行前不妨再次加以确认

意大利各个大区和大区首府
瑞士
SWITZERLAND
列支敦士登
LIECHTENSTEIN
奥地利
AUSTRIA
斯洛文尼亚
SLOVENIA
克罗地亚
CROATIA
波斯尼亚·黑塞哥维那
BOSNIA · HERZEGOVINA
摩纳哥
MONACO
法国
FRANCE
意大利
ITALIA
P.290 湖区
P.243 威尼斯周边
P.177 佛罗伦萨周边
P.289 米兰周边
P.117 罗马周边
科摩湖 p.290
贝加莫 p.294
米兰 p.255
都灵 p.316
热那亚 p.306
帕尔马 p.206
维罗纳 p.250
威尼斯 p.215
帕多瓦 p.244
博洛尼亚 p.196
拉文纳 p.192
圣马力诺共和国 p.203
卢卡 p.189
比萨 p.187
佛罗伦萨 p.137
锡耶纳 p.181
佩鲁贾 p.130
阿西西 p.134
科尔蒂纳丹佩佐 p.18
马焦雷湖 p.292
加尔达湖 p.301
加尔达 p.302
维琴察 p.247
费拉拉 p.212
摩德纳 p.209
克雷莫纳 p.299
曼图亚 p.303
一帕维亚 p.296
五渔村 p.313
圣玛格丽塔－利古雷 p.312
p.310 波托菲诺
圣雷莫 p.315
普拉托 p.179
乌尔比诺 p.200
菲耶索莱 p.178
古比奥 p.136
p.185 圣吉米尼亚诺
奥维多 p.127
斯波莱托 p.136
维泰博 p.124
的里雅斯特 p.253
奥斯塔 p.19
利古里亚海
Mare Ligure
阿德里亚海
Mare Adriatico
Golfo di Venezia
瑞士
列支敦士登
奥地利
匈牙利
斯洛文尼亚
克罗地亚
波斯尼亚·黑塞哥维那
法国
特伦蒂诺－上阿迪杰
弗留利－威尼斯－朱利亚
瓦莱·达奥斯塔
伦巴第大区
皮埃蒙特
艾米利亚－罗马涅大区
利古里亚
托斯卡纳
翁布里亚
马尔凯
拉齐奥
阿布鲁佐
莫利塞
坎帕尼亚
普利亚大区
巴斯利卡塔
卡拉布里亚
撒丁岛
西西里岛
圣马力诺
利古里亚海
阿德里亚海
第勒尼安海
地中海
爱奥尼亚海

意大利
0 50km
罗马 p.53
Roma
p.1?8 欧斯堤亚·安提卡
Ostia Antica
p.122 罗马城堡
Castelli Romani
Latina
弗洛西诺内
Frosinone
Terracina
Cassino
Campobasso
Matese
Appennino
福贾
Foggia
Manfredonia
Barletta
Trani
Bisceglie
Andria
Molfetta
巴里 p.351
Bari
佩特雷（希腊）方向 →
科孚岛、佩特雷方向
Monopoli
p.352 阿尔贝罗贝洛
Alberobello
Altamura
Martina
马泰拉 p.354
Matera
塔兰托
Taranto
布林迪西
Brindisi
莱切
Lecce
Gallipoli
C.S.Maria di Leuca
塔兰托海湾
Golfo di Taranto
卡塞塔
Caserta
Benevento
那不勒斯 p.319
Napoli
维苏威火山
Vesuvio
庞贝 p.334
Pompei
G.di Gaeta
Isole Ponziane
p.341 伊斯基亚岛
I.d'Ischia
那不勒斯海湾
G.di Napoli
Salerno
波坦察
Potenza
P.333 那不勒斯周边
卡普里岛 p.338
I.di Capri
阿玛尔菲 p.346
Amalfi
帕埃斯图姆
Paestum
p.337 索伦托
Sorrento
波西塔诺 p.343
Positano
Lagonegro
M.del Papa
G.di Policastro
M.Pollino
Castrovillari
Montea
Rossano
Pta.Alice
Paola
Botte Donato
柯森扎
Cosenza
Crotone
卡坦扎罗
Catanzaro
C.Rizzuto
Golfo di S.Eufemia
Golfo di Squillace
Vibo Valentia
M.Pecoraro
G.di Gioia
Palmi
V.San Giovanni
雷焦·迪·拉卡布里亚
Reggio di Calabria
C.Spartivento
爱奥尼亚海
Mare Ionio
第勒尼安海
Mare Tirreno
H
I
L
G
J
K
翡翠海岸
Costa Smeralda
阿兰齐湾
Golfo Aranci
奥尔比亚
Olbia
Porto Cervo
Tempio
Porto Torres
I.Asinara
Golfo dell'Asinara
Bocche di Bonifacio
萨萨里
Sassari
p.350 阿尔盖罗
Alghero
Macomer
努奥罗
Nuoro
多尔加利
Dorgali
撒丁岛 p.349
Sardegna
Bruncu Spina
奥利斯塔诺
Oristano
阿尔巴塔克斯
Arbatax
努拉格·苏·努拉吉
Nuraghe Su Nuraxi
巴鲁米尼
Barumini
伊格莱西亚斯
Iglesias
卡利亚里 p.349
Cagliari
G.di Cagliari
I.di S.Pietro
Calasetta
I.di S.Antioco
C.Spartivento
P.349 撒丁岛
地中海
Mare Mediterraneo
P.357 西西里岛
I.di Ustica
斯特伦博利岛
I.Stromboli
I.Salina
I.Panarea
I.Alicudi
利帕里诸岛
I.Lipari
I.Vulcano
p.364 蒙雷阿莱
Monreale
p.365 塞杰斯塔
Segesta
巴勒莫 p.360
Palermo
C.San Vito
特拉帕尼
Trapani
I.Marettimo
I.Favignana
马尔萨拉
Marsala
Mazara
Alcamo
Rca Busambra
Le Madonie
Castelvetrano
Sciacca
M.Cammarata
墨西拿
Messina
Stretto di Messina
陶尔米纳 p.366
Taormina
埃特纳火山
M.Etona
Adrano
卡塔尼亚 p.371
Catania
卡塔尼塞塔
Caltanissetta
Caltagirone
阿格里琴托 p.368
Agrigento
西西里岛 p.355
Sicilia
潘塔利卡码头古坟
锡拉库萨 p.373
Siracusa
拉古萨
Ragusa
C.Passero
西西里岛海峡
Canale di Sicilia
I.di Pantelleria
C.Bon
G.de Tunis
Bizerte
突尼斯
Tunis
突尼斯
TUNISIA
阿尔及利亚
ALGERIA
Annaba
Jendouba

各站换乘所需时间

下面A~F车站之间换乘都是以30分钟为单位计算的

※粗线部分中带颜色的（绿色、粉色）换乘时间不计算在内

意大利铁路即使是在同一区间内，火车不同运行时间也各异，因此这里采用平均值，最终得出的也是大概数值。还有一点需要提醒，意大利的火车会经常晚点。

往返主要城市间所需的最短时间

（地图中的 ▬ 路线）

红色数字……乘AV（阿尔塔维罗赤塔：超快速）所需时间，乘 ES（欧洲之星：超快）所需时间

黑色数字……乘EC（欧洲城际）、IC（意大利城际）等特快和快车所需时间

以下标注的是所需的最短时间。（ ）表示的是换乘车站

	那不勒斯	罗马	佛罗伦萨	博洛尼亚	威尼斯	热那亚	米兰	都灵
巴里	9:36	7:20	9:16（米兰）	8:08（博洛尼亚）	5:45	6:04（罗马）	3:59	3:59（卡塞塔）
那不勒斯	6:15（罗马）	4:55	7:18	5:18	3:47	3:00	1:10	
罗马	4:23	3:30	3:59	3:48	2:22	1:35		
佛罗伦萨	2:52	1:45	2:59（比萨）	2:03	0:37			
博洛尼亚	2:12	1:05	3:02	1:30				
威尼斯	4:35（米兰）	2:23	4:22（米兰）					
热那亚	1:43	1:32						
米兰	0:55							

欧洲之星新型AV（阿尔塔维罗赤塔）相当于中国的高铁。乘坐欧洲之星从米兰到博洛尼亚需要1小时5分钟，从罗马到米兰需要3小时30分钟至4小时。

意大利主要铁道路线图

意大利

旅行基本信息

意大利国旗

意大利国徽

意大利国旗是绿、白、红竖纹旗，又称为“三色旗”，起源于法国的国旗，是意大利实现国家统一的标志。其中，绿色表示亚平宁半岛上美丽的国土，白色代表阿尔卑斯山的皑皑白雪，红色是纪念人们的爱国热血，也昭示着自由、平等和博爱之意。

意大利各个大区和大区首府

意大利基本信息

国名●意大利共和国
首都●罗马
面积●301 338平方公里
人口●60 929 883（2012）
通用语言●意大利语（北部人们也使用德语和法语。由于复杂的历史和文化的关系，方言也是千差万别）
民族●多民族混合
宗教●97%的国民信仰基督教（天主教）。其他还有信仰耶稣教、伊斯兰教和犹太教的。
时差●和中国时差是7个小时（夏季时实际上是6个小时）
政体●共和制
总理●恩里科·莱塔
主要产业●机械、钢铁、汽车、纺织
通币●欧元
电话国家代码●39

关于意大利的其他小知识

●16岁以上可以饮酒。中国规定20岁以上才可以饮酒，之所以有这么大的不同是不是因为意大利是一个产酒大国呢？另外，提到意大利料理的话，一般人都会想到意大利料理要用到西红柿，但意大利西红柿的消耗量却不多，在世界上仅排第10位。

意大利印象

发源于意大利的文化、艺术活动和饮食文化有哪些？

有15—16世纪时兴起的以佛罗伦萨为中心的文艺复兴运动；与“快餐食品”的概念相对抗兴起的“慢餐”运动；用新鲜的水果和牛奶等为原料的冰激凌——吉拉多(gelato)；在世界上的咖啡馆中都享有盛名的咖啡——拿铁咖啡（caffe latte）等。

世界级意大利歌唱家、指挥家及其出生地

已故的卢恰诺·帕瓦罗蒂，是男高音歌唱家之一，出生于意大利北部的摩德纳省；2005年之前一直担任米兰斯卡拉大剧院艺术指挥的指挥家——里卡多·穆蒂，出生于那不勒斯省；当今在世界上都很有名的男中音歌唱家——皮埃洛·卡普契利，出生于意大利中部的比萨省。

意大利产品和生产商

意大利菲亚特汽车公司(轿车部门主要有菲亚特、法拉利、阿尔法·罗密欧和兰旗亚公司)的轿车、德龙电器公司的家电产品、奥仕达电器集团的电器产品等都是名牌产品。还有，意大利的名牌服装品牌有：宝缇嘉、古奇、宝嘉丽、普拉达、乔治·阿玛尼、加尼·范思哲、奇安弗兰科·费雷、菲拉格慕、芬迪等。

与中国相比

各个城市开始正式降价销售的日期不一样

意大利各个区都有自己独自的正式降价销售日期。比如在一次冬季的销售中，那不勒斯最早从1月2日就开始了，佛罗伦萨是7日开始，最晚的是罗马从1月14日开始。夏季销售时，米兰和罗马是从7月4日开始，而佛罗伦萨却是7日才开始。

二层是一层？

意大利的建筑物的一层用T(piano terrea，地下层)来表示。中国的2层是意大利的一层（primo piano），3层是意大利的2层（secondo piano）。在乘电梯等的时候，往往会出于惯性，像在中国那样按下电梯按钮，所以一定要注意，不要弄错了。

货币

货币单位　欧元€（用意大利语表示是：euro）

辅助货币单位　₵（欧分，1€=100₵）

◆欧元与人民币的兑换比率　　（截止到2013年2月）

1	8.4元
10	84元
100	840元

小费

付小费是西方人的一种习惯。一般，在大的餐厅吃正餐时，小费里不含服务费的话，付5%的小费；包含服务费的话给每个服务人员1欧元左右的小费，放在桌子上就可以。在快餐厅或者咖啡馆里的话，是不需要付小费的。给出租车司机的小费，付车费的5%左右就可以了。在剧院的话，衣帽寄存处的人给0.5欧元，领座的人给1欧元左右。在宾馆里，分别给服务员领班、前台、客房领班1欧元左右的小费就可以了（这些小费的支付标准仅供参考）。

意大利物价标准

商品名称	价格（欧元）	备注说明
矿泉水、果汁500ml	1	这是在一般小店购买的价格。如果在宾馆的迷你吧消费的话，大概要贵3～4倍
啤酒330~350ml	2	
意式浓缩咖啡（咖啡馆）	3~	在酒吧买的话会便宜一些
午饭	15~	比中国贵
晚饭（中级饭店）	30~	菜非常的便宜，但是红酒相当贵
晚饭（高级饭店）	50~	
地铁、公交车	1	如果是多人乘坐的话，最好是买1日票
出租车（起步价）	2.8～3.3	如果是在罗马市中心活动的话，在15欧元以内
观光胜地、美术馆的入场费	2~10	如果有其他支出的话，可能花费会非常大
往中国打电话（公共电话）	3~5	如果是从宾馆打车的话，宾馆会加收服务费

意大利宾馆

宾馆等级	★★★★★	★★★★	★★★	★★	★
单人间基本费用	250~	140~	115~	70~	50~
双人间基本费用	300~	180~	155~	100~	80~
说明	感觉非常气派，服务很周到。地处街道中心或者高级观光胜地，地理位置非常优越，方便观光和进行商务活动	类似于中国的城市宾馆。现代化的设施非常完备，服务非常好	相当于中国的商务酒店。这些宾馆当中有的宾馆的各个项目，并不亚于四星级酒店		有的宾馆厕所的淋浴是公用的。类似于中国的家庭旅馆，比如早餐的时间是固定的等。

星星的数量代表酒店的级别。星星越多酒店的级别越高。一星级的宾馆被称为“pensione, locanda”。

纸币

5欧元

10欧元

20欧元

50欧元

100欧元

200欧元

500欧元

各个国家的纸币的设计都是一样的。正面图案是门或者窗户，反面图案是桥。纸币的编号总共11位，从最开始的字母上便能知道是哪个国家的纸币。意大利的纸币最开始的字母是“S”。

硬币

1欧元

2欧元

10欧分

2欧分

5欧分

1欧分

20欧分

50欧分

各个国家的硬币的正面的设计都是一样的，背面是各个国家自己独创的设计。意大利的硬币设计是：波提切利的《维纳斯的诞生》和罗马斗兽场等，上面都是一些美术作品或者是观光景点。

节日

1月1日●元旦(Capodanno)
1月6日●主显节/纪念耶稣显灵的节日(Epifania)
4月8日●2012年的复活节(Pasqua)
(春分后过完第一个满月后的星期天)
4月9日●复活节翌日星期一(Lunedi di pasqua)
4月25日●意大利解放纪念日(Anniversario della Liberazione d'Italia)
5月1日●“五一”劳动节(Festa del Lavoro)
6月2日●共和国纪念日(Fondazione della Repubblica)
8月15日●圣母升天日(Assunzione)
11月1日●万圣节(Ognissanti)
12月8日●圣母无原罪节(Immacolata Concezione)
12月25日●圣诞节(Natale)
12月26日●圣斯特凡诺节(Santo Stefano Martire)

复活节的日期是有变化的，一定要注意每年时间都不一样。

意大利的计量单位

和中国一样采用的基本单位是：米。市场上经常看到的etto标志代表的是100克。

从中国到意大利航程

目前，中国国际航空公司已开通由北京、上海直飞罗马以及上海直飞米兰的航线，到达机场分别为罗马的达·芬奇国际机场和米兰的马尔奔萨国际机场。航程所需时间11个小时左右。除了直飞航线外，还可以选择德国汉莎航空、英国航空、法国航空公司等开设的中转航线，再抵达意大利，所需时间基本在14个小时左右。

插座 & 插头

右边是插座，左边是插头。

气候

意大利气候温暖，四季分明，春秋两季雨水多，早晚温差大，中部以北的地方冬季非常寒冷。夏季阳光照射强烈，气候干燥，南意大利气温相当高，要注意防晒、补水。

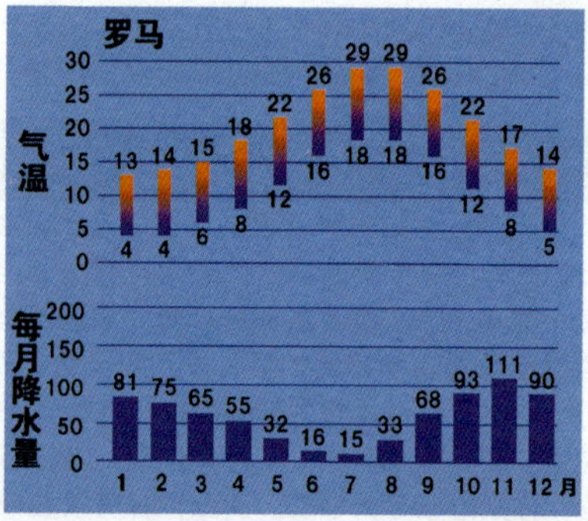

工作时间

■银行	8:20~12:20 (有些分行下午1点左右才开始营业)
■办公	9:00~13:00、14:00~18:00
■普通商店	9:00~13:00、15:00~18:30
■超市	9:00~20:00
■美术馆	9:30~13:00、15:00~18:30 (有很多美术馆只在上午开馆)
■饭店	12:00~14:30、19:00~24:00

电压与插头

意大利的电压是220V，和国内一样。不过，插头的形状可能会和国内的不一样（参考左下角照片），所以不要忘记带适配器。

饮用水

自来水都是石灰质的硬水，来源于阿尔卑斯山脉。从卫生的角度讲的话，并不是说不能够饮用，但是最好还是喝矿泉水。罗马的自来水质量非常好，所以可以放心饮用。体质不适应硬水的人（肚子发胀等情况），一定要注意喝矿泉水等软水进行饮水补给。硬水还伤头发，所以去意大利旅行时一定要带保湿性的洗发水或者护发素等。另外，如果是手洗内衣的话，推荐不要带肥皂，要带中性洗衣剂，因为中性洗衣剂即使是用硬水洗衣服，它的洗衣能力依然还是很好。

打电话

●从意大利往中国打电话

拨打北京的电话号码010-1234-5678时（直接拨通电话的方式）

- 00 国际电话的识别码
- ▼
- 86 中国国家冠码
- ▼
- 10 北京区号（去掉0）
- ▼
- 1234
- ▼
- 5678 对方电话号码

●从中国往意大利打电话

拨打罗马的电话号码06-12345678时（直拨电话）

- ▼
- 00 国际代码
- ▼
- 39 意大利国家代码
- ▼
- 06 罗马区号（去掉0）
- ▼
- 12345678 对方电话号码

手机与电脑

如果是跟团旅游的话，还是带手机方便。要带在意大利能用的手机或者是到意大利后租借当地的手机。网吧多在主要城市的观光游客较多的地方（参考p.411“上网”），但是能够使用汉语的网吧还很少。上网前向管理人员确认好到底能不能用汉语。要是发送邮件的话，要问好网址。

关于吸烟

意大利有禁烟法，禁止在饭店、酒吧、美术馆、博物馆和火车车厢等公共场合吸烟。有“VIETATO FUMARE”（禁止吸烟）标志或者是有禁烟标志的地方不能吸烟，一定不要违反了规则。违法了的话，会被处以27.20~275欧元的罚款。另外，如果周围还有孩子或者妇女在旁边的话，罚款会加倍。

◆尺寸对比表 中国・意大利

■女性

	中国	意大利
衣服	7	38
	9	40
	11	42
	13	44
	15	46
	17	48
鞋子	22	34
	22.5	35
	23	36
	23.5	37
	24	38
	24.5	39

■男性

	中国	意大利
衣服	S	44
	M	48
	L	52
	LL	56
鞋子	25	40
	25.5	41
	26	42
	26.5	43
	27	44
	27.5	45

时差

中国时间和意大利时间相差

- 6小时（夏时制）

- 7小时（标准）

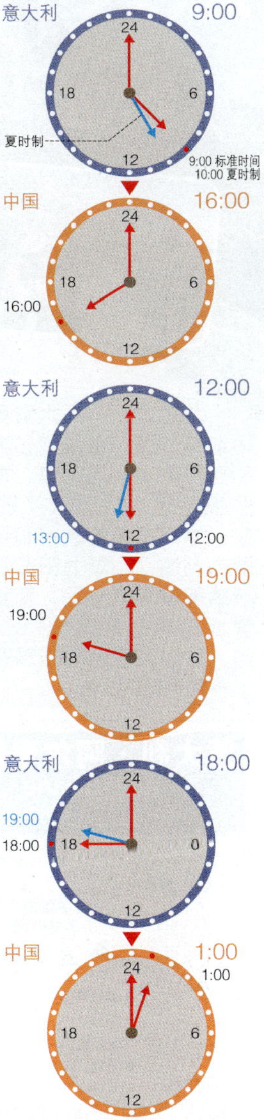

夏时制 Summer Time

每年3月的最后一个星期天到10月的最后一个星期天属于夏季时间段。中国与意大利的时差会缩短一个小时（具体开始的日期和结束的日期会有差别，注意不要弄错了）。

让人流连忘返的自然美景

意大利·阿尔卑斯山

北意大利山岳大致可分为两个地带，即：东部的多洛米蒂山和西部的奥斯塔周边。东部有很多被指定为世界遗产的自然美景，冰河创造的峡谷和奇岩、美丽的湖泊、山麓上田园牧歌式的城镇都是魅力十足。西部有阿尔卑斯山脉的最高峰——勃朗峰等，可以欣赏到与法国和瑞士截然不同的风景。

多洛米蒂山 (Dolomiti)

多洛米蒂山是阿尔卑斯山东部靠近奥地利边境的一座丛山。主峰有托法那山（3244米）、克里斯塔洛山（3221米）、苏拉比斯山（3205米）等。

塞拉（Sella）群山

位于多洛米蒂山中西部3000米以上的丛山。围绕着山边的是非常有名的长达23公里的滑雪场地。山周边有很多徒步旅行路线。

奥斯塔

奥斯塔西临法国、北接瑞士，是阿尔卑斯山脉和峡谷共同创造的壮丽的山岳都市，成为去勃朗峰和亚平宁山脉等的窗口。经由都灵或者米兰可以到达奥斯塔。

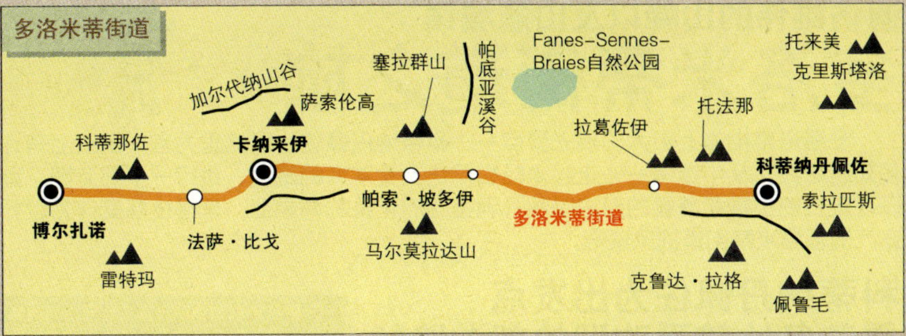

●拉葛佐伊观景台

从科尔蒂纳郊外的法塔莱高山口，沿着坡路向上爬5分钟左右就是海拔高达2803米的拉葛佐伊观景台。从宽阔的观景台上可以看到托法那、提贝特（3220米）等多洛米蒂山东部有名的山峰。

科蒂纳丹佩佐

从威尼斯可以到达多洛米蒂山通道——科蒂纳丹佩佐。它位于呈警钟形状的山谷里，周围被托法那、克里斯塔洛等多洛米蒂山有名的山峰所包围。城镇人口大约有6570人，夏季时有很多游客来远足，冬季时有很多游客来滑雪，热闹非凡（参考p.18）。

多洛米蒂街道

多洛米蒂街道是连接博尔扎诺自治省和科蒂纳丹佩佐之间的街道，长达109公里，是由奥地利皇帝——弗朗茨·约瑟夫于1895—1909年建成的。最高的地方是帕索·坡多伊，海拔2239米。连接博尔扎诺自治省和科尔蒂纳之间的科尔蒂纳特快巴士，每天都有一班，从博尔扎诺发车的时间是16点，从科尔蒂纳发车的时间是19:15。

http://www.dolomiti.org/

马尔莫拉达山

是多洛米蒂山的最高峰，海拔3342米。北面稍斜一点的地方是被雪和冰覆盖的冰川，可以乘坐从菲德拉（federa）湖出发的缆车登上马尔莫拉达山山顶。从卡纳泽伊出发，乘坐往马尔格佩拉方向的巴士到这里的话，大约需要20分钟。

意大利·阿尔卑斯与世界遗产

多洛米蒂山于2009年成为世界遗产，位于阿尔卑斯山脉东侧。最高峰是马尔莫拉达山（3342米），加上其他的超过3 000米的山峰总共有18座之多。荒山景象以及漫山遍野的山花、冷杉和糖杉还有赤松等针叶树木丛生的森林等，形成了其自己独特的景观。

遍访雄伟的山峰以及山麓城镇

多洛米蒂街道之旅

多洛米蒂街道上最大的观光景点——科蒂纳丹佩佐，以这里为首，街道上有许多郊游路线。从中选择一些走起来轻松愉快、受欢迎的路线，进行一下郊游吧。徜徉在雄伟的山峰和美丽的湖泊以及开满美丽的花朵的高原上，来慢慢感受作为世界遗产的多洛米蒂街道的风景吧。

以科蒂纳丹佩佐为出发点 看看三条比较受欢迎的郊游路线

米歇利纳湖泊倒映出苏拉比斯山峰的影子。乘坐地方公共汽车就可以到达这里

路线1 绕三山峰一周

●所需时间大约4小时30分钟　●一周大约10公里

环绕三山峰（Tre Cime di Lavaredo，意大利语译为“三座山峰”，海拔2999米）一周、时间可达4.5个小时的旅游线路，在多洛米蒂山的徒步之旅中这个线路非常受欢迎，因为它的动植物的多样性以及富于变化的景色非常美丽。巴士从多洛米蒂的汽车总站（海拔2 298米）出来后，经过美丽的米歇利纳湖，到达奥龙佐小屋附近的停车场。从这里开始环绕三座山峰的徒步之旅。途中的小湖畔中的水都是翡翠色的，湖面非常平静。好像要将山峰劈开似的米歇利纳山非常险峻，看后令人心惊胆战。对于初次徒步旅行的人来说还算是比较好走的路线了，看到从大地上突起的三山峰的景色以及克里斯塔洛等3000多米的山峰上的美丽景色，会让人感到非常满足。可以自己一个人坐巴士去观光，但是巴士的班车很少。好好查看一下从那里回来的巴士时刻，制订一个时间充裕的旅行计划。

◀从洛卡泰利小屋（2405米）露台上看到的三山峰风景（图上）。到洛卡泰利小屋去的道路（图下）

◀夏季还残留着雪的登山索道终点。有两条登山索道可以使用

▼从观景台眺望悬崖对面的米歇利纳湖清澈的湖面

路线2 克里斯塔洛观景台周边

●往返大约需要2小时

坐从科尔蒂纳发车的巴士，在里约杰罗下车。从这里出发，到达 Son Forca（2218 米）之后，再换乘两班长平底船索道到达克里斯塔洛山顶附近的 Forcella Staunies 鞍部（2930 米）。长平底船的终点处是克里斯塔洛小屋（2948 米），在这里休息。从观景台这里可以看到克里斯塔洛近在眼前，看到这些让人充满喜悦。

◀明亮的、开放性的吉奥山顶。正面的山是吉 gusera峰（2 595米）

◀▼山上长着高山火绒草和高山花蕊（左上）等高山植物

路线3 吉奥山顶～克洛达·达·拉戈周游

●大约需要4个小时

从吉奥山顶出发（2236 米）。穿过有放牧的牛和马吃草的草原，登上该路线上最高处高达 2360 米的 Forcella Giau 之后，从克洛达·达·拉戈南路慢慢地下来到达东麓，最终到达的是克洛达·达·拉戈小屋。可以看到多洛米蒂山上出名的马尔莫拉达山和克里斯塔洛、塞拉群山，看到这些山脉心情会变得很舒畅。最好是乘坐事先就已经租借到的轿车从小屋返回到科尔蒂纳去。因为从科尔蒂纳到这里没有公共交通工具，所以要到这里来的话，要不选择旅行团的车，要不自己租车去。

▶前往 Forcella Giau 的道路。寂静的山路上回荡着澄澈的响声

多洛米蒂山的形成过程

远古时代的多洛米蒂曾经是海底。18世纪的法国地质学家多洛米厄认为多洛米蒂群山上的岩石是包含碳酸钙和镁元素的岩石，发表文章认为，冰河时期，热带的珊瑚礁和海底的岩石被侵蚀，由于地壳变动，原来的海底上升为海拔高达3000米的山峰。现在也还能从附近的岩石那里看到海生物化石。

◀从克洛达·达·拉戈东麓北上，向菲德拉湖出发

造访“多洛米蒂的黄金盆地”
科尔蒂纳丹佩佐

MAP p.6-B

科尔蒂纳丹佩佐是到多洛米蒂去的据点。许许多多的山峰非常美丽，因此这里被称为“多洛米蒂的黄金盆地”。科尔蒂纳城镇上有许多精致的商店和住宿设施等，从威尼斯到这里的交通也非常方便。

科尔蒂纳的观光景点

圣菲利波与圣贾科莫大教堂
Basilica dei Santi Filippo e Giacomo Apostolic

在科尔蒂纳城镇上的任何地方都可以看到的教堂。两个钟楼(1851—1858年)并立在一起，高达65.80米，是用可以在意大利采集到的白色的白云石岩石建造而成的。

■✉Piazza Roma

民俗博物馆
Museo Ethnografico

再现佩佐峡谷里传统的农村生活的博物馆，这里展示有木质工艺品、铁质工艺品和民族服装等。在同一个建筑物内还有古生物学博物馆和剧场以及音乐厅等。

■✉Via Marangoni,1
■☎0436-2206

科尔蒂纳的乡土料理

这里的名吃有受到威尼托地区影响的粗玉米豆粉（照片上）和蒂罗尔风格的意式面疙瘩（里面放了菠菜的面疙瘩）以及乡土料理云吞（里面放有红色的蔓菁的馄饨）（照片下）等。

由旅游咨询处主办的当地的跟团旅游

位于市内中心部的旅游咨询处，在夏天的时候(有一部分是在9月）举行徒步旅行、在农家吃饭、栽植山上的药用植物/参观收获等跟团旅游活动。6月14日到7月31日和9月这两段时间内，18点—19点（除了周六、周末/9月的时候是在星期一、星期三和星期五），会有会说英语的人员出面商谈相关事宜。

到科尔蒂纳丹佩佐去的交通方式

从威尼斯·梅斯特(Mestre)车站旁边的汽车总站乘ATVO公司的巴士去的话，大约需要3小时10分钟。费用大约是12.50欧元。在汽车总站窗口或者是从乘务员那里买票。

专业导览
多洛米蒂徒步旅行

加入徒步旅行或者是滑雪等的专业旅游公司的话，即使是自己不是很擅长的地方，也可以非常轻松地完成。

逛多洛米蒂街道的计划示例

科尔蒂纳&贝塔之旅

到有名的山峰——马尔莫拉达峰以及蒂贝塔山科尔蒂纳去旅行10天

第一天 从中国出发→晚上到达威尼斯
住在威尼斯

威尼斯是到多洛米蒂街道上的旅游城市——科尔蒂纳去的窗口，到达这里后在这里住一夜，第二天早上再到科尔蒂纳去。

One Point

第二天～第四天 全天在科尔蒂纳逗留
在科尔蒂纳周边徒步旅行

结合自己旅游的目的及难易度选择合适的徒步郊游路线。

One Point

第五天 早上从科尔蒂纳出发，晚上到达科瓦拉
住在帕索·坡多伊

帕索·坡多伊山顶是科尔蒂纳街道上的最高点，这里在多洛米蒂街道上也是一道非常明媚的观光景点。

One Point

第六天 早上从帕索·坡多伊出发，进行徒步旅行，住在阿尔盖罗

在这里可以观赏到由奇岩构成的群山以及环抱冰河的高峰、美丽的湖泊景观等。

One Point

第七天～第八天 全天在阿尔盖罗逗留
住在阿尔盖罗

阿尔盖罗位于有名的山峰蒂贝塔山麓，面朝湖面，是一个非常安静的城镇。搭乘登山索道可以到达海拔高达1 922米的观景台上去。

One Point

第九天～第十天 早上从阿尔盖罗出发，到威尼斯去
早上从威尼斯出发回中国

●咨询地址：
Fellow-travel 阿尔卑斯网站
http://www.fellow-travel.co/

走进意大利最小的大区

瓦莱·达奥斯塔之行

瓦莱·达奥斯塔从古代起就是通往瑞士、法国的交通要道，也是意大利最小的区。从大区首府奥斯塔出发乘坐索道缆车大约17分钟就能到达皮拉观景台。从观景台这里可以看到勃朗峰、马特宏峰和罗莎峰的山顶。

奥斯塔 Aosta

MAP p.6-A

夏天到这里旅游的话可以参加徒步旅行和骑自行车旅行；冬天的话，可以参加滑雪运动，是一个山岳城市。第一代罗马教皇非常重视这里的战略地位，因为它直通欧洲中心地带，在这里建设了主城门、圆形剧场和地下通道等。过去它曾被称为“阿尔卑斯罗马”，从现存的100多个塔和城堡上也可以想象出它过去的辉煌状态。

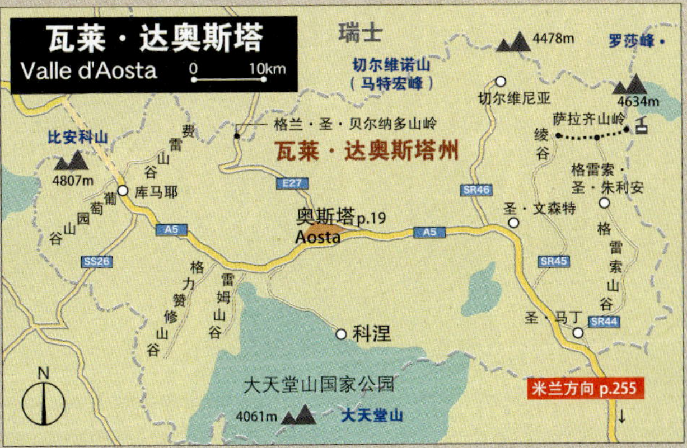

瓦莱·达奥斯塔地区主要的山脉

①勃朗峰

从意大利看到的勃朗峰的样子和在瑞士看到的勃朗峰的样子完全不一样，在意大利看到的勃朗峰感觉它非常荒凉。山麓地带的库马耶是瓦莱达·奥斯塔州历史最悠久的滑雪旅游胜地。

②马特宏峰

从山麓城镇——切尔维尼亚出发，途中乘坐索道缆车，到达位于瑞士境内的罗莎高原观景台（3 480米），在这里就可以看到风光秀丽的山岳了。

③玫瑰峰

位于瑞士境内海拔4 000米以上的群山的总称，其中最高峰是高达4 634米的杜福尔峰。在山麓的城镇和农村里还存留着浓厚的日耳曼民族文化。

④大天堂山

大天堂山（4 061米）是阿尔卑斯系列的山脉中唯一一个全部位于意大利境内的山峰。这里的观光景点是在科涅，夏天时可以徒步旅行，冬天越野也非常有名。

到奥斯塔去的交通方式

从米兰的中央车站出发，经由都灵，大约需要3小时到达奥斯塔车站，在这里下车。从都灵的新门火车站出发的话，大约需要2小时。从奥斯塔可以搭乘巴士（普尔曼式卧车）去周边的城市。比如从奥斯塔到周边的城镇普尔曼去的话，可以搭乘Savda公司的巴士，大约需要50分钟。可以乘坐Vitagroup公司的巴士从奥斯塔到霞慕尼、库马耶、圣文森特等地方去。

HP www.savda.it/
HP www.vitagroup.it/

一个可遇不可求的国家
欣赏令人感动的风景

意大利不断地吸引着来自世界各地的众多游客，美丽的自然风景富于变化，既有从欧洲屈指可数的山岳旅行胜地之一阿尔卑斯吹来的拂过脸上的清爽的凉风，也有伫立在伊特鲁里亚海上像宝石一样美丽的岛屿。每个城市都有自己独特的味道，人民兢兢业业。这里的景色会成为到这里来旅游的人们的美好的回忆，终生难忘。

A

B

Bella Lucentezza

Ⓐ每年5月到8月意大利各地都会举行赛马节的竞技比赛，它再现了中世纪时热闹非凡的景象，街道上到处都充满着中世纪时的气息。图中是博洛尼亚外费拉拉的一处街道的节日景象（p.212）。

Ⓑ洒满阳光的阿玛尔菲海岸。沿着山丘建造起来的户户人家以及漂浮在蓝色海洋上的游艇非常耀眼。图中是从海上看到的罗盘宾馆（p.348）。

Ⓒ位于马焦雷湖西岸的斯特雷萨城镇跨越意大利和瑞士国境。在城镇上的湖畔边星星点点地点缀着许多宾馆（p.293）。

Ⓓ西西里岛锡拉库萨省的锡拉库萨奥提伽大饭店（Grande Hotel Ortigia Siracusa）（p.374）。眼前呈现的是蔚蓝的爱奥尼亚海。

Ⓔ翁布利亚大区的首府——佩鲁贾。这里的中世纪风格的街道布局吸引着游人的到来。照片是从佩鲁贾幸运宾馆（Fortuna Perugia）（p.133）眺望到的风景。

Ⓕ从博洛尼亚出发乘火车到里米尼省的提庇留桥的话，大约需要1个小时，当天就可以返回。罗马时代的奥古斯都大帝命令修桥，在提庇留大帝时代（14—21年）桥建成。意大利现在还残存着为数众多的遗迹。

Ⓖ恩纳位于西西里岛的中央位置上。现在还残存着中世纪时岛上的防御要塞的遗迹。

Ⓗ阿玛尔菲海岸上的城镇——波西塔诺。沿着海岸旁边的优雅的建筑物鳞次栉比……（p.343）

把各种美丽的风景保留在心间吧！
探访丰富多彩的世界遗产

站在被冰河侵蚀的断壁上，可以眺望翡翠色的地中海的壮观的希腊神殿多种文化融合在一起的建筑物——意大利这个国家的景色不论你去过多少次参观都不会感到厌烦，魅力十足。世界遗产的登记在册数量也是世界第一。

当时那个时代的艺术家们充分发挥出自己的才能，将体现那个时代的精华的美和丰富的自然的美景相结合，创造出众多的现在的世界遗产，这些世界遗产在将来的世界中一定也还会大放异彩。

A Eredita'del Mondo

Ⓐ山顶城堡

山顶城堡呈八角形，位于普利亚大区巴里省的安德里亚，安德里亚在意大利版图的脚跟上。由腓特烈二世在13世纪时建造的城堡，设计非常独特，因为他的设计将伊斯兰风格和哥特样式结合在一起。

Ⓑ诺托谷的晚期的巴洛克式城镇

位于西西里岛东南部的诺托谷地区，建成在1693年的大地震之后，现在街上还残存着当时的晚期的巴洛克式街道。

Ⓒ卡塞塔地区的18世纪的王宫和公园、凡韦特里大渡槽和圣莱乌西Leucio住宅群

卡塞塔位于那不勒斯近郊，是一座波旁家族统治时代的王宫建筑。除了王宫之外，现在还残存着公园和绢工厂等。

Ⓓ阿尔贝罗贝洛的陶尔利式建筑

被称作“石顶屋”的没有屋顶的建筑群是一些独特的景观。

Ⓔ阿玛尔菲海岸

以阿玛尔菲为中心，沿着断崖绝壁建造的大约长30公里的白色的建筑群非常壮观。

Eredita'del Mondo

AC锡耶纳历史地区

锡耶纳是一个非常有魅力的城市，该城到现在都还保存着中世纪时的面貌。市内中心有许多值得观看的旅游景点，比如号称是世界上最美丽的田园广场的广场和曼嘉塔等众多壮观的哥特式建筑鳞次栉比。

BD阿西西：圣弗朗西斯科教堂及其他的圣方济各遗迹

翁布利亚大区最重要的旅游景点。城镇的圣堂位于海拔1 290米的subasio山腰上，现在在这里还残存着年轻时代的乔托和西蒙娜·马蒂画的壁画式的天花板。

E马泰拉的洞窟住居（洞穴）

位于山丘和山谷之间。这些洞窟住居群绵延在被称作“岩穴”的从史前时代流传下来的地方。

G摩德纳主教教堂、都市塔和大广场

即使在意大利也是非常宝贵的罗马式建筑的大教堂。同样是罗马式样的建筑风格、高达87米的塔于1169年开始建造。

FH维琴察市街区和威尼托地区的帕拉弟奥样式的住宅群

16世纪后期代表性的文艺

复兴时期的建筑师——安德烈亚·帕拉弟奥设计的建筑群，现在还在装饰着城镇。呈现古典样式的对称美，获得了很好的评价，影响还扩展到了欧洲和美国。除了这个建筑之外再也没有其他的以个人的名字命名的建筑式样了，从中也显示了他的独特性。

各有特色的观光区域

意大利各个地区都有其自己独特的很强的个性和魅力。北部可以欣赏到位于阿尔卑斯山脉山麓的大幅的全景立体画。中部能够看到美丽的自然景观和中世纪的街道。南部能够享受到明媚的阳光和海产品。

这次触动你的心灵的是哪个地方呢？

地区 1 意大利西北部

p.288~318

在这里可以欣赏到城市和自然两种存在的美丽。这里有商业都市都灵和米兰、风光明媚的里维埃拉海岸和蔓延到瑞士境内的湖水等以及许多大城市和观光景点。伦巴第大区有帕维亚、贝加莫、曼图亚等许多大贵族组成的威斯康蒂家族以及在威斯康蒂家族影响之下产生的文化艺术之都，可以看到许多文化遗产和建筑物，还是意大利代表性的优质葡萄酒的产地（参考p.48~49）。

哥伦布度过少年时代的热那亚

地区 2 意大利东北部

p.242~254

这里可以观赏的景点非常多，有亚得里亚海的女王——威尼斯，还保留着16世纪时的建筑物的维琴察和拥有非常美丽的罗马式建筑物的帕多瓦，因夏天的露天歌剧而非常出名的维罗纳等，多姿多彩。东部的城镇像的里艾斯特等以及充满异国情趣的斯洛文尼亚东欧文化非常浓厚。

在歌德的《意大利纪行》当中出现的维罗纳现在还保留着显示斯卡里杰利家族势力的建筑物

地区 3 p.176~214 意大利中北部

这里到处都是充满魅力的都市,有以无数的艺术作品著称的佛罗伦萨和锡耶纳、现在还保留着中世纪时的建筑物的博洛尼亚、现在还飘着罗马文化气息的斜塔城市——比萨、到处都是教堂艺术的城市——阿西西、拜占庭艺术都市——拉文纳等。到文艺复兴时期的巨匠——拉斐尔出生的地方——乌尔比诺的时候,一定要去看一下文艺复兴时期建筑物。另外,艾米利亚-罗马涅和托斯卡纳是真正的美食地区,在这里可以美美地吃一顿。

帕尔马——以美食和艺术著称的城市。到处飘散着法国和西班牙的王朝文化的气息

地区 4 p.116~136 意大利中南部

这个地区是以拉齐奥大区的首府——罗马为中心的。像现在还残存着古代罗马皇帝别墅遗迹的蒂沃利和古代遗迹的残存地——古老的欧斯堤亚城，在这里现在还可以在13世纪时的街道上散步。以豪华的大教堂著称的奥维多等这些地区都非常有名。还有从罗马出发的一日游路线，像从罗马出发到古代伊特鲁利亚文化的根据地——塔尔奎尼亚和切尔韦泰里，曾经是罗马教皇的避暑胜地的古城街等地方。

罗马有很多历史性的建筑物，非常具有观赏价值。附近还有很多像保留着古代伊特鲁利亚文化的小城镇和古代罗马皇帝的别墅遗迹等

地区 5 p.332~354 意大利南部

这里最近几年一直都是非常受欢迎的旅游胜地，受法国、西班牙和希腊多姿多彩文化的影响。主要旅游地，像被火山喷发所埋没的古代遗迹——庞贝、风光明媚的波西塔诺和阿玛尔菲、曾经是罗马时代的皇帝的居住别墅的卡普里岛以及阿尔贝罗贝洛——这里的街道上的房子都没有房顶。

这些地方也是非常有魅力的，比如波西塔诺和阿玛尔菲面临第勒尼安海，风光明媚；还有现在还保存着古代就有的岩穴住居的地区——马泰拉等

地区 6 p.355~374,349~350 西西里／撒丁岛

意大利最大的岛屿——西西里岛，伫立在地中海上，整个岛屿自己形成一个独立的大区。岛上还有很多文化遗产，比如：罗马时代建造的、现在还残存着神殿遗迹的阿格里真托，古代的别墅遗迹——罗马纳德卡萨来别墅，以及哥特式风格的建筑群等。另外，撒丁岛也自己独立形成一个大区。旅游的话，可以到现在是富人居住地的高级旅游胜地——翡翠海岸和现在还残存着罗马时代遗迹的卡利亚里街道去。

西西里岛曾经受到希腊、阿拉伯和罗马人等的统治，岛上的风景也是非常富有个性的

规划旅行路线 1

适合初次到意大利旅行的基本路线

中部的三大都市魅力十足 北部～中部看点多多 充分享受这次旅行吧

除了必看的城市之外，一定也要到托斯卡纳看看

这个路线是巡视意大利北部和中部的基本路线，不仅可以推荐给初次到意大利来旅行的人，而且即使是第二次到意大利来旅行的人也一样可以采用这个路线。参加组团旅行的话也不用担心，因为旅行社会把这几个地方包含在旅行计划当中。

该路线的魅力

- 路线中不仅有罗马、佛罗伦萨和威尼斯等观看景点十足的三大都市，而且还包含了个性十足的中部城市
- 可以乘坐“欧洲之星”快速列车，享受舒适的旅行
- 途中所需时间在2个半小时以内，还可以防止消耗体力

建议

- 如果跟团旅行的旅游团的计划也是同样的话，最好是跟团旅行，这样，一来可以节省旅行费用，二来就是还可以节省时间
- 如果是个人自己旅行的话，一定要事先查好电车和巴士的时刻表，防止浪费过多的等车时间
- 如果是第二次到这里旅行的话，可以不到阿西西住宿，而是到佩鲁贾去住宿；不到锡耶纳和比萨去住宿，而是到维罗纳和博洛尼亚去住宿，这样的话也会给旅游带来很多新意。另外有很多火车从维罗纳到米兰去
- 如果去佛罗伦萨旅行的话，就可以不去锡耶纳或者是比萨了

■旅行计划范例

9夜10天 基本计划

第一天 从中国出发 ➡ 晚上到达罗马
住在罗马

★要点
从中国出发到罗马的航班是在晚上到达罗马。所以晚饭要在飞机上吃，并且到之后住的宾馆最好是从机场出发交通容易到达的地方

第二天 罗马观光
住在罗马

★要点
罗马的观光景点非常多。如果是初次到罗马旅行的话，在这里转2到3天都看不完这里的景点，实在是太多了。所以注意调整一下时间，一定要制订合适的旅行计划

第三天 罗马 ➡ 阿西西 ➡ 佛罗伦萨
住在佛罗伦萨

★要点
虽然阿西西是一个小城镇，但是在这里旅行的话只能步行，所以旅行时间至少需要3~4天

第四天 佛罗伦萨 ➡ 锡耶纳一日游
住在佛罗伦萨

★要点
到锡耶纳的巴士非常多，可以一天就游玩所有的景点。早上早早起床，别让自己的行动时间安排得过于紧迫。如果时间早的话，从锡耶纳回来还可以到佛罗伦萨的街道上去散步

第五天 佛罗伦萨 ➡ 比萨一日游
住在佛罗伦萨

★要点
可以从佛罗伦萨出发到比萨去进行一日游。把行李箱放在佛罗伦萨，轻松到比萨去旅行吧

第六天 佛罗伦萨 ➡ 威尼斯
住在威尼斯

★要点
如果上午就能坐车从佛罗伦萨出发的话，傍晚的时候就可以在威尼斯观光了。乘坐“欧洲之星”列车去威尼斯的话，大约需要3个小时

第七天 威尼斯观光
住在威尼斯

★要点
威尼斯的观光景点也是很多。如果是第一次到威尼斯去旅行的话至少需要制订两天的旅行计划

第八天 威尼斯 ➡ 米兰
住在米兰

★要点
乘坐“欧洲之星”列车从威尼斯到米兰的话，大约需要2小时40分钟的时间。米兰的美术馆和博物馆非常壮观，如果可以的话还可以在这里住一夜

第九天 从米兰出发

第十天 回到中国

从中国到米兰和罗马的交通非常方便 以这两个城市为基准网罗一下有人气的观光景点吧

到意大利旅游的基本旅行计划中不仅包含人气最高的罗马、佛罗伦萨和威尼斯等，还包含中部和北部的非常有人气的观光城市。即使是第二次到这里旅行，这样的计划也是非常可取的，可以充分享受到旅行的乐趣。这里说的是从米兰出发到罗马的路线，同样地反过来也可以。

商业都市和艺术都市

米兰 ▶p.255

是意大利首屈一指的商业城市，同时这里还有很多文化遗产。到这里不仅可以欣赏到列奥纳多·达·芬奇创作的《最后的晚餐》，同时还可以在歌剧演出季的时候观赏歌剧。

世界上特有的风景

威尼斯 ▶p.215

水城威尼斯没有汽车通行，如果到这里旅行的话，一定要到威尼斯去观光。整个街道简直就像是一个游乐园。到达威尼斯的一瞬间就会让你有一种非同寻常的感觉。

圣人出生的山城

阿西西 ▶p.134

这里是意大利的守护圣人——圣弗朗切斯科出生的城镇。位于翁布里亚大区山冈上，一片恬静的田园风景。在这里可以观赏到12—13世纪的宗教建筑和有关壁画的名作等中世纪的艺术作品。

雕刻群非常精细 看起来像花边工艺似的

比萨 ▶p.187

比萨曾经是海运王国，并以此繁荣起来。这一特点可以从现在还保留有非常美丽的遗迹的广场周边东西的豪华的样子上看出来。另外还有一定要去看的就是斜塔，如果提前预约的话，还可以看到斜塔的内部。

古罗马时代的神殿

阿西西，在罗马时代作为罗马的自由都市之一发展起来。城市中心有公元前1世纪建立起来的雅典娜神殿，还有现在还残存着用于防止神圣罗马帝国侵略的中世纪要塞。

艺术的 另外一个故乡

锡耶纳 ▶p.181

与文艺复兴时期艺术都市——佛罗伦萨相并称的另一个都市是锡耶纳。街道上保留着数量众多的文化遗产。如果是到这里旅行的话，一定还要去意大利的几个广场中最为漂亮的田园广场。

规划旅行路线

2 非常适合周游南意大利的旅行路线

巡回人气十足的南意大利 非常有意大利味道的旅行

如果是第二次到意大利来旅游，并且对意大利南部地区非常感兴趣的话，推荐进行这个路线的旅行。在这里充分享受旅游的乐趣吧。看到蔚蓝的地中海，会让人不禁眼前一亮；飘散着柠檬味道的观光景点、遗迹、世界遗产等，也吸引着人们前往一探究竟。

南意大利非常美丽，在这里也一定要去看看美丽的街道

该路线的魅力

- 采用这个旅行路线的话，建议到西西里、阿玛尔菲海岸、阿尔贝罗贝洛的石顶圆屋和马泰拉地区的洞穴等地方去观光，这些都是南意大利地区非常有人气的旅行地
- 周游一些必不可少的观光景点
- 在这里可以观赏到好几个世界遗产

建议

- 南意大利的交通非常不方便，路上坐车的时间也比较长。如果跟团旅行的旅行社的旅行计划和这个计划一样的话，最好是跟团旅行，这样不仅可以省钱，而且还可以节省时间
- 如果是自己一个人出去旅行的话，一定要提前调查好电车和火车的出发时刻和上车下车的地点

■旅行计划范例（1例）

10夜11天游　巡游非常受欢迎的南意大利的旅行计划

第一天 从中国出发 ➡ 晚上到达巴勒莫
住在巴勒莫

★要点
从中国出发，需转机才能到达巴勒莫。到达巴勒莫的时间是在深夜，所以预订住的宾馆时一定要找从机场方便到达的宾馆

第二天 巴勒莫观光　蒙雷阿莱一日游
住在巴勒莫

★要点
乘坐巴士从巴勒莫到蒙雷阿莱大约需要30分钟。查好巴士回蒙雷阿莱的时间再出去旅行

第三天 巴勒莫 ➡ 阿格里真托
住在阿格里真托

★要点
神殿地区距离车站比较远，并且到这里的巴士也比较少。所以最好是早早地从阿格里真托出发

第四天 阿格里真托 ➡ 陶尔米纳
住在陶尔米纳

★要点
从阿格里真托到加特纳去的话可以乘坐SAIS公司的巴士，如果是从卡塔尼亚去的话，可以乘坐火车前往

第五天 陶尔米纳观光
住在陶尔米纳

★要点
陶尔米纳是一个小城镇，所以大约半天就可以观光完毕。也可以第二天早上出发

第六天 陶尔米纳 ➡ 那不勒斯
住在那不勒斯

★要点
乘坐特快车从陶尔米纳到那不勒斯去大约需要6个小时40分钟。乘坐上午发车的火车去

第七天 那不勒斯 ➡ 萨莱诺 ➡ 阿玛尔菲
住在阿玛尔菲

★要点
从那不勒斯到阿玛尔菲去的话，最好是坐火车到萨莱诺，然后乘坐Sita公司的巴士到阿玛尔菲去

第八天 阿玛尔菲 ➡ 萨莱诺 ➡ 那不勒斯
住在那不勒斯

★要点
从萨莱诺到那不勒斯的特快火车的班数非常少。最好是在出发前一天就买好车票

第九天 那不勒斯 ➡ 巴里 ➡ 阿尔贝罗贝洛
住在阿尔贝罗贝洛

★要点
那不勒斯→巴里→阿尔贝罗贝洛路线乘车的话，大约需要5个小时30分钟，时间比较长。最好早上早些出发

第十天 在阿尔贝罗贝洛换车 ➡ 在巴里换车 ➡ 到罗马 ➡ 从罗马出发

★要点
从巴里出发，经由罗马的飞机下午的航班非常少。最好是先调查好换乘的车辆和出发时刻再出发

第十一天 回到中国

到西西里岛去旅行
这里有许多世界遗产　观光景点十足

可以充分享受旅行的趣味的愉快之旅，还可以到西西里岛旅行，即使是回头客也还是想到这里来旅行，魅力十足。像属于地中海文化的交叉点上的西西里、独特的住居被指定为世界遗产的阿尔贝罗贝洛等，看到的所有景点都是非常新奇的，这次旅行一定会成为一次令人难以忘怀的旅行的。如果有时间的话，也一定要到马泰拉去观光。

该海岸被指定为世界遗产，在这里度过自己愉快的旅行时光

阿玛尔菲 ▶p.346

阿玛尔菲海岸是意大利屈指可数的美丽海岸。在阿玛尔菲可以观赏到鲜艳的水晶制作而成的、依然残存的伊斯兰风格的大教堂，还可以观赏被称为“阿玛尔菲宝石”的波西塔诺。一边眺望着第勒尼安海的美丽景色，一边在海边散步也是非常令人期待的一种旅行方式。

圆锥形的、没有房顶的房子

阿尔贝罗贝洛 ▶p.352

用石头堆积而成的没有房顶的、涂成白墙的房屋非常可爱。被称为“石顶圆屋”的房屋有2 000年以上的历史。阿尔贝罗贝洛地方的这种建筑尤为著名，被列为世界遗产。

华丽的罗马式风格的建筑物

蒙雷阿莱 ▶p.364

位于巴勒莫北面8公里左右的地方。一定要去看看将希腊、阿拉伯、拜占庭和罗马等各种风格相混合在一起的大教堂，它是罗马—阿拉伯艺术代表的最高杰作之一。

可以俯瞰海面的罗马剧院

陶尔米纳 ▶p.366

古罗马剧院，可以俯瞰到蔚蓝的海面，呈圆形。在这里仿佛古代的景象又浮现在眼前。在西西里地区也是首屈一指的街道上到现在还飘散着阿拉伯和西班牙文化的气息。在这里可以充分享受到异国情趣。

东西文化的交叉点

巴勒莫 ▶p.360

曾经被腓尼基、阿拉伯和罗马所统治，是南部意大利中仅次于那不勒斯的第二大都市。城镇上还残存着拜占庭样式、伊斯兰风格的众多的建筑物，充满着异国风情。从这里到西西里岛上的其他地方去的交通也非常方便。

建造在山丘上的希腊建筑，可以俯瞰到蔚蓝的海面

阿格里真托 ▶p.368

非常想到到处都是古希腊时代的神殿的“神殿谷”去观光。希腊诗人——品德达尔称这个山谷是“世界上最美丽的地方”。观赏完这些遗迹区域之后，不要忘记到博物馆去鉴赏一下出土的文物和美术品等。

规划旅行路线

3 巡游两大都市里的美食街与文化街
一定要光顾以威尼斯、佛罗伦萨为中心的中世纪街道

想在意大利旅行中留下深刻印象的话，一定要到本书推荐的这些地方去观光。到中世纪时的街道上去逛逛吧，这些街道位于威尼斯和佛罗伦萨之间，魅力十足。

如果是第二次到意大利旅游的话，一定要去充满品位的街道上看看

该路线的魅力

- 如果是第二次到这里来旅行的话，一定要到小街道上去看一看。以观光景点众多的威尼斯和佛罗伦萨为中心，制订一个自己喜欢的旅行计划
- 加入可以制订自己的自由计划的跟团旅行，可以自由地选择出发时间和到达时间，制订合适的旅行计划
- 在美丽的小城镇上心神愉悦地旅行

建议

- 包含威尼斯和佛罗伦萨以及小街道在内的旅行计划，非常悠闲，一直都是非常受欢迎的路线。如果是跟团旅游的话，比自己订宾馆、买车票便宜很多。
- 如果是自己一个人出去旅行的话，一定要提前收集到达当地的自由跟团旅游的信息

■旅行计划范例（1例）

9晚10日游　探访意大利中北部的美丽街道

第一天 **从中国出发 ➡ 到达威尼斯**
住在威尼斯

第二天 **威尼斯观光**
住在威尼斯

★要点
如果是第一次到威尼斯旅游的话，最好是在这里住两天。好好地调整自己整体的旅行计划。

第三天 **威尼斯 ➡ 博洛尼亚**
住在博洛尼亚

★要点
乘坐“欧洲之星”列车从威尼斯到博洛尼亚大约需要1小时40分钟。火车的班次非常多，方便出行。

第四天 **博洛尼亚 ➡ 帕尔马**
住在帕尔马

★要点
乘坐火车去帕尔马的话，大约需要50分钟。如果能在上午出发出去旅行的话，还可以到博洛尼亚进行一日游。

第五天 **帕尔马 ➡ 摩德纳 ➡ 佛罗伦萨**
住在佛罗伦萨

★要点
乘火车从帕尔马到摩德纳去的话，大约需要30分钟。从帕尔马到阿玛尔菲的车或者几乎都需要在博洛尼亚换乘，这一点一定要注意。

第六天 **佛罗伦萨观光**
住在佛罗伦萨

★要点
如果是第二次到佛罗伦萨旅行的话，推荐到锡耶纳、比萨和兰布尼亚诺等去进行一日游。

第七天 **佛罗伦萨 ➡ 奥维多 ➡ 罗马**
住在罗马

★要点
从佛罗伦萨到奥维多去的话，大约需要2小时15分钟。乘坐城际列车从奥维多到罗马大约需要1个小时。最好是在上午11点之前从佛罗伦萨出发。

第八天 **罗马观光**
住在罗马

★要点
无论看多少次都不会厌烦的罗马风光。如果时间允许的话，一定要多在这里待几天。

第九天 **从罗马出发**

第十天 **回到中国**

到伦巴第的美食城市和散发着宫廷文化的古都去旅行

除了两个受欢迎的城市：威尼斯——世界上独一无二的水上城市和佛罗伦萨——受文艺复兴文化影响甚深的艺术之城外，还有其他值得参观的城市，如用罗马式建筑和哥特式建筑装饰起来的宝石一样的城市——奥维多，美食城市——摩德纳。总之，在这里可以充分体会到意大利的中部之美。

世界遗产——摩德纳大广场

摩德纳 ▶p.209

摩德纳是醋的产地，同时还是一个美食城。这里还有和过去的领主埃斯特家族曾经有一些关系的宫殿和博物馆等。哪怕只是在这里散步也已经是一件很愉快的事情了。

景观独特，令人暗发旅行情怀

威尼斯 ▶p.215

水城威尼斯的景色非常具有浪漫性，令人流连忘返。如果已经造访过威尼斯的话，可以第一站先去维罗纳逛逛夜市，也是很有意思的，这里还存留着露天罗马剧场。

一起来品尝新鲜的火腿肠吧

帕尔马 ▶p.206

因为这里过去曾经被法国占领过，所以到这个城市来的话多少会感受到一些法国气息。是一个美食城，在城市近郊就是制作火腿肠的地方，这里生产的火腿肠是世界上最高级的。还可以到早市去游玩，也非常有意思。

这个街道因美食而出名，并且这里还有长廊

博洛尼亚 ▶p.196

这里的街道到现在都还存留着长廊的痕迹，长廊是根据中世纪时的城市建设计划建造而成的。在这条街上行走就会感到非常愉快。因为是一条美食街，所以能在这里品尝美食的话，乐趣就会倍增的。

永远都玩不够的永远的首都——罗马

罗马 ▶p.53

罗马有很多古代历史遗迹，刻录着悠久历史痕迹的大规模的景点也是比比皆是。如果时间允许的话，尽情在这个首都城市玩赏吧。

现在还残留着中世纪时味道的山冈上的城镇

奥维多 ▶p.127

奥维多是一个边塞城市，自古埃尔特人就在这里的地下建造了一座地下城市，据说到现在对那个地方的发掘调查还只进行了一部分而已。在这里可以感受到意大利的奥妙，另外文艺复兴时期有名的建筑物也是魅力十足。很多到这里来旅游的人都是从罗马旅游完之后，当天到这里来的。能够在这个静静的城市里住一夜也是一件非常浪漫的事。

教堂建筑魅力十足

在这里会看到令世界惊叹的美，并有意想不到的发现

意大利建筑一直在发展古典建筑，现在的意大利建筑大多数都是经历了3000年历史的洗礼的精华建筑。
那些仅仅经历70、80年岁月的年轻建筑和这些教堂建筑根本就没法相提并论，它们是智慧的结晶。
这些宝贵的现实资料在美丽的大自然里栩栩如生。
这就是到意大利旅行的最大的吸引力。
其中各个城市大力建设的就是教堂建筑。
这些东西一旦被破坏掉之后就再也不会存在了，所以一定要到这些地方去看一看。

Ⓐ L'edificio chiesastico

Ⓐ北部城市——布雷西亚的圆顶房屋非常有名，从米兰旅游之后可以到这里来进行一日游。是意大利第三高的圆顶建筑。正面是以白色大理石做成的，非常壮观，引人注目

Ⓑ这个钟楼隶属于到西西里岛去的海上门户——墨西拿。由于地震和第二次世界大战等，受到了非常惨痛的破坏，但是之后还是被修复好了。经历过岁月的大风大浪，终被幸存地保留了下来

Ⓒ墨西拿的圆顶房屋建筑。在这里可以看到晚期的哥特式建筑样式的门，重视细节美的装饰等都非常地引人注目

Ⓓ阿玛尔菲的圆顶房屋建筑的柱廊大门。阿拉伯—罗马样式的混搭，水晶装饰也散发着历史气息。

Ⓔ中世纪时锡耶纳建造了华丽的圆顶房屋建筑。锡耶纳的圆顶房屋建筑是将两种建筑风格进行了结合的。上半部分是罗马式的，下半部分是哥特式的。

Ⓕ西西里岛曾经被希腊、罗马和阿拉伯统治过，所以这里的文化遗产是各种建筑风格的融合。到这里来旅行的话，值得推荐的就是墨西拿的至圣圣母领报堂。

Ⓖ摩德纳因洞穴住居群而出名。在凝灰岩的采石场上建有岩穴教堂。

Ⓗ摩德纳的圆顶房屋建筑建造于13世纪。建筑风格采用的是罗马式的建筑样式。现在还完整地保存着建筑竣工时的状态。

文艺复兴艺术作品
罗马

▲梵蒂冈美术馆——在这里可以和在美术史上散发着璀璨光辉的、诞生巨匠时代的美术作品邂逅，其中特别值得推荐的是西斯廷小教堂里面的米开朗琪罗的最高杰作——《最后的审判》

罗马在古罗马时代是政治和经济中心。这里值得欣赏的，除了历史遗迹之外，还有古代埃特鲁斯坎美术和巴洛克时期的雕刻作品，可观赏的东西非常多。梵蒂冈收藏品的数量和质量都是数一数二的，在这里可以欣赏到拉斐尔、米开朗琪罗和列奥纳多·达·芬奇等的艺术作品。一定要抽出时间到这些地方看一看。

▲罗马也是巴洛克时期的艺术品宝库。巴洛克样式的喷泉雕刻是城市最好的装饰品

▲梵蒂冈的圣彼得大教堂里面保存着米开朗琪罗23岁时创作的《圣母怜子图》，将悲苦地生活的玛丽亚和将死的耶稣的现实性表现得非常到位

到什么地方去观赏什么？
一定要欣赏的巨匠名作

美丽的意大利永远吸引着来自全世界各地的游客。为了能够充分体会到意大利的这些韵味，到什么街上去看什么、不容错过哪些美术馆和博物馆，这些方面都是自己一定要考虑到的。接触一下历史上的这些天才型的美术作品，可以净化心灵、增加力量。

可以邂逅文艺复兴时期的大作的街道 这里汇集了不容错过的名作
佛罗伦萨

这里是15~16世纪兴起的文艺复兴运动的中心地区。到这里的话，一定要到乌菲齐美术馆去看一看。这里汇集了文艺复兴时期的巨匠——拉斐尔、波堤切利、米开朗琪罗、卡拉瓦乔等在文艺复兴时期画的绘画杰作。这些数量众多的美术杰作是由美第奇家族收集的，该家族在文艺复兴时期曾是文艺复兴运动的财政上的经济支柱。无论到这条街上访问多少次，相信游客都不会厌烦。

▼乌菲齐美术馆里收藏有《天使报喜》这幅画。这幅画是显示20多岁的列奥纳多·达·芬奇的绘画实力的一个很好的珍贵之作。从这幅画中我们可以深深地感受到列奥纳多·达·芬奇的伟大才能。这幅画中不仅使用了空间远近法的远景绘画方式，野草的绘画方式也采用了写实性的手法，运用到天文学、物理学、建筑学等各个学科的学问

▲乌菲齐美术馆的至宝——《维纳斯的诞生》和《春》。这两幅作品都是波堤切利的最高杰作。《维纳斯的诞生》画的是祝福从海上浮出的维纳斯；《春》以爱和美的象征的维纳斯为中心，配以三美神、春神和花神。色彩华丽大方，造型圆润端庄，取景注重装饰性等。这些都是典型的文艺复兴初期代表性的作品

这里遗留着达·芬奇的脚印
有意大利著名的美术馆

米兰

米兰是北意大利屈指可数的商业都市。米兰有很多美术馆，收藏着文艺复兴时期非常活跃的列奥纳多·达·芬奇、拉斐尔、波堤切利的绘画作品以及14—19世纪威尼斯画派等的重要的作品。米兰除了美术馆，还有很多教堂值得游览。另外，米兰还遗留着许多4—9世纪时建造的罗马式的建筑物。对美术和建筑感兴趣的人，千万不要错过这个城市。

▲列奥纳多·达·芬奇的名作——《最后的晚餐》。观看的话需要预约（参照p.269）。可以在网上预约，有英语界面。不妨将此也纳入旅行计划吧

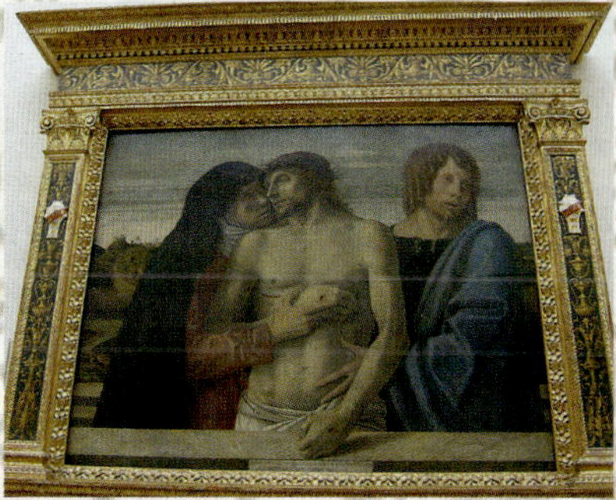

▲▶收集有意大利代表性的绘画的布雷拉美术馆也是不可错过的景点。里面收藏着米开朗琪罗的最高杰作——《圣母怜子像》，这幅画色彩鲜艳，至今仍如当初，情绪性的表达非常丰富

至今还有被这个地方所吸引了的
艺术家和文人的遗产

威尼斯

到这里来旅行可以体会到的一个惊喜就是在中世纪时建造起来的教堂里面还能看到许多巨匠的作品。教堂和建造之初的形态还是一样的，里面收集的作品是提香和丁托列托等文艺复兴时期的威尼斯画派的巨匠们的著名的作品。威尼斯画派的特点是色彩表现优美、取景大胆。这里是北意大利当中屈指可数的收集威尼斯画派绘画作品的美术馆，到米兰去旅行的话，一定要到这里来看一看。

◀收藏在学院美术馆里。是丁托列托的《圣马科斯》系列作品的代表作。采用了巧妙的远近法，取景大胆新颖，画风具有戏剧性

伊特鲁利亚文化的故乡
优美的13世纪美术的故乡

佩鲁贾

这里的美术馆收集的人都是翁布里亚派的艺术家们的作品。翁布里亚派艺术家有以清爽的天使画著名的弗拉·安吉利科和被拉斐尔尊为师傅的佩鲁基诺等。在这个古都里还残留着伊特鲁利亚时期和巴洛克时期的建筑物。

诞生拉斐尔的
艺术摇篮

乌尔比诺

这个城市养育了文艺复兴时期的巨匠拉斐尔和意大利代表性的建筑家——布拉门特。现在这里还保存着拉斐尔的老家遗址，可以到这里来参观。在国立乌菲齐美术馆里还可以慢慢品味欣赏文艺复兴时期的绘画。而且乌尔比诺现在还保存着文艺复兴样式的宫殿和邸宅。在15—16世纪的街道上信步漫游也会给人留下深刻的印象。

▲阿格里真托的希腊神殿到现在都还保存完好

▲伊特鲁里亚艺术的名作——《夫妇寝棺》

▲希腊文化的美术名作《拉奥孔雕像》

古代 希腊美术～罗马美术

公元前8世纪以来，意大利的南部城市和西西里作为希腊的殖民城市繁荣起来，希腊美术在这里开花。现在还可以在西西里大区的阿格里真托遗迹处（p.368）看到当时的面貌。公元前4世纪以前，意大利中部地区迎来了伊特鲁里亚艺术的全盛时期。伊特鲁里亚艺术的特征是继承了希腊美术的基本特点——表现方式端正，并且在其中还融合了生动形象的表现形式和东方艺术的影响。可以在罗马朱利亚古典博物馆和罗马美术馆之古典美术馆（p.97）里面观看到古典美术作品。

之后兴起的美术被称为希腊时期的新纪元美术。这个时期在被亚历山大国王政府统治的小亚洲城市当中兴起了新的画风，诞生了现在保存在罗马美术馆里的《拉奥孔雕像》等杰出的作品。

意大利后来成为地中海地区的霸主，它吸收了包含古希腊美术在内的希腊艺术等世界性的艺术之后，以首都罗马为中心，纷纷建立了辉煌的竞技场、浴场、剧场和水道桥等大规模的建筑。卡拉卡拉浴场（p.99）、圆形竞技场（p.99）和万神殿（p.93）等是这个时期的纪念物。

速览意大利美术史

了解越多，体味越深，旅行越值

▼普拉契狄亚陵寝位于拉文纳境内，是用镶嵌工艺做成的

◀比萨大教堂——优美的罗马历史建筑的代表作

▶西蒙·马提尼的代表作——《尊严像》

中世纪 拜占庭式·罗马式·哥特式美术

进入中世纪之后，在君士坦丁堡定都的东罗马帝国成为文明的庇护者，这时候出现了受到东方影响的美术式样。这就是拜占庭式美术。313年基督教获得公认之后，表现初期基督教状态的拜占庭式美术兴起。这一时期的教堂里面都是用带颜色的石头镶嵌或者是用绘画装饰的。在属于北意大利的拉文纳大区的圣维塔莱教堂（p.193）、迦拉普拉契狄亚陵寝，西西里首府——巴勒莫地区的罗马宫殿（p.362），威尼斯的圣马可大教堂（p.230）等的镶嵌装饰都是这一时期的代表作。

11世纪之后，进入了罗马式建筑时期。这一时期的建筑的代表特点是：端正的直线美和窄窄的窗户。比萨大教堂（p.188）、佛罗伦萨的圣乔瓦尼洗礼堂（p.151）是这一类建筑风格的代表。

12世纪是以尖塔和高高的圆形屋顶为特征的哥特式建筑的兴盛时期。这一时期的代表性建筑是米兰、佛罗伦萨大教堂 。绘画上的特点是更加丰富形象地表现人物的特点。哥特式风格的代表性的人物有西蒙·马提尼和皮萨诺父子。西蒙·马提尼的《尊严像》现在保存在佛罗伦萨的乌菲齐美术馆。皮萨诺父子参与了佛罗伦萨圣乔瓦尼洗礼堂的西门和南门的雕刻工作。

近代 文艺复兴美术

到了15世纪，在佛罗伦萨和锡耶纳兴起了文艺复兴运动。这个时期是艺术最昌盛的时期，诞生了很多文艺巨匠。绘画方面有：契马布埃、杜乔、弗拉・安吉利科、马萨乔、保罗・乌切洛、桑德罗・波堤切利、曼特尼亚。建筑方面的有布鲁内莱斯基，雕刻方面的有多纳泰罗、吉尔伯提等。出生于托斯卡纳和翁布里亚的这些人，都十分活跃。15世纪末到16世纪时文艺复兴运动达到顶峰，范围扩大到欧洲全境。这个时期比较活跃的艺术家是在佛罗伦萨和米兰活动的天才——列奥纳多・达・芬奇，以及在佛罗伦萨和罗马活跃的米开朗琪罗、在罗马活动的拉斐尔和威尼斯派的提香、丁托列托等巨匠。在米兰可以看到列奥纳多・达・芬奇的杰作——《最后的晚餐》(p.268)，另外可以到佛罗伦萨去观赏米开朗琪罗的雕塑作品《大卫像》(p.153)。

▲梵蒂冈西斯廷教堂的天花板上装饰着米开朗琪罗的画

▼装饰在乌菲齐美术馆里的弗拉・菲利波・利比的杰作《圣母子与天使》

▲米开朗琪罗的绘画《圣家族》，保存在乌菲齐美术馆里

▲乌菲齐美术馆里的宝贝——波堤切利的作品《春》

意大利被视为世界顶级的艺术作品宝库。
因为在这里，无论你是到大城市还是到再小的城镇去，
都可以邂逅到可在西方美术史上留名的
艺术名品和特色建筑。
要想好好地充分享受这些漫长的历史所孕育出来的众多艺术作品，请一定要找好欣赏意大利美术的关键。

17世纪 意大利文艺复兴晚期，巴洛克美术

到了文艺复兴末期时，开始流行人为地将人体细长化、突出化的画风，这种画风被称为“手法主义”。这个时期的代表性画家是帕尔米・贾尼诺。后来这种手法主义风格的画风逐渐退出历史舞台，取而代之的是以豪华为特征的巴洛克风格的美术。这一时期活跃的是博洛尼亚派的卡拉瓦乔、威尼斯画派的蒂耶波洛等和参与了罗马的圣彼得大教堂(p.96)的雕刻工作的玛德卢娜、乔凡尼・洛伦茨・贝尼尼、波洛米尼等。乔凡尼・洛伦茨・贝尼尼的杰作是圣彼得大教堂的大华盖(p.97)和罗马纳沃纳广场的《四河喷泉》等。另外，波洛米尼的代表作有圣卡罗教堂、圣伊芙教堂、圣阿涅斯教堂等。

◀《年轻的酒神巴克斯在病中》——被认为是卡拉瓦乔年轻时候的自画像

▲迪耶波洛的画以丰富的装饰性和优美的表现形式著称（威尼斯圣洛可大教堂）

▶贝尼尼的杰作——《阿波罗和达芙妮》（罗马贝佳斯美术馆）

▶博洛米尼的代表作——圣阿涅斯教堂

意式西红柿奶酪沙拉 ● *Caprese*

▲西红柿和紫苏叶沙拉固定搭配。用盐和橄榄油调味，味道非常清淡

水牛莫查瑞拉奶酪
● *Mozzarella di Bufala*

▲里面是用水牛的鲜奶做成的莫查瑞拉马苏里拉奶酪和生火腿等。用盐和橄榄油调味

紫苏肝
● *Crostini di Fegato*

▶托斯卡纳地区是在面包上涂上鸡肝泥。有时会和生火腿一起上菜

前菜
Antipasti

有生火腿、蔬菜、海鲜类等冷盘。还可以点当天的推荐菜式——冷盆推荐。考虑一下自己能吃多少再点菜。

尝尽特色美食

在中国，意大利的面食和比萨非常出名，但是这仅仅是意大利美食的一小部分而已。意大利各地都有自己的特色菜，在品味美食的饭店里，会先上前菜，然后再上意大利面食和汤、肉、鱼、甜点。蔬菜的种类也非常丰富。在品味葡萄酒的同时，我们也可以品尝到种类丰富的美食。

生牛肉片 ● *Carpaccio di tonno*

▲里面放金枪鱼的生牛肉片。里面放牛肉的生牛肉片也非常受欢迎。多是和帕尔马奶酪及芝麻菜等蔬菜搭配在一起

▼和生火腿的固定配菜。有的意大利熏火腿上面放的不是甜瓜，而是放的无花果。这种也非常受欢迎

生火腿甜瓜 / 无花果
● *Prosciutto e Melone/fichi*

第一道菜
Primo Piatti

上完冷盆之后，就会上面食、意大利调味饭和汤等。这些都是在鱼肉类之前吃的食物，以碳水化合物为主。也可以给服务员打个招呼不上这些食物。

▶意大利面食。里面放有咸肉、帕尔马奶酪、黑胡椒和蛋黄。这一道食物的特点是以味浓著称

烤面条加干酪沙司通心面 ● *Spaghetti neri con Seppie*

用乌贼墨液制作而成的意大利面食 ● *Spaghetti alla carbonara*

◀用乌贼的墨液和乌贼制作而成的意大利面食。乌贼本身甜甜的，酱汁还散发着海水的芳香。味道非常清爽

豆汤 ● *Zuppa di fagioli*

▲上第一道菜时会上豆子和蔬菜。这道菜在鱼肉等料理上来之前，非常有益于健康

羊乳干酪疙瘩汤 ● *Gnocchi al gorgonzola*

▲用地瓜粉和小麦粉制作而成的意大利面食。非常酥脆，非常适合和青梅奶酪一起吃

配菜/蔬菜
Contorno/Verdura

一般在点第一盘菜或者第二盘菜的时候点配菜或者蔬菜。除了沙拉和生菜之外，还有油煎和油炸食品等。

油煎蔬菜 ● *Verdure alla Griglia*

▲烧烤的时令蔬菜。多是用盐、橄榄油和香草调味

▼在茭瓜的花里夹上鲜奶酪之后油炸出来的食品。微苦的花和浓浓的奶酪是绝好的搭配

油炸茭瓜 ● *Fiori Fritti*

第二道菜
Secondi Piatti

里面主要是鱼、肉。菜单上写的是“肉”、“鱼”，做菜的材料和做菜的方法也是丰富多样的。要是觉得菜量过多吃不了的话，可以不要第二道菜或者两个人平分第二道菜

▶将还没有食草的羊仔烧烤、制作而成。在还带有骨头的肉上放上蒜、迷迭香等香草，这样的话会更加美味

烤羊肉 ● Abbacchio

焖小牛蹄 ● Ossobuco

▲焖小牛蹄。这道菜是将牛蹄和西红柿或者甜酒等一起焖。肉黏糊而且柔软，具有焖肉特有的甜味

油炸海鲜 ● Fritto misto di mare

▲海鲜混炸食品。将虾、乌贼、章鱼和小鱼等混合在一起炸，之后上面撒上盐和柠檬，口感非常清爽

煎小牛肉卷 ● Saltinbocca

▶将生火腿和鼠尾草夹在切成薄片的小牛肉卷里，进行煎炸。料理的名字是“轻轻地吃”。在吃它的时候也要如它的名字所示，轻轻地一口一口地吃

甜点
Dorci

▼意大利版的果汁饮料。是一种将切好的水果和蒸馏酒——格拉巴酒和糖混合在一起的食品

水果拼盘 ● Macedonia

▼一般是把水果面饼和水果以及奶油混合在一起。水果的种类有洋梨、乌饭树浆果、山莓等，这些都是根据季节不同而变的

水果面饼 ● Cestina di Frutti di Bosco

▼口味多种多样，有水果系列的，也有奶油系列的。最值得高兴的是里面包含的卡路里只是普通的意大利料理的一半，热量非常低

冰激凌 ● Gelato

比萨
Pizza

比萨是意大利地地道道的食物，正因为如此，意大利的比萨的种类非常多。自己去旅行的地方如果可以吃到比萨的话，带上奶酪和各种厨具，可以在那里亲手在很短的时间内制作比萨。比萨上的奶油已融化，各种制作比萨的素材也是新鲜的，这种搭配令人不知不觉感到非常陶醉。

水牛莫查瑞拉奶酪比萨
● Mozzarella di Bufala

◀图左莫查瑞拉奶酪使用的是罗马系列的水牛，非常好吃。为了充分发挥出新鲜的莫查瑞拉奶酪的风味，使用的食材非常简单

什锦比萨
● Capricciosa

▲别名“随意比萨”。因为这道比萨制作成什么样子主要是看个人当天的心情。里面的材料有生火腿、煮鸡蛋、黑橄榄油、粉剂和朝鲜蓟等

蔬菜比萨
● Ortolana

▲这种比萨里使用的都是当季的蔬菜，像茭瓜、红辣椒和茄子等。是一种非常健康的食品

四种奶酪比萨
● Quattro Formaggio

▲是将莫查瑞拉奶酪、羊乳干酪、软奶酪和帕尔马奶酪四种奶酪混合在一起制作而成的。如果喜欢奶酪的话，一定不要错过这种比萨

▼名字本身的意思是“渔夫”。正如名字所示的那样，比萨里一般都包含有小虾、乌贼等海鲜食品，有着浓浓的海鲜的味道，是一道非常美味的比萨

渔夫比萨
● Pescatore

香肠比萨
● Salsiccia

◀比萨里面夹的是香肠，味道是咸的。虽然制作简单，但是令人吃过之后念念不忘

生火腿和芝麻菜比萨
● Prosciutto e rucola, formaggi

◀比萨里面放有生火腿、芝麻菜、新鲜的莫查瑞拉奶酪和玉米等，种类非常丰富

玛格丽特比萨
● Margherita

▼之所以叫这个名字是因为在萨沃亚家族王妃玛格丽特访问那不勒斯的时候，点的就是这种比萨，从此便有了这个名字。虽然制作简单，但却是比萨当中配料配得最好的

意大利面食
Pasta

意大利面食有数百种之多，各个地方的面食也是多种多样。遍访各地时吃到的美食一定会成为日后的美好的回忆的。那么，这次到意大利旅游会吃到什么样的料理呢？

博洛尼亚风味疙瘩
Gnocchi al Bolognese

▲用兔肉和猪肉肉酱做成的疙瘩。汤团是用马铃薯和面粉做成的意大利版的疙瘩

酸辣通心粉
Penne all'arrabiata

▶调味料辛辣，是用西红柿和辣椒调制而成的。如果调料只是用了西红柿而没用辣椒的话，就不叫酸辣通心粉，而叫西红柿通心粉了

牛肝菌干面条
Tagliatelle ai Funghi porcini

▶面条宽约4厘米。里面的牛肝菌最适合在秋天食用了

蛤蜊通心面
Spaghetti con Vongole

◀这道面食在中国也是广受好评。调料中放大蒜和辣椒，能足够勾起人的食欲

馄饨
Ravioli

◀形状扁平。里面包的馅通常是乳清干酪和南瓜等

意大利宽面
Lasagna

▶宽状的面条。一般是使用乳清干酪、帕尔马干酪和莫查瑞拉干酪这三种东西做调料

海鲜通心面
Spaghetti alla Pescatora

▶海鲜类通心面。里面通常放有满满的大虾、蛤蜊和贻贝等

▼面条是宽的，里面放有兔肉、猪肉和牛肉等做成的肉酱，味道非常好

蔬菜炖肉宽面条
Pappardelle al Ragu di Carne

蛤蜊西红柿酱汁螺蛳粉
Gemelli con vongole rosso

▶这道菜中含有双胞胎的意思，面是向里面卷着的。横截面呈S形，看起来非常好看

夹心面包
Panini

是意大利一种传统三明治。在三明治里夹上生火腿和奶酪、新鲜的蔬菜，非常适合做午餐。在酒吧里和简易的餐馆中都能吃到。

★饭店不同食物的名字也有所不同

生火腿芝麻三明治
● *Prosciutto e rucola*

▲简单而又经典的三明治。芝麻大多数时候放的是比普通的芝麻更香的野生的芝麻

生牛肉片三明治
● *Carpaccio*

▲用牛肉和硬面包做成的三明治，味道和分量都十足。上面的芝麻也很爽口，更增添了美味

鲑鱼三明治
● *Salmone*

▲用烟熏鲑鱼和柠檬制作而成。属于健康饮食

标准三明治
● *Giusto*

▲里面夹的是熏火腿、莫查瑞拉奶酪、西红柿和凤尾鱼，用芥末调味

松露三明治
● *Tartufo*

▲里面夹的是产自帕尔马的生火腿、鲱鱼奶酪和芝麻等，用白松露油调味

新纪元三明治
● *Terranova*

▲里面夹有意式肉肠，肉肠是用盐腌的猪油做成的，味道辛辣。另外里面还夹有奶酪，味道非常浓重

酒吧里的菜单

即使是咖啡都有这么多种类！

酒吧里一般都是站着喝酒的，但是也可以找个座位坐下来点酒喝酒。站着喝的话通常是在收银台那里点好酒，先付款，然后拿着收据到前台去领点的东西。坐在座位上喝酒的话，要先找服务员点好酒，最后付款。

意式浓缩咖啡
● *Espresso*

◀饭后必喝的就是这个咖啡了。非常浓厚。并且不仅仅只是可以在饭后喝，一天可以在酒吧里喝好几次

卡布奇诺
● *Cappuccino*

▼浓咖啡和泡沫牛奶各半。一般会长久地停留在肚中，所以一般都是在早饭后喝，下午一般不会喝这种咖啡

焦黑糖玛奇朵咖啡
● *Caffe Macchiato*

▼意大利式浓缩咖啡加少量泡沫牛奶而成的咖啡。相对的，牛奶多一些、咖啡少一些的是拿铁咖啡

奶油咖啡
● *Caffe con Panna*

▼意大利浓缩咖啡中加入适量的鲜奶油制作而成。还有的是在饭后，在咖啡中加入酒制成的杏仁的样式

米兰

Milano

米兰坐拥谷仓地带，料理当中烩饭非常受欢迎。一些非常简单易做的肉类料理也很多，比如用平底锅将嫩牛肉煎得又薄又长的炸肉排等。

米兰烩饭
Risotto alla Milanese

米兰烩饭。黄色是藏红花的颜色。用清汤炖好，然后用做好的帕尔马干酪兑上，调出味道

米兰炸肉排
Cotoletta alla Milanese

米兰式炸肉排。做法是将嫩牛肉做成又薄又长的形状，然后在上面放上面包粉，最后炸出来。在加上盐和柠檬后，味道非常清爽

炖小牛肘
Ossobuco

煮的是小牛的牛肘，里面加的是西红柿和白葡萄酒

值得回味的地方料理

意大利南北狭长，地形和气候各异，饮食文化也是多种多样。虽说都是面，但是要说地道的话，南意大利的还是数通心面，北意大利还数手工面食。要是到意大利去旅游的话，一定要到各个地方去品尝它们各自的地道的料理。

意大利宽面
Lasagna

面的形状扁平。在面里加入猪肉、鸭子肉和兔子肉等做的肉酱，烧烤而成

意大利肉酱扁面
Tagliatelle ragù alla bolognese

博洛尼亚式意大利干面条。面里面夹的是猪肉和兔肉等做的肉酱

博洛尼亚

Bologna

博洛尼亚背临广阔的谷仓地带，是意大利屈指可数的美食之都。像用肉末做成的面食“肉酱面”和宽面条等都是当地的名吃。

小牛肉火腿
Saltimbocca alla romana

生火腿将嫩牛肉包起来，然后用鼠尾草的叶子增添香气，烤制而成。用的是黄油和橄榄油

罗马

Roma

罗马历史悠久。这里的料理主要是18、19世纪的庶民料理。因为当时肉是非常珍贵的东西，所以到现在这里的食物主要还是使用动物的内脏和尾巴等制作而成。也有很多料理是用西红柿和腌肉做成的

将小羊肉和迷迭香放在一起烧烤而成。用烤箱烧烤而成的是牛奶烧小羊肋排

烤羊肉
Abbacchio

酱是用西红柿、猪脸上的肉和羊奶酪等做成的，然后将酱浇在面上。这道面食发祥于亚平宁山脉山麓上的一个叫阿莫奇莉娅的村庄

意大利辣酱细长面
Spaghetti all'amatriciana

煎的是蔬菜和动物的内脏。还有一道菜在罗马也非常受欢迎，那就是古代伊特鲁里亚人从中东那里学到的煎洋姜

罗马煎炸食物
Fritto alla Romana

北

南

威尼斯

Venezia

威尼斯自古以来就是凭借海运繁荣起来的，因此这里的饮食也主要是以大量使用亚德里亚海里的海鲜而出名。到威尼斯的话一定要尝一尝这里的玉米粥和用乌贼墨液做成的面食。

海鲜玉米粥
Antipasto di Pesce e Polenta

在上蔬菜之前一般都会上这道粥的。所谓的polenta差不多指的就是用玉米做成的粥

海鲜烧烤
Pesce alla Griglia

海鲜烤肉。将虾、螃蟹和鱼等简单地进行烧烤。之后在上面涂上柠檬汁就可以食用了

油炸海产
Fritto Misto di Mare

这道面是将炸好的海鲜放在一起制作而成的。吃法很简单，蘸着盐和柠檬吃就可以了

佛罗伦萨

Firenze

托斯卡纳地区的农业非常发达，其中牛非常出名。有很多菜是使用牛扒为原料做成的，比如T带骨牛排就是将这种牛肉放在炭火上猛烈烧烤而成的。还有很多豆制料理和以动物内脏为材料的料理

佛罗伦萨牛排
Bistecca alla Fiorentina

用炭火将上好的牛扒进行烧烤而成的料理。里面加的调料是柠檬和盐，味道非常鲜美

白面包片
Crostini

这是一道开胃食品，在切得很薄的托斯卡纳面包上涂上肝泥制作而成。有时也会在上面放生火腿

佛罗伦萨牛肚包
Trippa alla Fiorentina

将牛的第二个胃——蜂状牛肚和西红柿酱放在一起煮得很熟而成。非常完美，味道很清爽

烤牛肝菌
Funghi Porcini alla Griglia

到了秋天便有很多人期待着能吃到这道菜。烧烤的话还是烤牛肝菌的味道更胜一筹

西西里岛

Sicilia

西西里岛毗邻地中海，位置很是优越。这里现在很多的饮食习惯还是受到希腊和拜占庭、阿拉伯等的饮食文化的影响。金枪鱼烧烤、沙丁鱼面和生海胆面、蔬菜混煮而成的什锦蔬菜碎茄子等都是当地名吃

炸饭球
Arancini

种类很多，有煮牛肉的，也有在里面加火腿和莫查瑞拉奶酪的，等等

什锦蔬菜碎茄子
Caponata

这道菜受到了西班牙料理的影响，是将茄子、西葫芦和辣椒等放在一起，加上甜醋煮制而成的

奶酪 Formaggio

各个地方的奶酪多种多样，非常齐全。奶酪不仅被用来做饭，而且还被用于制作甜点。

北

北部

北部是意大利屈指可数的谷仓地带。这里的奶油、奶酪和黄油的生产非常盛行，主要的材料是在阿尔卑斯的牧场生产的。还有很多奶酪是用牛奶和羊奶做成的。

软奶酪 Taleggio

伦巴第大区制作的奶酪。触到舌尖时湿润入口，味道恰好，非常受那些喜欢吃奶酪的人的欢迎

蓝纹芝士 Gorgonzola

蓝纹芝士和法国的洛克福特奶酪以及英国的斯第尔顿奶酪并称蓝乳酪之雄。可用于面食和比萨、料理等的制作。原产地是在阿尔卑斯山麓

伦巴第奶酪 Mascarpone

原来的产地是在伦巴第，现在生产已经扩大到全国各地了。伦巴第奶酪可以和蓝纹芝士一起用于面酱的制作，还可以和果酱及水果一起，用于点心的制作等

帕尔米贾诺・帕梅森乳酪 Parmegiano Reggiano

奶酪的材料来源要求非常严格，只可以用位于艾米利亚・罗马涅大区的帕尔米贾诺・帕梅森这里的奶牛产出的奶做原料

一定要品尝的奶酪 & 葡萄酒

意大利奶酪大约有450种。奶酪不仅可以直接吃，而且还可以用于制作面酱，还可以和水果混在一起制作甜点。另外从北到南，各个地方的葡萄酒也是各具特色，非常出名。不管是奶酪还是葡萄酒一般都是根据产地命名的，到现在都还固守着自己本来的产地和品质。

中南部

坎帕尼亚大区地处温带，在这种气候条件下非常适合培育牛，用水牛乳制作而成的莫查瑞拉奶酪非常有名。有些简单的料理是使用了新鲜的材料做成的，这样的奶酪非常适合用于这种料理上

羊奶酪 Pecorino

正宗的产地是位于拉齐奥大区的罗马和撒丁岛。这种奶酪用羊乳制作而成，可用于制作通心面和奶油培根酱、吉诺维斯酱等

莫查瑞拉奶酪 Mozzarella

产地主要是在坎帕尼亚大区等意大利的中南部地区。用牛乳制成的奶酪是最高等级的。颜色乳白，非常适合用于做沙拉和比萨

南部

和莫查瑞拉奶酪的做法是一样的，这里的奶酪主要有斯卡莫札干酪等，斯卡莫札干酪一加热的话会呈丝状延长。西西里岛的奶油甜馅煎饼卷也非常受欢迎。奶油甜馅煎饼卷是在原来的奶酪上加上凝乳后制成的点心

意大利乳清干酪 Ricotta

盛产于南意大利，里面含有的脂肪成分相对较少，属于奶油奶酪。可以说只是一种万能的奶酪，可以用于做面食、沙拉和甜点等，用途非常广泛

将莫查瑞拉奶酪进一步煮熟，使得其中的水分变少。用绳子将其吊起来，蒸熟即可。采用古代从西西里岛那里传来的制法做成的叫做“羊奶干酪”

斯卡莫札干酪 / 羊奶干酪 Scamorza/Caciocavallo

南

葡萄酒 Vino/Vini

地方不同，葡萄酒也各具特色。旅行当中在品尝当地料理的同时，一定不要忘记品尝当地的葡萄酒。

北部

“巴罗洛葡萄酒”和“巴巴莱斯克(Barbaresco)葡萄酒”是意大利代表性的最高级的葡萄酒，产于皮埃蒙特大区。另外，“spumante”是一种类似于香槟酒的带泡沫的葡萄酒，也是北意大利的特产。

A 苏阿韦白葡萄酒 Soave

产于威尼托州的白葡萄酒。名字的寓意是“好心情”，也正如它的名字那样，这种酒喝起来非常凉爽，喝完会感到非常痛快

B 弗兰奇亚考达 Terre di Franciacorta

弗兰奇亚考达（Terre di Franciacorta）法定产区（DOC）葡萄酒，分白葡萄酒和红葡萄酒两种。气泡型的“弗兰奇亚考达”酒也非常出名

C 巴巴莱斯克葡萄酒 Barbaresco

皮埃蒙特大区最高等级的DOCG葡萄酒。酒全部都是红色的，而且特别红

中部

中部地区的葡萄酒主要是托斯卡纳地区的基安蒂红葡萄酒、锡耶纳郊外的蒙特普勒齐亚诺所产的名酒布鲁内洛蒙特普勒齐亚诺红葡萄酒，除此之外还有许多非常好喝的白葡萄酒。

D 蒙特普勒齐亚诺布鲁内洛 Brunerro di Montalcino

成酒时间是24个月，其中有4个月多是放在橡木桶里面让其酝酿，属于DOCG葡萄酒

E 恺撒庄园(ROSSO)干红葡萄酒 Rosso di Montalcino

和布鲁内洛一样，全部都不过是用桑娇维塞葡萄品种酿造而成，但是成酒的时间却非常短，只需一年

F 蒙特布奇诺贵族葡萄酒 Vino Nobile di Montepulciano

纯粹的红酒，看起来酒色非常优雅，而且颜色均匀。属于托斯卡纳地区的DOCG葡萄酒

南部

坎帕尼亚大区的多拉西红葡萄酒等因其味浓而出名。坎帕尼亚大区和西西里岛多产尝起来比较细腻的白葡萄酒。

G 撒丁岛卡诺纽葡萄酒 Cannonau di Sardegna

由卡诺纽品种的葡萄酿造而成，属于撒丁岛的DOC葡萄酒。水果果实的味道非常好

H 萨兰托恺撒庄园葡萄酒 Notarpanaro rosso del Salento

从普利亚大区单一葡萄园中培育而来的红葡萄酒。红酒整体呈砖色，味道浓重

I 千丝恋人干红葡萄酒 Romagnano

拉齐奥大区红葡萄酒，由赤霞珠和梅洛品种的葡萄制作而成。价格合理，质量上乘

葡萄酒等级参考

意大利葡萄酒的等级从上到下分别是：DOCG、DOC、IGT、VdT，其中档次最高的“DOCG”是“保证法定地区餐酒”的简称。也并不一定是说这个等级就能保证葡萄酒的质量，比如像有些酒瓶上虽然标的等级是VdT，但也是最高级别的葡萄酒。发现那些不怎么有名、价格实惠、品质又高的葡萄酒也是旅行的乐趣之一。

精挑细选 当地特产

A 威尼斯玻璃杯

B 洗发水

C 陶瓷器

品质高端·价格公道！适于做特产！

在中国有些东西必须到大城市里才能买到，但是如果是在意大利的话，随便去一家超市就可以轻而易举地买到。除了各地的工艺品之外，从南到北各地的特产和名特产等多种多样。把自己当做是当地人，好好进行一番挑选吧。

E 天然盐

D 干燥牛肝菌

F 皮革小制品

A 威尼斯玻璃杯。将玻璃做得又薄又长，进行了精细的手工制作而成。如果是要带回去的话，一定要拜托店员认真地打包好。

B 意大利的洗发水使用低农药含量的草本植物制作而成，非常具有自然性。使用这样的洗发水也是意大利长久以来的传统。图B是罗马老字号店铺安一茂那苏特里（AIMONASUTERI）的洗发水，对身体和环境都非常好。

C 意大利是高级陶瓷器的原产地。小型咖啡杯的种类比中国丰富，可以很轻易地找到自己喜欢的东西。

D 牛肝菌可以用于蘑菇烩饭和面食制作。如果是干燥品的话，一年四季不分任何时候都可以到手。干燥的牛肝菌用水将其浸湿，恢复原样后即可用于面食制作。

E 在西西里岛等空气清新的海岸地带生产的天然盐。在做海鲜料理的时候如果在里面加上这些东西的话，味道会更加鲜美。可以的话注意买一些在中国买不到的盐。

F 佛罗伦萨的特产是皮革制品。体积不大，但是质量很好的硬币包也是一件非常值得作为礼物带回去的好东西。

G 可以在意大利买到当地特有的瓶装的意粉酱。有的是加上白松露的，还有加了圣约瑟夫草奶酪。到了这里就尽量多尝试一下各种味道的酱吧。

H 乌鱼子

I 巧克力

K 柠檬酒

G 意粉酱

H 撒丁岛产的乌鱼子的真空包装。魅力之一是它的价格比在中国便宜。将其做成粉状，再加在面食上调味的话，那将是一道绝美风味的菜。

I 都灵是巧克力的名产地。呈三角形的吉安杜亚（Gianduia）巧克力，是一种非常高级的巧克力，非常有名。

J 如果是像帕尔马干酪和乳酪等熟制品的话，可以把它们进行真空包装，带回中国。

K 柠檬酒是将受到南部强烈的阳光直射而生长出来的柠檬放在酒中浸泡，制成的一种果实酒。味道非常清爽，适于饭后饮用。

L 面食的包装也很漂亮。很多面食的制作材料的要求都非常高，一般都要求用优质的有机小麦，全国各地几乎都一样。

M 如果在自己旅行的地方看到数量很少而质量又很好的东西的话，一定要当做特产带回去。著名的生产橄榄油的地方有托斯卡纳等。

N 意大利盛行使用天然的化妆品。采用了草本植物制作的高质量的肥皂以及化妆品等，价格都非常合理。照片上是使用了佛罗伦萨的圣母玛丽亚药局的药草制作而成的肥皂。

J 奶酪

M 橄榄油

L 面食

N 天然肥皂

真情提示

到综合艺术的宝库歌剧院去看看吧

意大利是歌剧的发祥地，也正因为如此，当地歌剧上演的次数是欧洲第一。带多少钱都可以欣赏到相应的歌剧的欣赏方式。不管是坐在什么样的座位上，都可以和现场的人们一起体会共同的感动。

要点 1 了解主题

意大利歌剧的代表作是：1.罗西尼的代表作《塞维利亚的理发师》；2.威尔第作品《弄臣》、《游吟诗人》、《茶花女》、《阿依达》、《奥赛罗》、《法斯塔夫》；3.普契尼作品《波希米亚人》、《托斯卡》、《蝴蝶夫人》；4.多尼采蒂作品《拉美摩尔的露西娅》、《军中女郎》；5.贝里尼作品《梦游女》等。一般歌剧的演出时节是10月开始，经过冬、春两季，到来年6月为止。歌剧演出人员的声音是至关重要的，因此一个人不可能连续好几天进行表演。同时也经常会有变更节目演出内容的情况。因此收集相关的信息至关重要。到旅游咨询处收集信息吧。

要点 2 选择剧场

意大利代表性的剧场有米兰大剧院、罗马大剧院、都灵皇家歌剧院、佛罗伦萨市立剧院、维罗纳户外竞技场等。这些大剧场有专属的歌手和管弦乐队，地方上歌剧院会有巡游歌剧团演出。不管是在哪里观看，都有各自的好处。顺便说一下，意大利最先流行歌剧的地方是威尼斯。1637年，世界上最早的歌剧专用剧场—威尼斯歌剧院建成。据说到17世纪末的时候威尼斯的歌剧院达15所之多，百花竞开。

要点 3 购票须知

最可靠的办法是直接到各个剧场的售票处去查询演出的节目和空席情况。如果是住在三星级以上的酒店的话，可以委托礼宾部帮忙联系，但是大多数情况下都需要本人自己在场，并且还是需要门票进入。像米兰大剧院和佛罗伦萨市立剧院等主要的剧场，还可以在网上预约购买剧场入场券。

米兰大剧院
http://www.teatroallascala.org/
佛罗伦萨市立剧院
http://www.maggiofiorentino.com/
威尼斯大剧院
http://www.teatrolafenice.it/

要点 4 注意事项

1.要是买到了好座位的歌剧票的话，一定要注意自己的衣服要和自己的座位的等级相匹配。特别是第一天的时候，有很多人是穿着正装出席的。男性一般是打黑色领带，女性的话也会穿与之相符的服装。如果穿得过于随便的话，会给人留下不合时宜的印象的。

2.开始演出的时间比较晚，早的话也要等到晚上8点，通常是半夜12点以后结束。打车很需要时间，所以如果大家都是女性的话，一定要注意安全。特别是要做好心理准备，节日或者是繁忙时期的话，看演出的人可能会比较多。

3.和中国的京剧一样，如果能事先了解一下所演的歌剧的内容的话，那么观赏效果会更好。

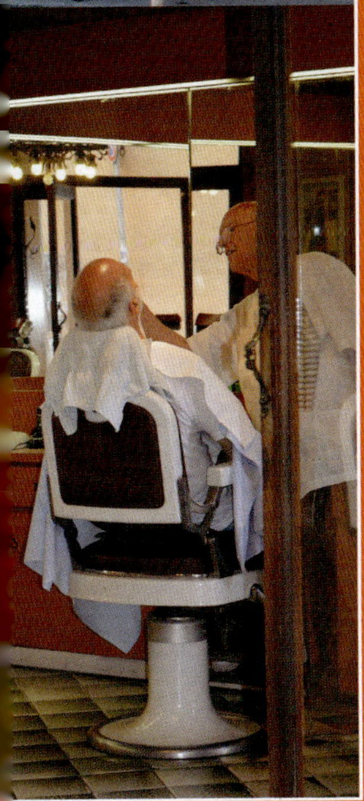

罗马

Roma

按目的地分类

享受罗马之旅的乐趣指南

罗马是当时罗马帝国建国时候的帝都，也是梵蒂冈的中枢。这里的古代遗迹自不必说了，而且还有各种文艺复兴时期的艺术和巴洛克时期的艺术遗迹。从君主专制过渡到共和国制之后，作为意大利的首都，罗马成为文化、政治中心，并成为许多电影的拍摄地。这里有很多品牌店，因此可以享受到购物的乐趣。

初到罗马的话，建议走标准旅游路线▶p.58~

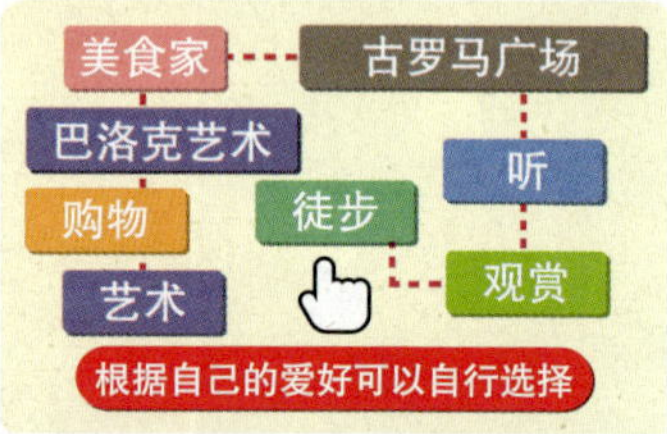

古代罗马遗迹

罗马——“遗迹之城” 一定要观赏的景点非常多

巡游政治、经济中心地区

➡古罗马广场
……p.99

➡万神殿：p.58①标准旅游路线
……p.93

➡卡比多利尼广场
……MAP p.67-K

娱乐设施 & 浴场

➡罗马斗兽场
p.60古罗马广场旅游路线
………p.99

➡卡拉卡拉浴场
…………p.99

➡戴克里先浴场遗迹
…………p.85

艺术

罗马引以为豪的珍宝也一定要观赏一下 古代、中世纪的艺术品

欧洲艺术的瑰宝

➡梵蒂冈美术馆p.58①标准旅游路线……p.97

古代艺术作品的宝库

➡罗马国立美术馆（马西莫宫）p.58①艺术旅游路线
……p.85

伊特鲁里亚美术

➡国立伊特鲁里亚博物馆……MAP p.70-A

完美的古代雕刻

➡卡比多利尼美术馆……p.60②附加的遗迹+@路线p.98

美食家

品味罗马与拉齐奥大区的本土料理

➡罗马地方美食 ……… p.46~

➡酒吧 ……… p.417~

巴洛克艺术

在罗马要观看的巴洛克风格的雕刻作品是什么呢？

雕刻聚集地

➡贝佳斯美术馆 …………p.89

喷泉雕刻的杰作

➡特雷维喷泉……p.58①标准旅游路线p.58①艺术旅游路线……p.91
➡纳沃纳广场p.59①艺术&购物路线……p.93
➡西班牙广场 p.58①标准旅游路线 ……p.88

购物

想购买意大利品牌商品的话请到这里来

品牌购物

➡孔多蒂大街周边p.58①标准旅游路线……p.101
➡科拉迪廉佐大街p.59①艺术&购物旅游路线……p.101

鞋・小物品之类的

➡鞋子专卖店……p.104、105
➡内衣・手套……p.105
➡熟食店（家常菜・食品）……p.106

超市 & 化妆品

➡天然化妆品/百货店……p.106

欣赏

如果自己是音乐爱好者的话，一定要到正宗的歌剧院去听一听歌剧

歌剧

➡歌剧是什么？…………p.50
➡在哪里观赏歌剧
歌剧院……MAP p.65-G

听

轻松愉快地欣赏一下“商业城市的歌剧”吧

歌曲

➡去哪儿听？
歌曲饭店 …………p.110

徒步

最关键的是如何高效率地观赏完不容错过的景点

巡游古罗马

➡古罗马广场~斗兽场…………p.99

台伯河西岸

➡特拉斯特弗列地区（越台伯河地区）……●剪切地图MAP 20、21

古代街道

➡阿皮亚老街道…………p.100

罗马名胜分布

特色街区先睹为快

罗马的古代遗迹到处彰显出古代罗马帝国的威严。让自己沉浸在古代历史的氛围当中慢慢地在这里的街道上徜徉吧。这里有以梵蒂冈美术馆为代表的美术馆，有可以欣赏歌剧的各种歌剧院。为了高效地观赏这些景点，首先来看一下各个地方的特色吧。

梵蒂冈地区 p.94

这里的山是天主教的总本山——梵蒂冈的所在地。圣彼得大教堂是这里的中心地带。

这里是一个独立的国家的中枢，其大小和中国北京的故宫差不多。这里距离圣天使城堡也很近，历代的教皇在发生什么紧急的情况的时候，都会跑到圣天使城堡这个要塞来避难。

这里拥有众多的世界历史遗迹，但是一定不要错过必须观看的还是拥有众多人类至宝的梵蒂冈美术馆。梵蒂冈美术馆由数百个美术馆组成，在这里可以欣赏到希腊—罗马时代的众多的雕刻杰作以及米开朗琪罗的杰作壁画等。

纳沃纳广场 p.93

整条街上都是充满跃动感的雕刻，这些雕刻可以说都是巴洛克式的作品精华。广场十分华丽敞亮，尤其是晚上灯火辉煌，建议一定要晚上到这里散散步，亲身感受一下。

特拉斯特弗列地区

位于台伯河西岸一道曲流间、类似河中突出之半岛的特拉斯特弗列地区，是古罗马城庶民的居住地，处于帕拉提诺和台伯河之间。这里到处都有平民比萨店、饮食店，以及可以听歌曲的剧院宾馆等。

西班牙广场 p.88

西班牙广场是老电影《罗马假日》的拍摄地。周边是高级品牌店聚集的购物地带。这里到处是人山人海，有到这里来购买名牌产品的，也有只是站在商店橱窗看一看、享受购物的愉快的。

特雷维喷泉 p.91

据说往这个喷泉里面投入硬币的话，就可以再次到罗马来。大喷泉周边的游客络绎不绝。是可以让人深切地体会到“水都”之称的喷泉地。

古罗马广场 p.99

古罗马广场曾经是罗马帝国的中心地区，并且长达1 000年之久。到现在这里还残留着参议院、神殿和大教堂等遗迹，另外还有当时皇帝凯旋行进的“神圣大道”遗迹。临近罗马斗兽场是罗马帝国时代最大的圆形竞技场地，由4层构成，可以容纳7万人左右，十分宽敞。

卡拉卡拉浴场 p.99

这里是古罗马帝国遗迹当中最大的浴场遗迹。大约有11万平方米，温热浴室、浴池、体育室、按摩室等各种设施齐全。这里还保留着浴室的遗迹，地板上还遗留着镶嵌画。

Roma

罗马
推荐旅游路线①

罗马的景点众多，即使在这里花上五六天的时间旅游也远远不能把所有的景点都观赏一遍。所以，暂时还是按照标准的旅游路线来这里旅游吧。有的美术馆周一时休馆，所以到这里旅游的时候应该把这一点也考虑在内。

标准旅游路线

出发 地铁A线 cipro musei梵蒂冈博物馆站 ➡MAP p.68-A

需6分钟　罗马的经典旅游路线，首先从梵蒂冈开始

梵蒂冈美术馆 ➡p.97　所需 3小时

需5分钟　从梵蒂冈美术馆出发，沿着墙壁南下，就会到达圣彼得大教堂

圣彼得大教堂 ➡p.96　所需 40分钟

8分钟 / 5分钟　在宫殿前下车，到达马西莫宫后左拐，到达纳沃纳广场

纳沃纳广场 ➡p.93　所需 30分钟

5分钟　从纳沃纳广场的“四河喷泉”出发，到了东边的胡同后，也就到了万神殿

万神殿 ➡p.93　所需 15分钟

6分钟　在万神殿前面的广场前向东拐，到了科尔索大街之后左拐，到达穆拉特街之后就很容易找到特雷维喷泉了

特雷维喷泉 ➡p.91　所需 20分钟

15分钟　返回科尔索大街，北上，从孔多蒂大街右拐

西班牙广场 ➡p.88　所需 1小时

5分钟　在西班牙广场周边的孔多蒂大街等地方享受一下只需站在窗口看不买的购物愉快吧。也非常适合找一个咖啡馆坐下来休息一下

地铁A线西班牙站 ➡MAP p.64-A

1分钟　在地铁第一站下车。人民广场（波波罗广场）曾经是罗马的关口

终点 人民广场（波波罗广场）➡MAP p.64-A

艺术旅游路线

出发 特尔米尼站 ➡MAP p.65-H

3分钟　艺术旅游路线的出发点是地铁总车站。车站前的广场对面是博物馆

罗马国立博物 ➡p.85　所需 2小时

5分钟　从博物馆前向西北行进，到达共和国广场

地铁A线共和国站 ➡MAP p.65-G

2分钟　在地铁坐一站地后在巴贝里尼站下车

巴贝里尼广场 ➡p.85

注意要点

这个旅游路线当中的旅游景点都是到罗马去旅游的时候一定要去观看的景点。在梵蒂冈美术馆参观需要3个小时，所以出去旅行的话一定要注意早早出发。即使是这样也要花上一天的时间。如果不是第一次到罗马来旅游的话，推荐的路线是：从纳沃纳广场穿过特雷维喷泉，然后乘地铁从西班牙广场到斗兽场去。

●观看斗兽场要点

从梵蒂冈到纳沃纳广场路线：乘坐64路公交车从圣彼得广场南侧的停车场出发，经过埃马努埃莱二世街道，然后在埃马努埃莱二世街道沿线的圣帕特雷尔广场下车，一下车就是纳沃纳广场。

梵蒂冈城可观看的景点非常多，最好准备花费半天的时间来这里观赏

注意要点

观赏古罗马和巴洛克美术的地方。一定要看的就是集中了罗马美术精华的罗马国立美术馆。另外还有许多值得看的美术馆和博物馆等，所以一定要轻装出行。要是累了的话，就在地铁共和国站或者是巴贝里尼站周边的咖啡馆休息一下。

🚶3分钟　从车站前向东南方向走

国立绘画馆（巴贝里尼宫殿）➡p.85　所需 1小时

🚶5分钟　塔纳街道向南，左转，从“四河喷泉”向右拐

圣安德烈亚教堂 ➡p.86　所需 20分钟

🚶5分钟　从奎里那莱广场到达利亚大街，之后向右转，很容易就能看到了

特雷维喷泉 ➡p.91　所需 20分钟

🚶8分钟　从斯坦贝利亚大街北上，然后从许愿池向右转

终点　地铁A线巴贝里尼站 ➡MAP p.64-F

艺术 & 购物旅游路线

出发　地铁A线西班牙站 ➡MAP p.64-A

🚶10分钟　从西班牙广场南下，穿过许愿池，马上就是

特雷维喷泉 ➡p.91　所需 20分钟

🚶7分钟　到达科尔索大街后，左拐，进入神学院街道后，马上就能看到

万神殿 ➡p.93　所需 15分钟

🚶7分钟　穿过圣阿涅塞教堂侧边，就到达广场了

纳沃纳广场 ➡p.93　所需 30分钟

🚶15分钟　从广场出发，经过科洛纳里大街，到达圣天使桥之后马上就到

圣天使城堡 ➡p.95　所需 30分钟

🚶7分钟　沿珀尔塔城堡向北走，一直向前走

科拉迪廉佐大街 ➡p.101　所需 30分钟

🚶8分钟　沿法比奥·马西莫大街一直向北，就可以到达这条繁华的街道了

终点　地铁A线圣彼得站 ➡MAP p.68-B

●道路要领

这里有许多从特雷维喷泉北侧的许愿池街道到地铁巴贝里尼站、共和国站的公交车。

圣安德烈亚教堂内部非常美观

注意要点

这条路线不仅可以观看特雷维喷泉和纳沃纳广场等著名的景点，而且能到圣天使城堡去参观。另外推荐乘坐一下从圣天使桥到台伯河之间的观光巡航船。还可以到沿圣天使城堡北侧东西延伸的购物街、科拉迪廉佐大街去看一看。

●道路要领

还可以乘坐81、590路公交车从复兴广场到波波罗广场、科尔索大街去。

建在台伯河对岸的圣天使城堡

罗马
推荐旅游路线②

去罗马观光的时候一定要去的就是以壮观的规模著称的古罗马历史遗迹。古罗马广场和卡拉卡拉浴场等地方的面积比较大，所以一定要穿相对运动休闲一点的衣服。如果是半天的旅游的话，要去看看古罗马广场和斗兽场。

古罗马广场旅游路线

出发　威尼斯广场 ➡p.90

🚶3分钟　巡游的根据地相当于罗马的中心地带。威尼斯广场

卡比多利尼广场 ➡MAP p.72-A　所需 10分钟

🚶6分钟　是天才艺术家米开朗琪罗设计的广场，现在还是保留着原来的面貌

古罗马广场 ➡p.99　所需 90分钟

🚶15分钟　如果时间充裕的话，一定也要到古罗马广场南侧的帕拉提诺山丘去看看

古罗马斗兽场 ➡p.99　所需 1小时

🚌3分钟 + 🚶8分钟　乘地铁的话从斗兽场到卡拉卡拉浴场只有一站。在马西莫竞技场站下车

卡拉卡拉浴场 ➡p.99　所需 40分钟

🚶8分钟　从站前广场向南，在卡拉卡拉浴场街道上走大约10分钟，就可以到达卡拉卡拉浴场的入口了

终点　地铁B线马西莫竞技场站 ➡ MAP p.72-J

注意要点

这些遗迹可以让人们切身感受到2 000年前的古罗马的样子，这条路线也是到罗马去旅游时的基本的路线。古罗马广场的入口有3处，但是如果是来参观古罗马广场的话最好还是从卡比多利尼广场的后面进去，边观赏古罗马广场边下楼梯。

●道路要领

从马西莫竞技场站出发经过三站到达特尔米尼站，在这里可以换乘地铁A线。

卡拉卡拉浴场到现在都还残留着以前的瓷砖，而且颜色依旧鲜亮如以前

附加的遗迹@路线

出发　威尼斯广场 ➡p.90

🚶3分钟　附加的遗迹路线的出发点是威尼斯广场

卡比多利尼广场 ➡ MAP p.72-A　所需 10分钟

🚶1分钟　这里曾经是古罗马的中心，这里的神殿有25所之多

卡比多利尼美术馆 ➡p.98　所需 90分钟

🚶6分钟　面向卡比多利尼广场，分为两处，分别进行展示

马切罗剧场 ➡ MAP p.72-A　所需 15分钟

🚶15分钟　古代圆形建筑遗迹，于公元前11年由恺撒建造而成

“真理之口” ➡ MAP p.72-E　所需 15分钟

🚶8分钟　这里有大理石制的圆盘，这是电影《罗马假日》中的女王曾经参与制作而成的

终点　地铁B线马西莫竞技场站 ➡ MAP p.72-J

注意要点

卡比多利尼美术馆有许多古罗马时代的优秀的雕刻作品，“真理之口”作为电影《罗马假日》中的一个场面也非常出名，如果到罗马来旅游的话一定要去看看。

●道路要领

乘坐81、160路公交车可以从“真理之口”到马西莫竞技场和威尼斯广场(方向相反)去。

「真理之口」。有很多人在这里摄影留念

相当于罗马中心地域的威尼斯广场

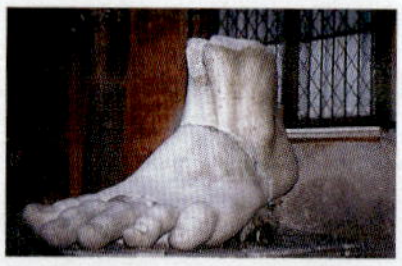

卡比多利尼美术馆。这里的雕刻作品数量众多，而且非常值得一看

商业步行街

出发　威尼斯广场 ➡p.90

🚶8分钟　横穿台伯河岛，到工商业城市去

马切罗剧场 ➡ MAP p.72-A　所需⏰15分钟

🚶5分钟　公元前11世纪完成的圆形剧场遗迹

台伯河岛 ➡ MAP p.72-A　所需⏰10分钟

🚶10分钟　在卡比多利尼广场对面，建筑区被分割成两处，分别进行展览

圣·玛丽亚·伊恩·特拉斯特弗列教堂 ➡ MAP p.62-F　所需⏰10分钟

🚶6分钟　从G.G贝里广场到达龙格特维列大街后很容易就能找到

G.G贝里广场 ➡ ●剪切地图-21

🚶5分钟　乘坐8号电车终点下，终点车站就是银塔广场的所在地

终点　威尼斯广场 ➡p.90

注意要点

G.G贝里广场左转就会到达特拉斯特弗列街道，这条街道上有电车行驶。周边也有很多的老字号饭店。

●道路要领

回去的路线是乘坐8路电车从G.G贝里广场出发，到银塔广场，其中银塔广场（威尼斯广场西500米）是该站的终点站。从这里向北走400米到达万神殿。从这里乘坐40、60路公交车的话也可以到达地铁特尔米尼站。也可以从G.G贝里广场出发乘坐780路公交车到达卡比多利尼广场（威尼斯广场附近）。

从圣·玛丽亚·伊恩·特拉斯特弗列教堂出发，来看一看工商业城镇的景点吧

圣·玛丽亚·伊恩·特拉斯特弗列教堂

从台伯河的中间地带台伯河岛出发的话，很快就可以到达工商业城镇

罗马
Roma
0
1km
N
意大利竞技场
Foro Italico
弗拉米尼奥
FLAMINIO
格洛里
Villa
奥林匹克村
Villa Flaminio
马里奥山
Monte
Mario
普里马瓦勒
PRIMAVALLE
托里奥法莱
TRIONFALE
A
B
E
F
I
J
p.70・71
P.za
Bainzizza
茱莉亚・伊特鲁利亚别墅博物
Museo Naz. di Villa Gi
P.za
Giuseppe Mazzini
剪切图
圣・玛丽亚・德尔・波波罗教堂
Flaminio
Porta d. Popolo
Lepanto
波波罗广场(人民
P.za d.Popo
p.68・69
Ottaviano
S. Pietro
Cipro
Musei Vaticani
梵蒂冈
Città del Vatican
p.66・67
圣天使城堡
Castel S.Angelo
圣彼得大教堂
S.Pietro
P.za S.Pietro
Pal
Montecitor
科隆纳
COLONI
纳沃纳广场
P.za Navona
Battistini
地铁A线
Linea Metro A
Valle Aurelia
Cornelia
Baldo
d. Ubaldi
贾尼科洛
GIANICOLO
Staz.S.Pietro
奥莱利阿努斯城墙
奥雷利奥
AURELIO
贾尼科洛山
M. Gianicolo
马切罗剧
Teatro di Marce
Isola
Tiberi
圣・玛丽亚・伊恩・特拉斯特弗列教堂
Sant Maria in Trastevere
台伯河岸的巴黎小馆 p.107
波比・波比餐厅 p.110
圣卡利斯托广场
Piazza S. Calisto
Villa Sciarra
Porta Portese
多利亚・潘皮利公园
Villa Doria Pamphilli
通往布鲁加利・奥托莱托方向
台伯河
绿荫山
MONTEVERDE
Piramide di Caio Ces
Staz.Trastevere
P.za d.Radio
贾尼科莱恩赛
GIANICOLENSE
S. Paolo Fuori
le Mura
Basilica
S. Paolo
通往菲乌米奇诺机场方向
Via Trionfale
Viale d. Stadio Olimpico
Viale Tiziano
Via Flaminia
Lung. d. Vittoria
Viale Angelico
Viale G. Mazzini
Viale d. Milizie
Via Cola di Rienzo
Circonvallazione Trionfale
Via Cipro
Via di Valle Aurelia
Via d. Pineta Sacchetti
Via di Boccea
Via Aurelia
Via Gregorio
Via Aurelia Antica
Via Leone XIII
Via della Nocetta
Via Vitellia
Via Donna Olimpia
Viale dei Quattro Venti
Via della Fornaci
Lung. dei Tebaldi
Lung. d. Farnesina
Corso Vitt. Eman. II
Viale Trastevere
Viale Portuense
Via Portuense
Circonvallazione Gianicolense
Viale d. Colli Portuensi
Via d. Casetta Mattei
Via del Casaletto
Via Oderisi da Gubbio
Viale G. Marconi
Viale P. Colonna

阿达别墅
Villa Ada
Parco C. Virgiliano
P. za Verbano
萨拉里奥
SALARIO
Villa Torlonia
Villa Albani
贝佳斯美术馆
Museo e Galleria Borghese
p.64・65
皮亚门广场
P.zale Porta Pia
Porta Pinciana
Corso Italia
Policlinico
Castro Pretorio
翁贝托一世综合医院
罗马大学
Città Universitaria
Bologna
Pza. Bologna
Tiburtina
蒂布尔蒂纳火车站
Staz. Tiburtina
Quintiliani
地铁B线
Linea Metro B
Cimitero di Campo Verano
S.Lorenzo Fuori le mura
Barberini
Repubblica
P.za della Repubblica
Pza.dei Cinquecento
Termini
特尔米尼火车站
Staz.Termini
奎里纳莱山
Monte Quirinal
许愿池
TREVI
圣・玛丽亚・马焦雷教堂
S.Maria Maggiore
Pza.Vittorio Emanuele
Vittorio Eman
Cavour
Monte Esquilino
蒙蒂
MONTI
Colosseo
古罗马广场
Foro Romano
罗马大斗兽场
Colosseo
帕拉蒂诺山
M. Palatino
Manzoni
P. za di Porta Maggiore
圣・乔瓦尼・伊恩・拉特拉诺教堂
S.Giovanni in Laterano
S.Giovanni
Re di Roma
Circo M.
切利奥
CELIO
梅特罗尼亚门
卡拉卡拉大浴场
Terme di Caracalla
p.72・73
西皮奥尼公园
Parco degli Scipioni
Porta S. Sebastiano
奥利安城墙
欧斯堤亚火车站
Staz. Roma Ostiense
Ponte Lungo
托斯卡纳火车站
Staz. Tuscolana
图斯科拉诺
TUSCOLANO
Furio Camillo
地铁A线
Linea Metro A
Cli.Albani
Arco di Travertino
主去哪里教堂 p.100
奥斯迪恩塞环路
Circonvallazione Ostiense
Garbatella
加尔巴特拉
GARBATELLA
阿皮亚古道 p.100
Via Appia Antica
p.100 圣卡利斯托墓穴
Catacombe di San Callisto
p.100 塞巴斯蒂安教堂的地下墓穴
Catacombe di San Sebastiano
梅戴拉陵墓 p.100
机场的方向
往钱皮诺
C
D
G
H
K
L
63

p.70
p.66
p.69
波波罗广场 p.89
Piazza del Popolo
卡诺瓦咖啡
双子教堂 p.89
圣山·玛丽亚教堂
S. Maria di Montesanto
玛丽亚奇迹教堂
S. Maria di Miracoli
歌德博物馆
Casa di Goethe
艾迪店 p.109
TAD
伊尔·迪斯卡温特·德拉鲁诺·摩达
Gesù E Maria
圣·贾科莫医院
Ospedale S.Giacomo
利奥诺拉 p.105
Iceberg p.104
曼弗雷迪酒店 p.115
古斯特
古斯特餐厅
里科尔迪
Via A. Conova
Via della Frezza
Via di Ripetta
科尔索大道 p.101
Via del Corso
Via del Babuino
Via Margutta
马木竞技场
Galoppatoio
Viale d. Obelisco
Viale Gabriele d'Annunzio
Viale Villa Medici
Viale del Muro Torto
Viale del Galoppatoio
Viale Trinità dei Monti
美第奇别墅 p.89
Villa Medici
西班牙站
Spagna
平恰纳城门
Porta Pinciana
佛罗拉大酒店
维托里奥·威尼托大道
Via Vittorio Veneto
p.110 威尼托咖啡馆
p.111 巴黎咖啡馆
萨伏依
p.113 巴尼奥尼女王酒店
居所酒店 p.113
伊甸园大酒店
美琪大酒店 p.112
p.113 庄园酒店
Via Lazio
Via Lombardia
Via Ludovisi
Via Liguria
Via di Porta Pinciana
孔多蒂大道周边 p.105
西班牙广场 p.88
Piazza di Spagna
圣三一教堂 p.89
Trinità dei Monti
哈斯勒别墅·美第奇酒店 p.112
维拉酒店
国际米兰酒店
西班牙阶梯
奥古斯都墓 p.89
Mausoleo di Augusto
奥古斯都广场
P. za Augusto Imperatore
托马切利大道
Via Tomacelli
Via dell' Arancio
p.114 孔多蒂宾馆
p.114 西班牙台阶宾馆
广场豪华酒店 p.114
孔多蒂大街
p.101
英吉利酒店 p.113
哥尔多尼广场
Large Goldoni
托德斯 p.104
瑞斯泊利宫
Pal. Ruspoli
波哥诺娜大道
Via Borgognona
西班牙宫
Pal. di Spagna
弗拉蒂娜大道 Via del Frattina
密涅内利广场
P.za Mignanelli
贝佳斯宫
Pal. Borghese
P. za Borghese
冯塔奈塔·贝佳斯宾馆 p.114
钱皮尼 p.111
科隆纳 COLONNA
Via della Vite
Via della Mercede
中央邮局
Posta Centrale
西斯廷大道
Via Sistina
Via Gregoriana
Via Capo le Case
Via Due Macelli
骸骨寺
蜜蜂喷泉
Fontana d. delle Api
蒙蒂利阿尼酒店
Chiesa di Santa Maria della Concezione
国王宾馆 p.115
巴贝里尼
Barberini
贝尼尼斯酒店
巴贝里尼广场 p.85
Piazza Barberini
国立绘画馆（巴贝里尼宫殿）
Galleria Nazionale d'Arte Antica (Palazzo Barberini)
p.109 我的心肝宝贝餐厅
科洛内艾米利亚内 p.107
Quattro
库阿特洛·冯塔内
p.87 四泉圣嘉禄
Chiesa di San Carlo alle Quattro Fontane
帕尔拉门特广场
P.za d. Parlamento
圣·西尔维斯特广场
Piazza S. Silvestro
V. d. Bufalo
马里尼奥利宫
Pal. Marignoli
许愿池大街 p.101 Via del Tritone
理查德·基诺里
乌庇姆（百货）
Via Rasella
Via dei Giardini
蒙特齐托里奥宫 p.91
Pal. di Montecitorio
文艺复兴百货公司 p.106
龙骨宫
pal. Chigi
里佐利
蒙特齐托里奥广场
P. za di Montecitorio
科隆纳广场
Piazza Colonna
面包店大街
Via Panetteria
Via della Stamperia
Via di Pori
面条博物馆
Museo Nazionale degli Spaghetti e delle Paste Alimentari
奎里纳莱大街
Via del Quirinale
棕榈冰激凌 p.111
参议院酒店 p.115
马可·奥雷洛圆柱 p.91
Colonna di Marco Aurelio
许愿泉 p.91
Fontana di Trevi
奎里纳莱宫 p.86
Palazzo del Quirinale
p.105 菲米尼利塔
Pal. Ferraioli
证券交易所
Borsa
Via delle Muratte
切萨里酒店
Via Minghetti
Teatro Quirino
达塔利亚大道
Via d. Dataria
p.86 圣安德烈亚教堂
Chiesa di Sant' Andrea al Quirinale
菲奥克·迪·那威
伊尔·西吉罗
埃尔·法乔拉罗
阿尔贝鲁格·德尔·索莱酒店
夏拉宫
Pal. Sciarra
奎里纳莱广场
P. za del Quirinale
市展
Palazzo delle Esposizioni
罗通达广场
Piazza Rotonda
万神殿 p.93
Pantheon
Via Seminario
旧罗马大学
Collegio Romano
P.za d. Pilotta
Via della Pilotta
许愿池
TREVI
卡尔特里亚·潘特瓦
潘特涅瓦广场
Piazza d. Minerva
神庙遗址圣母堂 p.93
Chiesa di Santa Maria Sopra Minerva
奥代斯卡尔基宫
Pal. Odescalchi
圣蒂西米·阿波斯特利教堂
SS. Apostoli
Villa Colonna
五月二十四日大道
Via XXIV Maggio
Via della Consulta
Via Parma
Via Nazionale
博物馆商
阿尔基维亚 p.106
民族街
意大利银行
Banca d' Italia
多利亚潘菲利宫殿 p.91
Palazzo Doria Pamphili e Galleria Doria Pamphili
圆柱宫殿（绘画馆）p.91
Pal. Colonna
十一月四日大道
IV Novembre
V. d. Torre Argentina
V. d. Cestari
华密内尔瓦高级酒店 p.112
HOME
表决大街
Via del Plebiscito
威尼斯宫
Pal. Venezia
佩斯·海尔贝蒂卡酒店
安东内里宫
Antonelli
马涅那波利广场
Largo Magnanapoli
Via Mazzarino
阿根廷广场
Largo di Torre Argentina
丽塔·努奇
耶稣会教堂 p.92
Chiesa di Gesù
威尼斯广场 p.90
Piazza Venezia
阿根廷神殿遗址
Cenci Bolognetti
P. za S. Marco
图拉真广场
Foro Traiano
p.106 老农庄
圣·马可大道
Via S. Marco
V. d. Botteghe Oscure
奥古斯都广场
Foro di Augusto
阿雷努拉广场
Largo Arenula
卡埃塔尼宫
Pal. Caetani
维托里奥·埃马努埃莱二世纪念堂
Mon. a Vitt. Emanuele II
Via Alessandrina
Via S. Agata d. Goti
Via Baccina
Via Madonna dei Monti
罗马广场
Foro di Cesare
Via dei Fori Imperiali
通往罗马竞技场方向
M. Odescalchi
V. d. Funari
A
B
E
F
I
J

特尔米尼/奎里纳莱之丘
Termini / Monte Quirinale
0
400m
p.71
大河广场
Piazza Fiume
Via Bergamo
Via Nomentana
Corso d' Italia
Via Campania
撒丁大道
Via Sardegne
罗马涅大道
Via Romagna
Via Sicilia
Via Lucania
Via Calabria
Via Piave
威尼托酒店
Via Toscana
Via Abruzzi
艺术剧院
Teatro delle Arti
Via Boncompagni
Via Collina
好伙伴大道
赛尔斯蒂奥广场
Piazza Sallustio
Via Piemonte
Via Lucullo
Via Sallustiana
Q. Sella
Via Flavia
皮亚门广场
Piazzale di Porta Pia
Corso d'Italia
皮亚门
Porta Pia
交通运输部
Ministero dei Trasporti
p.70・71
p.68・69
梵蒂冈
Città del Vaticano
西班牙广场
Pza di Spagna
特尔米尼车站
Staz.Termini
许愿泉
p.66・67
罗马竞技场
Colosseo
p.72・73
萨鲁斯蒂那大道
Via Carducci
Via Aureliana
九月二十日大道
财政部
Ministero del Tesoro e del Bilancio
Via Salandra
旅游咨询处
农业和林业部
Ministero dell' Agricoltura e delle Foreste
切尔那亚大道
Via Goito 戈伊托
Via Castelfidardo
Via S. Martino d. Batt.
Viale Castro Pretorio
Via Bissolati
Via Pastrengo
Via Cernaia
Via Volturno
维多利亚圣母教堂 p.89
Chiesa di Santa Maria della Vittoria
圣・苏珊娜大教堂
Chiesa di Santa Susanna
罗马国家博物馆 p.85
Terme di Diocleziano
罗马风中玫瑰宾馆 p.115
Via Gaeta
Piazza Indipendenza
p.115
罗马加雷斯酒店
警察
V. Bachelet
Vicenza
安杰利圣母教堂 p.84
Basilica di Santa Maria degli Angeli
Via Torino
共和国站
Repubblica
Via Varese
Via Magenta
Via Marghera
国防部
Ministero della Difesa
共和国广场
Piazza della Repubblica
Viale L. Einaudi
Viale E. de Nicola
复兴运动
Sacro Cuore di Gesu
五百人广场
Piazza dei Cinquecento
美浓
韩国之家
Via Milazzo
Via Modena
奎里纳莱酒店 p.114
p.108 戴克里先店
超级市场
旅游咨询处
罗马国立美术馆（马西莫宫殿）p.85
Via Nazionale
Via Firenze
p.115 哥伦比亚宾馆
歌剧院
Teatro dell' Opera
Via Viminale
马西莫宫
Palazzo Massimo
特尔米尼站
Termini
特尔米尼车站
Stazione Centrale di Termini
Via Marsala
Via Castro Pretorio
马莎拉大道
Via Napoli
弗兰・奥布莱恩・爱尔兰酒吧
民族街
警察
阿特米德酒店
维米纳莱大道
Via Giovanni Amendola
普林西比・阿米德奥
麦当劳
维米纳莱广场
Pza. del Viminale
Via Depretis
Via Cesare Balbo
Via Torino
Via Cavour
Via Manin
Via Gioberti
艾莱托拉
特蒂大酒店 p.115
旅游咨询处
Via Giovanni Giolitti
内政部
Ministero dell' Interno
格林莱茵公司
加利福尼亚宾馆 p.115
Via Principe Amedeo
Via Daniele Farini
圣・布登雅纳教堂
Chiesa di Santa Pudenziana
埃斯奎里诺广场
P. za d. Esquilino
圣玛丽亚教堂 p.86
Basilica di Santa Maria Maggiore
乔旺尼・乔利蒂大道
Via Filippo Turati
Via Urbana
Via S. Maria Maggiore
Via Cattaneo
Via Palermo
Via Panisperna
Via Cimarra
Via Capocci
卡武尔大道
Via Paolina
Via Olmata
罗马・波普特
阿卡塔・罗密欧 p.109
Via Napoleone III
雷迪森SAS大酒店
Via Mamiani
圣・普拉赛德教堂
Basilica di Santa Prassede
Via Carlo Alberto
Via S. Vito
Via Quattro Cantoni
Via dell' Olmata
Via Sforza
Via S. Martino ai Monti
Via Merulana
蒙蒂 Monti
Via Giovanni Lanza
Via degli Zingari
卡武尔站
Cavour
Via Leonina
Largo Venosta
帕拉蒂诺大饭店 p.114
Via in Selci
布兰卡乔宫（国家东洋美术馆）
Pal. Brancaccio Museo Naz. D' Arte Orientale
Via d. Statuto
维托里奥・埃马努埃莱二世广场
Piazza Vittorio Emanuele II
维托里奥・埃马努埃莱站
Vittorio Emanuele
圣彼得镣铐教堂 p.86
Basilica di San Pietro in Vincoli
拉・波特加・德尔・乔可拉托
p.73
C
D
G
H
K
L

威尼斯广场/纳沃纳广场
Piazza Venezia / Piazza Navona
0
400m
p.69
卡武尔广场
Piazza Cavour
p.111 安东尼尼·艾斯佩利亚大咖啡馆
科隆纳大道 Via V. Colonna
和平祭坛博物
卡武尔大桥
Ponte Cavour
码头
圣天使城 p.95
Castel San Angelo
Mausoleo di Adriano
法院
Palazzo di Giustizia
Casa Madre dei Mutilati
Via Triboniano
Via Ulpiano
Lungotevere Prati
法院广场
Piazza dei Tribunali
城堡河岸大道 Lung. Castello
翁贝托一世大桥
PonteUmberto
翁贝托一世大桥广场
Piazza Ponte Umberto
拉·坎帕纳
p.107
Lungotevere Marzio
Via di Monte Brianzo
圣天使大桥
Ponte S. Angelo
Lungotevere Tor di Nona
托尔·迪·诺娜河岸大道
码头
维托里奥·埃马努莱二世大桥
Ponte Vittorio Emanuele II
p.69
Via dell'Orso
Via Zanardelli
波尔托盖西酒店
斯克罗法大道
Via della Scrofa
沃尔贝蒂
伊尔·昆维素尔维
科隆纳COLONN
圣阿戈斯蒂诺大教
Chiesa di San Agostino
p.93 罗马国立博物馆
Pal. Altemps
S. Apollinare
保利广场
Piazza P.Paoli
Via Paola
Via di Panico
科罗那里大道
Via del Coronari
塔韦尔娜宫
Pal. Taverna
圣·玛丽亚和平教堂
Chiesa di Snata Maria della Pace
拉斐尔酒店
p.108 昆齐和加布里埃利
Via delle Coppelle
艾·莫纳斯特里 p.10
奇他·德尔·索莱
贝尼尼咖啡馆
p.109
塔索尼广场
Largo Tassoni
Corso Vittorio Emanuele II
圣·玛丽亚圣灵教堂
Chiesa di Santa Maria dell' Anima
圣王路易堂 p.93
Chiesa di San Luigi dei Franc
海王星喷泉
阿米德奥王子大桥
Ponte Principe Amedeo
Via dei Governo Vecchio
d. Vetrina
纳沃纳广场 p.93
Piazza Navona
四河喷泉
卡尔莱利亚·潘特奥
参议院
Pal. Madama
Senato
卡尔迪纳尔
斯福尔扎·切萨雷尼宫
Pal. Sforza Cesarini
旧政府宫
Pal. del Governo Vecchio
p.110 玩奇
阿尼亚大道
Corso del Rinascimento
圣卡罗教堂
p.93
Chiesa di Sant'ivo
潘菲利宫
Pal. Pamphili
新教堂
Chiesa Nuova
摩尔人喷泉
诺维拉药房
智慧宫
Pal. D. Sapienz
帕帕·乔瓦尼
66
E
F
Via d. Banchi Vecchi
班基维奇大道
新教堂广场
Piazza della Chiesa Nuova
锡耶纳的土地 p.109
布拉斯奇宫
Pal. Braschi
罗马博物馆
Museo di Roma
山谷剧场
Teatro Val
Lungotevere Gianicolense
安蒂奇诺
Via del Pellegrino
维托里奥·埃马努莱二世大道
马西莫宫
Palazzo Massimo
大臣宫
Palazzo della Cancelleria
芭拉科美术馆
Museo Barracco
安特南杰
Corso Vittor
G.马志尼大桥
Ponte G. Mazzini
蒙塞拉托大道
Via Monserrato
Via Giulia
塞巴尔迪河岸大道
Lungotevere dei Tebaldi
卡贝拉里大道
Via dei Cappellari
太阳大酒店
圣安德烈亚·迪拉·瓦莱教堂
San Andrea della Valle
坎波·迪·菲利奥
花园广场
Campo de' Fiori
科埃利女王监狱
Carcere Regina Coeli
达·朋克拉齐奥·里盖蒂宫
阿根廷剧
Teat Argentin
里盖蒂宫
Pal. Righetti
法尔内塞广场
Piazza Farnese
Via dei Farnesi
V. d. Mascherone
坎波内斯奇
法尔内塞宫
Palazzo Farnese
Via dei Giubbonari
阿莱努拉广
Largo Aren
斯帕达宫（绘画馆）
Palazzo Spada e Galleria Spada Museo
Via d. Specchi
Via Arenula
I
J
台伯河
Fiume Tevere
V. d. Pettinari
Via d. Conservatorio
阿莱努拉大道
p.70 · 71
p.68 · 69
梵蒂冈
Citta del Vatican
西班牙广场
Pza di Spagna
特尔米尼车站
Staz.Termini
许愿泉
p.64 · 65
罗马斗兽场
Colosseo
p.72 · 73
法尔内吉娜大桥
码头
西斯托大桥
Ponte Sisto
瓦拉蒂河岸大道
司法部
Min. di Grazia e Giustizia
Zoccolette
先驰宫
Pal Ce
罗马大学植物园
Orto Botanico
Via Corsini
托洛尼亚宫
Pal. Torlonia
塞蒂玛娜门
Porta Settimana
特里卢萨广场
Piazza Trilussa
L. dei Vallati
先驰河岸大道
圣·玛丽亚·迪拉·斯卡拉教堂
S. M. D. Scala
加里波第大桥
Ponte Garibaldi
台伯河岛
Isola Tiberina
66

p.64
西班牙台阶
哈斯勒・美第奇酒店
维拉酒店
国际米兰酒店
奥古斯都陵墓 p.89
Mausoleo di Augusto
奥古斯都广场
P. za Augusto Imperatore
p.113 英吉利酒店
广场豪华酒店 p.114
Via dei Condotti
孔多蒂大道 p.101
马切利大道
Via Tomacelli
哥尔多尼广场
Large Goldoni
Via Borgognona
博尔格尼奥娜大道
米尼亚内利广场
P.za Mignanelli
西班牙广场
Pal. di Spagna
Via Gregoriana
杜埃马切利大道
Via Liguria
工业部
Ministero Industria
Via d. Commercio e Artigianato
Crispi
Artisti
骷骨寺
Chiesa di Santa Maria della Concezione
p.86 蜜蜂喷泉
Fontana d delle Api
国王宾馆
p.115
西斯廷大道
Via Sistina
巴贝里尼站
Barberini
巴贝里尼广场 p.85
Piazza Barberini
托德斯 p.104
Via Frattina
弗拉蒂纳大道
瑞斯泊利宫
Pal. Ruspoli
钱皮尼
p.111
冯塔奈塔・波格赛宾馆 p.114
Borghese
Via della Vite
葡萄街
Via della Mercede
Via Capo le Case
Via Due Macelli
C
D
中央邮局
Posta Centrale
乌格・玛丽亚饮食店 p.107
dei Prefetti
利索尔大道
圣西尔维斯特罗广场
Piazza S. Silvestro
V. d. Bufalo
p.109 我的心肝宝贝
利里奈・艾米丽亚宾
Via del Tritone
理查德・基诺里
乌比姆
Via Rasella
Via dei Giardini
议会广场
P. za d. Pariamento
马黎诺里宫
Pal. Marignoli
许愿池大街 p.101
Via Panetteria
面包店大道
蒙特齐托里奥宫 p.91
Pal. di Montecitorio
文艺复兴百货公司
p.106
卡尔古拉菲亚
Calcografia
Via Poli
Via d. Stamperia
卡佩纳宫
奎里纳莱之丘
Giardino del Quirinale
龙骨宫
pal. Chigi
里佐利
圆柱广场
Piazza Colonna
面条博物馆
Museo Nazionale degli Spaghetti e delle Paste Alimentari
p.64
激凌店
棕榈冰激凌店 p.111
蒙特齐托里奥广场
P.za di Montecitorio
马可・奥雷洛圆柱 p.91
Colonna di Marco Aurelio
许愿泉 p.91
Fontana di Trevi
奎里纳莱宫 p.86
Palazzo del Quirinale
p.105 菲米尼利塔
Pal. Ferraioli
Via delle Muratte
参议院酒店 p.115
证券交易所
Borsa
切萨里酒店
Via Minghetti
Teatro Quirino
达塔利亚大道
Via d. Dataria
奎里纳莱大道
Via del Quirinale
伊尔・西杰罗
埃尔・法乔拉罗
夏拉宫
Pal. Sciarra
Via dell' Umiltà
阿尔贝鲁格・德尔・索莱
奎里纳莱广场
P.za del Quirinale
罗通达广场
Piazza Rotonda
Via Seminario
科尔索大道
Via del Corso
p.101
Via della Consulta
万神殿 p.93
Pantheon
旧罗马大学
Collegio Romamno
G
P.za d. Pilotta
H
许愿池
TREVI
67
Piazza d. Minerva
圣奇亚拉宾馆
p.115
神庙遗址圣母堂 p.93
Chiesa di Santa Maria Sopra Minerva
奥代斯卡尔基
Pal. Odescalchi
圣・阿波斯托利教堂
SS. Apostoli
Via d. Pilotta
Villa Colonna
五月二十四日大道
Via XXIV Maggio
民族大街
Via Nazionale
V. d. Cestari
密内尔瓦高级酒店 p.112
多利亚潘菲利宫殿（美术馆）p.91
Palazzo Doria Pamphilj e Galleria Doria Pamphilj
圆柱宫殿（绘画馆）p.91
Pal. Colonna
十一月四日大道
Via IV Novembre
意大利银行
Banca d' Italia
Mazzarino
HOME
Altieri
表决大街
Via del Plebiscito
佩斯・海尔贝蒂卡酒店
威尼斯宫
Pal. Venezia
威尼斯广场 p.90
Piazza Venezia
马涅那波利广场
Largo Magnanapoli
p.64
丽塔・努奇
耶稣会教堂 p.92
Chiesa di Gesù
阿根廷广场
Largo di Torre Argentina
阿根廷神殿遗址
耶稣广场
Piazza del Gesu
图拉真广场
Foro Traiano
V. d. Botteghe Oscure
圣・马可大道
Via S. Marco
维托里奥・埃马努埃莱二世纪念堂
Mon. a Vitt. Emanuele II
奥古斯都广场
Fora di Augusto
Cenci Bolognetti
Via d'Ara Coeli
卡埃塔尼宫
Pal. Caetani
帝国大道
Via Alessandrina
Via Baccina
V. d. Funari
努奥沃宫
恺撒广场
Foro di Cesare
卡比多利尼美术馆 p.98
Museo Capitolini
Via dei Fori Imperiali
K
卡比多利尼广场
Piazza del Campidoglio
L
Via Cavour
门廊大道 Via Portico
教廷
Curia
塞维鲁凯旋门
Arco di Settimio Severo
马切罗剧院大道
Via d. Teatro di Marcello
保守人博物馆
Museo dei Conservatori
Via Catalana
卡匹托尔之丘
Monte Capitolino
Via d. Consolazione
茱莉亚大殿
Basilica Julia
罗马广场 p.99
Foro Romano
马切罗剧院
Teatro di Marcello
Lungotevere dei Cenci
法布里奇奥大桥
Ponte Fabricio
法特贝内拉特利市医院
Ospedale Fatebenefatelli
安慰广场
P. za d. Consolazione
p.72
Via d. Foraggi
马森其奥大教堂
Basilica di Massenzio
前往竞技场方向

梵蒂冈/圣天使城
Citta del Vaticano / Castel San't Angelo
0
400m
N
P. za F. Morosini
英雄广场
Piazzale degli Eroi
Via T. Campanella
凯旋广场
Largo Trionfale
民兵大道
Viale delle Milizie
Via Andrea Doria
安德烈·多利亚大道
Via Famagosta
Via Tolemaide
Via Ostia
Via Santamaura
Via Tunisi
Via La Goletta
Via Mocenigo
Via F. caracciolo
Via Candia
坎迪娅大道
圣彼得站
Ottaviano S. Pietro
Via Giorgio Scalia
Via Rialto
Via Cipro
Via
塞普罗大道
della Meloria
圣·玛丽亚·感恩广场
Pza. S. Maria delle Grazie
S.Maria
梵蒂冈博物馆站
Cipro Musei Vaticani
拥挤的时候
在这里可以排队
（如标记所示）
Via Seb.Veniero
Viale Vaticano
莱昂四世大道
Via Leone
西皮奥
卡斯特罗尼
p.108 托斯卡纳店
盖尔马
梵蒂冈美术馆入口
Pinacoteca Vaticana
梵蒂冈美术馆 p.97
Musei Vaticani
复兴
Piazza del Risorgim
埃莫天使大道
Via Angelo Emo
梵蒂冈 p.94
Città del Vaticano
Viale Vaticano
梵蒂冈大街
科学院
Pontificia Accademia d. Scienze
邮局
Poste
Via di P. ta Angelica
莱奥尼娜广
Piazza Città Leon
A
B
E
F
I
J
埃塞俄比亚大学
Collegio Etiopico
梵蒂冈政府
Pal. del. Governatorato
圣彼得大教堂 p.96
Basilica di San Pietro
圣彼得广场 p.95
Piazza San Pietro
梵蒂冈广播电台
Radio Vaticana
S. Stefano Degli Abissini
梵蒂冈车站
Stazione Ferroviaria
Piazza S. Marta
Tribunale
宝物室
Orari del Tesoro
圣铸告宫
Palazzo del S. Uffizio
法庭听证会
Aula delle Udienze
六十四号车站
Viale Vaticano
Via Vialla Alberici
尼古拉斯五世大街
Via Nicolò V
Via della Stazione Vaticana
奥内拉大街
Via Aurelia
骑兵门大街
Via di Porta Cavalleggeri
Via d. Stazione
Gallo
Via d. Crocifisso
Via Paolo II
圣·玛丽亚·福尔纳奇广场
Piazza S. Maria alle Fornaci
圣·玛丽亚·福尔纳奇教堂
S. Maria D. G. R. Alle Fornaci
Via Innocenzo
Via d. Silveri
福尔纳奇大街
Via delle Fornaci
奥利阿努斯城堡
圣彼得车站
Staz. di S. Pietro
贾尼科洛
GIANICOLO
p.70・71
梵蒂冈
Città del Vatican
西班牙广场
Pza di Spagna
特尔米尼车站
Staz.Termini
许愿泉
p.64・65
p.66・67
罗马斗兽场
Colosseo
p.72・73

前往贾科梅里方向 p.109
法尔内塞酒店
Viale Giulio Cesare
朱利奥·恺撒大道
Via Duilio
Via degli Scipioni
Via Ezio
Via M. A. Colonna
Via A. Farnese
Via Virginio Orsini
Via Fabio Massimo
法比奥·马西莫大道
Via Paolo Emilio
基里蒂广场
Piazza dei Quiriti
Via Caio Mario
Via Germanico
Via Silla
艾诺特卡·德尔·弗拉特
维斯蒂·亚·斯托克
Via A. Regolo
Via dei Gracchi
蒙达度利
科拉迪廉佐广场
Piazza Cola di Rienzo
Via Valadier
Via Lucrezio Caro
奇切罗奈大道
Via Cicerone
伊尔·马特里切诺
统一广场
Pza. d. Unità
斯特法内尔
科拉迪廉佐大街 p.101
Via Cola di Rienzo
麦当劳
p.108 圣马可
卡斯特罗尼
法兰齐 p.106
卡波·洪
马克思·马拉
p.110 茨·盖埃塔那
马克思·艾·可
弗尔拉
美体店
曼达利那·达克
Via Varrone
Via Properzio
Via Tibullo
Via Boezio
Via Terenzio
Via Ovidio
Via Virgilio
Via Orazio
Via Plinio
Via Tacito
Via E. Q. Visconti
Via G. G. Belli
阿德里亚诺剧院
Teatro Adriano
Via Cassiodoro
亚兰特花园酒店 p.113
克莱辛佐大道
Via Crescenzio
莱塞特瓦尔
亚特兰大之星酒店 p.112
S.波卡里大道
Via S. Porcari
Via Angelico
Via dei Falco
卡波尼广场
Piazza A. Capponi
Via Alberico II
Via G. Vitelleschi
Via Porta Castello
Piazza Adriana
阿德里亚娜大道
卡武尔广场
Piazza Cavour
Via Triboniano
法院
Palazzo di Giustizia
维托里奥大道
Borgo Vittorio
圣安娜宾馆 p.114
皮奥大道
Borgo Pio
圣天使城堡 p.95
Castel San Angelo
Casa Madre dei Mutilati
Via del Corridori
Mausoleo di Adriano
城堡河岸大道
Lung. Castello
法院广场
Piazza dei Tribunali
奥12世广场
iazza Pio XII
协和大道
Via della Conciliazione
台伯河
Fiume Tevere
圣天使大桥
Ponte S. Angelo
圣灵大道
Borge S. Spirito
维托里奥·埃马努埃莱2世大桥
Ponte Vittorio Emanuele II
码头
托尔·迪·诺娜河岸大道
Lungotevere Tor di Nona
p.66
圣灵医院
Ospedale di S. Spirito in Sassia
Via J. Panitenzieri
派奥利广场
Piazza P. Paoli
Via Paola
Via Banco di S. Spirito
Via di Panico
P. za Coronari
科罗那里大道
Via del Coronari
圣灵门
Pta. S. Spirito
罗维尔广场
Pza. della Rovere
塔韦尔纳宫
Pal. Taverna
Via d. Vetrina
Via del Gianicolo
阿米·萨伏依奥斯塔大桥
Ponte Pr. Amedeo Savoia Aosta
维多利奥·埃马努埃2世大道
塔索尼广场
Largo Tassoni
Via dei Governo Vechio
旧政府宫
Pal. del Governo Vecchio
卡鲁迪纳尔
斯福尔扎·切萨里尼宫
Pal. Sforza Cesarini
新教堂
Chiesa Nuova
萨尔维亚蒂宫
Palazzo Salviati
Lungotevere della Farnesina
Lungotevere dei Sangallo
Via d. Banchi Vecchi
茱利亚大道
新教堂广场
Piazza della Chiesa Nuova
锡耶纳的土地 p.109
贾尼科洛之丘
Parco Gianicolense
Via del Pellegrino
G.马志尼大桥
Ponte G. Mazzini
Via Moretta
Via Giulia
蒙塞拉特大道
Via Monserrato
坎切莱利亚宫
Palazzo della Cancelleria
Via d. Orti d' Alibert
p.66

贝佳斯别墅公园周边
Villa Borghese
0
400m
N
p.68・69
梵蒂冈
Città del Vatican
西班牙广场
P.za di Spagna
特尔米尼车站
Staz. Termini
许愿泉
p.64・65
p.66・67
罗马竞技场
Colosseo
p.72・73
Via die Monti Parioli
Via Antonio Gramsci
Viale Bruno
Buozzi
唐・明佐尼广场
Piazzale Don Minzoni
Via Michele Mercati
Via G. Mangili
p.114 拜伦勋爵酒店
B
贝比
阿尔德诺万
葛兰西大道
建筑学院
Scuola Sup. di architettura
英国学士院
Accademia Britannica
国立伊特鲁里亚博物馆
Museo Nazionale di Villa Giulia
W.丘吉尔广场
Piazzale W. Churchill
国家近代美术馆
Galleria Nazionale d'Arte Moderna
乌里赛・阿尔德诺万大道
茱莉亚别墅
Villa Giulia
托瓦尔森广场
Piazzale Thorvaldsen
罗马尼亚科学院
Accademia di Romania
P.za Jose de S. Martin
贝利・阿尔特大道
Via G. Filangeri
玛丽娜广场（海洋广场）
Piazza della Marina
荷兰历史协会
Istituto Storico olandese
菲尔图西广场
Piazzale Firdusi
巴勃罗・毕加索广场
Largo P. Picasso
海军部
Ministero della Difesa Marina
施特罗尔・费伦别墅
Villa Strohl Fern
保利娜波格赛广场
Piazzale Paolina Borghese
Via D. A. Azuni
埃斯科拉庇俄斯神殿
Tempio di Esculapio
E
F
Via P. S. Mancini
弗拉尼米亚大道
鲁福别墅
Villa Ruffo
菲奥科广场
Piazzale del Fiocco
Via d. Scialoia
Porta Egizia
维克多・雨果广场
Piazzale V. Hugo
贝卡利亚大道
Via C.Beccaria
弗拉尼米奥站
Flaminio
华盛顿大道
Viale Washington
卡内斯特莱广场
Piazzale delle Canestre
弗拉米尼奥广场
Piazzale le Flaminio
瓦拉迪耶大街
Viale Valadier
p.89 波波罗门
Porta del Popolo
玉兰大街
Viale delle Magnolie
平乔山
Pincio
皮尔托墙大街
L.萨沃亚大道
Via L. di Savoia
p.89 人民圣母教堂
Chiesa di Santa Maria del Popolo
拿破仑广场
Piazzale Napoleone
Viale G. D'Annunzio
Viale d. Obelisco
波波罗广场 p.89
Piazza del Popolo
卡诺瓦
马术竞技
Galoppat
F.萨沃亚大道
Via F. di Savoia
Viale del Muro Torto
p.89 双子教堂
圣・玛丽亚・迪・蒙特桑特教堂
S. Maria di Montesanto
洛迦诺
圣・玛丽亚・迪・米拉库里教堂
S. Maria di Miracoli
美第奇大道
Viale Villa Medici
Viale dei Galoppatoio
J
Via della Penna
I
Via A. Brunetti
Via di Ripetta
p.101 利索尔大道
歌德博物馆
Casa di Goethe
台伯河
Fiume Tevere
Lungotevere in Augusta
艾迪店 p.109
Via Margutta
Via del Babuino
Via del Vantaggio
Viale Trinità dei Monti
美第奇别墅 p.89
Villa Medici
伊尔・迪斯卡温特・德拉鲁塔・摩达
里科尔迪
Via del Corso
Gesù E Maria
西班牙站
Spagna
里佩塔大道
圣・贾科莫医院
Ospedale S.Giacomo
Via A. Conova
弗尔拉
p.64

皮泽蒂广场
Largo I. Pizzetti
毕达哥拉斯广场
P. za Pitagora
匈牙利广场
P. za Ungheria
平治诺
Pinciano
Viale Liegi
Rossini
Via G. d'Arezzo
Via d. Tre Madonna
瑞典别墅
Villa Svezia
C
D
Via V. Bellini
国家印刷学院
Istituto Poligrafico d. Stato
Via L. Boccherini
Viale G.
Via Giovanni Paisiello
非洲博物馆和动物学博物馆
Museo Africano e di Zoologia
Ulisse Aldrovandi
Via G. Carissimi
威尔第广场
P. za Giuseppe Verdi
Via G. B. Martini
梅尔卡丹特大街
Via N. Porpora
Via C. Monteverdi
Donizetti
Via G. Spontini
动物园
Giardino Zoologico
Via S. Mercadante
普林西比公园酒店
彼得罗利亚蒙迪大街
Via G.
Via Metauro
Viale del Giardino Zoologico
动物园广场
Piazzale del Giardino Zoologico
Via Pietro Raimondi
Via R. Giovannelli
Via Jacopo Peri
百鸟大街
达伊尼广场
Piazzale dei Daini
萨拉利奥
SALARIO
Giulia
Via Po
中世纪城堡（卡诺尼卡美术馆）
Forttezzuola
G
H
Viale dell' Uccelliera
贝佳斯美术馆 p.89
Galleria Borghese
Viale dei Cavalli Marini
钟表馆
Palazzetto d. Orologio
Viale dei Pupazzi
Viale Pietro Canonica
Villa Albani
锡耶纳广场
Piazza di Siena
海马喷泉
Fontana dei Cavalli Marini
Via Po
波河大街
Via Livenza
贝佳斯公园
Villa Borghese
Via Isonzo
Via Tevere
Via Salaria
翁贝托一世骑马像
Mon. A Umberto I
戴安娜神庙
Tempietto di Diana
Via di S. Teresa
S. Teresa
Via Aniene
Viale Goethe
博物馆大街
Viale del Museo Borghese
Via Pinciana
普契尼大街
Via G. Puccini
P. za Fiume
Viale S. Paolo d. Brasile
平治那大街
Corso d' Italia
Via Campania
意大利大道
罗马涅大街
Via Romagna
乔利酒店维托里奥·威尼托
平治那门
Porta Pinciana
K
L
Via Sicilia
Via Lucania
Via Calabria
Via piave
佛罗拉大酒店
撒丁岛大街
Via Sardegne
Via Abruzzi
Via Toscana
哈利酒吧
维托里奥·威尼托大道 p.101
Via Vittorio Veneto
Via Lazio
Via Porta Pinciana
Via Marche
艺术剧场
Teatro delle Arti
Via Collina
p.110 威尼托咖啡馆
Via Boncompagni
萨卢斯帝奥广场
Piazza Sallustio
Via Lombardia
威斯汀精益酒店 p.112
好伙伴大街
Via Lucullo
Via Piemonte
Via Q. Sella
p.111 巴黎咖啡馆
Via di Porta Pinciana
Via Acrora
萨伏依酒店
p.65

耶稣会教堂 p.92
Chiesa di Gesù
丽塔露次
p.64
p.66
马涅那波利广场
Largo Magnanapoli
p.106 宝乐城商店
Via Cimarra
皇家广场
Foro Traiano
奥古斯都废墟
Foro di Augusto
威尼斯广场 p.90
Piazza Venezia
圣马可大街
Via S. Marco
V. d. Botteghe Oscure
埃马努埃莱二世纪念堂
Mon. a Vitt. Emanuele II
分仓库
Via dei Serpenti
Via del Boschetto
Via S. Agata d. Goti
Via degli Zing
巧克力旧农场
Via Leonina
卡埃塔尼宫殿
Pal. Caetani
恺撒废墟
Foro di Cesare
阿莱桑德丽娜大街
Via Alessandrina
Via Baccina
Via Madonna dei Monti
p.114 帕拉蒂诺大饭店
V. d. Funari
卡比多利尼美术馆 p.98
Museo Capitolini
新馆
卡比多利尼广场
Piazza del Campidoglio
卡武尔大道 Via Cavour
Piazza S. Pietro in Vinc
温考利圣彼得大教堂
Basilica di San Pietro in Vincoli
马切罗剧场大街
Via d. Teatro di Marcello
门廊大道
Via Portico
保守党馆
Museo dei Conservatori
元老院
Curia
Via dei Fori Imperiali
Via Frangipane
七重门
Arco di Settimio Severo
Via del Colosseo
Via d. Annibaldi
Facoltà Ingegne
Via Catalana
国会大厦山
Monte Capitolino
古罗马广场 p.99
Foro Romano
马切罗剧场
Teatro di Marcello
茱莉亚教堂
Basilica Julia
Via d. Consolazione
马森齐奥长方形教堂
Basilica di Massenzio
阿涅西广场
Largo Agnesi
法布里齐奥大桥
Ponte Fabricio
安慰广场
P. za d. Consolazione
Via d. Foraggi
威尼斯与罗马神庙
Tempio di Venere e Roma
斗兽场站
Colosseo
台伯河岛
Isola Tiberina
彼得罗塞利大街
Via Petroselli
Via S. G. Decollato
Via di S. Teodoro
圣弗朗西斯科罗马娜教堂
S. Francesca Romana
斗兽场 p.99
Colosseo
塞斯提诺大桥
Ponte Cestio
Lung. d. Pierleoni
金碧地利
帕拉蒂诺山
Monte Palatino
特拉斯特弗列的巴黎 p.107
康斯坦丁拱门
Arco di Constantino
帕拉丁大桥
Ponte Palatino
聚宝盆酒店 p.108
Via d. Velabro
维拉博大街
奥古斯都大帝宅邸
Casa di Augusto sul Palatino
真理之口广场
Pza. Bocca d. Verità
切里奥公园
Parco del Celio
韦斯塔神庙
Tempio di Vesta
阿纳斯塔西娅广场
Piazza S. Anastasia
圣波纳文图拉教堂
S. Bonaventura
Via Vascellari
科斯梅丁圣母教堂
S. Maria in Cosmedin
帝沃克劳迪奥神
Tempio del Divo Claudi
真理之口
Bocca della Verita
皇家竞技场广场
Palazzi Imperiali
竞技场
Stadio
旧考古学研究所
Via della Greca
阿文蒂诺河岸大道
Lung. Aventino
马西莫跑马场
Circo Massimo
分界大道
Via Cerchi
Fiume Tevere
台伯河
圣阿莱西奥公园
Parco di S. Alessio
马戏竞技场大道
Clivo di Scauro
阿文蒂诺
Aventino
乌戈·拉马尔法广场
Piazzale Ugo La Malfa
圣格雷戈里奥大街
Via di San Gregorio
圣格雷戈里奥马尼奥教堂
S. Gregorio Magno
Via di S. Sabina
阿文蒂诺山丘
Aventino
Via del Circo Massimo
Via delle Terme Deciane
圣萨比娜教堂
S. Sabina
卡佩纳门
Porta Capena
卡佩纳门广场
Piazza di Porta Capena
切里蒙塔纳公园
Villa Celimontana
圣阿莱西奥教堂
S. Alessio
方尖碑
Obelisco di Axum
马耳他骑士团广场
Piazza dei Cavalieri di Malta
Via S. Domenico
切里奥
Celio
马西莫竞技场站
Circo Massimo
Via d. Monte d'Oro
狄安娜庙广场
Piazza d. Tempio Diana
卡拉卡拉大浴场大街
Viale d. Terme di Caracalla
Via di Valle d. Cam
圣安塞尔莫广场
Piazza S. Anselmo
圣普里斯卡教堂
S. prisca
Via S. Alessio
联合国粮食与农业组织
F.A.O.
安塞尔莫教堂
S. Anselmo
阿文蒂诺大街
Viale Aventino
阿文蒂娜大街
Via Aventina
Via S. Melania
Via Marcella
Via di S. Prisca
Via dei Decii
Viale G. Baccelli
温泉竞技场
Stadio d. Terme
Via P. ta Lavernale
Via S. Anselmo
Via Icilio
Via Antonina
阿尔巴尼亚广场
Piazza Albania
Via B. Peruzzi
圣巴尔比纳广场
Piazza S. Balbina
马尔莫拉塔大道
Via Marmorata
Viale Manlio Gelsomini
卡拉卡拉大浴场入口
Via S. Saba
Via Ponzio
莱姆利亚广场
Piazza Remuria
卡拉卡拉浴场 p.99
Terme di Caracalla
快乐餐厅 p.107
9月8日反抗纪念公园
Parco della Resistenza dell' 8 Sett.
Via Faustina
Via B. Alberti
小花广场
Largo Fioritto
Viale d. Piramide Cestia
Via Annia
Via Pontelli
G.L. 贝尼尼广场
Piazza G. L. Bernini
Viale Guido Baccelli
圣保罗门广场
Piazza di Porta S. Paolo
Via Palladio
拉泽里尼广场
Largo Lazzerini
圣保罗之门 Porta San Paolo

p.65
圣普拉塞德教堂
Basilica di Santa Prassede
雷迪森SAS饭店
维托里奥・埃马努埃莱二世广场
Piazza Vittorio Emanuele II
造币厂
Zecca dello Stato
普兰卡奇奥宫（国立东方艺术博物馆）
Pal. Brancaccio
Museo Naz. D' Arte Orientale
山丘
Monti
莱奥帕尔迪广场
Largo Leopardi
弗里西奥西部酒店餐厅 p.110
埃斯基利诺
Esquilino
七层井
Cisterna delle Sette Sale
图拉真公园
Parco di traiano
图拉真大帝浴场
Terme di Traiano
奥皮奥公园
Parco Oppio
但丁广场
Piazza Dante
曼佐尼地铁站
罗马西部总统宾馆 p.114
圣克莱门特教堂
S. Clemente
圣乔凡尼医院
Ospedale S. Giovanni
四圣徒教堂
SS. Quattro Coronati
Villa Wolkonsky
方尖碑
Obelisco Lateranense
Piazza S. Giovanni in Laterano
圣阶教堂 神圣的阶梯
Scala Santa
Palazzo Lateranense
切里奥陆军医院
Ospedale Militare del Celio
圣乔瓦尼门广场
Piazza di Porta S. Giovanni
圣乔瓦尼门
Porta S. Giovanni
超市
Coin
圣乔凡尼地铁站
拉泰拉诺圣乔凡尼教堂
San Giovanni in Laterano
拉特拉诺教皇理工大学
Pontificio Ateneo Lateranense
圣斯特法凡圆形教堂
S. Stefano Rotondo
英国医院
Ospedale Britannico
伊波里奥广场
Piazzale Ipponio
梅特罗尼亚门广场
Piazza di Porta Metronia
梅特罗尼亚门
Porta Metronia
圣西斯托老教堂
S. Sisto Vecchio
Parco Egerio
努马蓬皮利奥广场
Piazzale Numa Pompilio
Piazza Epiro
阿皮亚旧街道 p.94
拉丁门
p.70・71
p.68・69
梵蒂冈城国土
Città del Vaticano
西班牙广场
P.za di Spagna
特尔米尼火车站
Staz.Termini
特雷维喷泉
p.64・65
p.66・67
古罗马大斗兽场
Colosseo
古罗马广场~卡拉卡拉浴场
Foro Romano / Terme di Caracalla
0
400m

●数字是指电车和公共汽车的路线数
●公共汽车可用于观光，只登记了主要路线，长方形中的数字是指路线的起点和终点

地铁&电车&公共汽车路线
I Percorsi Metro & Tram & Autobus
0
600m
N
贝佳斯公园
贝佳斯美术馆
490
116
西班牙广场
西班牙车站
Spagna
119
威尼托大道
巴贝里尼站
Barberini
全音广场
起始终点站
全音大道
奎里纳莱山
特雷维喷泉
62
共和国站
Repubblica
共和国广场
卡斯特罗普雷托利奥站
Castro Pretorio
75
40
64
714
终点站
170
特尔米尼站
Termini
Linea Metro B
Linea Metro A
罗马特尔米尼中心火车站
Staz Centrale Roma-Termini
国家铁路线
492
国家大街
卡武尔大道
117
威尼斯广场
780
44
卡武尔大街站
Via Cavour
地铁B线
埃马努埃莱二世广场
维托里奥站
Vittorio
罗马斗兽场站
Colosseo
罗马广场
罗马斗兽场
曼佐尼站
Manzoni
地铁A线
117（双休日不运行）
真理之言
圣乔凡尼站
S.Giovanni
拉特兰圣乔凡尼教堂
竞技场站
Circo Massimo
卡拉卡拉浴场
金字塔站
Piramide

交通 从机场到市区

机场到达大厅

从机场的到达终点到机场直达火车始发站去的通道

到特尔米尼站去的站台

购买到特尔米尼站去的车票的售票处

到达机场之后

从中国到达意大利的国际航班一般是在罗马费米奇诺机场（又被叫做“列奥纳多·达·芬奇”机场）着陆，这里也被称为是罗马的入口。进行完入境检查的手续之后，可以在机场里面办理货币兑换等业务。

机场里面的货币兑换机构的兑换汇率一般都不是很好，所以不必兑换很多货币，但兑换的钱数至少要保证能够到达市内的交通费。要是还没有预订宾馆的话，还要兑换一定数量的住宿费，这些都是到当地首先要用到的基本费用，倘若入境检查处的附近就有货币兑换所（请参照p.400页的机场到达大厅图）。另外机场内的旅游咨询处里的地图是免费索取的，可以在这里提前拿一张地图以供以后旅游时使用。还可以在这里预订宾馆。

机场里还有租车窗口，如果在出发前已经预订了的话，可以在这里的租车柜台前办理相关手续。想在当地办理租车的，推荐也最好在机场里一并办理。

机场内部有循环公交车

在机场里面的话，在国内航线航站楼和国际航线航站楼之间有机场穿梭巴士，免费乘坐。路线A是：国际航线到达口—国际航线出发口—国内航线出发口—国内航线到达口，7~22点之间循环巴士。路线B是：国际航线到达口—机场办公室—国际航线出发口，24小时不间断。每趟巴士的间隔时间都是15~20分钟。

从机场到市内去的交通方式

机场距离市内大约40公里。特尔米尼站是进入市内的门户，从机场到市里的直达火车全天不间断。坐这趟车是最快而方便的。到达特尔米尼站后，在那里换乘地铁或者是出租车，直接到宾馆去就可以了。

机场直达火车／“莱昂纳多特快列车”

从机场到特尔米尼站的话大约需要30分钟，连接这两个车站之间的直达车全天是不间断的，运行的时间是6:35~23:35，大约每隔30分钟发车一次。从机场总站到机场车站之间是相通的，可以带着行李车随便走动。车票的话，或者在自动售票机那里买，或者检票前在订票处买。费用是单程14欧元。一定要在上车之前买好车票，并在乘车之前盖好章。如果没有车票上车的话会被罚款50欧元的。

机场直达列车“莱昂纳多特快列车”

普通火车 / FS-Train

如果是在特尔米尼车站以外的附近的车站附近住宿的话，也可以考虑乘坐普通火车。普通火车的发车时间是：5:57~23:37，平时是每隔15分钟发车一次，假期休息日每隔30分钟发车一次。其间经过的车站有：欧斯堤亚站、托斯卡纳站、蒂布尔蒂纳站等。车票和直达火车一样，要么是在自动售票机处购买，要么是在订票处购买。到达蒂布尔蒂纳火车站大约需要5.5欧元，需要用时大约是30分钟。

深夜巴士 / Bus

到达机场的直达火车的最后一班车停止发车之后，就只能乘坐深夜巴士了。从机场到蒂布尔蒂纳火车站的夜行巴士，大约需要45分钟到站。

运行时间是1:15、2:15、3:30、5:00，共四班（从蒂布尔蒂纳火车站出发到机场去的是0:30、1:15、2:30、3:45，共四班）。从机场到蒂布尔蒂纳火车站是5欧元，但是从蒂布尔蒂纳火车站到机场去是4.5欧元。从到达大厅的正面出口出去，马上就是搭乘到蒂布尔蒂纳火车站去的火车停车点。

出租车 / Taxi

和巴士一样，从机场的终点站一下车便是搭乘出租车的地方。意大利的出租车一般都是白色的，到标有“taxi”标志的地方去打出租车。到市内的话需要30~40分钟。

从费米奇诺机场到市内的“城墙内”中心地带的花费大约是40欧元，钱皮尼机场到这里的费用大约是30欧元。行李箱的费用也是包含在刚才说的费用里面的。但是，出租车里面最多只能坐4人。

蓝色的巴士是深夜巴士

要是打出租车的话最好还是在出租车指定的搭乘地点打。一定要记住意大利的出租车一般都是白色的

出租车公司的电话

06-4994（La Capitale）
06-3570（Radio Taxi）

旅游咨询处

✉Via 20 settembre 26
☎06-421381
开9:00~13:00（星期二・星期六14:00~16:00也营业）
休周六・周末
MAP p.65-C

通往罗马的火车

特尔米尼火车站 Termini p.63-G

特尔米尼火车站不仅连接国际航线和国内航线，而且还可以到达地铁A、B线，是市内最大的交通枢纽。机场直达火车连接机场和特尔米尼火车站，从站台最里面的27~28号线开始发车。始发时间是5:51，停发时间是22:51（根据季节的变化会有变动）。车站里面有旅游咨询处、大型书店、银行、酒吧、饭店等，设施齐全。

托斯卡纳火车站 Tuscolana p.63-L

从机场乘坐普通火车，大约需要35分钟到达这里。这里离地铁A线地铁站非常近，徒步需要7分钟左右。

蒂布尔蒂纳火车站 Tiburtina p.63-D

从机场乘坐普通火车到这里需要40分钟左右。这里和地铁B线的蒂布尔蒂纳站（到特尔米尼站大约需要10分钟）相连，但是要从地铁站到该火车站大约需要步行5分钟。另外，71路或者是492路公交车也可以到达市内。

欧斯堤亚火车站 Ostiense p.63-K

乘坐普通火车从机场到这里大约需要25分钟。地铁B线的金字塔站（到特尔米尼站大约需要10分钟）通往这里。汽车总站也在这附近，乘坐95路公交也可以到市内。

交通 罗马市内

市内除了地铁A、B线之外，还有很多公交车、电车等运行，即使不搭乘出租车基本上也可以到达各个观光景点。只是有一点，公交车和电车的乘车路线非常复杂。使用这些交通方式的娴熟的程度是便宜方便舒适地到达市内的关键。

自动售票机的使用方法（以罗马为例）

照片中的自动售票机是普通的售票机类型。首先从4种语言当中选择自己操作所使用的语言，然后选择票的种类。投入纸币或者是硬币，然后就会拿到票和零钱了。

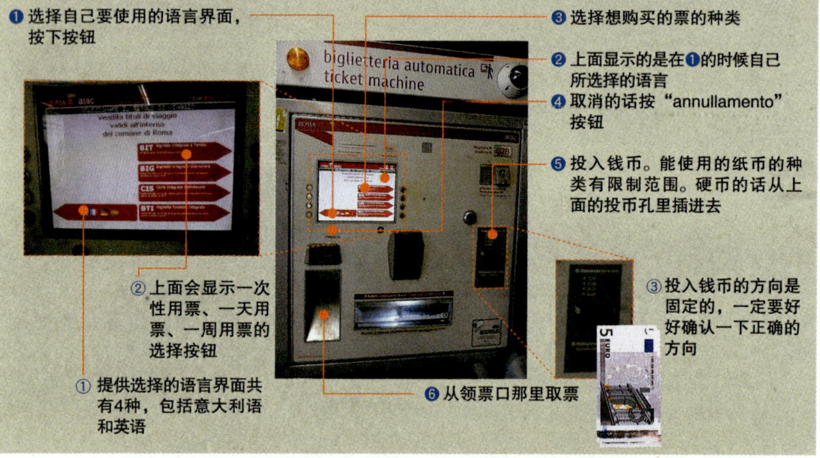

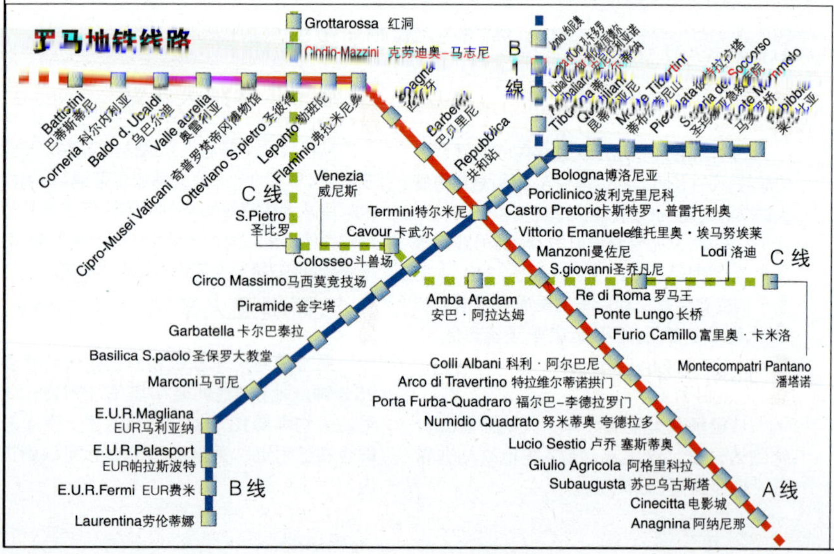

一次性票的话，只要是在规定的时间范围内，就可以换乘公交车和电车等交通工具；但是如果是地铁的话，一旦出了检票口，即使是在规定的时间范围内也不能再用了。

地铁 Metropolitana

现在地铁只有两条线，但是C线现在正在建设之中。D线也在计划之中

罗马的地铁有A、B两条线，A线的标志是橙色，B线的标志是蓝色，在特尔米尼站的时候两条线有交汇点。正在建设中的C线，途经A线的圣乔凡尼站和B线的斗兽场站、威尼斯广场、(梵蒂冈附近)，一直北上，预计这条线将在2012—2015年开始运行。威尼斯广场和遗迹地区之前是没有地铁的，但是C线开通的话，这些地方都将有地铁通过，会变得比以前方便很多。A线的始发站是巴蒂斯蒂尼站，终点站是阿纳尼那站。B线始发站是莱比比亚站，终点站是劳伦蒂娜站。始发时间是5:30，晚上最晚一班是23:30（周六、周末是到0:30为止）。地铁内的标志都是用意大利语表示的，但是只要能记住两三个标记的方式，即使是第一次乘坐的人也是没有问题的。坐车的时候一定要小心扒手。

步骤1 买票

地铁车票、公交车票和电车车票是通用的，乘一次车（75分钟以内）1欧元。票可分为一次性票、一日票、三日票和一周票等，并有月票。这些票既可以在地铁乘车场里的自动售票机（参照p.78）那里购买，也可以在售票处购买。售票处的标志是“T”。车票也可以在杂货店或报刊亭里买到。

▲一次性票的价格是1欧元，75分钟内有效

▲一日票的价格是4欧元，24点之前有效

▲一周票的价格是16欧元，第七天的24点之前有效

一次性票的价格是1欧元，75分钟内有效。一日票的价格是4欧元，刷卡之后的24点之前有效。三日票的价格是11欧元。另外还有一周票。这四种票可以自由地换乘地铁、公交车、电车等。如果在这里待5天的话，还是买周票比较划算。

▲5种车票的表面的设计都是一样的

到机场线去的指示标志

出口标志

禁止入内的标志

方便划算的新罗马卡

观光卡“新罗马卡”非常的方便划算，是面向广大的游客们推出的一种卡，它是由罗马市、文化遗产部、ATAC合作开发出来的。费用：25欧元。刷卡之后3天内有效，这三天可以随便搭乘地铁、公交车、电车，并且到市内的美术馆、博物馆、历史遗迹等去参观的话，可以选择其中的两个地方作为免费观看的场所，而且参观之外的那些美术馆、博物馆和历史遗迹可以享受打折优惠。其实际价值超过40欧元。售卡点是各个美术馆、博物馆、历史遗迹景点处、罗马市旅游咨询处、特尔米尼站前的五百人广场等地方。详情请参看“罗马卡公共网站”（英语）
http://www.romapass.it

票的有效期

一次性票是刷卡之后75分钟内有效。一日票是刷卡之后当天24点之前有效。注意不是24小时有效。

注意可能会因为建地铁施工，交通比较阻塞

罗马现在正在建设地铁C线，所以经常会有交通阻塞的情况。特别是中部地带的威尼斯广场和梵蒂冈的北部，交通阻塞情况严重。如果是打车的话，最好是留出充分的时间。

票一定要刷卡，地铁的话是在检票的时候刷卡，公交车的话是在上车后马上刷卡。如果不刷卡的话，会被重重地罚款的。换乘的话，无须再次刷卡。

地铁检票口

有效期写在票的背面好好确认一下

地铁车票的一次性票、一日票和一周票的表面的设计都是一样的。但是背面的数据是不一样的，因此在买好几张票的时候，一定要注意不要把乘车的有效时间给弄错了。另外，还要学会快速读取背面的信息的技巧。

首先是票的种类，票的种类标志在第一行，一次性票的标志是“BIT”，一日票的标志是“BIG”，一周票的标志是“CIS”。一次性票的话，有效时间是75分钟，所以乘坐一趟地铁之后还是可以有时间继续换乘的，这时候一定要好好确认一下自己的票是否还可以换乘。

开始使用的时间在背面的大约中间的位置、“Emiss”栏里，有效期限在票的下面的位置、“Scad”栏里。如果买的是一次性票的话，只要确认一下“Scad”栏里的有效时间就可以了。

该图是去往莱比比亚方向的B线的标志

步骤2 乘车

检票

买完票后到检票口处。将票插入刷卡机，刷卡后入口会自动打开。一次车票的话，只是第一次坐车的时候需要刷卡，从第二次开始只需将自己的票插入检票口就可以进站了。

一周票的话，自己要在票上写上第一次的乘车时间，也是只需第一次等车的时候刷卡，从第二次开始只需将自己的票插入检票口就可以进站。检票的时候如果被发现没有刷卡的话，会被视为未买车票，被处以罚款，这一点一定要注意。

到站台去

按照标志的指示走，去地铁A线的话按照标志A的方向走，去B线的话按照标志B的方向走，经过台阶或者电梯到达站台。在站台处，有箭头表示地铁前往的方向、运行方向的终点车站名等，一定要好好确认自己要去的车站和该方向的终点车站之后再上车。

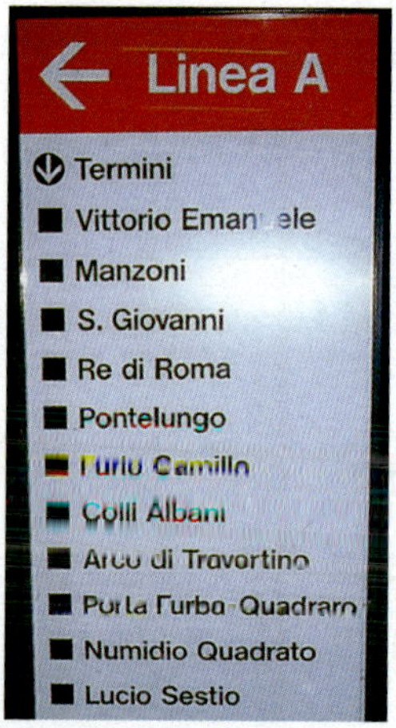

A线的路线指示

B线的路线指示

乘车

马上就上车了。A线搭乘的人比较多，所以新增了许多新型车辆；但是B线建成于1955—1980年，到现在已经经历了半个世纪，车辆还是原来的老车辆。出口和入口处的门大多数都是自动的，但是有的需要自己去按门旁边的开关按钮。自动开关的门力量比较大，所以如果有小孩和老人的话，这时一定要注意。有的门是坏的，有时候地铁上还有扒手等，所以一定要确认好门的开关情况，注意自己的贵重物品。

地铁有乘车人专用通道和下车人专用通道，并且都是单行道，从站台到检票的这一段时间，要走出口专用通道，一定不要弄错了。

步骤3 下车

下车

下车的时候和上车的时候一样，门都是全自动的和半自动的，半自动的需要自己按按钮之后门才会开关。如果出口入口的地方比较挤的话，给站在那里的人说一声“劳驾”，之后再下车。不要无礼貌地推别人。到达站台之后按照出口的指示方向一直向前走就可以出站了。上车的人和下车的人使用的通行道是分开的，这一点一定要注意。

A线的地铁站台

出检票口

下车之后的人，如果还要换乘公交车、电车和国铁，到检票口去，只要穿过栅栏就可以了，无须出示车票。之后就是顺着地下通道的标志走到地面。如果是在特尔米尼站换乘的话，不要检票，按照上面指示的换乘的路线去继续换乘车辆即可。另外，在地铁B线的欧马利亚纳站（EUR Magliana），可以换乘欧斯堤亚线，这个地铁线是到欧斯堤亚（古罗马）去的。如果是这样的话，需要在当地就算清消费。

地铁站台里的检票标志

B线的很多门都是需要自己按按钮才会开的

地铁B线上的许多车辆，按钮式的门比较多，都是需要自己按按钮之后车门才会开。按钮一般是在门旁边，距离地板1米左右的地方，按一下这个按钮，门就会开了。

地铁里的规则

地铁里面乘车的人和下车的人走的通道是不一样的，也不能逆行，很多地方都有禁止进入的标志。正因为如此，即便是在很拥挤的时候也很少有相撞的情况发生。建议到意大利旅游的人一定要遵守这些规定。

出口标志

换乘标志

标志“M”是地铁

“FERMATA”是停车场的标志

公车车运行时间

始发时间是5:36，终班车的时间是24:00。之后还会有夜班车运行。运行间隔时间是5~10分钟。

几条方便的线路

●40路=特尔米尼站—圣天使城堡。62路是快速公交车

●62路=共和国广场—巴贝里尼站~威尼斯广场—梵蒂冈

●64路=特尔米尼站—威尼斯广场—梵蒂冈

●110路=特尔米尼站—巴贝里尼站—威尼托大街—波波罗广场—梵蒂冈—威尼斯广场—斗兽场

●492路=波波罗广场—高碌街大街—复兴广场（梵蒂冈附近）

●780路=威尼斯广场—体育馆

获取线路图的途径

可以在atac售票办公室买到线路图。市场上和报刊亭也有卖的。

车上的刷卡机

公交 / Bus

贯穿市内的全部区域，使用习惯后非常方便

环城公交的颜色和地铁的颜色是一样的，都是橙色的，也是由atac运营的。但是地铁只有A、B两条线，而公交车却涵盖了市内的各个地方，非常方便。即使是在仅能容一辆车勉强开进去的地方也会有像电车之类的小型公交车运行。如果能够准确地掌握路线的话，出行范围会大大增加。不过，有时候也会出现堵车情况，所以乘公交车的话，一定要留出充裕的时间。

步骤1 了解路线

如果能事先准备一张线路图的话，那么乘公交车会方便很多。但是，一般人拿到线路图之后，看着密密麻麻的路线第一反应是不知所措。罗马的公交车路线实在是太复杂了，所以最好的方式就是在停车站一边问路一边乘车比较保险。

步骤2 买票

地铁和公交车票是一样的，所以买票方法也是一样的（请参照p.78）。要注意，车内是不售票的。如果要去的地方交通不是很方便的话，最好是多买几张一次性票或者是买一张一日票也可以。

步骤3 乘车・下车

找公交车站

公交车站用意大利语表示是“FERMATA”，左上角的图案即是公交车站的标志。最下面写着经过该站的公交车编号、线路所经过的车站及终点站名称。当前所在位置一般都会用红色的边框标出来，很容易看得清楚明白。

乘车

公交车到了之后，确认好公交车前面的编号后，要从前后门上车。不过到站下车时，如果不给司机招手示意的话，很可能车不会停就开过去了，所以下车一定要示意一下。上车后和乘地铁一样，把卡放在刷卡机上刷一下，可千万不要忘了哦。

下车

按一下车铃，示意司机要下车，然后从中门下车。意大利公交车上没有售票员报站，所以对于初次乘车的人来说在准确的目的地站下车的话可能有点儿困难。如果真怕错过站的话，可以提前将目的地站名写在纸条上，上车后出示给司机看，提示到站后示意自己下车。

把电车和出租车作为辅助交通工具搭乘。一般，意大利的出租车会有各种附加费用，上车前一定要提前确认一下。

电车。车的颜色除了橙色的，还有蓝色的、白色的，各种各样

电车 / Tram

边观赏外面的景观边坐车，在自己喜欢的景点处下车

与公交车相比，电车路线相对较少，电车的运行路线都是城市街道的周边地区，所以旅行的人一般很少乘坐。但是，到特拉斯特维列、坡鲁泰留、马西莫竞技场、共和国广场、贝佳斯园等处于城市周边地域的地方去的话，可以尝试一下乘坐电车。车票、停车场的指南板和上车下车的方法和公交车的都一样。与公交车相比，电车比较空荡，可以充分享受一下放松的愉快心情。路线在公交车路线图上就有。

出租车乘车处的标志

出租车 / Taxi

为了更方便地搭乘出租车，需要提前了解的信息

正规的出租车的颜色是黄色和白色两种。后座的门附近标着出租车公司的号码。出租车空车的标识是车顶有灯，但是不能在路上拦出租车。搭乘出租车的话，要么到主要观光景点的出租车乘车处去打车，要么是打电话叫车。

出租车计价器在驾驶座旁边，起步价是2.33欧元，每144米加收0.11欧元（堵车的时候每19.2秒加收0.11欧元）。另外，以下的场合也需要加收费用，一定要注意。

*深夜加费(22:00~次日7:00):€2.58.周末·节假日加费:€1.03.大的行李每个加费:€1.04.从机场到市区的费用是相对固定的(p.77)。

出租车的颜色有黄色和白色的，门不是自动的，一定要注意

确认好驾驶座旁边的计价器之后再告诉司机自己要到的目的地

观光巴士，轻松出行

换乘公交车和一般的观光巴士都可以环游市区

公交110观光露天巴士，每天每隔20分钟发车一班，巡游市内各个观光景点，途中可以自由地上下车。从五百人广场出发(8:00~20:00)，费用是20欧元。车票可以出发前10分钟到乘车场附近的atac窗口购买，也可以上车后购买。车票一日内有效。一圈大约需要2小时。车上配有语音导游器。要是想更舒服地巡游，乘坐一般的观光巴士也是一种便捷的方式。有的车上还配有会多种语言的导游，行驶路线也多种多样（比如右边的绿色通道观光迷你巴士）。想去郊外的人，也可以乘坐珊瑚公司的普尔曼巴士。

110观光露天巴士

复古型观光巴士

绿色通道观光巴士
Via Farini 5A
☎00-4827480

意大利国家出租车公司
Via Nazionale 5
☎800-366626
（意大利国内免费电话）

珊瑚公司
Via Bernardino Alimena, 105
☎06-72051
休 周六、周末

也有复古的马车，但这种车一般费用会比较高

景区 1 中央车站周边地区

特尔米尼站～奎里纳莱山山丘

Termini-Monte Quirinale

戴克里先浴场遗迹。是一座巨大的石造建筑物

街区布局 & 游览须知

拥有罗马最大的美术馆　罗马的前门

从国内或者是意大利的其他城市到罗马的话，最先到达的就是特尔米尼站。特尔米尼站就像是罗马的前门似的，这里值得观看的景点众多，也是国际航线和国内航线的终点站。地铁A、B线纵横罗马，而特尔米尼站是A、B线的交叉点。另外，特尔米尼站前还有驶往市内各处的各种巴士、巡回观光景点的观光巴士的终点站和出租车的乘车处，不管是到哪里去这里都是据点。

到处都是旅行者，非常拥挤，扒手也非常多。在特尔米尼站周边的时候也不要大意，一定要小心自己的行李（关于罗马的治安，请参照p.87和p.422）。

从特尔米尼站可以到达总统府的所在地——奎里纳莱山山丘。这里有古罗马浴场的遗迹、展示从遗迹当中挖出来的美术品的罗马国立美术馆、展示拉斐尔等巨匠的作品的国立绘画馆、可以欣赏到歌剧和芭蕾的歌剧院等众多的景点。在这里可以享受到艺术鉴赏和购物两方面的乐趣。

步行就可以从特尔米尼站走到奎里纳莱山山丘去。但是如果能从特尔米尼站乘坐地铁经共和国车站、巴贝里尼站到这里，或者是乘坐492路公交车等来这里的话，可以不必劳累轻松观赏各个旅游景点。

观光小贴士

乐趣

观光	★★★
饮食	★★★
购物	★★★

交通方式

地铁	★★★★★
巴士	★★★★★
出租车	★★★★★

区域范围

从特尔米尼站到共和国广场的话，步行大约需要3~4分钟。从共和国广场到巴贝里尼站，步行大约需要15分钟。

景点

安杰利圣母教堂

Basilica di Santa Maria degli Angeli

●剪切地图 11 p.65-G

从共和国站到这里步行大约1分钟

该教堂是米开朗琪罗设想的，外观非常美观

安杰利圣母教堂曾是古罗马的浴室，16世纪时，当时的皮乌斯四世教皇委托米开朗琪罗改建戴克里先浴场为教堂，主要是为了纪念那些参与当时的浴场设计并为基督教殉教的教徒们的。其中一个显著的特征就是有许多光亮照进来的高达91米的高廊。

安杰利圣母教堂。该教堂是模仿万神殿的圆顶

开 7:30~12:30、16:00~18:30　休 全年无休　€ 免费

博物馆正面的入口和里面的收藏品

罗马国立美术馆（马西莫宫）

Museo Nazionale Romano（Palazzo Massimoalle Terme）

●剪切地图11 p.65-G

从特尔米尼站出发步行大约需要3分钟

这里收藏着古希腊、古罗马时代的作品

罗马国立博物馆被分为了四处，分别是：马西莫宫殿、阿特姆彼斯宫、巴贝里尼宫和戴克里先浴场遗迹，分开进行展示。这里是总馆，展示的都是罗马帝国时代末期的美术和雕刻作品等，比如米隆的《掷铁饼者》与《雅典娜和玛息阿》，从奥古斯都的妻子莉薇娅家里出土的《莉薇娅家的壁画》等众多的杰作。阿特姆彼斯宫（p.93），藏有著名的路德维希（Ludovisi）收藏品，以及石棺材和莫扎克风格的作品等。

开 9:00~19:45（售票处~18:45）。三楼值得观看的美术品非常多，可以跟团参观，这样的话会有英语或者意大利语的导游跟随负责解说。所需时间大约45分钟 休 全年无休　€ €7（四个馆的通用票还需再加€3）

罗马国立博物馆（戴克里先浴场遗迹）

Terme di Diocleziano

●剪切地图11 p.65-G

浴场面积非常大，可容纳3 000人之多

戴克里先皇帝于3世纪时登上政治舞台，他发挥了很强的统治权，将首都移到被称为小亚洲的尼科美底亚，并将帝国一分为四进行统治。那时的罗马没有设置任何的司令部，很多人感到非常不安。据说这个巨大的浴场就是为了怀柔这些市民的心情而建成的。浴场一次可容纳3 000人之多，里面的集会厅和洗热水澡的设备、体育馆等样样齐全。

里面有罗马国立博物馆的分馆，可以在里面看到16世纪时米开朗琪罗和教堂一起设计出来的美丽的《米开朗琪罗回廊》以及从这里出土的柱子等。

维多利亚圣母教堂

Chiesa di Santa Maria della Vittoria

●剪切地图11 p.65-G

从地铁A线的共和国站出发步行大约需要3分钟

这里收藏着巴洛克艺术风格的杰作

建于17世纪，据说是文艺复兴后期的建筑师建造而成的。里面非常豪华，并且还有贝尼尼的雕塑《圣特雷萨的沉迷》作装饰。

开 7:00~12:00、15:30~19:00　休 全年无休

巴贝里尼广场

Piazza Barberini

●剪切地图10 p.64-F

从地铁A线巴贝里尼站下车便是

在地铁巴贝里尼站下车后马上就是

这里是威尼托大街和巴贝里尼大街等重要街道相交汇的要塞。广场中央还有贝尼尼的《许愿池》，许愿池还曾出现在安徒生的《即兴诗人》中。贝壳由4只海豚的头支撑着，风吹着海螺，许愿池的样子煞是威风。

这个图案也被雕刻在了巴贝里尼家族的徽章和教皇的皇冠上

国立绘画馆（巴贝里尼宫殿）

Galleria Nazionale di Arte Antica

●剪切地图11 p.64-F

从地铁A线巴贝里尼站出发徒步需3分钟

巴洛克风格的宫殿　在这里也能看到拉斐尔的绘画

宫殿建于17世纪，为巴洛克风格。建造之初是用作巴贝里尼家族的法王乌尔班8世的私邸。回廊是用玻璃装修的，是贝尼尼创作的。门面右边的螺旋阶梯是由与贝尼尼齐名的巴洛克时期的奇才波洛米尼设计而成的。

内部是绘画馆，在这里可以观赏到拉斐尔的《弗马里娜》、利比的《圣告图》和荷尔拜因的《亨利八世像》等杰出的作品。开 8:30~19:00（周六9:00~19:00，周末、节假日~13:00）休 星期一、1/1、12/25　€ €5

巴洛克风格的国立绘画馆

有很多人为了品尝一下这里的甘甜的水特意过来

蜜蜂喷泉
Fontana delle Api

剪切地图 11 p.64-F

从地铁A线巴贝里尼站下车后马上就是

贝尼尼设计的可爱的喷泉

贝尼尼是接受乌尔班教皇的命令参与设计，于1644年完成。这个喷泉将巴贝里尼家族的族徽上的蜜蜂和生命与丰收的象征的贝壳结合在一起设计而成，非常可爱。喷出来的泉水非常甘甜，现在依然受到罗马市民们的喜爱。

圣玛丽亚教堂
Basilica di Santa Maria Maggiore

剪切地图 17 p.65-K

从特尔米尼站出发步行需要5分钟

一直受到圣母玛丽亚庇佑的罗马最大的教堂

罗马四大教堂之一。正面是18世纪改造的时候建成的，但是中殿墙壁上的36面鲜艳的镶嵌却是在5世纪时完成的。圆屋顶和壁画上也画着很多圣母玛丽亚的像。

开 7:00~19:00 休 全年无休 € 免费

正面的设计是巴洛克风格，非常美观

圣彼得镣铐教堂
Basilica di San Pietro in Vincoli

剪切地图 23 p.65-K

地铁B线卡武尔站出发徒步需2分钟

因米开朗琪罗的《摩西雕像》而闻名的教堂

米开朗琪罗的代表作《摩西雕像》位于右边的走廊里面，是教皇朱利欧二世命

圣彼得镣铐教堂里收藏着圣彼得被囚时捆绑的铁链

令米开朗琪罗为其墓地制作的葬礼纪念雕像。教堂里面存放着教皇的陵庙。房顶上是壁画《锁的钥匙》。

开 8:00~12:30、15:30~18:00 休 全年无休 € 免费

奎里纳莱宫
Palazzo del Quirinale

剪切地图 10 p.64-F

从地铁A线巴贝里尼站出发徒步需5分钟

在宫殿的前面能看到卫兵的交接仪式，仪式大约是20分钟

建造在罗马最高的山丘上的总统官邸

16世纪后半期，作为格利高里的行宫开始进行建造，18世纪中叶时完成。以马德里那和贝尼尼为首，当时著名的雕刻家也参与了建筑的建造。之后就几乎一直都是作为教皇的行宫使用的。现在是总统的官邸，每天从15:00开始就可以看到卫兵的交接仪式。每月最后一个周末的9:00~13:00，里面的一部分会公开开放（免费）。

开 8:30~12:30（只有周末） 休 周一~周六 € €5

圣安德烈亚教堂
Chiesa di Sant'Andrea al Quirinale

剪切地图 11 p.64-F

从地铁A线巴贝里尼站出发徒步需7分钟

体现着贝尼尼的精湛技术，教堂建筑的杰作

这是唯一一个受到耶稣会的委托，由巴洛克时期著名的代表人物贝尼尼亲自参与设计的教堂。屋顶是椭圆形的。就像从屋顶上可以看到的那样，贝尼尼是非常注重节约用地的，将占地面积缩小到最小范

围，不愧是巴洛克艺术风格时期的优秀作品。

开 8:00~12:00、16:00~19:00
休 全年无休
€ 免费

教堂内部，建筑、色彩、光线等诸要素完美融合在一起。

四泉圣嘉禄堂

Chiesa di San Carlo alle Quattro Fontane

剪切地图 10 p.64-F

从地铁A线巴贝里尼站出发徒步需5分钟

浓厚的曲线美，博罗米尼设计的教堂

这座教堂被称为是建筑师博罗米尼的杰作。圆屋顶有的是六角形，有的是八角形，组合在一起非常美观。正面用的是蜿蜒的曲线。这些都显示出建筑师博罗米尼的杰出才能。 开 9:00~13:00（星期一、星期五16:00~18:00） 休 周末、节假日 € 免费

教堂内部的基本色调是白色，多使用曲线和椭圆形。在这里可以感受到教堂的高扬

真情提示

据说罗马小偷多，这是真的吗？

意大利晚上走路还算是比较安全的了，而且枪杀案和杀人案等的数量与美国相比算是少的了，但是罗马以南的地方，有很多小偷，一定要十分小心。大家一般都认为帆布背包是比较安全的了，但是很有可能在我们不知不觉的时候包里的东西便被一偷而光了。搭乘电车等的时候要把它放在自己的前面，最好是抱在怀里。罗马的话，无业游民（许多人并不是意大利人而是从中欧等地方来的移民）的犯罪活动比较多，要小心。在意大利旅游的时候需要注意哪些方面的知识，请参照p.422。

情况 1

上、下地铁和公交车的时候，有个抱着孩子的无业游民妇女，故意碰撞了一下自己，结果自己的钱包和包等都被偷走了。还有的是装成乞丐向自己乞讨，在这个过程中趁自己不注意，用另一只手将自己的钱包偷走了。

对 策

即使是抱着小孩的妇女我们也不能太大意了。一定要好好地拿着自己的包。另外不要将贵重物品放在包里。

情况 2

在观光景点附近的入口刚停下，就有一个无业游民父亲和儿子过来将自己围住要钱。他们会用报纸或者是硬质的箱子制作一个死角，强迫自己把钱交给他们。

对 策

停下来的时候一定要看一看周围有没有人围过来找自己。看见很可疑的人向自己走过来的话，即使是小孩也要很快地逃走，必要的时候可以大声叫出声来。

情况 3

正在路上走着的时候，被后面开过来的摩托车上的人把自己的行李抢走了。这时候如果不放手自己的行李的话，有时还会被车拖着，造成自己受伤。实际上，有人因为遇到这种情况最终导致死亡。

对 策

走路的时候要将包斜挎在肩上。并且走路的时候尽量不要在路边走，而是要靠着建筑物走。

景区 2 西班牙广场周边地区

西班牙广场~波波罗广场

Piazza di Spagna-Piazza del Popolo

因游客而热闹非凡的西班牙台阶

街区布局&游览须知

西班牙广场热闹非凡
周边是罗马最著名的购物区域

西班牙阶梯周边因为电影《罗马假日》中的一个场面而出名，这里也是罗马最热闹的繁华街道。西班牙广场的前面是孔多蒂大街，这条街上的店几乎都是一流的品牌店。和孔多蒂大街平行或者交叉的街道上也有很多品牌专卖店，如果是购物一族的话这里绝对不容错过。即使只是在商店里面看一看不买的话也是一种享受，可以让人身心愉悦。

科尔索大街与孔多蒂大街相交叉，呈南北走向，这条街上也有很多店铺，进进出出的多是当地的罗马人。可以在这个地方悠闲地逛街，享受一下乐趣。科尔索大街周边也有很多景点，像因绘画而闻名的巴贝里尼宫、被称为罗马的北部通道的波波罗广场等。

到西班牙广场去的话，坐地铁从特尔米尼站去。地铁的话，这个地方的基本据点是西班牙站或者是前一站，靠近弗拉米尼奥站公园一带。如果在这个区域里活动的话，基本步行就可以了。

观光小贴士

乐趣

观光	★★★
饮食	★★★★
购物	★★★★★

交通方式

地铁	★★★★
巴士	★★★
出租车	★★★

区域范围

以西班牙广场或者波波罗广场中的任何一个为据点的话，都可以很好地在这里逛一逛。一边享受着购物的乐趣，一边悠闲地漫游在这些街道上吧。

景点

“破船喷泉”里面的水非常干净，可以放心饮用

西班牙广场
Piazza di Spagna

剪切地图10 p.64-A

从地铁A线西班牙站出发徒步需3分钟

观光的游客络绎不绝，广场上热闹非凡

之所以叫这个名字是因为17世纪时这里曾经是西班牙大使馆的所在地。广场的前面是圣三一台阶（通称西班牙台阶）。这里全年都因来自世界各地的游客而热闹非凡。台阶前的“破船喷泉”据说创意来自于特韦雷河的一次决堤，一只小舟被水推到这里，“破船喷泉”仿照小舟的样子制作而成。是巴洛克风格的代表性的人物贝尼尼父亲彼得·贝尼尼于17世纪建造而成的。这里的泉水的质量非常好，可以和罗马有名的喷泉特韦雷河的泉水质量相媲美，非常甘甜。现在仍可以作为饮用水饮用，深受人们的喜爱。

外观看起来设计上有些微妙的不同。令人遗憾的是不能到里面去参观

圣三一教堂

Chiesa della Trinita dei Monti

从地铁西班牙站出发徒步需3分钟

●剪切地图10 p.64-B

广场上给人印象深刻的就是两个钟楼

建造在西班牙台阶最上面的两个教堂并列而立，两个钟楼“关系密切”地并列在一起。这个教堂是法国国王路易十二世命令建造的，完成于1585年，里面是哥特式的建筑的后期风格。装饰在里面的《基督落架》，是沃尔泰拉的作品，非常有名。位于教堂前面的小广场上的方尖碑，是1789年由教皇皮奥六世建造而成的。曾经是朝圣者们的标志。

开 8:00~21:00 休 周一 € 免费

两个钟楼之间的是方尖碑

美第奇别墅

Villa Medici

从西班牙广场出来就是

●剪切地图4 p.64-A

法国艺术家们曾经在这里学习过的艺术殿堂

拿破仑统治时代这里曾经被交到法国人的手里，很多学生在这里学习艺术，曾经一度非常热闹。现在只是作为普通的庭院在开放。

开 9:00~12:30（只是周末）休 周一~周五 € €6.20

波波罗广场和波波罗门

Piazza del Popolo e Porta del Popolo

从地铁A线弗拉米尼奥站出发徒步需1分钟

●剪切地图3 p.70-I

众多游人聚集的罗马的门户

在铁路建成之前都是经过弗拉米尼奥（Flaminia）到达这里，这里热闹非凡，是罗马北部的门户。歌德和司汤达都曾经驾着马车穿过波波罗门从这里经过。波波罗门里面的装饰是在1655年由贝尼尼完成的。竖立在广场中央达36米的方尖碑是罗马的第一代皇帝奥古斯都从埃及带回来的。

歌德曾经驾车经过的波波罗门（正面）

双子教堂

Santa Maria dei Miracoli e Santa Maria di Montesanto

从地铁A线弗拉米尼奥站出发徒步需2分钟

●剪切地图3 p.64-A

19世纪时的巴洛克风格教堂

波波罗广场对面有两个极其相像的教堂，右边是圣迹玛丽亚教堂，左边是圣山圣玛丽亚教堂。这是一座新古典样式的建筑，右边正殿的圆顶屋的形状是正规的圆形，而左边的是椭圆形，有些微妙的差别，在设计上下了很大的功夫，使得其看起来好像是一样似的。

人民圣母教堂

Chiesa di Santa Maria del Popolo

从地铁A线弗拉米尼奥站出发徒步需1分钟

●剪切地图3 p.70-I

处处都是文艺复兴时期的艺术品的教堂

据说皇帝尼禄的灵魂变成了怨灵，这个教堂是圣奥古斯丁教皇为了镇压他的灵魂于1099年创建而成的。除了拉斐尔设计的圆顶屋和贝尼尼的雕刻之外，在主祭坛左边的礼拜堂里还有卡拉瓦乔的绘画作品《圣彼得的否认》和《圣保罗的皈依》。

开 7:00~12:30、16:00~19:00 休 全年无休 € 免费

奥古斯都墓

Mausoleo di Augusto

从西班牙广场到这里步行大约需要5分钟

●剪切地图9 p.64-A

皇帝奥古斯都一族安息的地方

这是第一代皇帝奥古斯都为自己建造的墓。它前面是阿娜帕奇斯博物馆，该博物馆是奥古斯都为了纪念自己在西班牙和高卢征战中取得胜利而建造的和平祭坛。围在祭坛旁边的大理石浮雕非常美观。

开 周六、周末（只有博物馆是：周二~周末）休 周一、1/1、5/1、12/25 € €2.10，博物馆：€6.50

贝佳斯美术馆

Galleria Borghese

从地铁A线弗拉米尼奥站出发徒步需10分钟

●剪切地图5 p.71-H

公开展示贝尼尼的赞助商们收集的各种各样的杰作

最初是作为贝佳斯家族的夏天公寓建造起来的，到了18世纪时开始作为美术馆投入使用。里面展示的都是贝尼尼的赞助商们收集的各种雕刻收藏品。收集到的展品品种非常齐全。

开 8:30~19:30（实行预约制）☎ 06-32810（预约时间8:30~18:30）休 周一、1/1、12/25
€ €8.50（里面包含€2的预约费。另外，带声音的导游€5。跟团导游费€5）

景区 3

威尼斯广场~特雷维喷泉地区

威尼斯广场

Piazza Venezia

威尼斯广场西侧还有15世纪时的宫殿建筑

观光小贴士

乐趣	
观光	★★★★
饮食	★★★★
购物	★★★
交通方式	
地铁	★★
巴士	★★★★★
出租车	★★★

区域范围

有很多公交车通往这里，比如40·64路公交车是从特尔米尼站到达这里的。在这个区域之内是可以步行的。

街区布局&游览须知

这里有罗马最著名的喷泉，是一个非常热闹的地区

威尼斯广场是罗马的中心地带。经过一条小道向北走到达科尔索大街，该街道连接着波波罗门，波波罗门附近是罗马最有名的喷泉——特雷维泉（许愿池）。向南的话，有卡比多利尼广场，该广场上有两个美术馆，在这里可以看到正在展览的罗马时代的美术品。还可以到达罗马的代表性的遗迹——古罗马广场(p.99)。西南方向有斗兽场(p.99)。威尼斯广场前的维托里奥·埃马努埃莱二世街道是罗马地区最拥挤的一条街道，过往的车辆非常多，因此在过街的时候一定要注意车和摩托车之类的。

特雷维泉曾在费德里科·费里尼导演的电影《甜蜜的生活》中上过镜。其中安妮塔·艾克伯格穿着黑色的衣服在这个喷泉里面玩耍的场面给人留下了深刻的印象。这个喷泉的美丽、动感是无论看多少遍都不会感到厌烦的。

这里没有到威尼斯广场的地铁，坐40、64路公交车从特尔米尼站到这里的话大约需要15分钟。周边有很多值得观赏的景点，比如威尼斯宫殿等，还可以到里面去参观。美术迷们千万不要错过机会。

景点

威尼斯广场

Piazza Venezia

●剪切地图16 p.64-I

坐64路公交车等在威尼斯广场下车，或者是在地铁B线竞技场站下车徒步需10分钟

标志是一个巨大的纪念像

该广场的标志是维托里奥·埃马努埃莱二世纪念像。南面是巨大的维托里奥·埃马努埃莱二世纪念堂。该建筑是为了纪念统一意大利的第一代国王维托里奥·埃马努埃莱二世的丰功伟绩而建成的。内部是统一纪念博物馆。

广场前面的维托里奥·埃马努埃莱二世街道周边从中世纪到文艺复兴时期一直都是罗马的中心地。周边有很多贵族宫殿，它们现在都被用作美术馆了，一定要到这些地方去看一看。

威尼斯广场这里的车辆也很多，一定要注意安全

雄伟的维克托·埃马努埃莱拱廊

多利亚潘菲利宫殿（美术馆）

Palazzo Doria Pamphilj e Galleria Doria Pamphilj

从威尼斯广场出发徒步需2分钟

●剪切地图16 p.64-I

是一个贵族馆，有很多卡拉瓦乔的作品

15世纪时作为多利亚潘菲利家族的住宅被建造起来，现在这一族人依然住在这里。占地面积非常大，有1 000多个房间、4层台阶、3个门和大厅，其中一部分现在是作为美术馆使用的。入口是在罗马文明广场的对面。

开 10:00~17:00 休 星期六、1/1、5/1、8/15、11/1、12/25 € €8（到里面去参观的话是在~13:00，但是还需另缴费：€3.10） HP www.doriapamphilj.it

马可·奥雷洛圆柱

Colonna di Marco Aurelio

从威尼斯广场出发徒步需5分钟

●剪切地图10 p.64-E

纪念柱上画的是战争的场面

矗立在圆柱广场中央。是为了纪念公元前2世纪时在德意志远征的战争中获得的胜利而建造的。柱子的表面高30米，上面雕刻着的战争的场面呈螺旋状。旁边就是龙骨宫殿，内阁总理府就设置在这里。

据说拿破仑很记恨这个圆柱

蒙特奇托里奥宫

Palazzo di Montecitorio

从威尼斯广场出发徒步需6分钟

●剪切地图9 p.64-E

标志是从埃及运来的方尖碑

属于17世纪时的众议院建筑物，贝尼尼还曾参与其中的装饰设计。现在仍然还是用作国会议事堂的众议院。

建造在蒙特奇托里奥广场上的奥古斯都帝的方尖碑是公元前6世纪的建筑物。现在还有一段逸闻：据说当初是第一代皇帝奥古斯都帝将其从埃及运来、作为时钟来使用的。18世纪末的时候转移到了这里。

圆柱宫殿（绘画馆）

Palazzo Colonna e Galleria Colonna

从威尼斯广场徒步到这里需要3分钟

●剪切地图16 p.64-I

该美术馆里展示的是文艺复兴时期的绘画作品

圆柱绘画馆里面充满了生机活力，圆柱宫殿就建在它的前面。圆柱宫殿是15世纪时教皇马丁五世建成的。现在是展示科隆纳吉罗拉莫所收集的收藏品的美术馆。绘画迷们一定要到这里来看一看。

开 周六9:00~13:00 休 7/25~8/29 € €10 HP www.galleriacolonna.it

特雷维喷泉

Fontana di Trevi

从威尼斯广场徒步到这里需要3分钟

●剪切地图10 p.64-F

罗马最受欢迎的美丽喷泉

罗马人有一个美丽的传说，只要背对喷泉从肩以上抛一枚硬币到水池里，就有机会再次访问罗马。特雷维喷泉的前身是1453年时教皇尼古拉五世下令建造的喷泉。教皇为了时隔千年将奥古斯都帝建造的古代的“少女泉”重新复活，开始着手喷泉的建造事业。

之后1762年时，受到教皇克雷芒十三世的委托，尼科洛·萨尔维担任设计，改造成了现在的样子。

这个喷泉装饰着波利宫殿的壁面，喷泉上雕刻着神话中的半人半鱼的两个海神尼普顿和特里托内等的画，和喷泉融为一体，十分和谐。喷泉中央是海神——尼普顿。

特雷维喷泉，散发着纯纯的美丽

纳沃纳广场，被华丽的喷泉雕刻装饰着

街区布局&游览须知

这里聚集着罗马时代的有名的建筑物

罗马有很多有名的建筑物，但即使是这样，这里的景点依然还是算多的。这里有很多教堂和广场，非常值得一看。首先到市民们休息的场所——纳沃纳广场去。这里有贝尼尼设计的著名的大喷泉，充满着活力。

从纳沃纳广场步行的话很快就会到达万神殿，这里是保存古罗马时代历史建筑物最完好的地方。万神殿的圆屋顶非常美观，用“无法形容”来形容这里的美丽一点也不过分。即使是没有时间也一定要抽空到这里来看一看，真的非常值得观看。

纳沃纳广场的南面——花园广场的周边是一些花卉市场和手工艺人居住的工商业城镇。法尔内塞宫殿在花园广场的南面，蒙瑟拉托大街从这个宫殿开始，在这个地方周边到朱莉娅大街周边有很多古董展廊、装裱手工艺人和家具手工艺人的工作室，并且也十分适合在这里散步。大力推荐喜欢古董的人到这条散步街上来。

万神殿是国立罗马美术馆的分馆，这里值得欣赏的景点也很多，美术迷们一定要来看一看。乘坐40、46、62、64、70、116路公交车，在维托里奥·埃马努埃莱二世站或者是万神殿停车场下车都可以到达这里，并且下车非常方便。

建筑是巴洛克风格的，非常美观

观光小贴士

乐趣

观光	★★★★★
饮食	★★★★★
购物	★★★

交通方式

地铁	★★
巴士	★★★
出租车	★★★

区域范围

处于台伯河和威尼斯广场之间，在它们中间偏西的地方。从纳沃纳广场到万神殿的话步行仅需5分钟，非常近。

景点

耶稣会教堂

Chiesa di Gesu

从阿根廷广场到这里步行大约需要5分钟

剪切地图16
p.64-I

装饰是豪华的巴洛克风格，即使在罗马也是首屈一指的

建造于6世纪的耶稣会代表性的建筑物。房顶的壁画是采用了远近法的《基督教的胜利》。这是巴洛克时期的设计。祭坛右边是佛朗西斯·萨比埃尔的圣体的一部分。

开 6:00~12:30、16:00~19:30　休 全年无休　€ 免费

神庙遗址圣母堂

Chiesa di Santa Maria Sopra Minerva

●剪切地图15 p.64-I

从阿根廷广场到这里步行大约需要5分钟

伽利略提出地动学说的地方

拉丁十字形的走廊里面有菲利皮诺·利比的《圣母升天》和拉斐尔的《十字架上的耶稣》等优秀的作品。修道院的异端审判所一般认为是伽利略说“即使是这样地球也是转动的”这句话的地方。

开 7:00~19:00，回廊8:00~13:00、15:00~19:30

HP www.basilicaminerva.it

休 全年无休　€ 免费

万神殿

Pantheon

●剪切地图15 p.64-I

从纳沃纳广场到这里步行大约需要5分钟

至今完整保存的古罗马的遗迹

该神殿于公元前25年由阿格里帕兴建而成。之后遭遇到火灾，120年时亚德里亚诺大帝对其进行了再建，成为了现在的样子。609年之后作为基督教教堂使用，现在也还是作为教堂来使用。现在基本上还是保留着公元2世纪完成时的样子。这样的建筑很是难得，从该建筑物当中能够目睹罗马时代的高建筑技术水平。

入口有16根圆柱，从入口到里面之后，可以看到里面的空间非常开阔，底平面直径为43.4米，与高度相等。这个圆顶比梵蒂冈的圣彼得大教堂的还要大，是意大利最大的圆顶建筑。据说之所以建造圆形的天窗是为了更好地唤起人们对神圣的东西的崇敬之情。一进入里面会让人莫名其妙地感到心情舒畅放松。

开 8:30~19:30（周末9:00~18:00、节假日9:00~13:00）休 全年无休　€ 免费

▲从圆顶的天花板上射进来的阳光，充满了神秘感。和时间的变化相一致，光的角度也是随时移动的

先贤祠在意大利语当中含有“万神殿”的意思。这是一个神奇的可以让人心情安定的空间

圣王路易堂

Chiesa di San Luigi dei Francesi

●剪切地图15 P.66-F

从万神殿到这里步行大约需要2分钟

法国国王路易9世兴建的教堂

是为了祭祀指挥十字军的路易9世而兴建的。左侧展廊向里的礼拜堂里面有巴洛克时期的画家卡拉瓦乔的3部作品，分别是《圣马太蒙召唤》、《圣马太与天使》和《圣马太殉教》。

正面还有查理曼大帝像

开 8:00~12:30、15:30~19:30

休 星期六下午　€ 免费

纳沃纳广场

Piazza Navona

●剪切地图15 P.66-F

从万神殿出发步行需5分钟

广场非常美丽，3个温泉并立

这里有贝尼尼的著名的雕刻作品:《四河喷泉》、《摩尔人的喷泉》和《尼普顿喷泉》。《四河喷泉》是这里的标志性的存在，建造于1651年。这里的方尖碑高达17米（左边的照片）。

圣卡罗教堂

Chiesa di Sant'Ivo

●剪切地图15 P.66-F

从纳沃纳广场到这里步行大约需要1分钟

建筑师博罗米尼的代表作之一

巴洛克时期有名的建筑师博罗米尼进行了独特的创新。建筑立面的平面轮廓为波浪形，地板面是由两个三角形组合在一起而成的，呈星星的形状，给人印象深刻。里面的颜色基调是白色，氛围十分清新。

开 10:00~12:00　休 8月

罗马国立博物馆（阿特姆彼斯宫）

Palazzo Altemps

●剪切地图9 P.66-B

从纳沃纳广场出发步行大约需要3分钟

罗马美术的宝库

这里是国立博物馆的分馆之一，展示的都是希腊和罗马美术作品的杰作。所有的收藏品当中一定不能错过的就是壁画《维纳斯》，画的是刚从海里出来的维纳斯的样子。另外还有希腊雕刻的著名作品《濒死的贵族和妻子》，它是以被敌人打败的高卢士兵为原型制作的。

开 9:00~19:45　休 周一、1/1、12/25　€ €9（国立博物馆的4个馆通用）

梵蒂冈市区～圣天使城堡

Citta del Vaticano-Castel Sant' Angelo

圣彼得广场上矗立着壁画和贝尼尼的代表作喷泉

观光小贴士

乐趣

观光	★★★★★
饮食	★★
购物	★★

交通方式

地铁	★
巴士	★★★
出租车	★★

区域范围

仅仅是梵蒂冈美术馆就已经足够大了，让人在里面仿佛置身于迷宫当中一样，值得观看的景点非常多。参观这里时也参观一下圣彼得大教堂，这样的话大约需要一天的时间。好好地欣赏这些美景吧。

街区布局&游览须知

前来观看的人非常多　基督教教堂的总本山

圣彼得大教堂是世界上最大的基督教教堂，也是基督教的总本山。在举行罗马法王的弥撒的这一天，世界上多达6万的人会齐聚这里。

梵蒂冈是世界上最小的独立国家，还发行自己独自的邮票。对于旅游的人来说，这里是一定要观看的景点。这里的建筑和雕刻都是米开朗琪罗、贝尼尼和布拉曼特等天才人物的作品，散发着耀眼的光辉。登上米开朗琪罗设计的圣彼得大教堂的圆顶的话，就能从那里看到梵蒂冈市的全景。既然到了罗马就一定要花上一天的时间到梵蒂冈来看一看，慢慢欣赏一下这里的景观。

乘坐64路公交车，在梵蒂冈下车，便可到达圣彼得大教堂。梵蒂冈里面非常开阔，来的话一定要穿方便行走的鞋子。另外，这里还是一个神圣的地方，要注意自己的穿着。这里不允许穿短裤、凉鞋和无袖的衣服。

梵蒂冈的东边是圣天使城堡，这里是教皇遇难时的避难场所。城堡里面是中世纪·近代的武器博物馆，有时间的话一定要去参观一下。

穿着米开朗琪罗设计的衣服的瑞士士兵（左）

景点

梵蒂冈

Citta del Vaticano

乘坐64路公交车，在梵蒂冈下车，到这里大约需要步行5分钟。
从地铁A线的梵蒂冈下车的话，到这里大约需要步行10分钟。

●剪切地图7 p.68-E

罗马教皇统治的独立国家

从这里到圣彼得大教堂有两条路线，一条是从复兴广场向南走，一条是在64路公交车的停车场处向北走。这里是进入梵蒂冈的门户。

1929年2月11日，教皇和意大利政府签署了拉特兰条约，从此梵蒂冈作为一个独立的国家成立了。梵蒂冈发行自己独立的货币和邮票，有自己的火车站、政府机关、广播电台、邮政局和图书馆、教皇的住所等，各种设施和机构非常齐全。为了能够真实地感受一下梵蒂冈的宽阔，一定要到圣彼得大教堂的圆屋顶去看一看。

圣彼得广场前面的大教堂

从广场的侧面看到的大教堂的样子。入口在建筑物的正面

圣彼得广场

Piazza San Pietro

和梵蒂冈一样

剪切地图7 p.68-F

大教堂的入口

天才贝尼尼担当了该教堂的设计工作，于1666年竣工。广场周围有4列共284根多利安柱式的圆柱，都快到圣彼得大教堂了。圆柱上面是140个圣人像，这些都是贝尼尼的弟子们制作的。

壁画的两侧是左右对称的两个喷泉，一个是贝尼尼设计的，另一个是担当圣彼得大教堂建筑工作的卡洛·马泰尔设计的。等到罗马教皇的弥撒这一天，广场上到处都是信徒。

圣天使城堡

Castel Sant'Angelo

从圣彼得广场出发步行需10分钟

剪切地图8 p.69-H

是一个重要的要塞，曾经被作为监狱使用

最初是公元139年，作为哈德良皇帝的陵园建成的。到了文艺复兴时期进行了大规模的修建，在和梵蒂冈之间的墙壁上修建了有屋顶的道路。据说每当教皇有难时就会到这里来避难。现在这里是博物馆，展示的是从中世纪到近代的兵器的收藏品。

开 9:00~19:00　休 周一　€ €6.50

HP www.castelsantangelo.com

前往圣天使城堡的游客

圣彼得大教堂
Basilica di San Pietro

交 和梵蒂冈的一样　开 7:00~19:00（10~次年3月截至18:30）、圆屋顶8:00~18:00（10月~次年3月截至17:00）　€ 圆屋顶/阶梯€5、电梯€7　HP www.vatican.va（有英语版）

MAP ●剪切地图-7、p.68-F

教堂最初是由君士坦丁大帝在古罗马时代的圣彼得墓地上修建的，这就是现在的圣彼得大教堂的前身。

教皇朱利欧二世决定重建圣彼得大教堂，并于1506年由建筑师布拉曼特破土动工。这里凝结的是拉斐尔、布拉曼特、米开朗琪罗等这样的一批一流的建筑师、艺术家们的技术的精华。一般认为建筑圆顶的时候，是米开朗琪罗的设计，它是用支撑圆顶的圆筒和支柱制作的。米开朗琪罗在建筑圆顶的时候年龄已经很大了，在他死后，卡洛·马泰尔他们继承了这项事业，最终完成了这项伟大的工程。贝尼尼也担任了教堂里面的雕刻和装饰等的设计工作。

大教堂里面非常巨大，到处都是各种各样的华丽的装饰和雕刻，令人眼花缭乱。

进门口的右边走廊里，有贝尼尼的杰作《秘迹礼拜堂》。另外，圆屋顶的正中央是贝尼尼创作的青铜华盖。中殿地板上的符号彰显着世界上的大教堂的广阔，即使仅仅是在这里看一看，也能体会到它的广阔性。

圣母怜子图
Pieta

教堂里面的第一个礼拜堂里有该教堂最著名的作品——米开朗琪罗的《圣母怜子像》。这个大理石像是1499年到1500年制作而成的，为米开朗琪罗23岁时的作品。

米开朗琪罗的杰作——《圣母怜子像》。进入大教堂之后，在祭坛对面的右边的墙壁上，被放在玻璃箱里

青铜华盖
Baldacchino

巴洛克雕刻的代表性的作品——青铜华盖（中央）

圣彼得大教堂的圆顶下面是教皇的祭坛，被青铜华盖给覆盖着。该华盖是贝尼尼和他的助手——博洛米尼共同于1633年完成的。柱子是螺旋形铜柱，镶金的装饰，绚丽豪华。是巴洛克时期的代表性的作品。

大教堂的圆顶屋。从顶上看到的景色是最美的

圆顶屋
Cupola

青铜华盖正上面的圆顶屋是罗马最大的。乘坐中殿的收费电梯可以到达建筑中间的阳台，通过阳台这里可以到达屋顶。然后攀登圆屋顶里面的坡度很陡的台阶，就可以从屋顶眺望梵蒂冈的全景了，景色美丽至极，令人窒息。能看到圣彼得广场、梵蒂冈全貌，甚至能看到贾尼科罗山丘。

梵蒂冈美术馆
Musei Vaticani　MAP ●剪切地图-7、p.68-B

交 从地铁A线梵蒂冈美术馆站下车，到这里步行大约需要7分钟　开 9:00~18:00(16:00之前入场)　休 周末（每月的最后一个周末除外）、1/1、1/6、2/11、3/19、节假日(p.12)、复活节之后的周一、5/1、6/29、8/14、8/15、11/1、12/8、12/25、12/26　€ €15（每月最后一个周末免费、~12:30）　HP www.vatican.va(有英语版)

里面的收藏品的数量是世界上最多的。西斯廷礼拜堂里收藏着米开朗琪罗的巨作《最后的审判》，绘画馆里收藏着拉斐尔和列奥纳多·达·芬奇等意大利代表性的画家的作品，皮奥美术馆里收藏着希腊、罗马时代的雕刻等。这里实际上是由上百的博物馆、美术馆和宫殿组成的。

里面非常开阔，有饭店和咖啡馆，还有收费出租的用英语解说的旅游解说磁带。坐下来慢慢地欣赏吧。入口在复兴广场到梵蒂冈街道的中央。

随处可以看到米开朗琪罗的巨作的西斯廷礼拜堂

登上美丽的螺旋阶梯，上面有售票处

天花板壁画《雅典学园》现收藏在署名室里，原来在教皇朱利欧二世的书房里

西斯廷礼拜堂
Cappella Sistina

该礼拜堂因米开朗琪罗的《最后的审判》而出名，是美术馆里面最大的看点。1994年完成了长达多年的修复工作，使得米开朗琪罗该画完成之初的鲜亮的色彩又得以复苏了。接受这个任务的时候米开朗琪罗已经60岁了，据说他将这幅画分成了450个部分，每天规定自己完成其中一个部分，把这当成了自己的工作。

西斯廷礼拜堂最大的看点：屋顶画

景区
6
古罗马广场周边

古罗马广场～卡拉卡拉浴场

Foro Romano～Terme di Caracalla

古罗马广场。到罗马来了的话一定要到这里来看一看

观光小贴士

乐趣

观光 ★★★★★

饮食 ★

购物 ★

交通方式

地铁 ★

巴士 ★★★

出租车 ★★

区域范围

这个地方特别开阔，要想好好观看一下的话需要一天的时间。选择自己精神比较饱满的一天，到时候要穿方便出行的鞋子和衣服，保证自己即使走上一天也不会感到疲倦。

街区布局&游览须知

这里到处都是遗迹　“真理之口”也在这里

古罗马广场这一带在长达1000年的时间里一直是古罗马的街道中心和政治枢纽。4世纪末时，由于西哥特人的入侵，古罗马广场和罗马帝国一起荒废，文艺复兴时期时作为采石场遭到破坏。古罗马广场荒废的样子看起来着实令人痛心，但是在众多的遗迹周围漫步，我们可以想象到罗马帝国最繁荣的时期的权势之大以及到底有多么的繁荣。“我们可以任凭自己的思维驰骋”，“古代人看到的风景还真是壮观呢！”

古罗马广场的挖掘现在都还在进行当中。迄今为止挖掘出来的遗迹有:政治中枢参议院的建筑物、马克森提帝神殿、提图斯帝的凯旋门等为数众多的雄伟建筑。和竞技场一样，这些地方都是古罗马广场的看点。傍晚时候的帕拉提诺山丘的景观也非常美丽，有时间的话一定要来看看。附近的教堂里还有电影《罗马假日》中出现的“真理之口”，可以随便看。

这个地区的面积非常广大，可以乘坐75路公交车在古罗马广场或者斗兽场或者马西莫竞技场下车，从这几个地方到古罗马广场比较方便。如果是坐地铁的话，在B线的斗兽场站下车。按照规定在古罗马广场里面必须徒步，而这里的面积又比较大，所以一定要穿方便行走的鞋子。从古罗马广场可以到斗兽场或者是帕拉提诺山丘去。古罗马广场在1~3月以及周末都是16:30（1~2月）~17:30关门，所以记得一定要早点去。

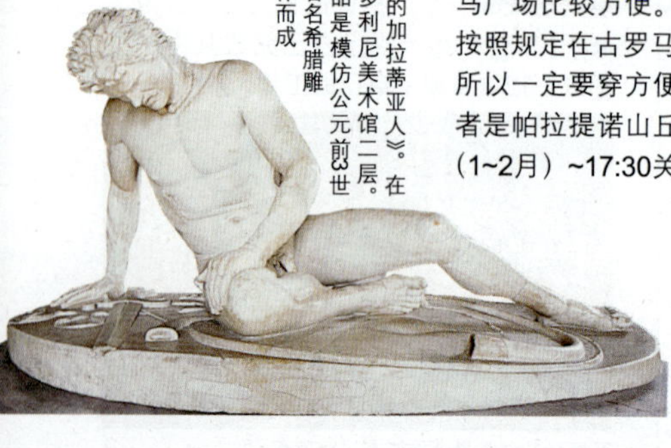

《濒死的加拉蒂亚人》。在卡比多利尼美术馆二层。该作品是模仿公元前3世纪时著名希腊雕刻制作而成

景点

卡比多利尼美术馆

Museo Capitolini

从威尼斯广场步行需5分钟

●剪切地图16 p.72-A

展示古代罗马雕刻的杰作

这个美术馆里收集着众多的罗马雕刻。

所收藏的展品当中，有再现公元前3世纪时的希腊名作《濒死的加拉蒂亚人》、《卡比多利尼的维纳斯》等，都是非常优秀的作品。卡比多利尼广场外面、新城堡博物馆对面是卡庇托利博物馆，这里收藏有罗马雕刻《拔刺的少年》。中殿里面还有从古罗马广场马克森提帝的大殿中发现的巨大的石像，值得一看。

《拔刺的少年》，在卡比多利尼博物馆二层

开 9:00~20:00（售票处~19:00）、12/24、12/31为9:00~14:00
休 周一、1/1、5/1、12/25
€ €6.50（卡比多利尼博物馆和新城堡博物馆是通票）

古罗马广场
Foro Romano

剪切地图22 p.72-B

从地铁B线的斗兽场站出发步行需要3分钟

古罗马的政治、宗教、商业中心

"foro"是"公共广场"的意思。罗马帝国时代持续了1 200多年，其间这里作为历代皇帝的权力的象征，断断续续地建立了参议院、法院和凯旋门等。有句古话说得好，罗马不是一天建成的，这儿就是罗马的政治和经济中心。但是，4世纪末时，由于西哥特人的入侵，广场和罗马帝国一起荒废。入口在艾米利亚大殿的侧门处，艾米利亚大殿在因佩里亚利街道上。

开 8:30~日落1小时之前 休 1/1、12/25 € 斗兽场、帕拉提诺山丘、奥古斯都的地下宫殿这三个地方一起参观的话，共€12

花费8年的时间建成的斗兽场

斗兽场
Colosseo

剪切地图23 p.72-B

从地铁B线斗兽场出发步行需1分钟

持续了300多年的血腥的比赛的舞台

始建于72年韦斯马列西亚诺皇帝时代的高达4层的圆形竞技场地。以前在这里举行的比赛都是相互比剑或者是练剑的人和猛兽之间的生死之战，据说一次观看的人多达5万，看着这样的比赛真是令人捏着把汗。各个阶梯之间的样式都是不一样的，一层是多利亚式样的，二层是爱奥尼亚式样的，三层是科林斯式样的。442年因地震受到很大的破坏，之后又曾作为采石场被破坏过。

开 8:30~日落1小时之前 休 1/1、12/25 € €12（和古罗马广场、帕拉提诺山丘一样）

卡拉卡拉浴场
Terme di Caracalla

MAP p.72-J

从地铁B线斗兽场站出发步行需10分钟

可容纳1 600多人的古代社交场所

216年时由卡拉卡拉帝建成的大浴场遗迹。浴场内有冷水浴室、桑拿、高温浴室等设施，地板上的镶嵌色彩艳丽。入口在泰尔梅大街这一侧。夏季时还会举行露天歌剧演出。

开 9:00~日落1小时之前
休 周一、1/1、12/25 € €6（有活动时+€2）

古罗马广场上到处是古代的遗迹，比如众多的神殿和凯旋门等

罗马时代的巨大社交场所——卡拉卡拉浴场

阿皮亚古道

Via Appia Antica

建造于公元前312年，是世界上最老的街道。以罗马的城门——圣塞巴斯提亚诺城门为基点，一直延续到南意大利的城市——布林迪西。在用石头铺垫起来的道路上，为了计算此处离基点有多远，有铺的“里程碑”这样的石柱子。街道周边有地下墓地和教堂等，这些教堂里面祭祀的都是基督教在被视为异端的时候受到迫害的那些圣者们。

马克森提竞技场，这里能容纳大约1万名观众

交通：

这里有观光巴士。巴士从特尔米尼站前面的五百人广场或者威尼斯广场出发，途经阿皮亚古道主要的景点，最后到罗马水桥。环行一周大约需要90分钟。买票的话是在五百人广场的有轨电车信息咨询处（infopoints Trambus），或者是斗兽场的信息亭（infobox），或者是在车上买也行。运行的时间是夏季9:00~16:30（冬季是10:00~14:00），每隔30分钟一辆。费用是在48小时内乘车有效，12欧元。车上有录音导游。

街区布局&游览须知

阿皮亚古道采用的是罗马时代最新的土木技术，于公元前312年竣工。在这里可以看到罕见的地下墓穴。但是附近没有酒吧，一定要自己带好喝的。

圣卡利斯托墓穴

Catacombe di San Callisto

MAP p.63-K

乘坐复古巴士在圣卡利斯托的地下墓穴下车

历代教皇在这里长眠的公共墓地

据说是因为城内不允许建造墓穴，所以就建在地下了。自罗马第一位教皇到后来的历代教皇乃至初期的基督教徒们都长眠于此。这里曾经一度被人们忘却，但到了16世纪时被再次发掘出来。

开 9:00~12:00、14:00~17:00（冬季~17:00） 休 周三、1/1、复活节、12/25、年末~次年2月中旬 € €8

塞巴斯蒂安教堂的地下墓穴

Catacombe di San Sebastiano

MAP p.63-K

乘坐复古巴士在圣塞巴斯蒂安教堂的地下墓穴下车

教堂里面有模仿基督的足迹的石头

这个墓穴建在殉教者塞巴斯蒂安的墓地之上。教堂里面有模仿基督的足迹的石头。圣彼得和圣保罗的遗骨被移到了地下墓穴这里，现在墙壁上还有他们写的碑文。

开 9:00~12:00、14:00~17:30（冬季~17:00） 休 周末、11/13~12/25 € €8

主去哪里教堂

Chiesa di Domine Quo Vadis

MAP p.63-K

乘坐复古巴士在主去哪里教堂下车

为纪念彼得殉教而建的教堂

据说圣彼得因为尼禄帝迫害基督教徒而逃亡时，在他的眼前出现了基督。这个教堂也因此而得名。

开 8:00~19:00（冬季~18:00） € 免费

梅戴拉陵墓

Tomba di Cecilia Metella

MAP p.63-L外

乘坐复古巴士在梅戴拉陵墓下车

陵墓是圆筒形的，有巨大的墙壁做防备

为了纪念科尔维斯的女儿——圣塞西莉亚，而于公元前1世纪建立的墓地。

开 9:00~日落前1个小时
休 周一、1/1、5/1、12/25 € €6

购物

Shopping

品牌店多聚集在西班牙广场和威尼斯广场周边。很多店周一上午和周末、节假日的时候会不营业，一定要安排好自己的购物时间。

孔多蒂大街

MAP p.64-E

街道沿西班牙台阶方向一直延伸而去。在和科尔索大街相交汇之前的东西南北的各个街上，品牌店鳞次栉比。如果一直都想要来这里购物的话一定要好好查看一下相关的事项。只看不买的游客们也可以在这条繁华的购物街上慢慢地享受其中的乐趣。店尤其多的是孔多蒂大街、博尔格尼亚大街和莱奥奈大街。

维托里奥·威尼托大街

MAP p.64-B

通称威尼托大街，该大街从巴贝里尼广场一直延伸到贝佳斯公园的入口——平恰那门，整条街是一个缓坡。道路两旁有很多五星级的酒店和潇洒的阳台、咖啡馆、酒吧和时装店等，星罗棋布。

科尔索大街

MAP p.64-I

该大街笔直地从波波罗广场一直延伸到威尼斯广场。街道两侧有很多简单的商店和专卖店等。在与许愿池大街相交的交叉点处有1865年创建的老字号店铺和2003年开张的购物街——“阿尔贝托·苏鲁迪长廊”（照片）。该“长廊”有19世纪的建筑物，有ZARA等。天花板采用的是自由样式，地板设计采用的是镶嵌的风格。在每层之间的通道上都有咖啡馆和书店，非常适合在那里休息一下。

许愿池大街

MAP p.64-E

该街道从巴贝里尼广场一直延伸到科尔索街道上。卖餐具和书的老字号专卖店比较多。

科拉迪廉佐大街

MAP p.69-C

从梵蒂冈城旁边的复兴运动广场到人民广场的林荫道上的购物大街。这条街上也汇集了很多时装店、杂货店、裤子和内衣及包等的专卖店。音乐节奏感强的人可以尝试在这里散步。在和奥比地奥街道相交汇的地方有家叫“古币（coin）”的百货店。

路易·威登
Louis Vuitton

MAP p.105-B

销售包、鞋和腰带等

诞生于1821年，1854年在巴黎开了世界上第一家旅行包专卖店。产品以实用性和美观的外形而出名。罗马店里面很早就出售老花系列的产品。

- 交 从地铁A线新西班牙站到这里步行需要5分钟
- ✉ Via dei Condotti, 15
- ☎ 06-69940000
- 开 10:00~19:30、周末11:00~
- 休 全年无休

宝嘉丽
Bvlgari

MAP p.105-B

华丽的珠宝首饰和表

自从1884年创业以来，充满高级珠宝首饰感觉的商品便俘获了众多女性的心。罗马总店里出售珠宝首饰、表和饰品、香水等，各种产品一应俱全。

- 交 从地铁A线新西班牙站到这里步行需要5分钟
- ✉ Via dei Condotti, 10
- ☎ 06-6793876
- 开 10:00~19:00，周六、周末11:00~
- 休 1/1、12/25、12/26

古奇
Gucci

MAP p.105-B

老花新作也很丰富

1922年作为皮包店在佛罗伦萨创立。以其使用方便和华丽的颜色搭配俘获了众多女性们的心。GG图案、克鲁斯等系列新品也值得关注，而且还有很多在国内没有销售的商品。

- 交 从地铁A线新西班牙站到这里步行需要5分钟
- ✉ Via dei Condotti, 8
- ☎ 06-6789340
- 开 10:00~19:00、周末14:00
- 休 全年无休

普拉达
Prada

MAP p.105-B

生产的纺织品非常可爱

1913年作为高级皮革生产店成立于米兰。尼龙制包轻便而结实，曾经大受欢迎。另外还销售鞋、钱包和香水等其他的许多东西。现在是该品牌的创始人的孙女在管理公司。

- 交 从地铁A线新西班牙站到这里步行需要5分钟
- ✉ Via dei Condotti, 92/95
- ☎ 06-6790897
- 开 10:00~19:30、周末11:00~
- 休 祭日

菲拉格慕
Salvatore Ferragamo

MAP p.105-A

凉鞋的种类也是多种多样

1927年创业。很多著名的电影演员非常喜欢这个品牌，比如玛丽莲·梦露、奥黛丽·赫本等。现在在意大利公司生产的鞋的质量依然很高。另外，还有很多钱包和包等小皮革制品。

- 交 从地铁A线新西班牙站到这里步行需要5分钟
- ✉ Via del Condotti, 73/74
- ☎ 06-6791565
- 开 10:30~19:30、周末11:00~19:00
- 休 全年无休

香奈儿
Channel

MAP p.105-B

老花系列很受欢迎

最早是1910年加布里埃·香奈儿开的帽子店。5年之后开始进军西服领域，他设计的新泽西球衣因为穿着非常舒服、非常方便走动而风靡一时。另外还生产很多饰品和香水等。

- 交 从地铁A线新西班牙站到这里步行需要5分钟
- ✉ Via del Babuino, 98/101
- ☎ 06-692070
- 开 10:00~19:00
- 休 周末、节假日

卡地亚
Cartier
MAP p.105-B

手表非常受欢迎

该品牌主要有两个支柱：一个是手表，另一个是珠宝首饰，而手表也显示出很强的自我创造性。是一家高级珠宝品牌店。尤其出名的是为了纪念巴黎解放而制作的TANK腕表。另外还经营皮革制品、书写用具、太阳镜和香水等。

交 从地铁A线新西班牙站到这里步行需要5分钟
✉ Via dei Condotti, 82
☎ 06-6782580
开 10:30~19:00
休 周末、节假日

范思哲
Gianni Versace
MAP p.105-B

富有魅力的西装&小物件

擅长做上衣，衣服的剪裁很有技巧，给人留下的印象非常深刻。生产的产品非常受名模和好莱坞明星的欢迎。创始人詹尼·范思哲的妹妹现在担任主设计师的职务。

交 从地铁A线新西班牙站到这里步行需要7分钟
✉ Via Bocca di Leone, 27
☎ 06-6780521
开 10:00~19:00、周末11:00~
休 全年无休

玛丝玛拉
Max Mara
MAP p.105-B

要是想买工作服的话请到这里来

意大利品牌店。1952年在意大利北部创业，到现在已经是在全世界90多个国家拥有店铺的品牌了。大衣和外套的设计非常精练，特别受职业女性的欢迎。

交 从地铁A线新西班牙站到这里步行需要5分钟
✉ Via dei Condotti,17~19A
☎ 06-69922104
开 10:00~19:30，周末11:00~14:00、15:00~19:00
休 8月周末、节假日

艾斯卡达
Escada
MAP p.105-B

成人的衣服很别致

高级时装品牌店。总部设在德国慕尼黑。设计非常高雅，有女人味。受到好多人的欢迎，像好莱坞女演员金贝辛格等知名顾客的名字数不胜数。生产的香水名气也很大。

交 从地铁A线新西班牙站到这里步行需要5分钟
✉ Piazza di Spagna, 7
☎ 06-6786995
开 10:00~19:00、周一11:00~19:30
休 周末、节假日

克里斯汀迪奥
Christion Dior
MAP p.105-B

有很多新货上市

1946年创业的时装品牌店。店面侧影非常美丽，在业界是领头羊。除了表和化妆品之外，还有生产香水的部门。罗马店从衣服到包和小物件等一应俱全。

交 从地铁A线新西班牙站到这里步行需要5分钟
✉ Via dei Condotti,1/4
☎ 06-69924489
开 10:00~19:00
休 周末、节假日

爱马仕
Hermes
MAP p.105-A

从披肩到餐具、香水一应俱全

1837年以制造高级马具起家。之后将业务扩展到服饰、珠宝首饰和手表等领域，逐渐树立了自己品牌店的名声。以高质量和极具风格的特点俘获了世界上名流们的心。

交 从地铁A线新西班牙站到这里步行需要5分钟
✉ Via dei Condotti, 67
☎ 06-6791882
开 10:00~19:00
休 周末、节假日

雷爱慕
Leam
MAP p.105-B

充分显示出进口商品味的店铺

最初是面向男性的店铺，现在也开始经营女人和小孩儿的服装了，样式越来越齐全。大多数意大利的品牌店里的商品这里都有。

交 从地铁A线新西班牙站到这里步行需要7分钟
✉ Via Appia Nuova, 26/32
☎ 06-77207204
开 10:00~20:00
休 周末和周一上午

艾特罗
Etro
MAP p.105-B

1968年创业的意大利品牌店

佩斯利螺旋花纹呢的窗帘、靠垫套和披肩、裙子等都很受欢迎。产品用的都是高质量的材料制作的，染色和缝制等也都很好。

交 从地铁A线新西班牙站到这里步行需要5分钟
✉ Via del Babuino, 102
☎ 06-6788257
开 10:00~19:30、周末10:30~
休 全年无休

MAX&Co
Max & Co.
MAP p.105-A

麦丝玛拉(Max Mara)旗下的一个子品牌

麦丝玛拉以款式的美丽而出名，而MAX&Co正是它的一个下属品牌，于1986年创业成立。MAX&Co在贯彻麦丝玛拉的生产理念的同时，还努力尽量压低产品的价格。它以一种崭新的轮廓展现在人们的面前，非常受欢迎。

交 从地铁A线新西班牙站到这里步行需要7分钟 ✉ Via dei Condotti, 46a ☎ 06-6786544
开 10:00~19:30、周末11:00~
休 节假日、7月第二周~8月末这期间的周末

托德斯
Tod's
MAP p.105-A

鞋和包都显示出很强的潮流感和高品质

正在销售新品鞋、包、上衣和首饰。店铺成立于400年前，最开始是由住宅改装而成的，现在的店铺里充满了高雅娴熟的气息。位于孔多蒂大街和科尔索大街的街角处。

交 从地铁A线新西班牙站到这里步行需要7分钟
✉ Via Fontanella Borghese,56A/57
☎ 06-68210066
开 10:30~19:30，周末11:00~14:00、15:00~19:30 休 全年无休

马雷拉
Marella
MAP p.105-B

非常受工作的女性的欢迎

1976年作为MAX MARA的众多品牌中的一个成立起来。生产的上衣和小饰品以都市女性为对象，既古典又充满了女人味。可以充分地衬托出工作了的女性的气质，广受好评。

交 从地铁A线新西班牙站到这里步行需要5分钟 ✉ Via Frattina, 129/130/131 ☎ 06-69923800
开 10:00~20:00，周末10:30~14:00、15:00~19:30，周一10:30~
休 全年无休

AVC
AVC
MAP p.105-B

价格公道的新品牌

设计师阿德里安娜参与设计的鞋、包和西服等价格非常公道。鞋：90欧元~，包：40欧元~。鞋和包使用的材料是一样的。

交 从地铁A线新西班牙站到这里步行需要6分钟 ✉ Piazza di Spagna, 88-89 ☎ 06-6780095
开 10:30~14:30、15:30~19:30、周末11:00~14:30、15:30~19:30
休 全年无休

蓝色情人
Blumarine
MAP p.105-A

彰显出大人的可爱

1980年由安娜·莫利纳里创业。正因为最初创业的时候生产的是针织衫用品，所以现在其最出名的就是高质量的针织衫用品。除此之外，还生产钱包、披肩和首饰等。

交 从地铁A线新西班牙站到这里步行需要8分钟
✉ Via Bocca di Leone, 24
☎ 06-6790951
开 10:00~19:30
休 1月、2月、7月、8月、11月休息时

波利尼
Pollini
MAP p.105-B

鞋穿起来舒服且优雅，还有包

1900年初在阿德里亚海的旅游景点——里米尼这里创业。制作鞋子使用的是上等的皮革，很快这种鞋子便流行开来，非常容易就能穿上，质量超群。现在也经营上衣、包和钱包等。

交 从地铁A线新西班牙站到这里步行需要7分钟 ✉ Via del Frattina, 22/24 ☎ 06-6789028
开 10:00~19:30、周末11:00~19:00、周一11:00~ 休 有的月份会在周末休息

Iceberg
Iceberg
MAP ●剪切地图 -10 p.61-A

如果想买高档便装的话可以到这里

1974年从针织公司分离出来，开始独立发展。担任路易·威登艺术总监的马克·雅各布斯有时也会参与该品牌的设计。其舒适的上衣和香水广受好评。

交 从地铁A线新西班牙站到这里步行需要3分钟
✉ Via del Babuino, 87/88
☎ 06-32600221
开 10:00~19:00
休 祭日

西班牙的路易莎
Luisa Spagnoli

MAP p.105-A

品味别样的花哨

在佩鲁贾创立的品牌店。该品牌在国内的知名度不是很高，但在意大利国内拥有150个分店。主要产品是女式套装和毛衣等。

- 交 从西班牙广场到这步行需7分钟
- ✉ Via Frattina, 84/B
- ☎ 06-6991706
- 开 10:00~20:00
- 休 全年无休

克里斯奇
Tanino Crlsci

MAP p.105-A

意大利代表性的高级鞋品

鞋子的材料使用的是最好的鞣革，再加上手工艺人的熟练技艺，使做出来的鞋子非常优雅，穿上后很快就能合脚。店铺还负责后期维修、保养。

- 交 从地铁A线新西班牙站到这里步行需要7分钟
- ✉ Via Borgognona, 4H/4I
- ☎ 06-6795461
- 开 10:00~19:00、周一15:00~
- 休 周末、节假日、周一上午

阿尔伯特·菲尔蒂
Alberta Ferreti

MAP p.105-A

商品凝聚着手工艺人的精湛技艺

设计非常具有女人味，而且衣服剪裁得特别好，很受顾客欢迎。在罗马有阿尔伯特·菲尔蒂和菲尔索菲两家店。

- 交 从地铁A线新西班牙站到这里步行需要8分钟
- ✉ Via dei Condotti, 34/35
- ☎ 06-6797728
- 开 10:00~19:30，周末11:00~13:30、15:00~19:00
- 休 1/1、12/25

菲米尼利塔
Femminilita

MAP ●剪切地图-16 p.67-G

高级内衣店铺

是一个产品齐全的内衣专卖店。卖的是与拉·佩拉尔齐名的意大利人气内衣制作商爱酷希里阿、棉花俱乐部等制的内衣、晚礼服和丝袜等商品。

- 交 从地铁A线新西班牙站到这里步行需要12分钟
- ✉ Via della Colon-na Antonina, 36、37
- ☎ 06-6795947
- 开 10:00~19:00
- 休 周末、节假日

赛尔莫尼塔手套
Sermoneta Gloves

MAP p.105-B

价格非常划算的皮质手套

手套外面是皮质的，里面有的是羊绒、有的是羊毛制的，材质不一。颜色和款式也多种多样。拿在手里的质感非常舒服。因为是在当地的工厂中生产制作的，所以价格很划算。

- 交 从地铁A线新西班牙站到这里步行需要5分钟
- ✉ Piazza di Spagna, 61
- ☎ 06-6791960
- 开 9:30~20:00、9~次年6月份的周一和复活节10:30~13:00、14:00~19:00
- 休 节假日、7~8月份的周末

利奥诺拉
Eleonora

MAP ●剪切地图-4 p.64-A

店铺里面都是新潮的商品

店铺面积达400平方米。约翰·加利亚诺、罗伯托、卡瓦利和多尔切&嘉班纳等达18家之多的品牌的服装、包等都能在这家店里找到，特别是女性产品更是种类齐全。

- 交 从地铁A线新西班牙站到这里步行需要3分钟
- ✉ Via del Babuino, 97
- ☎ 06-6793173
- 开 10:00~19:30、周末11:00~
- 休 全年无休

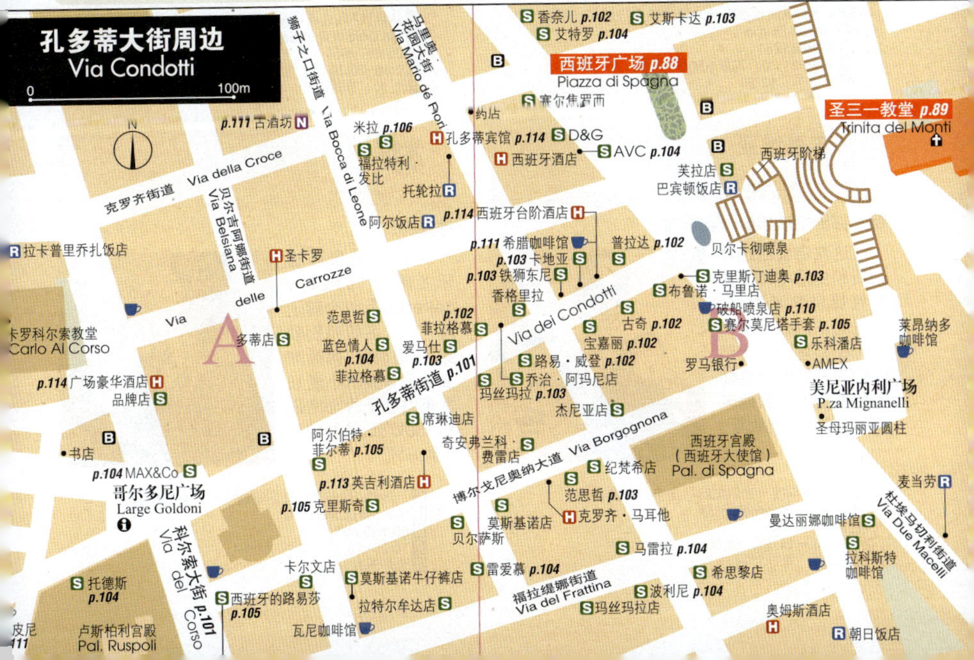

艾·莫纳斯特里
Ai Monasteri

MAP ●剪切地图-9　p66-F

果酱和洗发水用100年前的配方制造而成

意大利有生产和销售以传统的配方为原料的天然化妆品和食品的修道院。这里也是其中之一。比如加入了对皮肤很好的金盏花的香波、肥皂和蜂蜜等，样样都是高质量的产品。

交 从纳沃纳广场到这里步行需要3分钟
✉ Coro Rinascimento, 72　☎ 06-97840967
开 10:00~13:00、15:00~19:30，周四10:00~13:00，周六10:00~13:00、14:30~19:30，6~10月周六10:00~13:00　休 周末、6~9月份的周六下午

老农庄
Podere Vecchiano

MAP ●剪切地图-17　p.64-J

托斯卡纳农园主经营的食品&化妆品店

里面的橄榄油、葡萄酒和香醋等食品和肥皂、香波等都是托斯卡纳产的。可以买到用橄榄木头做成的案板和汤勺以及叉子等这些看起来很美观的东西。

交 从地铁B线卡武尔站到这里步行需要7分钟
✉ Via dei Serpenti,33
☎ 06-48913812
开 10:30~20:00
休 周一

文艺复兴百货公司
La Rinascente

MAP ●剪切地图-10　p.67-C

周末也营业的老字号超市

创业于1865年的超市。西服和针织毛衣等大部分还是以基本设计款型为主。餐具和厨房用品的设计也很好。还可以办理免税手续。这里和中国不一样的是没有卖食品的专柜。

交 从地铁A线新西班牙站到这里步行需要10分钟
✉ Piazza Fiume
☎ 06-8841231
开 9:30~21:30、周末10:00~21:00
休 复活节、12/25

法兰齐
Franchi

MAP ●剪切地图-2　p.69-C

老字号食品店，店里的物品种类非常齐全

深受当地罗马人喜爱的一家食品店。即使是奶酪也有1000种之多，而且是称着卖的。如果想吃一点简单的食品的话，买些熟食、火腿和奶酪等带回宾馆，非常值得到这家店里看一看。

交 从地铁A线梵蒂冈站到这里步行需要7分钟
✉ Via Cola di Rienzo, 204
☎ 06-6874651
开 9:00~20:30
休 周末、节假日

阿尔基维亚
Archivia

MAP ●剪切地图-17　p.64-J

每天都给生活增加一点乐趣

这家店会给选择杂货和生活小饰品的女性提供参考意见。店里的东西极具女人味，比如意大利北部的玻璃制场生产的杯子和项链、法国的床单和小包、连衣裙等。

交 从地铁B线卡武尔站到这里步行需要7分钟
✉ Via del Boschetto, 23
☎ 06-4741503
开 10:00~14:30、16:00~19:30
休 周末、周一上午

米拉
Mira

MAP p.105-A

寻找特产

店里销售西班牙名牌鞋“pretty ballerina”，这个牌子因为一个名模特别爱穿，一炮而红。丙烯酸里面夹着真的小麦和水果的盘子的价格是15~50欧元，这些特产广受好评。

交 从地铁A线新西班牙站到这里步行需要5分钟
✉ Via della Croce, 19
☎ 06-6990495
开 10:00~19:30、周一12:00~
休 全年无休

餐厅

Restaurant

意大利旅行的最关键的趣味当然还是它的美食。罗马既有比萨店，也有很高级的餐厅，等级不一。店里的食物非常诱人。一起品尝一下真正地道的意大利料理吧。

€每人1份的钱 ☎需要预约 👔注意穿着

台伯河岸的巴黎小馆

高级

Paris in Trastevere

MAP ●剪切地图 -21 p.62-F € 50~ ☎

主要是蔬菜和海鲜，味道绝佳

主打菜是贻贝蒸红酒、朝鲜蓟和炸蔬菜等，炸蔬菜主要是煎茄子。此外还有犹太和罗马料理，这种料理主要使用的原料是新鲜的海鲜和当季的蔬菜，深受当地罗马人的喜爱。

交 从60路公交车终点站特拉斯提弗列步行到这需7分钟
✉ Piazza S. Calisto, 7/a
☎ 06-5815378
开 12:00~15:00、19:45~23:00 休 夏季：周末和周一上午，冬季：周末下午和周一、8月份休息20天

科洛内艾米利亚内

高级

Collone Emiliane

MAP ●剪切地图 -10 p.64-F € 30~

博洛尼亚料理专卖店

虽然身在罗马，但是却可以品尝到美食之都——博洛尼亚的地道美食。手擀面和甜点等都是自家制作的。一定要尝一尝肉酱干面条（肉酱）和细面条（番茄味）等食物。

交 从地铁A线巴贝里尼站到这里步行需要7分钟
✉ Via degli Avignonesi, 22
☎ 06-4817538
开 12:45~14:45、19:30~22:30
休 周末晚上、周一、12/25、8月

拉·坎帕纳

中级

La Campana

MAP ●剪切地图 -9 p.66-B € 35~

经营时间长达1 500年，名副其实的老字号中的老字号

据说意大利巴洛克绘画的巨匠卡拉瓦乔还曾是这家店的顾客。主打菜是罗马传统料理，比如煎炸朝鲜蓟、小沙丁鱼和佩科里诺羊奶酪酱放在一起做的菜等。一盘10~16欧元。

交 从纳沃纳广场到这里步行需要5分钟
✉ Vicolo della Campana, 18
☎ 06-6875273
开 12:30~15:00、19:30~23:00
休 周一、节假日中的一部分

快乐餐厅

中级

Trattoria da Felice

MAP p.72-I € 40~ ☎

创业于1936年，工商业城镇里面的饮食店

在这里可以品尝到传统的意大利美食，比如肉丸子和牛肉卷（靠近里面的照片）等，13欧元；番茄炒鸡（靠近前面的照片）等。这里的葡萄酒也多达200多种。

交 从地铁B线金字塔站到这里步行需要10分钟
✉ Via Mastro Giorgio, 29
☎ 06-5746800
开 12:30~15:00、20:00~23:30
休 全年无休

乌格·玛丽亚饮食店

中级

Trattoria Ugo e Maria

MAP ●剪切地图 -9 p.67-C € 25~

家族经营的饭馆，家的味道

店里充满了家的气息，哥哥做菜，妹妹当服务员。拿手料理是意大利面食。此外，加了凝乳的馄饨和马铃薯面疙瘩，一份9欧元；加入切片牛排的，一份12欧元。一定要尝一尝。

交 从纳沃纳广场到这里步行需要12分钟
✉ Via dei Prefetti, 19
☎ 06-6873752
开 13:00~15:00、20:00~22:00
休 周末、8月份后两个星期

昆齐和加布里埃利
高级
Quinzi & Gabrieli
MAP ●剪切地图 -9 p.66-F € 120~ ☎

在桌前烧烤，热乎乎的料理

将刚刚捉来的海鲜当着顾客的面烧烤。还有将新鲜的生白鱼用橄榄油和盐、柠檬放在一起做成的薄鱼片、沙丁鱼馅饼等烧烤。面包是使用天然酵母发酵而成的面制作的。

- 交 从纳沃纳广场到这里步行需要5分钟
- ✉ Via delle Coppelle, 5/6　☎ 06-6874940
- 开 12:30~14:30、19:30~23:30，周一、周六19:00~23:30
- 休 周末晚上、周一、周六白天和8月份

戴克里先店
中级
Terme di Diocleziano
MAP ●剪切地图 -11 p.65-G € 25~

可以听歌

矗立在遗迹“戴克里先浴场”一角，在这里能听到坎佐那演奏。利用古代遗迹中的一部分做成的残垣使人身心安静。家庭式的服务也很周到。

- 交 从地铁A线共和国广场站到这里步行需要5分钟
- ✉ Via Viminale, 3a
- ☎ 06-4742184
- 开 12:00~15:30、18:15~23:30
- 休 周末

托斯卡纳店
中级
Dal Toscano
MAP ●剪切地图 -1 p.68-B € 35~ ☎

托斯卡纳料理店，厨师非常热情

名吃是烧烤的T骨牛排。如果觉得分量太大的话，推荐吃牛排脊肉Tagliata。如果在秋天去旅游的话，一定要吃牛肝菌烧烤。

- 交 从地铁A线梵蒂冈站到这里步行需要7分钟
- ✉ Via Germanico, 58/60
- ☎ 06-39725717
- 开 12:30~15:00、20:00~23:15
- 休 周一

聚宝盆酒店
中级
Cornucopia
MAP ●剪切地图 -21 p.72-E € E30~

海鲜非常美味，隐蔽在工商业城镇里的一家店

主人是索伦托人，做得一手好菜。食物主要是海鲜类的，广受好评。特别是番茄酱的味道更是好极了。番茄酱的酸味和海鲜在一起很是搭配。位于台伯河帕拉提诺桥边。

- 交 从马赛罗剧场到这里步行需要8分钟
- ✉ Piazza in Piscinula, 18
- ☎ 06-5800380
- 开 12:00~23:30
- 休 全年无休

圣马可
高级
San Marco
MAP ●剪切地图 -2 p.69-D € 18~

这里比萨和意大利面食十分好吃

创建于1947年的老字号店铺。佩科里诺（羊奶酪）通心面和每天一换、每周一换的手擀意大利面等在当地人当中很受欢迎。晚上很晚了这里还很热闹。手工甜点等也是本店的招牌。

- 交 从地铁A线梵蒂冈站到这里步行需要7分钟
- ✉ Via Tacito,29
- ☎ 06-3235398
- 开 12:30~1:00a.m.
- 休 全年无休

伊尔·马特里切诺
中级
Il Matriciano
MAP ●剪切地图 -1 p.69-C € 40~ ☎

粗粗的辛辣味细条通心粉是这里的名吃

本店擅长的是意大利面食，比如稍微粗一点点的细条通心粉和使用辣椒做成的面食等。也很擅长肉类料理，比如烧烤小羊、用番茄烧煮羊腿等。可以品尝到意大利料理的地道风味。

- 交 从地铁A线梵蒂冈站到这里步行需要7分钟
- ✉ Via dei Gracchi, 55
- ☎ 06-3213040
- 开 12:30~15:00、20:00~23:30
- 休 8月、10月~次年5月份的周三、6~9月份的周六

贝尼尼咖啡馆
中级
Caffe Bernini
MAP ●剪切地图-15 p.66-F € 3.50~

边欣赏巴洛克风格的雕刻名作，边品尝咖啡

在纳沃纳广场对面，是一家明亮开放的咖啡馆。在这里可以边欣赏装饰着广场的贝尼尼雕刻边吃冰激凌或者喝咖啡。傍晚的时候还可以到这里来小酌一下。

- 交 从地铁A线新西班牙站到这里步行需要12分钟
- ✉ Piazza Navona, 44
- ☎ 06-68192998
- 开 9:00~2:00a.m.
- 休 部分节假日

艾迪店
中级
Edy
MAP ●剪切地图-4 p.64-A € 35~ ☎

手擀面很受好评

能够品尝到自家特制的面食的店铺。如果是夏天去的话，一定要尝一下芦笋馅馄饨、金枪鱼、鸡蛋和放了莫扎里拉奶酪的沙拉等，这些本店主要提供的食物也是分量十足。

- 交 从地铁A线弗拉米尼奥站到这里步行需要7分钟
- ✉ Vicolo del Bavuino, 4
- ☎ 06-36001738 （Tel/Fax共通）
- 开 12:00~15:00、18:30~23:00
- 休 周末、8/15~8/22

阿卡塔·罗密欧
高级
Agata e Romeo
MAP ●剪切地图-18 p.65-L € 150~ ☎ T

自家做的面包非常好吃，时尚罗马料理

是一家夫妻经营的餐馆，妻子阿卡塔是厨师，丈夫罗密欧担任侍酒师。店面给人的感觉是非常新鲜。如女人般细腻的味道以及拼盘广受好评。地下有9 000多瓶葡萄酒。此店非常有人气，要早早预约。

- 交 从特尔米尼站到这里步行需要8分钟
- ✉ Via Carlo Alberto, 45
- ☎ 06-4466115
- 开 12:00~14:30、19:30~22:30
- 休 周六、周末

贾科梅里
中级
Giacomelli
MAP ●剪切地图-1 外 p.69-C外 €30~（比萨+饮料 €10~）

名吃“怪物”比萨口感很好

玛格丽特和佩斯卡托等有名的比萨本店都有。此外还有20多种烧烤比萨，比如蔬菜比萨、多种材料制成的“怪物”比萨等，都广受好评。

- 交 从地铁A线梵蒂冈站到这里步行需要15分钟
- ✉ Via Emilio Faa'di Bruno, 25
- ☎ 06-3725910
- 开 饭店／12:30~14:30、19:30~23:00，比萨／~23:30
- 休 周一、8月

我的心肝宝贝餐厅
中级
Gioia Mia
MAP ●剪切地图-10 p.64-F € 25~ ☎

意大利宽面嚼劲十足

本店的特色就是意大利面。宽面嚼劲十足，口感很好，十分适合和肉酱放在一起做。用薄牛肉片做的蓝纹芝士十分柔软，香味十足。服务非常好，获得了一致好评。

- 交 从地铁A线巴贝里尼站到这里步行需要5分钟
- ✉ Via dei Avignonesi, 34/35
- ☎ 06-4882784 （Fax/Tel共通）
- 开 12:15~15:00、19:00~23:00
- 休 周末、8月份

锡耶纳的土地
中级
Terra di Siena
MAP ●剪切地图-15 p.66-F € 30~

每天更新式样的家庭料理

想品尝真正的托斯卡纳料理就要来这里。本店比较拿手的料理是将帕尔马干酪等4种奶酪放在一起做成的面食、托斯卡纳风味的宽条面和鸭肉沙拉香醋等。

- 交 从纳沃纳广场到这里步行需要5分钟
- ✉ Piazza Pasquino, 77/78
- ☎ 06-68307704
- 开 12:00~15:00、18:30~23:30
- 休 8月里的两周、周末和周一白天

波比·波比餐厅

中级

Popi Popi

MAP ●剪切地图-21　p.62-F　€15~（比萨＋饮料）、€23~

工商业城镇中的老比萨店，在这里可以品尝到罗马料理

工商业城镇特拉斯提弗列地区的比萨店，横跨台伯河。推荐料理是生火腿、鸡蛋、自创的带贻贝的“popi popi”比萨及带有4种奶酪的比萨。

- 交 从圣玛丽亚特拉斯提弗列广场到这里步行需要7分钟
- ✉ Via delle Fratte di Trastevere, 45/47
- ☎ 06-5895167
- 开 18:30~0:00a.m
- 休 全年无休

托奇

中级

Tucci

MAP ●剪切地图-15　p.66-F　€15~（比萨＋饮料）、€30~

露台很休闲，店内很华丽

纳沃纳广场对面的一家露台餐厅。如果是夏天的话，一定要到这里来，一边眺望着巴洛克风格的建筑，一边在露台餐厅吃着美食，实在是一种享受。面食和肉料理的好吃自不必说了，冰激凌和自制的甜点也很好吃。

- 交 纳沃纳广场前
- ✉ Piazza Navona 94
- ☎ 06-6861547
- 开 9:30~0:00a.m
- 休 一个月

茨·盖埃塔那

中级

Zi' Gaetana

MAP ●剪切地图-8　p.69-C　€E30~　☎

里面的装修非常讲究，令人想起修道院和洞窟的设计

店里的设计非常特别，在里面便会令人想起洞窟的样子。每晚都会在这里举行现场演唱会。罗马料理有牛仔和生火腿做的煎炒“煎小牛肉卷”，此外不为人们所知的煎蛋奶酪也非常好吃。

- 交 从地铁A线梵蒂冈站到这里步行需要7分钟
- ✉ Via Cola di Rienzo,263
- ☎ 06-3212342　开 12:30~23:00（比萨~23:30）、周五、周六~23:30（比萨~0:00a.m.）
- 休 周日午餐、8月份两周、9月份白天和5~9月份周末

弗里西奥礁石酒店

中级

Scoglio di Frisio

MAP ●剪切地图-24　p.73-C　€30~

1928年创业的延续了三代的饭馆

在这家店里可以品尝到蒂雷尼亚海产的丰富的海鲜类食物。料理有白鱼薄片、蛤蜊面食和蒸煮鲈鱼“acqua pazza”等。可以一边品尝着地中海料理一边欣赏演唱。

- 交 从地铁A线埃马努埃莱站到这里步行需要7分钟
- ✉ Via Merulana, 256
- ☎ 06-4872765
- 开 19:00~23:00
- 休 周末

威尼托咖啡馆

中级

Cafe Veneto

MAP ●剪切地图-4　p.64 B　€60~

可以品尝到比较罕见的阿根廷料理

位于威尼托大街，是一家很优雅的店面。采用独特的手法制作熏烤牛肉，它是一道阿根廷风味的料理，也是本店的特色。使用“palila”这种调理器烧烤出来的味道非常香。

- 交 从地铁A线巴贝里尼站到这里步行需要10分钟
- ✉ Via Vittorio Veneto, 120
- ☎ 06-4827107
- 开 8:00~1:00a.m.（周一16:00~1:00am）
- 休 周一白天

破船喷泉店

咖啡馆

Barcaccia

MAP ●剪切地图-10　p.105-B　€12~

可以全景观赏到西班牙阶梯，是一个观看的绝佳的场所

西班牙阶梯就在它前面。一层是冰激凌店，二层是咖啡馆。坐在二层窗边，一边大口吃着冰激凌一边俯视西班牙广场，实在是一种奢侈的享受。

- 交 从地铁A线新西班牙站到这里步行需要5分钟
- ✉ Piazza di Spagna, 71
- ☎ 06-6797497
- 开 9:00~21:00
- 休 全年无休

巴黎咖啡馆
咖啡馆
Café de Paris
MAP ●剪切地图-4 p.64-B € 3.5~（饮料）、€ 100(餐费)

曾经登上电影《甜蜜的生活》的名咖啡馆

五星级酒店聚集的威尼托大街上到处都是别有风味的咖啡馆，其中自古以来就很出名的就是这一家。坐在露天的座位上，一边看着过往的行人一边优雅地喝着咖啡，实在是一种享受。

- 交 从地铁A线巴贝里尼站到这里步行需要8分钟
- ✉ Via Vittorio Veneto, 90
- ☎ 06-4815631
- 开 8:00~1:30a.m
- 休 周三

钱皮尼
咖啡馆
Ciampini
MAP ●剪切地图-9 p.64-E € 2~（冰激凌）

尤其出名的是冰激凌和三明治

1989年由马可·钱皮尼创业。以后三代人都经营着这项事业。是一家家族经营的冰激凌店。使用新鲜食材制作的冰激凌只需2欧元，放入口中即可感到它很快地融化在嘴中了。

- 交 从地铁A线新西班牙站到这里步行需要8分钟
- ✉ Piazza di San Lorenzo in Licina, 29
- ☎ 06-6876606
- 开 7:30~21:00、周末9:00~20:00
- 休 部分节假日

安东尼尼·艾斯佩利亚大咖啡馆
咖啡馆
Gran Caffe Esperia Antonini
MAP ●剪切地图-9 p.66-B € 1.50~（咖啡） € 20~（餐费）

因点心和冰激凌而闻名的咖啡馆

创业于1920年的著名的咖啡馆。这里是2号店。店里有很多种点心，比如用新鲜的水果做的馅饼、提拉米苏和小蛋糕等。在这里享受点美味的点心和咖啡、稍事休息也是不错的。

- 交 从地铁A线新西班牙站到这里步行需要14分钟
- ✉ Lungotevere di Mellini, 1
- ☎ 06-3203971
- 开 6:40~21:00
- 休 全年无休

棕榈冰激凌店
咖啡馆
Della Palma
MAP ●剪切地图-9 p.67-G € 2~（冰激凌）

有50多种冰激凌

这些冰激凌看起来就觉得很是美观，而味道更是浓重。有很多口味，比如热带水果、坚果、巧克力味的，等等，选择一种自己喜欢的口味，这个过程本身就是一种乐趣。地址在万神殿北面。

- 交 从万神殿到这里步行需要5分钟
- ✉ Via della Maddalena, 19/23
- ☎ 06-68806752
- 开 8:30~0:00a.m、周六~1:30a.m.
- 休 全年无休

希腊咖啡馆
咖啡馆
Caffe Greco
MAP ●剪切地图-10 p.105-B € 0.80(站着喝)、€ 5~(坐着喝)

创业于1760年的优雅咖啡馆

在西班牙广场附近的一条繁华街上的著名咖啡馆。歌德和司汤达等许多著名文学家都曾经是这家店里的常客。室内现在还是一如建造之初，环境非常优美。

- 交 从地铁A线新西班牙站到这里步行需要5分钟
- ✉ Via dei Condotti, 86
- ☎ 06-6791700
- 开 9:00~20:00
- 休 全年无休

古酒坊
葡萄酒吧
l'Enoteca Antica
MAP p.105-A € 15~

可以成杯点美味的葡萄酒

所谓的“enoteca”指的是可以兼做酒坊的酒吧。各地的葡萄酒都有，除了罗马、拉齐奥大区之外，还有各个地方的葡萄酒，这些都是可以只点一杯的。还有金枪鱼沙拉和豆制品沙拉等开胃拼盘，这些简单的食品也很好。

- 交 从地铁A线新西班牙站到这里步行需要5分钟
- ✉ Via della Croce, 76/b
- ☎ 06-6790896
- 开 12:00~1:00a.m.
- 休 全年无休

酒店

Hotel

特尔米尼火车站周边的酒店多是经济适用酒店。方便购物、观光的酒店在西班牙广场和纳沃纳广场以及共和国广场等地方。高级酒店多在威尼托广场和西班牙广场一带。

美琪大酒店

高级

Majestic Rome

MAP ●剪切地图 -11　p.64-B

创建于1889年的老字号酒店，可以充分享受到优雅的氛围

是威尼托大街上历史最悠久的酒店。休息室里飘散着浓重的历史感，现在还是原来的样子。但客房以水管为中心进行了改装。早饭的质量达到五星级的水平。洗浴用品的质量也很好。

- 交 从地铁A线巴贝里尼站到这里步行需要15分钟
- ✉ Via Vittorio Veneto, 50
- ☎ 06-421441　FAX 06-4885657
- € S €235~　T €280~　室 93间
- HP www.hotelmajestic.com（有英语版）

哈斯勒别墅美第奇酒店

高级

Hassler Villa Medici

MAP ●剪切地图 -10　p.64-B

位于西班牙广场上的古典酒店

在西班牙广场台阶尽头。散发着古老气息的美丽外观、内部装修和客房流传到现在，里面是阳台，可以在里面放松地享受一下。从最上面的酒店里看到的风景是最美的。

- 交 从地铁A线新西班牙站到这里步行需要5分钟
- ✉ Piazza Torinita dei Monti, 6　☎ 06-699340
- FAX 06-69941607　€ S €429~　T €649~
- 室 95间
- HP www.hotelhassler.com

罗马威斯汀精益酒店

高级

Westin Excelsior Rome

MAP ●剪切地图 -5　p.64-B

设施非常华丽，很著名

创业于1906年的老字号酒店。是一座圆顶建筑，别具风格。客房内的天花板已经被改装好了，非常舒适。面朝威尼斯街道，非常高雅。这里还有钢琴吧，开到半夜1点。

- 交 从地铁A线巴贝里尼站到这里步行需要5分钟
- ✉ Via Vittorio Veneto, 125
- ☎ 06-47081　FAX 06-4826205
- € S €310~　T €310~　室 316间
- HP www.westinrome.com

密内尔瓦高级酒店

高级

Grand Hotel de la Minerva

MAP ●剪切地图 -15　p.67-G

靠近纳沃纳广场，方便购物

建在万神殿背面，面朝密内尔瓦广场。内部的改装已经完成，样式简单大方，床很大，很舒服。附近有饭店和咖啡馆等，方便购物和就餐。

- 交 从地铁A线巴贝里尼站到这里步行需要15分钟
- ✉ Piazza della Minerva, 69
- ☎ 06-695201　FAX 06-6794165
- € S €179~　T €221~　室 135间
- HP www.grandhoteldelaminerva.it

亚特兰大之星酒店

高级

Atlante Star

MAP ●剪切地图 -8　p.69-G

从这里可以眺望到圣彼得大教堂

位于梵蒂冈地区，非常方便去梵蒂冈美术馆和圣天使城堡等观光景点。客房里的气氛非常安静，浴室里有深受中国人喜爱的浴缸。服务也很周到。

- 交 从地铁A线梵蒂冈站到这里步行需要8分钟
- ✉ Via Vitelleschi, 34
- ☎ 06-6873233　FAX 06-6872300
- € S €180~　T €220~　室 60间
- HP www.atlantehotels.com

高级 贝尼尼·布里斯托酒店
Bernini Bristol

MAP ●剪切地图 -11 p.64-F

彰显着贵族气息的高等酒店

里面的装潢与外观大相径庭。过去这里曾经是贝尼尼王家族的邸宅，居住着各国的王侯贵族。里面的装修用的是壁毯，非常高雅。就在地铁的前面，非常近。

- 交 从地铁A线巴贝里尼站到这里步行需要2分钟
- ✉ Piazza Barberini, 23　☎ 06-488931
- FAX 06-4824266
- € S €168~ T €192~　室 127间
- HP www.berninibristol.com

高级 居所酒店
La Residenza

MAP ●剪切地图 -10 p.64-B

成为上流社会的交流场所的高档酒店

位置条件非常好，房间也很宽敞，里面经常住的都是大使馆的人和媒体工作者。客房里面非常干净，设施齐全，十分舒适。早饭的质量和分量都广受好评。可以免费使用无线网络。

- 交 从地铁A线巴贝里尼站到这里步行需要7分钟
- ✉ Via Emilia, 22-24
- ☎ 06-4880789　FAX 06-485721
- € S €130~ T €160~　室 29间
- HP www.hotel-la-residenza.com

高级 巴尼奥尼女王酒店
Regina Baglioni

MAP ●剪切地图 -11 p.64-B

地势条件非常好，是一家优雅的贵族住处

这家酒店是将曾经在威尼托大街中央的王妃公馆改造而成的。奶油色纱显得宾馆十分上档次，盥洗用品齐全。从这里步行3~5分钟就有地铁站和超市。

- 交 从地铁A线巴贝里尼站到这里步行需要7分钟
- ✉ Via Vittorio Veneto, 72
- ☎ 06-421111　FAX 06-42012130
- € S €244~ T €280~　室 100间
- HP www.baglionihotels.com

高级 英吉利酒店
Hotel d'Inghilterra

MAP ●剪切地图 -10 p.64-E

位于孔多蒂大街附近

这里的常客都是一些知识分子。酒店位于孔多蒂大街附近。建筑是17世纪时的贵族公馆。内部装修非常好，酒吧和饭店里也洋溢着古典气息。非常适合居住。

- 交 从地铁A线新西班牙站到这里步行需要7分钟
- ✉ Via Bocca di Leone, 14
- ☎ 06-699811　FAX 06-69922243
- € S €192~ T €258~　室 89间
- HP www.royaldemeure.com

高级 亚兰特花园酒店
Atlante Garden

MAP ●剪切地图 -8 p.69-G

位于梵蒂冈附近，方便购物和观光

位于梵蒂冈的四星级酒店。后面就是孔多蒂大街，非常方便购物。客房环境优雅而安静，适合居住，员工的服务也很周到。

- 交 从地铁A线梵蒂冈站到这里步行需要7分钟
- ✉ Via Crecenzio, 78
- ☎ 06-6872361　FAX 06-6872300
- € S €146~ T €196~　室 54间
- HP www.atlantehotels.com/garden/home.htm

高级 庄园高级酒店
Boscolo Grand Hotel Palace

MAP ●剪切地图 -11 p.64-B

客房环境非常优雅

该酒店建于1923年，里面挂着20、30年代的壁画。总体看起来不免会觉得有些旧，但是现在已经以水管为中心进行了改装。游泳池和美容院、健身设施非常齐全。

- 交 从地铁A线巴贝里尼站到这里步行需要7分钟
- ✉ Via V.Veneto, 70
- ☎ 06-478719　FAX 06-47871800
- € S €270~ T €320~　室 94间
- HP www.boscolohotels.com

高级 奎里纳莱酒店
Hotel Quirinale

MAP ●剪切地图 -11 p.65-G

距离纳沃纳广场近，方便观光

从特尔米尼站到地铁只有1站地，步行就可以走到共和国广场，非常方便。离剧院也非常近，喜欢歌剧的人非常适合在这里居住。早餐是在阳台上露天吃，广受好评。

交 从地铁共和国站步行到这需2分钟
✉ Via Nazionale,7
☎ 06-4707
FAX 06-4820099
€ S €149~ T €149~
室 200间

高级 帕拉蒂诺大饭店
Grand Hotel Palatino

MAP ●剪切地图 -17 p.65-K

距离古罗马广场很近，方便购物

在斗兽场附近，是一家四星级的大型酒店。创业于1968年，在罗马还算是比较新的酒店。客房很宽敞，浴室也非常干净。员工的待客态度也非常好，获得一致好评。交通非常方便。

交 从地铁B线卡武尔站到这里步行需要3分钟 ✉ Via Cavour, 213/m ☎ 06-4814927 FAX 06-4740726 € S €139~ T €159~ 室 200间 HP www.hotelpalatino.com（有英语版）

高级 广场豪华酒店
Grand Hotel Plaza

MAP ●剪切地图 -10 p.64-E

现在还残留着贵族邸宅的气息

沿着科尔索大街建造而成。创建于1860年，是一家很有来历的酒店。豪华的美容院里挂着壁毯，天花板上的画非常豪华。从房顶上的阳台上看到的景色也非常好看。

交 从地铁A线新西班牙站到这里步行需要5分钟 ✉ Via del Corso, 126 ☎ 06-67495 FAX 06-69941575 € S €187~ T €242~
室 200间
HP www.grandhotelplaza.com

小型宾馆 拜伦勋爵酒店
Lord Byron

MAP p.70-B

位于贝佳斯公园北面的白墙宾馆

位于巴里奥利地区，高级住宅区里面的治安非常好。住在这里仿佛是造访个人住宅似的。客房都是套房。从这里到贝佳斯公园去的话，也在步行范围之内。

交 从地铁A线弗拉米尼奥站到这里步行需要15分钟
✉ Via G.de Notaris, 5
☎ 06-3220404 FAX 06-3220405
€ S €200~ T €200~ 室 32间
HP www.lordbyronhotel.com

小型宾馆 西班牙台阶宾馆
The Inn at theSpanish Steps

MAP ●剪切地图 -10 p.64-A

只有28间客房的“隐士”宾馆

就在西班牙阶梯前面。2000年在希腊咖啡馆建筑旁开业。对面是高级首饰店“宝嘉莉”。所有的房间里都带浴缸，28个房间中有12个房间带豪华的按摩浴池。

交 从地铁A线新西班牙站到这里步行需要5分钟 ✉ Via dei Condotti, 85 ☎ 06-69925657 FAX 06-6786470 € T €200~ 室 28间
HP www.theinnatthespanishsteps.com

小型宾馆 冯塔奈塔·贝佳斯宾馆
Fontanella Borghese

MAP ●剪切地图 -9 p.64-E p.67-C

可以体验到住在贵族邸宅的感觉

从购物的游客拥挤的孔多蒂大街，穿过科尔索大街，马上就到了这家宾馆。1998年开业，还是一家相对比较新的宾馆。原来是贝佳斯家族的王妃的住宅。这家宾馆是将其改装而成的。

交 从地铁A线新西班牙站到这里步行需要12分钟 ✉ Largo Fontanezza Borghese, 84 ☎ 06-68809504 FAX 06-6861295
€ S €110~ T €80~ 室 31间
HP www.fontanellaborghese.com

中级 罗马西部总统宾馆
Best Western President Hotel Rome

MAP ●剪切地图 -24 p.73-H

就连早餐都广受好评的宾馆

从地铁曼佐尼站一出来就到了。到斗兽场的话只要步行也是能到的。浴室干净且方便使用。早餐是鸡蛋料理和香肠等，也广受好评。大厅里可以免费使用无线网络，但是如果是在客房使用的话是收费的。

交 从地铁A线曼佐尼站到这里步行需要3分钟 ✉ Via Emanuele Filiberto, 173 ☎ 06-770121
FAX 06-7008740 € S €75~ T €82~ 室 193间
HP www.hotelpresidentrome.com

中级 圣安娜宾馆
S.Anna

MAP ●剪切地图 -8 p.69-G

壁画装饰着的中世纪风格的宾馆

将16世纪时的建筑改装而成的三星级宾馆，规模比较小。显著标志是墙壁是橙色的。客房里面的天花板很高，里面的氛围让人感到非常放松。庭院和窗台上的墙壁上现在还保留着中世纪时的壁画。

交 从地铁A线梵蒂冈站到这里步行需要7分钟 ✉ Via Borgo Pio, 133
☎ 06-68801602
FAX 06-68308717
€ S €100~ T €130~ 室 20间
HP www.santannahotel.net/

中级 孔多蒂宾馆
Condotti

MAP ●剪切地图 -10 p.64-A

优越的位置条件是一个非常大的特点

虽然地处高级名牌店鳞次栉比的商业街一角，但是住店的价格还是相对很合理的。因为这里本身就是购物中心，所以购物非常方便，观光也非常方便。室内装饰非常别致。即使到了深夜，这一带行人依然很多，很安全。

交 从地铁A线新西班牙站到这里步行需要5分钟
✉ Via Mario di'Fiori, 37
☎ 06-6794661 FAX 06-6790457
€ S €74~ T €74~ 室 26间
HP www.hotelcondotti.com

罗马风中玫瑰宾馆
中级
Hotel Windrose Rome
MAP ●剪切地图-12 p.65-H

罗马国立博物馆旁边的三星级宾馆

从最上面的房间的阳台上可以看到整个罗马。早餐比较简单，主要是冷餐。附近有饭店，方便饮食。大厅里的无线网络是免费的。

交 从特尔米尼站到这里步行需要8分钟 ✉ Via Gaeta, 39-41
☎ 06-4821913
FAX 06-4821943
€ S €57~ T €75~ 室 52间
HP www.hotelwindrose.it

参议院酒店
中级
Albergo del Senato
MAP ●剪切地图-15 p.64-E

从广场一侧的客房里可以看到万神殿

面朝圆形广场，打开窗子就可以看到万神殿。价格合理，这个地理位置非常受欢迎。客房和中国的商务适用型酒店的大小差不多，但是里面的装修却是非常意式的。

交 从银塔广场停车站到这里步行需要7分钟 ✉ Piazza della Rotonda, 73 ☎ 06-6784343
FAX 06-69940297
€ S €110~ T €165~ 室 56间
HP www.albergodelsenato.it

国王宾馆
中级
Hotel King
MAP ●剪切地图-10 p.64-F

虽然地处市中心，但是价格合理

周围是西班牙广场和特雷维喷泉等主要的景点，是最方便观光和购物的场所。客房稍微有点窄，并且有点旧，但是非常干净。早餐是自助餐。

交 从地铁A线巴贝里尼站到这里步行需要3分钟 ✉ Via Sistina, 131
☎ 06-4880878
FAX 06-42011388
€ S €80~ T €130~ 室 72间
HP www.hotelkingroma.com

圣奇亚拉宾馆
中级
Santa Chiara
MAP ●剪切地图-15 p.67-G

万神殿前面的三星级酒店

虽然是三星级的，但是外观看起来非常高级。客房里面的装修氛围很好。客房里没有浴盆，只有淋浴，但是淋浴非常干净。一层有酒吧。

交 从万神殿到这里步行需要3分钟
✉ Via Santa Chiara, 21
☎ 06-6872979 FAX 06-6873144
€ S €155~ T €250~
室 96间
HP www.albergosantachiara.com

加利福尼亚宾馆
中级
California
MAP ●剪切地图-18 p.65-L

隔音窗的设计可以很好地保护个人隐私

内部的装修非常古典，是一家非常别致的宾馆。客房很紧凑，仅有带浴缸的客房和带淋浴的客房两种。就在特尔米尼站旁边，但是由于窗户是隔音窗，所以很安静。

交 从地铁A线特尔米尼站到这里步行需要5分钟 ✉ Via Principe Amedeo, 39 ☎ 06-4885257
FAX 06-4817575
€ S €60~ T €75~ 室 60间
HP www.hotelcaliforniaroma.it

罗马加雷斯酒店
中级
Galles Hotel Roma
MAP ●剪切地图-12 p.65-H

建造于1902年，原来是贵族的住所

里面的装修非常有特色，用具差不多是中等规模的宾馆。英式的房间里的暖炉是石制的，让人感到宾馆的好客、热情。特尔米尼站旁边有很多餐厅，饮食非常方便。

交 从特尔米尼站到这里步行需要10分钟
✉ Viale Castro Pretorio, 66
☎ 06-448741 FAX 06-4456993
€ S €75~ T €87~ 室 85间
HP www.galleshotelrome.com

曼弗雷迪酒店
中级
Manfredi
MAP ●剪切地图-10 p.64-A

距离地铁很近，非常方便

距离西班牙广场很近，方便购物和观光。是一家小规模的宾馆。建筑物稍微有点旧，但是客房里面的色调非常明朗、干净。客房里面的设施的质量也非常好。

交 从地铁A线新西班牙站到这里步行需要3分钟
✉ Via Margutta, 61
☎ 06-3207676 FAX 06-3207717
€ S €120~ T €205~ 室 27间
HP www.hotelmanfredi.it

哥伦比亚宾馆
中级
Hotel Columbia
MAP ●剪切地图-11 p.65-G

里面的空间设计独具匠心，别有趣味

每个房间的室内装修都是不一样的，让人能够感觉到女人般的细心周到的设计。最上面的餐厅的早餐最好吃，广受好评。周边有很多饭店和咖啡馆以及商店等，方便观光和购物。

交 从特尔米尼站到这里步行需要7分钟 ✉ Via Viminale, 15
☎ 06-4883509
FAX 06-4740209
€ S €95~ T €125~ 室 45间
HP www.hotelcolumbia.com

特蒂大酒店
经济适用型
Albergo Teti
MAP ●剪切地图-18 p.65-L

经济实惠，干净利落，距离火车站很近

位于特尔米尼站附近，是一家身处建筑群中的经济适用型旅馆。浴室只有淋浴，设施也很简单，但是室内的清扫做得非常好。周围有很多饭店，饮食方便。

交 从特尔米尼站到这里步行需要5分钟 ✉ Via Principe Amedeo, 76
☎ 06-48904088
FAX 06-48904090
€ S €45~ T €75~ 室 12间
HP www.hotelteti.it/

罗马周边游

拉齐奥大区 Lazio

从罗马出发的一日游

有很多到蒂沃利的跟团旅游，即使是绿色通道的跟团旅游也多是半日（所需时间4~5小时）游。

☎06-47823713(可以用英语)

€ €60

还有到罗马城堡的跟团旅游（周三、周六下午）和到欧斯堤亚的跟团旅游（都只能用英语）

€ €48~55

拉齐奥大区是罗马文明的发祥地。距离罗马街道大约30公里以内有作为古罗马时代的工商业港口繁荣起来的欧斯堤亚、曾经是古罗马时代的别墅区域的蒂沃利和罗马城堡等，到这些地方的话可以选择一日游的方式，这样也能够很好地欣赏这些美丽的景观了。如果到罗马的旅行还有时间的话，一定要到田园城市去看一看，这里到现在都还残存着历代教皇和贵族的城堡和别墅等。

还有想试图通过法西斯政权实现国家统一的墨索里尼计划建造的城镇。这个城镇位于地铁B线终点站劳伦蒂娜附近的EUR这儿。EUR是罗马万国博物馆的首字母，墨索里尼曾计划于1942年在这里建造城镇。虽然由于第二次世界大战没有建成，但是战后还是在这个地方建造了崭新的建筑。

向西北走的话，有埃特鲁斯坎地区的代表性的城市塔尔奎尼亚、切尔韦泰里和奇维塔韦基亚等现在还残存着古代遗迹。还有曾经是教皇厅，现在还残存着中世纪街道的维泰博等古老城市。特别是塔尔奎尼亚，其历史可追溯到公元前11世纪、铁器时代文化时期，到了公元前7世纪以后，作为埃特鲁斯坎地区的12座城市之一发展起来。历史悠久，壁画装饰达6000多处，现在有10处是在公开展览的，对埃特鲁斯坎文化有兴趣的人一定要去看看。

拉齐奥大区的名特产

如果到了罗马城堡的话，一定要品尝一下这里的白葡萄酒，尤其出名的是口感润滑的弗拉斯卡蒂白葡萄甜酒和EST！ EST！ EST！白葡萄酒。料理的话，比较出名的是被叫做“saltimbocca”的煎小牛肉卷和炸冰激凌等。

拥有美丽的庭院和别墅的蒂沃利

现在还留着遗迹的欧斯堤亚

大区内游览须知

无论哪个地方的交通都比较方便，即使最远距离罗马也只有100公里而已，所以基本上都可以进行一日游。从罗马到奥维多的话，乘坐到佛罗伦萨去的IC特快车，仅需一个小时。另外，也可以乘坐IC特快车从奥维多到佛罗伦萨去，大约需要一个半小时。要是去佛罗伦萨的话，最好是在去的途中下车休息一下。

到维泰博去的话，有从罗马到这里的往返车辆，最方便了。在地铁A线弗拉米尼奥站换乘私铁罗马北站线，在Saxa Rubra站下车。从站前的总汽车站乘坐cotra公司的公交车到这里的话大约需要一个半小时。虽然中途需要换乘，不是很方便，但是还是可以实现一日游的。

翁布里亚大区 Umbria

翁布里亚有广大的丘陵和绵延不断的山谷。这里的景色就是河流静静地在牧草地带流淌。中世纪时在埃特鲁斯坎时代的部落的基础上发展而来的城镇，星星点点。维泰博北面有门面装饰得很美的大教堂和以16世纪时的深井而出名的奥维多。

翁布里亚大区的特产

意大利猪腿（Porchetta）是一道烤乳猪料理。奥维多出产的白葡萄酒也十分出名。还有就着腊肠喝城内的白葡萄酒的专门酒吧，可以心情舒畅地在这里喝上一杯。

MAP p.117-A

作为外港城市繁荣起来的港口城市

欧斯堤亚·安提卡

Ostia Antica

遗迹横跨东西1公里左右

■交通
在罗马地铁B线EUR 马利亚纳站换乘私铁奥斯堤亚丽都线（等待的时间是20~30分钟，所需时间是25分钟），在古欧斯堤亚站下车。到史迹公园步行大约需要5分钟。史迹公园 开 3月最后一个周末~10月8:30~18:00、11月~次年3月最后一个周末8:30~17:00（需要在闭馆前一个小时入场）
休 周一、12/25、1/1 € €6.5

欧斯堤亚·安提卡是古罗马的外港城市，公元前6世纪左右发展起来。以前这里热闹非凡，运送来自殖民地和别的国家的货物的船只和各种各样的运送粮食的船以及向海外占领地区和战场运送士兵的船只等络绎不绝。因为位于蒂雷尼亚河河口，不仅可以使船只免受波浪的冲击，而且可以将货物非常方便地运到位于上游的罗马那里。港口周边有很多仓库。

据说它是在5世纪时繁荣起来的，随着罗马帝国专制政权的衰落而衰落了。由于新的商业都市的建设，不断地有大理石和石头被运送到这里。9世纪时因为海盗猖獗等进一步遭到破坏，再加上随之而来的疟疾等疾病的泛滥，这里彻底变成一座“死城”。

开始正式进行遗迹的挖掘这项工作是在1938年以及20世纪之后的事情。城镇整体上东西跨越1300米，南北跨越500米，由于18世纪时的盗墓活动猖獗，很多美术品被盗走了。现在可以看到当时的仓库和神殿、剧场的遗迹等。

街区布局&游览须知

欧斯堤亚·安提卡附近的丽都中央车站（lido centro）附近还有深受罗马人喜爱的海滩，但是欧斯堤亚·安提卡站周边非常安静，除了遗迹之外便没有什么看点了。

从欧斯堤亚·安提卡到留有遗迹的史迹公园的入口是直接相通的，只有一条路，所以是不会迷路的。公园的入口有小卖店，夏天的时候可以在这里买矿泉水，向这里出发吧。如果是快速地看的话，需要2~3个小时。

现在还残存着美好的神殿

景点

聂图诺浴场

Terme di Nettuno

MAP p.119-B

■从欧斯堤亚·安提卡站到这里步行大约需要8分钟

现在还保存着镶嵌画的巨大的浴场遗迹

阿德里安帝的时候开始兴建，后在安东尼·皮乌斯帝的援助之下，于139年完成的公共浴场遗迹。地板上巨大的镶嵌画非常值得一看。最大的房间长18米、宽12米，这个房间的地板上画着海神聂图诺和海洋里的怪兽以及半身的美人鱼等。浴场附近还有瞭望台、室外运动场等。

浴场遗迹这里还残存着的镶嵌画

中部是万神庙和卡比托利欧神殿

剧场
Teatro

MAP p.119-B

■从聂图诺浴场到这里步行大约需要 1 分钟

可以容纳3500人的大型剧场

建造于奥古斯都大帝时代，于196年被改造。阶梯状的椅子排列成半圆形，现在都还非常干净。剧场外壁和拱廊内壁被装修砖和漆装饰一新，最上面有用大理石支撑着的画廊席。另外在皇帝专制末期，还曾用水将管弦乐队席位部分围起来，在这里表演过水上歌剧。

半圆形的剧场，观众的座席呈阶梯状

戴安娜之家
Casa di Diana

MAP p.119-A

■从聂图诺浴场到这里步行大约需要 4 分钟

高达18米的高层建筑物

因为这里悬挂着戴安娜女神的画像，所以被命名为“戴安娜之家”。现在基本上还是买卖公寓性质的一栋建筑，1层是商店，2层以上是作为住宅的地方在出租，可以猜想古代时这个建筑应该是3层或4层的。高达18米，从这一点来看，当时用堆砖建造建筑的技术已经很发达了。

欧斯堤亚博物馆
Museo delle via Ostiense

MAP p.119-A

■从聂图诺浴场到这里步行大约需要4分钟

此馆正在展示今年来刚刚挖掘出来的物品

1865年在法皇皮奥9世的命令之下完成的建筑。现在这里还有2世纪时的女帝福斯蒂娜的画像和图拉真帝的头部肖像，以及罗马时代的石棺等。

开 9:30~13:30，周二、周四9:30~13:30、14:30~16:30 休 1/1、5/1、12/25 € 免费

MAP p.117-B

古罗马皇帝的别墅聚集地
蒂沃利 Tivoli

埃斯特别墅（villa d'este）这里有很多喷泉

蒂沃利位于罗马西北方向大约30公里的地方，从古罗马时代就作为皇帝和贵族的别墅居住地繁荣起来，是一个田园都市。这里有3个别墅点，分别是："埃斯特别墅（villa d'este）"、"哈德良别墅(Villa Adriana)"和"格列高利别墅（gregoriana）"。三座别墅都非常优雅。

现在到处都还能看到绿水创造的美丽庭园以及极好的建筑物，夏天时到处都是到这里来乘凉的游客。

■交通

在罗马地铁B线终点站共和国站或者是马莫罗桥站下车，换乘珊瑚公司到蒂沃利方向去的公交车。到蒂沃利城镇的入口，也就是倒数第二个停车站大约需要40分钟。可以在公交车停车场前面的小卖店那里买票。

●旅游咨询处

Piazza Garibaldi

0774-334522

珊瑚公司的公交车

街区布局&游览须知

虽然街道不是很大，但是却有很多坡道，所以要是到埃斯特以外的两个别墅去观光的话，最好是乘坐市内交通，这样会比较方便。旅游咨询处和埃斯特都距离倒数第二个停车站很近，下车后马上就到。

到格列高利别墅去的话，从这里换乘市内交通大约需要10分钟。阿德里安皇帝的别墅"哈德良别墅"就在距离蒂沃利大约6公里的地方。从倒数第二个停车站到这里大约需要15分钟。

到埃斯特别墅去参观的话大约需要2小时。到哈德良别墅去参观的话大约需要2小时30分钟。

哈德良别墅处的大瀑布和圣玛丽亚教堂

景点

埃斯特别墅
Villa d'Este

MAP p.120

■乘坐公交车从共和国站出发，在倒数第二站下车马上就是

一个极其优雅的别墅，喷泉别具风格，充满了凉爽的气息

这里原来是教宗本笃的修道院，埃斯特家族出身的官员德斯特1550年时曾经在这里隐居过一段时间，这时候将这里进行了

位于哈德良别墅最里面的卡诺珀斯（左）。雕刻群和池子的对比使其显得非常美观（下）

改建。启用在那不勒斯出生的皮罗·利戈里奥为建筑师，建设成极尽奢侈的喷泉庭园。

利戈里奥是研究古代庭园的，在他设计的这个庭园里有仿照动物和女神的面孔的“一百喷泉”、“风琴喷泉”、上面站立着巫女像的“圆形喷泉”、据说是贝尼尼之作的“龙泉池”等，这些喷泉层出不穷，煞是美观。它旁边就是教宗本笃派的教堂——圣玛丽亚教堂。

开 8:30~日落前一个小时　休 周一、1/1、12/25、5/1　€ €8

格列高利别墅
Villa Gregoriana

MAP p.120 外

■乘坐市内公交车从蒂沃利公交停车场出发，在安其罗站下车便是

被层层翠绿所包围的格列高利教皇的别墅

1826年由格列高利16世着手完成的别墅。隐藏在重重绿荫当中的大瀑布是一大看点，瀑布的落差达100米以上。徒步到谷底的话需要很长时间，但是在谷底可以看到西碧拉洞窟和贝尼尼瀑布等，可以充分欣赏到整个大自然的美景。

对岸的断崖上有公元前1世纪时的建筑师维斯塔建造的神殿，现在这里还有保留大理石柱子的遗迹。另外还有祭祀提布鲁努斯的西碧拉神殿等，据说蒂沃利街道就是提布鲁努斯建的。这些也都是值得一看的景点。

开 3月10:00~14:30、4~10/15为10:00~16:00、10/16~11/30为10:00~14:30、12月~次年2月只能预约
☎ 0744-382733、06-39967701，闭馆前一个小时入场
休 不是节假日时：周一、1/1、12/25、5/1　€ 约€5

哈德良别墅里的西碧拉神殿

泳池也很完备的哈德良别墅的大浴场遗迹

阿德里亚纳别墅
Villa Adriana（Hadrian's Villa）

MAP p.120 外

■乘坐公交车从蒂沃利停车场出发，大约需要15分钟

皇帝构想的具有浪漫气息的遗迹群

118年到130年阿德里安皇帝时建造的别墅。皇帝曾经到东方去考察旅行过，因此在建造庭院的时候试图将东方的特色复原出来，想将其建造成一座别具特色的别墅。但是，皇帝在别墅建成4年后便去世了。而之后的那些皇帝都移到哈德良别墅去居住了，因此这个别墅逐渐被人们所遗忘。和哈德良别墅一样，阿德里亚纳别墅曾经遭受过被盗的灾难，到19世纪真正对这里进行挖掘时许多贵重的美术品已经丢失，但是皇帝曾经梦想的这个建筑整体的风格却还是可以很清晰地看明白的。长方形的廊柱是模仿了雅典的彩色长廊建造而成的，卡诺珀斯是模仿位于埃及的卡诺珀斯城的塞拉皮斯神殿建造而成的。另外，在这里还可以看到剧场、公共浴场和图书馆等的遗迹。

开 9:00~19:30、4・9月~19:00、3・10月~18:30、2月~18:00、11月~次年1月~17:00
休 1/1、5/1、12/25　€ €6.20

MAP p.117-B

曾经是罗马教皇的避暑胜地的古城地带

罗马城堡 Castelli Romani

在这里租车旅行也是一个不错的选择

罗马城堡自古罗马时代以来就是避暑地，建造在一片丘陵地上，有两个火山口湖。“Castelli Romani”这个名字本身就有“罗马城堡”的意思。教皇和贵族们为了避开当时的骚乱和动荡的治安情况，常常到这里来避难，现在这里都还保留着这样的城堡。其中代表性的就是位于弗拉斯卡蒂城的阿多布朗狄尼别墅等这些15、16世纪时的别墅（当天是否可以参观请咨询旅游咨询处。如果有空的话当天也是可以参观的）。从城里到这里非常方便，特别是夏天，罗马人非常喜欢到这里来徒步旅游。

阿尔巴诺湖和内米湖周边是广阔的牧草地、葡萄地和橄榄地，形成了一片明媚的风光。可以边欣赏四季的景色边在这里巡游。阿尔巴诺湖东边的山的山顶上还有古典式的宾馆，这些宾馆都是以前的修道院经改造而成的。

■交通

乘坐珊瑚公司的公交车从罗马地铁A线阿纳尼那站出发。有很多公交车到冈多夫堡（Castel Gandolfo）、马里诺、弗拉斯卡蒂（frascati）去。在停车场附近的小卖店里买票。到达目的地之后马上查一下回去的公交车的发车时刻，然后再去旅游。

阿纳尼那站的公交车乘车站

街区布局&游览须知

周围是冈多夫堡和弗拉斯卡蒂、内米等城镇和村庄，将阿尔巴诺湖和内米湖团团围住。公交车通往各个城镇，所以只是乘坐公交车也可以到这个地方去旅行了，但是如果想高效率地把所有的地方都参观一遍的话，最好是租借一辆轿车。如果是乘坐公交车的话，从罗马到这里来旅游，在这里大约花一天的时间可以参观两三个城镇。

据说水深170米的美丽的阿尔巴诺湖

景点

冈多夫堡
Castel Gandolfo

MAP p.122

■乘坐公交车从阿纳尼那站到这里大约需要40分钟

从教皇的别墅里看到的阿尔巴诺湖的景观非常美

名字来源于12世纪时建起来的冈多夫公国城堡，现在只有教皇夏季时居住的别墅了。17世纪后半叶时冈多夫公国城堡为教皇所有了，之后成为乌尔班8世的别墅，由马德尔诺设计而成。现在是教皇宫殿和巴贝里尼馆。

宫殿前面的广场是用石头铺就的，有喷泉。氛围安静而让人心感平静。从后面的阳台上可以看到绿莹莹的阿尔巴诺湖，一览无余，景色非常美。

旁边就是贝尼尼设计的圣教堂和拥有巨大的拱顶的梵蒂冈天文台。

冈多夫堡教皇宫殿

阿尔巴诺·拉齐亚莱
Albano Laziale

MAP p.122

■乘坐公交车从阿纳尼那站到这里大约需要50分钟

郊外还有罗马诗人战士贺拉斯的墓地

这里曾经是多米提安帝的别墅，据说罗马神话中罗马市的奠基人罗穆卢斯的诞生地就是这里。美丽的维多利亚圣母堂也在这里。冈多夫堡离这里非常近。

马里诺
Marino

MAP p.122

■乘坐公交车从阿纳尼那站到这里大约需要一个小时

10月份的葡萄酒节非常出名

从阿尔巴诺湖继续北上，就会到达白葡萄酒的生产胜地马里诺。每年10月都会在这里举行盛大的葡萄酒节，到时候整个城镇都充满着节日的气氛。

弗拉斯卡蒂
Frascati

MAP p.122

■乘坐公交车从阿纳尼那站到这里大约需要一个小时

上等葡萄酒的故乡

地处马里诺东北，是意大利白葡萄酒的代表城市。这个地方的水质非常好，因此在这里生产的白葡萄酒的级别非常高，每年都是DOC这个级别的，获得高度好评。

这里还有很多建造于16~17世纪时的别墅，其中尤为出名的是阿多布朗狄尼别墅，是一座阳台形状的别墅，周围都是美丽的树木，非常有名。从这里的庭院里可以一览无余地看到整个罗马。

因白葡萄酒而出名的弗拉斯卡蒂

MAP p.117-A

中世纪时期的房屋众多的城镇

维泰博 Viterbo

街道

维泰博距离罗马70公里，是拉齐奥大区的县厅所在地。在1261年后的20年间，这里一直都是法王的居住地，由此逐渐沿着凯西奥大街发展起来。现在被拥有7个城门的墙壁所包围，还保留着中世纪时的样子。

傍晚时的维泰博城的中世纪气息更加浓重。街道旁边的树被染成橙色，教皇宫殿的回廊像歌剧里的舞台设置似地活动起来，让人仿佛置身于遥远的古代一样。可以充分地体会到这种独特的风情，这正是维泰博城的魅力。

从罗马到这里选择一日游的方式便可，但是如果旅程上有空余的话，也可以到附近的温泉那里住上一宿，从市内到这里乘坐公交车的话只需要10分钟。埃斯特温泉旁边是美容院，美容院的旁边是高级宾馆。到这里的温泉来消除一天的疲劳，或者是轻轻地按摩皮肤也是不错的选择。

维泰博西北大约3公里的地方是圣奎尔恰教堂，该教堂是文艺复兴样式的。从这里再向东北走大约2公里

■交通

在罗马弗拉米尼奥站换乘私铁罗马北站线，在Saxa Rubra站下车。从站前的汽车总站出发乘坐珊瑚公司的公交车到这里大约需要1个小时30分钟。从维泰博到温泉宾馆的话，乘坐市内公交2路车从市中心的普莱比西托广场出发，大约需要10分钟。到兰特庄园的话，从普莱比西托广场出发，乘坐往巴涅尼亚方向去的公交车，大约需要15分钟。

●旅游咨询处

✉ Via Romiti

☎ 0761-304795

开 9:00~13:00、15:00~17:00

休 周六下午和周末

巴涅尼亚的兰特别墅

便是巴涅尼亚bagnaia城，这里有16世纪时的意大利样式的庭园和兰特别墅。别墅里面的设计充分发挥了水的用处，据说历代教皇都在这里居住。

兰特别墅里的丝柏

街区布局&游览须知

在大街的入口——佛罗伦萨门站这里下车，前面就是罗卡广场，广场上是国立考古学博物馆。城镇上的历史气息很浓重，有市立博物馆等美术馆和博物馆等。

重要的教堂大多数都是沿街而建的，城镇南侧是圣佩莱格利诺大街。街道上的房屋现在还是中世纪时的样子，依旧是石制的。维泰博本身的历史气息就已经很浓重了，但是即使是这样，这条街道依然能够让人感受到历史的气息。街道上有很多古董店等，可以在这里悠闲地散步。

景点

圣洛伦佐教堂

S .Lorenzo

MAP p.124-A

■乘坐公交车从佛罗伦萨门到这里大约需要15分钟

圆柱上的柱头装饰非常美丽

12世纪建成的文艺复兴样式的教堂，其中外观正面是16世纪建成的。内部是三廊式的，圆柱的柱头装饰非常美丽。地板上画的是一种被叫做“拷紫马蒂”的花纹。撞钟受到了托斯卡纳的影响，是14世纪时建好的。

教堂旁边还有展示遗留的构造的主教堂美术馆。

开 10:00~13:00、15:00~20:00（10月~次年3月~18:00），闭馆前30分钟入场

休 周一

€ €5（和教皇宫殿一样）

▲圣洛伦佐教堂内部

▼大教堂美术馆

教皇宫殿

Palazzo Papale

MAP p.124-A

■乘坐公交车从佛罗伦萨门到这里大约需要15分钟

从回廊看到的景色非常美丽

宫殿位于圣洛伦佐教堂旁边，1261年时作为教皇的居住地建立起来。是拉齐奥大区代表性的哥特式建筑物。过去这里曾经是多次举行白热化的教皇选举的地方。给人印象深刻的是右手边回廊上的花纹和中央喷泉，它们都是15世纪时建立的。

开 休 € 和圣洛伦佐教堂的一样

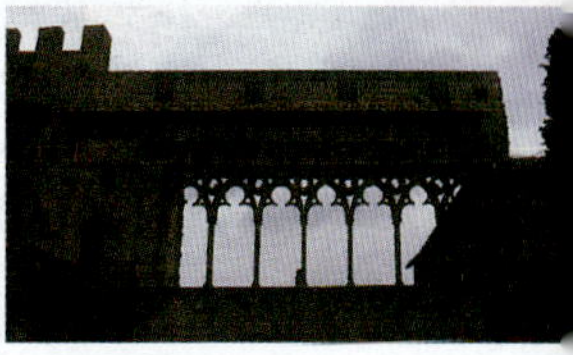

圣罗莎教堂

S.Rosa

MAP p.124-B

■乘坐公交车从佛罗伦萨门到这里大约需要7分钟

这里有圣女的遗骸

教堂里供奉的是生活在13世纪时英年早逝的圣罗莎圣女，在祭坛里面可以隔着玻璃看到放在棺材里面的圣女的遗骸。每年9月3日都会在这里举行相关的祭祀活动。

开 6:30~12:30、15:00~19:00 休 全年无休

€ 免费

画着圣人的面容的圣罗莎教堂屋顶

圣佩莱格利诺大街
Via San Pellegrino

MAP p.124-A

■乘坐公交车从佛罗伦萨门到这里大约需要15分钟

找寻一下发掘出来的物品吧

该地区现在还残留着许多古代遗迹，而这条街穿过这样的中心地带，街道两旁还残存着众多的塔和外部楼梯，还有两个窗户并列的独特建筑。每年9~10月都会在这里举行古董展示会，如果是古董爱好者的话一定要到这里来看一看。很多店里都有古色古香的家具。还有很多杂货店。去找寻一些新的古玩也是一件非常有乐趣的事。

市立博物馆
Museo Civico

MAP p.124-B

■乘坐公交车从佛罗伦萨门到这里大约需要15分钟

庭院是 13 世纪时的哥特式样式

和圣玛丽亚真理教堂并列在一起，位于东侧的城壁外面。原来是修道院。庭院是13世纪时的哥特式样式，让人觉得这里仿佛是僧院。馆内有从周边出土的埃特鲁斯坎时代的美术品和希腊时期的放有横卧人身像的带盖的棺材等。

✉Piazza F. Crispi 开9:00~19:00（冬季~18:00）
休周一、1/1、5/1、12/25 €€4

餐厅

Ⓔ每人1份的钱 需要预订 注意自己的穿着

饭店比较多的是从圣卡卢乔广场到罗马门这一带。

蓝餐厅
La Zaffera

高级 Ⓔ20~ MAP p.124-A

可以看到栽种着丝柏的庭院

位于圣培莱格利诺大街上，熏肉和山羊奶酪做的通心面非常好吃。

菜单每个季节都会换，40欧元左右的饮食里面就包含葡萄酒。

■✉Piazza S.Carluccio,7
■☎0761-342714
■开12:00~14:30、19:00~22:30
■休周一、周末晚上（7、8月份的周末也营业）
■HP www.zaffera.it

修道院
Il Monastero

休闲 Ⓔ10~ MAP p.124-A

由两个比萨拼合在一起组成的椭圆形比萨广受好评

城镇里的人们引以为豪地说“连罗马都没有这么好吃的比萨呢”。可以选择两种口味的比萨组合在一起，做成一块比萨，很是令人高兴。而且确实很好吃。

■✉Via F atungheri, 10 ■☎0761-324346
■开19:00~0:00a.m. ■休全年无休

酒店

宾馆多集中在从国立博物馆所在的罗卡广场向南的卡瓦大街这一带。卡瓦大街上除了这里介绍的宾馆之外还有很多三星级的宾馆，比如“leon d'oro”宾馆等。

萨鲁斯喷泉酒店
Grand Hotel Salus e delle Terme

高级 MAP p.124-A 外

四星级的温泉酒店

位于维泰博近郊的一家高级温泉宾馆。美容院里的埃斯特是使用温泉水和泥混制而成的，深受女性的欢迎。

■✉Strada Tuscanese,26/28 ■☎0761-3581
■FAX 0761-354262 ■€S €00~ T 0110~
■室100间
■HP www.grandhoteltermesalus.com

图西亚宾馆
Tuscia

中级 MAP p.124-A

氛围充满时髦感，干净舒适

位于从国立博物馆到城镇中心普雷比西特广场去的路途中间位置，方便观光。

■✉Via Cairoli,41
■☎0761-344400
■FAX 0761-345976
■€S €44~ T €68~
■室36间
■HP www.tusciahotel.com

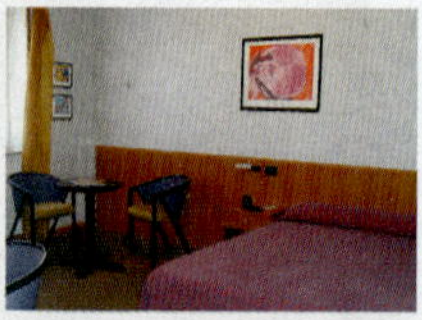

MAP p.117-A

华丽的大教堂和神秘的洞窟

奥维多 Orvieto

环境清幽的街道

奥维多位于罗马向北大约120公里的地方。以正面的镶嵌花纹、华丽的大教堂和在意大利广受好评的葡萄酒之一的甜味白葡萄酒而非常出名。

奥维多历史悠久，可以追溯到古罗马帝国之前的埃特鲁斯坎时代。

从罗马或者是佛罗伦萨等到这里来的话，首先看到的就是在宽阔的平原上像高原一样突起的奥维多。这个地方是火山岩形成的，是由于远古时代的河流侵蚀而成的。13~14世纪时充分发挥了这种地形的优势，曾一度作为教皇的隐居地而被使用。

另外，地下是古代的时候挖掘出来的广大的地洞和众多的地下道。大多数都还未经过任何的调查考证。近年来开始逐渐地调查解释这些神秘的洞窟了。

■交通

乘坐IC特快车从罗马到这里大约需要一个小时。乘坐IC特快车从佛罗伦萨到这里大约需要一个小时40分钟。从火车站到奥维多城的话，乘坐公交车或者是坐缆车，到达地处高原的旧街道。缆车车站就在火车站前面。乘坐缆车的话，大约5分钟就可以到达旧街道的入口卡亨广场。从火车站乘坐公交车的话，也是经过这个广场到达旧街道。最好是提前买好可以乘坐公交车或者缆车的车票，费用大约是0.80欧元。

●旅游咨询处

✉ Piazza del Du-omo,24

☎ 0763-341772

开 8:00~14:00、16:00~19:00（周六、周末10:00~13:00、15:00~18:00） 休 全年无休

奥维多

街区布局 & 游览须知

位于缆车上行线路上的卡亨广场是旧街道步行的出发点。从这里出发穿过卡武尔大街，步行大约1公里便是共和国广场，从这里继续前行，到达大教堂广场，这里便是市街道中心了。参观旧街道的话大约半天就可以完成了。如果有时间的话，一定要参加一下探索地下洞窟的步行跟团旅游。跟团旅游的话，每天是在大教堂前面出发，每天4次，时间是每天的11:00、12:15、16:00、17:15（2月份的话只有周六和周末）。参加费用是5.50欧元（英语导游）。要是想参加跟团旅游的话，请在旅游咨询处预约。

景点

主教堂
Duomo
MAP p.127-A

■从卡亨广场出发步行需要15分钟

罗马风格时期的杰作

从13世纪时开始建造，于16世纪时大体上完成的大教堂是一座罗马—哥特式式样的建筑，华丽地点缀着奥维多街道。正面的窗子是玫瑰窗，特别是画在山墙上的圣画等的装饰非常精巧。在意大利的大教堂中也是值得一提的建筑，非常美丽。内部的西斯廷礼拜堂上的壁画是托斯卡纳出身的著名艺术家米开朗琪罗所画的壁画《最后的审判》，在和天花板相接的地方是弗拉·安吉利科画的基督像。

开 11月~次年2月7:30~12:45、14:30~17:15，3・10月~18:15，4~9月~19:15 休 全年无休 € €2（参观礼拜堂的话+€3）

从街巷里看到的主教堂

▶主教堂周边也有很多能够让人感受到历史的凝重感的建筑物

帕特利西奥井

帕特利西奥井
Pozzo di San Patrizio
MAP p.127-B

■卡亨广场背面

深 62 米、挖掘于 16 世纪的古井

是出身于美第奇家族的法王克莱门斯7世为了在城镇被敌人包围的时候能够有地方躲藏而建的。井里面是双重的螺旋形台阶构成的，共248阶，下去的人和上来的人是不会撞在一起的。这种设计还能够到下面去打水。可以到井底去参观。给人印象深刻的是这里面的水到现在都还很清澈。

开 1・2・11・12月10:00~16:45，3・4・9・10月9:00~18:45，7・8月9:00~19:45 休 全年无休 € €5

地下洞窟
Grotto
MAP p.127-A

■从卡亨广场出发步行需要15分钟

地下空间之大令人震惊

据说这个城镇上的人们开始在地下挖洞窟和地道可以追溯到3 000年以前。城镇的地下的洞窟和地道等错综交织，好像是迷宫一样，但是它的面积比上面的地面面积要大很多，实在是令人震惊。确切地说人们到现在都还不是很清楚到底是出于什么目的建造的这些地下洞窟和地道。而且真正的学术性调查也才刚刚开始，所以至今都还是一个谜。进入近代之后，部

地下洞窟的入口附近。可以跟团到这里来参观

分洞窟和隧道作为葡萄酒的储藏库使用。参加跟团的话，会到中世纪时人们用石臼压榨橄榄油的房间里来参观。

开 11:00~12:15、16:00~17:15 休 12/25、2月（周六和周末是可以参观的）
€ €6

压榨橄榄油的石臼

餐厅

每人1份的钱　需要预订　注意自己的穿着

市中心的几家饭馆里可以品尝到翁布里亚的地道料理。比较有名的料理就是意大利猪腿，它是由乳牛和香草烧烤而成的。还有猪肉腊肠，是将肉夹在意大利面里面的料理。比较受欢迎的饭店集中在大教堂广场和共和国广场周边。

这里还是上等葡萄酒的产地，因此在这里可以十分廉价地就可以品尝到美味的葡萄酒，是一件很令人愉快的事。有的酒吧里还提供特产，一定要去看一看。

齐柏林饭店

Zeppelin

高级 €25~ MAP p.127-A

料理的味道和店里的感觉都很好

穿过教堂风格的高天花板酒吧，进去后有一个很大的桌子席位。里面飞艇“齐柏林”号的琥珀色照片和白花边非常华丽。是奥维多地区饭店里氛围最好的，特别受欢迎。白天的话，可以吃用菠菜和乳清干酪做的馄饨，稍微吃点就可以了；晚上的话可以吃上一份分量十足的炭火烧牛排等。

Via Garibaldi,28　0763-341447
开 12:30~14:30、19:00~22:00
休 12/24、12/25、12/26

炭火烧牛排

酒店

城镇不是很大，宾馆的数量不是很多，但是大教堂周边的许多小旅馆的价格还是很公道的。整个城镇上最高级的宾馆就是这里将要介绍到的皮科诺米里宫(palazzo piccolomini)宾馆。

皮科诺米里宫宾馆

Palazzo Piccolomini

小型宾馆 MAP p.127-A

住宿很华丽，里面还有葡萄酒酒吧

充满温馨气息的粉红色外壁非常可爱，是一家小型宾馆。有三室一间的套房、22间双人间，单人间只有7间。房间虽小，但是服务却很周到。客房给人的感觉很好，简约大方，每个房间的设计装修多少都是有些区别的，各具特色。如果房间不是很挤的话，最好是把所有的房间都看一遍之后再决定自己住哪一间。

位于缆车车站背面、喀布尔大街尽头处。因为是在最里面，所以可以在这里迎来静谧的早晨。

Piazza Ranieri,36
0763-341743
FAX 0763-391049
€ S €70~ T €120~
室 36间
HP www.hotelpiccolomini.it

▲套房

▶标志性的地方便是粉红色的外观。右边是大厅

MAP p.117-A

自古罗马时代繁荣起来的古城

佩鲁贾 Perugia

拥有大喷泉的11月4日广场

提到意大利的话人们自然而然地就会想到存留的古老遗迹。佩鲁贾是翁布里亚大区的首府。从公元前8世纪到公元前2世纪的埃特鲁斯坎时代开始繁荣起来。是一座久经历史锤炼的古城。虽然这里是首府，但是主要的交通干线却不经过这里，只能乘坐各个公司的公交车到这里来旅游。但是，或许是佩鲁贾大学里面开设了意大利语讲座的缘故吧，在这座到处是石制的牢固建筑物的城镇里，不仅有很多意大利人，而且就连各国的游客也很多，广场这里非常热闹。这里的景色是古老与活泼并存的丘陵地带特有的美景。是一个充满着意大利地方城市特色的地方。

■交通

乘坐往安科纳方向去的公交车从罗马出发，然后在福利尼奥（Foligno）换乘。从罗马到这里大约需要2个小时30分钟。在佩鲁贾站下车后到站前的汽车总站，去乘坐去往街道入口处意大利广场方向的公交车。在总汽车站里面的售票处买票。最好在这里也买好回来时的车票。

●旅游咨询处

✉ Piazza Matteotti, 18
☎ 075-5736458
开 8:00~19:00　休 1/1、12/25

街区布局 & 游览须知

乘坐公交车从佩鲁贾站出发，爬上山丘，就到达意大利广场了。从这里可以到达市中心的万努奇大道（Corso Vannucci），是一条用石子铺起来的大街。这条大街是佩鲁贾最热闹的地方，到处是咖啡馆、精品店、饭店和宾馆等，路上的行人络绎不绝。走一会儿之后左侧就是市政厅宫殿(Palazzo del Priori)的入口，非常气派。在它旁边应该能看到柯雷吉欧的小入口。前面就是佩鲁贾的中心，11月4日广场。美丽的马焦雷喷泉（La Fontana Maggiore）欢迎着到来的游客们。

以位于里面的大教堂为代表，这里到处都是佩鲁贾这个城市代表强大的国家力量的中世纪建筑物。

进入广场西侧的小小的沃尔特大街后，便有迷失在中世纪时的街道中的感觉。从狭窄的胡同下去之后，会看到巨大的石门。这便是埃特鲁斯坎时代遗留下来的埃特鲁斯坎门。是在佩鲁贾遗留了长达4 000多年的历史悠久的建筑物。

主要的景点在11月4日广场周边。但是别处也别有风情，从意大利广场向东南方向下坡，这里的氛围和佩鲁贾城壁里面的氛围不一样，有些庶民的气息。

到翁布里亚考古学博物馆和圣彼得堡教堂去的那条路只能步行，感觉可能稍微会有点远。用“旧”这个词已经远远不能形容佩鲁贾的古老了，满街的建筑都非常古老。

其他城市的中世纪时的建筑都是使用的红瓦，但是这里却不是，这里的建筑物使用的都是石质的灰色建筑。在这个古色古香的中世纪特色的城市中徘徊也是旅行的乐趣之一。

夏季街上到处是爵士音乐节

国立翁布里亚美术馆

景点

11月4日广场
Piazza IV Novembre

MAP p.130

■从意大利广场出发步行需要7分钟

成为佩鲁贾的中心已经数千年了

这个广场自从埃特鲁斯坎时代以来到现在一直是佩鲁贾的政治、宗教和节日的中心。中央是马焦雷喷泉，北面是大教堂，南面是市政厅宫。这里有旅游咨询处，所以首先要在这里收集好资料，之后再和当地人一起坐在台阶上稍事休息。

大教堂
Cattedrale

MAP p.130

■就在11月4日广场旁边

未完成的哥特式建筑

教堂建于14世纪中叶到15世纪之间，是一座庄严的哥特式建筑。靠近11月4日广场那边的正门和外壁至今都尚未完成。但丁广场那边的建筑风格是哥特式的。彩绘玻璃纤细且美丽。这里还保存着神圣的遗物——圣母玛丽亚的结婚戒指，每年7月30日开放。

开 8:30~12:30、16:00~18:30

休 全年无休　€ 免费

市政厅宫
Palazzo dei Priori

MAP p.130

■就在11月4日广场旁边

守卫着政治要地的古代怪物惹人注目

"priori"就是"行政委员"的意思。从13世纪时开始建造，从那之后便是佩鲁贾的政治中心，现在是市政厅用地。大门上画着两幅像，一幅是佩鲁贾的守护神"格利普（Gryps）"（头和翅膀都是鹰的样子，躯体是狮子），另一幅是表示教皇派别的狮子。第二层是公证人的房间。

开 9:00~13:00、15:00~19:00　休 周一　€ 免费

国立翁布里亚美术馆
Galleria Nazionale dell'Umbria

MAP p.130

■就在11月4日广场旁边

修复工作做得特别好，引人注目

这里展示着翁布里亚派的绘画和雕刻。绘画收集得非常齐全，从8世纪到18世纪的都有。翁布里亚绘画的特点是色彩丰富、人物画居多。

其中特别出名的是弗拉·安吉利科(Fra Angelico)的多翼祭坛画《天使和圣人们》、翁布里亚派的代表画家也是拉斐尔的老师——佩鲁吉诺的《基督受难与使徒》和皮耶罗·德拉·弗朗西斯卡（Piero della Francesca）的《圣安东尼的袍利普吉普》。这些作品修复得非常好，颜色鲜艳明亮，简直就像是刚画完的一样，让人对中世纪时的绘画的认识又加深了一层。

解说只有意大利语，但即使听不懂，光是看着这些东西就感觉时间像停止了似的。入口位于市政厅宫殿四层、万努奇大街一侧。

✉ Corso Vannucci, 19

开 8:30~19:30（入场~18:30）

休 周一　L€6.50

交易协会
Collegio del Cambio

MAP p.130

■就在11月4日广场旁边

文艺复兴时期的商业广场

15世纪时曾经是货币兑换商的官邸，那时的势力非常强盛。在市政厅宫殿正面左端有一个小小的入口。这个地方非常不容易找到，一定要注意好好留心看。值得注意的是会见客人的时候使用的"拜谒房间"。室内是豪华的手工装饰，壁画是佩鲁吉诺和他的弟子们所画的希腊神仙。在这里可以充分体会到文艺复兴时期的商人们的气息。

✉ Corso Vannuchi,25　开 9:00~12:00、14:30~17:30（周末、节假日~13:00）　休 1/1、12/25、11/2~3/15周一下午

€ €4.50

埃特鲁斯坎门

圣彼得教堂庭园

圣彼得教堂花园

埃特鲁斯坎门
Arco Etrusco

MAP p.130

从11月4日广场步行到这里需要5分钟

在历史悠久的环境中尽情放飞自己的思绪

由公元前3世纪到公元2世纪时的埃特鲁斯坎人建造的城门。经历过数千年的洗礼之后这个城门依然还是一如往日，虽威风十足但却不让人感到害怕。古罗马时代时上面的拱形得到了修复。

圣彼得教堂
Chiesa di San Pietro

MAP p.130

从意大利广场步行到这里需要20分钟

从阳台上可以看到翁布里亚丘陵地带

从国立翁布里亚考古学博物馆再向前走一段时间便到了。首先看到的是15世纪时建造的流丽的八角形钟楼。里面的景色非常优美，庭园十分静谧，从庭园里面的阳台上看到的景色也非常美丽。前面就是阿西西大街。

开 8:00~12:30、16:00~18:30 休 全年无休 € 免费

国立翁布里亚考古学博物馆
Museo Archeologico Nazionale dell'Umbria

MAP p.130

从意大利广场步行到这里需要20分钟

适合在这里静静地观看的众多遗迹的宝库

如果想进一步了解佩鲁贾的历史的话，可以到国立翁布里亚考古学博物馆来看一看。路线是从意大利广场出发，到达圣彼得门，从这里出去后从6月20日大街向下走，然后一直向前走就行了。位于圣多梅尼科教堂里面。这里收藏的作品范围广泛，有远古时代的、埃特鲁斯坎时代的，还有古罗马时代的。

开 8:30~19:30（周一10:00~19:30）
休 1/1、5/1、12/25 € €4

位于圣多梅尼科教堂里面的考古学博物馆

Altromondo主人一家

餐厅

€ 每人1份的钱　需要预订　注意自己的穿着

位于街道中心地段、菜品各具特色、店内气氛活跃的人气美食店不少。

另一个世界
Altromondo

高级 €25~ MAP p.130

创建于1930年，由原来的修道院改造而成的老字号饭店

背对意大利广场，是一家地下饭店。从万努奇大街到伯纳斯大街之间有一个台阶，从这个台阶下去便到这家饭店了。这家饭店是中世纪时的修道院改装而成的，具有很浓的古典气息，让人心神宁静。烤羊和烤鱼以及面食等也很美味。

Via Cesare Caporali,11 075-5726157
开 12:30~14:30、19:30~22:00 休 周末、8/1~8/20

巴托罗豪斯特里拉饭店
Wine Bartolo Hosteria

高级 €35~ MAP p.130

到这家饭店的话穿得花哨一些

位于大教堂一侧，厨师是西蒙娜•戈蒂，做出来的料理十分有个性。这家店里的环境非常优雅，很受欢迎。有条件的话可以穿上夹克到这里来吃饭。

Via Bartoro,30 075-5716027 开 19:30~22:30（周末12:30~14:30、19:30~22:30） 休 星期三

Il cantinone

中级 €35~ MAP p.130

想品尝简单的当地料理的话请来这里

就在11月4日广场边上。环境很好，价格也很合适。虽然在阳台比较开阔的地方吃饭很好，但是在有点挤又很朴素的地方吃饭也是一个不错的选择。

Via Ritorta,6 075-5734430
开 12:30~14:30、19:30~22:30 休 星期二

船舷上缘
Il Falchetto

中级 €30~ MAP p.130

如果想品尝一下翁布里亚大区传统料理的话

店里洋溢着中世纪时的气息。是当地地道的料理，很受欢迎。有的季节还可以在这里品尝到松露料理。

Via Francesco Bartolo, 20　☎075-5731775
开 12:30~15:30、19:30~22:30　休 周一、1/15~1/31

酒店

宾馆主要集中在从意大利广场到11月4日广场之间的后面那条街上。与大城市相比这里的住宿费不仅较低，而且无论是质量还是服务都是无可挑剔的。既然来到了这样的大街上，不如就狠一下心在这里住一次吧。

布鲁法尼宫酒店
Brufani

高级 MAP p.130

伊丽莎白女王曾经在这里住过的高档套房

面朝意大利广场，是佩鲁贾地区最豪华的宾馆。从客房的窗户里看到的丘陵景观非常漂亮。内部的装修用的都是古色古香的家具，煞是壮观。伊丽莎白女王访问佩鲁贾时就住在这家宾馆里。

Piazza Italia,12　☎075-5732541　FAX 075-5720210
€ S €99~ T €105~　室 94间
HP www.burufanipalace.com

最高级的酒店就只有这里了。仅仅是在这里的饭店里吃个饭或者在咖啡馆里喝杯咖啡也是不错的

佩鲁贾幸运宾馆
Fortuna Perugia

高级 MAP p.130

地理位置优越、漂亮

是将13世纪时的建筑改造而成的，里面舒服，环境清洁。

Via Bonazzi,19
☎075-5722845
FAX 075-5735040
€ S €68~ T €99~
室 52间
HP www.umbriahotels.com

罗坎达海报宾馆
Locanda della Posta

高级 MAP p.130

里面的氛围非常高雅

里面用的都是粉红色或者是红色的纺织品，再加上植物园艺术，环境非常优雅。面朝万努奇大街，即使是女性自己一个人到这里来旅游的话也是大可放心的，十分安全。

Corso Vannucci,97　☎075-5728925、FAX 075-5732562
€ S €79~ T €129~　室 39间
HP www.locandadellaposta.com/

室内环境非常优雅的双人间

市政厅宾馆
Priori

中级 MAP p.130

环境舒适，价格便宜

宾馆位于市政厅宫背面，住宿价格很公道。房间很朴素，但是可以在阳台上吃早餐，使人心情愉快。房间号写在瓷砖上，这也是佩鲁贾这个地方的特色，充分展现出佩鲁贾风格。

Via Vermiglioli, 3　☎075-5723378
FAX 075-5729155　€ S €50~ T €70~
室 58间（3间高级套房）　HP www.hotelpriori.it

伊甸园宾馆
Eden

经济适用房 MAP p.130

距离意大利广场很近，二星级宾馆

离意大利广场很近，在卡珀拉力大街上，方便观光。室内装修很简单，具备的只是一些宾馆的最基本的功能，但是环境清洁，不会让人感到不方便。办理住店手续的时候最好是申请一下提供早餐的服务。

Via C.Caporali,9
☎075-5728102
FAX 075-5720342
€ S €44~ T €69~　室 13间
HP www.hoteleden.perugia.it

伊甸园宾馆里面设计简单，这是客房

MAP p.117-A

充满中世纪优雅气息的宝石城镇
阿西西 Assisi

台阶众多的阿西西城

穿过浓绿的翁布里亚田园之后，便是一排街道，街道依然还是中世纪时的样子，像是睡在山丘上一样，安稳而沉着。这里有和著名的基督教圣者圣弗朗切斯科有着深深的因缘的风景，也是众多宗教艺术的宝库。

■交通
从罗马出发坐火车到这里大约需要2小时。部分火车需要在福利尼奥换乘。从佛罗伦萨坐火车到这里大约需要20分钟。从火车站到市中心的圣卢嘉勒教堂前有巴士，行程大约10分钟。
●旅游咨询处
✉Palazzo del Comune 22,23
☎075-812534

街区布局&游览须知

1997年翁布里亚发生了大地震，其中受害最大的就是阿西西。阿西西最大的看点是圣弗朗切斯科大教堂的壁画，这场地震灾害很大，连这个最大的看点也受到了重大的损失，壁画几乎坍塌，现在还在修复之中，但是这次灾害还是对壁画整体造成了不小的损伤。

城镇的中心是市政厅广场。停车场在圣卢嘉勒教堂附近，从停车场到市中心步行大约需要5分钟。宾馆和饭店也在这个广场周边。从这里出发向西北方向走，大约走10分钟就是圣弗朗切斯科大教堂。

城镇非常别致，从这头走到那头仅仅需要20分钟。在距离阿西西3～4公里的地方，还有与圣弗朗切斯科大教堂有深刻的因缘的修道院、寂静的囚禁处，还可以在这里参观圣弗朗切斯科曾经使用的朴素房间。

街道上充满了可爱的风情气息

位于城镇中央的大教堂

建筑清新可爱的圣卢嘉勒教堂

景点

市政厅广场
Piazza del Comune

MAP p.134-B

■从停车场步行到这里需要5分钟

自罗马时代以来这里便是市中心

广场处于市中心，历史悠久，公元前时这里还曾经有密涅华神殿。用石子和圆柱建造起来的神殿所遗留下来的残迹现在放在附近的市立美术馆地下室里，可以到地下室去参观。广场的南面是现在市政府所在地，这里的景点是市政厅宫。里面还设有市立绘画馆。

圣弗朗切斯科大教堂
Basilica di San Francesco

MAP p.134-A

■从停车场步行到这里需要5分钟

壁画是由具有深深的宗教信仰的画家们画的

一生清贫的圣弗朗切斯科晚年时受到了基督一样的历练，于是修建了“贫穷修道教堂”，这便是后来的圣弗朗切斯科修道院的前身。这个教堂里面的壁画是乔托和他的弟子们根据圣弗朗切斯科的生平故事描绘而成的。圣弗朗切斯科死后，在教皇和其他的赞助者的支持下于1288年开始建造。上堂是哥特式建筑，该建筑的正面有翁布里亚地区所特有的蔷薇窗。下堂是传统的罗马风格的建筑。该教堂联合运用了两种建筑风格。乔托从1296年开始连续绘制了28幅连环画。《圣弗朗西斯与小鸟》等28个场景依次按照顺时针方向陈列。

开 上堂8:30~18:45（冬季~18:00），下堂6:00~18:45（冬季~18:00） 休 全年无休 € 免费

圣卢嘉勒教堂
Chiesa di Santa Chiara

MAP p.135-C

■从市政厅广场步行到这里需要5分钟

教堂里供奉着圣女卢嘉勒

这里存放着圣女卢嘉勒的遗骸。卢嘉勒是这个城镇上的贵族家的小姐，因仰慕圣弗朗切斯科进入修道院生活，将自己的一生都用于侍奉神了。里面现在还有描绘圣女的一生的壁画和圣女曾经穿过的圣衣等遗物。教堂右边的圣乔治礼拜堂里还挂着十字架上的基督，据说他曾经和圣弗朗切斯科说过话。

开 6:30~12:00、14:00~19:00（冬季~18:00）

休 全年无休

€ 免费

圣达米亚诺修道院
Convento di San Damiano

MAP p.135-C外

■从新门步行到这里需要30分钟

圣弗朗切斯科和圣卢嘉勒的灵魂在这里延续

穿过新门，顺着橄榄田向南走就会到达这里。圣弗朗切斯科把这里赐予给了圣卢嘉勒，从她出家创建女子修道院的1212年开始到去世为止的42年之间，她在这个朴素的修道院里面度过了自己的一生。这里坚守了这两个人的“清贫”的传统，里面有圣女卢嘉勒的礼拜堂，还有饮食比较简单的食堂。

开 7:00~12:00、14:00~日落

马焦雷城堡
Rocca Maggiore

MAP p.134-B

■从科慕内广场步行到这里需要7分钟

一眼望去风景与众不同的中世纪城堡

14世纪时建造的堡垒，在城镇东北部稍微高出一点的地方凸出来。如果身体状态较好的话可以尝试攀登一下这个堡垒。既可以了解中世纪时的城市面貌，而且从这里看到的阿西西街道和翁布里亚的田园风光也是妙不可言的。

开 10:00~20:00、11月~次年2月~16:30、4・9月~19:00、5月~19:30、3月第2个星期之前~17:30、3月第3个星期之后~19:00 休 1/1、12/25 € €5

拉齐奥&翁布里亚
Lazio & Umbria

MAP p.117

翁布里亚城镇街道

拉齐奥

塔尔奎尼亚
Tarquinia

MAP p.117-A

公元前伊特鲁里亚文明的故乡

塔尔奎尼亚位于罗马西北大约100公里的地方，是一座古伊特鲁里亚文明时代繁荣起来的古老城镇。塔尔奎尼亚的历史悠久，可以追溯到公元前12、13世纪。在城镇里面不仅能发现公元前9世纪时的城镇的遗迹，而且在东南方向大约4公里的地方还有公元前6世纪至公元前1世纪时的墓地。

被称作“伊特鲁里亚墓地”的这片墓地规模很大，长达5公里。墓的数量也很多，有600多个。公元前5、6世纪建造的比较重要的墓地的墓室里画着彩色的绘画。从这个墓地里挖掘出来的贵重物品收藏在国立塔尔奎尼亚博物馆里，一定要去参观一下。其中用红陶制作的雕刻作品《带翅膀的马》，艺术性非常高，保存的状态也很完好。

这个城镇里挖掘出来的其他有价值的美术品收藏在塔尔奎尼亚朱利亚别墅，别墅位于罗马贝佳斯公园。

切尔韦泰里
Cerveteri

MAP p.117-A

古塔尔奎尼亚时代的城镇

切尔韦泰里位于罗马西北大约50公里的地方。在塔尔奎尼亚时代迎来最繁荣的时期、公元前7世纪时建造而成。这个城镇的近郊也有墓地。从这个墓地中出土的美术品也收藏在塔尔奎尼亚朱利亚别墅，别墅位于罗马贝佳斯公园。对塔尔奎尼亚文明感兴趣的人，可以将这个墓地作为到这个小城镇里的一次小小的旅行目标，来拜访一下切尔韦泰里。

翁布里亚

斯波莱托
Spoleto

MAP p.117-B

现在还残存着中世纪时的面貌的艺术之城

有很多大教堂，现在还残存着中世纪时的面貌。特别是每年夏天举行的音乐和艺术的祭典“两个世界节”尤为出名。顺着翁布里亚山丘的斜面绵延开来的斯波莱托城里还有几个中世纪建筑以及将这些建筑连接起来的弯弯曲曲的道路，营造出一种古老的韵味。

城镇近郊还有中世纪时建造的三塔桥。该桥高达80米，是为了将附近的山丘上的水引到这里来而建造的。古罗马时在这里建造了高架式的自来水高台，到了14世纪时又在此基础上采用当时高超的土木技术建造了这座桥。该桥非常壮观，值得一看。

古比奥
Gubbio

MAP p.117-B外

将中世纪尘封起来的时间囊

从佩鲁贾出发，中间穿过位于翁布里亚的几个山丘和山谷之后，便是小城镇古比奥。该城被城墙包围着。

遗迹主要有古罗马皇帝奥古斯都时代建立起来的罗马剧场以及古比奥最繁荣的时期11~12世纪时建立起来的宫殿、广场和非常气派的人家，这些人家里面有很多塔。这些遗迹到现在都还是原来的样子，没有改变。

古比奥还经常举行各种传统的祭祀，也很出名。比如每年5月15日举行的“蜡烛节”。节日时，穿着中世纪的服装的人们将木制的长达10多米的蜡烛扛在肩上，还在上面放上各个圣人的像，在大约5公里的路上竞走。场面非常壮观，很受游客欢迎。

佛罗伦萨

Firenze

享受佛罗伦萨之旅的乐趣指南

佛罗伦萨是15世纪时因银行业和商业的发展而繁荣起来的城市。聚集各种财富于一身的美第奇家族庇护着众多的画家、诗人、学者和哲学家们，他们活跃在当时的文化中心。到了15世纪末16世纪初时，达·芬奇和米开朗琪罗等巨匠活跃起来。这些时代的文化遗产遗留在城市的各个角落里，装点城镇的点点滴滴。

如果是初次来的话，选择标准路线 ▶ p.142

文艺复兴时期文化·历史
艺术　饮食　步行
购物　眺望
根据自己的喜好进行选择

文艺复兴时期的文化·历史

支撑着城镇的繁荣的美第奇家族与之有渊源的文化遗产非常多

美第奇家族的收藏品

➡乌菲齐美术馆
p.142标准路线 … p.156

美第奇家族宫殿

➡皮绿宫&帕拉提那美术馆
… p.158

优雅的城市象征

➡圣母百花大教堂
p.142标准路线 … p.150

米开朗琪罗的杰作《大卫像》

➡佛罗伦萨学院美术馆
… p.153

艺术

在哪儿欣赏“花之都”艺术？

美第奇家族名画收集

➡帕拉提那美术馆
… p.158

➡美第奇宫
…MAP p.147-C

修道院里的壁画杰作

➡圣马可美术馆
… p.152

米开朗琪罗、多纳泰罗的名作

➡国立巴吉洛美术馆
… p.155

远眺

可以从高处眺望美丽的佛罗伦萨城镇

➡乔托的钟楼
p.142标准路线
… p.151

➡米开朗琪罗广场
… p.141
…MAP p.145L

步行

在各个城市之间步行游玩会看到另外一番景象

佛罗伦萨最老的桥

➡老桥：p.142标准路线 … p.155

手工艺人居住的工商业城镇

➡佛罗伦萨圣灵大教堂周边 …MAP p.144-F

➡阿尔诺河漫游 …MAP p.146-E・J

游逛市场

➡金合欢（Cassine）市场 …MAP p.144-A

庭园

➡波波里庭园 … p.159

饮食

可以满意地吃到肉料理和豆制品料理等许多托斯卡纳料理！

➡托斯卡纳料理 … p.47

➡葡萄酒酒吧 … p.170

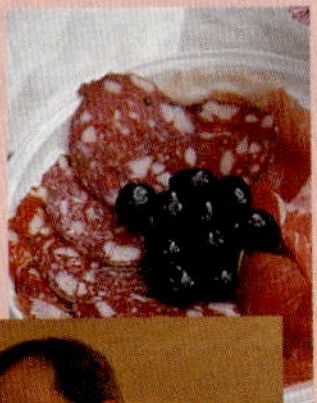

购物

购买名牌产品和天然化妆品到郊外去购物也很好

品牌店・商店

➡托纳波尼路：p.142购物路线 … p.161

香薰&天然化妆品

➡新圣母药店 … p.166

百货店&专卖店

➡卡尔蔡奥利大街 … p.161

厨房用品&套房

➡吉欧・雅卡萨 … p.164

➡威斯特里 … p.166

佛罗伦萨名胜分布

特色景点先睹为快

Firenz

佛罗伦萨是文艺复兴时期的文化中心地。这里集中了优雅的景观以及众多的世界知名美术馆，在世界上也是无与伦比的城镇。到各个观光景点和购物街去的话步行20~30分钟就可以到达。手中拿着地图漫游在这个美丽的城镇当中吧。

美第奇家族礼拜堂 p.151

这里有美第奇家族历代主人的礼拜堂和宗庙。其中一定要去看一下的就是米开朗琪罗作为建筑师首次参与建造的用于葬礼的礼拜堂。里面的雕像使用了大量的大理石装饰，非常庄严。

皮缇宫 p.158

这里曾经是统治佛罗伦萨的皮缇家族的宫殿，后来被美第奇家族所拥有，美第奇家族还对此进行了增建。内部有 7 个美术馆和博物馆，宫殿的背面还有波波里庭园，庭园被美丽的喷泉和雕刻所装饰着。

帕拉提那美术馆 p.158

在皮缇宫内部，是展示美第奇家族收集的美术作品的美术馆。拉斐尔和提香的名作也是一定要看的。

老桥 p.155

架在阿尔诺河上的一座非常美丽的桥。桥上有卖金银制品的店铺。在桥上慢悠悠地散步也是一件不错的事情。

乌菲齐美术馆 p.156

这里展示的都是能显示出意大利文艺复兴时期的艺术最高峰的作品。如果到了佛罗伦萨的话一定要到这里来看一看。

圣马可美术馆 p.152

位于学院美术馆北面，是修道院的附属美术馆。这里最为出名的就是中世纪时的修道士们画的美丽的天使壁画。

佛罗伦萨学院美术馆 p.153

来自世界各国的游客们为了观看米开朗琪罗的《大卫像》而来到这里。是一定不容错过的美术馆之一。

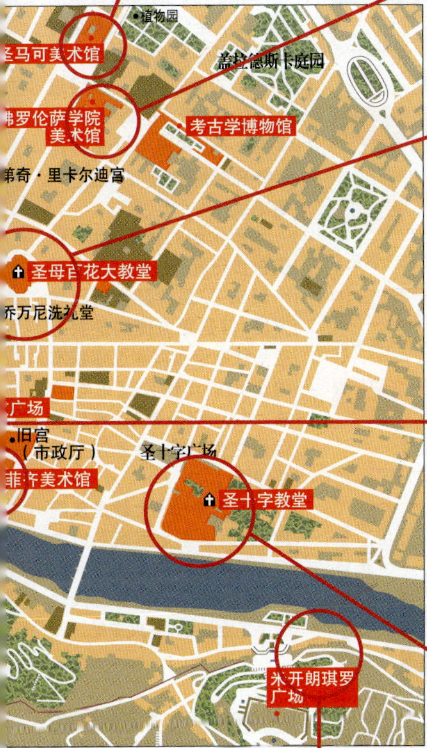

圣母百花大教堂 p.150

花都佛罗伦萨代表性的建筑之一。建筑很华丽。广场上有许多文艺复兴时期的著名建筑物，比如钟楼等。

市政广场 p.154

街道中心地带。被共和国时代的佛罗伦萨市政厅所在地维琪奥和叫做“凉廊”的走廊包围着。广场周围以乌菲齐美术馆为首，有很多值得观看的景点。

圣十字教堂 p.156

在佛罗伦萨也是屈指可数的大型教堂，宗教中心地。这里还有米开朗琪罗、伽利略、但丁、马基雅维利等著名的文化人和艺术家的墓碑。在临近教堂的地方还有文艺复兴时期的代表作品——帕奇家族礼拜堂。

米开朗琪罗广场 MAP p.145-L

位于阿尔诺河左岸稍稍高起的山丘上。广场里面的公园里放着米开朗琪罗的《大卫像》的复制品。在这个公园可以拍摄到以佛罗伦萨为中心的所有地方的景观，是最好的照相地点。

阿尔诺河左岸 p.158

跨过阿尔诺河之后，除了皮缇宫之外，到处都是庶民气息，到处都是葡萄酒酒吧和手工业者的工作室等。

推荐旅游路线

虽然这里的景点很多，但是大多数的景点都在步行范围之内。首先要走的就是公认的景点路线。像翁布里亚美术馆等都是需要提前预约的，所以如果要是去这样的美术馆的话，最好是提前预约，这样会节省很多时间。

标准路线

出发 **新圣母站** ➡ MAP p.144-B

需5分钟 从新圣母教堂前面的广场出发到雄伟宾馆前面

美第奇家族礼拜堂 ➡p.151 所需 40分钟

需3分钟 走进礼拜堂北面的街道上，到圣洛伦佐广场

美第奇宫 ➡ MAP p.147-C 所需 40分钟

需3分钟 从宫殿的前面穿过马尔泰利大街，就是圣母百花大教堂

圣母百花大教堂 ➡p.150 所需 1小时

需5分钟 登上乔托设计的钟楼去看一看吧。从圣母百花大教堂向南穿过卡尔蔡奥利大街

乌菲齐美术馆 ➡p.156 所需 3小时

需5分钟 从市政广场进入里瓦尔咖啡馆前面的小路，左转

终点 **老桥** ➡p.155

于美第奇家族最繁荣时期建成的美第奇宫

火车站前面的新圣母教堂是有名的哥特式建筑

注意要点

佛罗伦萨的代表性景点集中在从圣母百花大教堂跨越阿尔诺河之后的皮提宫附近一带。首选路线是一些经过比较有名的景点的路线。亲自体会一下据说整个城镇都是博物馆的佛罗伦萨的气息。

●路线

佛罗伦萨的面积很小，仅仅是步行就已经能够走遍整个城镇了。虽说是步行比较方便，但是更方便的是乘坐空间狭窄但可以穿过很狭窄的街道的环保公交这种方式。总共有4条路线，要灵活运用这些路线（参考左页的路线图）。

走过老桥马上就是皮提宫。到达这里之后既可以参观宫殿里面的美术馆，也可以乘坐环保公交D线穿过周边的手工业城镇，去火车站。

购物路线

出发 **圣母百花大教堂** ➡p.150

需5分钟 穿过圣乔瓦尼教堂旁边的琴弓街道，到达托纳波尼路

托纳波尼路 ➡ MAP p.146-F 所需 3小时

需6分钟 大街上到处都是品牌店，在这条街道上好好地散散步吧

圣三一桥 ➡ MAP p.146-J 所需 3小时

需5分钟 品牌店一直持续到桥的附近

新维尼亚路 ➡ MAP p.146-E 所需 30分钟

需10分钟 从斯特罗齐宫前面进入大街里面，散步之后再回来

终点 **共和国广场** ➡ MAP p.147-G

注意要点

还有一条路线是在佛罗伦萨代表性的大街上散步的路线。佛罗伦萨的主要街道有托纳波尼大街和新维尼亚大街等。走累了的话可以到托纳波尼路或者是共和国广场周边的咖啡馆去小憩一下。

●路线

新维尼亚路从G哥尔多尼广场前面开始延伸，从广场前面出发的话，可以乘坐环保公交B线到乌菲齐美术馆和圣十字教堂去，也可以乘坐环保公交A线到市政广场去。这些路线都是十分方便的。

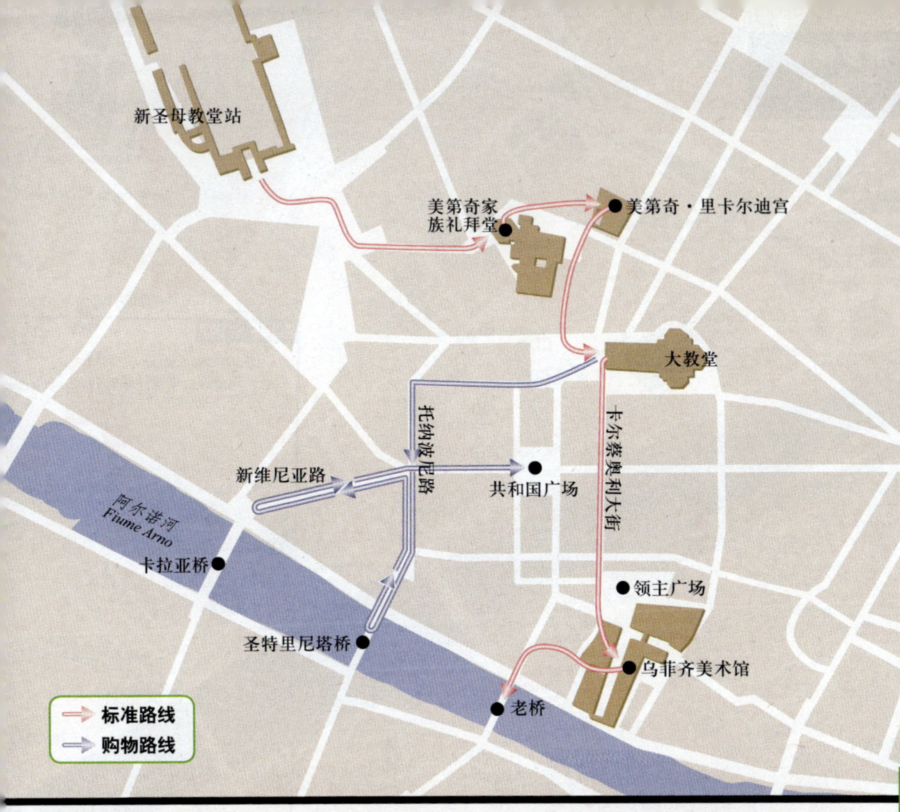

环保公交路线图

●方便游逛的公交

市内除了市营公交运营的普通公交之外，还有环保公交和迷你公交运营，这些公交都可以用于观光。另外还有专供游客在市内循环观光使用的公交车，是红色的，有两层。这样的公交是市观光公司运营的，车票24小时内有效，而且可以随便乘坐普通公交，费用22欧元。在旅游咨询处或是小亭子（卖报纸的小店）可以购买双层观光公交车票。

佛罗伦萨
Firenze
0
100m
N
金合欢公园
Le Cascine
金合欢市场
Piazza Vittorio Veneto
Viale Fratelli
Viale Belfiore
Piazzale Porta al Prato
Villa Azalee
Porta alprato
Londra
Via Luigi Alamanni
Tramvia (电车轨道)
新圣母站
Staz. Centrale F.S. S. Maria Novella
巴士总站
会展中心
Palazzo degli Affari
Galleria Ferron
Cenacolo di Fulig
民族街
Piazza della Stazione
巴士总站
Starhotel Michelangelo
Il Prato
斯卡拉大道
Chiesa Americana
St. James
Via della Scala
Orti Oricellari
Via Montebello
Via Magenta
Solferino
p.172 阿利乐酒店
市剧院
Teatro Comunale
Lungarno Amerigo Vespucci
Corso Italia
Via G. Garibaldi
Via Palestro
Montebello Splendid
Kraft
Executive
Via degli
V. S. Lucia
玫瑰宫酒店
Via Curtatone
Via Montebello
Via M. Finiguerra
奥尼桑蒂
Principe
P.146～147
俱乐部宾馆 p.172
圣·玛丽亚·诺韦拉教堂
Chiesa di Santa Maria Novella
CAF(E
CIT(
Piazza dell'Unità Italiana
Via Pa
Via del Porcellana
圣·玛丽亚·诺韦拉广
Piazza S. Maria Novel
Piazza T. Gaddi
Via G. A. Sogliani
Via della Fonderia
Piazza S. Maria d. Pignone
Via Felice Cavallotti
韦斯普奇大桥
Ponte A. Vespucci
p.171 佛罗伦萨圣瑞吉斯酒店
Palazzo Lenzi
V. Melegnano
Borgo Ognissanti
奥尼桑蒂教堂
Ognissanti
圣卡洛咖啡馆
p.170
p.172 威斯汀精益酒店
Lungarno di S. Rosa
圣·罗萨大坝
Pescaia di S. Rosa
富西大道
Via de Fossi
Via del Moro
新维尼亚路 p.161
Via della Vigna Nuova
Via Pisana
Via dell' Anconella
V. Lungo le Mura di S. Rosa
Via L. Bartolini
Lungarno Soderini
城堡广场
Piazza di Cestello
科尔西尼宫
Palazzo Corsini
马车大桥
Ponte Alla Carraia
S. Trinita
阿尔诺河
Fiume Arno
Via di Monte Uliveto
Via B. Gozzoli
Via Giacomo Zanella
Via Francesco Berni
Borgo San Frediano
Via S. Giovanni
Piazza de' Nerli
圣·弗雷迪亚诺城堡教堂
S. Frediano in Cestello
Viale Ludovico Ariosto
Via dell' Orto
Via del Leone
Viale A. Aleardi
Via Domenico Burchiello
p.169 安焦利诺包含店
Via di S. Spirito
圣·特里尼塔
Ponte S. Trin
弗雷斯科巴尔迪宫
Palazzo Frescobaldi
卡尔米内广场
Piazza del Carmine
圣·玛利亚·卡尔米内教堂
Chiesa di Santa Maria del Carmine
p.170 五点零五分咖啡馆
Borgo Jacopo
Via dello Sp
圣灵教堂
Chiesa di Sant Spirito
圣灵广场
Piazza S. Spirito
Via di Camaldoli
Via del
喧闹 p.167
Piazza T. Tasso
Via della Chiesa
Villa Fioravanti
Via Maggio
p.166 朱利奥·贾尼尼·菲戈利奥父子
Palazzo Guadagni
圭恰迪尼大道
Via de' Guicciard
皮缇咖啡馆
p.170
皮缇广场
Piazza de' Pitti
皮缇宫 p.158
Palazzo Pitti
p.158 帕拉提那美术馆
Galleria Palatina
p.159 近代美术馆
Galleria d' Arte Moderna
银器博物馆
Museo degli Argenti
服装博物馆
Via di Bellosguardo
Villa Laetizia
S. Francesco di Paola
Piazza S. Francesco di Paolo
Via del Casone
Via Giano della Bella
Petrarca
托里贾尼花园
Giardino Torrigiani
Via del Campuccio
Via delle Caldaie
Borgo Tegolaio
Via de Serragli
Via S. Maria
罗马大道
Via Romana
Villa dell' Ombrellino
Viale Francesco
Via Ippolito Pindemonte
Via V. Monti
Viale
波波里庭园 p.159
Giardino di Boboli
Viale della Meridiana
Viale dei Cipressi
Viale dei Platani
Villa Maria
Via Ugo Foscolo
Via Pietro Metastasio
Via G. Prati
Piazza della Calza
Porta romana
罗马门广场
Piazzale di Porta Romana
Viale Niccolò Machiavelli
美院
Istituto d' Arte
Via d. Madonna
Via d. Baluardo
Via del Boboino
Via del Mascherino
【H 通往克拉公寓高级酒店方向 p.171】
A
B
E
F
I
J

圣马可美术馆 p.152
Museo di San Marco
S. Marco
植物园
Museo Botanico
Giardino del Semplici
Palazzo Capponi
多纳泰罗广场
Piazzale Donatello
盖拉尔代斯卡花园
Giardino della Gherardesca
Cimitero Degli Inglesi
卡斯塔尼奥美术馆
Cenacolo di S. Apollonia E Museo di A. del Castagno
Via XXVII Aprile
圣·马可广场
Piazza S.Marco
佛罗伦萨大学
Universita
S.S.Annunziata
朱塞佩·朱斯蒂大道
Via Giuseppe Giusti
佛罗伦萨学院美术馆 p.153
Galleria dell'Accademia
考古学博物馆 p.153
Museo Archeologico
中央市场
Mercato Centrale
莱·多埃·冯塔奈酒店
孤儿院 p.153
Ospedale degli Innocenti
Spedale degli Innocenti
欢乐家庭 p.164
卡拉贝咖啡
卡富尔大道
Via Cavour
Borgo Pinti
美第奇家族礼拜堂 p.151
Cappelle Medicee
美第奇·里卡尔迪宫
Palazzo Medici-Riccardi
布鲁内莱斯基广场
Piazza F. Brunelleschi
阿尔法尼大道
Via degli Alfani
科隆纳大街 Via della Colonna
M.阿泽利奥广场
Piazza Massimo d'Azeglio
新圣器收藏室
Sagrestia Nuova
圣·洛伦佐教堂
Basilica di San Lorenzo
普奇大道
Via de Pucci
塞尔维大道
Via dei Servi
圣·玛丽亚·德·帕齐教堂
Santa Maria de'Pazzi
劳伦齐阿纳图书馆
Bibilioteca Laurenziana
圣母百花美术馆 p.151
Museo dell'Opera del Duomo
新圣·玛丽亚医院
Arcispedale di S. Maria Nuova
佩尔戈拉剧院
Teatro della Pergola
Via de'Cerretani
Piazza del Duomo
p.151 乔托钟楼
Campanile di Giotto
圣母百花大教堂 p.150
Duomo (Basilica di Santa Maria del Fiore)
蒙娜丽莎宾馆 p.174
路易吉·卡罗·法里尼大道
Via Luigi Carlo Farini
Via Giosuè Carducci
Via G.B. Niccolini
Via de'Pecori
Via Roma
圣乔瓦尼洗礼堂 p.151
Battistero di San Giovanni
旧佛罗伦萨博物馆
Museo Firenze com'era
康蒂那·巴尔巴詹尼
Via di Mezzo
斯特罗齐宫 p.155
Palazzo Strozzi
卡尔扎伊沃利大道 p.161
Via dei Calzaiuoli
Via del Proconsolo
科尔索大道 Corso
Piazza G. Salvemini
Piazza S. Ambrogio
圣安布罗焦教堂
S. Ambrogio
共和国广场
Piazza della Repubblica
感斯特里 p.166
邮政电报局
Poste E Telegrafi
Piazza dei Ciompi
奇布莱奥饭店
奇布莱奥 p.168
奇布莱奥 p.167
但丁之家 p.151
Casa di Dante
巴吉洛美术馆 p.155
Museo Nazionale del Bargello
圣安布罗焦市场
Mercato S. Ambrogio
中央邮局
Poste Telegrafi
Calimala
奥尔萨米格凯莱堂
Chiesa di Orsanmichele
吉贝里纳大道 Via Ghibellina
阿尼奥罗大道
Via dell'Agnolo
Allegri
新市场廊亭
Loggia del Mercato Nuovo
Raccolta D'arte Contemporanea
维尔蒂剧场
Teatro Verdi
浙江饭店
Macci
市政广场 p.154
Piazza della Signoria
贡迪宫
Palazzo Gondi
老宫 p.155
Palazzo Vecchio
圣心广场
Piazza di S. Croce
Borgo
萨里亚诺长廊
Corridoio Vasariano
Via Por Santa Maria
乌菲齐美术馆 p.156
Galleria degli Uffizi
领主廊亭
Loggia della Signoria
Via de' Benci
Via di San Giuseppe
Via de'
老桥 p.155
Ponte Vecchio
圣十字教堂 p.155
Chiesa di Santa Croce
帕奇家族小礼拜堂 p.155
Cappella dei Pazzi
国家图书馆
Biblioteca Nazionale
Plaza Hotel Lucchesi
Viale della Giovine Italia
本齐大道
狐狸与葡萄酒吧 p.170
圣·费里奇塔教堂
感恩大桥
Ponte Alle Grazie
Lungarno
Via de' Bardi
洛伦佐·维罗莱吉
Torrigiani
阿尔诺河
Fiume Arno
圣·尼克洛尼大坝
Pescaia di S. Niccolò
托里贾尼宫
Palazzo Torrigiani
Piazza Demidoff
赛利斯托里宫
Palazzo Serristori
朱塞佩·波吉广场
Piazza Giuseppe Poggi
巴尔迪尼别墅
Villa Bardini
Porta S. niccolò
Lungarno Benvenuto Cellini
Via dei Bastioni
Via della Fornace
Viale Giuseppe Poggi
Forte di Belvedere o di S. Giorgio
Porta S. giorgio
Via di Belvedere
p.169 门外酒吧
Via di S. Salvatore al Monte
Via del Monte alle
米开朗琪罗广场
Piazzale Michelangelo
陶器博物馆
Museo delle Porcellane
Villa S. Leonardo
Via dell'Erta Canina
Viale Michelangelo
S. Salvatore al Monte
Villa Asso
Villa Razzolini
圣·米尼亚托·阿尔·蒙特教堂
Chiesa di San Miniato al Monte
San Leonardo
Villa il Gioiello

佛罗伦萨市中心
Firenze Centro
0
100m
N
旅游咨询处 p.148
CAF(巴士)
圣·玛利亚·诺维拉车站方向
CIT(巴士)
圣乔治＆奥林匹克酒店 p.173
p.173 雷克斯宾馆
雄伟酒店
北京饭店
Piazza dell' Unità Italiana
Via del Melarancio
Piazza Madonna degli Aldobrandini
圣·玛丽亚·诺韦拉教堂
Chiesa di Santa Maria Novella
巴里奥尼酒店 p.171
斯卡拉大街
Via della Scala
新圣母药妆店 p.166
A
潘扎尼大道
B
百合大道
Via del Giglio
Via dell'Alloro
p.167 萨巴蒂尼
p.172 密内尔瓦宾馆
Via dei Panzani
玛塔丽酒店 p.172
焦孔达宾馆
皇城餐厅
庄园宫殿酒店 p.174
班基大道
Via dei Banchi
帕拉佐洛广场大道
圣·玛丽亚·诺韦拉广场
Piazza S. Maria Novella
Piazza. S. M. Maggiore
p.168 琴托·波维利
Via della Palazzuolo
V.Rondinelli
康蒂内塔·安蒂诺里
安蒂诺里宫
Palazzo Antinori
Via del Trebbio
奥尼桑蒂教堂
Ognissanti
Via del Porcellana
p.168 戈比13饭店
圣卡洛咖啡馆
p.170
波尔塞拉纳大道
切莱利尼 p.164
p.163 爱马仕
p.174 麒麟酒店
p.174
别墅酒店
圣·加埃塔诺教堂
S.Caetano
太阳大道
宝剑大道
Via del Sole
Via della Spada
圣·乔瓦尼·迪奥医院
Ospedale di S. Giovanni di Dio
百丽·东尼
p.161
托纳波尼大街
Pal. Corsi
V.de' Pescioni
西佛罗伦萨怡东酒店 p.172
Via dei Fossi
莫罗大街
S. Pancrazio
马里诺·马里尼美术馆
玛丝玛拉
p.162
巴克斯
Borgo Ognissanti
Via del Moro
p.169
伊尔·拉蒂尼饭店
维尔萨斯
布拉查里尼
斯诺罗齐大道
Via degli Strozzi
阿美利哥·韦斯普奇河岸大道
Lungrno Amerigo Vespucci
E
富西大道
Via dei Federighi
曼切拉宫
Palazzo Rucellai
古奇
斯特罗齐宫 p.155
Palazzo Strozzi
路易·威登
p.162
Piazza d. Strozzi
p.168 乔瓦尼饭店
新维尼亚大街 p.161
Via della Vigna Nuova
拉·佩拉
F
芙拉
p.164
罗洛皮耶纳 p.163
贾科萨
p.169
C.科尔多尼广场
Piazza C. Goldoni
Via del Purgatorio
p.162 古奇
p.162 普拉达
乔治·阿玛尼
公寓酒店
里卡索利宫
Palazzo Ricasoli
Via del Parione
卡地亚(珠宝品牌) p.164
塔尼诺·克利斯奇
塞乔·罗西(皮鞋品牌)
艾米里欧·普奇(服装品牌)
Lungarno
科尔西尼宫
Palazzo Corsini
Via de' Tornabuoni
达万扎蒂广场
Piazza de' Davanzati
Corsini
p.173 贝阿奇·托尔布奥尼酒店
p.162 蒂芙尼(珠宝品牌)
Via Parioncino
波尔塔·罗萨大道
卡拉大桥
Ponte Alla Carraia
圣·特里尼塔修道院
S.Trinita
圣·特里尼塔广场
Piazza S.Trinita
奥利维耶罗
温泉大道
Via delle Terme
菲拉格慕(皮鞋品牌) p.162
阿尔诺河
Fiume Arno
Palazzo Ferroni
p.163 埃麦尼吉尔多·杰尼亚(男装品牌)
卡斯特利酒店
p.166 燕飞利(音响品牌)
Lungarno
Chiesa Presbiteriana
Guicciardini
Lungarno Acciaioli
亚历山德拉
斯卡拉大道
S.阿波斯托利
圣灵大街
S. Spirito
安焦利诺料理店 p.169
圭恰迪尼宫
Palazzo Guicciardini
圣三一桥
Ponte S.Trinita
Via dei Serragli
I
弗雷斯科巴尔迪广场
de' Frescobaldi
弗雷斯克巴尔迪宫
Palazzo Frescobaldi
J
S. Jacopo Soprarno
Via Maffia
Borgo Sant' Jacopo
伦加尔诺酒店
Via dello Sprone
吉娜妈文
p.168
p.166 马达
p.173 皮缇宫宾馆
万尼纳
五点零五分咖啡馆 p.170
p.170 狐狸与葡萄酒吧
Via d. Presto di S. Martino
Via Maggio
圣灵教堂
Chiesa di Sant Spirito
圣灵城
S.Spirito
皮蒂宫方向
Via Guicciardini

圣马可美术馆、学院美术馆方向 卡拉贝咖啡
新圣器收藏室
Sagrestia Nuova
Via del Canto de' Nelli
美第奇宫
Palazzo Medici-Riccardi
尼科利尼宫
Palazzo Niccolini
S.Maria d'Angeli
圣·劳洛佐广场
Piazza S. Lorenzo
Palazzo Panciatichi
布鲁内莱斯基广场
Piazza F. Brunelleschi
圣·洛伦佐教堂
Basilica di San Lorenzo
S.Giovanni
Via Ricasoli
Via dei Servi
Via del Castellaccio
普奇大道
美第奇家庭礼拜堂 p.151
Cappelle Medicee
普奇宫
Palazzo Pucci
Via de Pucci
埃米利奥
劳伦茨阿纳图书馆
Biblioteca Laurenziana
B.S.Lorenzo
Via de' Martelli
里卡索利大道
C
D
凤凰宫宾馆 p.173
S.Michele Visdomini
圣·劳伦佐大道
马尔泰利大道
新圣·玛丽亚·医院
Arcispedale di S.Maria Nuova
杰内西
V.Maurizio Bufalini
塔尼大道
de' Cerretani
Piazza di S. Maria Nuova
大教堂广场
圣乔瓦尼洗礼堂 p.151
Battistero di San Giovanni
雷教堂
Maria Maggiore
圣母百花大教堂 p.150
Duomo
(Basilica di Santa Maria del Fiore)
圣母百花美术馆 p.151
Museo dell' Opera del Duomo
圣·乔瓦尼广场
Piazza di S.Giovanni
史前博物馆
古奇
乔托钟楼 p.151
Campanile di Giotto
旧佛罗伦萨博物馆
Museo Firenze com'era
Via de' Pecori
玛丝玛拉
布鲁诺·马里
奥利沃罗大道
Via dell' Oriuolo
米斯·西克斯蒂 p.164
Via della Canonica
A.V.C
Via Roma
MAX & Co. (时装品牌)
巴塔(皮鞋)
Via delle Oche
V. de' Tosinghi
V.d Studio
S.Maria in Campo
缪缪 p.163
p.169 吉利咖啡馆
罗马大道
萨沃伊酒店 p.121
Via dei Calzaiuoli
学习大道
布鲁内莱斯基酒店
Palazzo Salviati
无限宫
Palazzo Nonfinito
阿尔托维蒂宫
Palazzo Altoviti
共和国广场 p.161
Piazza della Repubblica
p.169 光阴咖啡馆
蝶家
p.163
科尔索大道
Via del Corso
Borgo degli Albizi
菲·利那卡特
波利尼 p.164
p.166 泰迪
H
帕齐宫
Palazzo Del Pazzi
G
韦拉扎诺酒吧 p.170
Via del Proconsolo
卡尔蔡澳利酒店
尔米大道
d. Anselmi
但丁之家 p.151
Casa di Dante
凯卡武沃尔酒店
威尔萨斯(皮具品牌)
COIN(百货)
V.Dante Alighieri
Via dei Tavolini
奥尔桑米格勒教堂
Chiesa di Orsanmichele
p.161
Via dei Pandolfini
Via d. Giraldi
贝佳斯宫
Palazzo Borghese
宁柏迪大道
Via de' Lamberti
Via dei Cimatori
央邮局
oste Telegrafi
皮埃尔酒店
卡尔蔡奥利大街
Via Ghibellina
法院审判厅
Badia Fiorentina
巴吉洛美术馆 p.155
Museo Nazionale del Bargello
意大利咖啡
Via Porta Rossa
Via della Condotta
普罗孔索罗大道
Via della Vigna Vecchia
新市场廊亭
Loggia del Mercato Nuovo
卡里马拉大道
V.Calimala
p.168 加布里罗饭店
现代美术馆
Raccolta d'Arte Contemporanea
Pza. San Firenze
圣·佛罗伦萨大道
S.Firenze
市政广场 p.154
Piazza della Signoria
拉斯皮尼
贡迪宫
Palazzo Gondi
安圭拉拉大道
Via dell' Anguillara
Via Vacchereccia
里瓦尔咖啡馆 p.170
V. d Gondi
市政宾馆 p.173
老宫 p.155
Palazzo Vecchio
贝尼尼宫酒店 p.171
Borgo S.S. Apostoli
希腊大道
Borgo dei Greci
领主廊亭
Loggia della Signoria
V.d.Ninna
圣·玛利亚门大道
Via Por S. Maria
艾诺特卡·甘比
V.Lambertesca
伊·柯·切·切
通往圣·克罗奇教堂方向
Piazza de' Peruzzi
Via Vinegia
大陆酒店 p.172
圣·斯特凡诺教堂
S.Stefano
乌菲齐美术馆 p.156
Galleria degli Uffizi
Piazzale degli Uffizi
传统酒店 p.174
K
L
迪莱·卡罗茨咖啡
V.d.Magalotti
V.d.Rustici
瓦萨利长廊
Corridoio Vasariano
Lungarno Archibusieri
Via dei Neri
V.d.Castellani
老桥 p.155、p.161
Ponte Vecchio
V.d.Mosca
自然博物馆
Museo di Storia Della Scienza
V.d.Saponai
Piazza de' Giudici
Piazza Mentana
Via dei Benci
Museo Horne

交通 前往佛罗伦萨

飞机 / by Air

从欧盟主要的城市和罗马、米兰、巴勒莫出发的航班都会到距离佛罗伦萨大约80公里的比萨伽利略机场。从欧盟以及米兰和罗马出发的部分航班，会到达距离佛罗伦萨西北大约4公里的佩雷托拉机场。

但是，佛罗伦萨位于铁路干线上，考虑到去机场还需要时间，所以如果是从罗马、米兰和威尼斯等这样的城市去佛罗伦萨的话，还是乘坐火车比较方便。

火车 / by Train

佛罗伦萨和罗马、博洛尼亚、米兰一样也是交通要道。包括国际列车在内，火车的班数非常多。主要的列车的终点站差不多都是中央车站——新圣母车站。

从罗马到这里 最快的是国际特快车AV（以下通称“AV”，火车的种类请参照p.405），所需时间大约是30分钟。特快AC的话大约需要3小时。AV的话一天发车41班，每隔1小时发车好几班，发车方便。

从米兰到这里 从米兰中央车站乘坐到罗马方向去的国际特快AV大约需要1小时45分钟，特快AC的话大约需要3小时20分钟。AV一天大约发车22班，IC的话大约3小时发一班车。

从博洛尼亚到这里 从米兰或者威尼斯到罗马方向去的列车都要经过博洛尼亚，非常方便。从博洛尼亚到这里的列车AV一天26班，IC一天42班。从博洛尼亚到这里的话大约需要40分钟。

长途汽车 / by Bus

罗马、博洛尼亚和佛罗伦萨之间是通长途汽车的，但是如果从大城市到大城市的话当然还是乘坐火车更方便。如果是从锡耶纳和兰布尼亚诺等托斯卡纳地区和中部地区到这里的话，推荐乘坐长途车。公交车公司有SITA、Lazzi（参照p.407）等，在车站前面乘车。

从罗马到这里 连接罗马和多特蒙德之间的SITA公司的长途汽车周四和周六的时候大约是每天一班。18:05从罗马（共和国广场）发车，22:15到达佛罗伦萨，其间大约需要4小时10分钟。汽车中途还会在奥维多等地方停车。

从博洛尼亚到这里 乘坐上述的连接罗马和多特蒙德之间的SITA公司的长途汽车，也可以乘坐从博洛尼亚到佛罗伦萨的汽车。从博洛尼亚到这里大约需要1小时40分钟。

从锡耶纳到这里 SITA公司的汽车每天从早上6点开始到晚上8点多有很多汽车发往各地。走高速公路，1小时15分钟到达。

从比萨机场出发

从佛罗伦萨到新圣母车站之间的公交车每小时有1~2班。所需时间大约是70分钟，费用：10欧元。从比萨机场出发的公交车一天有5班，费用：5.70欧元。详情请在机场网址上进行确认。
http://www.pisa-airport.com/

从佩雷托拉机场出发

ATAF和SITA共同运营的穿梭巴士，每隔30分钟运行一班，运行时间为6:00~23:30，所需时间大约是30分钟，费用为4.50欧元，车上买票。

旅游咨询处

✉Piazza della Stazione,4
MAP p.146-A
☎055-212245
开 8:30~19:00（周末・节假日~14:00） 休 1/1、5/1、12/25

乘坐公交车还可以享受到观赏风景的乐趣

主要的公交公司

SITA公司：Viale dei Cadorna（火车站西面）
Lazzi公司：Piazza Adua（火车站东面）

Lazzi公司的长途车也到车站前面的广场

交通 佛罗伦萨市内

公交车的乘车方式和其他城市一样

公交 Bus / Autobus

从中央车站前面的汽车总站发车，巡回市内

公共交通方式几乎全是公交车。以圣母百花大教堂为中心的周边1.5公里范围之内的这些景点基本上步行就可以到达，没必要坐公交车。但是如果是到距离城镇中心较远的地方，比如圣马可广场和阿尔诺河对岸的米开朗琪罗广场去的话，还是乘坐公交车比较方便。

市内观光可利用环城公交

适合观光的路线

对于前来观光的游客们来说，比较有价值的公交路线是：从新圣母车站到圣马可广场的7路、25路和33路公交车，以及从火车站到圣母百花大教堂的10路和23路公交车，还有从火车站到米开朗琪罗广场的12路和13路公交车。另外还有环保型的迷你公交车（环保公交路线p.143）。环保公交A线经过的地方有车站、圣马可美术馆、托纳波尼路和共和国广场等，环保公交B线经过的地方有托纳波尼路、圣十字教堂和老桥、D线经过的地方有皮缇宫和米开朗琪罗广场等。到车站里面的旅游咨询处去领取路线图。乘坐公交车的方法请参照“罗马”（p.82）。

车票的种类和购买方法

一次性的票是1.20欧元，四次票是4.50欧元、一日票（24小时内有效）是5欧元。在自动售票机上买票，车上盖章。如果是去近郊的话，要买AT和SITA公司发行的Iris Ticket票，这种票分为两种，1日票是8欧元，3日票是23欧元，用这种票不仅可以乘坐市内公交车，而且还可以随便换乘到近郊去的公交车，如果是到主要的景点去的话，可以享受10%到50%的优惠。在各个公交公司购买车票。

地铁

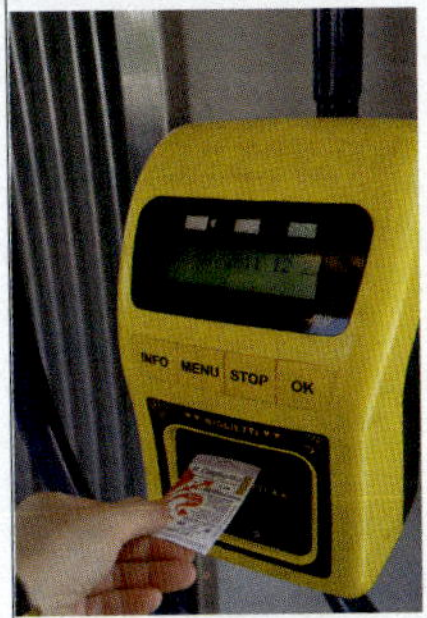

公交车和地铁的盖章机。上车的时候将卡插入插口里，盖章

出租车 Taxi

几乎步行就可以游遍整个城镇了，如果时间紧可以打车

站在路旁是打不到车的，要到火车站或者是圣母百花大教堂前面的出租车停车场这里打车。按照计程的方式收费，起步价是3.30欧元，之后每110米加收0.10欧元。对于当地人来说最普通的就是无线出租车。也可以用公共电话或者是宾馆里的电话叫出租车。☎055-4242、☎055-4798。打车可能会比较贵，但是很方便。

呼叫出租车的方法

告诉他们自己所在的街道名、编号和店名，出租车就会来。也可以从咖啡馆或者是路边的公共电话那里打电话叫出租车。

地铁 Tram

地铁2号线和3号线也在计划之中

现在正在运行的1号线连接的是从新圣母车站附近的阿拉曼尼车站到康斯坦萨别墅站之间的行程。票和汽车票是一样的。

租借自行车的商店

Florence By bike
✉ Via San Zanobi 120/R
MAP p.145-C
☎055-488992
HP www.florencebybike.it

景区 1 圣母百花大教堂周边

圣母百花大教堂

Duomo

大教堂的雄伟和华美令人惊叹

观光小贴士

乐趣

观光 ★★★★★

饮食 ★★★

购物 ★★★★

交通方式

巴士 ★★★

出租车 ★★★★★

区域范围

从车站步行到这里的话大约15分钟就能走到，10路和23路公交车都可以到达圣母百花大教堂，走到这里的话也不是很累。

街区布局&游览须知

文艺复兴时期的建筑群令人叹为观止

佛罗伦萨被称为“艺术之都”、“花之都”，这里的中心在圣母百花大教堂周边。如果是步行到各个景点旅游的话，从圣母百花大教堂到周边去比较方便。到了圣母百花大教堂后不要忘记去参观大教堂、洗礼堂和钟楼等。还可以到大教堂和钟楼的上面去参观，腿脚比较健朗的人可以爬上去看一看。在这里可以一览佛罗伦萨的整个街道，一定会成为一次印象深刻的旅程的。

另外，卡尔蔡奥利街道从圣母百花大教堂前向西北延伸，街上有众多的品牌首饰店、专卖金店和百货店等，可谓是购物一条街。从卡尔蔡奥利街道附近的共和国广场向西走，是佛罗伦萨建筑的杰作斯特罗齐宫殿。宫殿前面向北是托纳波尼路，向西是新维尼亚路，这两条大街是佛罗伦萨首选的高级品牌·首饰购物街。如果喜欢品牌的话，建议再花上一天的时间逛这两条街。到圣母百花大教堂的话，从佛罗伦萨的中央车站新圣母车站出发，步行大约需要15分钟。

大教堂内部的纵深达153米

景点

圣母百花大教堂

Duomo（Basilica di Santa Maria del Fiore）

从新圣母车站步行到这里大约需要10分钟

剪切地图28 p.147-C

从圆屋顶上眺望到的景色十分美丽

这个教堂也被称作“花之圣母大教堂”，是文艺复兴时期的代表性教堂。从1296年开始花费了长达140年的时间建造而成。教堂用大理石装饰，外观令人叹为观止。大圆屋顶高达106米，是布鲁内莱斯基的杰作，天花板上的壁画是《最后的审判》。左边的侧廊一侧有祭坛，从祭坛旁边爬上楼梯可以爬到屋顶上去。

圣母百花大教堂／开 10:00~17:00（周六~16:45、周日·节假日13:30~16:45） 休 1/1 € 免费

圆屋顶／开 8:30~19:00（周六~17:40） 休 1/1 € €8

首屈一指的名作壁画《天国之门》，这是其中的一张

圣乔瓦尼洗礼堂
Battistero di San Giovanni
从圣母百花大教堂步行到这里大约需要10分钟
剪切地图27 p.147-C

三个方向的门上都画着精致的壁画

这个洗礼堂是为了供奉佛罗伦萨的守护圣人——圣乔瓦尼而于11世纪开始建设的八角堂。三扇门都是青铜的，而且上面都画着壁画，十分出名。东门是吉贝尔蒂设计的《天国之门》，米开朗琪罗对此赞不绝口。一定要看一看天花板上的镶嵌画。

八角形的圣乔瓦尼洗礼堂

开 12:15~19:00（第一个周六~14:00） 休 1/1、复活节、9/8、12/24、12/25 € €4

乔托钟楼
Campanile di Giotto
从圣母百花大教堂步行到这里大约需要10分钟
剪切地图27 p.147-C

大理石色的外观、细腻的壁画嵌板

乔托和弟子共同设计，于14世纪末完工。六角形的壁画嵌板装饰着高达84米的塔底，这个壁画嵌板是皮萨诺的作品。上面画的是人类再生的过程，最初的版本现在收藏在圣母百花大教堂。从东侧的入口爬上414阶的楼梯就是最上面的阳台了。在这上面可以一览整个圣母百花大教堂的雄姿和街道。

开 8:30~19:30（1/6~14:00） 休 1/1、复活节、9/8、12/25 € €6

圣母百花美术馆
Museo dell'Opera del Duomo
从新圣母车站步行到这里大约需要10分钟
剪切地图28 p.147-D

展览的美术作品都是和圣母百花有渊源的作品

位于大屋顶的左侧，展示的是装饰着圣母百花、钟楼和洗礼堂等的美术作品。米开朗琪罗的《圣母怜子图》、多纳泰罗的《玛德琳娜的玛丽亚》等作品非常值得观看。

开 9:30~19:30（周末9:00~13:40） 休 1/1、复活节、9/8、12/8、12/25 € €6

但丁之家
Casa di Dante
从圣母百花大教堂步行到这里大约需要5分钟
剪切地图31 p.147-G

残留在古老街道上一角的但丁之家

诗人但丁（1265—1321）因《神曲》等而出名，这里是他家的住址。位于圣玛格丽特街道上，现在已经被复原了，其中一部分作为博物馆是公开开放的。

开 10:00~18:00、10月~次年3月10:00~17:00 休 周一 € €4

美第奇家族礼拜堂
Cappelle Medicee
从新圣母车站步行到这里大约需要10分钟
剪切地图26 p.147-C

里面是每一代的主人的石棺和礼拜堂

17世纪时美第奇家族逐渐丧失权力，这个礼拜堂就是在这个时候建造的各代主人的墓地所在地。它是基于美第奇·乔瓦尼的设计，之后由尼杰提建造而成的。从各个国家收集而来的大理石和贵重的石头构成了八角形的《君主的礼拜堂》这个巨大的空间。一层是用青铜像装饰起来的石棺，墙壁上是由16个国家的纹章组成的。入口在圣洛伦佐教堂的背面。

开 8:15~17:00（票~16:30） 休 第二和第四个周末，第一个、第三个、第五个周一 € €6

美第奇家族礼拜堂入口

修长精致的乔托钟楼

到处展示着豪华绘画和名贵石头镶嵌的美第奇家族礼拜堂内部

景区 2

圣马可美术馆周边

圣马可广场

Piazza di San Marco

圣马可教堂里美丽的回廊

普龙提设计的圣马可教堂的正面

街区布局&游览须知

在这里可以看到文艺复兴时期的艺术杰作

从城镇的中心向北走，位于中央车站东面的圣马可美术馆的周边集中展示文艺复兴时期的杰作的美术馆和博物馆，这些地方都是步行10分钟之内便可到达的地方。其中一定不容错过的就是展示着米开朗琪罗的最高杰作《大卫像》的学院美术馆。

圣马可美术馆距离学院美术馆很近，在这里也可以看到中世纪的修道僧弗拉·安吉利科的最高杰作的壁画，如果是美术爱好者的话一定要去看一看。佛罗伦萨大学也在这里，整个地区充满了学术氛围，除此之外还有考古学博物馆，和市中心相比，这里的氛围更加安静清雅。

学院美术馆前面的入口处常年都是来自世界各地的游客们聚集在此，排着很长的队等候进去参观。如果想节约点时间的话最好是提前预约（关于预约的办法请参照p.156）。

可以乘坐25路或者33路公交车从中央车站出发，在圣马可美术馆前面下车；或者是从圣母百花教堂出发步行到这里，这样的话只要15分钟便可以到达了。

观光小贴士

乐趣	
观光	★★★★★
饮食	★
购物	★
交通方式	
巴士	★★
出租车	★★★
区域范围	

在这个范围内活动的话步行就可以了。可以乘坐25路或者33路公交或者是打车去圣马可广场。

弗拉·安吉利科的最高杰作《天使报喜》

景点

圣马可美术馆

Museo di San Marco

从圣母百花大教堂步行到这里大约需要10分钟

MAP p.145-C

在这个修道院里可以看到弗拉·安吉利科的杰作

这里曾经是多梅尼科派的修道院，里面有修道僧弗拉·安吉利科的最高杰作，其杰作的保存状态完好。

弗拉·安吉利科于1387年出生在郊外的菲耶索莱，后来成为多梅尼科派的修道僧，1438年开始在圣马可修道院的僧房里画画。回廊面朝庭院，爬上走廊里的台阶便会看到正面的《天使报喜》。

楼上的走廊两旁并排着一大列的僧房，在僧房的墙壁上有弗拉·安吉利科和他的徒弟们画的《基督传》等壁画。一般认为安吉利科自己直接参与绘制的有《谦卑的圣母》、《天使报喜》、《基督的变容》、《圣母的加冕》等作品。最里面是历史上有名的狂信的修道僧——萨沃纳罗拉的僧房。

开 8:15~13:50，周六·周末~17:00（闭馆前30分钟停止入场） 休 第二个和第四个周一，第一、第三、第五个周末 € €4

孤儿院
Spedale degli Innocenti

MAP p.145-D

从圣马可广场步行到这里大约需要3分钟

布鲁内莱斯基设计的欧洲最早的孤儿院

1445年建成的欧洲最早的孤儿院建筑。正面回廊是9个拱连接在一起组成的，回廊上是非常美丽的圆形雕刻，画的是用布包裹着的幼儿。

在里面还可以看到季兰达的《东方三博士的礼拜》和菲利波·里皮的《圣母子与天使》等。建筑前面的广场上有两个喷泉，可以在这个广场上休息。

开 10:00~19:00，周末·节假日~14:00（闭馆前30分钟停止卖票） 休 1/1、复活节、5/1、12/25 € €4

夹杂在拱之间的拼花是洛吉亚的作品

佛罗伦萨学院美术馆
Galleria dell'Accademia

MAP p.145-C

从圣马可教堂步行到这里大约需要10分钟

一定要去看看米开朗琪罗的杰作《大卫像》

位于圣马可美术馆的斜对面，里面展示的是米开朗琪罗的雕刻和13~16世纪时的

摆放着米开朗琪罗未完成的奴隶像

米开朗琪罗的最高杰作《大卫像》

威尼斯画派的绘画。众多的收藏品之中一定要看的就是可以称为文艺复兴时期的雕刻艺术纪念碑的最高杰作《大卫像》。

这个巨大的雕刻的高度超过4米，原来是放在市政广场的。26岁的米开朗琪罗在巨大的大理石堆里花了两年的时间雕刻而成。

《大卫像》前面的又细又长的街道两侧是尚未完成的《长胡须的奴隶》、《惊醒的奴隶》、《年轻的奴隶》和《阿特拉斯》4个奴隶像。这些是为教皇朱利叶斯的墓碑雕刻的。此外还有米开朗琪罗其他的优秀作品，像《帕莱斯特里纳的圣母怜子》、《圣马太》等。绘画有波提切利和他的弟子们画的《圣母子和圣人们》以及季兰达的《圣母子和弗兰切斯卡》、《玛德琳娜的玛丽亚》。

开 8:15~18:50（关于预约请参照p.156） 休 周一、1/1、5/1、12/25 € €6.50（特别展览的时候€10）

考古学博物馆
Museo Archeologico

MAP p.145-D

从圣马可教堂步行到这里大约需要10分钟

收集着众多显示出埃特鲁斯坎时期文明的美术品

里面展示着从古希腊到埃及、埃特鲁斯坎和罗马的文化遗产，在意大利也是为数不多的考古学博物馆。收藏的大多数文化遗产都是美第奇家族所收集起来的，与埃特鲁斯坎文明相关的收集品更是很多。

开 8:00~19:00，周六·周日·节假日~14:00 休 周一、1/1、5/1、12/25 € €4

市政广场中央耸立着贝尼尼创作的《海神喷泉》

观光小贴士

乐趣

观光	★★★★★
饮食	★★★★
购物	★★★★★

交通方式

巴士	★★★★
出租车	★★★★

区域范围

步行就可以到达市政广场和托纳波尼路。托纳波尼路，从一头到另一头的距离大约是400米。

街区布局&游览须知

中世纪以来便是政治和经济的中心

老宫现在还是市政厅所在地，市政广场是重要的举行典礼和集会场所。这一带从以前到现在一直都是佛罗伦萨的政治和商业中心。东边的圣十字教堂周边是庶民工商业城镇，到处是销售皮革制品的商店。市政广场周边有贝佳罗美术馆，这里展示的是文艺复兴时期的雕刻家们的杰作，一定也要来这里看一看。广场周边是卖冰激凌的商店和销售葡萄酒的酒吧以及有来历的咖啡馆等众多的老字号店铺。

穿过乌菲齐美术馆，顺着阿尔诺河向前走就到了老桥。佛罗伦萨制作金属制品的技术水平在意大利也是屈指可数的，一定要在这里淘一淘首饰制品等。顺着阿尔诺河向北走，从圣三一桥到斯特罗齐宫殿这一带，到处都是销售高级品牌商品的商店，环境非常优雅。

美丽的拱形回廊——洛基亚廊次

景点

市政广场

Piazza della Signoria

剪切地图35 p.147-K

从圣母百花大教堂步行到这里大约需要8分钟

自由之城的政治从此处开花

中世纪时成为佛罗伦萨的中心地带，很多人聚集在这里，进行各种讨论。老宫（市政厅）前面的大广场上，除了《海神喷泉》和米开朗琪罗的《大卫像》（复制品）之外，雕刻回廊上还摆放着许多雕刻作品。以前的多梅尼科教堂的修道僧萨沃纳罗拉进行的“虚饰的焚烧”（焚烧艺术品和非宗教类书籍，毁灭被他认为不道德的奢侈品）是在这里进行的，之后他被处以火刑也是在这个地方。这里正是见证佛罗伦萨历史的一个纪念碑性质的存在。

巴吉洛美术馆

Museo Nazionale del Bargello

从市政广场步行到这里大约需要8分钟

剪切地图32 p.147-H

在这里可以看到巨匠们贵重的雕刻

19世纪以前这里曾经是警察所和监狱的所在地。现在因展示着文艺复兴时期的杰作成为著名的美术馆。里面展示的作品有多纳泰罗的最高杰作《大卫像》和米开朗琪罗的《未完成的达彼得像》等。

开8:15~18:00（周六~18:50） 休第一、第三、第五个周末和第二、第四个周一，1/1、5/1、12/25 €€4（预约费€3）

圣十字教堂

Chiesa di Santa Croce

从市政广场步行到这里大约需要10分钟

MAP p.145-H

276个伟人的墓地都在这里

属于哥特式的建筑，除了但丁的纪念碑之外，还有与这个城镇有渊源的伟人们的墓碑和纪念碑等多达276个。在这里还可以看到很多绘画和雕刻，比如多纳泰罗的《天使报喜》和乔托的壁画等。

哥特式教堂的杰作

开9:30~17:30，周末・节假日13:00~17:00 休1/1、复活节、12/25、12/26 €€4

帕奇家族小礼拜堂

Cappella dei Pazzi

从市政广场步行到这里大约需要10分钟

MAP p.145-H

文艺复兴时期的建筑的最高峰

位于佛罗伦萨圣十字教堂附属美术馆的回廊院内。是由伯鲁乃列斯基建造的文艺复兴初期的建筑物。装饰着礼拜堂里面的彩色红陶壁画是罗比亚绘制的《12使徒》。

伯鲁乃列斯基的代表作帕奇家族小礼拜堂

开9:30~17:30（周末13:00~） 休全年无休 €€4

老宫

Palazzo Vecchio

从市政广场步行到这里大约需要1分钟

剪切地图35 p.147-K

现在还有一部分是市政厅用地

一座外观简洁有力、高达94米的哥特式钟楼。建于14世纪初，科西莫在这里居住的时候对内部进行了大幅装修。以画着壮丽的壁画的二层大会议室为首，里面还有各种绘画和雕刻。宫殿内部是用针织品装饰而成的，甚是壮丽辉煌。现在仍然还是市政厅用地的一部分。

市政广场对面的老宫

2、3层是传统装饰风格的斯特罗齐宫

开9:00~19:00、周四~14:00 休1/1、5/1、复活节、8/15、12/25 €€6

老桥

Ponte Vecchio

从圣母百花大教堂步行到这里大约需要10分钟

剪切地图35 p.147-K

并排着许多销售金银制品店铺的最古老的桥

14世纪中叶时建在阿尔诺河上的一座最老的桥。过去上面还曾经有肉店，但是因为教皇费迪南德讨厌臭味，所以命令将这些肉店撤掉了，替换为销售金银制品的商店了。现在桥的两边也都还是金银制品和宝石店，充满生机活力。从桥中央看到的风景也很美。

由三个拱形构成的老桥十分美观

斯特罗齐宫

Palazzo Strozzi

从圣母百花大教堂步行到这里大约需要3分钟

剪切地图30 p.146-F

建设在繁华街道上的文艺复兴时期的壮观建筑物

斯特罗齐家族的住处，始建于15世纪末，设计者是贝内德托・达・米札诺。和美第奇宫一样，是文艺复兴时期的建筑物中的最高杰作。位于托纳波尼路和新维尼亚路相交的角落对面，用粗犷的石头堆砌而成。里面有两层回廊的庭园，下面是追溯斯特罗齐家族历史的小博物馆，但是这个博物馆平常是不开放的。平常这里是佛罗伦萨最大的举办文化性活动的场所。

乌菲齐美术馆

Galleria degli Uffizi

交 从市政广场步行到这里大约需要 2 分钟　开 8:15~18:50（票 ~18:05）
休 周一、1/1、5/1、12/25　€ €6.50、特别展览的时候 €10~（预约 ☎055-294883 预约费用 €4）
MAP ●剪切地图 -35、p.147-K

展示着历代美第奇家族收集的意大利绘画杰作。慢慢在里面品味观赏吧

收集着文艺复兴时期的绘画艺术品的最高杰作

建造在老宫旁边的文艺复兴样式的建筑物。由美第奇家族的科西莫一世下令建造，瓦萨利担当设计，1560年开始兴建，用了14年时间建成。当初是美第奇家族的事务所（意大利语译为乌菲齐），之后到了弗朗切斯科二世的时候，建筑物里面的最上层归美第奇家族所有，成为了美术品展览室。现在这里是美术馆，展览着许多的展品。展览的展品从古希腊时代到伦勃朗时代的都有，收藏的作品也是涉及多个领域。总之，这里是文艺复兴时代的艺术瑰宝，也是世界上屈指可数的最著名的美术馆之一。一定要到这里来观赏一下波提切利、拉斐尔和列奥纳多·达·芬奇、米开朗琪罗等巨匠的代表作。这里收藏的美术品达2 500个之多，要想全部观赏完毕的话至少需要半天的时间。二层是素描，三层是绘画。可以在皮缇宫里面的乌菲齐美术馆接待大厅订票、买票（周一~周末：8:30~19:00）。如果到这里来参观的话最好是预约，这样可以减少排队的时间。

真情提示

灵活提前预订票

意大利的美术馆当中能够提前预订票的越来越多。佛罗伦萨有乌菲齐美术馆、贝佳罗、学院美术馆、圣马可等各个美术馆和美第奇家族礼拜堂等。至少要在前一天进行预订，预订的电话是一样的（☎055-294883／2347941），报出自己的姓名、国籍、要参观的日期，获取自己的预订编号（可使用英语）。在自己预订的时间前5分钟到预订者专用窗口去取票。受理时间是周二~周五8:15~16:45（乌菲齐美术馆）。当日也可以去排队取票，但是排队还是挺浪费时间的。一定要灵活运用好这种服务。也可以在Weekend a Firenze这里预订。预订手续费是3~4欧元。

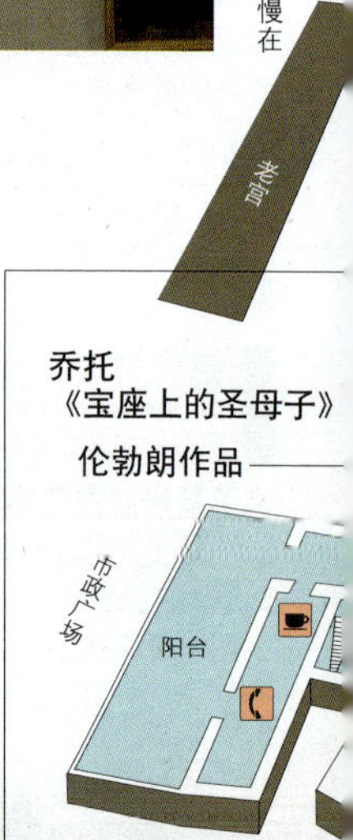

西蒙娜·马蒂尼
《领报的圣母和两位圣徒》
第三展厅展示的是14世纪时锡耶纳的西莫内·马蒂尼巨匠的华丽巨作

三层展室里的看点

第2室

13世纪时乔托的《宝座上的圣母子》、契马布埃的《庄严的圣母》。

第3室

14世纪时的锡耶纳派绘画的展示厅。西莫内·马蒂尼的《领报的圣母和两位圣徒》，一定要看一看它所使用的装饰手法。

第8室

弗拉·安吉利科的《圣母的加冕》。

第10~14室

波堤切利作品的展室。并排着《春》和《维纳斯的诞生》等名画。

第15室

达·芬奇作品的展室。有初期的代表作《天使报喜》以及未完成的《东方三博士的礼拜》等。

第25室

值得一看的是米开朗琪罗的《圣家族》。

第26室

拉斐尔的《希瓦的圣母》。

第28~44室

这个房间里展示的几乎都是巴洛克风格巨匠们的代表作，比如提香、卡拉瓦乔、帕米贾尼诺等，其中一定不容错过的是提香的杰作《乌比诺的维纳斯》、卡拉瓦乔的《巴克斯》等。展厅里大约1/3都在进行修复，有时还会变更展厅。

波堤切利《维纳斯的诞生》

第10~14室现已合并，大作《维纳斯的诞生》熠熠生辉

波堤切利《春》

美术馆内的至宝。画面上到处充盈着年轻生命的气息

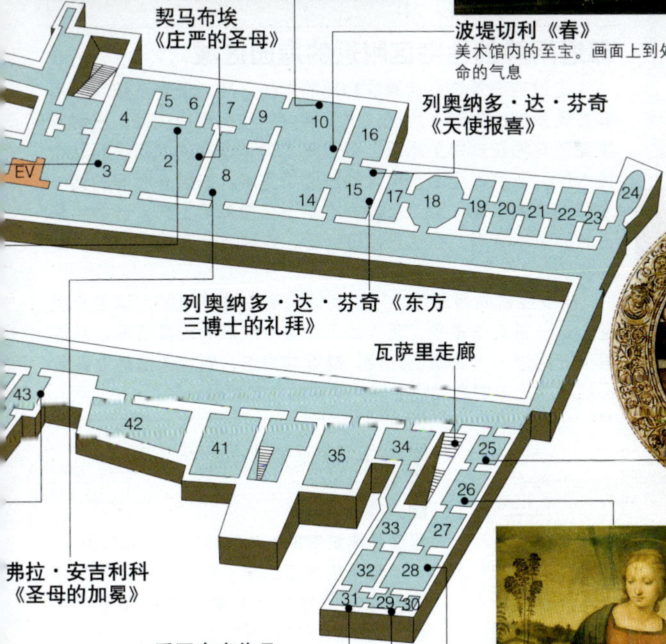

契马布埃《庄严的圣母》

列奥纳多·达·芬奇《天使报喜》

列奥纳多·达·芬奇《东方三博士的礼拜》

瓦萨里走廊

弗拉·安吉利科《圣母的加冕》

委罗内塞作品

帕米贾尼诺《长颈圣母》

卡拉瓦乔《巴克斯》

提香《弗洛拉》

提香《乌尔比诺的维纳斯》

米开朗琪罗的《圣家族》

第25室是米开朗琪罗作品的房间。其魅力是擅长表现充满肌肉美的人体形象。

《希瓦的圣母》

拉斐尔展室里的名画。色彩调和得很完美

景区4 阿尔诺河左岸

皮缇宫地区

Palazzo Pitti

银器博物馆(左)位于宫殿庭园的入口处。近代美术馆里面也有很多美丽的雕刻作品(右)

观光小贴士

乐趣

观光	★★★★
饮食	★
购物	★

交通方式

巴士	★
出租车	★★

区域范围

从市政广场步行到皮缇宫大约需要10分钟。如果是到帕拉提那美术馆和近代美术馆去参观的话,仅仅是在波波里庭园里面步行就要花费很长的时间,所以到时候一定要穿一双比较容易走路的鞋子。

里面有好几个美术馆的皮缇宫殿

街区布局&游览须知

靠近闲静的住宅区附近的庭园区域

走过宝石首饰品店鳞次栉比的老桥之后，便到了仅次于乌菲齐美术馆的皮缇宫地区。这里展览的作品也很优秀。皮缇宫里面还有帕拉提那美术馆、近代美术馆和银器美术馆等好几个美术馆，还有占地面积广大的波波里庭园，如果有时间的话一定要到这里参观一下。皮缇宫这里还有很多手工艺人开的店和古老的美术店等。在这里闲逛之际，或许还会有很多意想不到的收获。

从皮缇宫向西北走，可以到达工商业城镇地区，这里有教堂。这一带有很多手工艺人的工作室和破旧的玩具店等。从这里出发经过一个缓缓的丘陵，继续向南走，到达的是矗立在层层的翠绿之中的高级住宅区，这里的住宅都很雄伟。

景点

皮缇宫

Palazzo Pitti

从西纽利亚广场步行到这里大约需要10分钟

MAP p.144-J

宫殿非常雄伟，令人折服

15世纪中叶时巨商皮缇拜托布鲁内莱斯基建造的文艺复兴样式的宫殿。后来被美第奇家族收购，科西莫一世和他的妻子埃勒奥诺拉达·托乐多对这个宫殿进行了多次修复，成为现在的样子。正面长达200多米，是佛罗伦萨最大的宫殿。宫殿里面以帕拉提那美术馆为首共有7个美术馆。此外还有博物馆以及面积广大的意大利样式的波波里庭园。

帕拉提那美术馆

Galleria Palatina

位于皮缇宫殿里面

MAP p.144-J

里面是美第奇家族收集起来的绘画作品

位于皮缇宫二层，展示的作品都是美第奇家族收集的文艺复兴时期以来的名画。绚丽豪华的宫殿中有12个房间是用作美术馆的。

展示的作品当中比较优秀的是拉斐尔和提香的作品。里面展示的《大公爵圣母》被认为是拉斐尔的代表作之一，此外还有《椅中圣母》、《孕妇的肖像》、《戴面纱的女人》，以及提香的《美女》、《某位贵人的肖像》和《灰色眼睛的男人》等，一定不

令人眩目的室内装饰也是帕拉提那美术馆的特点之一

极尽奢华的宫殿墙壁上名画密布

要错过这些作品。此外，还有德尔萨托的《洗礼者约翰》、菲利波·里皮的《圣母子》以及波堤切利、鲁本斯等的作品。从庭园右边的台阶爬上去便是该美术馆的入口。

开8:15~18:50（闭馆前45分钟停止入场）
休周一、1/1、5/1、12/25 ☎055-294883
€ €8.50（银器博物馆€5）、预约手续费€3

近代美术馆

Galleria d'Arte Moderna

位于皮缇宫里面

MAP p.144-J

一定要去看的是托斯卡纳地区的印象派绘画

位于皮缇宫三层，展示的是托斯卡纳地区从18世纪后半叶到20世纪前半叶的地方绘画。里面的作品多是画风明朗的19世纪佛罗伦萨印象主义一派的画家的作品，法德利、安瑞嘉、波尔蒂尼等马克爱奥利派画家的作品也很多。

开8:30~19:30（闭馆前45分钟停止入场）休周一
☎055-294883 € €8（预约手续费€3）

波波里庭园

Giardino di Boboli

从市政广场步行到这里大约需要10分钟

MAP p.144-J

雕刻、喷泉和水池点缀着的意大利式庭园

位于皮缇宫前面，面积为 45 000平方米，是典型的意大利式庭园。科西莫一世为了他的妻子埃勒奥诺拉达·托乐多的健康让特利波罗等修建而成。山丘很平缓，庭园规划得很美丽，里面有圆形剧场、“尼普顿喷泉”洞窟、上百个雕刻、水池等。要想到位于庭园里面的山丘上的丽城去的话，必须先返回庭园门口才能进去，否则是进不去的。

开6~8月8:15~19:30、4·5·9月~18:30、3·10月~17:30、11月~次年2月~16:30 休第一和最后一个周一 € €6

可以从「圆形剧场」这里眺望到波波里庭园

真情提示

美第奇家族与文艺复兴文化

14世纪的时候，佛罗伦萨作为欧洲文化的中心城市，充满了生机与活力，艺术家们也开始探索新的表达手法。同时，当时的佛罗伦萨商人们也很有才，使用现在我们也还在使用的邮票和支票等经营方式来进行商业经营，使得欧洲的经济获得了很大的活力。出身于地方势力的美第奇家族也是在这个时候开始获得社会地位，开始有了财力基础。

1428年科西莫·美第奇从她的父亲那里继承了一笔莫大的遗产，成为托斯卡纳地区最大的资本家。由于科西莫·美第奇的登场，佛罗伦萨的文化和艺术开始大放光彩。科西莫鼓励文化发展，后来这种传统被其儿子皮埃罗和孙子洛伦佐继承，在这60年间迎来了文艺复兴最兴盛的时期。美第奇家族支持多纳泰罗和吉尔伯提等雕刻家，桑德罗· 波堤切利、拉斐尔等画家，以布鲁内莱斯基为首的建筑家等文艺复兴时期的巨匠们。但是，1492年凭借自己强大的政治权力将整个家族统一起来的洛伦佐死后，美第奇家族的经济实力开始变得不稳定，大多数文化人也离开佛罗伦萨，很快失去了向心力。美第奇家族于1737年灭绝。这个家族收集的美术品全部捐赠给了佛罗伦萨。

即使是从中国到意大利的个人旅游，有时候也可以选择乘坐观光巴士，以意大利的各个大城市为出发点到自己一个人不愿意去的地方或者是不容易买到票的地方去，这样的话会比较方便。合理地乘坐观光巴士，进行一次舒适的旅游吧。

其中，观光游客会比较多的罗马和佛罗伦萨等地方的观光巴士更是种类齐全。还有有中文导游跟随的巴士。要学会根据自己的情况选择合适的观光巴士。观光巴士在当地也是可以预约的，但是最好还是提前在中国预约好，这样的话会比较放心。

从佛罗伦萨出发当天即可返回的观光巴士之旅

佛罗伦萨是交通枢纽，可以乘坐观光巴士从这里出发进行比萨半日游、锡耶纳一日游、兰布尼亚诺一日游等，可以到托斯卡纳地区的各个美丽的景点去参观一番。如果是购物派的话，可以乘坐商城路线的巴士，到郊外去购买普拉达和古奇等名牌产品及逛一些非常有人气的品牌店。还有到托斯卡纳地区的葡萄酒厂去品尝葡萄酒的观光巴士。另外还有“艺术之都”佛罗伦萨特有的乌菲兹半日游等这样的专门去美术馆的观光巴士。这样就可以节省下来在美术馆前面排队买票的时间，省去预约这样烦琐的手续等，这样的路线也是非常有人气的。

比萨观光非常受欢迎，在这里可以看到美丽的圣母百花大教堂等

观光名称	内　容	费用	运营公司
比萨斜塔半日观光（周三、周四、周五、周六有）	razzi公司汽车总站前面→比萨斜塔、圣母百花大教堂、洗礼堂观光→razzi公司汽车总站前面	€60	M
基安蒂地区 可以试尝葡萄酒和快餐(汉语和英语)	佛罗伦萨→基安蒂地区的葡萄酒厂→托斯卡纳料理中的晚餐→佛罗伦萨	€65	L
锡耶纳&兰布尼亚诺（英语）	佛罗伦萨→锡耶纳旧街道观光→田园广场→自己单独吃午饭→兰布尼亚诺→佛罗伦萨	€55	L

承办公司中的M指的是my bus公司、L指的是地方观光巴士

从罗马出发当天即可返回的观光巴士之旅

有从罗马到意大利南部各个城市的各种各样的观光巴士。比较受欢迎的是到那不勒斯庞贝古城去的一日游观光巴士。到那不勒斯去的观光巴士的类型可以分为仅在车上观光的类型、到那不勒斯市内观光的类型和仅仅参观庞贝古城的类型。另外还有早早从罗马出发，在卡普里岛上观看蓝色洞窟的卡普里岛一日游和巡回那不勒斯和卡普里岛的一夜两日游类型的观光巴士。此外还有一边看表演一边吃晚饭的演歌夜晚旅游路线等，可以充分地利用晚上的时间享受一番。

卡普里岛观光时最大的看点——蓝色洞窟

观光名称	内　容	费用	运营公司
卡普里岛一日游（提供午餐）	罗马→卡普里岛→蓝色洞窟→午餐→那不勒斯→罗马	€165	M
那不勒斯·庞贝古城一日游（提供午餐）	罗马→到达那不勒斯→浮雕贝壳工厂→庞贝古城遗迹观光→那不勒斯观光→罗马	€115	L
蒂沃利半日观光	罗马→蒂沃利、参观庭园→罗马	€58	L
阿西西与奥维多	罗马→奥维多→意大利料理午餐→阿西西→罗马	€91	L

运营公司中的M指的是“my bus”公司、L指的是“地方观光巴士”

my bus公司（罗马）
✉ Via V.E. Orlando, 73
☎ 800-366626
☎ 06-482-5560
开 9:00~18:00 休 全年无休
HP www.mybus-italy.com

地方观光巴士
☎ 03-5410-5404
FAX 03-5410-5405
开 9:30~18:30
休 周六、周日、节假日
☎ www.lotti-tour.com

购物

Shopping

托纳波尼大街上集中着很多品牌商店，在这里逛街的话既方便又高效。专卖店和商店主要集中在圣母百花大教堂和共和国广场、皮缇宫周边。

托纳波尼大街

MAP p.146-F

位于新圣母车站东南，在圣母百花大教堂西侧。街道南北长达500米左右，道路两侧是琳琅满目的品牌店，像古奇、菲拉格慕、宝嘉丽等著名的品牌这里都有，是一条地道的商品购物街。仅在这里逛的话，想买的名牌大体上都可以买得到。此外，这里还有卡地亚、蒂芙尼等意大利本土品牌名店及不少装饰华丽的咖啡馆。

新维尼亚大街

MAP p.146-E

它是从托纳波尼大街斜着延伸出来的一条街道，路的起点在阿尔诺河上的卡拉亚桥东侧的卡罗·格尔蒂尼广场。在这条细长的街道上奢华品牌店鳞次栉比，如范思哲、芙拉、杜嘉班纳等。

卡尔蔡奥利大街

MAP p.147-

这是一条将圣母百花大教堂和市政广场连接起来的街道。集中着许多销售上等品的老字号店铺，主要是皮革制品和编制类的手工艺制品等。如果想找皮手套、包、棉布商品的专卖店，可以到这条街来。从卡尔蔡奥利大街向共和国广场方向走，会到达科尔索大街，这条街上也有很多商店，比如香格里拉百货店以及卖各种鞋子和纺织品商店等。

老桥

MAP p.147-K

老桥是横跨在阿尔诺河上的一条美丽的桥。桥上是卖各种首饰珠宝的珠宝店等。店里面或者二层一般是金银手工艺品制作的房间，这里大多数的产品都是手工制作的。手工制作的珠宝饰品的技术水平相当高，广受好评。

共和国广场周边

MAP p.147-G

这里集中着像香格里拉等百货店、品牌店和硬石咖啡馆这样许多花哨的店面。广场的对面是带着屋顶的圆柱门廊步行街（照片），在这里逛街的话即使下雨了也不用打伞，可以慢慢地闲逛。走累了的话，可到圆柱门廊步行街上的咖啡馆里稍事休息。

古奇
Gucci

MAP ●剪切地图-30 p.146-F

从经典服饰到最新款的服饰，各种衣服一应俱全

1922年作为皮包店在佛罗伦萨创立，皮包以使用方便和色彩华丽俘获了众多女性的芳心，是意大利的代表性品牌之一。GG图案、克鲁斯等系列新品值得关注。

- 交 从共和国广场到这里步行需要5分钟
- ✉ Via de' Tornabuoni, 73r
- ☎ 055-264011
- 开 10:00~19:00、周末14:00~19:00
- 休 周末上午

路易·威登
Louis Vuitton

MAP ●剪切地图-30 p.146-F

一定不要错过每季的新品

1854年，在巴黎开了世界上第一家旅行包专卖店。产品以实用性和美观的外形设计广受好评。佛罗伦萨店里面很早就卖老花系列以及使用彩绘制作的新品。

- 交 从共和国广场到这里步行需要3分钟
- ✉ Piazza degli Strozzi, 1
- ☎ 055-266981
- 开 10:00~19:30、周末14:00~19:00
- 休 周末上午

菲拉格慕
Salvatore Ferragamo

MAP ●剪切地图-34 p.146-J

一定要看看索蒂里奥制作的鞋

1927年由Ferragamo创业。在佛罗伦萨总店里，还单辟一个介绍创业者事迹的博物馆，里面展示着Ferragamo专门为玛丽莲·梦露制作的鞋等名贵物品。

- 交 从共和国广场到这里步行需要7分钟
- ✉ Via de' Tornabuoni, 4r/14
- ☎ 055-292123
- 开 10:00~19:30、周末14:00~19:00
- 休 8月份周末
- € 博物馆€5

玛丝玛拉
Max Mara

MAP ●剪切地图-30 p.146-F

想要买高质量新潮的衣服的话请到这里来

在中国也很受职业女性的欢迎。衣服很自然地采用了新潮的设计，质量也很好，而且穿在身上很显身材，获得一致好评。

- 交 从共和国广场到这里步行需要5分钟
- ✉ Via de' Tornabuoni, 66r
- ☎ 055-214133
- 开 10:00~19:30，周末、节假日11:00~19:00
- 休 全年无休

普拉达
Prada

MAP ●剪切地图-30 p.146-F

最潮流的样式都在这家店里

1913年作为高级皮革生产店成立于米兰。除了大受欢迎的包包之外，还有鞋、钱包和香水等其他产品。生产的商品将传统和革新巧妙地融合在一起，使人看过一眼之后恋恋不舍。

- 交 从共和国广场到这里步行需要5分钟
- ✉ Via de' Tornabuoni, 67r
- ☎ 055-283439
- 开 10:00~19:00
- 休 全年无休

蒂芙尼
Tiffany & Co.

MAP ●剪切地图-30 p.146-F

全世界的女性憧憬的宝石首饰

自1837年创业以来，其生产的首饰和腕表等深深地吸引了全世界女性的目光。其大胆使用了超大五色石的“阿特拉斯”系列、巴勃罗·毕加索设计的“黛西”系列等各种经典系列产品种类很齐全。

- 交 从圣母百花大教堂到这里步行需要7分钟
- ✉ Via de' Tornabuoni, 25
- ☎ 055-215506
- 开 10:00~14:00、15:30~19:30
- 休 周末、节假日、周一上午

爱马仕
Hermes

MAP ●剪切地图-30 p.146-F

轻松购物

创业历史超过160年的国际一线品牌。以手工制造高级马具在法国起家。一直秉承这项技艺的制作者们个个技术娴熟、兢兢业业。佛罗伦萨分店里还有餐具、杂货柜等衍品。

交 从共和国广场到这里步行需要7分钟
✉ Piazza Antinori, 6r ☎ 055-2381004
开 周一~周五10:00~14:00、15:00~19:00、周六10:00~19:00 休 周末（除了11月末到12月末之间这段时间）、8月份的周六下午和周一上午

缪缪
Miu Miu

MAP ●剪切地图-31 p.147-G

普拉达的第二生产线

普拉达的第二生产线。普拉达品牌创业者的孙女缪恰·普拉达，也是一名设计师，自身树立起“bad girl”的创作风格，表现了年轻女孩的娇蛮与可爱。

交 从圣母百花大教堂到这里步行需要5分钟
✉ Via Roma, 8/R
☎ 055-2608931
开 10:00~19:00
休 全年无休

埃麦尼吉尔多·杰尼亚
Ermenegildo Zegna

MAP ●剪切地图-34 p.146-J

世界闻名的意大利男装品牌

杰尼亚的宗旨是“制作世界上最好的衣服从最好的取材开始”。夹克和西装都是世界一流的。由于其风格亦庄亦谐、质量上乘而深受世界男性的欢迎。

交 从共和国广场到这里步行需要7分钟
✉ Via de' Tornabuoni, 3r
☎ 055-264254
开 10:00~19:00、周末14:00~
休 全年无休

罗洛·皮耶纳
Loro Piana

MAP ●剪切地图-30 p.146-F

想要购买上等针织品请到这里来

创业于1924年的服装品牌。因为本来就是生产羊绒衫和骆马毛服装等高级皮毛编制衫的厂家，所以皮毛产品的素材和设计都很好，广受好评。不光生产上衣，还生产包和鞋等。

交 从共和国广场到这里步行需要7分钟
✉ Via della Vingna Nuova, 37/R
☎ 055-2398688
开 10:00~19:00（8月份有午休）
休 周末

葆蝶家
Bottega Veneta

MAP ●剪切地图-31 p.147-G

持久耐用的网格皮革包深受欢迎

制作采用自己独特的方法，先把一块光泽、颜色毫无瑕疵的皮革，用机器按照固定间隔打出一个个洞，取另一块皮裁成条状，再一格格把这条状皮革编到洞洞里头，这也大大地扩大了喜欢这种包的人群。这样制作出来的包无论是颜色还是设计都是上乘的，经久耐用。

交 从共和国广场到这里步行需要7分钟
✉ Via Strozzi, 6
☎ 055-284735
开 10:00~19:00、每月最后一个周末14:00~19:00
休 周末（除了每月最后一个周末）

艾米里欧·普奇
Emilio Pucci

MAP ●剪切地图-30 p.146-F

设计充满科幻感，色彩很流行

出身于那不勒斯的艾米里欧·普奇自从1947年发表了第一个作品以来，其产品以迷幻的色彩和流行的设计吸引了世界上众多的群体。该店一层是小饰品，二层是上衣。

交 从共和国广场到这里步行需要5分钟
✉ Via de' Tornabuoni, 20/22r
☎ 055-2658082
开 10:00~19:00、第四个周末14:00~
休 周末（除了第四个周末）

卡地亚
Cartier

MAP ●剪切地图-30　p.146-F

不仅有首饰，还有包等新品

1847年，由法国宝石手工艺人卡地亚开创的品牌。之后跃居著名的首饰和高级表品牌行列。在这里还可以买到“立内亚·庞特鲁”系列的包。店里充满了品牌店所特有的气息，可悠然地选择自己喜欢的产品。

- 交 从共和国广场到这里步行需要5分钟
- ✉ Via degli Strozzi 36r
- ☎ 055-292347
- 开 10:00~13:30、15:00~19:00
- 休 周末、周一12:00前（冬季），周六12:00后（夏季）

米斯·西克斯蒂
Miss Sixty

MAP ●剪切地图-31　p.147-G

米斯·西克斯蒂公司的休闲品牌

意大利的著名品牌，不仅在整个欧洲非常出名，在国内也非常受欢迎。擅长生产以牛仔布为材料做成的性感上衣。佛罗伦萨分店里既有牛仔裤和T恤等，也有小饰品，货品可谓一应俱全。

- 交 从圣母百花大教堂到这里步行需要7分钟
- ✉ Via Roma, 20r
- ☎ 055-2399549
- 开 10:00~19:30、周末14:00~19:30、周一11:00~ 19:30
- 休 全年无休

切莱利尼
Cellerini

MAP ●剪切地图-29　p.146-F

包和小饰品使用优质鞣制皮革制作而成

创业于1956年的包专卖店。在市内工厂里由娴熟的技师制作的产品差不多都是手工缝制的，非常结实。也可以从杂志上剪下来自己想要的包的款型，亲自拿到店里进行定制。

- 交 从新圣母站到这里步行需要8分钟
- ✉ Viadel Sole, 37r　☎ 055-282533
- 开 9:00~13.00、15:00~19:00，7~8月周六9:00~13:00，9月~次年6月周一15:00~19:00
- 休 周末、8月份、周六下午和周一下午（冬季）

芙拉
Furla

MAP ●剪切地图-30　p.146-F

引领潮流的时尚包

是博洛尼亚有名的皮革制品，比较受欢迎的是高级手提包和钱包。钱包颜色柔和，在众多的包类制品中非常引人注目，使用也方便。色彩鲜艳丰富的真皮手提包等新品补货很快。

- 交 从圣母百花大教堂到这里步行需要3分钟
- ✉ Via della Vigna Nuova, 47/R
- ☎ 055-2382883
- 开 9:30~19:30、周六9:30~20:00、周日10:30~19:30
- 休 1/1、8/15、5/1、12/25、12/26

欢乐家庭
Gioia della Casa

MAP p.145-C

意大利制的餐具，可以作为特产送人

可以到这里来买方便使用的奶酪制作器、翁布里亚模切和意大利面压制机，既可以作为特产送人，也可以自己留着使用。喜欢做饭的人，就算在这里看上几小时也不会觉得厌烦，餐具的种类非常齐全。

- 交 从圣母百花大教堂到这里步行需要12分钟
- ✉ Via S.Antonino, 31r
- ☎ 055-216020
- 开 9:30~13:00、15:45~19:30，周一15:45~19:30
- 休 周末

波利尼
Pollini

MAP ●剪切地图-31　p.147-G

上等的皮革制品

创业于北意大利的度假村——里米尼。鞋子质量很好，穿在脚上非常舒服，一致获得好评。引领潮流的包和皮革小饰品等也很受欢迎。佛罗伦萨这家分店里氛围轻松舒适，可以充分享受到购物的乐趣。

- 交 从市政广场到这里步行需要5分钟
- ✉ Via Por Santa Maria, 42/R
- ☎ 055-288672
- 开 10:00~19:00、周一14:30~19:00
- 休 周末

托纳波尼大街＆新维尼亚大街
Via Tornabuoni & Via della Vigna Nuova

燕飞利仕
Infinity

MAP ●剪切地图-34 p.146-J

在这里定制皮带的人很多

当地佛罗伦萨人大多数都会在这家店里买皮革小制品。可以选择皮革的种类、粗细和皮带扣等，定制手工皮带，并且在这里定制的皮带广受好评。翌日即可完成，即使是到这里来旅游的人也可以在这里定制。

- 交 从市政广场到这里步行需要5分钟
- ✉ Borgo S.S.Apostoli, 18 r
- ☎ 055-2398405
- 开 10:00~19:30、周六10:30~19:30
- 休 周日

泰迪
Taddei

MAP ●剪切地图-32 p.147-H

于1937年创业的老字号店铺

在佛罗伦萨代代相传的鞣制皮革制作方法由本店的子孙三代传承下来。每件商品不间断地进行十多次的磨制，一个硬币包大约价值30欧元，这样的产品像宝石一样闪闪发光。

- 交 从市政广场出发步行到这里需要5分钟
- ✉ Via S.Margharita, 11
- ☎ 055-2398960
- 开 8:00~19:30、周六8:15~19:00
- 休 周日、8月

新圣母药妆店
Officina Profumo-Farmaceutica di S.M.N.

MAP ●剪切地图-25外 p.146-A

S.M.N药店及香水店

世界上历史最悠久的药店。产品多种多样，有使用13世纪时的多梅尼科派修道僧人们的配方做成的香水和肥皂、护肤用品和花香等。是7世纪的时候建造起来的，上面还画着壁画，非常值得一看。

- 交 从新圣母站到这里步行需要8分钟
- ✉ Via della Scala, 16
- ☎ 055-216276
- 开 9:30~19.30
- 休 复活节、12/25、12/26

马达
Madora

MAP ●剪切地图-34 p.146-J

如果想买上等皮制手套的话，可以来这里

佛罗伦萨的皮革制品质量是很有口碑的。皮革手套的质感很好，摸起来柔软而舒服。到这家店里，首选的产品就是手套。店里的产品全都是自己公司生产的，缝制也很精致，颜色、品种和设计都很齐全。

- 交 从市政广场出发步行到这里需要5分钟
- ✉ Via Guicciardini, 1r
- ☎ 055-2396526
- 开 9:30~19:30
- 休 周末・节假日、11月~次年3月份的周一

朱利奥・贾尼尼・菲戈利奥父子
Giulio Giannini e Figlio

MAP p.144-F

出售自己家美丽的大理石花纹纸的高级文具店

大理石花纹纸是佛罗伦萨的传统手工艺品之一。这家店一代一代地将这种传统传承了下来。用这些美丽的纸做成的笔记本和手册以及挂历等非常受欢迎。

- 交 就在皮缇宫前面
- ✉ Piazza Pitti, 37r
- ☎ 055-212621
- 开 10:00~19:00、周末11:00~18:30
- 休 1/1、1~3月份中旬的周末、5/1、12/25、12/26

威斯特里
Vestri

MAP p.145-H

自家制作的巧克力非常美味

巧克力是用从多米尼加共和国进口的上等可可豆制作而成的。佛罗伦萨人一般对料理的味道很挑剔，但是这家店很受当地人的喜爱。冰激凌和巧克力饮料也很好喝。

- 交 从圣母百花大教堂出发步行到这里需要8分钟
- ✉ Borgo degli Albizi, 11/r
- ☎ 055-2340374
- 开 10:00~20:00
- 休 周末・节假日

餐厅

Restaurant

炭火烧烤的T骨肉是当地有名的小吃，分量十足，如果和同伴一起旅游的话一定要来尝一尝。从夏末到初冬的时候，用牛肝菌、蘑菇做成的料理也非常好吃。

€吃饭每人1份的钱　☎需要预约　T注意穿着

奇布莱奥

高级

Cibreo

MAP p.145-H　€70~　☎

将传统托斯卡纳料理复活了的名店

店主人就是厨师，其精力非常充沛。盛菜的盘子客人可以自己选择，从头盘或者是第二道菜开始，都可以任意选择自己喜欢的盘子。这里的南瓜汤和番茄面等简单料理也非常美味。

交 从圣母百花大教堂打车的话需要5分钟，从圣十字教堂步行到这里需要7分钟

✉ Via A. del Verrocchio, 8r　☎ 055-2341100

开 12:50~14:30、19:00~23:15

休 周末・周一、1/1~1/6、8月

萨巴蒂尼

高级

Sabatini

MAP ●剪切地图-26　p.146-B　€60~　☎

是一家托斯卡纳料理名店

这是一家托斯卡纳料理名店，店里面的食品都是精工制作的。煎炸小鸡这道菜可以充分品尝到素材特有的味道，还有将各种原料混在一起做成的面食，美第奇家族风格的煎炸嫩牛肉也很好吃。另外，不要忘记品尝秋冬之际的牛肝菌、蘑菇做成的料理。

交 从新圣母站出发步行到这里需要3分钟

✉ Via de Panzani, 9a

☎ 055-211559

开 12:30~14:30、19:30~22:30

休 周一

喧闹

高级

Pandemonio

MAP p.144-E　€40~　☎

选材新鲜的家庭式料理店

当地人对料理的味道要求非常高，但是如果让他们推荐一家比较好吃的料理店的话一定会介绍这家店的。饭店菜单是手写的，菜单内容每天都有变化。乌鱼子通心面和烤牛排以及奶酪蛋糕等都非常好吃。

交 从新圣母站出发步行到这里需要15分钟

✉ Via del Leone, 50r

☎ 055-224002

开 12:30~14:00、19:30~22:30

休 周末、节假日、8/15

真情提示

托斯卡纳料理使用的食材

托斯卡纳料理的传统是使用新鲜的蔬菜、肉、豆类，并使这些食材发挥出自己特有的味道，料理一般都比较素淡，如将蔬菜和面包放在一起熟煮的大杂烩和猪肉馅儿的香肠以及烧烤家禽等。正因为这个地方食材非常的丰富，所以才能做出这么丰盛的料理。

前菜蒜末烤面包是在切成了薄片的面包上面涂上熟透了的番茄和生火腿等，这道菜原来是为了庆祝秋天时候的橄榄油丰收而吃的，在吃这道菜的时候还要品尝一下刚刚炸出来的橄榄油。使用的面包是不加盐的味道清淡的托斯卡纳面包。T骨牛排烧烤里面的牛肉使用的是奎阿纳溪谷一带养殖出来的巨大的白牛——奎阿纳牛的牛肉。奎阿纳溪谷在托斯卡纳地区最老的城市科尔托纳周边绵延。吃牧草成长起来的奎阿纳牛是不含脂肪的，全身呈红色，肉质疏松、多汁。T牛排用炭火烧烤而成，烧烤出来的味道非常美，让人难以相信仅仅是以盐、酱油和柠檬味原料烧烤而成的。

托斯卡纳料理的另一个特征是豆制品料理比较多，人们日常吃的就是把蚕豆和羊奶酪放在一起煮熟的料理，或者是将白芸豆和香肠、百里香、月桂、大蒜一起混煮的料理。到了夏末秋初的时候，各个蔬菜店的门前都开始摆牛肝菌。丘陵地带还放养着头数不是很多的野猪。

加布里罗饭店
中级
Trattoria Gabriello
MAP ●剪切地图-31 p.147-G €30~ ☎

创业于1858年的老字号店铺

店主是姐妹俩，出身于那不勒斯，提供的服务非常周到。厨师是撒丁岛出身，做出来的料理不仅外观好看，而且吃起来更是美味。值得推荐的食物就是将茄子和番茄混在一起做的烧烤，10欧元；切片烧烤牛排也很好吃，18欧元。

- 交 从市政广场出发步行到这里需要5分钟
- ✉ Via Condotta, 54/r
- ☎ 055-212098
- 开 7:00~24:00
- 休 全年无休

乔瓦尼饭店
高级
Osteria di Giovanni
MAP ●剪切地图-29 p.146-E €35~

对传统的料理进行创新的店铺

以传统的托斯卡纳料理为基础，再加上威尼托地方的海鲜料理的做菜技巧，做成全新的料理。馄饨也很好吃。秋天的时候还会做牛肝菌面食。

- 交 从新圣母站出发步行到这里需要10分钟
- ✉ Via del Moro, 18/20
- ☎ 055-284897
- 开 19:00~22:30（周末、周一、周五、周六12:00~14:30也营业） 休 8月、周二~周四中午

吉娜妈妈
中级
Mamma Gina
MAP ●剪切地图-34 p.146-J €4~（咖啡馆）、€35~（餐饮）

品尝到地道的托斯卡纳风味

是一家做托斯卡纳地区传统的家庭料理的老字号店铺。炭火牛排烧烤和春卷、汤团、手擀面等都是本店擅长做的料理。里面收藏的葡萄酒达900种之多。

- 交 从市政广场步行到这里需要8分钟
- ✉ Borgo Sant' Jacopo, 37r
- ☎ 055-2396009
- 开 12:00~14:30、19:00~22:30
- 休 周末、1月15日

奇布莱奥饭店
中级
Trattoria Cibreo
MAP p.145-H €40~

可以花比较合理的钱吃到特有的风味

奇布莱奥是佛罗伦萨代表性的一家料理店，但是在这家店里可以吃到比总店便宜很多的地道料理，而且价格公道，吸引着世界各地的游客。还可以吃到用同样的食材做成的料理。

- 交 从圣母百花大教堂打车到这里需要5分钟
- ✉ Via de`Macci, 122r
- ☎ 055-2341100
- 开 12:50~14:30、19:00~23:15 休 周末、周一、1月份第一周、7月份第四周到9月份的第一周

琴托·波维利
中级
Cent Poveri
MAP ●剪切地图-25 p.146-A €35~ ☎

应时节的美食料理

店主也是这家店里的厨师，出身于南意大利，所做的海鲜类料理非常受欢迎。菜单是按照季节变化而变化的，一般是1~2周变动一次菜单。白葡萄酒蒸贻贝和墨鱼汁馄饨等都是广受欢迎的料理。

- 交 从新圣母站出发步行到这里需要12分钟
- ✉ Via Palazzuolo, 31r
- ☎ 055-218846
- 开 12:00~15:00、19:00~23:00（比萨卖到晚上12点）
- 休 全年无休

戈比13饭店
中级
Ttattoria 13 Gobbi
MAP ●剪切地图-29 p.146-E €40~ T

在这家店里就可以品尝到托斯卡纳料理

店内是用古董装饰的，令人感到很放松。牛肉通心粉和T骨牛排烧烤都非常好吃，售价20多欧元。如果秋天来旅游的话，意大利面搭配蘑菇也是值得推荐的一道料理。

- 交 从新圣母站出发步行到这里需要7分钟
- ✉ Via del Porcellana, 9r
- ☎ 055-284015
- 开 12:00~14:30、19:30~23:00
- 休 圣诞节当晚、1月1日白天

拉蒂尼饭店
中级
Il Latini
MAP 剪切地图-30 p.146-F €40~

便宜且分量十足，引得很多人来排队

可以在这家店里吃到托斯卡纳代表性的肉类料理和用炭火烧烤的T骨牛排烧烤，而且价格公道，所以这家店很有人气，常见排长队。最少也要点1公斤以上的食物，所以最好是两人一起点再分餐，最后来点沙拉就完全可以了。

- 交 从新圣母站出发步行到这里需要7分钟
- ✉ Via dei Palchetti, 6r
- ☎ 055-210916
- 开 12:30~14:30、19:30~22:30、8月仅晚上开
- 休 周一、12/25后的一周、8月的第2周

吉利咖啡馆
咖啡馆
Gilli
MAP 剪切地图-31 p.147-G €5~（咖啡）、€60~（伙食费）

品质高雅的咖啡馆

在共和国广场对面。是佛罗伦萨代表性的老字号咖啡馆之一。吊灯也增添了咖啡馆里的美好氛围。想要小憩一下，优雅地品尝美味的咖啡和蛋糕时，可以到这里来坐一坐。

- 交 从圣母百花大教堂出发步行到这里需要3分钟
- ✉ Via Roma, 1r
- ☎ 055-213896
- 开 7:30~1:00a.m.
- 休 周三

安焦利诺料理店
中级
Trattoria Angiolino
MAP 剪切地图-33 p.146-I €35~ ☎

意大利代表性的老字号料理店之一

是一家现在还保存着传统气息的老字号料理店。主推肉类料理，用炭火烧烤的T骨牛排切成薄片的菜及用烤箱烧烤的猪肉，非常有人气，都差不多在15欧元。

- 交 从新圣母站出发步行到这里需要10分钟
- ✉ Via San Spirito, 36/r
- ☎ 055-2398976
- 开 12:30~14:30、19:30~23:00
- 休 12/25

贾科萨
咖啡馆
Caffe Giacosa
MAP 剪切地图-30 p.146-F €1~（咖啡）、€10~（餐饮）

斯特罗齐宫里的一家“隐士”咖啡馆

位于斯特罗齐宫（宫里还有美术馆），是一家非常具有艺术气息的咖啡馆。柜台对面的右侧是自助餐区域。这里的浓咖啡只需1欧元。午饭10欧元左右就可以解决了。

- 交 位于斯特罗齐宫里面
- ✉ Piazza Strozzi
- ☎ 055-2302913
- 开 9:00~20:00、周五~23:00
- 休 全年无休

光阴咖啡馆
咖啡馆
Chiaroscuro
MAP 剪切地图-31 p.147-G €2~（浓咖啡）、€9~（晚饭）

咖啡种类非常齐全

仅仅是卡布奇诺就有10多种，种类多得单选择就让人伤脑筋。吃着自选的套餐，喝着喜欢的咖啡，在这里休息一下是再好不过的了。午饭和晚饭还有自助餐，也都很有人气。

- 交 从圣母百花大教堂出发步行到这里需要3分钟
- ✉ Via del Cosro, 36R
- ☎ 055-214247
- 开 8:00~21:30、周六9:00~21:30、周末12:00~21:30
- 休 7、8月周末、8/15、12/25

门外酒吧
酒吧
Fuori Porta
MAP p.145-L €3.5~、€10~（下酒菜+成杯的葡萄酒）、€35~（餐饮）

葡萄酒都是从原产地精挑细选来的

酒吧里的葡萄酒都是从各地挑选出来的，除了托斯卡纳大区佛罗伦萨产的葡萄酒外，还有阿布鲁佐大区和皮埃蒙特大区的。1杯葡萄酒在3.50欧元左右，开胃小菜也是自制的，非常好吃。

- 交 从米开朗琪罗广场步行到这里需要10分钟
- ✉ Via del Monte alle Croci, 10r
- ☎ 055-2342483
- 开 夏季12:30~24:30，冬季12:30~16:00、19:00~24:30
- 休 全年无休

酒吧

狐狸与葡萄酒吧
Le Volpi e L'uva

MAP ●剪切地图-34 p.146-J €3.50~、€10~(下酒菜+葡萄酒)

店主亲自调配上等葡萄酒

店主原来不是做葡萄酒的，后来因为自己的兴趣而从事了这行，并开了这家酒吧。葡萄酒全是自己精心调配的，每杯3.50欧元左右。如果有自己喜欢的口味的话，还可以直接买走。生火腿和奶酪也是精心挑选出来的。

- 交 从市政广场步行到这里需要8分钟
- ✉ Piazza de' Rossi, 1
- ☎ 055-2398132
- 开 10:00~21:00
- 休 周末

咖啡馆

里瓦尔咖啡馆
Rivoire

MAP ●剪切地图-35 p.147-K €4~(咖啡馆)、€25~(餐饮)

在这家咖啡店里还可以吃午饭

位于市政广场对面，是一家非常有人气的咖啡馆。这里不仅有咖啡和蛋糕，还有非常好吃的三明治、通心粉等，其自创的点心也很美味。吃饭时间，这里通常会很挤。

- 交 位于市政广场对面
- ✉ Piazza della Signoria, 4
- ☎ 055-214412
- 开 7:30~24:20 (冬季~21:00)
- 休 周一

酒吧

韦拉扎诺酒吧
Cantinetta dei Verrazzano

MAP ●剪切地图-31 p.147-G €20~

可以在这家店里喝着葡萄酒尝着美味的下酒菜

这里是有名的酿造基安蒂葡萄酒的始祖——贝拉提诺直接经营的酒吧。想用加入了香草的托斯卡纳肉火腿和意大利最具代表性的Focaccia的面包做下酒食品的话，请到这里来。

- 交 从圣母百花大教堂步行到这里需要10分钟
- ✉ Via dei Tavolini, 18
- ☎ 055-268590
- 开 8:00~21:00、7·8月为8:00~16:00
- 休 周末

咖啡馆

圣卡洛咖啡馆
Caffe San Carlo

MAP ●剪切地图-29 p.146-E €8~

只需8欧元便可以自助餐的形式享受熟食+葡萄酒

午饭时有很多当地人来这里吃饭，所以店里有点拥挤。晚饭的时候，可以自助餐的形式吃套餐，套餐有：生火腿、烧烤蔬菜、小尺寸比萨等下酒食品和一杯酒，只需8欧元。慢慢地尝一杯，只是小饮一杯即可。

- 交 从新圣母站步行到这里需要8分钟
- ✉ Via Borgo Ognissanti, 32/34r
- ☎ 055-216879
- 开 7:00~24:00
- 休 周末

咖啡馆

皮提咖啡馆
Caffe Pitti

MAP MAP p.144-J €15~（餐饮）

位于皮提宫前面

是一家被松露公司收购后开的咖啡馆，所以一年到头都能吃到松露料理。头盘拼盘10欧元，加入了松露的烩饭22欧元。这些都是这家店里比较拿手的料理。阳台上的座席有近50个，环境明朗舒适，很值得推荐到这里来就餐。

- 交 从市政广场步行到这里需要12分钟
- ✉ Piazza Pitti,9
- ☎ 055-2399863
- 开 11:00~23:30
- 休 全年无休

咖啡馆

五点零五分咖啡馆
5 e Cinque

MAP ●剪切地图34 p.146-J €15~

对有机蔬菜非常讲究

是一家旨在健康的素食主义咖啡馆，因此即使是葡萄酒也非常讲究有机。有鸡蛋派、朝鲜蓟派、加入了新鲜奶酪的意式薄饼（7.50欧元）和鲜奶布丁（4欧元）等，都非常好吃。

- 交 从老桥步行到这里需要7分钟
- ✉ Piazza della Passera, 1r
- ☎ 055-2741583
- 开 12:00~23:00
- 休 全年无休

酒店

Hotel

佛罗伦萨是一个小城市,面积仅3平方公里。因此比起酒店地理位置来还是房间的构造和设备的好坏相对更重要一些。有很多豪华酒店和小宾馆是在原来的很多有来历的贵族邸宅的基础上建造起来的。

克拉公寓高级酒店

高级

Grand Hotel Villa Cora

MAP p.144-I

位于城镇尽头的山丘上，是一家别致的贵族邸宅

从装饰室内的古董家具和采用了15~19世纪的各种建筑样式的内部装饰就能看出来，这里原来是贵族邸宅。广阔的庭院一角还有游泳池。

- 交 从新圣母站打车需要10分钟，步行需要15分钟
- ✉ Viale Niccolo Machiavelli, 18
- ☎ 055-2298451　FAX 055-229086
- € S €200~　T €300~　室 46间
- HP www.villacora.it（有英语版的）

萨沃伊酒店

高级

Savoy Hotel

MAP ●剪切地图-31　p.147-G

住在这里最方便购物

在共和国广场对面，距离购物街托纳波尼大街和新维尼亚大街都很近，是观光和购物最方便的住处。客房还残留着16世纪时的贵族邸宅的气息，各个客房的构造都不一样。

- 交 从共和国广场前面、新圣母站步行到这里需要7分钟
- ✉ Piazza delle Repubblica,7
- ☎ 055-27351　FAX 055-2735888
- € S €280~　T €345~　室 102间
- HP www.hotelsavoy.it（有英语版的）

贝尼尼宫酒店

高级

Bernini Palace

MAP ●剪切地图-36　p.147-L

过去的国会议事堂

建在老宫的后面，过去曾经是国会议事堂，现在的建筑是在原来的基础上改建而成的。天花板很高，浴室也很舒服。还有带浴盆的房间和中世纪风格的房间以及能够看到圣母百花大教堂的房间。Wifi免费。

- 交 从市政广场步行到这里需要5分钟　✉ Piazza San Firenze, 29　☎ 055-288621
- FAX 055-268272
- € S €104~　T €120~　室 74间
- HP www.Hotelbernini.duetorrihotels.com

巴里奥尼酒店

高级

Grand Hotel Baglioni

MAP ●剪切地图-26　p.146-B

18世纪时建造的建筑物，非常优雅

在新圣母站前的广场对面，是一家四星级的酒店。从车站出发通过一条地下通道就到了。是将18世纪时的建筑物进行改造建成的。室内是统一的欧洲样式风格的装饰。

- 交 从新圣母站步行到这里需要7分钟
- ✉ Piazza Unita Italiana, 6
- ☎ 055-23580　FAX 055-23588895
- € S €137~　T €137~　室 193间
- HP www.hotelbaglioni.it

佛罗伦萨圣瑞吉斯酒店

高级

The St.Regis Florence

MAP p.144-F

大厅通风，非常豪华

是将19世纪时的建筑物改装而成的一家酒店。大厅通风，室内的装修很壮观。早餐的话通过菜单点菜，让酒店的人员提供服务就可以了。位于佛罗伦萨诸圣广场对面，佛罗伦萨诸圣广场沿阿尔诺河延伸。

- 交 从圣母百花大教堂步行到这里需要12分钟
- ✉ Piazza Ognis-santi,1　☎ 055-27161
- FAX 055-217400
- € S €402~　T €475~　室 100间
- HP www.stregisflorence.com

西佛罗伦萨怡东酒店
高级

The Westin Excelsior Florence

MAP ●剪切地图-29 p.146-E

阿尔诺河沿岸的房间非常受欢迎

建在佛罗伦萨诸圣广场上。国宾来的时候也是住在这个酒店里。宾馆里的设计是文艺复兴时期的风格，客房也很宽敞。能看到江景的房间费用会相对高一些。值得推荐的还有能看到整个城镇的风景的房间。

交 从共和国广场步行到这里需要12分钟
✉ Piazza Ognissanti, 3
☎ 055-27151 FAX 055-210278
€ S €259~ T €345~ 室 171间
HP www.starwoodhotels.com/westin

密内尔瓦宾馆
中级

Grand Hotel Minerva

MAP ●剪切地图-25 p.146-A

客房洋气且舒适

1995年的时候建筑师斯卡帕亲手改装的宾馆，室内装修时髦、舒适。各种设施也很齐全，屋顶还有游泳池。在新圣母教堂对面，距离车站大约200米。

交 从新圣母站步行到这里需要7分钟
✉ Piazza Santa Maria Novella, 16
☎ 055-27230
FAX 055-268281
€ S €109~ T €134~ 室 102间

大陆酒店
高级

Hotel Continental

MAP ●剪切地图-35 p.147-K

位于老桥附近

位于老桥附近，非常方便观光。是将15世纪时的建筑物改造而成的，店内非常明朗清洁。客房很时髦，床垫、床单和毛巾的布料等很好。早餐是自助餐形式的，广受好评。

交 从圣母百花大教堂步行到这里需要8分钟
✉ Vicolo dell'Oro, 6r
☎ 055-27262 FAX 055-283139
€ S €126~ T €171~ 室 42间
HP www.lungarnohotels.com

玛塔丽酒店
中级

Hotel Martelli

MAP ●剪切地图-26 p.146-B

距离车站很近，方便观光

酒店沿位于中央车站和圣母百花大教堂之间的潘查尼大街而建，所以步行就能到圣母百花大教堂和托纳波尼路。这里也是16世纪贵族居住的众多建筑物之一，大厅里还有壁画。

交 从新圣母站步行到这里需要7分钟
✉ Via Panzani,8
☎ 055-217151 FAX 055-268504
€ S €65~ T €80~ 室 53间
HP www.hotelmartelliflorence.com

俱乐部宾馆
中级

Club Hotel

MAP p.144-B

靠近中央车站，方便观光

离新圣母站、长途汽车总站与到机场去的摆渡巴士的乘车点都很近，如果携带的是大手提箱的话，住在这里会方便很多。客房里设施虽然简单朴素，但都非常实用。

交 从新圣母站步行到这里需要5分钟
✉ Via S. Caterina da Siena, 11
☎ 055-217707 FAX 055-284872
€ S €54~ T €60~ 室 62间
HP www.hotelclubflorence.com（有英语版）

阿利乐酒店
中级

Hotel Ariele

MAP p.144-A

由宫殿改装而成，氛围和谐

是由16世纪的宫殿改装而成的小型酒店。位于比较安静的住宅区，客房环境优雅舒适。旁边还紧挨着因歌剧和音乐会演出而闻名的城市剧院。

交 从新圣母站步行到这里需要15分钟
✉ Via Magenta, 11
☎ 055-211509 FAX 055-268521
€ S €75~ T €80~ 室 39间
HP www.hotelariele.it

中级 圣乔治&奥林匹克酒店
San Giorgio e Olimpic

MAP ●剪切地图-26 p.146-B

最方便的方法是在线预约

建筑物有些旧，是一个家族经营的酒店。客房有点儿窄，但是非常干净。交通极其方便，从中央车站出发通过地下通道就到了。在这里居住非常划算。早餐是意大利面。

- 交 从新圣母站步行到这里需要5分钟
- ✉ Via S. Antonino, 3
- ☎ 055-284344 FAX 055-283580
- € S €45~ T €59~ 室 61间
- HP www.hotelsangiorgioflorence.com（有英语版）

中级 雷克斯宾馆
Hotel Rex

MAP ●剪切地图-26 p.146-B

距离中央车站很近，环境安静

住宿费并不贵，设施还很好，而且员工的服务态度也很好。从中央车站到这里直线距离大约200米。附近还有“99分商店”，如果是简单地购物，比如买水和水果的话还是很方便的。

- 交 从新圣母站步行到这里需要7分钟
- ✉ Via Faenza, 6
- ☎ 055-210453 FAX 055-2382390
- € S €49~ T €59~ 室 30间
- HP hotelrexflorence.com

中级 市政宾馆
Hotle Della Signoria

MAP ●剪切地图-35 p.147-K

就在老桥旁边

距离街道中心市政广场很近，到乌菲齐美术馆、圣母百花大教堂和购物街等都非常方便。宾馆虽然有点旧，但是很惹人注目。早餐很简单。使用无线网络要收费。

- 交 从市政广场步行到这里需要3分钟
- ✉ Via delle Treme, 1
- ☎ 055-214530 FAX 055-216101
- € S €69~ T €89~ 室 27间
- HP www.hoteldellasignoria.com

中级 凤凰宫宾馆
Hotel Fenice Palace

MAP ●剪切地图-27 p.147-C

位于圣母百花大教堂背面

位于大街中心，步行就可以到圣母百花大教堂、市政广场和学院美术馆以及中央车站。早餐除了意大利面之外还有火腿、奶酪、鸡蛋等。使用无线网络要收费。

- 交 从圣母百花大教堂步行到这里需要5分钟
- ✉ Via de' Martelli, 10
- ☎ 055-289942 FAX 055-210087
- € S €60~ T €90~ 室 72间
- HP www.hotelfenicepalace.it

中级 皮缇宫宾馆
Pitti Palace

MAP ●剪切地图-34 p.146-J

可以纵览美景的住宿地

距离老桥很近，从这里步行到乌菲齐美术馆和圣母百花大教堂都只需5分钟左右。所有的客房都有屋顶阳台，可以将整个佛罗伦萨一览无余。在宾馆上层的饭店里可以一边观赏圣母百花大教堂美丽的风景，一边吃饭。

- 交 从老桥步行到这里需要3分钟
- ✉ Borgo S.Jacopo, 3/r
- ☎ 055-2398711 FAX 055-2398867
- € S €89~ T €130~ 室 87间
- HP www.vivahotels.com（有英语版）

中级 贝阿奇·托尔布奥尼酒店
Hotel Beacci Tornabuoni

MAP ●剪切地图-30 p.146-F

方便购物

在品牌购物街托纳波尼大街对面，非常方便购物。建筑物虽然有点儿陈旧，但可以在景观美丽的屋顶阳台上吃早餐，也是一种享受。

- 交 从市政广场步行到这里需要7分钟
- ✉ Via de' Tornabuoni, 3
- ☎ 055-212645 FAX 055-283594
- € S €100~ T €120~ 室 40间
- HP www.tornabuonihotels.com

传统酒店

中级

Hermitage

MAP ●剪切地图-35 p.147-K

可以边观赏圣母百花大教堂的风景边吃早餐

是一家可以将阿尔诺河一览无余的小型酒店。位于从乌菲齐美术馆去老桥的途中。从阳台上看到的老桥景色非常美。早餐比较简单。

- 交 从老桥步行到这里需要5分钟
- ✉ Piazza del Pesce-Vicolo Marzio, 1
- ☎ 055-287216　FAX 055-212208
- € S €80~　T €90~　室 28间
- HP www.hermitagehotel.com

蒙娜丽莎宾馆

小型宾馆

Monna Lisa

MAP p.145-D

氛围很像贵族邸宅

是将文艺复兴时期的贵族邸宅改造而成的小型宾馆。宾馆里有美发店，店里面有美丽的绘画和雕刻。客房数量很少，一定要提前预订。如果预订的话，还可以使用这里的停车场。

- 交 从圣母百花大教堂步行到这里需要7分钟，从新圣母站步行到这里需要5分钟
- ✉ Borgo Pinti, 27　☎ 055-2479751
- FAX 055-2479755　€ S €49~　T €99~　室 45间
- HP www.monnalisa.it

庄园宫殿酒店

小型宾馆

Palazzo del Borgo

MAP ●剪切地图-25 p.146-A

曾经是美第奇家族的邸宅

有的房间里现在还保留着中世纪时的壁画。早上可以听到附近圣母百花大教堂的钟声。客房很干净，早餐质量也很高，广受顾客好评。可以步行去超市。

- 交 从圣母百花大教堂步行到这里需要7分钟
- ✉ Via della Scala, 6
- ☎ 055-216237　FAX 055-280947
- € S €89~　T €104~　室 34间
- HP www.hotelpalazzodalborgo.it

麒麟宾馆

小型宾馆

Unicorno

MAP ●剪切地图-29 p.146-E

设备舒适，服务周到

拱形的灰浆顶棚，令人仿佛置身于中世纪时的家庭式小宾馆中。内部装修以米色和红色为基调，深受女性顾客的欢迎。所有的客房都带浴盆，作为一家三星级酒店已经很难得了。

- 交 从圣母百花大教堂步行到这里需要7分钟
- ✉ Via dei Fossi, 27
- ☎ 055-287313
- FAX 055-268332
- € S €45~　T €50~　室 27间

别墅酒店

小型宾馆

Hotel de la Ville

MAP ●剪切地图-30 p.146-F

位于托纳波尼大街对面

是一个家庭式宾馆，位于繁华街道的对面，方便购物和观光。客房比较开阔，房内设备都经过改装，感觉非常舒适。在这家店里还可以收听多语种的卫星广播。

- 交 从圣母百花大教堂步行到这里需要7分钟
- ✉ Piazza Antinori, 1
- ☎ 055-2381805　FAX 055-2381809
- € S €109~　T €139~　室 70间
- HP hoteldellaville.it

焦孔达宾馆

小型宾馆

La Gioconda

MAP ●剪切地图-26 p.146-B

是一个家族经营的小型宾馆

宾馆里面有古董家具，由此可见其历史悠久。位于潘查尼大街对面，关上窗户就听不见噪声了。所有的客房当中只有两个房间带浴盆，其余的只有淋浴。

- 交 从圣母百花大教堂步行到这里需要7分钟
- ✉ Via Panzani, 2
- ☎ 055-211023　FAX 055-213136
- € S €55~　T €65~　室 24间
- HP www.hotellagioconda.it（有英语版）

意大利温泉

意大利各地都有自罗马时代以来便一直流行的美容和治疗温泉。在国际上都有名的是威尼斯郊外的阿巴诺、托斯卡纳的蒙特卡蒂尼和圣吉利亚诺、伊斯基亚岛等地温泉。在豪华的温泉浴场和温泉宾馆里，可以好好享受一下温泉沐浴。

在19世纪时的别墅基础上建立起来的洞穴酒店

酒店客房

泡过温泉的午后是下午茶时间

洞穴温泉
Grotta Giusti

MAP p.177-A

■坐火车从佛罗伦萨到蒙特肯帝尼大约需要1小时，从蒙特肯帝尼乘出租车到这里大约需要10分钟

泥包和洞穴桑拿使皮肤变得光滑动人

蒙斯曼娜位于佛罗伦萨西面40公里左右的地方，洞穴温泉便位于这里。这里主要提供四星级酒店的住宿和泡温泉服务，非常受欢迎。

意大利的温泉是真正将美容和治疗结合起来的一种温泉。在常驻医师的指导之下，可以从温泉明细表中选择自己喜欢的服务。表单上有采用天然洞穴的桑拿、热泥包、水力按摩和空气按摩等。可以选择一周体验完这些项目，也可以在一天内体验。最好是上午去周边的小树林里散散步，下午再接受治疗。

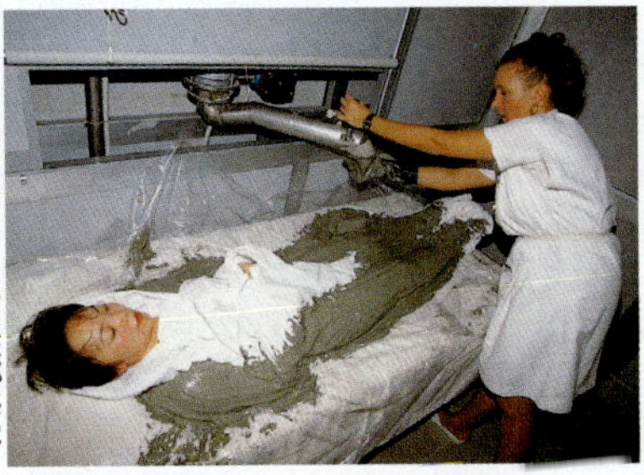

床单上面铺上泥巴。连内脏都感觉暖暖的，可以促进新陈代谢。做完之后，皮肤会变得光滑动人，效果非常明显

✉Via Grotta Giusti, 1411 Monsummano Terme
开3月中旬~11月 €50分钟一个疗程的热洞穴桑拿€40，还有其他种类（住宿费另算€207）
■温泉☎0572-90771 FAX0572-9077200
■HP www.grottagiustispa.com

◀泥包对美容很有效果
▼热桑拿洞穴温泉

萨图尼亚温泉
Terme di Saturnia

MAP p.117-A外

■乘坐从罗马到热那亚去的车，从格罗塞托站上车然后在第三站阿尔巴尼亚站下车。从那里乘坐公交车到这里大约需要1小时

大大的温泉水池，泥包美容治疗

从古埃特鲁斯坎时代以来这里便是给人们治病的“圣泉”。这家高级宾馆里面，既有放着温泉水的大水池，也有泥疗美容中心，泥疗采用的是以海藻成分和温泉水为原料的健康护理品。还有各种各样的新式温泉治疗和美容法，比如“石头治疗”和防止老化的“抗脂肪泥包治疗”等。

✉S.P. della Follonata,58050 Saturnia
☎0564-600111 FAX0564-601266 休全年无休
€“este”指的是“全身治疗”（50分钟）0120~（另收住宿费及其他费用€210）
■HP www.termedisaturnia.it

温泉大酒店
Grand Hotel Terme

MAP p.177-A外

■乘坐从罗马到佛罗伦萨的车，在距离罗马很近的乐姬丝站下车，再从那里乘坐公交车大约需要20分钟

采用泥包和盐水按摩，令人心情舒畅

位于托斯卡纳地区的温泉街——基安奇安诺温泉（Chianciano Terme）大街上。是一家高级的小型宾馆。其温泉水中包含很多的矿物质成分，因此提供的服务主要是矿泥做的泥包、饮用温泉水和盐水按摩等。

✉Piazza Italia,8
☎0578-63254 休1月
€2日疗养疗程€239（每人，包含住宿费）
■HP www.grand-hotel-terme-chianciano.com

佛罗伦萨周边游

托斯卡纳大区 Toscana

托斯卡纳大区的首府是文艺复兴的发祥地——佛罗伦萨，因此托斯卡纳大区也算是艺术文化的故乡。从佛罗伦萨出发一天就可以往返的地方有歌剧《蝴蝶夫人》的作曲家普契尼的家乡——卢卡、因斜塔而出名的比萨、有着意大利最大古董市场的阿雷佐等。南部有中世纪时期的街道城镇——锡耶纳和塔街兰布尼亚诺。锡耶纳和佛罗伦萨中间则有葡萄酒之乡——基安蒂，可以到这里来品尝一下美妙的葡萄酒。

锡耶纳节日“派力奥”

锡耶纳是托斯卡纳地区的一个小城镇，每年7月2日到8月16日之间都会举行“派力奥”节赛马运动。每当这个时候，原本清静的小城镇就变得热闹起来。在比赛中获胜的选手可以成为下一年度的英雄。

托斯卡纳地区的特产

蒙塔尔奇诺位于锡耶纳西南大约446公里的地方，蒙泰普尔恰诺则位于锡耶纳东南部，这两个地方都是托斯卡纳地区最著名的葡萄酒“布鲁内洛”的产地。基安蒂地区也是著名的葡萄酒的出产地。这里代表性的料理是T骨牛排、野兔肉和鹿肉等野生动物的肉类料理，另外还有四季豆等著名料理。

马尔凯大区 Marche

马尔凯大区位于托斯卡纳和翁布里亚东面、亚平宁山脉和亚得里亚海之间，地理环境优越，其首府是作为商业港口城市繁荣起来的安科纳。周围是美丽的山脉和大海，两者形成了鲜明的对比。另外，这里文化水准很高、人才辈出，作曲家罗西尼、画家拉斐尔和建筑家布拉曼特等都出生于此。大区北端有世界上最小的共和国——圣马力诺共和国，以及至今仍保留着美丽的文艺复兴时的建筑的乌尔比诺等。美食方面，煎炸肉橄榄和松露是这里的特产。

佩萨罗的节日

佩萨罗是罗西尼的出生地，这里每年从8月到9月都会举行罗西尼歌剧节。9月份的时候和国际电影节同步举办，还会举行戏剧节。

马切拉塔夏季露天歌剧节

马切拉塔是中世纪时遗留下来的城镇，每年7月中旬到8月中旬都会在这里举行露天歌剧节，国内外的歌剧迷们可以在这个时候尽享歌剧的魅力。

马尔凯大区也有古城

至今仍保留着文艺复兴时期建筑物的马尔凯大区

遍布葡萄树的托斯卡纳大区

大区内游览须知

虽然佛罗伦萨地区的火车和公交车等交通方式很发达，但是佛罗伦萨是交通枢纽，要是到这里来旅游的话最好是以博洛尼亚为基点，这样会比较方便些。

去锡耶纳和兰布尼亚诺的话，可以乘坐从佛罗伦萨发车的普尔曼长途汽车。从博洛尼亚到拉文纳、费拉拉、摩德纳和里米尼的话，可以坐火车，需要1~1.5小时。从里米尼坐汽车去圣马力诺的话大约需要1小时。

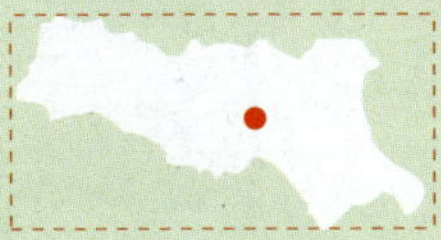

艾米利亚-罗马涅大区
Emilia Romagna

其首府是“学问之城”博洛尼亚，欧洲最早的大学就在博洛尼亚。摩德纳位于博洛尼亚西面，距离博洛尼亚大约40公里，曾经是埃斯特国家的首都，能体会到一种浓郁的历史凝重感。如果到这里旅游，一定要去镶嵌艺术之街——拉文纳、海滩度假胜地——里米尼和文艺复兴文化之街——费拉拉。

艾米利亚-罗马涅大区的特产

艾米利亚-罗马涅大区还是美食之乡。摩德纳是上等香醋的产地，博洛尼亚地区的香肠和碎肉番茄酱很有名，帕尔马则有著名的生火腿和地道的帕尔马干酪。

MAP p.177-A

远远俯瞰文艺复兴之都

菲耶索莱 Fiesole

可以将佛罗伦萨地区全景一览无余的瞭望台

可以看到佛罗伦萨全景的市镇——菲耶索莱。这里可以说是文艺复兴之都——佛罗伦萨的起源地了。其历史比佛罗伦萨还要悠久，可以追溯到公元前的埃特鲁斯坎时代。一定要从佛罗伦萨到这里来看一看。就连佛罗伦萨当地人都会到这里来游玩。夏天的时候还会在罗马剧场举行音乐会及表演歌剧。

■交通

乘坐市内公交车从佛罗伦萨新圣母车站出发到这里的话大约需要30分钟。也可以从佛罗伦萨的圣马可广场乘车，这样的话大约需要20分钟。

●旅游咨询处

✉Via Portigiani, 3

☎055-5961323

开10:30~17:00（根据季节会有变动） 休1/1、12/25

街区布局&游览须知

圣弗朗西斯教堂下面的小道

巴士会途经位于山丘上的菲耶索莱，从巴士里面也可以欣赏美丽的佛罗伦萨街道。巴士在位于小镇中心的米诺·达·菲耶索莱广场上的米·菲索尔站停车。爬上去圣弗朗西斯教堂的小道，便能看到美丽的佛罗伦萨街道了，然后在埃特鲁斯坎时代的神殿和罗马剧场周边散散步。从佛罗伦萨到这里一天就可以享受高品质的观光之旅了。

景点

观景台
Punto Panoramico

MAP p.178-A

■从诺·达·费埃索广场步行到这里需要3分钟

俯瞰菲耶索莱全景的最高点

既然来到了菲耶索莱，就一定要看一下这里的全景。巨大的佛罗伦萨大教堂在自己的脚下若隐若现，最好是在天气好的时候来。建在坡上面的圣弗朗西斯修道院是14世纪时的建筑物。还可以看到可爱又小巧的修道院里面的景观。

罗马剧场遗迹
Area Archeologica

MAP p.178-B

■从诺·达·费埃索广场步行到这里需要1分钟

可以亲眼看到当时的繁华景象

现在还保留着古罗马剧场的雄伟之姿。建筑用地之内还有展示着发掘出来的埃特鲁斯坎时代物品的市立博物馆和酒吧等。天气不错的时候，还有人在这里午睡呢。

建筑物里还有博物馆的古罗马剧场遗迹

开 10:00~19:00（11月~次年2月~14:00、3·10月~18:00）
休 周二（11月~次年2月）、1/1、12/25
€ €10（和班蒂尼美术馆、博物馆的费用是一样的）

班蒂尼美术馆
Museo Bandini
MAP p.178-B

从诺·达·费埃索广场到这里步行大约需要1分钟

这儿也散发着诱人的文艺复兴气息

和罗马剧场的入口并排在一起的美术馆。展示的是文艺复兴时期托斯卡纳地区的美术品。

开 10:00~19:00（11月~次年2月~14:00、3·10月~18:00）
休 周二（11月~次年2月）、1/1、12/25
€ €5、€10（和古罗马剧场是通票）

餐厅

€ 每人1份的钱　需要预订　注意自己的穿着

菲耶索莱·珀尔修斯饭店
Perseus Fiesole
€25~　MAP p.178-B

可以品尝到传统的托斯卡纳料理

位于来自佛罗伦萨的车停靠的广场对面，交通非常方便。这里葡萄酒的种类也很丰富。2层的座席氛围很好，还有阳光轻轻泻下来的花园。

Piazza Mino da Fiesole,9 r
055-59143
开 12:00~14:30、19:00~23:30
休 12/25、12/26

皇宫饭店
La Reggia
€45~　MAP p.178-A

边欣赏美丽的风景边享用美食

饭店就在观景台边上。可以一边欣赏着菲耶索莱地区所能眺望到的最好景色，一边享用美食。店内是用古董装饰的，还有露天阳台，每处都很吸引人。

Via S.Francesco, 18
055-59385
开 11:00~14:30、18:00~23:00
休 11月~次年3月的周末

养育了弗拉·菲利波·利皮的佛罗伦萨卫星城市

普拉托 Prato

MAP p.177-A

市政厅广场

普拉托现在还残留着中世纪时边塞城市的一派风光。从文艺复兴以来这里便一直与佛罗伦萨的命运相通。自古以来就是一个毛纺织业繁荣的城镇。现在也还是毛织业发达的地方。

交通

坐火车从佛罗伦萨的新圣母站出发大约需要20分钟。坐长途汽车的话大约需要25分钟。

旅游咨询处

Piazza Duomo, 8
0574-24112
开 9:00~13:30、14:00~18:30、周末10:00~13:00（会根据季节变化而变动）　休 1/1、复活节、12/25

街区布局&游览须知

坐火车从中央车站出发，穿过葱绿的广场，到达市中心。穿过圣马可教堂之后便是城墙了。景点几乎全在被城墙所包围起来的旧街道里面，只要步行就可以将这些景点游览一遍了。而且主要的景点都集中在大教堂、市政厅广场周边，以大教堂为基点步行就可以了。

里面也有美术馆的主教堂

普罗特里奥宫

神圣罗马帝国时代皇帝居住的城堡

景点

主教堂
Duomo

MAP p.180-A

从普拉托中央车站到这里步行大约需要5分钟

普拉托街道的标志性建筑

是受比萨和卢卡的影响而建成的罗马风格建筑物。绿色和白色的大理石给人留下深刻的印象。内部以弗拉·菲利波·利皮的作品为主，展示着很多美术作品。

开 7:30~19:00，周末~12:00、13:00~19:00 休 全年无休 € 免费　弗拉·菲利波·利皮的绘画 / 开 10:00~17:00、周末13:00~17:00　€ €3

市立博物馆
Museo Civico

MAP p.180-A

从主教堂到这里步行大约需要2分钟

值得观看的是利皮父子的作品

这是位于普罗特里奥宫殿里面的一个博物馆，在这里可以看到利皮父子的作品。经过一段时间的修复，现在的博物馆更值得去一趟。

开 9:30~12:30、15:00~18:30　休 周末下午、周二 € €5.15（和圣母百花大教堂是一样的）

皇城
Castello dell' Imperatore

MAP p.180-A

从主教堂到这里步行大约需要5分钟

雄伟壮观的白色城堡

神圣罗马帝国时代的弗里德里希二世建造的城堡。据说皇帝当时为了将这里作为从神圣罗马帝国到西西里岛去的交通要塞，而在城堡上修建了8个塔。城堡非常雄伟。

开 16:00~19:00，周六·周末10:00~13:00、16:00~19:00　休 周二

餐厅

€ 每人1份的钱　需要预订　注意自己的穿着

巴吉诺
Baghino

中级 €40~　MAP p.180-A

可以在这里稍微享受一点奢侈的时光

饭店的构造让人感觉进了高级饭店，不过费用却相当合理。该饭店主厨擅长做托斯卡纳地方料理和传统料理。

Via dell'Accademia, 9
0574-27920
开 12:00~15:00、20:00~23:30
休 周末、周一中午、8月份

MAP p.177-A

托斯卡纳艺术文化的故乡

锡耶纳 Siena

锡耶纳的街道

从佛罗伦萨乘汽车出发，首先看到的是橄榄树和葡萄田绵延不断的托斯卡纳，其中有一片突起的地方便是锡耶纳。这里从罗马时代起便是主要的沿街城镇，因金融和商业、手工业而发展起来。到14世纪的时候，出现了很多被称为“锡耶纳派”的画家和建筑家。因为至今仍然遗留着中世纪时的街道，而被指定为世界遗产。

■交通

乘坐市内公交车从佛罗伦萨出发到这里的话大约需要2小时25分钟。坐火车从佛罗伦萨出发到这里的话大约需要1小时30分钟。公交车从车站到马泰奥蒂广场需要10分钟。

●旅游咨询处

✉ Piazza del Campo,56

☎ 0577-280551

开 9:00~19:00 休 全年无休

街区布局&游览须知

从市外开来的汽车停靠在圣多梅尼科教堂前面。从这里到萨皮恩扎路后，右拐到达市中心的田园广场。去广场的话大约需要步行8分钟。如果是之前已经预订好近郊宾馆的话，不要在田园广场下车，要在公交车到达终点站的前一站圣多梅尼科广场下车，因为这里有出租车停车场，在这里可以乘坐出租车。景点集中在田园广场和距离该广场3分钟路程的主教堂广场周边。另外，在距离主教堂广场大约3分钟路程的地方还有国立美术馆，这里也是不容错过的景点。

景点

田园广场

Piazza del Campo

MAP p.183-D

■从圣多梅尼科到这里步行大约需要8分钟

是意大利众多广场中最美丽的一个

广场呈扇形，有一个缓缓的坡度，来到这里便让人不自觉地想起古代圆形剧场来。

广场前面的市政厅宫殿是14世纪初建造起来的市政厅驻地，内部是市立美术馆。宫殿的对面是盖亚喷泉，喷泉采用了著名的雅格伯-奎尔契亚的作品雕刻进行装饰。现在放在喷泉旁边的是复制品，真品展示在市立美术馆里。

市政厅宫殿 开 10:00~19:00（冬季~18:00） € €7.50

美丽的田园广场

曼加塔楼

Torre del Mangia

MAP p.183-D

■和田园广场一样

市政厅宫的钟楼

不论从城镇的哪个角度都可以看见这个塔。塔是12世纪中叶时获得自治权的锡耶纳政府的象征，完成于1334年。到塔顶总计有400多个台阶，如果腿脚比较健朗的话，一定要爬上去看一看。最开始和最后面的25个台阶因为比较狭窄，每次只能进30个人。夏天的时候会出现排长队的情形，但这个季节看到的风景也是最好的。

开 3/16~10/31 10:00~19:00、11/1~次年3/15 10:00~16:00、1/1 12:00~16:00（闭馆前45分钟停止入场）

休 1/1、12/25 € €8

可以爬上曼加塔楼的最上面。塔高达120米。上图是塔顶

洗礼堂

Battistero

MAP p.183-C

■从田园广场到这里步行大约需要3分钟

在这里可以看到锡耶纳派巨匠们的作品

从田园广场稍微向西走一点，便是街道的另一个中心——大教堂广场。洗礼堂建在广场一端，好像是田园广场的延伸，但是两者的入口却是相反的。

建造于1336年的该洗礼堂的正面其实尚未完成。里面的天花板上画着15世纪时的壁画，还可以在洗礼堂里面看到洛伦佐·吉贝尔蒂和多纳泰罗等15世纪时的巨匠们的雕刻作品。锡耶纳派的西耶路哈设计的洗礼盘也是一件很不错的作品。

开 3月~5月、9月~11/1 9:30~19:00、6月~8月~20:00、11/2~次年2月10:00~17:00 休 1/1、12/25 € €3

锡耶纳大教堂

Duomo

MAP p.183-C

■从田园广场到这里步行大约需要3分钟

集结了中世纪时艺术家们的技术和感觉

从外观看的话，教堂正面的下半部分是罗马样式的，上面是晚于罗马样式出现的哥特式风格，两者之间给人有点儿不和谐的感觉。但是，里面的景观非常美，令人窒息的漂亮。

地面上全部都是大理石材料的几何花纹镶嵌，柱子是黑色和白色的大理石交相重叠做成的，很豪华。圆屋顶上施了彩绘，非常壮观。而且这里还是一个珍贵的美术品宝库，有据说是尼克拉皮萨诺的杰作的说教坛，还有皮科洛米尼图书馆，图书馆上的壁画内容是出身于锡耶纳的教皇皮乌斯二世的事迹。

开 10:30~20:00（周末·节假日13:30~18:00）、3月~6月中旬~19:30（周末·节假日13:30~18:00）、9月中旬~10月~19:30（周末·节假日10:30~18:00）、11月~次年2月~18:30（周末·节假日13:30~17:30）

休 全年无休 € €3

主教堂美术馆

Museo dell'Opera del Duomo

MAP p.183-D

■和主教堂一样

展示着装饰大教堂的美术品

珍贵的作品宝库，其中不容错过的是杜乔的最高杰作——《庄严的圣母》。缜密的画面构成和亲切温和的圣母表情给人留下深刻的印象。文艺复兴时期的巨匠多纳泰罗在大教堂的入口“赎罪之门”上画的大理石质的《圣母子像》壁画也是一件非常珍贵的作品。

实际上当时建造这个美术馆的目的是为了使它成为第二个大教堂一样的建筑，但是由于没有成功，建筑物的建造并没有完成。从美术馆和洗礼堂之间可以看到新大教堂的拱形正面。

开 9:30~20:00、3月~6月中旬~19:30、9月中旬~10月~19:30、11月~次年2月10:00~17:00

休 1/1、12/25 € €6

▲皮科洛米尼图书馆天花板

主教堂美术馆入口▶

画着美丽的彩绘的圆屋顶

罗马—哥特式的大教堂。内部更是美观

Viale Cesare Maccari
↖车站
Via della Stufasecca
Fonte Nuova
车站方向 ↗
V. del Comune
P.za A. Gramsci
Via dei Montanini
Viale dello Stadio
V. F. Tozzi
Via Vallerozzi
S. Donato
市体育场
Stadio
Comunale
A
警察局
邮局
B
Chiusarelli
马泰奥蒂广场
Piazza
Matteotti
出租候客站
萨林贝尼宫
Palazzo Salimbeni
Via dei Rossi
Via dei Baron Celli
P.za
Salimbeni
Via dei Termini
V. Banchi di Sopra
S. Maria di Provenzano
V. Curtatone
Via del Paradiso
Piazza
Provenzano
Salvani
Via della Sapienza
V. delle Terme
公共汽车售票点
S. Cristoforo
圣多梅尼科广场
Pza. S. Domenico
C. S. Antonio
Via Sallustio Bandini
托洛梅伊宫
Palazzo Tolomei
圣多梅尼科教堂
S. Domenico
Via S. Caterina
V. d. Galluzza
S. Vigilio
Fontebranda
La Toscana
Piccolo Hotel Etruria
Universitá
P.za
Indipendenza
V Banchi di Sotto
商人廊亭
Loggia della Mercanzia
Via di Fontebranda
p.184 曼加饭店
S. Martino
Porta
Fontebrandd
C
Via del Costone
加亚喷泉
Fonte Gaia
D
Via del Porrione
Via di Citta
田园广场 p.181
Piazza del Campo
p.184 迪沃古饭店
Via Franciosa
洗礼堂 p.182
Battistero
曼加塔楼 p.181
Torre del Mangia
市政厅（市美术馆）
Palazzo Pubblico
(Museo Cirico)
Via dei Fusari
Via di Vallepiatta
锡耶纳大教堂 p.182
Duomo
主教堂美术馆 p.182
Museo dell'Opera
del Duomo
市集广场
Piazza del
Mercato
拉·菲内斯托拉
大教堂广场
del Duomo
S. Sebastiano
Via del Fosso di S. Ansano
Via di Città
Casato di Sotto
Via Giovanni Dupré
库阿托尼·康德尼
Via di San Pietro
国立绘画馆 p.184
Pinacoteca Nazionale
大教堂酒店
S. Pietro
E
F
Via di Stalloreggi
Via Paolo Mascagni
Via del Mantellini
Via Stalloreggi Piano
Via Fontanella
N
Sant'Agostino
Via Tommaso Pendola
Via Tito Sarrocchi
Via Pier Andrea Mattioli
锡耶纳
Siena
0
100m
S. Niccoló del Carmine
Via delle Cerchia

参观顺序：从3层开始

国立绘画馆
Pinacoteca Nazionale

MAP p.183-F

■从锡耶纳主教堂到这里步行大约需要3分钟

观看锡耶纳派绘画的最佳去处

被称为锡耶纳派的这些人的艺术比在佛罗伦萨产生的文艺复兴时期的艺术更早一点。因此，与最早追求人性美的文艺复兴时期相比，锡耶纳派思想稍微有些保守。这个派别的特点是作品中飘散着拜占庭式的宗教色彩，是了解中世纪时的美术的一个不可或缺的方面。

锡耶纳派的著名画家有：画了《海边城镇》和《天使报喜》的安布罗乔·洛伦采蒂、采用写实的画风画了《圆柱上的基督》的索多马、画面上让人感受到音乐的灵动的《圣母子》的作者西莫内·马蒂尼等。这家美术馆是按照年代顺序进行展览，到这里来参观的人只要大体上转上一圈基本上就可以了解锡耶纳派的大体发展轨迹了。

开 8:15~19:15，周一·周末·节假日9:00~13:00
休 1/1、12/25　€ €4

餐厅

€ 每人1份的钱　需要预订　注意自己的穿着

田园广场周边和索普拉繁华街上有很多饭店。

曼加饭店
Al Mangia

高级 €40~　MAP p.183-D

托斯卡纳料理和基安蒂葡萄酒

是位于田园广场对面的一家托斯卡纳料理店。如果白天来此的话，可以坐在露天阳台上观赏美丽的风景。

■ ✉ Piazza del Campo,42
■ ☎ 0577-281121
■ 开 12:00~15:30、19:00~22:30
■ 休 11月~次年2月周四

迪沃古饭店
Antica Osteria da Divo

高级 €30~　MAP p.183-C

在洞窟里面品尝托斯卡纳料理

用的都是当季的新鲜食材，每3个月更换一次菜单。基本上是托斯卡纳料理，也有自己独创的料理。

■ 交 从锡耶纳主教堂到这里步行需要3分钟
■ ✉ Via Franciosa, 25-29　■ ☎ 0577-284381
■ 开 12:00~14:30、19:00~22:30　■ 休 周二

真情提示

锡耶纳的繁荣与锡耶纳派

锡耶纳早在罗马帝国时代就已经是连接罗马和法国之间的主要城市街道的重要枢纽城市了。12世纪中叶的时候成为一个自由城市，之后因商业、金融和手工业而繁荣起来。世界上最早的银行——锡耶纳银行（1472年）也诞生于这个城市。长久以来都和佛罗伦萨处于敌对状态，到了1260年的时候，在蒙塔佩尔蒂战争中锡耶纳奇迹般地战胜了佛罗伦萨，之后便迎来了锡耶纳的黄金时期。

1311年为了庆祝战争胜利50周年，画家杜乔（迪博尼塞尼亚）花费了大约4年时间完成了《庄严的圣母》这幅画。之后兴起了以杜乔为始祖的锡耶纳派美术。佛罗伦萨艺术以罗马风格的均匀整齐和写实为宗旨，与此相对，锡耶纳派主要是受到了希腊和梵蒂冈的影响，注重素描和用线造型，追求严谨、细腻、崇高的风格，且具装饰性，而且画风充满了神秘色彩。锡耶纳派的画家主要有：圭多·锡耶纳、西莫内·马蒂尼、洛伦泽蒂兄弟和库尔查、索德马等人，他们的艺术成为了文艺复兴艺术的前奏。1260年以后的200年间，锡耶纳一直都处于繁荣的状态。但是，到了1348年时由于黑死病大面积地发生，很多人从城市中逃亡出去，到了1555年的时候合并成为佛罗伦萨·托斯卡纳大公国的一部分，锡耶纳的繁荣期也到此结束了。

MAP p.177-A

穿越回中世纪

兰布尼亚诺

San Gimignano

热闹的圣乔瓦尼大街

公元前，兰布尼亚诺曾经形成伊特鲁利亚人的村落，中世纪时被沃尔泰拉统治，到1199年获得独立之前这里一直都设有主教博物馆。另外，这里距离法国来这里时的商路很近，于是渐渐地发展，作为一个中转休息的城市而逐渐繁荣起来。在鼎盛时建造了象征着财富与权力的72层塔。现在还有15层仍然是中世纪时的样子，没有什么变化。

■交通

乘坐到锡耶纳方向去的汽车从佛罗伦萨出发，在波吉邦西(Poggibonsi)换乘往兰布尼亚诺方向去的汽车。从佛罗伦萨到波吉邦西大约需要1小时30分钟，再从波吉邦西到这里大约需要20分钟。

●旅游咨询处

✉ Piazza Duomo,1

开 9:00~13:00、15:00~19:00（冬季9:00~13:00、14:00~18:00）

休 1/1、12/15

☎ 0577-940008

街区布局&游览须知

从波吉邦西始发的汽车在圣乔瓦尼门前停车。圣乔瓦尼街道也始于此，街上到处是卖香肠和葡萄酒等特产的商店，还有饭店等，可以随意地闲逛。顺着这条路向北走，大约5分钟就可到达水井广场，和该广场相邻的是主教堂广场，这里也是观光的中心地。景点大多集中在主教堂广场的对面。大体看过一遍之后，沿着广场前的街道继续向北走5分钟左右，就是圣阿格斯蒂诺(Sant'Agostino)教堂，也是城镇的最北端。这个城镇至今还保留着中世纪时的蜂蜜色建筑物。从佛罗伦萨到这里可以进行1日游，如果有时间的话一定要到这里看一看。

五颜六色的陶瓷器

景点

参事会教堂

Duomo Collegiata Basilica di Santa Maria Assunta

MAP p.185

■从水井广场到这里步行大约需要1分钟

聚集15世纪的艺术作品的宝库

建成于12世纪的罗马式建筑，外观朴素，但是内部很宽敞，简直就像是一个博物馆。左右走廊两边是用壁画装饰的。其中正面墙壁的背面的壁画《圣贝诺佐·戈佐利的殉教》是15世纪时的画家贝诺佐·戈佐利（Benozzo Gozzoli）的作品。右手边靠里是圣菲娜小礼拜堂（Cappella di Santa Fina），在这里可以看到佛罗伦萨代表画家之一季兰达的《受胎告知》（收费）。

圣菲娜小礼拜堂

开 9:30~19:30（周六9:30~17:30、周末12:30~17:30）、11/1~次年1/20・3/31 9:30~17:00（周末12:30~17:00）

休 1/21~2/28 € €3

外观朴素的参事会教堂

波波罗宫（市立美术馆）
Palazzo del Popolo

MAP p.185

■从水井广场到这里步行大约需要1分钟

从塔顶眺望到的景色非常壮观

建造于13~14世纪的小城镇。二层有1300年但丁到这里来演讲的时候用的房间。三层是展示13~15世纪的佛罗伦萨画派和锡耶纳画派的绘画的市立美术馆。

尤其引人注目的塔高达54米，可以踩着狭窄的台阶登上塔顶。从塔上可以看到像画本一样的砖瓦色的街道和绵延不断、绿油油的田地，令人不禁会想象中世纪的人看到的是不是也是这样的景象呢？不由让人感慨万千。

开 3月~10月9:30~19:00、11月~次年2月10:00~17:30、1/1 12:30~ 17:00、12/2410:00~13:30、12/2510:00~17:00、12/31 10:00~17:00 休 全年无休 € €4（和塔是一样的）

主教堂广场
Piazza del Duomo

MAP p.185

■从水井广场到这里步行大约需要1分钟

"塔城"的象征

11~13世纪的时候，城镇里的贵族和实力派分成了"皇帝派"和"教皇派"两大派别，相互之间互相较量塔的建设情况。据说当时为了防止敌对势力的入侵，会从塔上向下扔石头、倒油。到了14世纪时，塔的建设情况成为了财富的象征。这个广场就是在这样的历史条件下建造的。有很多重要的建筑物和7个塔。

西侧正面是Collegiata教堂，南面是波波罗宫殿，东面是波德斯塔宫殿。

圣阿格斯蒂诺教堂
Chiesa di Sant'Agostino

MAP p.185

■从主教堂广场到这里步行大约需要7分钟

有许多15世纪时的壁画

教堂建造于13世纪，外观很朴素，但是教堂里面的四个墙壁上画着17幅壁画。这些都是15世纪时的画家贝诺佐·戈佐利的作品，画的是基督教徒圣阿戈斯蒂诺的一生。另外，《圣母加冕》也很美。

开 9:30~19:00（周末11:00~18:00）
休 全年无休
€ 免费

从波波罗宫上面看到的城镇风光

波波罗宫

圣阿格斯蒂诺教堂

酒店

主要是三星级酒店，不仅住着舒适而且价格也很公道。房间的数量比较少，如果决定要来这里的话最好早一点预订。

古井饭店
L'Antico Pozzo

中级 MAP p.185

充满了中世纪的气息的隐居之所

店门口只有一个简单的招牌，入口很小。大厅也比较狭窄，放着古董家具。里面有一口井，这便是饭店名字的由来。饭店虽然有点旧，但客房干净明亮，设施齐全便利，尤其是里面的大浴盆，很适合旅行归来舒服地放松一下。

Via S,Matteo,87 ☎0577-942014
FAX 0577-942117 € S €80~ T €110~
室 18间 HP www.anticopozzo.com

明亮的庭院

干净的客房

MAP p.177-A

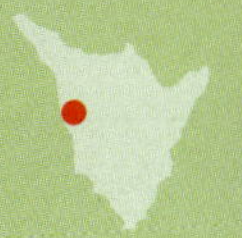

被华丽的建筑所吸引，美得令人窒息

比萨 Pisa

比萨纤细的大教堂

早在古罗马时代比萨就已经因为贸易而繁荣起来，到了12、13世纪的时候连科西嘉岛和撒丁岛都成为比萨的领土的一部分，比萨成为地中海地区华丽的霸主。曾经是雄霸一时的海运王国，而现在这里仅仅是一个安静的小城镇，令人不敢相信它曾经那么繁华过。但是到比萨大教堂去参观一下的话，就会使人明确地感觉到这个城镇过去所拥有的繁华。建筑群纤细而优美，广场明亮、开放且和谐有趣。

旅游咨询处

■交通

乘火车从佛罗伦萨到这里的话大约需要1小时10分钟，而且车次也很多。从车站到市中心步行大约需要20分钟。也有汽车通行。坐飞机的话，从罗马到这里需要45分钟，一天3班。乘坐前往车站前面的广场方向去的公交，从比萨伽利略机场到市内需要10分钟。比萨大教堂23:00~次日7:00禁止入内。

●旅游咨询处 ✉ P.za del Duomo
☎ 050-835011 开 8:00~19:30
（根据季节会有变动） 休 全年无休

187

街区布局&游览须知

从车站前面顺着克里斯皮大街向北走，眼前会突然一亮，这里便是比萨大教堂，也被叫做“奇迹广场”，是这里观光的中心地。广场周边是意大利代表性的一组建筑。除了在这里即将要介绍到的景点之外，还有：公墓、展示古代壁画和中世纪雕刻作品的公墓附属美术馆、比萨主教堂美术馆（里面放着的都是装饰比萨主教堂的作品）、西诺皮亚美术馆（Museo delle Sinopie，里面的展品是从比萨大教堂纳骨堂里面挖掘出来的壁画草稿画）。这些都在教堂周边。

景点

比萨大教堂
Duomo

MAP p.187-A

■从比萨车站到这里步行大约需要20分钟

罗马·比萨样式的代表作

教堂平面是用4排科林斯式圆柱做成的，给人印象深刻。内部还有据说哥特式建筑时期的建筑师皮萨诺建造的说教堂。比萨大教堂广场因其匀称美还被称作“奇迹广场”。

开 4月~9月10:00~20:00（周末·节假日13:00~）、10月10:00~19:00（周末·节假日13:00~）、11月~次年2月10:00~13:00、14:00~17:00（周末·节假日13:00~）、3月10:00~18:00（周末·节假日13:00~） 休 全年无休 € €2（两个地方一起看的话€6）

比萨斜塔
Campanile o Torre Pendente

MAP p.187-A

■和比萨大教堂广场一样

伽利略在这里做了“自由落体”实验

本来是隶属于大教堂的一个钟楼，于12世纪后半叶开始施工。但是当建到塔的第三层的时候塔开始倾斜，于是停止了施工。终于在14世纪中叶时完成。塔北面高55.2米，南面高54.5米，塔向南倾斜了5度30分。

开 12·1月10:00~17:00、11月~次年2月9:30~18:00、3月9:00~18:00、4月~9月8:30~20:30（6月~8月8:30~23:30）、10月9:00~19:30（闭馆前30分钟停止入场） 休 全年无休 € €17（预约☎050-560547）、€15（HP www.opapisa.it在网上预约）

比萨大教堂侧面和内部

预约就能到内部去看一看

洗礼堂
Battistero

MAP p.187-A

■和比萨大教堂一样

有八面屋顶，圆屋顶是十二角形的

外壁是用优美的列柱装饰的。建筑下面是罗马样式的，上面是哥特式的。有4个门，比萨大教堂的门是用皮萨诺派的雕刻装饰的，非常引人注目。圆屋顶直径18米，周边设有走廊，供人们在这里边走边观看。

开 4月~9月8:00~20:00、3·10月9:00~19:00（3/21~3/31~20:00）、11月~次年2月10:00~17:00 休 € 和比萨大教堂一样

餐厅

€ 每人1份的钱　需要预订　注意自己的穿着

米勒饭店
Osteria dei Mille

经济实用型 €35~　MAP p.187-B

是托斯卡纳料理的名店

地方料理的牛肉面食馄饨值得推荐。甜点也很好吃。

- ✉ Via San Frediano,16
- ☎ 050-580858
- 开 12:30~14:00、19:30~22:45
- 休 周五

酒店

阿玛尔菲宾馆
Amalfitana

小型宾馆　MAP p.187-A

位于车站和比萨大教堂广场中间

位于比萨大教堂广场和车站中间，距离大教堂要稍微近些。是一家很别致的家庭式的宾馆。早餐6欧元。

- ✉ Via Roma,44
- ☎ 050-29000
- FAX 050-25218
- € S €40~　T €55~　■ 室 21间

依然保留着中世纪样子的城镇
卢卡 Lucca

旧街道广场这里也有古董市场

现在城壁这里基本上变成了市民们散步的场所，但是城壁还保留着中世纪时候的样子，全长大约4公里。卢卡作为一个独立的自治城市繁荣起来。这里很多的文化遗产都是从狭窄的城壁中发掘出来的，至今仍然受到众多游客的欢迎。

■交通
乘火车从新圣母站出发到这里的话大约需要1.5小时。乘坐长途汽车的话需要1.5小时。

●旅游咨询处
✉ Piazza Verdi
☎ 0583-583150
开 3月~9月 9:00~19:00、10月~次年2月 9:30~17:30
休 1/1、12/25、12/26

街区布局&游览须知

出了车站就能看到前面是被篱笆围住的城壁。穿过城壁之后顺着威尼托大街走就会到达城镇中心。从车站到卢卡大教堂步行大约需要12分钟。

旅游咨询处在威尔第广场这里，长途汽车也是从这个广场发车。

景点大多都在城壁内部。如果在观光地走累了的话，可以爬上城墙，混在卢卡人中间在上面轻松地散散步。

圭尼基塔（p.191）街区景致

景点

卢卡大教堂
Duomo
MAP p.189-B

■从卢卡车站到这里步行大约需要12分钟

装饰着教堂的众多的雕刻非常值得一看

卢卡大教堂受到了比萨·罗马样式的风格的建筑的影响，因此它的特点是拱形设计，多是扁平形的。有一部分在14~15世纪的时候进行了改造，采用了哥特式的建筑风格。柱廊上有很多浮雕。旁边的广场上每月第三个周六·周末的时候还会开古董市场。

卢卡大教堂/开 夏季7:00~19:00、冬季~17:00
圣具室/开 4~10月9:30~17:45(周六~18:45、周末·节假日9:00~10:00、13:00~17:45)、11月~次年3月9:30~16:45(周六~18:45、周末·节假日9:00~10:00、13:00~17:00)
休 全年无休　€ 卢卡大教堂免费/圣具室€2

卢卡大教堂有很多美丽的拱形设计

卢卡大教堂就连一些很细微的地方的做工都很精致

给人印象深刻的圣米歇尔教堂

圣米歇尔教堂
S. Michele
MAP p.189-B

■从卢卡大教堂到这里步行大约需要5分钟

正面非常美观，也非常出名

在罗马时代的公共广场对面,连着好几层都是拱形的设计,特点突出,被称为是比萨·卢卡样式的建筑。回廊是用小圆柱支撑起来的,四段小圆柱构成一根柱子,柱子上面还有大天使米凯莱的画像,内部还有菲利皮诺·里皮的板画。

开 7:40~12:00、15:00~18:00　休 全年无休　€ 免费

圣弗雷迪亚诺教堂
S. Frediano
MAP p.189-B

■从圣米凯莱教堂到这里步行大约需要5分钟

镶嵌画式建筑的教堂

当时的教堂的正面大多数都是采用了比萨·卢卡样式的圆柱材料的建筑，这个教堂却大放异彩，正面采用的是拜占庭式的壮观的镶嵌画设计。

开 8:30~12:00、15:00~17:00（周末·节假日10:30~17:00）休 全年无休　€ 免费

正面是圣弗雷迪亚诺教堂

圭尼基塔
Torre Guinigi

MAP p.189-B

■从圣米凯莱教堂到这里步行大约需要10分钟

可以一望中世纪时的样子

可以登上塔顶，如果体力好的话可以爬爬看。从塔顶看到的美丽的风景会将自己登塔的疲劳一扫而光。如果天气好的话还可以看到城壁外面的立杉。

开 9:30~19:30（11月~次年2月~16:30、3·10月~17:30、4·5月~18:30）
休 12/25
€ €3、€5（和科尔德罗塔的票是一样的）

卢卡大教堂附近的广场

餐厅

€ 每人1份的钱　需要预订　注意自己的穿着

安东尼奥布卡饭店
La Buca di S. Antonio

高级 €40~　MAP p.189-A

料理和服务都是无可挑剔的

创业于1782年。并且还做传统的卢卡料理。店内是古董装饰的，氛围很好，总是很热闹。地下还有葡萄酒储藏室，托斯卡纳葡萄酒的种类也很丰富。

■ Via della Cervia,1/3　☎ 0583-55881
开 12:30~15:30、19:30~22:30　休 周末晚上、周一

牛排馆
Osteria del Manzo

高级 €50~ MAP p.189-B

继承了托斯卡纳料理的传统风味

地处卢卡中心，交通很方便。料理的味道主要是传统的以淡淡的咸味为主。夏天的话推荐西葫芦花面食，秋天的话就吃牛肝菌面食。本店还擅长做贻贝汤。

■ Via Battisti,28　☎ 0583-490649
开 12:30~14:30、19:30~22:30　休 周末

狮子座饭店
Trattoria Da Leo

中级 €30~ MAP p.189-A

可以品尝到托斯卡纳料理

托斯卡纳牛肉虽然脂肪很少，但是肉仍然很松软，将这样的牛肉切成生牛肉片，味道很是鲜美。秋天的时候本店的牛肝菌面食也很好吃。饭店里面的氛围很友好，可以轻松休息一下。意大利面6欧元起价。

■ Via Tegrimi,1　☎ 0583-492236
开 12:00~14:30、19:30~22:30　休 周末晚上、6~8月份周末白天

酒店

普契尼小酒店
Piccolo Hotel Puccini

中级　MAP p.189-A

饭店里的氛围很安静，魅力十足

从圣米凯莱教堂正面的路上向里走就是了。地理位置绝佳。正如其名字所示，是一家小型的很可爱的饭店。早餐3欧元。

■ Via di Poggio,9　☎ 0583-55421
FAX 0583-53487　€ S €55~　T €75~
室 14间　HP www.hotelpuccini.com

环球宾馆
Universo

中级　MAP p.189-B

距离卢卡大教堂很近，方便观光

就在卢卡大教堂和拿破仑广场旁边。建筑物多是古董式样的，让人切身体会到卢卡中世纪街道的氛围。

■ Piazza del Giglio, 1　☎ 0583-493678
FAX 0583-954854　€ S €59~　T €59~
室 56间　HP www.universolucca.com

环球宾馆的标志是红茶色建筑

MAP p.177-B

曾经的繁荣和现在的状态融合得很好的城镇

拉文纳 Ravenna

别致的城镇中心地区

以保存古罗马特别是东罗马帝国时期的建筑遗迹著称。可以在娴静的氛围之中去体会中世纪的时候的绚烂的镶嵌画艺术。还是去氛围很好、易于步行的博洛尼亚的一个必经之地。到这里来的人一定会想要是自己能够住在这样的城镇里该多好呀。现在这个城镇是很安静的了，但是5世纪到11世纪期间这里曾经是意大利的政治和信仰的重要基地。同时，由于很多不同的种族的人们曾在这里进行过不断的更迭支配统治，因此这里的镶嵌画艺术别具风格。

位置Location

乘坐火车从博洛尼亚到这里的话大约需要20分钟。从佛罗伦萨到这里的话可以直达，大约需要2小时50分钟。打车从车站到市中心大约需要5分钟。

●旅游咨询处

✉Via Salara,8/10 ☎0544-35404 开8:30~19:00（周末・节假日10:00~ 18:00）、冬季~18:00 休全年无休

信息早知道Information

从拉文纳车站出来马上就能发现，车站前面井然有序。从车站到市中心之间的街道上全是林荫树。从车站步行到波波罗广场大约需要20分钟。主要的观光景点就在以波波罗广场为中心步行15~20分钟的范围之内。如果想鉴赏镶嵌画艺术的话，从波波罗广场向西北走，去参观一下普拉契狄亚陵寝和圣维塔莱教堂。从波波罗广场向南走是但丁之墓和内欧尼安诺洗礼堂等。另外还有一定要看的是位于罗马街道上的新阿波利纳雷教堂。以上的这些景点步行都能去，只是镶嵌画艺术的代表作之一新阿波利纳雷教堂距离市中心大约10公里，比较远，但可以乘坐市公交车去。所以如果你已经到了拉文纳的话一定要到这里来参观一下。

MOZAIC

观看镶嵌画艺术最佳地点Best 5

看着镶嵌画就会使人不自觉地身心放松。不是有很多人都有这样的感觉吗？来拉文纳观赏的话，一定要找寻自己最喜欢的镶嵌画艺术之地。现在我们要介绍的就是派遣采访记者到当地了解到的观看镶嵌画艺术最佳的5个地点，一起来看一下吧。

Best 1 好棒！

内部是经过冥思苦想做成的镶嵌画艺术的乐园。看到之后其魅力令人叹为观止，哑口失言

圣维塔莱教堂

Basilica di San Vitale

MAP p.192-A

■从波波罗广场到这里步行大约需要8分钟

被拜占庭式样的杰作所征服

建造于6世纪的八角形教堂。中堂由8个半圆拱券联系在一起的柱垛围合而成，柱垛间的柱子按凸出的半圆形排列，形成花瓣形中堂，8个半圆拱券之间的间隙由7个半圆形的空间和后阵、上下阶的回廊构成。圆屋顶用的是陶制的管子，并且采用了砖瓦结构，由此可以看到该教堂受到了罗马的建筑方式的影响。后堂的镶嵌画是梵蒂冈· 镶嵌画成熟时期的作品。6世纪时的梵蒂冈美术就这样被完整地保留了下来，这在世界上也是绝无仅有的文化遗产。

来看一下连光线的因素也考虑在内的镶嵌画吧。城镇的守护神——圣维塔莱对基督教深信不疑。在画着圣人的面相的圆形拼花周围是绿色的海豚，海豚是“救赎”的象征。镶嵌画中查士丁尼和皇后奥特多罗及侍立的女官们，虔诚地为自己的孩子祈祷着，被燃烧的柴火团团围住的摩西倾听着神的声音。这些都非常生动地被画了出来。

开 9:00~19:00（7/10~9/11、周三~周四21:00~23:00也开馆、冬季~17:30） 休 12/25 € €9.50（普拉契狄亚陵寝以及其他6个地方的票和这个是一样的，3月1日~6月15日加收€2）

左右很均衡的美丽的圣维塔莱教堂

Best 2 好棒！

深蓝色和金色的镶嵌画是宇宙中都很难再找到的，其深奥打动人心。

普拉契狄亚陵寝

Mausoleo di Galla Placidia

MAP p.192-A

■从波波罗广场到这里步行大约需要8分钟

被圣人、星星和十字架保佑着的空间

不注意看的话会忽视这个陵寝是十字架形的。这里是锡耶纳地区最早的观看镶嵌画的地方。是5世纪时历经生命的坎坷最终统治了拉文纳的女性——普拉契狄亚的陵寝。普拉契狄亚皇帝狄奥多西的女儿之前被迫和入侵的西哥特族的国王结了婚，在国王死后又和康斯坦丁将军结了婚。将军死后她又回到了这片土地上。他们的孩子做了后来的西罗马帝国的皇帝。在他统治期间拉文纳获得了短暂的和平。

庙堂里面有点黑，顶棚的平面是立体的，全部被镶嵌画覆盖着。放羊的年轻的基督和羊群、圣人们的样子等各种各样的题材都有。中央的圆屋顶上，在众多的金色的星星之间画着一个十字架。整体以深蓝色为基调，华丽之中尽显宁静，让人感到舒心。正面是安葬普拉的石棺。

开 休 和圣维塔莱教堂一样 € €9.50（和圣维塔莱教堂等其他6个地方一样）

普拉契狄亚陵寝里面的蓝色非常好看

Best 3 好棒！

装饰的种类丰富，
颜色的搭配也很鲜艳

新阿波利纳雷教堂

Basilica di Sant'Apollinare in Classe

MAP p.192-B外

■乘坐4路和44路公交车从拉文纳站到这里大约需要15分钟

画着镶嵌画，充满了草原气息

Cllasse距离拉文纳5公里远，现在看来是没有什么大的特点，去的话也不是很方便，但是这里是曾经对罗马帝国的繁荣作出过巨大贡献的港口城市。由于蒙多内河（(Montone) 和龙科 (Ronco) 河水接连不断地泛滥以及洪水频发等，海逐渐在Cllasse地区消失，这里也逐渐丧失了海港城市的作用。建造于6世纪的这个教堂是欣赏镶嵌建筑时不可或缺的重要的一个地点。说到这里的镶嵌画的话，首先给人深刻印象的就是鲜艳的翡翠绿。24根柱子是用希腊大理石做成的，充满着跃动感，将人们的视线吸引到教堂里面的镶嵌画上。翠绿的草原和松林中，放着一群羊，牧羊人互相说话的场景、头上的绿松石装饰着的十字架、从天上送来祝福的基督等，所有的这些画面都充满着和谐的气氛。为了确保自己能够心情舒畅地观赏镶嵌画，一定要保证自己坐到车。公交车的数量很少，1小时只有1~2班，所以一定要提前确认好自己回去的方式。

新阿波利纳雷教堂内部（左）和外观

开 8:30~19:30、周末13:30~19:30（入场~19:00）
休 全年无休 € €3

Best 4 好棒！

描绘了基督的一生及其他系列的镶嵌画
令人瞠目结舌

新圣阿波利纳雷教堂

Basilica di Sant'Apollinare Nuovo

MAP p.192-B

■从波波罗广场到这里步行大约需要5分钟

国王对过于美丽的镶嵌画感到不满？！

东哥特王国的国王狄奥多里克把这个教堂建在自己的王宫附近，于493年建成。由中堂和将其围起来的侧廊三个廊子组成，是一个大教堂。镶嵌画是用金色装饰的，淡淡的阳光从窗户中射进来，美丽之姿不可言喻。据说还有法皇曾经因为担心这个教堂太美了，正在做弥撒的信徒会被这样的美色所吸引，所以曾经命令将这个教堂用烟熏黑。

最美的还数正殿左边下阶上画着的《东方三博士和圣女的行列》和右边的《26名殉教者的行列》这两幅画。上阶上还有画着预言者和圣人的体态的镶嵌画，再上面是画着基督的一生的26幅镶嵌画。

开 9:00~19:00（入场~18:45） 休 1/1、12/25
€ €9.50（票都是一样的、3/1~6/15+€2）

新圣阿波利纳雷教堂

MOZAIC

大司教区博物馆里也有一些美丽的这镶嵌画

Best 5 好棒！

蓝色和金色的镶嵌画非常和谐，美得令人惊呆。

内欧尼安诺洗礼堂
Battistero Neoniano
MAP p.192-A

■从波波罗广场到这里步行大约需要5分钟

拉文纳地区古老的建筑物

这个教堂被称作“正教徒洗礼堂”，是430年左右时建起来的拉文纳地区第二座建筑，5世纪末的时候由主教内欧尼全部翻新，在此添加上了镶嵌画。蓝色和金色的镶嵌画非常和谐，装饰着洗礼堂里面。

开 9:00~19:00（入场~18:45） 休 1/1、12/25
€ €9.50（票都是一样的，3/1~6/15+€2）

大司教区博物馆
Museo Arcivescovado
MAP p.192-A

■从波波罗广场到这里步行大约需要6分钟

象牙雕刻和镶嵌画非常好看

拉文纳附近的一个小博物馆，有象牙雕刻杰作的大司教座和一些美丽的镶嵌画。因为这里正在改造，所以现在这里还在闭馆。

开 9:00~19:00（入场~18:30） 休 1/1、12/25
€ €9.50（票都是一样的，3/1~6/15+€2）

购物

实际上这里可以看做是一个购物王国

拉文纳让人意想不到的是这里实在是一个购物的好地方。和其他的大城市不一样，这里的店里不是很挤，所以可以悠闲购物。有很多可以自己选择的商店和品牌店。购物街是波波罗广场附近的马泰奥蒂大街和与之相交叉的凯沃尔大街。走累了的话可以到凯沃尔大街上的咖啡馆里休息一下。

这里的特产是香醋（左）和熏衣草

餐厅

€ 每人1份的钱　需要预订　注意自己的穿着

卡比莉亚
Cabiria
酒吧 €5~　MAP p.192-A

在安稳的氛围之中慢慢品尝葡萄酒

轻松品尝多姿多彩的意大利葡萄酒。一杯葡萄酒5欧元起价，半杯葡萄酒2.5欧元起价，价格很合理。与之相对还有菜单可以点菜吃。值得推荐的是火腿和奶酪拼盘（10欧元）、小饼（薄片面包和火腿、蔬菜放在一起吃）、蒜末烤面包和油炸土豆（4欧元起价）等。从波波罗广场步行很快就到。

■ Via Mordani,8　■ 0544-35060
■开 18:00~0:00 a.m.　■休 周末

酒店

拜伦中心宾馆
Centrale Byron
高级　MAP p.192-A

客房很新，干净且居住舒适

从波波罗广场到这里步行大约需要1分钟。方便观光、吃饭和购物等。有很多带浴盆的房间，可以慢慢沐浴。

■ Via IV Novembre,14
■ 0544-212225
■FAX 0544-34114
■€ S €50~ T €60~
■室 52间
■HP www.hotelbyron.com

拜占庭酒店
Bisanzio
高级　MAP p.192-A

住在这里非常方便观光，设施也是无可挑剔

从波波罗广场到这里步行大约需要3分钟。距离旅游咨询处和圣维塔莱教堂都很近。近代化的设计，设施也很齐全。

■ Via Salara,30　■ 0544-217111　■FAX 0544-32539
■€ S €86~ T €108~　■室 38间
■HP www.bisanziohotel.com

MAP p.177-A

意大利代表性的美食之都

博洛尼亚 Bologna

博洛尼亚的大街

即使没有去过博洛尼亚，那么至少应该听说过肉酱做的“肉酱通心面”吧？博洛尼亚作为美食之城而出名，是意大利少有的美食城。虽然风景不是特别美丽，但是正因为来观光的人不多，所以在这里可以比较轻松悠闲地旅游，也不失为一种乐趣。卖服装和鞋子的市场受到当地人和外来游客的欢迎。

■交通

乘坐ES、IC特快车从佛罗伦萨新圣母车站出发到这里的话大约需要1小时，从米兰出发的话大约需要1小时10分钟。从车站到市中心打车大约需要5分钟。乘坐11路和27路公交车从车站前面的汽车总站出发也可以到达这里。出正面出口沿着转盘右拐，这里有公交车乘车场，走一会儿便是售票处了，在这里买票。在这里还能买到公交路线图。

●旅游咨询处

✉ Piaz-za Maggiore, 1/e

☎ 051-239660

开 9:00~19:00、12/31~17:00

休 1/1、复活节、12/25、12/26

街区布局&游览须知

城镇的中心是马焦雷广场（piazza maggiore）。以主要的景点为首，宾馆和饭店等也都集中在这个广场周边，旅游咨询处也在这里。要想在这条街道上逛一逛的话最好是从这里出发。

出博洛尼亚正面的门之后左拐，便是博洛尼亚的繁华街道——独立大街。街道上商店和饭店、宾馆等并立。人行道上还有中世纪城市规划时期建成的被称为“门廊”的独特廊柱拱廊。拱廊高2.66米。据说当初设计的时候就是按照骑马都能从这里通过的标准设计的。有雨的日子里也很好走，很舒适。

在幽静的街道上走大约

15分钟，便会看到大都会教堂，再走就会看到马焦雷广场。广场周边有海神喷泉、市政厅和圣彼得罗尼奥教堂(San Petronio)等。广场上市民和游客熙熙攘攘，也会在这里举行各种各样的活动，充满生机活力。

另一条观光路线是从马焦雷广场东面的市立考古学博物馆出发的路线。从这里出发经过饮食店和咖啡馆等会到达斜塔。参观完斜塔之后继续沿着赞博尼大街向东走就是欧洲最早的大学——博洛尼亚大学。校园里穿着便装的年轻的学生们充满朝气。最后到达的是国立绘画馆。从马焦雷广场到这里大约需要20分钟。

景点

马焦雷广场
Piazza Maggiore
MAP p.196-A

■从博洛尼亚站到这里步行大约需要15分钟

博洛尼亚市民在这个广场上聚集，是整个城镇的心脏

充满生机与活力的博洛尼亚的市中心——马焦雷广场，自从中世纪以来便是很多重要的活动和历史事件发生的舞台。古代的时候曾经有过在波德斯塔宫殿的阳台上观看执行绞刑的事情，还曾在这里举行过赛马竞赛和格斗等。广场周边是装饰着广场的13到16世纪时的建筑物和纪念碑等。

海神喷泉/博洛尼亚喷泉
Fontana di Nettuno
MAP p.196-A

■位于马焦雷广场里面

全世界的观光游客们都会在这里摄影留念博洛尼亚

这个喷泉现在是象征着博洛尼亚的存在，是16世纪的时候由詹波隆那担当雕刻师完成的青铜像喷泉。青铜像表现威风凛凛的海神纳普顿和巨大的海洋精灵海妖以及可爱的孩子们在海洋里面欢快地玩耍，栩栩如生。稍微靠近一点看的话应该会发现泉水是从比较奇特的地方喷出来的。该喷泉的周边还被称为“海神广场”。

圣彼得罗尼奥教堂
Basilica di San Petronio
MAP p.196-B

■位于马焦雷广场里面

再向前走一步就是意大利最大的教堂

14世纪时建立起来的壮观的建筑物。之后的两个世纪中一直在持续施工，本来预定是要超过罗马的圣彼得堡大教堂的规模的，但是由于梵蒂冈的干涉没有成功。现在正面的上半部分还没有贴大理石，还是尚未完成的状态。教堂里面满满的都是博洛尼亚、锡耶纳和费拉拉的艺术家们的宝贵艺术品和工艺品等，比如22个洗礼堂、15世纪时奎尔奇亚（Jacopo della Quercia）设计的浮雕《美德，亚当与夏娃》等。在祭祀博洛尼亚的守护神——圣彼得罗尼奥的教堂里有一个说教坛，据说在佛罗伦萨的广场上被处以火刑的萨沃纳罗拉和很多著名的宗教徒都曾经在这个说教坛上站过。主祭坛里还有一个意大利最老的管风琴。

海神喷泉/博洛尼亚喷泉（下和正中间）

圣彼得罗尼奥教堂

博洛尼亚市政厅

市政厅

Palazzo Comunale

MAP p.196-A

■位于马焦雷广场里面

一定要参观一下这样的美术馆

现在的市政厅是原来设有宫殿、谷物仓库、交易所和市政机构的参议院改建而成的。三层是在博洛尼亚派的艺术和中世纪艺术行将衰落之时建起的新鲜的现代美术馆。这里的人都不是很多，可以悠闲地细细欣赏这些作品。美术馆里面还有饭店。

开 美术馆/9:00~15:00（周六、周末10:00~ 18:30）
休 周一（美术馆）、周末・节假日、1/1、5/1、8月份休息三周、12/25 € 免费

波德斯塔宫（执政官宫）

Palazzo del Podesta

MAP p.196-B

■位于马焦雷广场里面

在咖啡馆里面眺望整个城镇的全景吧

在过去的300年间一直被作为执政官宫殿使用了。屋顶上面的建筑被称为“阿雷淮”，据说为了在紧急时刻能够及时召集起军队，在这上面放了4 700公斤的大钟。现在这里入驻了店铺和办公室。从1层的咖啡馆眺望到的马焦雷广场的景色是最美的，非常受欢迎。

塔是波德斯塔宫的标志

市立考古学博物馆

Museo Civico Archeologico di Bologna

MAP p.196-B

■从马焦雷广场到这里步行大约需要1分钟

被古代美丽的艺术作品吸引

该博物馆收集了从博洛尼亚周边挖掘出来的、从史前时代到埃特鲁斯坎、罗马时代的重要的珍贵遗物，其中最著名的是在近郊挖掘出来的埃特鲁斯坎时代初期公元前9世纪时的陪葬品。另外，这里还展示着古埃及和希腊的遗迹。

开 9:00~15:00、周六・周末・节假日10:00~18:30
休 周一（节假日除外）、1/1、5/1、12/25
€ 免费（除了特别展出之外）

斜塔

Torri degli Asinelli e Garisenda

MAP p.196-B

■从马焦雷广场到这里步行大约需要5分钟

如果不从房顶上观看风景的话就不能说到这个城镇来过

12世纪到13世纪之间，教皇派和皇帝派曾经在博洛尼亚这里进行过血战。当时建塔也是斗争内容之一，因此在博洛尼亚这个城镇建了200多个塔。当时的街道的模样的模型可以在市政厅三层看到。现在还有60多个塔，其中尤其出名的是马焦雷广场东面的阿西奈丽和嘎利森达两个塔。

在高达97米的阿西奈丽塔的屋顶上眺望到的整个博洛尼亚城的景色煞是美观。但是，木制的古台阶有498阶，登上去的话充满惊险的趣味。据说稍微低一点的嘎利森达塔现在倾斜了3米（不能进嘎利森达塔）。

开 9:00~18:00（冬季~17:00），闭馆前20分钟停止入场 休 全年无休 € €3

从街道远处就能看到斜塔

国立绘画馆
Pinacoteca Nazionale
MAP p.196-B

■从马焦雷广场到这里步行大约需要20分钟

沉浸在博洛尼亚派的世界里

以14~17世纪兴起的博洛尼亚派绘画为中心进行展览的美术馆。象牙色的柔和色彩再加上射进来的柔和的光线，使得气息浓重的中世纪绘画柔和了很多。

初期的博洛尼亚画派的特点是：像维塔勒·博洛尼亚画的壁画似的，色彩鲜艳；文艺复兴时期的绘画像拉斐尔的作品《圣塞西莉亚的说法》似的比较优美；像17世纪时的巴洛克风格的绘画似的，充满生机与活力。

开 9:00~19:00（入场~18:30）
休 不是节假日的周一、1/1、5/1、12/25
€ €4

餐厅

€每人1份的钱　需要预订　注意自己的穿着

饭店集中在马焦雷广场和独立大街这里，数量很多。这里不愧是饮食之都，在宾馆的大厅里都能打听到哪家饭店比较好吃。

博洛尼亚的有名小吃是夹了猪肉的半圆形意大利面tortellini和扁平的意大利干面条以及猪肉腊肠。到这里的话一定要尝一尝这些名吃。

贾尼饭店
Trattoria Gianni
中级 €30~ MAP p.196-B

纯手工面非常好吃

以比较公道的价格就能品尝到当地的地道料理。蔬菜炖肉面食也非常好吃。

交 从马焦雷广场到这里需要3分钟
✉ Via Clavature, 18
☎ 051-229434
开 12:30~14:00、19:30~22:00　休 周一、周末晚上

科隆比纳小巷饭店
Vicolo Colombina
中级 €35~ MAP p.196-A

注重发挥出本地料理特有的味道来

是一个能使人感到身心放松的地方，这里还展示着现代艺术。

✉ Vicolo Colombina,5/B　☎ 051-233919
开 12:30~14:30、19:30~22:00　休 周一、周末晚上

酒店

博洛尼亚的宾馆主要集中在独立大街、马焦雷广场、博洛尼亚大学附近和中央广场周边。面对主要的街道和广场的宾馆一般都是4~5星级的酒店，价格稍微会高一点，但是这里过往的行人多，因此也安全。如果想找更便宜一点的宾馆的话从这条街再往里面走一点，会看到另一条街，这里的宾馆一般是2~3星级的，价格会便宜很多，但是住着也还是很舒服的。另外，博洛尼亚大学周边也集中着一大群1~3星级的宾馆。

钟表酒店
Orologio
高级 MAP p.196-A

一定要住靠近广场的一边的房间

地理条件很好，面朝马焦雷广场上的市政厅办公室。房间稍微有点窄，但是很别致，设备也很齐全。周围路边的行人也是络绎不绝。接待人员都是让人感到舒心的女性。

✉ Via IV Novembre,10　☎ 051-7457411
FAX 051-7457422
€ S €108~ T €144~　室 34间
HP www.bolognarthotels.it

罗马宾馆
Roma
中级 MAP p.196-A

过往的行人很多，晚上晚回来的话也很安全

从马焦雷广场再往里面走一点便是这家宾馆了。旁边有很多饭店和时装店，地理位置很好。客房是以花纹花样为基调的，充满了古典气息。有的房间带浴盆。

✉ Via d'Azeglio,9　☎ 051-226322
FAX 051-239909　€ S €95~ T €150~　室 86间
HP www.hotelroma.biz

卡武尔酒店
Cavour
中级 MAP p.196-B

方便购物且便宜

从独立街道拐个弯便是这家酒店。周边有很多受到好评的饭店。入口很窄，但是进去之后就会发现天花板很高，里面很开阔。客房也很大，使人身心放松。从走廊里看到的庭院里面的景色也很美。

✉ Via Goito,4　☎ 051-228111
FAX 051-222978
€ S €49~ T €69~　室 38间

庄严的大公宫殿见证着历史
乌尔比诺 Urbino

从公园眺望到的乌尔比诺的街道

从1213年开始的400多年的时间里这里一直被历代的统治者蒙特菲尔特罗公爵家族统治着，他们奖励艺术和文化的发展。

15~16世纪乌尔比诺迎来了它的繁荣期，以公爵宫殿和国立马尔凯美术馆为首，各种各样的文艺复兴时期的建筑在这里建了起来。该城镇逐渐成为了一个自然与文化交相融合的和谐之城。

这里也是画家拉斐尔和建筑家布拉曼特出生的地方。城镇虽然很小，但是历来重视学术和艺术的传统一直延续至今，现在有很多大学都集中在乌尔比诺，这里也充满了年轻人的朝气蓬勃。

■交通

乘坐火车从博洛尼亚出发在佩萨罗站下车。乘坐soge公司的汽车去，大约需要55分钟（平日大约一天15班，休息的时候大约一天4班）。可以在车上买票。车在城壁外侧的阿尔德诺兹广场停靠。

●旅游咨询处

✉ Via Pucciontti, 35

☎ 0722-2613 开 9:00~18:00

休 全年无休

公爵宫的走廊

街区布局&游览须知

乌尔比诺城被1507年时建造起来的多角形的城塞包围着，横跨在两个山丘上。

南面的山区上有大教堂和公爵宫，北面的山丘上是罗马广场。被城壁包围着的乌尔比诺很小，花几小时的时间就能把景点看遍。但是这里道路起伏很大，不是很平坦，一定要做好走坡路的心理准备。城镇上的建筑大多数建造于15~16世纪。米白色的人家、石头和砖瓦非常和谐，营造出一种独特的氛围。

城镇虽然很小，但是以圣朱塞佩礼拜堂为首，这里竟然有9个各具特色的礼拜堂。在这样的建筑和如画的景致中行走也是到这个城镇来散步的享受之一。

使人感到历史凝重感的纪念碑

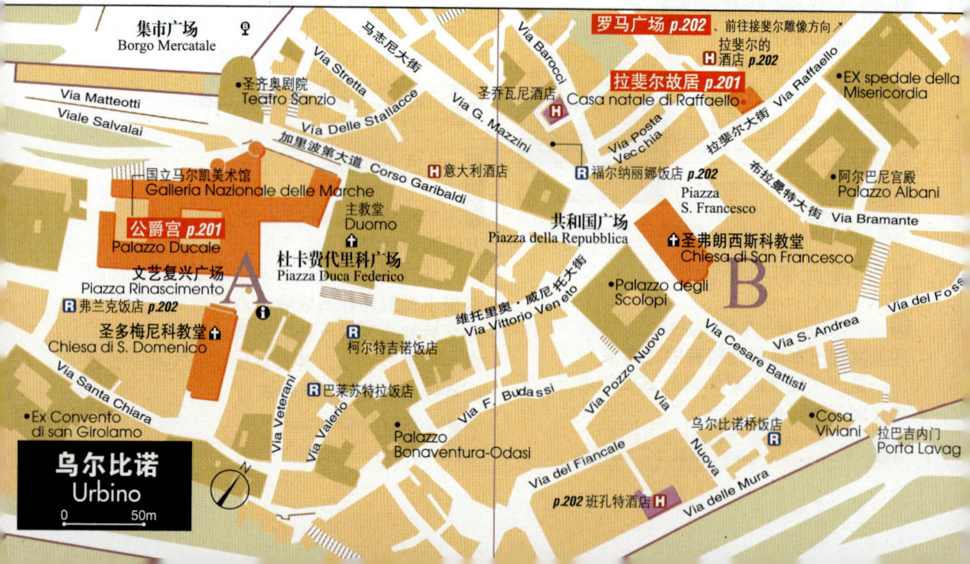

傍晚时候的圣弗朗切斯科教堂

城镇的中心共和国广场

国立马尔凯美术馆

景点

公爵宫

Palazzo Ducale

MAP p.200-A

■从集市广场到这里步行大约需要3分钟

内部是国立马尔凯美术馆

费德里科·达·蒙特菲尔特罗公爵（1444~1482年统治）时代，该城镇迎来了全盛时期，绽开了华丽的宫廷文化。其中该公爵宫殿就是召集了达尔马提亚出身的建筑家卢西亚诺·洛拉纳建造起来的文艺复兴时期的杰作。柱廊上很美丽，上面还有柱头，庭院被这些柱廊包围着，两侧是有着细细的长塔的阳台，给人的印象是觉得这里很豪华。

宫殿内部是国立马尔凯美术馆。会客厅里有皮耶罗·德拉·弗朗西斯卡的《鞭打基督》和《西尼加利亚的圣母》画，费德里科公爵的小书斋是用波堤切利的画稿做成的木板拼花工艺。内院里还有拉斐尔的名作《沉默的女子》和布拉曼特的《赐予祝福的基督》等。

宫殿里面还有乌尔比诺考古学博物馆，感兴趣的人可以一并将这两个地方都一起参观了。

开 周一8:30~14:00，周二~周六、周末·节假日8:30~19:15（入场截止时间到18:00）
☎0722-322625 休 12/25 € €5（未满18周岁的年轻人和年满65岁的老年人免费）

拉斐尔故居

Casa di Raffaello

MAP p.200-B

■从公爵宫殿到这里步行大约需要5分钟

有英语介绍馆内情况的宣传册

位于拉斐尔大街57号。拉斐尔从1483年出生之后的14年间都一直住在这里。家里面展示的是拉斐尔的版画和家具之类的，还有被视为他早期作品的壁画《圣母子》。小小的庭院之中还有他父亲也是著名的画家乔凡尼·桑蒂的画作和他画画用的调制颜料的石头。

开 周一~周六9:00~13:00、15:00~19:00，周末·节假日10:00~13:00 ☎0722-320105
休 1/1、12/25 € €3

拉斐尔的老家入口

圣慈奥剧场。从这里开始的街道加里波第街道也是一条很繁华的街道

罗马广场
Piazzale Roma

MAP p.200-B外

■从公爵宫殿到这里步行大约需要8分钟

乌尔比诺的瞭望台

登上一路全是米黄色的建筑的拉斐尔大街上的台阶，尽头便是这里了。这个广场位于北侧山丘顶上，可以很清楚地看清周围的山峰。从这里开始沿着布奥兹大街是城墙。再向前走就到了全景街道，从这个山丘上可以看到整个城镇的风景。从这里看到的乌尔比诺华丽而壮观。

餐厅

Ⓔ 每人1份的钱　需要预订　注意自己的穿着

这是一条学生街道，所以很多店里的料理既便宜又好吃。混在学生中间穿上平常的衣服在这里品尝一下意大利料理吧。

弗兰克饭店
Franco

中级 Ⓔ15~　MAP p.200-A

自助餐饭店

位于大学正前面，所以无论昼夜都是很拥挤的学生。白天的时候是自助的。店面不是很起眼，但是使用的食材很新鲜。

■✉Via del Poggio,1 ■☎0722-2492
■开 酒吧・快餐7:00~15:30、午饭12:00~14:30、晚饭19:45~23:45（晚上的话10个人以上才能预订） ■休 周末晚上

福尔纳丽娜饭店
La Fornarina

中级 Ⓔ25~　MAP p.200-B

当地人都会推荐的饭店

距离共和国广场很近，可以在朴实无华的店里品尝到乡土料理。这里的招牌酒也很好喝。

■✉Via Mazzini,14 ■☎0722-320007
■开 12:00~14:30、19:00~22:30 ■休 全年无休

购物

维多利亚·威尼托大街周边有很多礼品店。

维多利亚・威尼托大街上商店鳞次栉比

酒店

来乌尔比诺观光的外国游客不是很多，宾馆业不是很发达，而且交通也不是很方便，所以如果来这里旅游的话最好是在这里住上一晚，第二天再出发。

班孔特酒店
Bonconte

高级　MAP p.200-B

城壁内部唯一一家四星级的酒店

这里安静而且看到的风景很美丽。客房里面的家具充满厚重感，布艺的东西比较多，使人倍感安心。

■✉Via delle Mura,28 ■☎0722-2463 ■FAX 0722-4782
■€ S €56~ T €88~ ■室 23间
■HP www.viphotels.it

班孔特酒店的外观和客房

拉斐尔酒店
Raffaello

中级　MAP p.200-B

距离拉斐尔的家很近的三星级酒店

近几年进行了改建，已经成为了一个很舒适的三星级酒店了。距离共和国广场很近，方便观光，地理位置很是优越。

■✉Via S.Margherita,38 ■☎0722-4896 ■FAX 0722-328540
■€ S €76~ T €120~ ■室 43间
■HP www.albergoraffaello.com

MAP p.177-B

第三个要塞蒙塔莱

世界上最小的国家——圣马力诺

圣马力诺共和国

圣马力诺共和国在意大利也算得上是很古老的一个国家了，位于海拔750米的蒂塔诺山上。距离亚得里亚海海岸大约10公里，从海边不时吹来凉爽的风，气候温暖，晴天居多。是一个人口还不到3万的小城镇，但却是一个独立的共和国，发行自己独立的硬币和邮票。圣马力诺共和国的国会议员有60名，从中选出两名来执政。

位置Location

乘坐火车从博洛尼亚出发1小时后到达里米尼。从里米尼车站前面的汽车总站出发乘坐市外汽车大约走50分钟，最后到达圣弗朗西斯卡门前面的广场。上车的时候买票。●旅游咨询处 ✉ Contorada della Collegio, 20 ☎ 0549-882914 开 8:30~18:30 休 全年无休

信息早知道Information

据说圣马力诺共和国的历史是从301年开始的。城镇东面是几乎垂直的蒂塔诺山的山脊。上面有3个城塞，每个城塞都有尖塔，这3个城塞将城镇团团围住。城镇北面是城市自由广场，广场前面是现在作为市政厅使用的共和国宫。这里每年举行两次授官仪式，到了这一天还能看到人们穿上中世纪时的服装，在大街上游行。从自由广场观看到的城市全景也很壮观。

圣马力诺附近还有晴天的时候能见度很好的圣莱奥城，这里有马基雅维利赞不绝口的要塞。如果有时间的话最好是能把这些全部看一遍。

共和国发行的邮票和有着国家徽章的邮筒

可以乘缆车从旁边的城镇马焦雷到这里

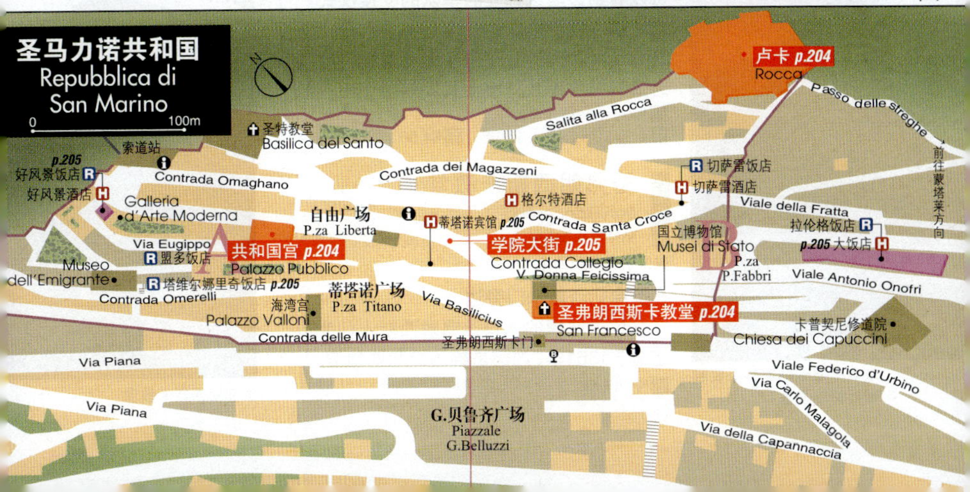

深度了解圣马力诺共和国
推荐旅游景点

卢卡要塞

从卢卡看到的第二个要塞彻斯特的景象

卢卡/彻斯特
Rocca/ Cesta
MAP p.203-B

■从圣弗朗西斯卡门到这里步行大约需要10分钟

守卫共和国的要塞

山丘上的共和国圣马力诺共和国的中心地区本身就是一座历史性的纪念碑。建造在天然的岩石头上的要塞是这个国家的象征性的建筑物。

沿着蒂塔诺山的断崖有3个要塞，相互之间有石子路相通。途中还有石质的教堂和建筑物以及各种道路，和要塞很和谐地搭配在一起。距离中心地最近的是卢卡要塞（也被称为“古埃塔”），是11世纪时建造的。晴天的时候可以从这里眺望到马尔凯大区的其他城市和亚得里亚海等。

在海拔749米的地方是第二个要塞彻斯特，它里面是古代武器博物馆，展示着从各地收集来的刀剑类物品和火器。第三个要塞是蒙塔莱。从这个塔上甚至能看到亚平宁山脉和海洋。

开 6/12~9/17 8:00~20:00、9/18~12/31 9:00~17:00、1/2~6/11 9:00~17:00（周六・周末~18:00）
休 1/1、11/2午后、12/25
€ €4.50（卢卡和彻斯特是通票。每个塔€3）

共和国宫
Palazzo Pubblico
MAP p.203-A

■从圣弗朗西斯卡门到这里步行大约需要5分钟

可以看到该国家独立的军队的交接仪式

面临自由广场的一座哥特式宫殿，是圣马力诺共和国的政厅所在地。宫殿门前每小时进行一次军队交接仪式。

开 8:00~20:00（会有变动）
休 1/1、11/2午后、12/25 € €4.50

圣弗朗西斯卡教堂
San Francesco
MAP p.203-B

■位于圣弗朗西斯卡门旁边

在圣弗朗西斯卡门旁边

位于城镇的入口圣弗朗西斯卡门旁边。建造于1361年，内部是绘画馆和博物馆。

休 全年无休

共和国宫

每隔一小时的卫兵交接

圣弗朗西斯卡教堂

从第二个要塞彻斯特眺望到的第一个要塞卢卡的风景

第二个要塞彻斯特

学院大街

Contrada del Collegio

MAP p.203-B

■位于利伯塔德广场前面

如果想买陶器、邮票、硬币和甜露酒的话请到这里来

从自由广场到加里波第广场之间是一条下坡路，路上销售圣马力诺共和国邮票和硬币的商店以及售卖柠檬酒的店铺及宾馆、饭店鳞次栉比。还有很多礼品店，还有卖手工蜡烛的店，做的蜡烛非常美丽。在这里散步也是不错的。

餐厅

€晚饭每人1份的钱 ☎需要预订 👔注意自己的穿着

莫斯卡托（马斯喀特）葡萄酒是名特产。喝酒的时候顺便吃个饭

好风景酒店

Bellavista

中级 €18~ MAP p.203-A

菜品每天更新，还兼具住宿

料理地方特色菜，每天一换菜单，价格合理。在乘缆车的地方附近，虽然只是一星级的，但是还兼小型宾馆。

■✉Contrada del Pianello,42/44 ■☎&FAX0549-991212
■开7:00~23:00（冬季~20:00） ■休2月
■住宿€S €35~ T €55~ ■室10间

塔维尔娜里奇饭店

Righi la Taverna

中级 €18~ ☎👔 MAP p.203-A

可以品尝到兔肉烧烤和小牛肉烧烤

人们一致觉得好吃的一家饭店。位于自由广场前面。

■✉Piazza della Libertà,10 ■☎0549-991196
■开8:30~22:30（1F咖啡馆）、12:00~15:00、19:00~22:30（2F午饭·晚饭） ■休周末晚上、11月份第2、3周

酒店

好不容易在这里住上一晚，一定要选一个位置好点的住！

大饭店

Grand Hotel

中级 MAP p.203-B

宾馆很华丽，给人避暑胜地的感觉

宾馆前面的安东尼奥街道对面就是瞭望台，从这里眺望到的景色真是妙不可言。

■✉Viale Antonio Onofri,31 ■☎0549-992400
■FAX0549-992951 ■€S €55~ T €76~ ■室62间
■HPwww.grandhotel.sm

饭店和商务中心也很齐全

蒂塔诺宾馆

Titano

中级 MAP p.203-A

从饭店里面向外眺望看到的景色很美

该宾馆还兼具饭店的功能。从这里可以看到亚平宁山脉壮丽的景色。

■✉Contrada del Collegio,31 ■☎0549-991007
■FAX0549-991375 ■€S €50~ T €68~
■室48间 ■HPwww.hoteltitano.com
■休11月中旬~次年3月中旬

客房里的氛围使人倍感舒适放心

因生火腿和巴马干酪出名的美食之都

MAP p.177-A

帕尔马 Parma

帕尔马市中心

帕尔马作为12世纪成立的伦巴第大区同盟的一分子，从那时起开始走上自由发展道路。历经多年的教皇统治之后，1545~1731年期间成为了法尔内塞统治之下的一个公国。之后因为和法国波旁家族及法尔内塞家族之间的姻亲关系，1748~1801年间曾和波旁王朝有过很深的关系，受到了法国的很大影响。

帕尔马干酪大大提高了意大利料理的名声。帕尔马还是帕尔马干酪的产地，是一个美食之都。饭店很美，咖啡馆也很豪华，吃本身也成为了一种享受。一定要尝一尝帕尔马料理。

帕尔马所有的东西都能够让人感受到宽裕与优雅，即使是卖室内装饰品和杂货、内衣的商店也充满着高档与奢侈的气息，同时产品的质量在北意大利也算得上是好的了。郊外还有出名的周末古董市场，如果有时间的话一定要到这里来看一看。

■交通
乘坐IC从米兰到这里的话大约需要1小时15分钟。乘坐IC从博洛尼亚到这里的话大约需要50分钟。

●旅游咨询处
✉ Via Melloni, 1A ☎ 0521-218889
开 9:00~19:00（周末~13:00）
休 1/1、12/25、周一中午

加里波第广场。景点都集中在北侧

旅游咨询处的标志是橙色屋檐

街区布局&游览须知

乘坐1路、8路公交车可以从帕尔马到市中心的大教堂去，但是因为距离很近，所以步行也可以。从车站往这边步行的话，加里波第街道上商店比较多，会更愉快一些。到达广阔的大教堂之后，首先去皮洛塔宫。宫殿里面有很多看点，比如国立美术馆和法尔内塞剧场等。

像画一样美丽的圣乔瓦尼·埃万杰利斯塔教堂前面

正面建筑是国立美术馆。1层还有博物馆礼品店

皮洛塔广场

景点

国立美术馆
Galleria Nazionale

MAP p.206

■位于皮洛塔广场前面

帕尔马最大的美术馆

作为法尔内塞家族的宫殿建立起来的皮洛塔宫殿3层就是这个美术馆。这里展览的是14~16世纪时托斯卡纳派和艾米利亚派的初期作品。在这里可以看到柯雷吉欧、帕米贾尼诺和弗拉·安吉利科等巨匠的作品。

其中一定要看的是柯雷吉欧的杰作《圣母和圣海欧纳莫斯》和帕米贾尼诺的《土耳其的女奴》等。

开8:30~14:00（入场~13:30） 休周一
€€6（和法尔内塞剧院是通票）

法尔内塞剧院
Teatro Farnese

MAP p.206

■位于皮洛塔广场前面

17世纪时的可爱的木制剧院

模仿文森扎地方的奥林匹克剧场建造而成。和国立美术馆一样，也是在皮洛塔宫的3层，标志是木制的威风凛凛的拱形建筑。穿过拱形到达里面之后，是木制的厚重的剧院，美得令人窒息，令人不禁十分感慨，木制的东西原来也可以这么美，就连细节部分的希腊风格的柱子都是精工细作的。登上舞台和两翼之后，可以细细地参观这些风景了。

✉Palazzo della Pilotta, 15 开8:30~13:30
休周一 €€2（和国立美术馆是通票€6）

木造的法尔内塞剧院

帕尔马大教堂
Duomo

MAP p.206

■从皮洛塔广场到这里步行大约需要10分钟

圆圆的屋顶上有柯雷吉欧的壁画

现在的建筑师在1117年的震灾之后于1178年又重新建成的建筑。并列的钟楼是哥特式风格，开始建造于1284年，花费了94年之久。大教堂的圆屋顶上画着柯雷吉欧的名作——《圣母升天》图。

✉Piazza Duomo, 1 开9:00~12:30、15:00~19:00
休全年无休 €免费

帕尔马洗礼堂
Battistero

MAP p.206

■从皮洛塔广场到这里步行大约需要6分钟

贝内德托·安特拉米的雕刻值得关注

八角形的洗礼堂完成于1196~1270年。16根肋拱圆柱在屋顶汇集，圆屋顶是用壁画装饰起来的，用15根强化支架将这些支撑着。罗马风格的建筑中是没有这样的设计的，这是从罗马风格向哥特式过渡时期的一个作品。建筑师贝内德托·安特拉米的雕刻之中，表示四季的东西和表示波浪的柱头的质量超高。

✉Piazza Duomo
开9:00~12:30、15:00~18:45
休全年无休 €€5

八角形洗礼堂

圣乔瓦尼・埃万杰利斯塔教堂

圣乔瓦尼・埃万杰利斯塔教堂
Chiesa di San Giovanni Evangelista
MAP p.206

■从皮洛塔广场到这里步行大约需要6分钟

哥特式风格，是一个很优雅的教堂

文艺复兴时期的旧建筑物，止面是哥特式的。建造于1498~1510年。圆屋顶上是柯雷吉欧画的壁画，壁画上画的是圣约翰的幻觉。

开9:00~11:45、15:00~17:30（10月~次年3月~17:00）周末・节假日15:00~ 休全年无休 €免费

托斯卡尼尼故居
Casa Natale e Museo di Arturo Toscanini
MAP p.206

■从皮洛塔广场到这里步行大约需要7分钟

20世纪最优秀的指挥家诞生的地方

在意大利，指挥家的地位是很高的。众多的指挥家之中，托斯卡尼尼（1867~1957年）是意大利代表性的一个指挥家，这里便是他出生的地方。他出生的家还是原来的样子，没有什么改变，内部现在是博物馆了。

这个家原来是托斯卡尼尼家族和其他家族一起使用的家，很别致。2层装饰着肖像画的是托斯卡尼尼出生的房间。室内陈设着他生平爱用的眼镜、带把儿的小镜子和桌子等日用品，还展览米兰斯卡拉歌剧院和海外剧院演出过的节目的资料等。

开9:00~13:00、14:00~18:00（周末14:00~）
休周一、周六、8月份一周 €€2

托斯卡尼尼出生的家

餐厅

正因为这里是一个美食城，所以有各个档次的饭店。既有各种高档的饭店，又有各种比较便宜的饭店。周末有很多饭店也营业。关于饭店的最新信息，到梅洛尼大街上去问一问，就会获得饭店名录。以这个名录做参考，找一家自己喜欢的饭店吧。

酒店

这个城镇上比较方便的是下面3家店。其他的，帕尔马车站前面还有阿斯托利亚酒店等，但是这里有很多车辆通行，比较喜欢安静的环境的人不适合住在这里。

司汤达宾馆
Stendhal
高级 MAP p.206

帕尔马地区唯一一家四星级的酒店

从皮洛塔广场到帕尔马车站，对面就是这家宾馆。是一家非常方便的四星级酒店。宾馆前面的威尔第大街上还有很多饭店和商店，适合散步。

Via Bodoni,3 ☎0521-208057 FAX0521-285655
€S€70~ T€110~ 室62间
HP www.hotelstandhal.com

都灵宾馆
Torino
中级 MAP p.206

距离皮洛塔广场和洗礼堂很近

走进皮洛塔广场前面的街道上，马上就是。非常方便观光。室内也很清洁干净，令人感到舒心。

Via Mazza,7
☎0521-281046 FAX0521-230725
€S€78~ T€105~ 室39间
HP www.hotel-torino.it

萨沃伊酒店
Savoy
中级 MAP p.206

位于热闹的加里波第街道上

面向加里波第街道，街上礼品店和熟食店鳞次栉比。方便去车站和皮洛塔广场，地理位置很优越。是一家很正宗的三星级酒店。

Via XX Settembre, 3 ☎0521-281101
FAX0521-281103 €S€79~ T€109~ 室28间
HP www.savoyparma.it 休8月中旬休息一周

接触埃斯特家族的遗产的地方
摩德纳 Modena

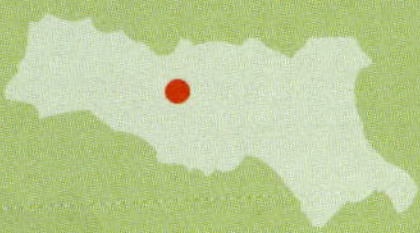

摩德纳中心地

摩德纳是高级汽车法拉利和玛莎拉蒂的产地，也是男高音歌唱家帕瓦罗蒂的出生地。12、13世纪时开始作为自由城市发展起来，之后被费拉拉·埃斯特家族统治，15世纪成为公国。

1598年，埃斯特家族从费拉拉逃亡出来，将摩德纳作为公国的首都，之后在这里创造了繁荣的宫廷文化。

这些发展历史都可以在埃斯滕斯美术馆和埃斯滕斯图书馆看到。

对法拉利感兴趣的人，请到摩德纳以南20公里左右的法拉利博物馆去参观。

法拉利博物馆

✉Via Dino Ferrari, 43

☎0536-943204

开9:30~18:00

€€12）

■交通

乘坐从博洛尼亚前往米兰方向去的火车、到这里的话大约需要25分钟。乘坐特快IC从米兰中央车站出发到这里的话大约需要1小时45分钟，普通车的话需要2小时。

●旅游咨询处

✉Via Scudari, 8（格兰德广场附近）

☎059-2032660

开9:00~13:00、15:00~18:00、周一15:00~18:00、周末·节假日9:30~12:30

休周一上午、周末·节假日下午

在格兰德广场可以看到钟楼

街区布局&游览须知

从摩德纳车站到城市中心步行大约需要20分钟。城市中心有大教堂和钟楼、格兰德广场。摩德纳大教堂附近，东西延伸着的艾米利亚回廊上是接连不断的时装店，从这里向西是将埃斯特家族的东西收集起来的博物馆宫殿。从车站到博物馆宫殿大约需要30分钟。市内比较平坦，即使是步行也会很轻松。

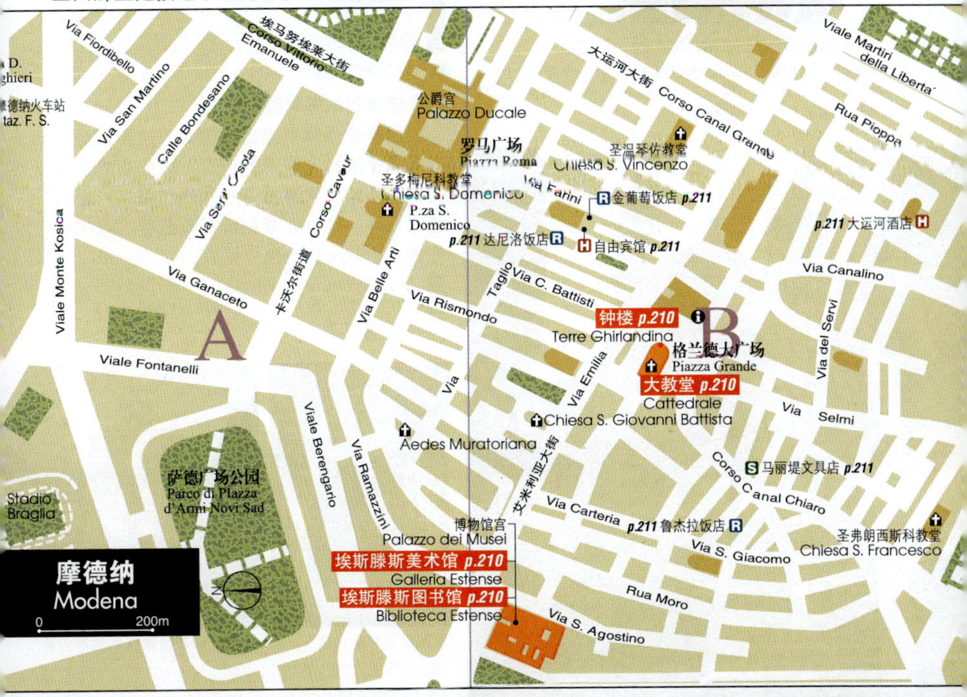

景点

大教堂
Cattedrale
MAP p.209-B

■从摩德纳车站到这里步行大约需要20分钟

初期哥特式建筑的杰作

大教堂（司教座大教堂）是由建筑家弗朗西斯卡设计、于1099年5月开工建造的一座教堂。3个拱形的窗户相连，被小圆柱子分隔开，充满了节奏感。砖瓦拱顶（拱形的圆面天花板）和哥特式的玫瑰窗是在13世纪的时候加上去的。从外壁到内部的浮雕是雕刻家比杰洛科的作品。后面的部分因为建成的时间已经很长了，所以有地面下沉的情况。初期哥特式建筑的著名建筑师的葬礼也是在这里举行的。

开6:30~12:00、17:00~19:00（周末15:30~17:30）
休全年无休 €免费

钟楼
Torre Ghirlandina
MAP p.209-B

■和司教座大教堂一样

节假日的时候可以爬到上面去看一看

紧靠司教座大教堂，高高地伸到天空上。从钟楼最上面可以看到整个街道的风景。但是要想爬上钟楼楼顶的话只能是在周末或者是节假日的时候才行。

开9:30~12:30、15:00~19:00（4月第一个周末~10月最后一个周末） 休周末・节假日、8月、11月~次年3月（除了1/01） €€1

保存埃斯滕家族的遗产的埃斯滕斯美术馆

埃斯滕斯美术馆
Galleria Estense
MAP p.209-A

■从格兰德到这里步行大约需要20分钟

收藏着文艺复兴时期的名作的宝库

位于博物馆宫殿里面，展示的是埃斯滕家族的收藏品。主要收藏的是14世纪的艾米利亚派、15世纪的威尼斯派和费拉拉派的作品。其中一定要看的就是费拉拉派画家科斯梅拓拉（Cosme Tura）的《圣安东尼奥》。还有值得一看的就是16世纪时的丁托列托和帕米贾尼诺、雷吉欧的作品。

开8:30~19:30、周末14:00~、周一~14:00
休周一上午、1/1、5/1、12/25 €€4

埃斯滕斯图书馆
Biblioteca Estense
MAP p.209-A

■和埃斯滕斯美术馆一样

很少能看到的多彩藏书

同样位于博物馆宫殿里面。这里曾经是埃斯滕家族私家藏书的地方，因此在这里可以看到手绘的埃斯特圣经杰作和很多彩色的复印本等。这样连草稿纸都收藏着的藏书的地方，在意大利也是少见的。

✉Largo Porta S. Agostino,337
开8:30~19:15、周五~15:45、周六~13:45
休周末 €免费

司教座大教堂背面

14世纪时开始建设的伯爵宫殿

餐厅

每人1份的钱　需要预订　注意自己的穿着

金葡萄饭店

Uva d' Oro

中级 €18~　MAP p.209-B

研究世界上的各种各样的料理

广受好评的传统的艾米利亚料理也很受欢迎。原创料理每4个月换一次菜单，深受当地人们的喜爱。

还能邂逅创意料理

Piazza Mazzini,38　059-239171

开 12:00~15:00、19:00~22:30　休 周二

达尼洛饭店

da Danilo

中级 €35~　MAP p.209-B

艾米利亚・罗马涅口味

致力于发展摩德纳当地料理的一家店。可以尝到朴素的家庭料理的味道。位于犹太教堂旁边。

还有露天席位

Via Coltellini,31　059-225498

开 12:00~15:00、19:00~23:30　休 周末

鲁杰拉饭店

Osteria Ruggera

中级 €35~　MAP p.209-B

在这里可以不必拘谨，轻松用餐

强烈推荐使用摩德纳特产的香醋做成的鳍肉和羔羊料理。店里对香醋的使用非常恰当。

肉类料理很好吃

Via Ruggera,18　059-211129

开 12:30~14:30、19:30~23:00　休 周二

购物

即使街道上的酒吧也有销售黑醋的。这个可以说是摩德纳的特产。从10年、40年的高级醋到便宜的应有尽有，价格差别很大。发酵越久的味道越足、越醇厚。

酒店

大运河酒店

Canal Grande

高级　MAP p.209-B

任何人都憧憬居住的公寓式的酒店

不论是外观还是内部装饰都是公寓的级别。内部是用古董家具装饰起来的，也非常棒。置身于美丽的庭院之中令人仿佛忘记了时间的流逝。

Corso Canalgrande, 6

059-217160

FAX 059-221674

€ S €132~ T €180~

室 67间

HP www.canalgrandehotel.it

大运河酒店庭院

优雅的大运河酒店的外观

自由宾馆

Liberta

中级　MAP p.209-B

附近有很多景点和饭店

位于城镇中心，到大教堂只需2分钟，地理位置十分优越。优雅的内部装修和合理的价格很是诱人。

方便观光的自由宾馆

Via Blasia,10

059-222365

FAX 059-222502

€ S €99~ T €119~

室 51间　HP www.hotelliberta.it

马丽堤文具店

Cartoleria Maletti

MAP p.209-B

有很多法拉利

虽然只是一家文具店，但是里面有很多法拉利的模型。大约20欧元一个，种类和大小多种多样。对于喜欢法拉利的人来说是绝对不容错过的。

Corso Canalchiaro,61　059-210163

开 9:00~12:30、15:30~19:30　休 周六下午、周末

名家辈出的中世纪城市国家

MAP p.177-B

费拉拉 Ferrara

雕刻细致的建筑物鳞次栉比

费拉拉从1208年到1598年之间作为埃斯特家族的首府繁荣起来，历史悠久。

在这个城市里出现了曼图亚皇妃伊莎贝拉·德斯特（Isabella d'Este）和波吉亚的第三任丈夫——阿方索·德斯特。埃斯特家族虽然不断地出现骨肉相残的事情，但是他们支持艺术发展，在这一时期不断地建造了可以和文艺复兴时期的艺术的米兰和威尼斯相抗衡的豪华的宫殿和广场等。以成为埃斯特一族争夺权力的舞台的埃斯滕斯为代表，这里的建筑物还是它们建造之初的样子，依然是红砖建筑。

时间好似静止的费拉拉街道

> ■交通
> 乘坐火车从博洛尼亚到这里的话大约需要30分钟。从佛罗伦萨到这里大约需要1小时30分钟。
> ●旅游咨询处
> ✉ 埃斯滕斯城内
> ☎ 0532-299303
> 开 9:00~13:00、14:00~ 18:00（周末·节假日9:30~、~17:00）休 1/1、12/25

街区布局&游览须知

穿过以车站前为起点、绿荫茂密的宪法路，沿着主街道卡武尔大街走，大约20分钟就可以到达市中心埃斯滕斯城堡。如果是乘坐市内公交的话，1、9路车路经该城堡。城堡里有旅游咨询处，所以先到这里收集完相关的旅游信息再到街道上逛吧。从城堡到大教堂徒步大约只要2分钟。

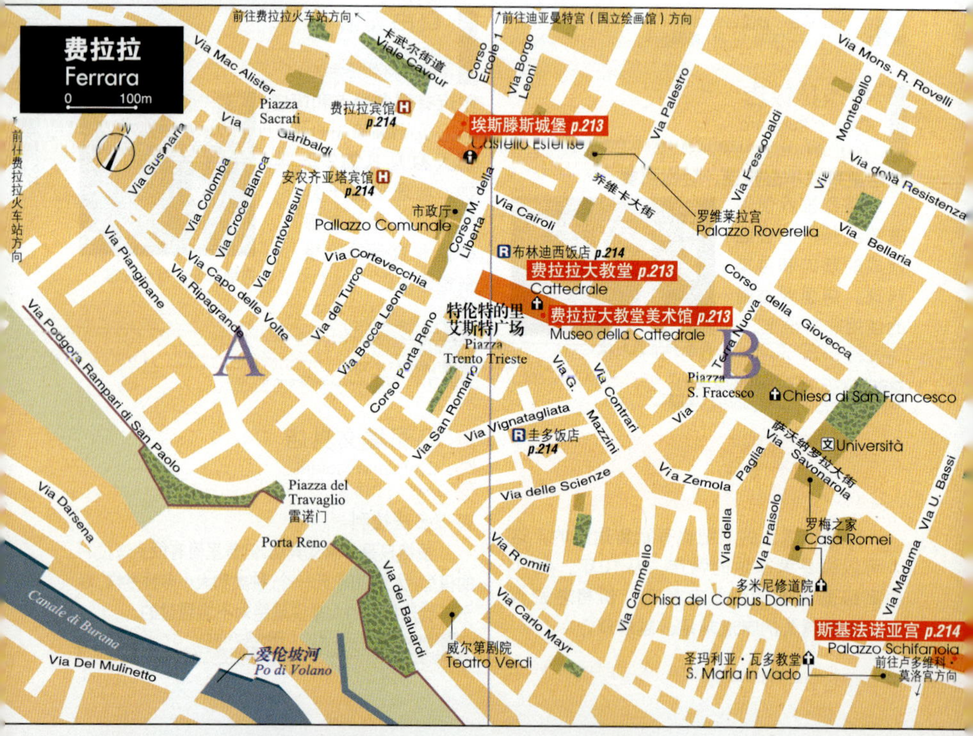

埃斯滕斯城堡本身就要塞和观景台兼具

景点

秋天时在城堡内部还有装扮成中世纪时的样子的节日

埃斯滕斯城堡
Castello Estense

MAP p.212-A

■从费拉拉车站到这里步行大约需要20分钟

埃斯特家族的豪华居住城堡

这个城堡曾经是埃斯特家族的居住地，同时也是四角的望楼上分别带着吊桥的要塞。1385年开始施工，16世纪之后竣工。

城堡里面有美术馆，展示着当时装饰着城堡的物品和美术品。可以攀登东端的塔。这里是从城镇中心观看费拉拉城的一个绝佳地。

开9:30~17:30，入场：~16:45
休周一（除了3~5月） €€7塔
开9:30~17:30
休周一（除了3~5月） €€8（塔€2）

费拉拉大教堂
Cattedrale

MAP p.212-B

■从埃斯滕斯城堡到这里步行大约需要2分钟

罗马风格的设计和哥特式设计混合在一起

正面的话，有右、中、左共3个正面。每个入口处的设计和雕刻都是别具匠心、精心制作的，美得令人窒息。大教堂面向特雷斯特广场，它的侧面是和教堂的屋檐连在一起的商店。这是一种非常罕见的构造。

开7:30~12:00、15:00~18:30（周末·节假日7:30~12:30、15:30~19:30）
休全年无休
€免费

费拉拉大教堂美术馆
Museo della Cattedrale

MAP p.212-B

■位于费拉拉大教堂里面

展示着众多的令人感受到历史气息的作品

从费拉拉大教堂正面入口中的左侧台阶上去，就是展示费拉拉大教堂美术品的美术馆。大壁画以及覆盖着墙壁的巨大的壁毯十分引人注目。其中一定要看的是15世纪后半期文艺复兴初期的宫廷画家科斯梅拓拉的《受胎告知》和《与龙斗争的圣乔治》。

开9:00~13:00、15:00~18:00 休周一 €€6

壮丽的外观

壮观的费拉拉大教堂正面

斯基法诺亚宫
Palazzo Schifanoia

MAP p.212-B

■从费拉拉大教堂到这里步行大约需要20分钟

埃斯滕家族夏天的别墅

埃斯滕家族夏天时候喜欢到这个宫殿来居住，内部是市立美术馆。这里最大的看点是文艺复兴时期十分活跃的画家科斯梅拓拉的壁画《12个月》。虽然已经受到了很大的损坏，但是却活生生地画出了当时人们一年的生活状态。

天花板上被称为“意图奇”的顶棚手工艺之美也令人窒息。庭院里面还有酒吧，可以在这里稍事休息。

Via Scandiana,23
开 9:00~18:00
休 周一　€ €6

餐厅

€ 每人1份的钱　需要预订　注意自己的穿着

圭多饭店
Guido

高级 €25~　MAP p.212-B

转过古老的街道……

位于街道稍微靠里一点的地方，而且这个地方也很安静，是一家隐居似的不易发现的饭店。除了传统的本土料理之外，还有将各个地方的料理的特色融合在一起制作出来的自制料理。菜单每周换一次。自己独创的费拉拉料理也很受欢迎。

Via Vignatagliata,49　☎ 0532-761052
开 12:00~15:00、19:00~0:00a.m.
休 周四

人们纷纷推荐的一家料理店——圭多饭店

布林迪西饭店
Al Brindisi

高级 €18~　MAP p.212-B

见证了街道的发展历史的一家酒店

从大教堂旁边的街道进去就是了，是创业于1435年的一家酒吧。以提香为首的很多著名的艺术家都曾在这家酒吧里喝过酒。葡萄酒的种类有上千种，其中主要是成杯卖的。

Via degli Adelardi,11
☎ 0532-471225
开 9:00~1:00a.m.
休 全年无休

酒店

安农齐亚塔宾馆
Annunziata

高级　MAP p.212-A

埃斯滕斯城堡对面

夹在广场中间，在埃斯滕斯城堡的正对面，非常方便。内部装修优雅大方，使人心情宁静。住在这里的游客可以免费上网、骑自行车。还有往外出租的6间房间。

Piazza Repubblica,5　☎ 0532-201111
FAX 0532-203233　€ S €99~　T €119~
室 21间　HP www.annunziata.it

费拉拉宾馆
Ferrara

高级　MAP p.212-A

经过改装，很舒服

方便观看埃斯滕斯城堡的景色。这家宾馆建造了很长时间，2000年的时候进行了改装，现在更加舒适了。里面还有多功能厅等，设备非常齐全。和这个建在一起的饭店也很有人气。还有往外出租的10间房间。

Largo Castello,36　☎ 0532-205048
FAX 0532-242372　€ S €95~　T €140~
室 42间　HP www.hotelferrara.com

费拉拉宾馆的大厅

威尼斯

Venezia

按目的地分类

享受威尼斯之旅的乐趣指南

16世纪时威尼斯是欧洲代表性的富裕国家。文艺复兴时期诞生了以华丽的色彩为特征的威尼斯派绘画，18世纪时音乐家威尔第等非常活跃。格调高雅的文化气息在各个地方都大放光彩。威尼斯城市里没有汽车尾气、没有停车场，也没有红绿灯，环境非常清新，感觉很好，就在这样的环境中边欣赏边漫游吧。

如果是第一次到这里来的话，请选择标准路线▶p.220

共和国文化遗产

沿着大运河
有很多全盛时期的文化遗产

贵族文化飘香的名建筑

➡大运河沿岸的邸宅：p.220标准路线 ……p.232~

米开朗琪罗也参与了比赛

➡里亚托桥：p.220标准路线・步行路线・水上观光路线 ……p.231

历代总督居住的哥特式建筑

➡伯爵宫殿：p.220标准路线 ……p.230

步行

步行是非常有意思的！

威尼斯最早的桥

➡学术桥：p.220标准路线 ……MAP p.224-J

因观光的游客而热闹非凡的街道

➡圣马可广场：p.220标准路线、步行路线① ……p.230

吹着海风，到各个城市游玩

➡穆拉诺岛/布拉诺岛/丽都岛 ……p.235

乘坐水上观光巴士

p.221水上观光巴士路线 ……p.228 “参考水上观光巴士费用&乘坐方法”

梵蒂冈文化

将与东方的贸易
从建筑方面来解读

祭祀城镇的守护神的大教堂

➡圣马可大教堂：
p.220标准路线
…… p.230

艺术

能够遇见很多
意大利艺术的美术馆

威尼斯派绘画

➡学院美术馆：
p.220标准路线
…… p.234

丁托列托的杰作

➡圣洛可信徒大教堂：
…… p.233

能够了解这个城镇的历史・风俗

➡科耐尔美术馆：
…… p.231

集中了现代美术的名作

➡佩吉・古根海姆美术馆：
…… p.234

观光

在著名的歌剧院里面尽情地
享受歌剧的乐趣

歌剧

➡歌剧是什么？ …… p.50
➡在哪里观赏歌剧？
…… p.231

眺望

从上面远远地眺望
处处是风景的水上城市吧

美丽的全景

➡钟楼：
p.220标准路线
…… p.230
参照“圣马可广场”

➡圣乔治马焦
雷教堂：
…… p.231

美食

品尝威尼托大区的料理、葡萄
酒，优雅地享受香气四溢的咖啡

➡威尼斯料理
…… p.47~
➡葡萄酒店
…… p.239

购物

威尼斯的特产也很好

巡回品牌店

➡圣马可教堂周边：p.220标准路线、步行路线①
…… p.236~

威尼斯酒杯

…… p.50、p.237

面具

…… p.237

威尼斯名胜分布
特色景点先睹为快

威尼斯由118个小岛、 150条运河、400多座桥梁连成一体，以舟相通，是世界上唯一一个没有汽车行驶的城市。景点主要集中在S形的大运河上的里亚托桥和圣马可教堂周边。有时间的话，还一定要到被称为“拉古纳”的海滩去看一看。

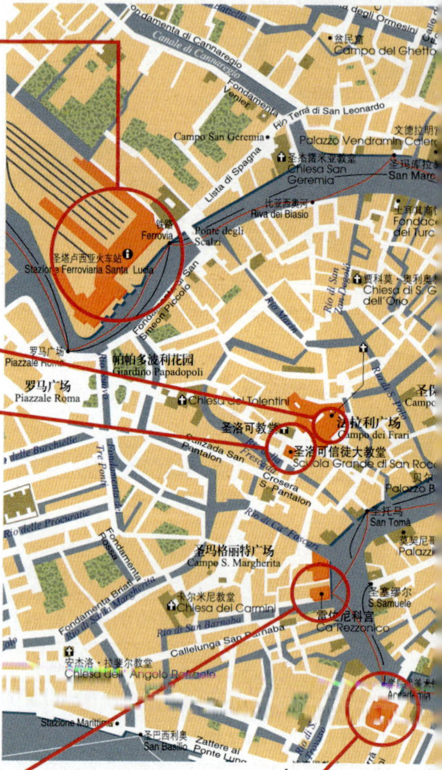

圣塔卢西亚车站　MAP p.222-E

铁路的终点站。威尼斯的旅游从这里开始。从车站前面的水上公交乘车场这里开始巡回大运河吧。

圣方济会荣耀圣母教堂　p.233

是埋葬历代总督之地，被称为“威尼斯的万神殿”。这里还有提香和多纳泰罗的祭坛画，非常值得一看。

圣洛可信徒大教堂　p.233

该教堂收集了威尼斯画派的巨匠丁托列托的将近70幅名画。

雷佐尼科宫　p.233

巴洛克风格的华丽建筑。内部是展示当时的人们生活的博物馆。在这里可以看到提埃波罗的顶棚画等贵重的艺术品。

学院美术馆　p.234

一定要到这个美术馆来看一看，这里收藏的是14~18世纪时候的威尼斯派绘画杰作。

穆拉诺岛

p.235

威尼斯玻璃的生产基地。现在这里除了做工的工厂和商店之外，还有玻璃博物馆，可以看到古代罗马时候的玻璃作品。从本岛到这里大约需要15分钟。

布拉诺岛

p.235

16世纪以来便盛行威尼斯蕾丝，这里是当时的蕾丝的产地。现在还在做纤细的蕾丝的工厂已经寥寥无几了。还有介绍蕾丝的做法和制作历史的博物馆。从本岛到这里大约需要50分钟。

金屋

p.232

被认为是哥特式建筑的最高杰作的一座贵族邸宅。内部是收藏着文艺复兴时期的绘画的美术馆，公开开放。

里亚托桥

p.231

16世纪在大运河上建成的一座桥。当时这里一致被认为是城镇上最好的建筑家的作品。从桥上看到的景色很美。绝佳的摄影地。

圣马可广场

p.230

是威尼斯的中心地。这里集中了曾经是威尼斯共和国公馆驻地的公爵宫、拜占庭式样的华丽教堂、圣马可大教堂和钟楼等。

丽都岛

p.235

因为登上了电影《死在威尼斯》而出名。这里还是威尼斯国际电影节的举办地。该景点处有很多高级宾馆。从本岛到这里大约需要15分钟。

安康圣母教堂

p.234

建在大运河出口处的白色教堂。标志是圆圆的屋顶。内部还能看到提香的杰作。

威尼斯

推荐旅游路线

如果是第一次来威尼斯的话，首先从圣塔卢西亚车站乘坐汽艇（水上公交），沿着大运河，到圣马可广场去。如果是坐观光巴士的话，从圣马可出发，经过凤凰歌剧院旁边，到里亚托桥这里，再穿过叹息桥。如果是到这里来旅游的话最好是环行一周比较好。

标准路线

出发　圣塔卢西亚车站 ➡MAP p.224-A

- 8分钟　车站前面有卖汽艇（水上公交）票的。

里亚托桥 ➡p.231　所需 10分钟

- 8分钟　从桥上看到的风景非常美

学院美术馆 ➡p.234　所需 90分钟

- 8分钟　标志是古老的木制学院桥。去圣马可广场和大教堂的话在巴勒莱索这里下车。

终点　圣马可广场 ➡p.230

注意要点

首先乘坐游艇1号、2号，到圣马可广场，两者之间是运河，观看一下运河的样子。里亚托桥周边有很多饭店和咖啡馆。

●路线

将大件行李寄存在车站，去威尼斯的话最好是轻装上阵。如果把大件的行李带到威尼斯去的话，可以把它们寄存在指定的行李置放处。

步行路线①

出发　里亚托桥 ➡p.231

- 需15分钟　从马志尼大街到麦路奇里艾大街。

圣马可广场 ➡p.230　所需 1小时

- 需10分钟　穿过圣莫伊兹大街。圣莫伊兹大街上有很多品牌店。

终点　凤凰歌剧院 ➡p.231

注意要点

从里亚托桥到圣马可教堂步行大约需要15分钟。一定要在这里好好散散步。

●路线

在城镇里走的话路标是一个很重要的帮助。街道上有表示方向的黄色标志。就是说顺着箭头指示的方向走就会到达自己想要去的地方。和陆地不一样，威尼斯作为一个水上城市，还有自己独特的路标。比如，小路“calle”，运河沿路“fondamenta”，穿过建筑物下面的路“sotoportego”。这些最好能记下来。

步行路线②

出发　圣塔卢西亚车站 ➡MAP p.224-A

- 需3分钟　背着车站走，会看到镶嵌着玻璃的一座桥

卡拉特拉瓦桥　所需 10分钟

- 需8分钟　走过新建成的第四座桥

圣方济会荣耀圣母教堂　所需 40分钟

- 需10分钟　在这里可以看到提香的作品

终点　里亚托桥 ➡p.231

注意要点

走过新建的卡拉特拉瓦桥（MAP p.222-E）到里亚托桥上去走一走。

●路线

标志是圣方济会荣耀圣母教堂广场上的教堂。从教堂南面的圣保罗广场出发，朝着圣西尔维斯特广场或者里亚托桥的方向走。

景点云集的圣马可广场周边

第四座桥卡拉特拉瓦桥

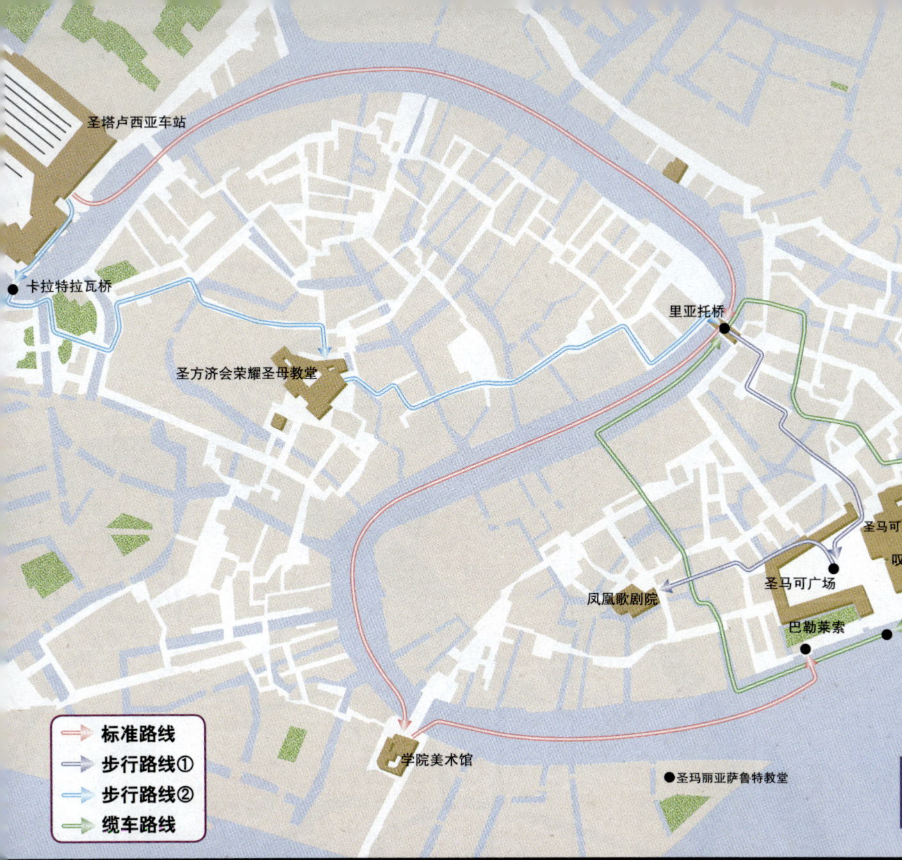

水上观光巴士路线

出发　圣马可广场前面➡p.230

“摩纳哥&大运河高级宾馆”（p.240）前面也有乘坐观光巴士的地方。

里亚托桥➡p.231　所需 3小时

需40分钟

从古丽玛尼宫旁边到大运河。进入德国商馆，再次进入小运河。

叹息桥➡MAP p.225-L　所需 3小时

通过因电影《情定日落桥》而出名的一座桥

终点　圣马可广场➡p.230

如果乘坐观光巴士的话，某个乘船地点的路线基本上是一定的

从叹息桥底下穿过的这条路线很受欢迎

注意要点

乘坐缆车的地点在圣马可广场附近的大宾馆前和小运河的入口等地方都有。乘车地方的标志的绿色的宣传板上，写着“servizio gondole”（贡多拉租用服务）字样的标志。乘车的地方不同，价格也是有所差异，所以一定要事先讲好价格。虽是这样，但基本上还是有个标准的，每艘（6人船）/40分钟行程的大约80欧元，60分钟行程的大约120欧元。

●路线

圣马可广场北面和绿色瓦尔特酒店旁边的小运河也有很多人，在这里等着乘缆车。

通往梅斯特站 Mestre
通往特隆盖托 Tronchetto
A
B
E
F
I
J
水上巴士2号线
水上巴士1号线
P.224～225
Rio di San Alvise
Rio di San Girolamo
Rio della Madonna
Calle della Malvasia
Fondamenta della Sensa
Rio del Battello
Fondamenta degli Ormesini
Calle del Forno
Fondamenta di Cannaregio
Canale di Cannaregio
贫民窟
Campo del Ghetto
Fondamenta Venier
Rio Terà di San Leonardo
Campo San Geremia
文德拉明卡拉基宫
Palazzo Vendramin Calergi
圣格莱米亚教会
Chiesa San Geremia
圣玛库拉教堂
San Marcuola
Lista di Spagna
里瓦迪比亚西奥
Riva dei Biasio
土耳其商行
Fondaco dei Turchi
铁道线
Ferrovia
Ponte degli Scalzi
佩萨罗宫 p.2
Ca' Pesaro
圣塔卢西亚车站
Stazione Ferroviaria Santa Lucia
圣十字教堂
Santa Croce
Fondamenta di San Simeon Piccolo
Rio di San Zan Degolà
圣贾柯摩德奥利奥教堂
Chiesa di S. Giacomo dell'Orio
Rio Marin
宪法桥(卡拉特拉瓦桥)
Ponte Della Costituzione (Ponte Calatrava)
罗马广场
Piazzale Roma
帕帕多波里庭院
Giardino Papadopoli
Rio Nuovo
Rio di S. Polo
圣保罗广场
Campo di San P
Chiesa dei Tolentini
圣方济会荣耀圣母教堂 p.233
Basilica di Santa Maria Gloriosa dei Frari
弗拉里广场
Campo dei Frari
Rio di Santa Maria Maggiore
Rio delle Burchielle
Tre Ponti
Salizada San Pantalon
Rio della Frescada
圣洛可信徒大教堂 p.233
Scuola Grande di San Rocco
杜尔索多罗
Dorsoduro
Crosera S. Pantalon
贝尔那多宫
Palazzo Bernardo
Rio delle Procuratie
Rio di Ca' Foscari
圣托马
San Tomà
圣天使
Sant'
Canale della Scomenzera
Fondamenta Rossa
莫切尼戈宫殿
Palazzi Mocenigo
圣玛格丽特广场
Campo S. Margherita
佛斯切利公馆 p.233
Ca' Foscari
圣塞缪尔
S.Samuele
卡尔米尼教堂
Chiesa dei Carmini
Fondamenta Briati
Rio di Santa Margherita
Rio di San Barnaba
雷佐尼科宫 p.233
Ca' Rezzonico
Callelunga San Barnaba
Rio di San Nicolò
安杰洛·拉菲尔教堂
Chiesa dell' Angelo Raffaele
大屋(科耐尔宫) p.
Ca' Grande (Palazzo Corner)
学院
Accademia
学院美术馆 p.234
Galleria dell' Accademia
大运
Stazione Marittima
圣巴西里奥
San Basilio
Zattere ai Ponte Lungo
Rio di S. Trovaso
p.234 佩吉·古根海姆美术馆
Collezione Peggy Guggenheim
杰素阿蒂教堂
Chiesa dei Gesuati
Rio Terà Foscarini
Rio di San Vio
扎特拉
Zattere
Zattere allo Spirito Santo
通往特隆盖托 Tronchetto
萨克菲索拉
Sacca Fisola
朱迪卡运河
Canale della Giudecca
Rio dei Lavraneri
朱迪卡岛
Isola della Giudecca
Palazzo Vendramin
Fondamenta San Biagio
圣欧费米娅
Sant' Eufemia
Chiesa di Sante Eufemia
Canale Sacca San Biagio
Canale dei Lavraneri
Rio di San Biagio
Rio di San Eufemia
Chiesa di San Cosmo
Rio del Ponte Piccolo
帕兰卡
Palanca
Fondamenta di San Giacomo

穆拉诺岛 p.235
布拉诺岛 p.235
水上巴士41,42号线
水上巴士LN号线
圣米凯莱教堂
Chiesa di San Michele
圣米凯莱岛
Isola di San Michele
马当娜奥尔托教堂
Chiesa della Madonna dell'Orto
C
D
Fondamenta dell'Abbazia
Fondamenta della Misericordia
耶稣堂
Chiesa dei Gesuiti
新基地
Fondamenta Nuove
Fondamenta Nuove
Rio di San Caterina
Rio dei Gesuiti
Rio di Noale
Rio di San Felice
Strada Nova
金屋 p.232
Ca' d'Oro
金屋
Ca' d'Oro
婚约夫妇酒店 p.239
Rio dei Santi Apostoli
Rio dei Mendicanti
市民医院
Ospedale Civile
市民医院
Ospedale Civile
鱼市 p.233
Pescheria
圣马可大会堂 p.231
Scuola di San Marco
p.231 圣玛丽奇迹教堂
Chiesa di Santa Maria dei Miracoli
圣乔瓦尼保罗教堂
Basilica dei Ss. Giovanni e Paolo
圣保罗
San Polo
切莱斯迪亚
Celestia
里亚托桥 p.231
Ponte di Rialto
圣弗朗西斯科德拉维尼亚教堂
Chiesa di San Francesco della Vigna
圣西尔维斯特罗
San Silvestro
里亚托
Rialto
Rio di San Giovanni Laterano
Rio di San Francesco
城堡
Castello
马斯卡隆德 p.238
Salizada San Lio
G
H
马宁宫
Palazzo Manin
Mercerie
圣洛伦佐教会
Chiesa di San Lorenzo
格里马尼宫
Palazzo Grimani
造船厂
Arsenale
圣马可
San Marco
Calle dei Fabbri
Mercerie
Rio di Palazzo
Salizada San Antonin
圣赞卡利亚教堂
Chiesa di San Zaccaria
科尔特饭店 p.238
圣马可大教堂 p.230
Basilica di San Marco
Campo Bandiera e Moro
诺尔宝·大城酒店
加布里埃尔·三德瓦宾馆
塔纳
Tana
Frezzeria
圣马可广场 p.230
Piazza San Marco
达尼埃里
Riva degli Schiavoni
圣赞卡利亚
San Zaccaria
Ca' di Dio
凤凰歌剧院 p.231
Teatro la Fenice
伯爵宫 p.230
Palazzo Ducale
杉巴德斯基亚沃尼
Riva degli Schiavoni
阿塞那罗
Arsenale
瓦拉莱索
Vallaresso
马尔恰那图书馆
Biblioteca Marciana
京华宾馆
水上巴士一号线
船舶历史博物馆
Museo Storico Navale
Calle Larga XXII Marzo
科耐尔美术馆 p.231
Museo Cirico Correr
Via Garibaldi
通往足球场
Riva dei Sette Martiri
圣玛丽亚迪基里奥
S.M. del Giglio
Canal Grande
萨鲁特
Salute
海关桥
Punta della Dogana
圣马可运河
Bacino di San Marco
安康圣母教堂 p.234
Basilica di Santa Maria della Salute
L
圣乔治
S. Giorgio
圣乔治马焦雷教堂 p.231
Chiesa di San Giorgio Maggiore
丽都岛 p.235
Zattere ai Saloni
K
水上巴士2号线
圣乔治马焦雷岛
Isola di San Giorgio Maggiore
N
Fondamenta delle Zitelle
雷登托勒
Redentore
齐泰莱
Zitelle
齐泰莱教堂
Chiesa della Zitelle
雷登托勒教堂
Chiesa del Redentore
Fondamenta della Croce
十字教堂
Chiesa della Croce
威尼斯
Venezia
0
200m

通往梅斯特站
圣杰雷米亚教会
Chiesa San Geremia
圣马尔克拉
San Marcuola
文德拉明卡拉基宫
Palazzo Vendramin Calergi
土耳其商行
Fond. d. Turchi
里瓦·比亚西奥
R. d. Biasio
Canal Grande
水上巴士一号线
水上巴士二号线
圣塔卢西亚车站
Stazione Ferroviaria Santa Lucia
费罗维亚
Ferrovia
Porte Scalzi
圣十字
S. Croce
Campo Riello
Calle Corte della Cazza
圣贾科莫戴尔奥利奥教会
Chiesa di S. Giacomo dell'Orio
Campo S. Nazario Sauro
Ruga Bella
Cpl. d. Strope
A
B
E
F
I
通往里亚托桥方向
通往罗马广场方向
宪法桥（卡拉特拉瓦桥）
Ponte Della Costituzione (Ponte Calatrava)
帕帕多波里庭院
Giardino Papadopoli
圣菲德鲁贝尼次亚
罗马广场
Piazzale Roma
托伦蒂尼教会
Chiesa del Tolentini
百花饭店
p.238
圣保罗广场
Campo di San Polo
圣保罗教会
Chiesa di San Polo
圣方济会荣耀圣母教堂 p.233
Basilica di Santa Maria Gloriosa dei Frari
弗拉里广场
Campo dei Frari
德尔斯特咖啡馆
p.239
圣洛可教会
Chiesa di San Rocco
圣洛可信徒大会堂 p.233
Scuola Grande di San Rocco
圣托马广场
Campo S. Tomà
比萨尼莫雷塔宫殿
Palazzo Pisani Moretta
圣托马
S. Tomà
Pal. Corner Gheltof
巴尔比宫殿
Palazzo Balbi
Campo San Pantalon
Rio Nuovo
Rio di Cà Foscari
杜尔索多罗
Dorsoduro
佛斯切利公馆
p.233
Ca' Foscari
圣玛格丽特广场
Campo di S.Margherita
格拉西宫殿
Pal. Grassi
圣塞缪尔
S.Samuele
嘉·马卡纳
p.237
p.233 雷佐尼科宫
Ca' Rezzonico
雷佐尼科
Ca Rezzonico
卡尔米尼
Chiesa dei Carmini
Pal. Loredan
p.240 学院宾馆
Pal. Contarini Scrigni
Pal. Cavalli Franchetti
Pal. Barbaro
学术区
Accademia
学术桥
学院美术馆 p.234
Galleria dell'Accaden
Campo S.Vidal
Campo Ognissanti
大运河
圣巴基里奥
S.Basilio
Fondamenta Zattere Ponte Lungo

威尼斯市中心

Venezia Centro

威尼斯的窗口圣塔卢西亚车站

交通 前往威尼斯

空路 / by Air

从米兰、罗马、那不勒斯、巴勒莫等地方到威尼斯的马可·波罗国际机场，有意大利航空公司的国内航线通行。从罗马到这里一天7班，大约需要1小时。从那不勒斯到这里一天3班，大约需要1小时15分钟。从巴勒莫到这里一天2班，大约需要40分钟。考虑到米兰到机场的情况，从米兰到这里还是坐火车比较方便。

铁路 / by Train

威尼斯并不在主要的交通干线上，但因为威尼斯是意大利著名的观光地，因此到这里的交通方式还是很多的。到威尼斯的火车，首先在威尼斯·梅斯特车站停车，之后过海，到达终点站圣塔卢西亚站。注意不要弄错了，错在梅斯特车站下车，这样的话等到下一班车来了才能到威尼斯了，这一点一定要注意。

从米兰出发 从米兰中央火车站出发，国际特快ES一天19班，特快EC一天2班。早上就有火车，非常方便。大约需要2小时25分钟。

从博洛尼亚出发 从博洛尼亚发车的国际特快车AV一天大约有11班，这是从博洛尼亚到这里最快的铁路方式。大约需要1小时20分钟。其他的，从罗马发车的IC一天大约有4班，很方便。

从维罗纳出发 这趟车是从米兰发车的，中途在维罗纳停靠。从维罗纳到威尼斯的这趟车，一天大约有18班。另外，维罗纳是始发站的EC，一天2班。

从罗马出发 一天大约有12班国际特快EC到这里，这种是最快的，大约需要3.5小时。从佛罗伦萨到这里的话也可以乘坐这次车。还有几次车是在威尼斯·梅斯特车站停车。

从威尼斯马可·波罗国际机场到市内

机场距离市内大约13公里。有汽车从机场开往市内，路线是经过大运河，到达圣塔卢西亚车站对面的罗马广场，汽车每隔30分钟发车一班。大约需要20分钟。费用：3欧元。此外，机场和圣马可广场之间还有水上公交相通，大约需要1小时15分钟。每隔30分钟~1小时发车一班。费用：13欧元。

乘坐ATVO公司的汽车，从机场到威尼斯·梅斯特大约需要20分钟。汽车每隔30分钟发车一班。费用：5欧元。

旅游咨询处

✉San Marco, Giardini Ex Reali MAP●剪切地图-48 p.225-L
☎041-5225150
开 12:00~18:00
休 1/1、12/25
HP www.turismovenezia.it

如果只是短时间停留的话一定要灵活运用车站的行李寄存

威尼斯道路很狭窄，而且一辆车都没有，因此到了这里的话所有的移动都只能靠水上交通了。在载满人员的船上拖动行李比想象的困难多了。而且有时候圣马可广场周边还会被水淹，要是这样的话皮箱就是累赘了。

因此，如果是在威尼斯短暂停留的话，建议将自己最需要的东西尽量少地放到肩包里，其他的东西连箱子在内一并存到车站的行李寄存处。

在大运河上来来往往的水上公交

交通 威尼斯市内

水上巴士停靠地

被称为“摆渡”的轮渡搭乘处

在没有一辆车通行的威尼斯，水上公交和水上出租、缆车就是它的交通方式。到威尼斯的汽车、长途汽车以及从机场到这里的机场巴士，都要在罗马广场的停车场停车，到威尼斯的话，从这里乘坐水上巴士去。因为水上出租和缆车比较贵，因此威尼斯的主要的交通方式还是水上巴士。

水上巴士（汽艇）Vapoletto

威尼斯主要的交通方式

唯一的公共交通设施。在威尼斯的时候几乎每天都要坐，所以希望广大游客能知道乘坐的方法，并灵活运用这种交通方式（有关票的种类、买票方法和乘坐方式，请参考下一页）。水上巴士不仅去大运河，而且还经常去丽都岛、穆拉诺岛（p.235）等地方，很方便。

运行时间：从早上到深夜，每隔10分钟发船一班。1号线24小时运营。大运河沿岸有很多停靠的地方，标记也很多。看着周围的景色，在自己觉得美丽的地方停下来，然后从这里继续出发，寻找下一个风景。水上巴士就是这么简单灵活。

首先要记住的是1、2号线

水上巴士的路线有很多，其中与游客息息相关的是在各个运河之间往来的1号线和2号线。

1号线在大运河沿岸的各个站都停靠，从罗马广场到圣马可途中各站都会停靠，甚至还会到丽都岛。运行的班数也是最多的。2号线和1号线的路线基本上是一样的。停靠的站有：罗马广场、圣塔卢西亚站、里亚托桥、学院广场、圣马可广场、丽都岛等。

水上出租

虽然有点儿贵，但是乘坐的时候这个比较方便。从车站到圣马可大约60欧元。搭乘地点在主要的景点前面都有。

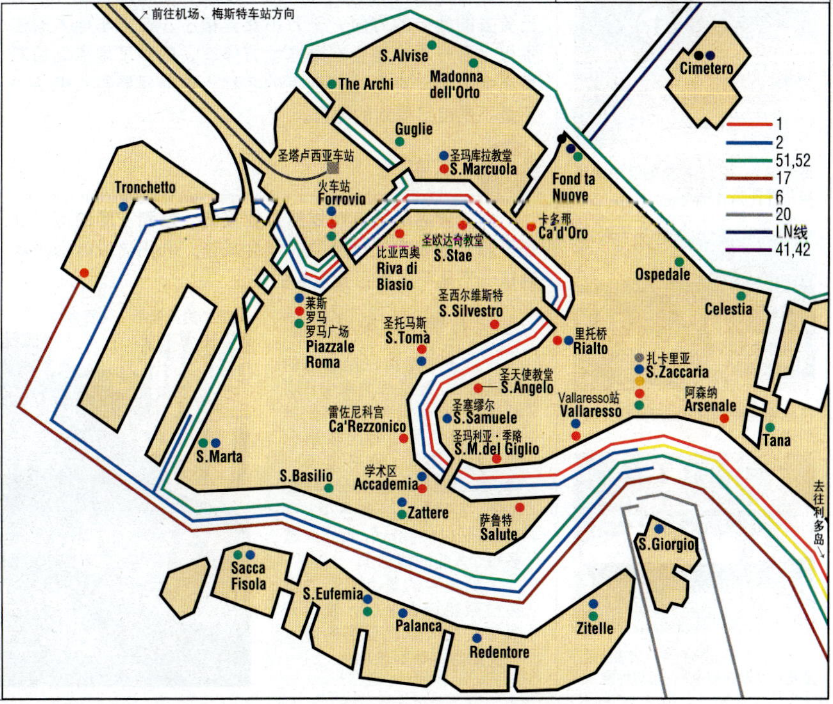

开始使用的时候在验票机上验一下票

步骤1 买票

水上巴士票的种类分为：60分钟票、24小时票和72小时票等，在规定的时间是可以随便乘坐的。可以用英语买票。在游客众多的威尼斯，售票窗口也很挤，等候买票的队伍很长。每个地方都要排队的话也很浪费时间，可以的话最好是买随便乘坐的水上巴士票，这样的话不仅节省时间，而且有时候这样的票还会打折。

60分钟票6.50欧元，24小时票16欧元，72小时票31欧元。主要是在水上巴士停靠的窗口购买票，窗口上会写着“Actv”。买到票的时候，在使用之前先在搭乘地方的验票机上验一下票。如果忘记的话会被罚款的。

步骤2 乘船

在验票机上刷过票之后，就可以乘船了。即使是同一条路线，去的方向不同乘车的地点也不一样，因此在搭乘的地方不仅要再次确认一下乘车路线，而且还要看一下自己要去的地方的方向，千万不要弄错了。在乘车地方的告示板上看一看中途会在哪些地方停车。船到了地点之后船员还会大叫一声到达的地点的名称，这时候要再次确认一下是不是自己要到的地方。

步骤3 下船

到了停靠的地点时候船员会报站，站到下船的地方准备下船。船在靠近栈桥的时候会减速，利用这段时间再次确认一下是不是自己要下船的站。

贡多拉费用与乘坐方法

贡多拉是威尼斯著名的交通方式，还是很想乘坐一次试试看。乘坐贡多拉虽然别具风情，但是费用会比较贵一些。路线不同，价格也不一样，基本的行情是60分钟120欧元。定员6人，不管多少人乘坐都是一样的价钱，因此人越多每个人花的钱越少。

到主要的景点前面的贡多拉乘船场去坐船，告诉开贡多拉的人自己要到的地点以及路线，谈好价格。

威尼斯的风景画——贡多拉

在电动大屏上确认一下自己要去的地方和路线号码。

主要的巴士停靠站都有售票窗口。一侧即有验票机，验一下票。

这是搭乘的栈桥。去的地方的方向不一样，乘船的地方也不一样，一定要注意。

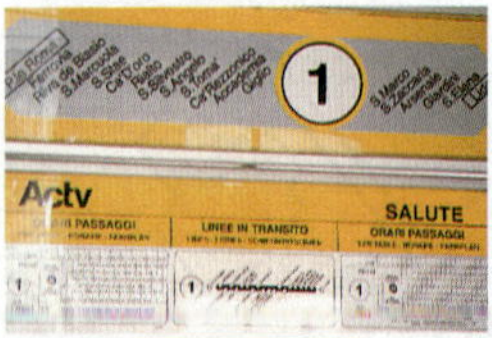

每个编号的巴士停车站及中途停靠站牌都写有站名。

在摇摇晃晃的栈桥上等待巴士的到来。

坐上水上巴士。如果行李比较多的话，要把行李放在船中央的指定地方。

真情提示

水城威尼斯的历史及其繁华与苦恼

威尼斯是世界上仅有的一座水城，那么它是怎么形成的呢？ 威尼斯的历史可以追溯到6世纪左右。当时的威尼托受到外敌的入侵，居民们不得不移居到“拉古纳”（海滩）上的一个小岛上。

“拉古纳”指的是在陆地和海洋之间、海水与淡水相交汇的水域。威尼斯的街道就是在这片水域上建立起来的。

之后慢慢地人口增加，威尼斯最初受到了梵蒂冈帝国的统治，198年在这里选出了第一代总督，从君士坦丁堡独立出来。到8世纪时，开始通过人民大会选举总督。828年亚历山德里亚的骸骨被运到这里，为了祭祀他建造了圣马可寺院。

15、16世纪进入最盛期，成为令人叹为观止的水城

势力逐渐增强的威尼斯到了10世纪左右的时候还曾经征服了达尔马提亚和爱琴海克里特岛。从13世纪开始威尼斯开始和海运城市热那亚与比萨争夺地中海的交易霸权，进行了持续不断的冲突。

到了14世纪的时候，威尼斯成为了人口超过13万的大城市，1400年以后开始逐渐将自己的势力深入到内陆，占领了维罗纳、帕多瓦、梵蒂冈、费拉拉和克雷莫纳等。1489年的时候还征服了希腊塞浦路斯岛，逐渐扩大自己的版图。

东罗马帝国的商人们和威尼斯进行着各种商业贸易，比如那不勒斯和西西里岛的小麦、希腊的葡萄干和南意大利的橄榄油、亚得里亚海的海盐、非洲的黄金、东方的胡椒和香料等。另外，文化方面也是仅次于佛罗伦萨的第二个文化繁荣的地方，出现了提香、丁托列托和委罗内塞等画家。

15世纪是威尼斯的黄金时期，但是到了16世纪的时候，由于意大利诸国和欧洲诸国同盟的成立，威尼斯的势力被大大地削弱了。海上也逐渐丧失了爱琴海和希腊的领土，逐渐衰落。1797年，被法国的拿破仑占领。共和国就此迎来了灭亡。之后受到奥地利的控制，1866年被并入意大利。

治水问题是世世代代的大问题

威尼斯很美，但对它来说最大的问题是地面的下沉和涨潮。拉古纳本来就容易因为河流的入侵造成堆积物的堆积，如果就这样放置不管的话，浅滩很快就会消失成为陆地。威尼斯也曾经在16世纪的时候为这些问题的解决大费脑筋。最终靠花费大笔的黄金进行了大规模的工程将这里保全了。另外，由于海水的入侵，浅滩也很容易变成海洋，当时也致力于解决过这个问题。为此在拉古纳外围曾经建立过控制潮水的防波大堤。威尼斯就是这样一个在不断地与水作斗争的过程中保全了的世界上唯一的水城。

圣马可广场被水淹

但是近两年又出现了新的问题使政府苦恼。那就是由于海上船只和游艇的引擎原因，支撑着拉古纳浅滩的泥土等逐渐变浅、变松。20世纪以后下沉了70多厘米。现在到了秋冬季节的时候，中午一两点左右开始潮水上涨，海拔低一点的圣马可广场周边经常会被水淹。年年增加的观光游客一方面在这些问题的解决上提供了财政支援，另一方面也加速了这些问题的出现。现在，为了解决这些问题，圣马可广场周边正在进行大规模的工程。

景区1 圣马可广场~里亚托桥

Piazza SanMarco~Ponte di Rialto

被壮观的建筑物包围起来的圣马可广场

圣马可大教堂

观光小贴士

乐趣

观光 ★★★★★

饮食 ★★★

购物 ★★★★

交通方式

水上巴士★★★★★

区域范围

里亚托桥~圣马可广场之间相距500~600米。慢慢走的话也只需要15分钟左右。街道上品牌店和礼品店等鳞次栉比。

创业于1720年的老字号，圣马可广场著名的弗洛里安咖啡馆

街区布局&游览须知

威尼斯地区最热闹的中心

威尼斯本来已经是一个很热闹的城市了，但是这里尤为热闹。来自世界各地的游客在这里喝茶、摄影。如果想逛街的话就从这里开始吧。除此之外还有另外一个观光据点，那就是从这里到里亚托桥之间的地区，这里有很多品牌店和饭店等，在这里散散步也还是不错的。乘水上巴士1/2号线从圣马可广场到里亚托桥的话中间要经过好几站，但其实如果步行也就是15分钟的路程而已。为了能使自己有在威尼斯的切实的感受最好是出去走一走。

景点

圣马可广场

Piazza San Marco

剪切地图48 p.225-L

乘水上巴士1/2号线到这里大约需要3分钟

登上钟楼的话还能看到拉古纳

这里作为威尼斯的政治、经济和文化中心，集中着圣马可大教堂和伯爵宫殿等主要的建筑。从12世纪左右开始广场初现规模，到16世纪的时候因为新行政长官府的建立，成为了三个方向都被大理石廊柱包围起来的华丽的建筑。可以乘坐电梯爬上高达96米的钟楼，上面有一个500年来一直报时的时钟塔。

圣马可大教堂

Basilica di San Marco

剪切地图44 p.225-L

乘水上巴士1/2号线到这里大约需要3分钟

在这里可以看到拜占庭手工艺的精华

该教堂是为了祭祀城镇的守护神——圣马可而建立起来的。有着东洋风格的圆屋顶，墙壁表面是金箔的镶嵌。主祭坛里面的黄金墙壁、祭坛右边的拜占庭风格的珍宝馆等都值得一看。爬上入口右边的台阶能爬到上边的阳台上去。

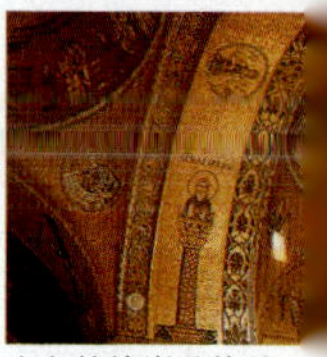

金色的镶嵌装饰着的大教堂入口

大教堂 开9:45~17:00（周末、节假日14:00~17:00） € €1／宝物馆 开9:45~16:45 € €4

伯爵宫殿

Palazzo Ducale

剪切地图48 p.225-L

乘水上巴士1/2号线到这里大约需要5分钟

历代总督华丽的长眠之地

这里曾经是威尼斯共和国历代总督的居住地，也是政治、司法的中枢机构。9世纪时建成，之后历经几次重建，到15世纪时成为了这个样子。内部十分豪华，是用威尼斯画派画家的画装饰起来的。其中一定要看的是装饰着2层大评议室的丁托列托的《天国》。宫殿和牢狱挨

着，它们之间是叹息桥。

开 9:00~19:00（入场~18:00）　休 周一　€ €12

科耐尔美术馆
Museo Correr
乘水上巴士1/2号线到这里大约需要3分钟
●剪切地图48 p.225-L

展示着威尼斯的生活资料和美术品

在圣马可大教堂对面的新行政馆的2、3层。展示的是反映14世纪到18世纪的美术、历史和风俗的重要的珍贵资料。分为历史馆（2层）和绘画馆（3层），在这里可以看到威尼斯画派的著名的画家乔凡尼·贝利尼的《圣母怜子图》和克雷尔伯特的《两名娼妇》等重要的作品。

因风俗画而出名的克雷尔伯特的《两名娼妇》

开 10:00~19:00（11月~次年3月~17:00）（闭馆前1小时停止入馆）
休 1/1、12/25
€ €14（和伯爵宫殿是通票）

凤凰歌剧院
Teatro la Fenice
乘水上巴士1/2号线到这里大约需要5分钟
●剪切地图47 p.225-K

意大利引以为豪的高级歌剧院

这里是威尔第的《茶花女》首次演出的剧院，是意大利代表性的国立歌剧院。虽然规模很小，但是却因为是欧洲少有的美丽且音效很好的剧院而出名。18世纪末建立起来，到1996年的时候因为火灾内部被烧坏了，但2003年末，历经7年的重建再次兴起。演出的节目以及具体的票价请在公共网页（有英语版的）上查找。

HP www.teatrolafenice.it/可以预约·结算（仅凭签证、万事达信用卡即可）

大屋（科耐尔宫）
Ca Grande (Palazzo Colner)
乘水上巴士1号线从基格里奥到这里大约需要3分钟
●剪切地图47 p.225-K

16世纪时的贵族商人们的邸宅

S形大运河的终点，穿过学院桥之后位于左手边上的一座3层建筑。也叫做科耐尔宫殿。是1536年时建筑师桑索维诺建立起来的宫殿。过去曾经是威尼斯贵族商人科耐尔家族的邸宅。

里亚托桥
Ponte di Rialto
乘水上巴士1/2号线从里亚托到这里大约需要1分钟
●剪切地图43 p.225-G

几乎在大运河中央的一座美丽拱桥

位于大运河中央几乎是最狭窄的地方的一座拱桥，很匀称。晚上的时候会被灯光照亮。13世纪建造的时候是一座木桥，到了16世纪末的时候，通过公众选举选出来的建筑师卡拉特拉将这座桥改为大理石桥。拱形像走廊似的，长达48米。桥上卖金银制品、皮革制品的店鳞次栉比。桥底的中央邮局是13世纪时的德国商馆。

对称的里亚托桥。夜晚灯火辉煌

圣玛丽奇迹教堂
Chiesa di Santa Maria dei Miracoli
乘水上巴士1/2号线从里亚托到这里大约需要1分钟
●剪切地图40 p.225-D

五光十色的大理石组合在一起组成的外观很美丽

15世纪后半期隆巴尔多建造起来的教堂。外壁是用五光十色的大理石拼合在一起建成的，非常好看。被人们亲切地称为“威尼斯·文艺复兴之宝”。

圣马可大会堂
Scuola di San Marco
乘水上巴士1/2号线从里亚托到这里大约需要6分钟
●剪切地图40 p.225-D

外壁上是令人不可思议的错视画

这里曾经是威尼斯独特的慈善机构互助组织所在地。现在这里是市民医院，不能轻易进去，但是外壁上的圣马可的错视画确实令人感到不可思议。建筑沿着运河而建，据说染布坊的工人们过去经常在这个运河里洗布。

圣乔治马焦雷教堂
Chiesa di San Giorgio Maggiore
乘水上巴士2号线从圣乔治马焦雷到这里大约需要1分钟
MAP p.223-L

可以在这里看到丁托列托的杰作

和伯爵宫殿隔河而建成的一座16世纪时的教堂。是设计了威尼斯街道的帕拉迪奥建设的。内部两面墙上装饰着的是丁托列托的著名的杰作《最后的晚餐》、《法力的收获》。登上钟楼上的阳台可以将整个城镇一览无余。

开 9:00~12:30、14:30~18:30（钟楼~17:00。周末、节假日~11:00、12:00~13:30、14:00~）
休 全年无休
€ 钟楼€3

景区 2

大运河沿岸

Staz.Nord~Naviglio

大运河沿岸的安康圣母教堂

建筑物鳞次栉比的大运河沿岸

观光小贴士

乐趣

观光 ★★★★★

饮食 ★

购物 ★

交通方式

水上巴士★★★★

区域范围

圣塔卢西亚车站~圣马可广场之间的运河大约长4公里。如果是长距离地移动的话，最好是乘坐水上公交1、2号线。

街区布局&游览须知

威尼斯的著名建筑鳞次栉比

从圣塔卢西亚车站开始绵延4公里的倒S形大运河在城镇中心流淌。这条运河就是威尼斯的“大街”。大运河沿岸矗立着贵族和商人们的华丽的邸宅，简直就像是在展览建筑似的，豪华无比。另外，大运河旁边的小运河也是星罗棋布。圣马可教堂这边还有点贵族的气息，但是对面的居民区却充满了生活的气息。乘坐水上公交将运河上的全景看过一遍之后，登陆，去看看素颜的威尼斯吧。

景点

金屋

Ca D'Oro（Galleria Giorgio Franchetti）

乘水上巴士1号线从金屋到这里大约需要1分钟

剪切地图39 p.225-C

被称为“金屋”的哥特式建筑

15世纪时建造起来的威尼斯·哥特式建筑的最高杰作。阳台上画着连续的拱形，十分引人注目。据说运河沿岸的正面原来是用黄金装饰的。现在里面是美术馆，展示着绘画和工艺品等。

开 8:15~19:15（周一~14:00） 休 1/1、5/1、12/25
€ €5 （闭馆前30分钟停止入场）

做工细致的连拱十分美丽

佩萨罗宫

Ca'Pesaro（Biblioteca di Storia dell'Arto）

乘水上巴士1号线从圣欧达奇到这里大约需要2分钟

剪切地图39 p.225-C

过去曾经是贵族公馆，现在展示着近代绘画

巴洛克风格的建筑，是建筑师隆格纳的杰作。上层阶梯上的圆柱子很好看。18世纪时作为富商佩萨罗的公馆建造而成，现在是近代美术馆和东方博物馆。

开 10:00~18:00、11月~次年3月~17:00（闭馆前1小时停止入场）
休 周一、1/1、5/1、12/25 € €5.50

鱼市

Pescheria

乘水上巴士1/2号线从里亚托到这里大约需要3分钟

剪切地图39 p.225-C

充满了庶民生活的气息，运河沿岸的商业空间

金屋对岸的庶民厨房。街上到处摆着从亚得里亚海和近海里捕来的新鲜海鲜。附近还有一个蔬菜市场，上午的时候这里熙熙攘攘的。

圣方济会荣耀圣母教堂

Basilica di Santa Maria Gloriosa dei Frari

乘水上巴士1/2号线从圣托马站到这里步行大约需要5分钟

剪切地图42 p.224-F

乘水上巴士1/2号线从圣托马站到这里步行大约需要5分钟

弗兰西斯派的教堂、建造于14~15世纪的哥特式建筑。里面除了威尼斯画派巨匠——提香的杰作《圣母升天》之外，还有多纳泰罗的《 洗礼者约翰》等。画家本人的墓碑也在这里。

开 9:00~18:00（周末、节假日13:00~）休 1/1、复活节、8/15、12/25 € €3

圣洛可信徒大教堂

Scuola Grande di San Rocco

乘水上巴士1/2号线从圣托马到这里大约需要5分钟

剪切地图42 p.224-F

丁托列托的绘画

16世纪建立起来的互助机构的建筑用地，收容贫民、病人等，给予他们照顾和提供食物。现在这里的会员一般都是比较富裕的市民了。里面挂着威尼斯派画家丁托列托25年间画的天花板画和各种绘画

旁边的圣洛可教堂里面也有很多名画

有很多大家名作的圣方济会荣耀圣母教堂

等，装饰着教堂。1层有《受胎告知》、《逃亡埃及》、《玛德琳娜的玛丽亚》等佳作，2层有《鞭打基督》，这些都是不容错过的。旁边还有祭祀圣洛可的圣洛可教堂，里面也有很多丁托列托的作品。

开 9:30~17:30（入馆~17:00）休 周末、节假日、1/1、复活节、12/25午后 € €7

佛斯切利公馆

Ca'Foscari

乘水上巴士1/2号线从雷佐尼科宫到这里大约需要5分钟

剪切地图42 p.224-F

威尼斯・哥特式建筑杰作之一

大运河大拐角处建立起来的4层公馆。是14世纪的威尼斯・哥特式建筑杰作

里面有提香的里程碑杰作

之一。8个相连的拱形和2层回廊以及装饰正面的镂空花纹等非常美丽。这里曾经是总督Foscari的公馆，现在是威尼斯大学的政经学院和文学院的建筑用地。

雷佐尼科宫

Ca'Rezzonico

乘水上巴士1/2号线从雷佐尼科到这里大约需要2分钟

剪切地图46 p.224-J

展示着18世纪贵族们的生活状态

建在佛斯切利公馆附近，是一座巴洛克式样的建筑。建造于17~18世纪，用石头堆积起来的一层之上是威尼斯风格的带拱形的2、3层，是当时最新样式的建筑。内部是再现18世纪的时候的贵族们生活状态的博物馆。还有咖啡馆和音乐商店等。

开 4~10月10:00~18:00、11月~次年3月~17:00（闭馆前1小时停止入场）
休 周二、1/1、5/1、12/25
€ €8

威尼斯风格的拱形很美

学院美术馆

Gallerie dell'Accademia

剪切地图46 p.224-J

乘水上巴士1/2号线从学院到这里大约需要1分钟

系统地展示着威尼斯派绘画的历史

威尼斯画派的特点是通过华丽的色彩和油彩等手法，形成自己独特的绘画世界。由贝利尼父子开创先河，之后经过卡尔帕乔、乔尔乔内，由提香、丁托列托、维罗纳等形成了威尼斯画派这个独立的画派。该美术馆借用了教堂的建筑，馆内按照历史年份展示着威尼斯派的绘画。

白色建筑物是美术馆入口

主要的作品有卡尔帕乔9张连环画《圣乌苏拉的传说》以及提香的《对圣母神殿的贡献》和遗作《圣母怜子图》、《圣马卡的奇迹》等。在这里可以充分欣赏到意大利美术瑰宝。

开 8:15~19:15、周一~14:00（闭馆前45分钟停止入馆） 休 1/1、5/1、12/25 € €6.50

佩吉·古根海姆美术馆

Collezione Peggy Guggenheim

剪切地图47 p.225-K

乘水上巴士1号线从Salute站步行到这里大约需要5分钟

展示着现代艺术巨匠们的作品的白色官邸

喜欢收集超现实主义作品的美术收藏家、著名的美国女性佩吉·古根海姆的邸宅。她在1979年去世之前30年间一直住在这里。现在由纽约古根海姆财团经营。里面展示的是毕加索、乔治·布拉克、克莱、蒙德里安、康定斯基、德·基里科和波洛克等现代美术家的杰作。

展示的是拥护前卫艺术家的佩吉·古根海姆收集的艺术品

这里展示着20世纪的艺术巨匠们绘制的杰作

开 10:00~18:00 休 周二、12/25 € €12

安康圣母教堂

Chiesa di Santa Maria della Salute

剪切地图47 p.225-K

乘水上巴士1号线从Salute站步行到这里大约需要1分钟

装饰着大运河尾部，美丽的圆屋顶

建在大运河即将结束的萨尔特海角上。被巨大的圆屋顶覆盖着的威尼斯·巴洛克建筑的杰作。17世纪时为了庆祝鼠疫的结束、把感谢奉献给圣母而建造的建筑物。里面还有丁托列托和提香的作品作装饰。

傍晚时候的安康圣母教堂

开 9:00（圣具室10:00）~12:00、15:00~17:30 休 节假日 € 圣具室€1.55

拉古纳诸岛 La Laguna

在被拉古纳团团包围的威尼斯，还有一个旅游的乐趣就是去各个岛屿上游玩。海面安稳而宁静，这里的人们现在还是像原来一样，以渔业为生。他们在时间的静静流淌中安详度日。有的岛是威尼斯玻璃制品的产地，有的岛是蕾丝工艺得到传承的地方，有的岛是众人憧憬的胜地。各个岛都有着自己的历史。岛上可以享受到在人口拥挤的威尼斯所不能享受到的海风与阳光。如果旅游的行程上有时间的话，一个岛上可以用一天的时间游览。

还可以参观玻璃制品制作工厂

丽都岛

Lido

乘水上巴士1号线从莱索庄园到这里大约需要20分钟

MAP p.235

位于威尼斯东面的一个细长的岛屿。19世纪末的时候作为意大利为数不多的旅游胜地以及电影节的会场使用地而闻名世界。亚得里亚海一侧是连绵的白沙海滩，上面建着高级宾馆和赌场等。海岸的氛围很优雅，这在电影《威尼斯之死》中就可以很清楚地知道。3~10月的时候游人会格外的多，冬天这里比较安静。

在私人海岸上好好放松一下

穆拉诺岛

Murano

乘水上巴士41/42号线从新运河到这里大约需要15分钟

MAP p.234

矗立在威尼斯北面大约1.5公里的海面上，从本岛到这里还算是比较近的。13世纪时玻璃的制作方法传到了这里，之后这里便一直守护着威尼斯玻璃制作的传统和手法。船舶停靠的运河两岸有很多制作玻璃的手工工坊、玻璃制品专卖店和礼品店等。参观一下玻璃工艺博物馆就可以了解其历史了。

布拉诺岛

Burano

乘水上巴士新运河的LN号线到这里大约需要50分钟

MAP p.234

威尼斯蕾丝和渔业岛。据说这里的人们之所以把屋子的外壁弄得五花十色是为了在雾气很大的冬天也可以看清自己的家。令人遗憾的是，礼品店里面的蕾丝越来越多是亚洲生产的了。可以到蕾丝博物馆去参观一下，这样的话就可以了解16世纪以来的蕾丝工艺的历史和技术了。

布拉诺岛生产的高级蕾丝

托切罗岛

Torcello

乘水上巴士新运河的LN号线到这里大约需要1小时

MAP p.234

距离布拉诺岛有5分钟的路程。是拉古纳最北面的一个很安静的小岛。这里曾经是拉古纳地区最早吸引人居住的地方，到5~10世纪的时候，还曾经是威尼斯的中心地。现在这里还有两个历史悠久的教堂和博物馆。

购物

Shopping

威尼斯是到品牌店购物的好地方。有很多店周末也是营业的。购物地区在圣马可广场西面、从圣马可广场到里亚托桥一带。

圣马可广场 MAP p.225-L

周围的商店将圣马可广场团团围住。这里的店卖威尼斯玻璃制品，还有蕾丝专卖店的老字号店铺和咖啡馆等。说到威尼斯玻璃的老字号店铺的话，比较著名的有宝利（pauly）、萨维亚蒂（salviati）和维尼尼（venini）等。

巴勒莱索大街 MAP ●剪切地图-48

到圣马可去的船停靠的地方前面的巷子里面就是这条街了。街上是杜嘉班纳（DOLCE & GABBANA）、古奇、宝缇嘉和米索尼等品牌店。和这个街道相交叉的3月22日大街上也有很多品牌店。

3月22日大街 MAP p.225-K

圣马可广场西侧的圣梅瑟大街和它前面的3月22日大街上有路易·威登、普拉达和宝嘉丽等品牌店。还有卖很漂亮的各种颜色的披肩的专卖店。从圣马可广场步行到这里需要四五分钟，很适合在这里慢慢地散步。

Merceria大街 MAP p.225-H

从圣马可广场到北面的里亚托桥之间的细长的巷子里也有很多品牌店，像玛丝玛拉、古奇、卡地亚、芙拉、马克斯和波利尼等品牌。

穆拉诺岛 MAP p.234

从威尼斯本岛乘坐水上公交，大约75分钟就能到穆拉诺岛。这里是威尼斯玻璃的产地。有几家老字号的玻璃生产工坊，还有产品展示。从艺术用品到日常的生活用品，展示着各种各样的玻璃制品，慢慢观看一番吧。有的工坊允许参观制作过程，也可以到工艺博物馆去参观。

古奇
Gucci

MAP ●剪切地图-48 p.225-L

店铺虽小，但却是产品齐全的好地方

创业者是出生于佛罗伦萨的古奇欧·古奇（Guccio Gucci）。不仅穿着很舒服，而且包和皮革布以及吸收了潮流气息的鞋子也很受欢迎。附近的3月22日大街上也有店。

交 从圣马可广场步行到这里大约需要3分钟
✉ Piazza San Marco，258
☎ 041-5229119
开 10:00~19:30，周末、节假日10:00~19:00
休 全年无休

杜嘉班纳
Dolce & Gabbana

MAP ●剪切地图-48 p.225-L

将甜美和刚强巧妙地融合在一起的高级服装

总店设在米兰的意大利品牌。是从针织衣起家的，除此之外还经营女内衣、包和鞋子、首饰等。穿上之后性感十足，很潮，深深地吸引着喜欢这个牌子的人的心。

交 从圣马可广场步行到这里大约需要5分钟
✉ SanMarco，223-226
☎ 041-2960502
开 10:00~19:00
休 全年无休

芬迪
Fendi
MAP ●剪切地图-47　p.225-L

店内很宽阔，可以细致地好好购物

1925年在罗马以生产皮革制品起家。生产的毛皮外套取得了很大的成功，凭借简单花纹的包获得了更多人的喜爱。威尼斯还有分店经营这个品牌。

- 交 从圣马可广场步行到这里大约需要3分钟
- ✉ San Marco,1474
- ☎ 041-2778532
- 开 10:00~19:30，周末、节假日10:30~19:00
- 休 1/1、12/25、12/26

布鲁诺·马里
Bruno Magli
MAP ●剪切地图-48　p.225-L

容易上脚，穿着舒服

1936年于古都博洛尼亚创业。在木模的形式上大下工夫，感觉非常舒服，吸引了很多的顾客。在世界上400多个国家都有销售点。还生产手工鞋、包、领带和皮革小饰品等。

- 交 从圣马可广场步行到这里大约需要3分钟
- ✉ Calle　Frezzeria,1583/85
- ☎ 041-5223472
- 开 10:30~13:00、14:00~19:30，周六10:30~19:30，周日、节假日11:30~18:30
- 休 1/1、12/25、12/26

葆蝶家
Bottega Veneta
MAP ●剪切地图-48　p.225-L

编制的皮革包很有人气

柔软的羔羊皮革现在几乎成为了“宝缇嘉”这个品牌的代名词。用这种皮革制作的“编制皮革”包很有人气。皮革摸起来非常柔软，不愧是专门的手艺人制作的。就连钱包和皮带等的质量也很高。

- 交 从圣马可广场步行到这里大约需要3分钟
- ✉ Calle Vallaresso,1337
- ☎ 041-5228489
- 开 10:00~19:30，周末、节假日11:00~13:00、14:00~ 19:00
- 休 1/1、12/25、12/26

嘉·马卡纳
Ca'Macana
MAP ●剪切地图-46　p.224-I

300多种手工制作的面具

店里满满的都是用皮革、纸和陶瓷等材料制作的手工面具。小面具3.80欧元，高级的话1.5万欧元。光看着狂欢节时穿的衣服和胸针等小饰品这些就已经是一个很大的乐趣了。

- 交 乘水上巴士1号线从雷佐尼科宫到这大约需要3分钟
- ✉ Dorsoduro，3172
- ☎ 041-2776142
- 开 10:00~20:00
- 休 全年无休

海岛
L'Isola
MAP ●剪切地图-47　p.225-K

威尼斯玻璃的老字号店铺

位于圣马可广场上的一家老字号的玻璃工艺店铺。产品种类齐全，从世界上的玻璃工艺家的作品到日常生活用品等一应俱全。还销售现代作家卡罗莫雷蒂通过现代化设计出来的玻璃。

- 交 乘水上巴士1/2号线从莱索庄园到这大约需要5分钟
- ✉ Campo San Moisè,San Marco,1468
- ☎ 041-5231973
- 开 10:00~19:00
- 休 1~3月周末、1/1、12/25、12/26

纸莎草
Il Papiro
MAP ●剪切地图-44　p.225-H

用大理石纸做成的高级文具

大理石纸的做法是17世纪时从法国传来的。是在从草木汁液中提取出来的溶液的表面上用刷毛将花纹画在复印纸上的一种技术。用这种技术做出来的信集、笔记用品和小册子等都非常好看。

- 交 从圣马可广场步行到这里大约需要7分钟
- ✉ Calle delle Bande
- ☎ 041-5223648
- 开 10:30~19:00
- 休 1/1、12/25、12/26

餐厅

Restaurant

一定要品尝一下用新鲜的海鲜做出来的威尼斯料理。料理的种类之多和很多稀奇罕见的海鲜的美味及其种类之多都会令你大吃一惊的。这样的料理也很适合和面食放在一起吃。

€每人1份的钱　☎需要预约　👔注意穿着

百花饭店

高级

Osteria Da Fiore

MAP ●剪切地图-38　p.224-B　€100~　☎👔

威尼斯代表性的名店之一

在威尼斯也是首屈一指的料理店。无论是食材的新鲜程度还是味道的纤细入微还有拼盘的美观，都是绝佳的。用鱼和虾的肉泥做的馄饨也非常好吃。你一定会为海鲜和面食的绝美搭配感动的。

交 乘水上巴士1/2号线从圣西尔维斯特到这需5分钟
✉ San Polo, Calle del Scaleter, 2202a
☎ 041-721308
开 12:30~14:15、19:30~22:30
休 周末、周一、8/3~8/20、12/24~1/17

吉基奥的酒馆

高级

Vini Da Gigio

MAP ●剪切地图-39　p.225-C　€60~

油炸海鲜和烤肉非常好吃

料理是用在近海捕捞到的新鲜海鲜，再配上高级烹调技艺做出来的。用水焯出来做成的海鲜拼盘"马奶开胃菜"和烧烤小乌贼也是让人吃过难以忘怀的料理。

交 乘水上巴士1号线从金屋到这里大约需要5分钟
✉ Cannaregio,3628/A　☎ 041-5285140
开 12:00~14:30、19:00~22:30
休 周[illegible]、周二、1月休息3周、8月第二周、5月第[illegible]周、1/1、12/25、12/26、12/31

科尔特饭店

高级

Corte Sconta

MAP p.223-H　€85~　☎👔

看过鱼市之后再决定当天吃什么

看过当天的渔市之后再决定吃什么。这家店准许客人任意点自己想吃的饭菜。几种开胃小菜和一点面食，菜量不是很多。

交 乘水上巴士1号线从军械库到这里大约需要5分钟
✉ Castello, Calle del Pestrin,3886
☎ 041-5227024
开 12:00~14:00、1[illegible]:00~21:00
休 周末、周一、7月下旬~8月中旬、1/8~2/8

马头盔饭店

高级

Alle Testiere

MAP ●剪切地图-44　p.225-H　€65~

新上任的厨师每天都到市场上去采购

是一家很小的饭店，仅有20个座位。但是年轻的厨师布鲁诺自创的海鲜料理非常好吃，广受好评。烧烤小螃蟹连壳都被烧烤得很松软很香。大虾面食味道浓重，也很好吃。甜点也都是手工制作的。

交 从里亚托桥步行到这里大约需要7分钟
✉ Castello, Calle del Mondo Novo,5801
☎ 041-5227220
开 12:30~15:00、19:00~23:00
休 周末、周[illegible]、8月、圣诞节时期至次年1月中旬

马斯卡隆德饭店

中级

Al Mascaron

MAP ●剪切地图-44　p.225-H　€25~

根据当天采购的情况变换菜单

午饭的时候也很有人气的一家饭店。用长须虾、蛤蜊和乌贼做成的面食很好吃。蒸煮的新鲜章鱼和贻贝、煮制的豆类等小菜就在店的入口这里摆着，自己看着选择就可以了。

交 从里亚托桥步行到这里大约需要8分钟
✉ Castello, Celle Lunga S.Maria Formosa, 5225
☎ 041-5225995
开 12:00~15:00、19:00~23:00
休 周末、12/20~次年1/20

中级

约婚夫妇酒店
La Bottega ai Promessi Sposi

MAP ●剪切地图-39 p.225-C €30~（吃饭）

有威尼斯有名的小吃，吃一口小菜喝一杯小酒

在入口的酒吧柜台处可以站着喝酒（0.80欧元），可以在这里吃到威尼斯名吃“齐克提”。可以在座位上安安静静地坐下吃。前菜（照片）、面食和面等都10欧元起价。

交 从里亚托桥步行到这里大约需要10分钟
✉ Cannaregio Calle dell' Oca, 4367
☎ 041-2412747
开 11:30-18:30
休 周一・周二中午

酒吧

瓶起子酒吧
Cavatappi

MAP ●剪切地图-44 p.225-H €5~（红酒）、€35~（吃饭）

有多达60种之多的葡萄酒的酒吧

可以在这家酒吧里尝到当天捕获的新鲜的海鲜，和海鲜一起喝葡萄酒也是一个很好的享受。威尼斯位于威尼托大区，可从威尼托大区里选出来的60多种葡萄酒中选择自己喜欢的种类，成杯喝葡萄酒。

交 从圣马可广场步行到这里大约需要5分钟
✉ Campo della Gueria, 525/526 ☎ 041-2960252
开 酒吧／9:00~21:00，周五、周六9:00~23:00、周末9:00~19:00 饮食／周二~周末11:00~16:00，周五・周六19:00~22:00 休 周一

酒吧

酒世界酒店
Un Mondo di Vino

MAP ●剪切地图-40 p.225-D €5~

就着威尼斯名物喝一杯小酒

可以指着自己眼前的小菜当场点下酒菜，这便是威尼斯酒吧的特点。葡萄酒的种类也很多，在天气比较晴朗的时候这里会聚集很多前来喝酒的人。

交 乘水上巴士1/2号线到莱索庄园前面
✉ Salizada San Canciano, 5984
☎ 041-5211093
开 10:00~15:00、17:30~22:00
休 周一

酒吧

毛利酒吧
Cantina Do Mori

MAP ●剪切地图-39 p.225-C €2~（红酒）

可以在这里尝到100多种葡萄酒，下酒菜也很好吃

顶棚上挂着很多铜锅，柜台上摆着的熟食也很多，你一定会为这些东西的种类之多感到吃惊的。这里是威尼斯最老的酒吧，正因为如此，这家酒吧里的环境特别好。可以尝一下威尼托的白葡萄酒。

交 从里亚托桥步行到这里大约需要7分钟
✉ San Polo,429
☎ 041-5225401
开 8:00~20:00
休 周末

咖啡馆

弗洛里安咖啡馆
Caffè Florian

MAP ●剪切地图-48 p.225-L €5.70~（饮料）

创业于1720年的老字号咖啡馆

圣马可是咖啡的发祥地。这家酒吧是其中最老的一家。是18世纪时候就聚集了很多人的一片绿洲。精密细致的内部装饰反映着这家酒吧的历史。面向广场的露天阳台也很有人气。

交 从圣马可广场步行到这里大约需要5分钟
✉ Piazza San Marco, 56
☎ 041-5205641
开 10:00~0:00a.m.
休 周三（11月~次年3月）

咖啡馆

德尔斯特咖啡馆
Bottega del Caffé Dersut

MAP ●剪切地图-42 p.224-F €2~

喝着咖啡在这里好好休息一下吧

将总店设在北意大利特雷维索地区。在愉快的氛围当中喝杯咖啡、果汁，吃点新鲜水果和点心等。无论哪一种都是精挑细选出来的自然物品。

交 在圣方济会荣耀圣母教堂旁边
✉ Campo dei Frari, 3014
☎ 041-3032159
开 6:00~20:00、周末8:00~14:00
休 全年无休

酒店

Hotel

集中在圣塔卢西亚车站和圣马可广场周边。因为这两处是游客比较多的地方，所以住房价格会稍微高一些。不同的季节和不同的星期宾馆的价格也会有变动。

学院宾馆

小型宾馆

Pensione Accademia

MAP ●剪切地图-46 p.224-J

将17世纪时的别墅改装而成的一家很静谧的宾馆

位于学院美术馆附近的一家氛围极好的小型宾馆。庭院被绿色包围，令人十分放松。温馨放松设备也很齐全。带浴盆的房间共7间。距离乘坐水上公交的地方非常近。

交 乘水上巴士1/2号线从学院美术馆到这大约需5分钟
✉ Dorsoduro,Fondamenta Bollani, 1058
☎ 041-5210188 FAX 041-5239152
€ S €80~ T €135~ 室 27间
HP www.pensioneaccademia.it

摩纳哥&大运河高级酒店

高级

Monaco & Grand Canal

MAP ●剪切地图-48 p.225-L

创业于1870年，眺望到的景色非常美

地理位置优越，位于圣马可广场附近，面向大运河。还有远眺到的景色非常优美的阳台。客房的内部装修很好，设施也很齐全。周边还有很多品牌店，饮食也很方便。

交 乘水上巴士1/2号线从莱索庄园到这大约需要5分钟
✉ San Marco, 1332 ☎ 041-5200211
FAX 041-5200501
€ S [illegible] T [illegible] 室 [illegible]
HP www.hotelmonaco.it（有英语版）

波齐宾馆

小型宾馆

Do Pozzi

MAP ●剪切地图-47 p.225-K

位于高级品牌街背面

距离圣马可广场大约150米，到这里的话很近。是一家隐居式的小型宾馆。位于巷子里面，环境安静，客房干净。所有的客房都带淋浴或浴盆。到品牌店街道3月22日大街也很近。

交 乘水上巴士1/2号线从莱索庄园到这大约需要5分钟
✉ San Marco, 2373
☎ 041-5207855 FAX 041-5229413
€ S €75~ T €98~ 室 29间
HP www.hoteldopozzi.it

圣卡西亚诺宾馆

小型宾馆

San Cassiano

MAP ●剪切地图-39 p.225-C

曾经是贵族公馆，哥特式建筑

和大运河对面的哥特式建筑——金屋隔河相望，地理位置十分优越。客房是用19世纪时的家具布置成的，让人感到很舒心。从吃早餐的休息室里看到的风景绝佳。距离学院美术馆也很近。

交 乘水上巴士1号线从圣欧达奇到这里大约需要7分钟
✉ Santa Croce, 2232
☎ 041-5241768 FAX 041-721033
€ S €75~ T €90~ 室 36间
HP www.sancassiano.it

花之神宾馆

小型宾馆

Flora

MAP ●剪切地图-47 p.225-K

距离圣马可广场很近的一家隐居式的宾馆

"flora"，"花之神"的意思。正如其名，宾馆的庭院很漂亮。各个客房的设计是不一样的，里面是用威尼斯样式的古董家具布置成的，让人感到舒心。从圣马可广场步行到这里大约只需要6分钟。

交 乘水上巴士1/2号线从莱索庄园到这大约需要5分钟
✉ San Marco, 2283/a
☎ 041-5205844 FAX 041-5228217
€ S €110~ T €170~ 室 43间
HP www.hotelflora.it

凯特酒店
中级

Kette

MAP 剪切地图-47 p.225-K

方便观光・购物

在圣马可广场西侧的凤凰歌剧院附近。客房里面的壁纸、床单、窗帘等都是古典风格的，氛围安静，令人舒心。浴室里面还有干燥毛巾的设备。

- 交 乘水上巴士1/2号线从莱索庄园到这大约需要5分钟
- ✉ San Marco, 2053
- ☎ 041-5207766 FAX 041-5228964
- € S €119~ T €119~ 室 63间
- HP www.hotelkette.com

里斯本酒店
经济实用型

Lisbona

MAP 剪切地图-47 p.225-K

距离圣马可广场非常近

距离圣马可广场大约100米。面向通贡多拉的圣摩西运河。是在中世纪时的建筑物的基础上建造而成的，但是现在又将浴室进行了翻新。浴室里面还有干燥毛巾的设备。早餐是火腿和奶酪等。

- 交 乘水上巴士1/2号线从莱索庄园到这大约需要5分钟
- ✉ San Marco, 2153
- ☎ 041-5286774 FAX 041-5207061
- € S €90~ T €120~ 室 15间
- HP www.hotellisbona.com

帕纳达古酒店
中级

Antico Panada

MAP 剪切地图-44 p.225-H

将17世纪时的公馆改造而成的宾馆

位于圣马可教堂和里亚托桥中间，方便观光和购物。是将17世纪时的公馆改造而成的威尼斯样式的宾馆。宾馆里面氛围优雅。位于圣马可广场北侧。

- 交 从圣马可广场步行到这里大约需要7分钟
- ✉ Calle Spettieri San Marco, 646
- ☎ 041-520988 FAX 041-5209619
- € S €93~ T €114~ 室 48间
- HP www.hotelpanada.com/

艾尔斯奥尼宾馆
经济实用型

Alcyone

MAP 剪切地图-44 p.225-H

周围环境很安静的一家小型宾馆

位于圣马可教堂和里亚托桥中间，去哪儿都很方便。室内使用威尼斯家具装饰，简单大方。没有电梯，这一点要注意。

- 交 从里亚托桥到这里大约需要7分钟
- ✉ Calle dei Fabbri San Marco, 4712
- ☎ 041-5212508 FAX 041-5212942
- € S €120~ T €120~ 室 26间
- HP hotelalcyone.com

梅斯特凤凰广场酒店
中级

Hotel Plaza Venice Mestre

MAP p.234

位于梅斯特车站前面的一家酒店，很方便

不是在威尼斯本岛上，而是在铁路上靠前一点的梅斯特车站前面。前面就是去威尼斯本岛罗马广场的公交车停车场，交通非常方便。浴室也很宽敞、舒适。魅力之一就是这里的住房价格比本岛的便宜。

- 交 从威尼斯・梅斯特步行到这里大约需要1分钟
- ✉ Viale Stazione, 36, 30171 Mestre
- ☎ 041-929388 FAX 041-929385
- € S €89~ T €109~ 室 226间
- HP www.hotelplazavenice.com（有英语版）

雅典宾馆
经济实用型

Hotel Ateneo

MAP 剪切地图-47 p.225-K

位于凤凰歌剧院背面

外观和室内都很朴素，但是这家宾馆在威尼斯已经很便宜的了，价格很公道。距离因演出歌剧和芭蕾而出名的凤凰歌剧院很近，从这里步行到圣马可广场的话只需8分钟。

- 交 乘水上巴士1/2号线从基格里奥步行需要7分钟
- ✉ San Marco,1876
- ☎ 041-5200777 FAX 041-5228550
- € S €85~ T €85~ 室 22间
- HP www.ateneo.it

威尼斯周边游

威尼托大区 Veneto

地中海的女王威尼斯和飘着浪漫气息的维罗纳是威尼托地区的两个代表性的城市。两者都在肥沃的平原地带上。还有欧洲为数不多的山岳旅游胜地科蒂纳丹佩佐，除了冬季的时候可以在充满生机与活力的大自然中滑雪之外，春天和夏天时还可以爬上山顶，在3 000米的高度上观看雄伟的大自然。城镇中心有高级时装店、时髦的咖啡馆，在这里可以充分享受到优雅地度假的快乐。

维琴察，从威尼斯坐火车到这里大约需要1小时，这里有很多文艺复兴时期的大建筑家安德烈亚·帕拉弟奥为了建一个世外桃源，倾注了才能与热情而建的建筑。

帕多瓦，从威尼斯坐火车到这里大约需要30分钟，这里还是一座学术城市，有伽利略任过教、但丁学习过的帕多瓦大学。墙面画满了乔托的壁画的礼拜堂也很壮观。

威尼斯的中心地区就像是帕拉弟奥建筑的展览品一样

威尼托大区的特产

威尼托面朝亚得里亚海，料理多是用新鲜的海鲜做成的，种类也是多种多样。油炸海虾拼盘fritto misto很好吃。配菜有“烤玉米千层饼”，是用玉米面做成的薄饼，也是这里的一道名吃。葡萄酒的话，维罗纳产的白葡萄酒——“苏瓦韦白葡萄酒”很有名。

特伦蒂诺—上阿迪杰大区 Trentino-Alto Adige

被阿尔卑斯山脉和多洛米蒂山脉夹在中间，自然景色丰富，省会是特伦托。多洛米蒂山脉主要的观光景点在山脉东麓的博尔扎诺，这里夏天的时候可以登山、远足，冬天的时候可以滑雪。作为一个山岳旅游胜地，吸引着米兰、博洛尼亚等大城市以及欧洲各国的游客前来游玩。

博尔扎诺在地理位置上属于南蒂罗尔，1918年之前一直是奥地利的领地。文化上深受德国、奥地利的影响。

区内游览须知

乘坐AV特快从佛罗伦萨到威尼斯大约需要2小时。乘坐电车从威尼斯到距离斯洛文尼亚边境很近的的里艾斯特大约需要1小时40分钟。乘坐AV特快从博洛尼亚到这里大约需要1小时20分钟，乘坐IC特快需要2小时。乘坐ES特快从威尼斯到维琴察大约需要45分钟。从米兰或者是威尼斯一天就可以到维罗纳。

到山岳旅游胜地科蒂纳丹佩佐的话，乘坐电车从威尼斯到卡拉尔佐大约需要3个小时，之后从卡拉尔佐换乘汽车，到这里大约需要1小时。冬天的时候为了方便喜欢滑雪的乘客，从米兰和博洛尼亚也有长途车到这里。同样地，到阿尔卑斯山麓下的城市博尔扎诺，乘坐ES特快从米兰到这里大约需要3小时10分钟。乘坐ES特快从维罗纳到这里大约需要1小时05分钟。

弗留利·威尼斯·朱利亚大区
Friuli-Venezia-Giulia

位于威尼斯东侧，距离斯洛文尼亚和奥地利都很近。省会是亚得里亚海附近美丽的绿色海港城市的里艾斯特。18世纪的时候受到哈布斯堡家族的统治，因此这里的文化散发着奥地利的气息。现在这里还残留着巴洛克–新文艺复兴样式的意大利建筑，营造出独特的氛围。

弗留利·威尼斯·朱利亚大区特产

这个州的特点是受到了奥地利和匈牙利等中·东欧地区文化的影响。因此，很多料理是用新鲜的蔬菜做成的，做料理时使用大量的调味料和香料。用草本植物和干葡萄做成的汤团等很出名。

的里艾斯特的圣安东尼奥大教堂。的里艾斯特附近有很多美丽的建筑物

建筑物十分规整的的里艾斯特

MAP p.243-A

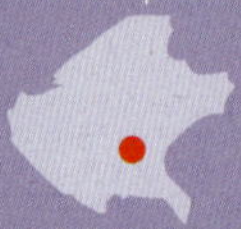

学问·宗教和艺术城镇

帕多瓦 Padova

城镇中心地区还有17世纪的建筑

■交通

乘坐IC特快从米兰中央车站到这里的话大约需要2小时10分钟，从威尼斯到这里大约需要30分钟。

●旅游咨询处

✉帕多瓦车站里面

☎049-8752077

开9:00~19:00（周末9:00~12:30）

休1/1、12/25、复活节

帕多瓦既是学问·宗教的城镇，同时又是一座艺术之城。因为世界级别的观光景点威尼斯的光环，这里逐渐衰退下去，但是如果到这里来看一看的话你会发现这里别有一番情趣。

该城镇的起源可以追溯到公元前。11~13世纪的时候作为一个自由的城市获得发展，繁荣起来，建立起了威尼托地区很罕见的门廊建筑。此外，为了绘制斯科洛文尼礼拜堂里面的壁画，还聘请了乔托，留下了很多优秀的作品。在帕多瓦最繁荣的时候建造了很多建筑物，这些建筑物很多都流传至今。

佩德罗基咖啡馆

街区布局 & 游览须知

景点大体上都在柱廊围起来的城壁里面。因为这里是威尼托地区的产业和商业中心，所以城镇的规模比较大，但是在城壁内侧的旧街道这个地方步行就足够看完所有的景点了。

从车站出来之后，顺着波波罗大街向南走，到加里波第大街，城壁就是从这个大街开始的。左手边是竞技场庭院，这里有斯科洛文尼礼拜堂，再进去一点穿过阿尔提纳泰（Altinate）门，就是佩德洛可咖啡馆。这里是时值意大利统一之际，每晚都有学生和知识分子来进行讨论的地方，十分出名。

景点

斯科洛文尼礼拜堂

Cappella degli Scrovegni

MAP p.245-B

■从帕多瓦车站步行到这里大约需要8分钟

意大利绘画的最高杰作之一

从1305年开始，乔托和他的弟子在这个礼拜堂里面花费了7年的时间来描绘圣母玛丽亚和基督的生涯，这里因此而出名。入口上面的墙壁上画的是《最后的审判》，最下面的墙壁上画的是寓意画《7美德》和《7恶德》。

开9:00~19:00（有的季节是晚上开馆）

☎049-2010020（预约） 休1/1、12/25、12/26

€€13（和旁边的艾雷米特尼市立博物馆是通票）

艾雷米特尼市立博物馆

Musei Civici degli Eremitani

MAP p.245-B

■从帕多瓦车站步行到这里大约需要8分钟

有绘画馆和考古学博物馆

这里曾经是修道院，经过改装成了现在的博物馆。里面收藏的是15~18世纪时的弗兰德派和威尼斯派的绘画和雕刻等，其中乔托、乔瓦尼·贝利尼、提香等人的作品是一定要看一看的。

考古学博物馆里面展示的是从古埃及、埃特鲁斯坎时代到古罗马时代的各种各样的收藏品。

开9:00~19:00（冬季~18:00） ☎049-8204551（预约） 休周一、1/1、12/25、12/26

€€13（和旁边的斯科洛文尼礼拜堂是通票）

外观朴素、内部豪华的帕多瓦大学

艾雷米特尼教堂
Chiesa degli Eremitani

MAP p.245-B

■在艾雷米特尼市立博物馆对面

教堂的尽头是曼特尼亚的作品

建造于13~14世纪的罗马样式教堂。虽然在第二次世界大战中受到轰炸，但是之后被复原了。现在虽然作品数量不是很多了，但还保留着出生于这个城镇的画家曼特尼亚的作品。

开 夏季8:15~18:45，周末、节假日10:00~13:00、16:00~19:00；冬季8:15~18:15，周末、节假日10:00~13:00、16:15~19:00

休 全年无休　€ 免费

洗礼堂
Battistero del Duomo

MAP p.245-A

■从斯科洛文尼礼拜堂步行到这里大约需要15分钟

小小的洗礼堂像点心盒一般

位于大教堂右边的洗礼堂是13世纪时候建成的。洗礼堂的墙壁上画着1375~1378年时画家朱斯诺·德·梅纳博埃（Giusto De'Menabooi）的壁画。

开 10:00~18:00

休 1/1、复活节、12/25

€ €2.50

紧挨着大教堂的洗礼堂

帕多瓦大学（波宫）
Universita (Palazzo del Bo)

MAP p.245-B

■从斯科洛文尼礼拜堂步行到这里大约需要8分钟

伽利略也曾在这个学校执鞭教学

创建于1222年。以哥白尼为首，欧洲诸国的知识分子很多都在这个大学学习过，是一座很有来历的大学。

是16世纪时的弓形宫殿式样的建筑。有回廊的庭院更是美丽。大学里开设的课程，除了一小部分之外其他是可以随便听的。另外还会有向导陪同参观“大教室”、“解剖学教室”和“伽利略讲台”等。

开 周一·周三·周五 15:15、16:15、17:15，周二·周四·周六9:15、10:15、11:15（需要预约，季节不同，周几开放以及具体开放的时间也不一样，请事前确认好。）

☎ 049-8273047、049-8273044、049-8275111（有向导，大约需要1小时）

休 周末

€ €5

HP www.unipa.it

旧裁判所（拉吉尼宫）前面也有市场

旧裁判所
Palazzo della Ragione

MAP p.245 B

■从斯科洛文尼礼拜堂步行到这里大约需要8分钟

使人想起帕多瓦繁荣时期的样子

这个巨大的长方形建筑被叫做“拉吉尼宫”，是1218年时作为裁判所建造起来的。屋顶是独特的底部弓形的建筑，用柱廊装饰，仅仅从建筑学方面来看也是很好的一座建筑。2层沙龙有以星座等为题材的15世纪时的壁画。

开 9:00~19:00（冬季~18:00）
休 周一、5/1、8/15
€ €4（特别展€8）

圣安东尼奥大教堂
Basilica di S.Antonio

MAP p.245-B

■从帕多瓦大学步行到这里大约需要12分钟

意大利重要的圣地之一

建成于13世纪，是一座深受罗马—拜占庭风格的影响的哥特式建筑。该大教堂的氛围很适合做朝拜地。这里祭祀着出生于葡萄牙，36岁便英年早逝的圣人安东尼奥。内部装饰绚丽豪华，有很多艺术作品，其中多纳泰罗的作品——青铜主祭坛很值得一看。旁边的圣埃斯特信徒教堂里面有描绘了圣人安东尼奥一生的18张壁画（转右），可以到内部参观。

开 6:20~19:45（冬季~19:00） 休 全年无休 € 免费

祭祀着圣安东尼奥的圣安东尼奥大教堂

餐厅

€ 每人1份的钱　需要预订　注意自己的穿着

布罗洛古饭店
Antico Brolo

高级 €30~　MAP p.245-A

充满了古典气息

推荐剑鱼片和乌鱼子通心面等。

■ Corso Milano, 22
■ ☎ 049-664555
■ 开 12:00~14:30、19:00~23:00
■ 休 周一中午和8月

酒店

帕多瓦是工业生产制造的中心地，碰上展览会的话房间会很紧张。需要早点预订。

多纳泰罗宾馆
Donatello

中级　MAP p.245-B

位于圣安东尼奥大教堂前面。

■ Piazza del Santo,102
■ ☎ 049-8750634
■ FAX 049-8750829
■ € S €127~T €198~
■ 室 44间　■ 休 12月中旬~次年1月中旬
■ HP www.hoteldonatello.net

里面房间也很齐全的多纳泰罗宾馆

欧罗巴宾馆
Europa

中级　MAP p.245-B

位于加里波第大街附近，方便观光。

■ Largo Europa, 9　■ ☎ 049-661200　■ FAX 049-661508
■ € S €95~T €120~■ HP 80间
■ HP www.hoteleuropapd.it

圣安东尼奥大教堂里面的庭院

MAP p.243-A

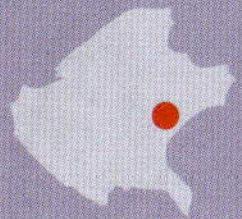

16世纪的建筑家设计的理想城镇

维琴察 Vicenza

安德烈亚·帕拉弟奥大街

■交通

乘坐特快IC从威尼斯到这里的话大约需要50分钟，乘坐特快IC从维罗纳到这里的话大约需要30分钟，乘坐特快IC从帕多瓦到这里的话大约需要20分钟。乘坐特快EC从米兰中央车站到这里的话大约需要2小时。

●旅游咨询处

✉ Piazza Matteotti,12

☎ 0444-320854 FAX 0444-327072

开 9:00~13:00、14:00~18:00

休 全年无休

12世纪时成为一个自由发展的城市而繁荣起来，15世纪以后成为了威尼斯共和国保护之下的隶属于威尼托的地方小城镇，在威尼斯的统治之下，艺术得到了很大的发展。

但是，使得这个城镇大大出名的是出生于帕多瓦、常年居住在这个城镇上的古典主义建筑家安德烈亚·帕拉弟奥（1508—1580）。他一直立志于要建一个理想城镇，于是在维琴察实现了自己的梦想。市内现在还有很多帕拉弟奥设计的珍贵的建筑物，把这个城镇装饰得很美。对建筑感兴趣的人一定要到这里来观赏一下。

街区布局&游览须知

从维琴察火车站沿着笔直的罗马街道向北走大约500米就是卡斯泰洛广场。这里大体上就相当于城镇的入口。

从这里一直延伸到马泰奥蒂广场，长达700多米的安德烈亚·帕拉弟奥大街是一条很繁华的街道。帕拉弟奥设计的建筑和15~18世纪的珍贵建筑点缀着的这条街道周边，集中着所有的景点，仅仅是徒步就可以把所有的景点都观看一遍。

旅游咨询处卖的所有的通票都是11欧元，其中包含市内所有的美术馆&奥林匹克剧院的入场费。事先买好比较划算，而且不必再一张一张地买票了，很省事。

奥林匹克剧院前面就有旅游咨询处

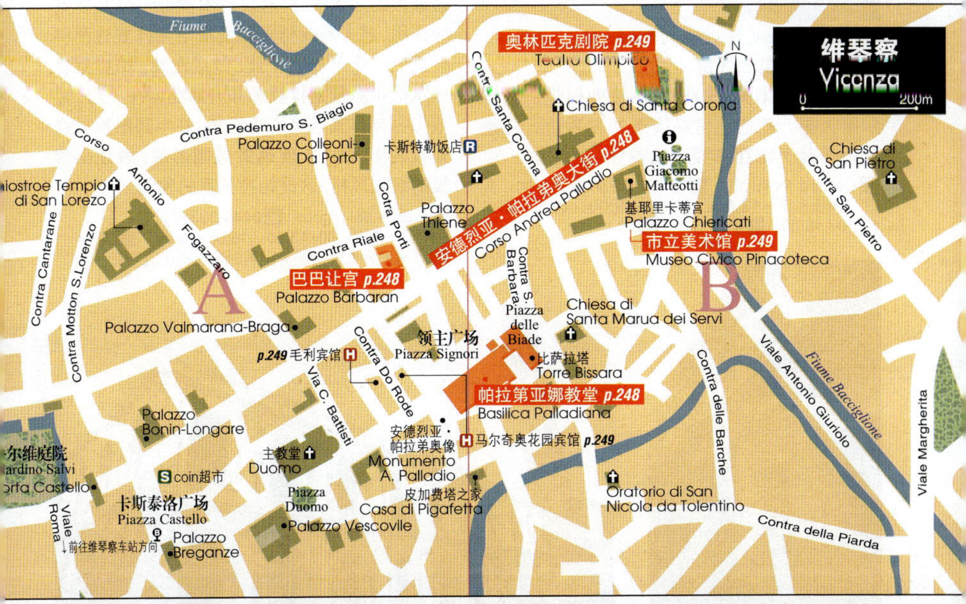

绅士广场。左手边是帕拉弟奥的作品——Basillica Palladiana建筑

大教堂稍微有点朴素

景点

安德烈亚·帕拉弟奥大街
Corso Andrea Palladio

MAP p.247-A

■从维琴察火车站步行到这里大约需要8分钟

置身其中仿佛是在建筑博物馆里

这条街道连接着城镇西端的城堡广场和东端的马泰奥蒂广场，这里18世纪时建造起来的珍贵的文化遗产建筑鳞次栉比。首先，从安德烈·帕拉弟奥大街经过一条小路到达福加扎罗街道，16号这里有帕拉弟奥设计的瓦拉马纳拉公馆；其次，帕拉弟奥大街147号有14~15世纪的建筑杰作斯基奥宫。马泰奥蒂广场上有帕拉弟奥设计的大建筑基埃里卡提宫，内部作为市立美术馆公开开放。

巴巴让宫
Palazzo Barbaran

MAP p.247-A

■从城堡广场步行到这里大约需要6分钟

优美的帕拉弟奥建筑

从帕拉弟奥大街的正中央向前走，到波尔蒂大街，巴巴让宫在街道的左手边。它是帕拉弟奥于1570年设计的贵族公馆。

✉Contra Porti,11 开 周一~周三9:00~13:00，周四、周五9:00~13:00、14:30~18:00，周六、周末10:00~ 18:00 休 全年无休 € €3

绅士广场上也有帕拉弟奥的雕像

帕拉第亚娜教堂
Basilica Palladiana

MAP p.247-B

■从城堡广场步行到这里大约需要12分钟

帕拉弟奥的杰作

蓝色的房顶和白色大理石的拱形形成鲜明的对比，给人留下深刻的印象，是维琴察地区最大的建筑物，一直发挥着类似于公共礼堂的作用。将多利亚样式和爱奥尼亚样式这两种样式的柱子堆积在一起，做成回廊。帕拉弟奥建筑的特点就是将柱廊和开廊组合在一起，建成拟古典样式风格的建筑物。在半圆形的支点处放2根小圆柱，玻璃做成圆形的，表现出建筑的细腻风格，这是帕拉弟奥的独创。

✉Piazza dei Signori ☎0444-323681
开 周二~周末9:00~13:00、15:00~19:00 休 周一
€ 有时候会有特别展览，到时候价格会有变动。

巴巴让宫

帕拉第亚娜教堂

奥林匹克剧院　　市立美术馆

奥林匹克剧院
Theatro Olimpico

MAP　p.247-B

■从城堡广场步行到这里大约需要12分钟

帕拉弟奥设计的木造剧院的杰作

1580年，帕拉弟奥模仿古代剧院进行设计，让自己的儿子希拉负责建造完成。舞台是帕拉弟奥的弟子斯卡莫齐采用远近法设计的，多使用圆柱和雕像。13层阶梯状的座位席上并排着雕像列柱，很有装饰性。天花板上的壁画也营造出很好的剧场空间。

✉Piazza Matteotti
开9:00~17:00，7・8月~19:00
闭馆前30分钟停止入场
休 周一　€ €8.50（通票入场券）

市立美术馆
Museo Civico

MAP　p.247-B

■从城堡广场步行到这里大约需要12分钟

一定要欣赏一下15~18世纪的绘画馆

基耶里凯蒂宫殿2层是市立美术馆，特别是里面收集15~18世纪杰作的绘画馆值得一看。提埃波罗的《无原罪圣母》、《时间暴露真相》和丁托列托的《治愈双脚的圣奥古斯丁》等威尼斯画派的作品以及范・戴克等布伦德尔画派画家的作品也是不容错过的杰作。

✉Piazza Matteotti, 37/39
开9:00~17:00，7・8月~19:00
（闭馆前15分钟停止入场）
休 周一　€ €8.50（通票入场券）

酒店

因中心地很窄，只要步行就可以了，所以这里的宾馆很少。帕拉弟奥大街和马泰奥蒂广场周边的宾馆，除了在此介绍到的两个之外，总共也就3家。

从车站到西泰罗广场的途中会经过罗马广场，周边的高级宾馆马尔兹宾馆也都在步行范围之内。

毛利宾馆
Due Mori

中级　MAP p.247-A

方便观光的现代化宾馆

✉Contra do Robe,26　☎0444-321886
FAX 0444-326127　€ S€70~ T€100~　室 30间
休 7月第4周~8/15　HP www.hotelduemori.com

餐厅

有几家可以品尝当地料理的饭店。传统料理做得比较好的是面向城堡广场的Gli Schioppi饭店等。说到比较时尚的乡土料理，面向圣斯特凡诺广场的Al Pectollo等店值得推荐。

马尔齐奥花园宾馆
Campo Marzio

中级　MAP p.247-B

靠近帕拉弟奥大街

✉Strada dei Nodari,5/7　☎0444-545700
FAX 0444-320495　€ S€75~ T€105~　室 35间
HP www.hotelcampomarzio.com

MAP p.243-A

夏天的露天歌剧十分壮观

维罗纳 Verona

有着中世纪气息的斯卡拉桥

每年夏天都会在古罗马时代的圆形竞技场——阿莱纳圆形大剧场里举行露天歌剧节，这里就成为《罗密欧与朱丽叶》等经典剧目的演出舞台……到处充满着艺术气息，维罗纳是绝对不会辜负游客的期望的。

是威尼托大区被重重绿色和缓缓的溪流包围着的一个城镇，现在还保留着中世纪时的遗迹、城堡和街道等。观光的游客络绎不绝，这本身也成为吸引游客的一大魅力。一定要在这样的城镇里待几天。

■交通

乘坐EC、IC特快从米兰中央车站出发到这里的话大约需要1小时30分钟，乘坐EC特快从威尼斯到这里的话大约需要1小时10分钟。从车站打车到城镇中心需要1分钟。从车站发车的11、12路车在布拉广场停车。

●旅游咨询处

✉ Via degli Alpini, 9

☎ 045-8068680

FAX 045-8003638

开 9:00~19:00（周末10:00~16:00）

休 1/1、12/25、复活节

街区布局＆游览须知

从维罗纳火车站到城镇入口的布拉广场，顺着卡佩罗路步行15分钟左右就到。快到广场的时候会被一股强烈的吸引力所吸引，这便是圆形竞技场——阿莱纳圆形大剧场。

从这里往城镇的中心继续走，细细的街道上是拥挤的时装店、宾馆和饭店等，其中游客特别多的是“朱丽叶的家”。从这里继续前行去芳草广场，到达上午会非常热闹的青空市场。继续在旧屋并列的街道上前行到达外观看起来非常陈旧的圣安纳斯塔西亚教堂，从这里马上就能看到阿迪杰河了。回到布拉广场，顺着罗马广场向西走，到的是维罗纳城堡。

景点

阿莱纳圆形大剧场
Arena

MAP p.251-B

■从布拉广场步行到这里大约需要1分钟

室外歌剧是歌剧迷们一定要看的

这座圆形剧场是维罗纳的象征，是公元1世纪的时候建立起来的。现在还是像原来那样保存得很好，保存的程度之好令人吃惊。就这样看着，让人有种穿越时空的感觉。6月下旬~8月，会在这里举行以《阿伊达》为首的露天歌剧表演，到时候会有来自世界各地的观众前来欣赏。没有演出的时候还可以到里面去参观，去的话一定要到座位席上坐一坐。

开 8:30~19:30（周一13:30~19:30）、歌剧季节8:30~17:00（演出的歌剧不同闭馆的时间也不一样）、8月周一9:00~19:30、18:30之前入场（歌剧预约电话 ☎045-8005151） 休 全年无休 € €6（每月第一个周末€1）

阿莱纳圆形大剧场的露天歌剧

芳草广场
Piazza delle Erbe

MAP p.251-B

■从布拉广场步行到这里大约需要8分钟

想去看一看早市，十分热闹

芳草广场是在古罗马时代的公共广场上建造起来的。该广场被14世纪时建造的商馆和马志尼的家包围着，是城镇的中心。有卖粮食和布料等的市场。

广场中央有人们十分喜爱的雕刻“维罗纳的麦当娜”

领主广场

Piazza dei Signori

MAP p.251-B

■从布拉广场步行到这里大约需要8分钟

让人有历史感的广场

也俗称“但丁广场”，但丁曾经到维罗纳城镇住过一段时间，广场上有但丁的雕像。广场正面是维罗纳领主西科拉家族的王宫，据说领主还曾招待但丁和乔托等来过这里。现在这个王宫是县政厅。广场北侧是文艺复兴开始时期建造的“议会回廊”，南侧是现在的市政厅——拉吉尼宫和兰贝蒂塔。

宁柏迪塔

Torre dei Lamberti

☎045-9273027

开 9:30~20:30，周五・周六8:30~0:00a.m.、周日8:30~22:00

休 全年无休

€ 电梯€6

绅士广场的标志是塔

朱丽叶故居
Casa di Giulietta

MAP p.251-B

■从布拉广场步行到这里大约需要10分钟

举行结婚仪式的恋人圣地

莎士比亚的《罗密欧与朱丽叶》的女主人公原型就是这个家里的女性。可以在这里一边想象13世纪时候的贵族们的生活状态，一边想象年轻的恋人们的热情与悲伤。现在全世界的恋人都会来到这里，与小说里面的悲剧完全相反，十分热闹。庭院里的朱丽叶雕像前面各个年龄阶段的情侣站在这里亲密无间地照相。庭院里还有阳台，也是一个看点，还放着写给朱丽叶的信这样的便笺。而且也允许在这里举行婚礼。

朱丽叶的雕像很有人气

开 8:30~19:30（周一13:30~19:30），18:45后停止入场
休 全年无休
€ €6（每月第一个周末€1）

圣安纳斯塔西亚教堂
Chiesa di Sant'Anastasia

MAP p.251-B

■从绅士广场步行到这里大约需要5分钟

安静地矗立着的哥特式建筑杰作

教堂里面很宽阔，用壁画和雕刻装饰着，其中萨内罗的壁画《圣乔治和王女》（第二个礼拜堂）尤为出名。

开 3~10月8:30~18:00（周末、节假日13:00~），11月~次年2月10:00~13:00、13:30~16:00（周末、节假日13:00~17:00） 休 11月~次年2月的周一 € €2.50

罗马剧院
Teatro Romano

MAP p.251-B

■从绅士广场步行到这里大约需要10分钟

夏天夜晚会格外热闹的一个舞台

1世纪时建立起来的半圆形剧院遗迹，现在夏天的时候还会在这里举行歌剧和芭蕾演出。乘坐电梯上去，上面还有圣吉罗拉莫修道院，里面是展览着古罗马时代的雕刻和工艺品的考古学博物馆。

开 8:30~19:30、仅周一13:30~（18:30前停止入场）
休 全年无休
€ €4.5（每月第一个周末免费）

老城堡
Castelvecchio

MAP p.251-A

■从布拉广场步行到这里大约需要5分钟

里面是展示着市里收藏的中世纪美术作品的博物馆

作为维罗纳君主斯卡拉家族的住宅14世纪时兴建起来的一座美丽的砖瓦城堡。城堡完成10年之后斯卡拉家族就没落了，这里很长一段时间被用作军事设施了。之后因为战争被炸坏，建筑家卡洛·斯卡帕对其进行了修复，使其重新焕发了活力。

河边坚固的古城

开 8:30~19:30（周一13:30~）18:45之前停止入场
休 全年无休
€ €6（每月第一个周末€1）

圣泽诺・马焦雷教堂
San Zeno Maggiore

MAP p.251-A

■从老城堡步行到这里大约需要20分钟

淡淡的粉红色的大理石让人觉得这个教堂很优雅

在比较偏远的地方建立起来的一座教堂。是12世纪时建立起来的罗马样式的建筑物。

开 3月~10月8:30~18:00（周末、节假日13:00~ 18:00），11月~次年2月10:00~13:00、13:30~16:00（周末、节假日13:00~17:00） 休 11月~次年2月的周一 € €2.50

真情提示

实惠的维罗纳卡

在维罗纳观光的话购买通票会比较实惠。卡分为两种，分别是2日券（15欧元）和5日券（20欧元）。持卡可以进去的有阿莱纳圆形大剧场、朱丽叶故居・墓、兰贝蒂塔、老城堡等，几乎所有的景点都可以进去。其他的优惠的话，还有特别展的时候的优惠、随便乘坐公交车等。在旅游咨询处或者公交车售票处购买。

酒店

大饭店
Grand Hotel

中级 MAP p.251-D

设备齐全的商务宾馆

■ ✉ Corso Porta Nuova,105 ■ ☎ 045-595600
■ FAX 045-596385 ■ € S €131~ T €189~ ■ 室 62间
■ HP www.grandhotel.vr.it

充满异国风情的坡上城镇
的里艾斯特 Trieste

海和山丘之间街道绵延不绝

边境城镇的里艾斯特和意大利其他的城镇不一样，这里飘散着异国情趣。人们之间相处的氛围也受到了奥地利的影响。

该城镇在威尼斯的统治结束的14世纪到意大利统一之前一直处于奥地利的统治之下，是奥匈帝国的一个重要军港。现在的里艾斯特是工商业中心，也是因贸易而繁荣的亚得里亚海沿岸的最大的港口城镇。

■交通
乘坐ES特快从米兰中央车站到这里的话大约需要4小时20分钟，从威尼斯到这里大约需要2.5小时。
●旅游咨询处
✉Piaz-za Unita' d'Italia, 4/b
☎040-3478312
FAX 040-3478320
开 9:00~19:00，周末、节假日~13:00（根据季节会有变动）
休 1/1、12/25

街区布局 & 游览须知

的里艾斯特中央车站是城镇的入口

从的里艾斯特中央车站出来，沿着绵延的喀布尔街道笔直前行，到达海岸街道。穿过运河5分钟之后，到达意大利统一广场。这里有市政厅等奥地利时期的众多的建筑物。背面的布斯拉广场上也有布斯拉宅邸、德雷尔家族宫殿等众多的哈布斯堡家族统治时代的著名建筑。

此外，大教堂广场和意大利统一广场中间还有一条旧街道，这儿附近也有很多的别有风情的街道。

建在布斯拉广场上的布斯拉宅邸

城堡下面的罗马剧院

景点

圣朱斯托教堂
Cattedrale di San Giusto

MAP p.253-B

■从的里艾斯特中央车站步行到这里大约需要18分钟

梵蒂冈样式的建筑，镶嵌画很美观

是在罗马时代的建筑的基础上建造而成的。之后5~11世纪时建造了两个罗马样式的教堂，14世纪时被合为一个哥特式的建筑，成为了现在的样子。里面的拱形建筑上还保留着13世纪时的壁画，绝对不容错过的是12世纪到13世纪之间制作的拜占庭式样的镶嵌画《圣母玛丽亚和大天使迈克尔和加布里埃尔》、《基督和圣贾斯特斯和圣保罗》。地板和柱子上的镶嵌画是5世纪时的东西。

开 8:30~19:00（冬季8:30~12:00、15:30~19:00）
休 全年无休　€ 免费

圣朱斯托城堡
Castello di San Giusto

MAP p.253-B

■圣朱斯托教堂对面

从城堡的房顶上看到的景色非常美

1470年时由哈布斯堡家族的弗里德里希三世建造起来的城堡，在旁边的市立博物馆这里可以参观到当时的兵器。城堡前面还有罗马时代留下来的遗迹。

开 9:00~19:00（11~次年3月~17:00）
休 周一、1/1、1/6、12/25、12/26
€ €5（博物馆）

革命博物馆
Museo Revoltella

MAP p.253-A

■从圣朱斯托教堂步行到这里大约需要15分钟

承载19世纪时的成功故事

这里曾经是19世纪时该城镇的名人、擅长经商的帕斯夸莱（后也是这里的赞助人）的邸宅，后来将这里改成了博物馆进行公开开放。展示的家具都是当时这个邸宅里面使用过的，从中可以看到当时人们生活的富裕状态。

开 9:00~19:00（夏季）、9:00~18:00（冬季）
休 周二、1/1、5/1、12/25、复活节
€ €6（7~9月视野较好的阳台上还会开放酒吧）

登上台阶就是圣朱斯托教堂

餐厅

€ 每人1份的钱　需要预订　注意自己的穿着

从料理上也可以看到这里受到了奥地利和匈牙利的影响。料理的特点是在做饭的时候放香料、葡萄干和草本植物等，味道酸甜。

百花饭店
Ai Fiori

高级 €50~　MAP p.253-A

服务温暖人心，会让人忘记一天的疲劳

擅长做的里艾斯特风味的蜘蛛蟹沙拉、虾蛄酸奶酱等。

■ Piazza A. Hortis, 7
■ 040-300633
■ 开 12:30~15:00、19:30~22:30
■ 休 周末以及周一白天

酒店

萨沃伊精益星级酒店
Starhotel Savoia Excelsior

高级　MAP p.253-A

海岸沿线的豪华宾馆

■ Riva del Mandracchio,4　■ 040-77941
■ FAX 040-638260　■ € S €119~ T €119~　■ 室 142间
■ HP www.starhotels.it

NH的里艾斯特宾馆
NH Trieste

中级　MAP p.251-B

方便观光的现代化宾馆

■ Corso Cavour,7　■ 040-7600055
■ FAX 040-362699　■ € S €90~ T €90~
■ 室 172间　■ HP www.nh-hotels.com

Milano 米兰

按目的地分类

享受米兰之旅的乐趣指南

米兰11~13世纪时作为一个独立的自治城市发展起来。14~16世纪的文艺复兴时期，在贵族维斯康蒂家族和斯福尔泽家族的统治之下，迎来了豪华的黄金时代。吸引艺术家列奥纳多·达·芬奇和建筑家布拉曼特这样的天才来从事艺术创作活动也是在这个时期。此外，19世纪以后还建造了广场等众多的新古典主义的建筑。这些文化遗产也是米兰的特色。

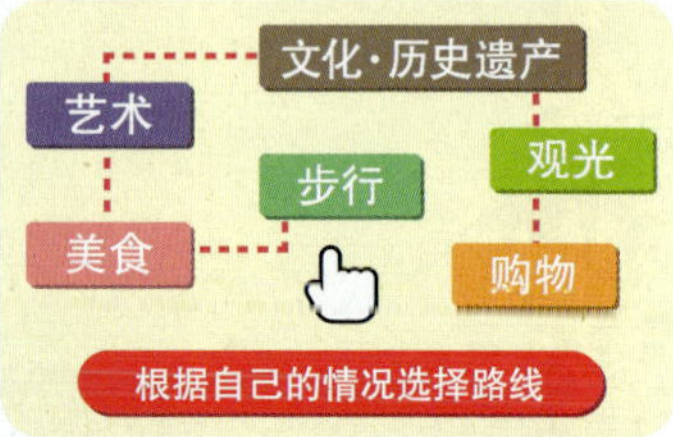

文化·历史遗产

追溯米兰公国时代的贵族文化

罗马样式和哥特式

- 米兰大教堂 …… p.266
- 圣安布洛乔教堂 …… p.269

米兰公国和贵族文化

- 埃马努埃莱二世拱廊 …… p.267

- 斯福尔泽斯科城堡美术馆 …… p.267

艺术

关注艺术作品的宝库

《最后的晚餐》

- 圣玛丽亚感恩圣母堂 …… p.268

在意大利也是首屈一指的收藏品

- 布雷拉绘画馆 …… p.267

达·芬奇、波堤切利的作品

- 安布罗西亚绘画馆 ……MAPp.262-J

在优雅的邸宅里欣赏文艺复兴时期的绘画

- 波尔迪·佩佐利美术馆 ……… p.267

观光

听音乐、观看比赛等乐趣多多

歌剧

➡斯卡拉歌剧院
…… p.267

➡足球梅阿查球场
……MAPp.260-A

步行

老街道也是米兰的魅力之一
乘坐地铁和电车游玩

运河沿岸的工商业城镇

➡纳维利奥地区
…… p.270

艺术领域

➡布雷拉地区 …… p.272

购物

最时尚的城镇
购物狂们一定要来

购买品牌

➡蒙特・拿破仑大街~史皮卡大街
…… p.272

室内装饰杂货

➡大教堂周边 …… p.280

选择店铺购物

➡科摩大街 …… p.279

➡史皮卡大道街边 …… p.272

鞋・小饰品及其他

➡鞋子专卖店 …… p.278

➡熟食店（熟食・食物）
…… p.279

美食

伦巴第大区美味料理也很多
一定要尝一下

➡伦巴第大区料理
…… p.46~

米兰名胜分布
特色景点先睹为快

观光去米兰的话，这里的景点是以大教堂为中心，北面是布雷拉绘画馆，南面是纳维利奥地区，并不是很大。米兰给人印象比较深的是它是一个商业城市，但是这里的美术馆、博物馆数量众多，各种有名的建筑也是层出不穷，从罗马样式的到文艺复兴式、哥特式的各种风格的都有。米兰还是歌剧和时尚之都，吸引了很多人前来观光。

斯福尔泽斯科城堡美术馆 p.267

米兰公爵维斯孔蒂家族的居住城堡，是米兰最大的建筑物。列奥纳多·达·芬奇也参与了城堡的设计。内部是市立美术馆，里面还收藏着米开朗琪罗还没有完成的作品。

圣玛丽亚感恩圣母堂 p.268

这里因为有列奥纳多·达·芬奇的壁画《最后的晚餐》而出名。建造于15世纪时的教堂，圆形屋顶是布拉曼特设计的。第二次世界大战中受到严重的轰炸，但是《最后的晚餐》却奇迹般地保留了下来。

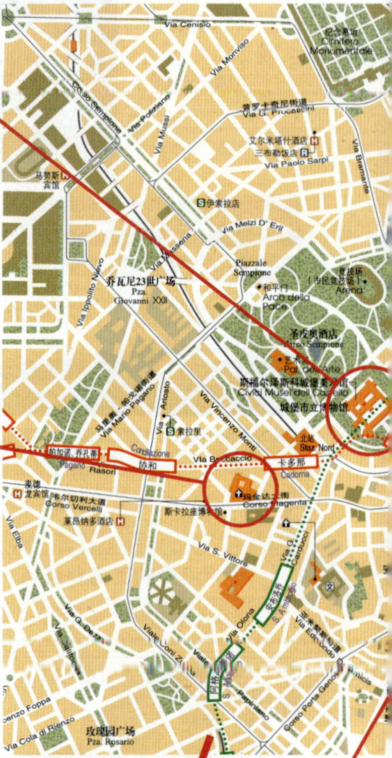

纳维利奥地区 p.270

纳维利奥地区位于米兰中心部向南的地方，是至今仍然保留着米兰原来古代的样子的运河地区。因为很多年轻的艺术家搬到这里，因此这里开了很多画廊、杂货店和俱乐部等。周末的时候还会开古董市场。

斯卡拉歌剧院 p.267

在米兰公爵的命令之下建立起来的歌剧殿堂。意大利代表性的歌剧作家罗西尼、威尔第等的问世之作都是在这个歌剧院首次演出的，是一个很有来历的歌剧院。内部还有斯卡拉歌剧院博物馆，可以在里面鉴赏到歌剧服装、乐谱和与音乐家相关的物品等。

布雷拉绘画馆 p.267

主要展示的是15~19世纪时的伦巴第派和威尼斯派的绘画。是收集了北意大利·文艺复兴美术作品的首屈一指的美术馆。是美术大学的附属美术馆。周边是美术大学的学生们常光顾的个性化杂货店，有很多咖啡馆等。

米兰中央火车站 MAP p.261-D

国际火车和国内的火车都在此发车、到站的一个门户。车站周边有很多划算的经济实用型宾馆和商务宾馆等，还有意大利很稀罕的超市。到机场的穿梭巴士也是从车站前面的广场发车。

蒙特·拿破仑大街 p.272

米兰时尚的引领者。这条大街和并行的史皮卡大道是品牌店鳞次栉比的一个地方。如果对米兰的最先端的时尚感兴趣的话，一定不能错过这里。

埃马努埃莱二世拱廊 p.267

是连接大教堂广场和斯卡拉歌剧院之间的一个拱廊。是19世纪时建立起来的一个巨大的玻璃顶棚豪华拱廊。下面是品牌店和华丽的咖啡馆等。最适合在这里悠闲地散步。

米兰大教堂 p.266

14世纪时统治米兰的维斯孔蒂家族下令建造、花了500年时间建成的意大利最高级的哥特式建筑。就大教堂来说规模仅次于拜占庭的圣彼得堡大教堂。由135座尖塔装饰而成，煞是壮观。大教堂周边是米兰的中心。购物街等也集中在这一带。

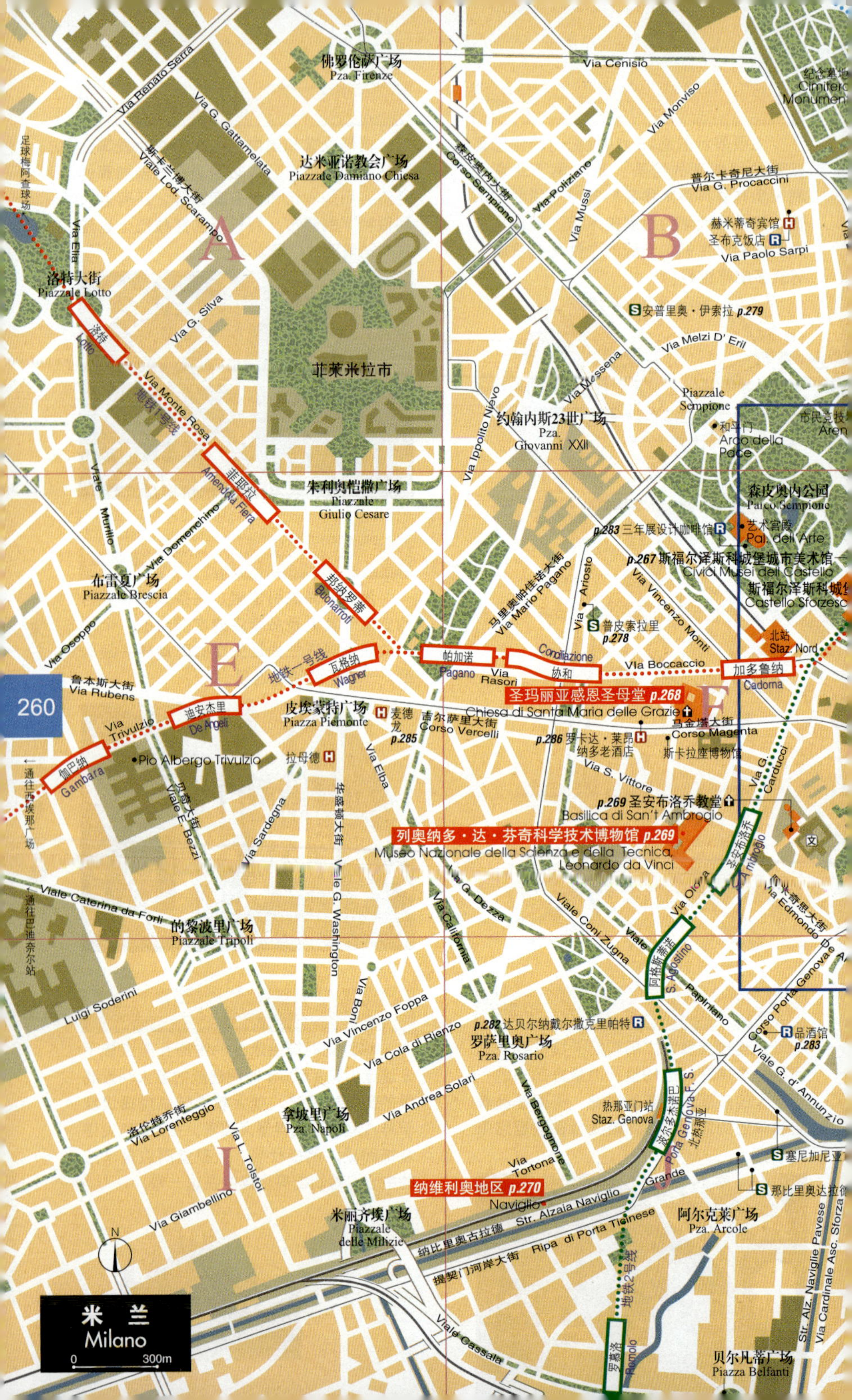

米兰
Milano
0 300m
佛罗伦萨广场
Pza. Firenze
Via Cenisio
纪念墓地
Cimitero Monumentale
Via Renato Serra
Via G. Gattamelata
斯卡兰博大街
Viale Lod. Scarampo
达米亚诺教会广场
Piazzale Damiano Chiesa
森皮奥内大街
Corso Sempione
Via Poliziano
Via Monviso
普尔卡奇尼大街
Via G. Procaccini
赫米蒂奇宾馆
圣布克饭店
Via Paolo Sarpi
足球梅阿查球场
Via Elia
A
B
Via Mussi
洛特大街
Piazzale Lotto
洛特
Lotto
Via G. Silva
菲莱米拉市
安普里奥・伊索拉 p.279
Via Melzi D' Eril
Via Monte Rosa
地铁1号线
Via Messena
Piazzale Sempione
Via Ippolito Nievo
约翰内斯23世广场
Pza. Giovanni XXII
市民竞技场
Arena
和平门
Arco della Pace
菲耶拉
Amendola Fiera
朱利奥恺撒广场
Piazzale Giulio Cesare
森皮奥内公园
Parco Sempione
Viale Murillo
Via Domenichino
p.283 三年展设计咖啡馆
艺术宫殿
Pal. dell' Arte
p.267 斯福尔泽斯科城堡城市美术馆
Civici Musei del Castello
斯福尔泽斯科城堡
Castello Sforzesco
布雷夏广场
Piazzale Brescia
邦纳罗蒂
Buonarroti
马里奥帕佳诺大街
Via Mario Pagano
Via Ariosto
Via Vincenzo Monti
普皮索拉里
p.278
北站
Staz. Nord
Via Osoppo
E
地铁一号线
瓦格纳
Wagner
帕加诺
Pagano
Via Rasori
Conciliazione
协和
Via Boccaccio
加多鲁纳
Cadorna
鲁本斯大街
Via Rubens
圣玛丽亚感恩圣母堂 p.268
Chiesa di Santa Maria delle Grazie
F
油安杰里
De Angeli
皮埃蒙特广场
Piazza Piemonte
麦德龙
p.285
吉尔萨里大街
Corso Vercelli
马金塔大街
Corso Magenta
Via Trivulzio
p.286 罗卡达・莱昂纳多老酒店
斯卡拉座博物馆
伽巴纳
Gambara
Pio Albergo Trivulzio
拉母德
Via Elba
Via S. Vittore
Via G. Carducci
通往西埃那广场
贝齐大街
Viale E. Bezzi
华盛顿大街
p.269 圣安布洛乔教堂
Basilica di Sant' Ambrogio
列奥纳多・达・芬奇科学技术博物馆 p.269
Museo Nazionale della Scienza e della Tecnica Leonardo da Vinci
圣安布洛乔
S. Ambrogio
Via Sardegna
Viale G. Washington
Via G. Dezza
Via California
Via Olona
Via Edmondo De Amicis
Viale Caterina da Forlì
的黎波里广场
Piazzale Tripoli
Viale Coni Zugna
Viale Papiniano
阿格斯蒂诺
S. Agostino
通往巴迪奈尔站
Corso Porta Genova
Luigi Soderini
Via Boni
Via Vincenzo Foppa
p.282 达贝尔纳戴尔撒克里帕特
罗萨里奥广场
Pza. Rosario
Via Cola di Rienzo
品酒馆
p.283
Viale G. d' Annunzio
Via Andrea Solari
Via Bergognone
热那亚门站
Staz. Genova
波尔塔杰诺瓦
Porta Genova F. S.
北热那亚
拿坡里广场
Pza. Napoli
洛伦特乔街
Via Lorenteggio
Via L. Tolstoi
塞尼加尼亚
I
Via Tortona
那比里奥达拉德
纳维利奥地区 p.270
Naviglio
Grande
J
Via Giambellino
米丽齐埃广场
Piazzale delle Milizie
Str. Alzaia Naviglio
阿尔克莱广场
Pza. Arcole
纳比里奥古拉德
Ripa di Porta Ticinese
提契门河岸大街
地铁2号线
Viale Cassala
罗慕洛
Romolo
Str. Alz. Naviglio Pavese
Via Cardinale Asc. Sforza
贝尔凡蒂广场
Piazza Belfanti
N

p.52 米兰广场
超市（一层、二层）
米兰中央火车站
Staz. Centrale
萨尔瓦托雷 p.281
洛雷托广场
Piazzale Loreto
加里波第地区 p.272
加里波第站
Staz. Porta Garibaldi
吉欧雅大街 Via M. Gioia
p.287 俱乐部酒店
p.285 希尔顿米兰酒店
p.286 马可尼酒店
香港楼
斯普莱丁星级宾馆
普利思特兹
机场巴士
卡亚佐 Caiazzo
乔亚 Gioia
FS中心 Centrale F. S.
卡亚兹
阿玛迪斯
奥斯塔
洛雷托 Loreto
通往皮奥拉站
雅垦行政酒店 p.285
台湾
艾特路路果爱姆发纳提
百花酒店 p.287
卡诺瓦酒店 p.286
萨沃亚王子酒店 p.284
Via M. Quadrio
加里波第 Garibaldi
科摩大街10号 p.279
高技术 p.279
Via Liberazione
Via Pisani
Via F. Filzi
Via L. Settembrini
Via Vitruvio
普奇尼
杂志
p.287 阿斯普罗蒙特酒店
Corso Buenos Aires
巴拉蒙蒂广场
Piazzale Balamonti
Via le Marte Grappa
Viale Crispi
宜必思中心酒店 p.286
丘斯尼亚大街
Viale Tunisia
哈纳 p.282
加勒斯酒店 p.287
拿破仑
利马 Lima
德米通大街
普利尼奥大街
p.285 德米多夫酒店
阿布鲁齐大街
共和国广场
Pza. della Repubblica
共和国站 Repubblica
帕拉斯
赞比
香格里拉大酒店
奇异 p.281
极光
Viale Abruzzi
Via Plinio
莫斯科瓦 Moscova
莫斯科瓦大街
Via Moscova
Bastioni di Porta Venezia
Viale Vittorio Veneto
乔丽旅游
贝司吉股票交易所
Via Legnano
图拉蒂 Turati
地铁三号线
市民公园
Giardini Pubblici
威尼斯门
Porta Venezia
Viale Regina Giovanna
迪亚娜雄伟
阿斯科利广场
Piazza Ascoli
Via Fatebenefratelli
卡武尔广场
Piazza Cavour
近代美术馆 p.207
Civica Galleria d'Arte Moderna
帕莱斯特罗 Palestro
市立自然史博物馆
Museo di Storia Naturale
Via nino Bixio
布雷拉绘画馆 p.267
Pinacoteca di Brera
伊鲁空素拉
蒙特·拿破仑 Monte Napoleone
Via Aless. Manzoni
塞纳特大街
Via Senato
诺韦利广场
Pza. Novelli
Viale Majno
Viale Piave
米勒大街
斯卡拉歌剧院 p.267
Teatro alla Scala
波尔迪·佩佐利美术馆 p.267
Museo Poldi Pezzoli
威尼斯大街
Corso Venezia
县厅
达特奥 Dateo
拉卡提纳迪马奴拉（艾诺特卡）
Corso Indipendenza
Viale dei Mille
261
凯罗利 Cairoli
Via Dante
埃马努埃莱二世拱廊 p.267
Galleria Vittorio Emanuele II
Corso Monforte
三色广场
Piazzale del Tricolore
Viale Bianca Maria
Viale Premuda
Meravigli
科尔杜索 Cordusio
大教堂 Duomo
圣巴比拉 S. Babila
Via Visc. di Modrone
依鲁萨巴杰特
安布罗夏纳绘画馆
Pinacoteca Ambrosiana
米兰大教堂 p.266
Duomo
王宫 p.266
Palazzo Reale
五日广场
Piazzale Cinque Giornate
Via Mazzini
Via Larga
维多利亚门大街
Corso Porta Vittoria
维多利亚门
Porta Vittoria
3月22日大街
Corso XXII Marzo
Via Torino
米索尼 Missori
裁判所
Palazzo di Giustizia
海军公园
Largo Marinai d'Italia
维多利亚门
Porta Vittoria
维多利亚门站
Staz. di Porta Vittoria
Via S. Vito
弗朗西斯科斯福扎大街
Via Francesco Sforza
Via San Barnaba
医院
Policlinico
爱特罗CPA
Viale Monte Nero
恩帕尔斯科大街
Via Spartaco
Via A. Anfossi
圣洛伦佐马焦雷教堂 p.270
Basilica di San Lorenzo Maggiore
米兰市中心地 p.262・263
Via Mol. d. Armi
索菲亚大街
Via S. Sofia
克罗切塔 Crocetta
Via Alf. Lamarmora
马蒂尼广场
Piazzale Martini
爱布奥修道院
Via Bergamo
Viale Lazio
Via Cadore
Via Comelico
意大利大道
Corso Italia
卡拉大街
Viale Caldara
Via Quadronno
Vigentina
Corso Porta
罗马纳大街
Corso di Porta Romana
利比亚广场
Piazzale Libia
简单别致
a Ticinese
Viale Galeazzo
Viale Beatr. d' Este
Via G. Vasari
Viale Umbria
Via Tito Livio
p.284 维斯康蒂宫大酒店
罗马门 Porta Romana
漫画酒店 p.287
Viale Bligny
Viale Sabotino
Via L. Muratri
Via Terfulliano
Corso Lodi
Via G. Romano
Via G. Ripamonti
Via Giambologna
Parco Ravizza
特伦托广场
Pza. Trento
洛迪 Lodi T.I.B.B.
罗马门站
Staz. Porta Romana
Via Isonzo
托斯卡纳大街
Viale Toscana
C
D
G
H
K
L

米兰市中心
Milano Centro
0
200m
N
市民体育场
Arena
莫斯科瓦车站方向
Via Legnano
加里波第大道
Cso Garibaldi
Largo Treves
蒙特贝罗大道
Via Solferino
洛克西丹
圣·马可教堂
San Marco
水族馆
Acquario
塞尼亚诺大道
A
D
森皮奥内公园
Parco Sempione
钦托罗·波塔尼科（奥加尼克）
法特贝内·弗拉特利大道
Via Fatebenefratelli
Pza. delle Crociate
圣·马可广场
Pza. S. Marco
KA国际
艺术宫
Pal. dell'Arte
蓬塔齐奥大道
Via Pontaccio
布雷拉绘画馆 p.267
Pinacoteca di Brera
Via Borgonuovo
Pza. Marengo
兰扎
Lanza
菲奥利·基亚利大道
Via Fiori Chiari
伊尔·莱森
p.267 斯福尔泽斯科城堡美术馆
Civici Musei del Castello
斯福尔泽斯科城堡
Castello Sforzesco
Via Mercato
布雷拉大道
布雷拉地区 p.272
Brera
Buonaparte
空薇薇 p.281
领事
p.281
卡瓦利·纳斯特里
p.278
Via Brera
Via Ponte Vetero
Via Monte di
城堡广场
Piazza Castello
Foro
熊大道
Via dell' Orso
绿色草药店 p.280
北站
Staz. Nord
p.264 旅游咨询处
凯罗利
Cairoli
大圈
p.282
卡多那
Cadorna
布奥纳帕尔特
Largo Cairoli
安蒂卡·罗康达·迪·梅尔康蒂
p.287 伦敦酒店
Via S. Tomas
Via Broletto
斯卡拉歌剧院 p.267
Teatro alla Scala
地铁3号线
斯卡拉广场
Piazza della Scala
Pal. Ma
波尔莎利
262
E
地铁2号线
V. S. Giov. sul Muro
Via Dante
但丁大道
F
Via Clerici
马建达大道
Corso Magenta
Via Meravigli
埃马努埃莱二世拱廊 p.267
Galleria Vittorio Emanuele II
普拉达
品红 p.283
科尔杜西奥广场
P.za Cordusio
美尔康蒂广场
Piazza Mercanti
大教堂
Via Nirone
拉·布里扎
Via Brisa
S. M. Porta Fulcorina
P.za di Affari
中央邮局
科尔杜索
Cordusio
卡萨·斯维茨拉酒
Duomo
G. 卡尔杜奇
Via G. Carducci
Via Orefici
大教堂广场
Piazza del Duomo
p.286
约克杜卡大酒店
P.za Borromeo
斯帕达利 p.284
圣安布罗乔
S. Ambrogio
安布罗西亚绘画馆
Pinacoteca Ambrosiana
圣安布洛乔教堂 p.269
Basilica di Sant'Ambrogio
Via Campuccio
p.279 佩克总店
V. Giardino
Pza. Diaz
天主教大学
Univers. Cattolica
Marta
都灵大道
P.za Mentanas
Via S.
Via Mazzini
马志尼大道
布鲁内莱斯基酒店 p.285
p.282 加拉福利亚联盟
米索尼广场
Piazza Missori
Via Lanzone
Via Torino
埃德蒙德·阿米奇斯大道
Via Edmondo De Amicis
p.286 阿里斯顿酒店
Largo Carrobbio
米索尼
Missori
I
J
p.280 基钦
好味道 p.282
皮埃尔·米拉诺
Via Correnti
里贾纳
Via Stampa
Via S. Vito
p.280 画谜
Pza. Resistenza Partigiana
Corso Italia
意大利大道
波尔塔·莱奇内塞大道
Corso Porta Ticinese
圣洛伦佐马焦雷教堂 p.270
Basilica di San Lorenzo Maggiore
Corso Porta Genova
莱·比奇库莱特
波尔塔·莱奇内塞方向

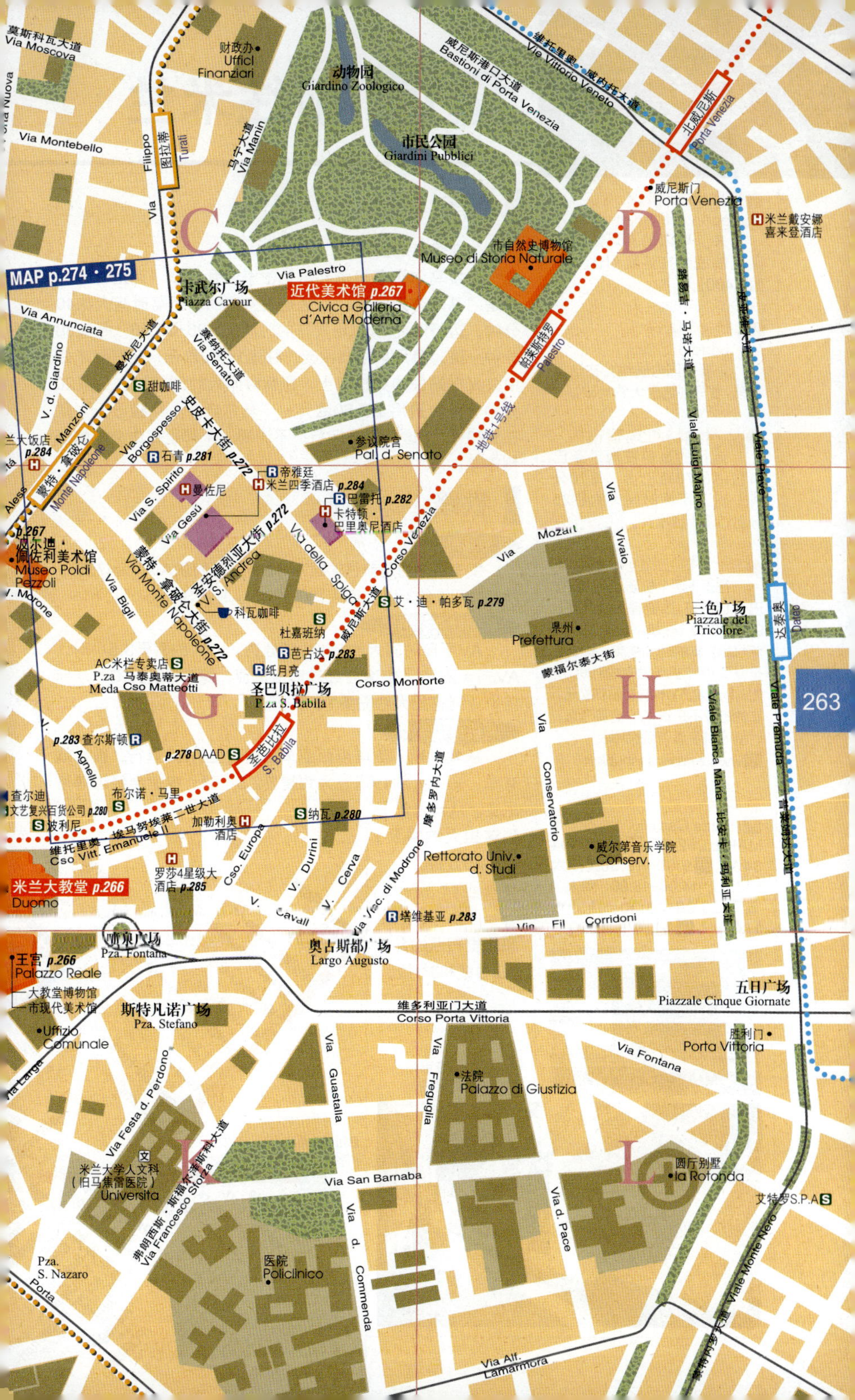

莫斯科瓦大道
Via Moscova
财政办
Uffici
Finanziari
动物园
Giardino Zoologico
威尼斯港口大道
Bastioni di Porta Venezia
维托里奥·威内托大道
Vie Vittorio Veneto
北威尼斯
Porta Venezia
Via Montebello
图拉蒂
Turati
Via Filippo
马宁大道
Via Manin
市民公园
Giardini Pubblici
威尼斯门
Porta Venezia
米兰戴安娜喜来登酒店
C
D
市自然史博物馆
Museo di Storia Naturale
MAP p.274 · 275
Via Palestro
卡武尔广场
Piazza Cavour
近代美术馆 p.267
Civica Galleria d'Arte Moderna
Via Annunciata
曼佐尼大道
塞纳托大道
Via Senato
帕莱斯特罗
Palestro
路易吉·马诺大道
Viale Luigi Majno
皮亚韦大道
Viale Piave
甜咖啡
Via Borgospesso
史皮卡大街 p.272
V. d. Giardino
Manzoni
参议院宫
Pal. d. Senato
地铁1号线
兰大饭店
p.284
蒙特·拿破仑
Monte Napoleone
石青 p.281
帝雅廷
米兰四季酒店 p.284
巴雷托 p.282
Via S. Spirito
曼佐尼
卡特顿·巴里奥尼酒店
Via
Via Gesù
圣安德烈亚大街 p.272
Via della Spiga
Corso Venezia
Via Mozart
Via Vivaio
p.267
佩尔迪
佩佐利美术馆
Museo Poldi Pezzoli
V. Morone
Via Bigli
蒙特·拿破仑大街
Via Monte Napoleone p.272
V. S. Andrea
科瓦咖啡
威尼斯大道
艾·迪·帕多瓦 p.279
三色广场
Piazzale del Tricolore
达泰奥
Dateo
杜嘉班纳
芭古达 p.283
省府
Prefettura
蒙福尔泰大街
AC米栏专卖店
P.za Meda
马泰奥蒂大道
Cso Matteotti
纸月亮
圣巴贝拉广场
P.za S. Babila
Corso Monforte
G
H
Viale Bianca Maria
Viale Premuda
p.283 查尔斯顿
p.278 DAAD
Via Conservatorio
摩多罗内大道
圣巴比拉
S. Babila
查尔迪
文艺复兴百货公司 p.280
布尔诺·马里
波利尼
加勒利奥酒店
纳瓦 p.280
维托里奥·埃马努埃莱二世大道
Cso Vitt. Emanuele II
Rettorato Univ. d. Studi
威尔第音乐学院
Conserv.
比安卡·玛利亚大道
普雷穆达大道
罗莎4星级大酒店 p.285
Cso. Europa
V. Durini
V. Cerva
Via Mac. di Modrone
米兰大教堂 p.266
Duomo
V. Cavall
塔维基亚 p.283
Via Fil
Corridoni
喷泉广场
Pza. Fontana
奥古斯都广场
Largo Augusto
王宫 p.266
Palazzo Reale
大教堂博物馆
市现代美术馆
斯特凡诺广场
Pza. Stefano
维多利亚门大道
Corso Porta Vittoria
五日广场
Piazzale Cinque Giornate
Uffizio Comunale
胜利门
Porta Vittoria
Via Fontana
Via Guastalla
Via Freguglia
法院
Palazzo di Giustizia
Via Larga
Via Festa d. Perdono
文
米兰大学人文科（旧马焦雷医院）
Universita
K
弗朗西斯·斯福尔扎大道
Via Francesco Sforza
Via San Barnaba
L
圆厅别墅
la Rotonda
艾特罗S.P.A
Via d. Pace
Via d. Commenda
Pza. S. Nazaro
Porta
医院
Policlinico
Viale Monte Nero
Via Alf. Lamarmora

交通 前往米兰

●马尔奔萨机场
Aeroporto di Malpensa

来自中国的直达航班和国际航线会在这里到达（参照p.400）。

●利纳特机场
Aeroporto di Linate

主要是国内航线会在这里着陆。罗马到这里大约1小时。

●从利纳特机场到市内

运行的是前往地铁圣巴贝拉站的73路巴士。每10分钟一班。所需时间大约是25分钟。费用1欧元。

●马尔奔萨·利纳特机场区间

往返于两个机场之间的穿梭巴士1天5班，很便宜而且方便。9:30~18:20，这段时间是从马尔奔萨机场发车的时间；9:30~16:30，是从利纳特机场发车的时间。所需时间大约70分钟。费用13欧元。车的班数不是很多，一定要注意。时刻表请参看下面的网站。

HP www.malpensashuttle.it

旅游咨询处

✉ Piazza Castello, 1
MAP p.202-E ☎02-77404 343 开9:00~19:00（周六~13:30、14:00~18:00，周末、节假日9:00~13:30、14:00~17:00） 休1/1、5/1、12/25

航空 / by Air

从马尔奔萨机场到市内

连接马尔奔萨机场和米兰·卡多那车站（北站）的火车是“马尔奔萨特快”。这是最方便的。所需时间大约40分钟。运行时间:从机场发车的时间是5:26~23:56。每隔30分钟一班。费用单程11欧元、往返14.50欧元。还有到米兰中央火车站去的穿梭巴士，所需时间大约50分钟。每隔20分钟一班。费用是7.50欧元。“马尔奔萨·穿梭巴士”是在1:20~0:15这个时间运行。不论哪一个都是在中央车站东侧停车。

铁路 / by Train

从罗马出发

发车最早的是前往德国方向去的国际特快AV（1天47班），所需时间大约3小时。IC大约需要6.5小时。ES一天一班。

从佛罗伦萨出发

AV所需时间大约1小时45分钟，IC大约需要3.5小时。AV一天22班。中途会经过博洛尼亚。除了ES、EC，从博洛尼亚到这里大约需要1小时。

从威尼斯出发

从威尼斯·圣塔卢西亚车站到这里有ES运行，很早就有车，一天大约19班。大约需要2.5小时。中途会经过博洛尼亚。从博洛尼亚到这里大约需要1小时25分钟。

米兰车站

地铁有米兰站，和这里相通的是地铁2号线和3号线。

◀米兰·卡多那站
▼马尔奔萨特快

交通 米兰市内

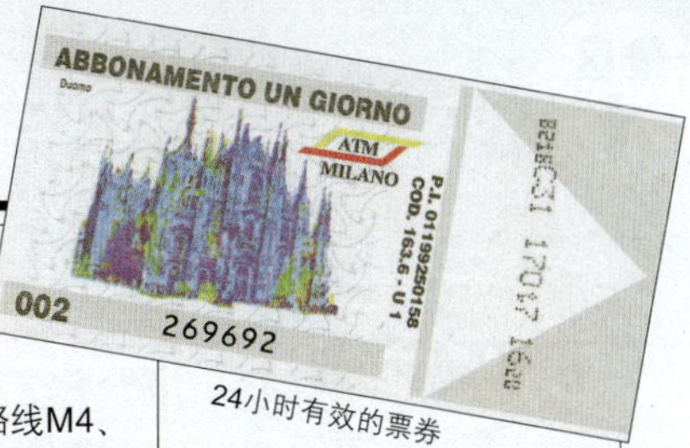

24小时有效的票券

地铁 Metropolitana

大多数景点坐地铁就可以了

路线是M1~M3，以及联络线4号线。此外还有路线M4、M5、M6，现在正在计划之中。1号线是红色的，2号线是绿色的，3号线是黄色的，联络线是用蓝色表示的，路标和地图上的标记是统一的，很容易看明白。地铁的标志是在红字前面标志着M。乘车方法和罗马的是一样的（参照p.80）。

步骤1 票的种类和买票方法

和电车、公交车是一样的，可分为一次票（1.50欧元）、24小时有效的一日票（4.50欧元）、48小时内有效的两日票（8.25欧元），还有可以用10次的次数票（可以多人使用）。如果要乘坐好几次的话，可以买随便乘坐的一日票、两日票，这样比较划算。一次票的有效时间是90分钟，这样的话有时可以多次换乘电车、巴士等（地铁的话只能乘坐一次）。

步骤2 经常用到的路线

方便观光和购物的是连接中央火车站和大教堂、蒙特·拿破仑大街的3号线。到布雷拉美术馆去的话也是需要乘坐3号线。1号线经过大教堂和圣巴贝拉，如果是购物或者是去收藏着《最后的晚餐》的大教堂的话，可以乘坐1号线。到中央车站和收藏着《最后的晚餐》的大教堂及纳维利奥地区去的时候也可以乘坐2号线。

出租车Taxi

路边是打不到出租车的，要想打车的话得去出租车停车场或者宾馆。基本费用是3欧元，周末、节假日是5.1欧元，21:00~6:00am之间是6.10欧元。之后每一公里加收0.98欧元的费用。有皮箱的话，每个需加收1.03欧元的附加费。

电车Tram

电车在市内星罗棋布，很方便。在书店、售货亭里买好电车&巴士路线图，即使是游人也会乘坐的。票和地铁的临时票和次数票是通用的。只在第一次乘车的时候盖章就可以了。比较方便的路线是连接中央车站和纳维利奥地区的2号线、连接共和国广场和纳维利奥地区的29·30号线。

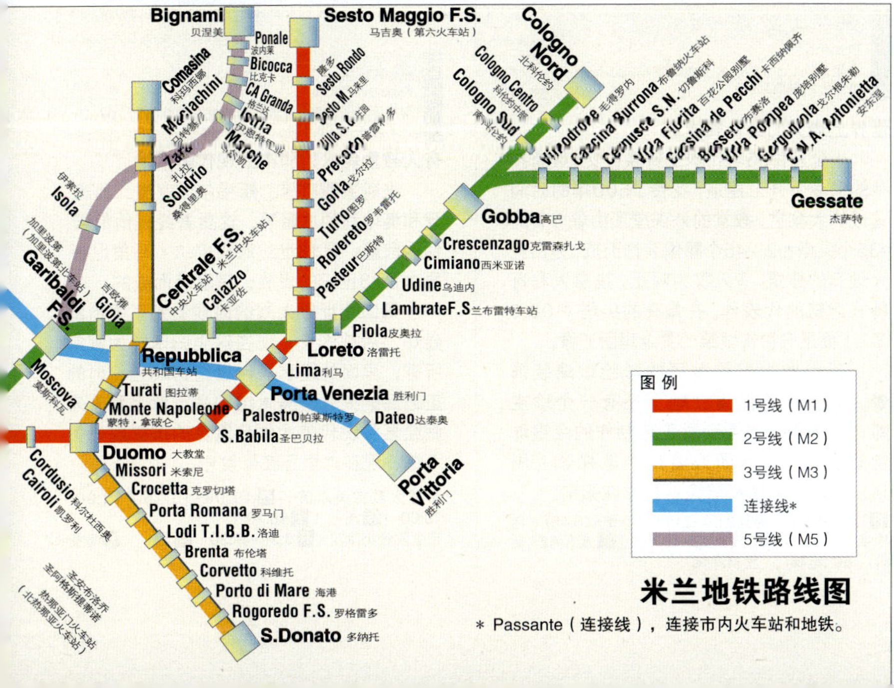

米兰地铁路线图

* Passante（连接线），连接市内火车站和地铁。

细腻巨大的大教堂是米兰的颜面

埃马努埃莱二世拱廊

街区布局&游览须知

壮观的大教堂，引领时尚的地方

大教堂周边是米兰的中心地区，这里是购物据点和商业据点。高级品牌店鳞次栉比的蒙特拿破仑大街和史皮卡大街也都在这个地区。首先，坐地铁到大教堂。不管是从什么地方到这里来的，都以大教堂为中心。然后到它周边的景点和商店那里逛一逛，是一件乐事。走累了的话，到蒙特·拿破仑大街或者是大教堂周边的豪华的咖啡馆那里喝上一杯咖啡，休息一下。

观光小贴士

乐趣

观光	★★★
饮食	★★★★★
购物	★★

交通方式

地铁	★★★★★
巴士	★★★
出租车	★

区域范围

乘坐地铁3号线从中央火车站到大教堂站大约需要15分钟。周边的观光和购物点都在步行的范围之内。

景点

米兰大教堂
Duomo

乘坐地铁1/3号线从米兰大教堂车站步行到这里大约需要1分钟

MAP p.263-G

世界上最大的哥特式建筑

于公元1386年在米兰望族吉安·维斯孔蒂的命令下开工建造，花费了500年的时间建成的大教堂。教堂的外观屋顶由耸立着的135个尖塔和2 245个雕像装饰而成，是白色大理石的建筑，令人叹为观止，是意大利哥特式建筑的代表作。在最高的尖塔（108.5米）上面是守护着城镇的黄金玛丽亚像。

巨大的内部被美丽的彩绘玻璃装饰着，氛围十分庄重。地下还有一个珍宝库，在这里可以看到手工艺制作的金银珠宝装饰物。走台阶或者是坐电梯登上屋顶，美丽的尖塔和雕像就矗立在眼前。

开 7:00~19:00／屋顶9:00~21:00（冬季~16:45）／宝物库 9:30~13:00、14:00~18:00 € 屋顶€6（台阶）、8€（电梯）、宝物库1€

王宫
Palazzo Reale

乘坐地铁1/3号线从米兰大教堂车站步行到这里大约需要3分钟

MAP p.263-K

有大教堂美术馆和市立现代美术馆

维斯康蒂家族、斯福尔泽家族、西班牙和奥地利的总督等，这里曾经是他们居住的宫殿。是18世纪时皮埃尔·马里尼将原本是13世纪的贵族公馆改装而成的。

第二次世界大战的时候受到了强烈的轰炸，后被修复，现在这里归米兰大教堂所有，里面是展示从14世纪到20世纪时的工艺品的大教堂美术馆和举行意大利未来派绘画和现代美术作品展览的市立现代美术馆。现在这里正在修复中。

米兰大教堂美术馆／开 10:00~13:15、15:00~18:00 休 周一 € €6.20
市立现代美术馆／开 9:30~17:30 休 周一 € 免费

埃马努埃莱二世拱廊

Galleria Vittorio Emanuele Ⅱ

乘坐地铁1/3号线从米兰大教堂车站步行到这里大约需要1分钟

MAP p.262-F

非常壮观的玻璃拱廊

将米兰大教堂和史卡拉广场连接在一起的全长200米的玻璃拱廊。由建筑师朱塞佩·门戈尼从1865年开始花费了77年时间建造而成。在中央十字路的天花板上画着象征着四大陆的壁画，更增添了壮观的气氛。拱廊里面著名的饭店和咖啡馆以及高级品牌店及大型书店等鳞次栉比。

斯卡拉歌剧院

Teatro alla Scala

乘坐地铁1/3号线从米兰大教堂车站步行到这里大约需要5分钟

MAP p.262-F

世界级的歌剧殿堂

因为是在圣玛丽亚史卡拉教堂的遗迹上建造起来的，剧院因此得名。由米兰望族费迪南德下令修建，15个月后的1778年竣工。二次大战时被空中轰炸机破坏殆尽，之后根据当初的设计图又将其还原了。

外貌看来平平无奇、内里却很豪华的斯卡拉歌剧院

旁边并设的史卡拉歌剧院博物馆里面展览的是在这里演出过的著名的音乐家的情况和相关的乐谱、服装、舞台模型等。

斯卡拉歌剧院博物馆／开 9:00~12:30（入馆~12:00）、13:30~17:00（入馆~17:00） 休 1/1、复活节、5/1、8/15、12/24下午、12/25、12/26、12/31下午 € €5

HP www.teatroallascala.org/public/LaScala/index.html

波尔迪·佩佐利美术馆

Museo Poldi Pezzoli

乘坐地铁1/3号线从蒙特拿破仑大街步行到这里大约需要3分钟

MAP p.263-G

展示着个人收藏品的贵族公馆

展览的是美术品收藏家波尔迪·佩佐利收藏的美术作品。展示的除了波拉依维罗的《女性的肖像》、波堤切利的《圣母子》等作品之外，还有宝石等个人收藏品。

开 10:00~18:00 休 周二、1/1、复活节所在周的周末、4/25、5/1、8/15、11/1、12/25、12/26 € €5

波尔迪·佩佐利美术馆入口

在里面可以看到15~18世纪时的意大利绘画的布雷拉绘画馆

布雷拉绘画馆

Pinacoteca di Brera

乘坐地铁1/3号线从蒙特拿破仑大街步行到这里大约需要8分钟

MAP p.262-B

因收藏意大利绘画而出名

主要收藏的是以伦巴第派和威尼斯派为首的文艺复兴时期的绘画杰作。过去曾经是作为耶稣教会的教育设施使用的美术学校，其中的一部分便成了现在的美术馆。这个学校将自己收藏到的美术作品进行公开展览是这个绘画馆的开端。2层的展览室被分成了38个房间，展示着500多幅画。除了北意大利的文艺复兴时期的绘画，比如曼提尼亚的《圣伤图》、《圣母子》，乔瓦尼·贝利尼的《圣母怜子图》、《圣母子》，皮埃罗的《吹蜡烛的圣母》，丁托列托的《发现圣马可尸体》之外，还可以在这里看到其他近代美术作品。

开 8:30~19:15（入馆~18:30）
休 周一、1/1、1/5、12/25 € €5（特别展€10）

斯福尔泽斯科城堡美术馆

Civici Musei D'Arte Del Castello Sforzesco

乘坐地铁1号线从凯罗利车站步行到这里大约需要3分钟

MAP p.262-A

因收藏着北意大利的美术作品而出名

米兰领主斯福尔泽家族的城堡。位于中央下面的塔是美术馆的入口。1层的看点是米开朗琪罗的《圣母怜子像》，据说这幅画是他在临死3天前开始制作但最终未完成的一部作品；还有天花板上的画列奥纳多·达·芬奇的《法间》。2层是绘画展示厅，展示的有曼特尼亚的《圣母和圣人们》、丁托列托的《一个人的肖像》、贝利尼的《圣母子》等名画。

开 9:00~17:30 休 周一 € €3（周五14:00~和每天闭馆前1小时免费）

近代美术馆

Civica Galleria d'Arte Moderna

乘坐地铁1号线从帕莱斯特罗车站步行到这里大约需要3分钟

MAP p.263-C

为数不多的收藏着19世纪的美术作品的美术馆

展示着收藏的19世纪伦巴第派绘画作品的一个重要美术馆。2层有乔凡尼·塞冈蒂尼的《泉的洗涤》等，这些一定要看一看。

开 10:30~18:00 休 周一 € €7.50（每月第一个周二免费）

景区 2 西北&西南地区

北站~纳维利奥

Staz.Nord~Naviglio

建在米兰的高级住宅区街上的圣玛丽亚感恩圣母堂

观光小贴士

乐趣

观光	★★★★
饮食	★★★
购物	★

交通方式

地铁	★★★★★
巴士	★★★
出租车	★

区域范围

坐地铁从米兰大教堂到各个地方大约都在15分钟。在这个地区之内的话步行就可以解决了

街区布局&游览须知

文艺复兴时期的米兰和现代要素邂逅

从大教堂出发不远，北面石路上是充满创意的商店街和画材商店一条街，可以在这里享受逛杂货店的乐趣。西面是史佛萨古堡和国际展览品会场。南面是残留着工商业城镇气息的纳维利奥地区，附近地区是年轻艺术家的居住区，近年来这里人气越来越高。每个景点距离地铁都不是很远，因此如果时间允许的话可以在这里散散步。在弯曲的巷子和古教堂背面可以不经意地发现华丽的画廊和商店，是米兰特有的景色。

景点

圣玛丽亚感恩圣母堂

Chiesa di Santa Maria delle Grazie

乘坐地铁1/2号线从卡多那车站步行到这里大约需要8分钟

MAP p.260-F

这里有列奥纳多·达·芬奇的最高杰作《最后的晚餐》

原来是15世纪后半期建立起来的多明尼加派的修道院，在完成两年之后的1492年，斯福尔泽家族的鲁多维科命令建筑师布拉曼特将它改造成了现在的样子。

中央部分是干净利落的哥特式风格，与华丽的文艺复兴时期的建筑的风格做成的圆屋顶形成了鲜明的对比。

这个教堂之所以出名是因为在该教堂的食堂的墙壁上画着列奥纳多·达·芬奇的最高杰作《最后的晚餐》。1495年43岁的列奥纳多着手壁画创作，花了3年时间完成了这部作品。晚餐的时候，耶稣对12个弟子说的寓言性的语言像层层波浪一样传到了弟子那里，从这幅画中我们可以深深地体会到这一点。他花费了很长的时间对这幅画进行反复的冲洗和修复，终于全部完成了。站在焕然一新的《最后的晚餐》面前，越看越被其鲜艳的色彩和人物表现形式所吸引。参观的话每次只能进去15个人，每隔15分钟换一拨人。参观采用预约制，预约方法请参照第269页右上角。在预约时间前15分钟到等待参观的参观者队伍中去排队等候。

开 8:15~19:30（售票处~18:45） 休 周一、1/1、5/1、12/25 € €6.50（预约另收费€1.50）

放置着《最后的晚餐》的画廊里面禁止摄影

圣安布洛乔教堂
Basilica di Sant'Ambrogio

乘坐地铁2号线从圣安布洛乔车站步行到这里大约需要3分钟

MAP p.262-I

隆巴多·罗马样式的原型

之后被视为是米兰的守护圣人的米拉大主教安布洛乔为了祭奠殉教者们的灵魂，于379年左右建立了殉教者教堂。后来，安布洛乔的遗骸也被埋在了这里，这里也改名为“圣安布洛乔教堂”，就是现在的这个教堂。弗兰克家族加洛林王朝（~875）时将后殿和圣坛进行了改造，之后便一直没有变过，之后从1080年到12世纪期间又进行了一系列的改造。在伦巴第大区可以看到这里建筑多用石制的交叉拱顶（拱形结构的曲面天花板）。

开 7:15~12:00、14:30~19:00 休 全年无休 € 免费

列奥纳多·达·芬奇科学技术博物馆
Museo Nazionale della Scienza e della Tecnica, Leonardo da Vinci

乘坐地铁2号线从圣安布洛乔车站步行到这里大约需要5分钟

MAP p.260-F

在这里观看天才的历史功绩和科学技术发展史

为了纪念列奥纳多·达·芬奇诞辰500周年，将原来的修道院进行了改造，建成了现在的博物馆。2层陈列室里展览的是追溯科学家达·芬奇的才能和伟大业绩的展品，以此为首，这里收藏的是一些和15世纪以后的科学技术相关的展览品。以达·芬奇的设计图为模型制作的模型飞机为首，草图和发明物都十分具备创造性，令人瞠目结舌。

并排着达·芬奇的设计图和模型的博物馆内部

开 9:30~17:00（周六・周末・节假日~18:30）
休 周一、1/1、复活节、5/1、8/15、12/25 € €8

真情提示

参观《最后的晚餐》要预约

以前观看《最后的晚餐》都要排很长的队，为此这里的观看制度改为了预约制。预约的话，周一~周六，8:00~18:30这段时间往呼叫中心打电话☎02-92800360（意大利国内和国外都是打这个电话）告诉自己的姓名、人数和希望参观的时间，进行申请。呼叫中心1/1、5/1、12/25这三天休息。

在自己预约的参观时间的20分钟之前到教堂的售票办公室去领票。费用是预约费+入场费。从下面的网址上也可以预约（有英语版的）。

HP www.vivaticket.it

《最后的晚餐》

运河两侧的咖啡馆、画廊鳞次栉比

圣洛伦佐马焦雷教堂

Naviglio

乘坐地铁3号线从米索尼车站步行到这里大约需要8分钟

MAP p.262-J

可以在这里看到古罗马建筑和镶嵌画

教堂前面的广场上站着康斯坦丁皇帝的铜像，还有罗马时代的16根圆柱，这些圆柱是4世纪末的时候为了建造回廊移到这里来的。教堂里面的建筑物到了16世纪的时候由建筑师马蒂诺·巴斯进行了重建。

里面的礼拜堂门口外间的墙壁上装饰着镶嵌画，镶嵌画的内容是4世纪时创作的表情充满了人情味的使徒们。

开 7:30~12:30、14:30~18:45
休 全年无休
€ 免费

纳维利奥地区

Naviglio

乘坐地铁2号线从热那亚车站步行到这里大约需要1分钟

MAP p.260-J

悠闲的运河风情、热闹的古董市场

过去米兰整个城镇上都是运河，但是之后很多都被埋掉了，现在只剩下这一带是运河了。

因为建造米兰大教堂的时候要使用大量的大理石，因此而开通了这条运河，据说列奥纳多·达·芬奇曾经还参与了其中的企划。运河的历史很悠久了，但是令人吃惊的是河水还是很清澈，还有鸭子在里面舒翅休息。从运河沿岸的纳维利奥·格兰德向前一点是一个巷子，就会看见公共洗衣地。这里充满了工商业城镇的气息，让人恍惚似不在人间。如今有些年轻的画家躲开城市的喧嚣，在这里建个阁楼等，这里也逐渐成为了一个很受欢迎的居住地。

平常一向安静的运河一带，因到了每月周末的时候会在这里开大型古董市场而变得异常繁华热闹。运河两岸的街道上架满了帐篷，整天人群络绎不绝。这里通常会有20世纪初的威尼斯玻璃和18~19世纪时候的家具和手表等，对古董感兴趣的人，推荐到这里来看一下。

此外，往圣阿格斯提瑙车站这个方向稍微向前走一点，就是每周六都会有的“西尼加利亚市场”，这里通常卖的是20世纪30~70年代的生活用品，充满了庶民气息。

纳维利奥·格兰德市场。有很多高质量的东西，像19世纪的银器等

周六开放的“西尼加利亚市场”。东西很多，好像是将玩具箱里的东西都倒了出来一样

真情提示

欣赏建筑物时的关键词

教堂的构造是什么样的?

建筑物的正面Ⓐ是最容易体现出来当时的时代样式的一个部分。花费了很长时间建造起来的建筑建造之初和竣工时候的样式很可能会发生变化,集中混合的建筑样式混合在一起也不是不可能的。观看这种差异也是鉴赏建筑的乐趣之一。圆屋顶Ⓑ、钟楼Ⓒ上也很容易体现出当时的时代样式和地域性。

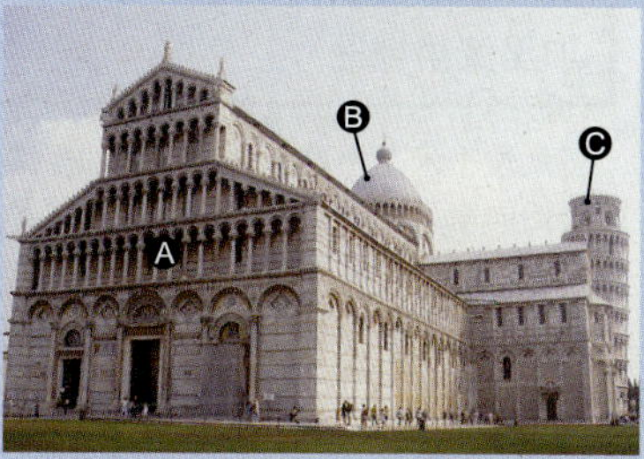

教堂建筑的构造。上图是比萨大教堂

随着时代的变化会产生这样的特征

意大利的美在于由于先人们不懈地努力将建筑的和谐和比例计算得极其到位,将意大利的城镇发展成为了一件艺术品。建筑是使用时间和空间来表现美的一种艺术作品。在“活建筑美术馆”意大利旅游的时候如果提前能了解一些关于建筑的知识的话,会增加很多旅游的乐趣。即使对建筑不是很了解也不要紧,这里简单介绍几个观看建筑时候的关键词,帮助了解建筑物。

首先是时代样式。随着时代的变化建筑样式也会发生变迁。简单记几个主要的时代样式和它们的特征吧。

●罗马样式　10世纪后半叶~12世纪前半叶

外观是用连续的拱形连接起来的小拱廊,正面会有雕刻。两个窗户连在一起Ⓓ、正面的大玫瑰窗Ⓔ、门口是小圆柱、圆柱上放的是狮子像Ⓕ等这些是罗马建筑所特有的特征。

罗马式样。照片是维罗纳的圣齐诺马焦雷教堂

●哥特式　12~14世纪

到了哥特式建筑时期,从没有地震的法国吸收了尖塔Ⓖ设计。追求建筑的庄严性,开始呈现出建筑争相比高的倾向。这个时期米兰的大教堂将法国的哥特式建筑发挥到了极致,巨大的柱子像森林一般伸向高空。为了追求建筑的垂直性,采用了尖塔形的拱形建筑Ⓗ也是这个时代的特征。

哥特式建筑。照片是佛罗伦萨的圣十字大教堂

●文艺复兴样式　14世纪后半叶~17世纪初期

诞生于意大利的文艺复兴式样是以古罗马的古典建筑为底本,追求高技术和跃动的比例、和谐。这个风格的建筑的特征是采用四角形平面Ⓘ、美丽的圆屋顶Ⓙ等。

文艺复兴样式。照片是佛罗伦萨郊外科尔托纳的圣玛丽亚教堂

●巴洛克样式　17~18世纪

在重视理性的和谐的文艺复兴样式的建筑之后,出现了追求富于动态变化的厚重华丽的表现形式的时期。这就是巴洛克风格。更加追求古典的垂直性Ⓚ,强调建筑的深意。照片是西西里岛上的诺托壁垒地区的教堂。正面成对的圆柱Ⓛ令观看的人震惊不已。

巴洛克样式的西西里岛诺托壁垒地区的教堂

购物

Shopping

米兰是引领时尚之地，千万不可错过介绍当季流行款式的商店。为了能够高效率地看完这些品牌店，可以从蒙特拿破仑大街开始逛一下米兰大教堂周边这些地方。

蒙特·拿破仑大街 MAP p.263-G

米兰的时尚基地。可以从地铁3号线上的蒙特·拿破仑站或者地铁1号线上的圣巴贝拉站下车。连着两个车站的蒙特·拿破仑大街长达500多米，销售古奇、普拉达、菲拉格慕、埃特罗等这些意大利名牌产品的商店鳞次栉比。真想从走在这条街上的妇女和少女那里偷学来她们穿衣服的时尚呢。走累了的话可以在老字号咖啡馆那里稍事休息。

史皮卡大街 MAP p.263-G

史皮卡大街和蒙特·拿破仑大街平行，这里的店铺销售杜嘉班纳、安娜·莫利纳里、罗密欧雅罗西克、萄兹等个性品牌和比布鲁斯运动装、玛丝玛拉等休闲系列的品牌以及宝嘉丽等首饰品牌。是了解最新时尚时不得不逛的街道。

圣安德烈亚大街 MAP p.263-G

圣安德烈亚街道主要有乔治·阿玛尼、米索尼、香奈儿、楚萨迪和爱马仕等高级品牌和赫尔穆特、兰格等前卫品牌。另外，还有因穿起来给人的感觉很好而受到关注的庞乃尔和马丽扎等品牌。

布雷拉地区 MAP p.262-B

美术大学在布雷拉地区，所以这里有很多卖首饰和室内装饰品的商店。如果想找穿起来时尚、新颖的衣服可以到这里来逛一逛。逛一逛斯卡拉歌剧院、布雷拉美术馆及每月第三个周六都会开古董市场的菲奥里布加街道周边等地方。现在还散发着中世时的气息的巷子里有个性化的商店和夜总会，到了晚上的时候这里依然很热闹。

加里波第地区 MAP p.261-C

从位于米兰中央车站西面的加里波第车站开始向南延伸到科摩大街、加里波第大街周边，是时尚的发源地，集中着米兰代表性的选择商店和时尚杂货店等。

纳维利奥地区 MAP p.260-J

位于米兰大教堂西南方向，延伸到热那亚郊外的工商业城镇地区。运河是15世纪时为了运输必要的石材，需要用船运而建造起来的。运河沿岸是个性化的饭店和咖啡馆、画廊，就算这里什么都没有也能构成一幅美丽的画。每周末这里都会有古董市场，要去看一看。

米兰大教堂周边 MAP p.262-F·G

米兰的中心大教堂周边有很多个性商店。除了埃马努埃莱二世拱廊里面的普拉达、古奇和路易·威登之外，还有因帽子品牌而出名的博尔萨利诺等专卖店。另外，米兰大教堂旁边还有文艺复兴等百货商店。

古奇
Gucci
MAP p.275

字母组合包和钱包等种类齐全

1922年由佛罗伦萨出生的Guccio Gucci创立。米兰的古奇店面积很大，可以很舒适地逛一逛。1层是包，地下是西装、小饰品。这家店有两个店面，旁边还有男装店。

- 交 乘坐地铁1号线从圣巴贝拉站步行到此约需要3分钟
- ✉ Via Monte Napoleone,7
- ☎ 02-771271
- 开 10:00~19:00
- 休 全年无休

普拉达
Prada
MAP p.262-F

要说种类齐全还得数总店

创业始于1913年的高级皮革生产店铺。以轻而结实的尼龙包打开市场。位于埃马努埃莱二世拱廊里面的这家米兰总店，从包、鞋、钱包等小饰品到西装一应俱全。

- 交 乘地铁1/3号线从米兰大教堂步行到此约需3分钟
- ✉ Galleria Vittorio Emanuele Ⅱ 63/65
- ☎ 02-876979
- 开 10:00~19:30
- 休 1/1、复活节、12/25、12/26

菲拉格慕
Slvatore Ferragamo
MAP p.275

除了经典的鞋子之外，西装也值得关注

1927年创立于佛罗伦萨。现在意大利国内的工厂里生产的鞋子，质量依然很好。米兰店的规模仅次于佛罗伦萨总店。距离蒙特拿破仑地铁站很近的同一条街道上还有男装店。

- 交 乘坐地铁1号线从圣巴贝拉站步行到此约需要3分钟
- ✉ Via Monte Napoleone,3
- ☎ 02-76000054
- 开 10:00~19:30（周末11:00~19:00）
- 休 节假日

杜嘉班纳
Dolce&Gabbana
MAP p.275

占地700平方米的女装店

是一家发源于米兰，女装性感、华丽的意大利品牌店。米兰总店里面的货品齐全，从西装到包、鞋、婚纱等都有。史皮卡大道上还有销售首饰的分店。

- 交 乘坐地铁1号线从圣巴贝拉站步行到此约需要7分钟
- ✉ Via della Spiga, 26
- ☎ 02-76001155
- 开 10:30~19:30
- 休 节假日、8月周末、8/15,16

埃特罗
Etro
MAP p.275

有一条围巾&披肩的话会方便很多

从销售佩斯利螺旋花纹的窗帘和靠垫套等家用纺织品起家，现在已经发展到围巾、礼裙和包等领域了。生产出来的高质量埃特罗产品，在染色和缝制等方面也是最棒的。

- 交 乘坐地铁1号线从圣巴贝拉站步行到此约需要3分钟
- ✉ Via Monte Napoleone,5
- ☎ 02-76005049
- 开 10:00~19:30
- 休 节假日、8月周末

范思哲
Gianni Versace
MAP p.275

从西装到室内装饰杂货等种类齐全

善于采用高贵豪华的面料，借助斜裁方式，制作高档服饰，给人留下深刻的印象。现在由创始人乔瓦尼·詹尼·范思哲的妹妹担任首席设计师。米兰总店从1层到5层都是大空间。

- 交 乘坐地铁1号线从圣巴贝拉站步行到此约需要3分钟
- ✉ Via Monte Napoleone,11
- ☎ 02-76008528
- 开 10:00~19:00
- 休 12/25、12/26、1/1、8月周末

蒙特・拿破仑大街~史皮卡大街

Via Monte Napoleone ~ Via della Spiga

米兰购物指南

ET DE帕多瓦
杜嘉班纳
杜嘉班纳 p.273
A.V.C（靴）
维奇尼
Vicini
昆庭（银器品牌）
Christoffle
普拉达
D & G
葆蝶家
威尼斯街
Corso Venezia
Corso Monforte
圣巴贝拉教堂
San Babila
马罗（开司米山羊）
Malo
缪缪
Miumiu
芬迪
Fendi
乌庇姆（百货商店）
Upim
圣巴贝拉
San Babila
圣巴贝拉广场
Piazza San Babila
玛尼
Marni
芭古达（意大利品牌）p.283
纸月亮
普拉达
路易・威登 p.277
阿玛尼
乔治・阿玛尼
Giogio Armarni p.276
埃玛努埃莱二世大街
Corso Vitt.Emanuel II
玛丽莎（精品店）
DAAD p.278
邦纳尔（精品店）
Bannel
罗塞蒂 Fratelli Rosetti
普拉达（男士）
拉佩拉（内衣品牌）p.277
楚萨迪Trasardi
菲拉格慕（意大利鞋子设计师）p.273
米索尼
Missoni p.276
塔尼诺・克里西 p.277
波利尼
普拉达
Prada
那不勒斯银行
葆蝶家 p.276
科巴（咖啡厅）
Etro（艾特罗）p.273
德米亚尼
古奇 p.273
1978米兰Versas（服装品牌）
Versas
范思哲（意大利时装设计师）
Via S.Pietro all'Otro
冰山
Iceberg
范思哲（意大利时装设计师）p.273
范思哲・卡萨
1号线
米兰中心（足球）
铁狮东尼
（鞋包品牌）
Testoni p.277
艾特罗
波米雷特 Pomellato
阿尔伯托・菲尔蒂
p.276
马泰奥蒂大街
Via Matteotti
玛丝玛拉
p.277
玛丝玛拉
MAX & Co
Via Bigli
p.276
理查德基诺里
Richard Ginori
皮埃罗韦里大街
Via Pietro Verri
罗塞蒂
布鲁诺马里
Bruno Magli
查尔斯顿 p.283
Via S.Paolo
梅达广场
吉尔・桑达
Piazza Meda
波尔迪・佩佐利美术馆
Museo Poldi-Pezzoli p.267
Via Morone
欧伯利
Hoepli
别墅酒店
de la Ville
尔伯托・菲尔蒂
塔尼诺・克里西
菲拉格慕
PRADA

蓝色情人
Blumarine

MAP p.274

知名女星时装品牌

1980年，由安娜·莫里那瑞创立。米兰店一共有两层，约220平方米，店面非常宽敞。以白色为基调，气氛优雅，有服装、围巾和饰品等，可以在此慢慢地购物。

- 交 乘坐地铁3号线蒙特拿破仑街站下车，步行需7分钟
- ✉ Via della Spiga, 42
- ☎ 02-795081
- 开 10:00~19:00
- 休 周末

阿尔伯托·菲尔蒂
Alberta Ferretti

MAP p.275

蕾丝边连衣裙非常可爱

1968年，阿尔伯特·菲尔蒂在18岁时创立，于81年开始参加米兰时装周。米兰店是18世纪新古典主义的建筑物，其风格与本店非常搭配。

- 交 乘坐地铁3号线蒙特拿破仑街站下车，步行需7分钟
- ✉ Via Monte Napoleone,18
- ☎ 02-76003095
- 开 10:00~19:00、周末15:00~19:00
- 休 节假日

米索尼
Missoni S.P.A –Ingresso Via S.Andrea

MAP p.275

“色彩的魔术师”，多种颜色混合搭配的设计

使用独特的色彩，造就和谐的服饰，穿上米索尼的时装便心生愉悦。米索尼夫妇于1953年创立，几何抽象图案及多彩线条深受欢迎。在米兰的威尼斯大街也有分店。

- 交 乘坐地铁3号线蒙特拿破仑街站下车，步行需7分钟
- ✉ Via Monte Napoleone, 8
- ☎ 02-76003555
- 开 10:00~19:00
- 休 周末（12月营业）·节假日，8月的星期一、8月的2周

埃麦尼吉尔多·杰尼亚
Ermenegildo Zegna

MAP p.274

世界一流男装品牌

使用上乘的面料加上细致的剪裁，是男装顶级时尚品牌，尤其是夹克和衬衫，因剪裁适宜、面料品质好而深受好评。米兰全球概念店是意大利面积最大的卖场。

- 交 乘坐地铁1号线圣巴贝拉站下车，步行需5分钟
- ✉ Via Monte Napoleone, 27A
- ☎ 02-76006437
- 开 10:00~19:00、周末11:00~19:00
- 休 全年无休

乔治·阿玛尼
Giorgio Armani

MAP p.275

在意大利人气经久不衰的品牌

米兰总店的设计非常豪华，可与阿玛尼的私人住宅相媲美。在附近的圣安德烈亚大街9号，有面积约1600平方米的生活馆“阿玛尼/艺术店铺”。

- 交 乘坐地铁1号线圣巴贝拉站下车，步行需7分钟
- ✉ Via Monte Napoleone,1、2
- ☎ 02-76003234
- 开 10:30~19:30
- 休 节假日

葆蝶家
Bottega Veneta

MAP p.275

高品质且时尚的皮包

将一块皮革切割，再穿入细长的皮革，使用编织技法制作而成。皮包很结实，非常有人气，价格约为€550~。米兰店内还销售钱包和饰品等小商品，种类丰富。

- 交 乘坐地铁1号线圣巴贝拉站下车，步行需5分钟
- ✉ Via Monte Napoleone,5
- ☎ 02-76024495
- 开 10:00~19:00
- 休 周末、节假日

路易・威登
Louis Vuitton

MAP p.275

新品最先上架

于1954年创立的世界第一家旅行皮箱专卖店，是以实用和完美的设计著称的顶级品牌。米兰店内陈列着字母组合、麦穗压纹、格纹、十字纹等全线新品。

- 交 乘坐地铁3号线蒙特拿破仑街站下车，步行需3分钟
- ✉ Via Monte Napoleone,2 Corso Venezia 2
- ☎ 02-7771711
- 开 10:00~19:30（周末11:00~19:30）
- 休 节假日

玛丝玛拉
MaxMara

MAP p.275

职业女性的选择

1951年创立于北意大利，设计精美的服装很受欢迎，米兰本店除了旗下品牌运动休闲系列斯宝麦斯、系列晚礼服裙等之外，还有玛丝玛拉的全线商品。

- 交 乘坐地铁1号线圣巴贝拉站下车，步行需5分钟
- ✉ Corso Vittorio Emanuele Ⅱ, Piazza Liberty, 4
- ☎ 02-76008849
- 开 10:00~19:30
- 休 1/1、12/25、12/26

塔尼诺・克里西
Tanino Crisci

MAP p.275

在这里寻找耐穿、高质感的皮鞋

塔尼诺的皮鞋可以称得上是鞋中的艺术品，特点是顺滑的质感与美丽的外形。品牌创立于1876年，现任董事长的曾祖父塔尼诺・克里西在米兰开店，开店之初销售的是马靴。

- 交 乘坐地铁1号线圣巴贝拉站下车，步行需5分钟
- ✉ Via Monte Napoleone,3
- ☎ 02-76021264
- 开 10:00~19:00、周一15:00~19:00
- 休 星期一上午、星期天、节日、8月的2周

铁狮东尼
A Testoni

MAP p.275

男士皮鞋&皮包

1929年在博洛尼亚以制鞋厂起步，使用高级皮革，由技艺纯熟的工匠精心制作的合脚舒适的男士皮鞋深受好评。从那之后，开始涉及男女款皮包、钱包等领域，皮革制品深得消费者们的支持。

- 交 乘坐地铁1号线圣巴贝拉站下车，步行需3分钟
- ✉ Via Monte Napoleone,19
- ☎ 02-76003697
- 开 10:00~19:00
- 休 星期天・节日，8月的一周、8月的星期六

塞乔・罗西
Sergio Rossi

MAP p.274

处于流行的最前线

在访问米兰时装周的世界各地的购物者心目中，塞乔・罗西是非常有人气的品牌。既有走在时尚前线的款式，也有质感舒适的基本款。创立于1966年，米兰本店内的商品样式丰富多彩。

- 交 乘坐地铁3号线蒙特拿破仑街站下车，步行需7分钟
- ✉ Via Monte Napoleone, 27
- ☎ 02-76006140
- 开 10:00~19:00
- 休 周末、节假日

拉佩拉
La Perla

MAP p.275

“透视内衣”热潮的源头

诞生于博洛尼亚，是意大利的奢侈内衣品牌，其内衣设计精美华丽，为世界各国女性所憧憬。米兰店内除了设计精美的内衣外，还有睡衣、泳衣、度假连衣裙等。

- 交 乘坐地铁1号线圣巴贝拉站下车，步行需5分钟
- ✉ Via Monte Napoleone,1
- ☎ 02-76000460
- 开 10:00~19:00
- 休 周末

维耶
Vierre
MAP p.274

云集设计师设计的当季皮鞋

在时尚之都米兰也备受瞩目的概念店，云集了缪缪、普拉达、马克·雅可布、芬迪等高级品牌的新品皮鞋，也有许多男士皮鞋。

- 交 乘坐地铁3号线蒙特拿破仑街站下车，步行需3分钟
- ✉ Via Monte Napoleone, 29
- ☎ 02-76001731
- 开 10:00~19:00、周一15:30~19:00
- 休 周末、节假日

宝嘉丽
Bvlgari
MAP p.274

华丽的饰品&手表

自1884年创立以来，高级质感的珠宝俘获了粉丝的心。米兰店销售珠宝、手表、饰品、香水等产品。在蒙特拿破仑街还有两家分店。

- 交 乘坐地铁1号线圣巴贝拉站下车，步行需7分钟
- ✉ Via della Spiga, 6
- ☎ 02-76013448
- 开 10:00~19:00
- 休 周末、节假日

普皮·索拉里
Pupi Solari
MAP p.260-F

高品位的概念店

老板于1969年创立童装制造厂，之后在米兰的闲静的住宅街开设了概念店。是强大的实力派品牌，由老板感受挑选的精品令人眼花缭乱。

- 交 乘坐地铁1号线和解大道协和站下车，步行需7分钟
- ✉ Piazza Tommaseo, 2
- ☎ 02-463325
- 开 10:00~19:00、周一15:00~
- 休 星期天·节日（不定期）、星期一上午、8月

DAAD
DAAD
MAP p.263-G

服饰米兰人也模仿的高品位店铺

时尚专家关注的人气概念店，展示罗伯特·卡沃利、马丁·马吉拉等品牌的新品服装，还可以在这里淘到新人设计师们设计的服装。

- 交 乘坐地铁1号线圣巴贝拉站下车，步行需5分钟
- ✉ Corso Matteotti, 20
- ☎ 02-76002120
- 开 10:00~19:00、周末14:00~
- 休 星期天上午、节日

玛丽莎
Marisa
MAP p.274

对时尚敏感的米兰高级品牌

云集各种高品质的商品，令人瞩目的概念店，埃斯皮西、诺悠翩雅等人气品牌的新品最先在本店上架。除了服装，还有皮包、皮鞋等商品。

- 交 乘坐地铁1号线圣巴贝拉站下车，步行需7分钟
- ✉ Via della Spiga, 52
- ☎ 02-76002082
- 开 10:00~13:30、15:00~19:00，周一15:00~19:00
- 休 周末、星期一上午

卡瓦利·纳斯特里
Cavalli e Nastri
MAP p.262-F

若喜欢复古服饰，请到这里来

建筑师克劳迪娅喜欢旅游，店内收藏了20世纪20年代到60年代的复古时尚品，陈列着在欧洲各地收集的优雅的连衣裙和饰品等。在这里购物仿佛是在寻找宝藏。

- 交 乘坐地铁1号线凯罗利站下车，步行需8分钟
- ✉ Via Brera, 2
- ☎ 02-72000449
- 开 10:30~19:30、周一15:00~19:30
- 休 节日、星期一上午

科摩大街10号
10 Corso Como
MAP p.261-C

由《时尚》前任主编经营的店铺

由《时尚》杂志（*Vogue*）意大利版的前任主编经营的概念店，店面是汽车工厂改装的，非常宽敞，陈列着她细心挑选的服装、餐具、杂货等，独特的百花香也很受欢迎。

交 乘坐地铁2号线加里波第站下车，步行需7分钟
✉ Corso Como, 10
☎ 02-29002674
开 10:30~19:30、周三・周六10:30~21:00
休 全年无休

安普里奥・伊索拉
L' Emporio Isola
MAP p.260-B

新锐品牌的直销店

店铺宽敞，共2层，有杜嘉班纳、D&G、玛丝玛拉、安娜・莫里那瑞等品牌，种类丰富。在地铁2号线凯罗利站附近的布尔拿巴广场70号，开设了2号店。

交 在地铁莫斯科瓦站下车，乘坐出租车需5分钟
✉ Via Prina, 11
☎ 02-3491040
开 10:00~19:30、周一15:00~
休 星期天・节日

艾・迪・帕多瓦
e` De Padova
MAP p.263-G

使自己的房间演绎美丽

设计搭配协调的室内装饰，卖场很宽敞，一共5层，地下3层地上2层。摆列有许多高雅的家具和美丽的杂货等，随便逛逛也很赏心悦目。

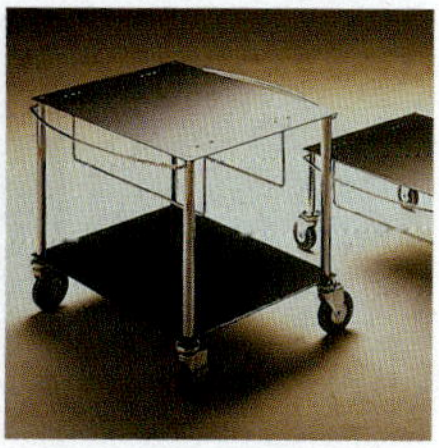

交 乘坐地铁1号线圣巴贝拉站下车，步行需7分钟
✉ Corso Venezia, 14
☎ 02-777201
开 10:00~19:00、周一15:00~19:00
休 星期天・节日、星期一上午、8月3周

高技术
High-Tech
MAP p.261-C

自然风的洗浴用品，厨房小物件等一应俱全

从室内装饰品到厨房用品，店内收罗了各种家居用品。洗浴用品以香草、蜂蜜等为原材料，有效滋养皮肤，包装都很精美，令人无法割舍。还销售高品位的餐具和文具等。

交 乘坐地铁2号线莫斯科瓦站下车，步行需7分钟
✉ Piazza XXV Aprile,12
☎ 02-6241101
开 10:30~19:30、周一13:30~19:30
休 星期一上午

佩克总店
Peck Main Store
MAP p.262-J

1883年创立的高级食材店

意大利首屈一指的食材店，1楼销售食材和副食品，2楼是酒吧、咖啡馆，地下销售葡萄酒，大约备有2 500种葡萄酒。购买特产的时候，一定要来这里看看。

交 从大教堂步行需要5分钟
✉ Via Spadari, 9
☎ 02-8023161
开 9:15~19:30、周一15:30~19:30
休 周末

帕里尼食品杂货店
Parini Drogheria
MAP p.274

陈列丰富多彩的干意大利面食和高级食材等

店内的食材都经过严格挑选，品质有保证，味道极佳。挑选特产时，可以选择3年的陈年香醋、少量生产的橄榄油、农场制作的瓶装沙司等，你的亲朋好友一定会非常开心。

交 乘坐地铁1号线蒙特拿破仑街站下车，步行需3分钟
✉ Via Borgospesso,1
☎ 02-76002303
开 8:00~13:00、14:30~19:00
休 周末、8月的2周

文艺复兴百货公司
La Rinascente
MAP p.263-G

米兰唯一一家百货店

在这里购买特产很方便，可以买到仅意大利才有的设计时尚的咖啡机、牛奶搅拌器等。在最高层的咖啡馆，可以一边欣赏大教堂的美景，一边品味香茶、享用美食。

- 交 从大教堂步行需要3分钟
- ✉ Via Santa Redadonda, 3
- ☎ 02-88521
- 开 9:30~21:00，周五・周六~22:00、周日10:00~ 21:00
- 休 全年无休

纳瓦
Nava
MAP p.263-G

收罗创新品牌的办公室小物件

是1922年设立的印刷公司纳瓦的子公司，1960年开始生产日历和记事本等。店内不仅陈列有办公室小物件、文具用品等，还有皮质小物件、皮包等。

- 交 乘坐地铁1号线圣巴贝拉站下车，步行需3分钟
- ✉ Via Durini, 23
- ☎ 02-794599
- 开 10:00~19:30、周一15:00~19:30
- 休 周末

基钦
Kitchin
MAP p.262-I

若寻找真正的厨房用品，请来这里

从世界各地收集了各种厨房用品，从专业厨师使用的烹饪器具到便利的创意用具，应有尽有。找寻烹饪书籍也是一大趣事，捣碎器等小巧玲珑的物件是购买礼物时的不错选择。

- 交 乘坐地铁2号线圣安布洛乔站下车，步行需3分钟
- ✉ Via Edmondo de Amicis, 45
- ☎ 02-58102849
- 开 10:00~19:30
- 休 周末、节假日

阿曼多拉
Armandola
MAP p.274

食材经过严格挑选的美食天堂

店内陈列着生意大利面食和奶酪，飘香四溢。若购买意大利面食，售货员会用真空袋包装好，可以回国之后再慢慢享用。还可以在附设的咖啡馆内进餐。

- 交 乘坐地铁3号线蒙特拿破仑街站下车，步行需5分钟
- ✉ Via Borgospesso, 21
- ☎ 02-76021657
- 开 8:00~20:00
- 休 周末

画谜
Rebus
MAP p.262-I

以品种丰富著称

与设计王国意大利相匹配的办公用品店，商品都是由喜爱设计的老板亲自挑选收集的。伞、包、帽子、清洁工具等日用品，也都设计秀逸。

- 交 乘坐地铁2号线圣安布洛乔站下车，步行需5分钟
- ✉ Via Edmondo De Amicis, 35
- ☎ 02-58106157
- 开 10:00~19:30、周一15:30~19:30
- 休 周末

绿色草药店
Erboristeria Verde
MAP p.262-F

自然风，从化妆品到香草

"Erboristeria"是草药专卖店的意思，商品全以自然素材为原料，品质绝佳。销售护肤霜、洗发香波、芳香精油、保健品，你一定可以在这里购买到满意的产品。

- 交 乘坐地铁2号线凯罗利站下车，步行需10分钟
- ✉ Via dell'Orso, 18
- ☎ 02-804577
- 开 9:30~19:30、周一12:30~19:30
- 休 周末

餐厅

Restaurant

云集了各种美食、能够满足时尚的米兰美食家们的餐厅。米兰的名料理是，薄薄铺开的炸牛排和藏红花风味的肉汁烩饭，请一定品尝品尝。

€预算：晚餐一人　☎需要预约　T注意穿着

空薇薇
Convivium

高级　MAP p.262-B　€15~（小吃）、€35~（正餐）

招牌菜是比萨与烤肉

羊肉的香草烧烤和汉堡包等烤焙食品是拿手好菜。另外，比萨种类丰富，多达16种，很受欢迎，其中还有加入醇香的斯卡莫札干酪的新奇比萨。

- 交 乘坐地铁2号线凯罗利站下车，步行需要7分钟
- ✉ Via Ponte Vetero,21
- ☎ 02-86463708
- 开 12:00~14:45、19:00~1:00a.m.
- 休 全年无休

奇异
I Malavoglia

高级　MAP p.261-D　€55~　T

高人气的意大利料理

西西里岛出生的老板夫妇（照片）制作的新感觉料理，用姜蓉调味的金枪鱼烧烤和意大利茄子实心细面等料理很是可口。位于大教堂后的第3个地铁站。

- 交 乘坐地铁1号线北威尼斯站下车，步行需要7分钟
- ✉ Via Lecco, 4　☎ 02-29531387
- 开 12:30~14:00、19:30~ 22:30，周一19:30~22:30
- 休 星期天、星期一白天、8月星期一、12/24~次年1/7、复活节四天

领事
Il Consolare

中级　MAP p.262-F　€45~　T

可以豪爽地享用鱼贝类料理

料理“扇贝”（将煮过的大藜虾、虾蛄、虾夷盘扇贝用烤箱烤制而成）和炸沙丁鱼、海鲜意大利面等，招牌菜是简单豪爽的鱼贝类料理。

- 交 乘坐地铁1号线凯罗利站下车，步行需要7分钟
- ✉ Via Ciovasso, 4
- ☎ 02-8053581
- 开 12:45~14:30、19:45~23:00
- 休 星期一、8月的3周、圣诞节3天、复活节3天

萨尔瓦托雷
da Salvatore

高级　MAP p.261-D　€45~　T

西西里岛出生的厨师长烹饪的鱼贝类料理

老板兼厨师长萨尔瓦托·英特利沙诺于1995年创立的正宗意大利料理餐厅，豪爽的螯虾意大利面、章鱼奶酪片等海鲜，材料新鲜，味道可口。

- 交 从地铁米兰中央站下车，步行需要7分钟
- ✉ Viale Brianza, 35
- ☎ 02-6692784
- 开 12:00~14:30、19:30~22:30
- 休 周末

石青蓝
Bice

高级　MAP p.263-C　€50~　☎

挑食的米兰孩子们也爱不释口的肉汁烩饭

1926年创业，现在在全世界有大约40家连锁店，肉汁烩饭有6种，小牛的炸牛排等是连美食家也赞不绝口的米兰料理，一定不要错过。

- 交 乘坐地铁3号线蒙特拿破仑街站下车，步行需7分钟
- ✉ Via Borgospesso, 12　☎ 02-76002572
- 开 12:30~14:30、19:30~22:30
- 休 星期天晚上、7·8月的星期六·星期天、复活节5天、8月的3周、12月第4周~次年1月第1周

中级

大圈
Al Grande Cerchio

MAP p.262-E 昼€10~、夜€15~

素食主义料理店

店名的意思是“大圈”，包含有各种丰富菜肴的套餐€10~16。店内虽是蔬菜料理，但也有用谷蛋白和豆类等制作的仿肉食品。同时分量很足，热情周到的服务也一定能给你留下深刻的印象。

- 交 乘坐地铁1号线瓦格纳站下车，步行需要3分钟
- ✉ Via Michelangelo Buonarroti, 8
- ☎ 02-48004737
- 开 12:00~14:30、19:00~23:00
- 休 周末、节假日

中级

巴雷托
Baretto

MAP p.263-G €70~

可以享用正宗的米兰料理

米兰的乡土料理肉汁烩饭和小牛的米兰式炸牛排等料理深受好评，新鲜的鱼贝类料理也很有名，如以鲈鱼和菜蓟为原料的沙拉等。位于巴格里奥尼卡尔顿酒店内。

- 交 乘坐地铁1号线圣巴贝拉站下车，步行需要10分钟
- ✉ Via Senato, 7
- ☎ 02-781255
- 开 12:30~14:30、19:30~22:30
- 休 8月

中级

加拉福利亚联盟
Calafuria Unione

MAP p.262-J €18~、€30~（晚餐）

1903年创立的老字号餐厅

店名“加拉福利亚”是托斯卡纳大区·里窝诺附近的小镇名，有托斯卡纳料理和米兰料理，还有比萨。可以看到吧台、比萨烤炉、烧烤箱的厨房开放式餐厅。

- 交 乘坐地铁3号线米索尼站下车，步行需要3分钟
- ✉ Via dell'Unione, 8
- ☎ 02-866103
- 开 12:00~15:00、19:00~[illegible]
- 休 周末

中级

德尔萨利帕特酒馆
Taverna del Sacripante

MAP p.260-J €45~

气氛柔和的餐厅，如置身家里

菜单的30%料理面向素食主义者，反映了意大利青年高涨的健康意向。使用有机小麦制作的意大利面食和清爽可口的炸鱼&薯条等料理深受好评。

- 交 乘坐地铁2号线圣阿格斯蒂诺站下车，步行需5分钟
- ✉ Viale Coni Zugna, 52
- ☎ 02-83390065
- 开 19:30~23:00
- 休 星期[illegible]、[illegible]月的[illegible]周、节日

烤肉

哈纳
Hana

MAP p.261-D €12~、€25~（晚餐）

除了烤肉，家常料理也很美味

石锅饭套餐、韩国泡菜、泡菜炖猪肉（炖好的猪肉用白菜包裹、与泡菜一同入口）等家常料理很美味。平时许多韩国商人在这里用餐，味道绝对正宗。

- 交 乘坐地铁1号线北威尼斯站下车，步行需要3分钟
- ✉ Via Lecco, 15
- ☎ 02-29523227
- 开 12:00~15:00、19:00~23:00，周末19:00~23:00
- 休 星期一、星期天白天、8月的第2周

咖啡馆

好味道
Buongusto

MAP p.262-I €35~

可以品尝种类丰富的意大利面食

是开放式餐厅，在客席可以看到手擀意大利面食的过程。意大利面食种类颇多，有意大利细面条、意大利面、意大利宽面条等。自家制作的点心和奶酪也很精致。

- 交 乘坐地铁2号线圣安布洛乔站下车，步行需10分钟
- ✉ Via Caminadella, 2 ☎ 02-86452479
- 开 11:00~15:00、17:00~23:00，周五·周六~24:00、周日10:00~16:00
- 休 星期天晚上、星期一、7/20~8/30

中级

芭古达
Bagutta

MAP p.263-G €50~

味道绝对一流且环境舒适的餐厅

托斯卡纳料理非常正宗，其招牌菜是托斯卡纳料理的精品鱼类料理。博洛尼亚式面条与普尔契尼香菇沙拉等快餐类料理也ok，好评如潮的米兰式炸牛排也很好吃。

- 交 乘坐地铁1号线圣巴贝拉站下车，步行需要3分钟
- ✉ Via Bagutta, 14
- ☎ 02-76002767
- 开 12:30~14:30、19:30~22:30
- 休 星期天、12/23~次年1/1、8月的3周

咖啡馆

三年展设计咖啡馆
Triennale Design Cafe

MAP p.260-F €5~

可以一边欣赏展示作品，一边享用美食&咖啡

位于“三年展设计博物馆”内，馆内展示了工业设计的历史变化过程。这里的点心非常香甜可口，柠檬酒和生覆盆子的奶酪蛋糕€12。

- 交 从卡多那三年站出发，步行需要8分钟
- ✉ Viale Alemagna, 6
- ☎ 02-875441
- 开 10:00~20:00
- 休 周一

小吃

查尔斯顿
Charleston

MAP p.263-G €35~

逛街时不容错过的小店

这里的比萨使用古老的石炉烤制，多达20种，热气腾腾，香味四溢，常常不知如何选择。意大利实心细面条和意大利汤团等也很美味，在购物的闲暇，请一定去品尝品尝。

- 交 乘坐地铁1号线圣巴贝拉站下车，步行需要5分钟
- ✉ Piazza del Liberty, 8
- ☎ 02-798631
- 开 12:00~15:00、19:00~0:30a.m.
- 休 8月的3周

咖啡馆

塔维基亚
Taveggia

MAP p.263-G €1~咖啡 €12~(饮料和点心) €25~(白天)

华丽的店铺，优雅的咖啡时间

咖啡馆于1909年创立。在优雅的气氛中，可以愉悦地享用外表精致的点心与咖啡，午餐时刻也可以在此品尝美味的米兰料理，如肉汁烩饭和炸牛排等。

- 交 从大教堂出发到此，步行需要8分钟
- ✉ Via Visconti di Modrone, 2
- ☎ 02-76280856
- 开 7:00~20:00
- 休 全年无休

酒吧

品红
Magenta

MAP p.262-E €15~ €6~（优惠时段・自助）

若想喝伦敦式生啤请到这里来

伦敦风格的西式小酒馆，有很多客人在此享用午餐，晚上可以享受自助料理。一直营业至深夜。餐后想喝酒的话，请到这里来。18:00到21:00是优惠时段，非常合算。

- 交 从大教堂到此乘出租车需要3分钟，步行需要8分钟
- ✉ Via Carducci,13
- ☎ 02-8053808
- 开 8:00~2:30a.m.，周五~3:30a.m.、周六9:00~3:30a.m.、周日9:00~
- 休 全年无休

酒吧

品酒馆
Bottega del Vino

MAP p.260-J €3.50~（1杯葡萄酒）、€2.50~（下酒小菜）

收藏了多种果酒、蒸馏酒

酒吧内兼设酒铺，果酒多达1 500种以上，香槟有30多种，还有蒸馏酒白兰地、威士忌等。配上下酒小菜，尽情地享受美酒。

- 交 乘坐地铁2号线圣阿格斯蒂诺站下车，步行需7分钟
- ✉ Corso Genova, 19
- ☎ 02-58102346
- 开 8:00~20:30（吧台11:30~）
- 休 星期天・节日

酒店

Hotel

大教堂附近以及地铁共和站至中央站之间，聚集着很多酒店。作为商业都市，周末许多酒店都有优惠活动，举办国际贸易展览会的时候，会比较拥挤。

斯帕达利

高级

Spadari

MAP p.262-F

时尚的室内设计个性洋溢

酒店由美术品商人之家经营，室内装饰着现代艺术，非常时尚。每间客房内的床单与窗帘都有各自的风格，各不相同。旁边就是高级副食品&熟食店“派克”。

- 交 乘坐地铁1/3号线大教堂站下车，步行需3分钟
- ✉ Via Spadari, 11　☎ 02-72002371
- FAX 02-861184　€ S €168~　T €188~
- 室 40间
- HP www.spadarihotel.com

米兰四季酒店

高级

Four Seasons Milano

MAP p.263-G

最高级的考究和品位

这里原本是14世纪的修道院建筑，经改造装修而成，可以说在世界各地的四季酒店中独具一格。回廊、湿壁画、浮雕等，都保留着昔日的风采，与时尚的室内设计交相辉映。

- 交 乘坐地铁3号线蒙特拿破仑街站下车，步行需10分钟
- ✉ Via Gesu, 6/8　☎ 02-77088
- FAX 02-77085000
- € S €590~　T €590~　室 118间（51间套房）
- HP www.fourseasons.com/milan

维斯康蒂宫大酒店

高级

Grand Visconti Palace

MAP p.261-K

位于米兰环线附近的近郊酒店

位于罗马门地区，在大教堂乘坐地铁3号线，第4个车站便是。酒店内有室内游泳池、桑拿浴室、酒吧、咖啡馆，步行五六分钟的地方，有一个COOP超市，非常便利。

- 交 乘坐地铁3号线洛迪站下车，步行需要8分钟
- ✉ Viale Isonzo, 14
- ☎ 02-540341　FAX 02-54069523
- € S €120~　T €192~　室 172间
- HP www.grandviscontipalace.com

米兰大饭店

高级

Et de Milan

MAP p.263-C

歌剧世界的宠儿，奢华至极的酒店

1863年开业，作曲家威尔第、普契尼等所喜爱的具有历史性意义的酒店。1993年重新整修，浴室、盥洗室等非常舒适。配有古色古香的家具，19世纪的豪华气度至今犹存。

- 交 乘坐地铁3号线蒙特拿破仑街站下车，步行需10分钟
- ✉ Via Manzoni, 29　☎ 02-723141
- FAX 02-86460861
- € S €324~　T €374~　室 95间
- HP www.grandhoteletdemilan.it

萨沃亚王子酒店

高级

Principe di Savoia

MAP p.261-C

拥有贵族式优雅的酒店

因国宾以及各国名人曾在此住宿而闻名，是米兰首屈一指的著名酒店。曾经是上流社会的社交场，在酒店各处，依旧可以窥探到昔日的豪华迹象。客房宽敞、舒适，令人特别舒心。

- 交 乘坐地铁3号线共和站下车，步行需要3分钟
- ✉ Piazza della Repubbulica, 17
- ☎ 02-62301
- FAX 02-29004920　€ S €250~　T €270~
- 室 401间　HP www.hotelprincipedisavoia.it

中级

雅塌行政酒店
Ata Hotel Executive

MAP p.261-C

有客房400间以上的大型酒店

位于铁路边的加里波第站附近，离地铁站也很近。是米兰最大的酒店，客房和前厅等都很宽敞，还可以在商业中心使用电脑。

- 交 从加里波第站出发，步行需要3分钟
- ✉ Viale Luigi Sturzo, 45
- ☎ 02-62941　FAX 02-29010238
- € S €85~　T €102~　室 420间
- HP www.atahotels.it/it/index.html

中级

德米多夫酒店
Demidoff

MAP p.261-D

也适于商务用的三星级酒店

位于中央站东南方向700米处，乘坐地铁，不需换乘就可以去中央站、购物中心地圣巴贝拉站等，交通非常方便。近年正在全面改装，客房很干净，但是有的浴室只设有淋浴没有浴缸。

- 交 乘坐地铁1号线利马站下车，步行需要3分钟
- ✉ Via Pinio, 2
- ☎ 02-29513889　FAX 02-29405816
- € S €50~　T €80~　室 40间
- HP www.hoteldemidoffmilan.com

中级

罗莎4星级大酒店
Star Hotel Rosa Grand 4

MAP p.263-G

位于市中心、大教堂的正后方

正对大教堂，观光和购物都很便利。1楼有酒吧，营业至深夜，用完正餐之后，可以前去饮一杯酒，稍作小憩。服务员服务周到，热情细致，令人神清气爽。

- 交 从大教堂出发，步行需要7分钟
- ✉ Via Pattari, 5
- ☎ 02-8831　FAX 02-8057964
- € S €75~　T €75~　室 327间
- HP www.starhotels.it

中级

布鲁内莱斯基酒店
Brunelleschi

MAP p.262-J

前厅使用黑白色调，时尚美丽

位于米索尼地铁站附近，距大教堂只有几分钟路程，非常便利。酒店内设计时尚新式，一半以上都是单人间，顾客多是商务职员及个人。

- 交 乘坐地铁1号线米索尼站下车，步行需要3分钟
- ✉ Via Flavio Baracchini, 12
- ☎ 02-8843　FAX 02-804924
- € S €137~　T €137~　室 177间
- HP www.milanhotel.it（从列表中选择）

中级

麦德龙
Metro

MAP p.260-E

干净的功能性客房，3星级

位于圣玛丽亚德尔格契修道院的步行圈内，修道院因列奥纳多·达·芬奇的名作而闻名。共40间客房，其中22间带浴缸，使用WiFi需另收费。

- 交 乘坐地铁1号线瓦格纳站下车，步行需要5分钟
- ✉ Corso Vercelli, 61
- ☎ 02-4987897　FAX 02-48010295
- € S €90~　T €120~　室 40间
- HP www.hotelmetro.it

中级

米兰希尔顿酒店
Hilton Milan

MAP p.261-C

酒店内的餐厅也很受欢迎

美式的功能性酒店，与米兰中央站和站前的机场快巴站位于同一地区，交通方便，因此许多商务客人在此住宿。设有24小时营业的健康中心。

- 交 从米兰中央站出发，步行需要5分钟
- ✉ Via Luigi Galvani, 12
- ☎ 02-69831　FAX 02-66710810
- € S €114~　T €114~　室 330间
- HP www.hilton.com（从列表中选择）

罗卡达·莱昂纳多老酒店
小型宾馆

Antica Locanda Leonardo

MAP p.260-F

仅16间客房的家庭式酒店

位于有名的《最后的晚餐》的教堂旁边，周围环境安静。室内是现代化设计，非常明亮干净。还有付费的机场接送服务。

- 交 乘坐地铁2号线圣安布洛乔站下车，步行需要7分钟；乘坐地铁1号线协和站下车，步行需要5分钟
- ✉ Corso Magenta, 78
- ☎ 02-463317、02-48014197　FAX 02-4801012
- € S €120~　T €165~　休 8月的第2周~8/31、12/31~次年1/6　室 16间

约克杜卡大酒店
小型宾馆

Gran Duca di York

MAP p.262-F

家庭氛围浓厚的安静旅馆

位于大教堂西侧、安布罗西亚绘画馆的前方，步行去大教堂只需六七分钟。有少数房间附带阳台，若有空房，一定要入住体验一下。

- 交 乘坐地铁1/3号线大教堂站下车，步行需要5分钟
- ✉ Via Moneta, 1/a　☎ 02-874863
- FAX 02-8690344　€ S €60~　T €135~
- 休 8月、12/24、12/25、12/26　室 33间
- HP www.ducadiyork.com

马可尼酒店
中级

Hotel Marconi

MAP p.261-C

距米兰中央站7分钟路程

位于米兰的中心部，交通便利。客房以米黄色为基调色，清洁干净，使人心情宁静。可以免费使用WiFi。距酒店100米处，有收费的室内停车场。

- 交 乘坐地铁2/3号线中央站下车，步行需要7分钟
- ✉ Via F. Filzi, 3
- ☎ 02-66985561　FAX 02-6690738
- € S €72~　T €81~　室 85间
- HP www.marconihotel.it

卡诺瓦酒店
中级

Hotel Canova

MAP p.261-D

距中央站很近的家庭式旅馆

距中央站只有五六分钟路程，有60间客房的中等规模酒店。虽然客房有点陈旧，但是对于深夜与清晨抵达米兰的客人来说，非常方便。位置好，主要面向商务职员与个人。

- 交 从米兰中央站出发，步行需要5分钟
- ✉ Via Napo Torriani, 15
- ☎ 02-66988181　FAX 02-66713433
- € S €00~　T €220~　室 60间
- HP hotelcanove.com

宜必思中心酒店
中级

Ibis Centro

MAP p.261-C

价格合理的大型旅馆

位于共和国广场附近，有名的连锁酒店。距地铁站很近，出行方便。周围有很多餐厅，购买日用品和用餐都很便利。浴室内没有浴缸，只有淋浴，但是非常干净。

- 交 乘坐地铁3号线共和站下车，步行需要10分钟
- ✉ Via Finocchiano April, 2
- ☎ 02-63151　FAX 02-6598026
- € S €61~　T €67~　室 437间
- HP www.ibishotel.com

阿里斯顿酒店
中级

Ariston

MAP p.262-I

以环保为主题的酒店

时尚的室内设计，简单功能性的设备十分完备。乘坐有轨电车即可到达大教堂，且不需换乘，观光与购物也很方便。所有客房都配有空气净化器，早餐面包和酸奶都是无添加剂的食品。

- 交 乘坐地铁3号线米索尼站下车，步行需要7分钟
- ✉ Largo Carrobbio, 2
- ☎ 02-72000556　FAX 02-72000914
- € S €75~　T €94~　室 52间
- HP www.aristonhotel.com

伦敦酒店
中级

London

MAP p.262-F

在大教堂乘坐地铁，第2站可达

位于大教堂西北方向的小型酒店，地铁站的对面是有轨电车的车道。酒店内有营业至很晚的酒吧，还可以代办预订斯卡拉歌剧院的门票。使用WiFi要另外收费。

- 交 乘坐地铁3号线凯罗利站下车，步行需要3分钟
- ✉ Via Rovello, 3
- ☎ 02-72020166 FAX 02-8057037
- € S €90~ T €120~ 室 29间
- HP www.hotellondonmilano.com

百花酒店
经济实用型

Hotel Flora

MAP p.261-D

位于中央站旁边的功能性酒店

酒店邻接米兰中央站及地铁站，观光方便自不用说，商务用也很便利。酒店客房的室内装修简单，功能性高。可以在前厅付费上网。

- 交 从米兰中央车站出发，步行需要5分钟
- ✉ Via Napo Torriani , 23
- ☎ 02-66988242 FAX 02-66983594
- € S €60~ T €80~ 室 50间
- HP www.hotelfloramilano.com

加勒斯酒店
中级

Galles

MAP p.261-D

距离平民购物区很近

因为距地铁站很近，所以很多客人都是商务职员及初次来米兰的个人。客房简单朴素，给人沉着宁静之感。与斯卡拉歌剧院、大教堂、布雷拉美术馆只有三四站距离。

- 交 乘坐地铁3号线利马站下车，步行需要3分钟
- ✉ Piazza Lima, 2
- ☎ 02-204841 FAX 02-20484882
- € S €80~ T €95~ 室 188间
- HP www.galles.it

俱乐部酒店
经济实用型

Club Hotel

MAP p.261-C

以红色屋顶为标志的现代化酒店

距中央站步行5分钟的路程，非常便利。虽是古老的石造建筑，但客房内很干净，并且意外地安静。早餐有鸡蛋、火腿、水果等，一定能让你满意。无线网络免费。

- 交 从米兰中央车站出发，步行需要5分钟
- ✉ Via Copernico, 18
- ☎ 02-67072221 FAX 02-67072050
- € S €50~ T €60~ 休 12/25、1/1 室 53间
- HP www.clubhotelmilano.com

阿斯普罗蒙特酒店
中级

Hotel Aspromonte

MAP p.261-D

面对广场的家庭式酒店

面对阿斯普罗蒙特广场的小型酒店，公园前面是有轨电车车站，去地铁站也很近，可以步行。早餐很丰富，有火腿、奶酪等。服务员的家庭式服务也很体贴周到。

- 交 乘坐地铁1／2号线洛雷托站下车，步行需8分钟
- ✉ Piazza Aspromonte, 12-14
- ☎ 02-2361119 FAX 02-2367621
- € S €40~ T €60~ 室 19间
- HP www.hotelaspromonte.it/ja

漫画酒店
经济实用型

Vignetta

MAP p.261-K

纳维利奥地区简单的酒店

位于纳维利奥地区的入口，面向波特泽门附近安静的公路。虽然是1星级的酒店，但是非常清洁，令人舒畅惬意，还有安全箱。在1星级酒店中，早餐算是中上等的。无线网络免费。

- 交 乘坐地铁2号线热那亚门火车站下车，步行需12分钟
- ✉ Via P. Custodi, 2
- ☎ 02-8375589 FAX 02-8373233
- € S €50~ T €70~ 室 31间
- HP www.lavignettahotel.it

米兰周边游

伦巴第大区 Lombardia

伦巴第大区是个富饶的地方，以意大利屈指可数的谷仓地带为背景，农业、工业发展均衡。首府米兰工商业发达，作为流行趋势的发源地而闻名于世界各地，在中世纪时，是伦巴第联盟的中心都市。米兰郊外分布着当时的各种竞争势力，如贝加莫（Bergamo）、帕维亚（Pavia）、布雷西亚（Brescia）、曼图亚（Mantova）等。另外，由斯福尔扎家族、维斯康蒂家族统治过的米兰，在文艺复兴时期，修建了许多豪华的宫殿及美术馆等。

从米兰稍向北行，有几处因阿尔卑斯山冰河而形成的湖泊地域。阿尔卑斯山脉如同屏风般屹立在背后，阻挡寒风的侵袭，使这些湖泊地域有了温暖的气候，成为葱绿富饶的休闲佳地，可以从米兰出发，尽情享受一日游。

华丽建筑多种多样的曼托瓦

伦巴第大区的特产

因被谷仓地带所包围，这里的主食不是意大利面食，而是以米为原料的肉汁烩饭。另外，位于科摩湖附近的布里安扎（Brianza），是养蚕的好地方，可以采集到最高级的蚕丝，使用这种蚕丝编制的丝绸在科摩很受欢迎。

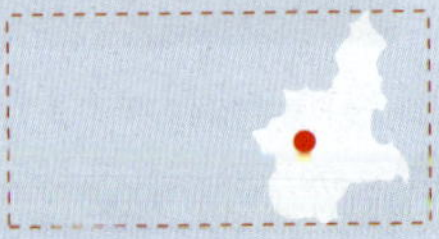

皮埃蒙特大区 Piemonte

皮埃蒙特一词的语源“山麓”，正如其名，皮埃蒙特大区位于阿尔卑斯山脉与亚平宁山脉间的波河平原。稻米产业和酿酒业很发达，水田和葡萄地随处可见。首府是工业都市都灵（Torino），曾是萨沃伊公国的首都，历史悠久。

皮埃蒙特大区的特产

作为上等的红葡萄酒产地而闻名，是代表意大利的一流品牌巴罗洛（Barolo）与巴巴列斯科（Barbaresco）的故乡。发泡性葡萄酒的起泡阿斯蒂（Asti Spumante）也是特产之一。另外，这里也是意大利屈指可数的松露产地，可以品尝到珍珠白的松露，还制作戈贡佐拉奶酪（Gorgonzola）。

大区内游览须知

前往伦巴第大区的各个城市，从米兰乘火车出发，大约需要1小时。各湖泊地域之中，从米兰至加尔达湖可以一日游；从维罗纳出发更近，大约只需20分钟即可抵达。

从米兰至都灵，乘坐AV特快大约需要1小时。从都灵至奥斯塔乘坐火车需要2~2.5小时。从都灵至热那亚乘坐IC大约需要1小时40分钟。从热那亚至圣雷莫乘坐IC特快大约需要2小时。从热那亚至波托菲诺最近的车站圣玛格丽塔乘坐火车大约需要30分钟。

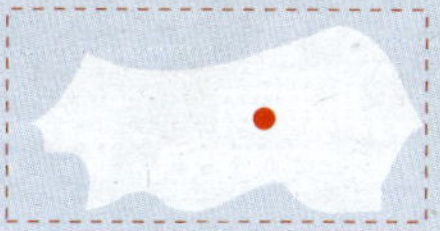

瓦莱·达奥斯塔大区 Valle d'Aosta

被欧洲阿尔卑斯山脉的高山峻岭环抱，位于法国国境的交界山岳地带，险峻的山峦立于广阔的平野之上，形成了美丽的奥斯塔溪谷。国境边界耸立着阿尔卑斯最高峰，如勃朗峰、马特宏峰、蒙泰罗萨峰，这一带被指定为国立公园。

首府是奥斯塔（Aosta）（参照p.19），奥斯塔有库马耶（Courmayeur）等著名的国际滑雪胜地。

瓦莱·达奥斯塔的特产

能在法国、瑞士的山岳地带品尝到的美食奶酪火锅是奥斯塔溪谷的乡土料理。奶酪等乳制品、蜂蜜、葡萄酒等都是当地特产。

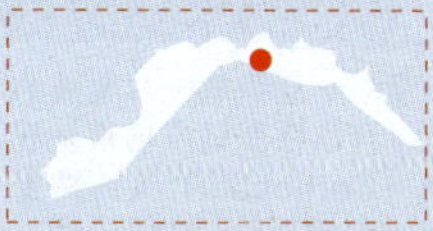

利古里亚大区 Liqure

位于西边，与法国国境相接，海岸线长250公里，被称作意大利海滨，分布着圣雷莫（San Remo）、五渔村（Cinque Terre）、波托菲诺（Portofino）等国际旅游胜地。首府是热那亚（Genova）。

利古里亚大区的首府是热那亚

MAP p.289-B

离米兰最近的湖泊地域
科摩湖 Lago di Como

湖畔周边是著名设计师们的别墅

若想在米兰周围就近游玩，湖区是最好的选择，只需一天就可以轻松玩乐。其中有风光明媚的科摩湖，作为贵族与艺术家们的别墅地从古至今都备受推崇。是离米兰最近、富于大自然美的旅游胜地，湖水清澈美丽，湖面平静柔和。丝柏郁郁葱葱，染绿了群山峻岭，湖畔花儿盛开，五颜六色。在如此美丽的小道上散步，实在是件美事。

科摩湖游的中心城镇是科摩，是浪漫的观光游船的据点。有14世纪末修建的大教堂，气氛庄严凝重，大教堂内有一幅巨大的织锦，以圣书为题材。

另外，湖畔有金色年华等五星级高级酒店，即使不住店也可以在此优雅地享用午餐或品茶。

■交通

从米兰中央站至科摩的车站科摩圣乔瓦尼（Como S.Giovanni）站，乘坐IC特快，大约需要40分钟。从米兰北站至北科摩湖（Como Nord Lago），乘坐民营铁路北线，大约需要1小时。

●旅游咨询处

✉ Piazza Cavour,17 Como

☎ 031-269712

开 9:00~13:00、14:00~17:00

休 周末

观光游船

深蓝色的湖水、逼近湖面的山峦，一起织成一片美丽的风景。若想尽情欣赏这迷人的景色，可以在罗马广场乘坐观光游船。坐到湖畔小镇切尔诺比奥（Cernobbio）大约需要15分钟，至贝拉吉欧（Bellagio）大约需要1小时45分钟。每小时1~2班，也有历时1小时的环湖游。湖上微凉，最好带上一件针织衫。

也可以划船

由宫殿改装的酒店——金色年华

金色年华还有奢侈的喷泉庭院

街区布局 & 游览须知

从科摩圣乔瓦尼站至科摩的中心卡武尔广场，徒步需要8分钟，广场内有旅游咨询处。从卡武尔广场至观光游船码头罗马广场（Piazza Roma），步行需要2分钟。在距罗马广场2分钟路程的索道站，可以乘坐前往布鲁纳特山山顶的缆车，一览湖光山色，请一定不要错过。

另外，还有丝绸工厂直销的著名品牌詹尼·宾达（Gianni Binda）（✉ Via Cadorna,22 ☎ 031-264568）等的店铺，披巾、布料等售价合理，很划算，有许多来自米兰的顾客。

景点

奥莫别墅
Villa Olmo

MAP p.291-A

■从卡武尔广场出发，步行需要20分钟

昔日米兰统治者的别墅

维斯康蒂家族的别墅，位于科摩街向北行3公里的地方。18世纪末修建的新古典主义式建筑。

开 别墅／9:00~12:30、14:30~17:00，庭院／8:00~20:00（冬季8:00~19:00） 休 全年无休 C 免费

切尔诺比奥
Cernobbio

MAP p.291-B外

■从科摩出发，乘坐观光游船大约需要15分钟

被称作“科摩湖的珍珠”的旅游胜地

位于科摩湖的怀抱之中的胜境，位于呈“人”字形的湖的接点处。在切尔诺比奥，可以尽情体会科摩湖的美丽，漫步于湖畔小道，释放心灵。

酒店

埃斯特别墅
Villa d'Este

高级 MAP p.291-A外

由16世纪的贵族宾馆改装的五星级酒店

在世界级名人中享有盛名的最高级度假酒店，位于切尔诺比奥。餐厅和咖啡馆面向湖水，气氛怡人，即使不住宿，也可以来此走一遭，不妨在此优雅地享用午餐，享受下午茶。

不过，营业时间是2月中旬至11月中旬，冬季不营业。

住 Via Regina,40 电 031-3481 传 031-348844
费 S €295~ T €490~ 休 11月中旬~次年2月末 室 152间
HP www.villadeste.it

波光粼粼的水面与
美不胜收的诸岛

马焦雷湖 Lago Maggiore

美不胜收的诸岛

马焦雷湖横跨意大利与瑞士，曾是欧洲王公贵族修建避暑山庄的高级度假胜地。阿尔卑斯山脉如同屏风般保护着这片湖泊，即使在冬季，依旧气候温暖。庭院内种植着高大的椰树和珍奇的花儿，种类丰富，使湖畔景色更添优雅。

湖畔建有宫殿般华丽的酒店，正如海明威的作品《永别了，武器》中所描述的那样，气氛优雅。湖畔还有著名的设计师们的豪华别墅。

斯特雷萨（Stresa）是湖畔游客最多的地方，从古至今都是著名的疗养地。可以在这里乘坐前往美丽的鲍罗麦欧诸岛的观光游船。

湖的面积比科摩湖更广阔，湖的南面呈浅蓝色，背面呈深绿色，颜色各异。若乘坐观光游船，可以欣赏到马焦雷湖的湖水变化过程。

■交通
从米兰中央站至马焦雷湖畔的斯特雷萨（Stresa）站，乘坐IC特快，大约需要1小时30分钟。至鲍罗麦欧诸岛的观光游船，在镇的中心马可尼广场（Piazza Marconi）乘坐。

●旅游咨询处
✉Piazza Marconi, 16 ☎0323-30150 开10:00~12:30、15:00~18:30（11~次年3月周六10:00~）
休11~次年3月的星期天

斯特雷萨船舶停泊处

街区布局&游览须知

斯特雷萨设有旅游咨询处、前往美丽的鲍罗麦欧诸岛（Island Borromee）的观光游船码头及高级酒店等。只有斯特雷萨才有车站，乘坐火车时，以斯特雷萨为起点，前往各地。

斯特雷萨站前的皮埃蒙特王子大街（Via Principe di Piemonte）向右拐，大约步行100米，便是热那亚公爵夫人大街（Via Duchessa di Genova），然后面向湖泊前行，至湖畔公路翁贝托大道（Corso Umberto）。沿翁贝托1世大道右转，便到了游船码头马可尼广场。从车站至广场大约10分钟路程。

在马可尼广场乘坐观光游船。鲍罗麦欧诸岛由立在湖中央的3个岛组成，分别是贝拉岛（Isola Bella）、渔民岛（Isola dei Pescatori）、马德雷岛（Isola Madre）。观光游船班次很多，游览也很值得期待。不过，贝拉岛、马德雷岛的景点开放时间是3月末至10月末，冬季休息，请注意时间。

景点

斯特雷萨
Stresa

MAP p.292

■斯特雷萨站下车

马焦雷湖——最大的疗养地

马焦雷湖面向鲍罗麦欧湾，有温暖的气候和美丽的庭院，同时岛上的眺望景色也很动人。以五星级酒店德艾尔斯大酒店为首，还有许多四星级酒店。另外，乘坐缆车至莫特罗纳山顶，只需20分钟便可到达，在山顶可以一览阿尔卑斯的群山峻岭。

马可尼广场

鲍罗麦欧诸岛
Isole Borromee

MAP p.290-A

■从斯特雷萨乘坐观光游船，大约5~30分钟

完美的17世纪的贵族宫殿与庭院

乘坐观光游船即可轻松抵达鲍罗麦欧诸岛，请一定不要错过。

从斯特雷萨发船5分钟，便到达“美丽之岛”的贝拉岛，岛上有米兰的贵族鲍罗麦欧家族修建的豪华宫殿，迷宫般的巴洛克式庭院，可见珍奇的植物和当时的贵族宅第。

从贝拉岛继续前行5分钟，就到了下一个岛渔民岛。岛很小，居住在这里的都是渔民，餐厅和酒店只在夏季营业。

鲍罗麦欧诸岛中最大的是马德雷岛，岛上也有鲍罗麦欧家族的宫殿。鲍罗麦欧家族的宫殿只在3月下旬至10月下旬开放，最好在开放时段出游。

春秋冬时节，安静的渔民岛

鲍罗麦欧诸岛中最美丽的贝拉岛

有庭院的马德雷岛

塔兰托别墅
Villa Taranto

MAP p.290-A

■庭院内有瀑布及2万棵珍奇植物

拥有瀑布和2万株珍贵植物的庭院

1931年修建的别墅，主人是苏格兰人。大门位于欧洲大道（Corso Europe）附近，大道从帕兰扎至内道（Intra），围绕蓬德拉·卡斯塔尼奥拉海岬（Punta della Castagnola）延伸。

开 8:30~18:30（3/26~9/30）、8:30~17:00（10/1~11/1）
休 11/2~次年3/24　€ €9.50

酒店

德艾尔斯大酒店
Grand Hotel des Iles Borromees

高级　MAP p.292-A外

1861年创立，宫殿般豪华的酒店

建于湖畔，从斯特雷萨站出发，步行大约7分钟可达。外观光彩夺目，无比华丽，且设备齐全。

■✉ Corso Umberto,I,67　■☎ 0323-938938
■FAX 0323-32405　■€ S €218~ T €266~
■室 179间　■HP www.borromees.it

MAP p.289-B

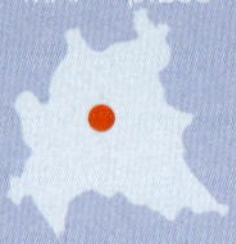

寂静的古都 中世纪的风姿犹存

贝加莫 Bergamo

冈毕托大街边，有怀古情趣的可爱店铺

中世纪以来，在米兰的维斯康蒂家族的统治下，建立的街区。威尼斯共和国统治时期，城墙将其分为两个区域，分别是山上的老市街高市（Citta Alta）与城市商业区的新市街下城（Citta Bassa）。

对于观光游客来说，更有魅力的是位于山上的老市街高市。狭窄的街道蜿蜒曲折，街道两边15~16世纪的建筑物鳞次栉比，还非常宁静，如同画中的风景。漫步于被历史遗弃的老市街，仿佛穿越到了遥远的中世纪意大利。

■交通

从米兰中央站出发，乘坐IC特快到这里大约需要50分钟。位于山上的高市的老广场（Piazza Vecchia）是市街的中心，从山脚乘坐缆车到这里大约需要5分钟。

●旅游咨询处

✉Via Gombito, 13

☎035-242226

开 9:00~12:30、14:00~17:30

休 全年无休

索道上站所在的建筑物（左前方）

街区布局&游览须知

高市与下城是由索道连接的，先去位于山上的高市，在贝加莫站前乘坐1号或3号巴士，5分钟左右即可到达索道站。高市很狭小，被城墙所包围，从一端走到另一端只需要15分钟。另一方面，新市街下城作为米兰的城郊住宅区，同时也作为商业街日益繁荣。

景点

老广场
Piazza Vecchia

MAP p.294-B

■从索道上站出发，步行5分钟路程

老广场的喷泉建于18世纪

老市街的中心

面向广场，建有大教堂（Duomo）、真理宫（Palazzo della Ragione）等中世纪的建筑。真理宫是由12世纪末建造的公会堂改建而成的。还有曾经的市政府大楼，政府大楼有宽敞的走廊。

科莱奥尼小教堂
Cappella Colleoni

MAP p.294-A

■从索道上站出发，步行5分钟路程

建筑物正面细腻且华丽

帕维亚修道院的建筑师阿玛迪欧于1470~1476年建造，是伦巴第文艺复兴时期的瑰宝之作。15世纪这个市街的统治者雇佣兵队长巴洛特麦罗·科莱奥尼在此处为自己修建了墓地。建筑物正面使用白色与粉红色的大理石，优雅圣洁。

开 3~10月9:00~12:30、14:30~18:00，11~次年2月9:00~12:00、14:30~16:30

休 星期一

€ 免费

圣玛丽亚马焦雷教堂
Santa Maria Maggiore

MAP p.294-A

■从索道上站出发，步行7分钟路程

有16~17世纪的织锦，豪华亮丽

位于科莱奥尼小教堂左侧，建于12世纪，伦巴第罗马式建筑的杰作之一，后来其内部被改造成巴洛克风格。长廊左右两侧的墙壁装饰着9幅华美的织锦，出自佛罗伦萨，非常完美。穹顶描绘的是17世纪的卡瓦尼亚的湿壁画。

开 4~10月9:00~12:30、14:30~18:00（周六·周末9:00~12:45、15:00~18:00），11~次年3月9:00~12:30、14:30~17:00，周末、节假日9:00~12:45、15:00~18:00

休 全年无休

€ 免费

科莱奥尼小教堂，美丽的装饰匠心独具

圣玛丽亚马焦雷教堂，内部华美绝伦，超乎想象

卡拉拉学院美术馆
Pinacoteca dell'Accademia Carrara

MAP p.294-B外

■从索道上站出发，步行10分钟路程

展示15~16世纪的绘画

从索道上站出发，沿着斜坡往东下行，至圣奥古斯丁门（Porta S.Agostino），穿过此门，沿着左侧小道的墙壁继续前行，不一会儿就是美术馆。

在2楼的展示厅，有曼特尼业的作品、乔凡尼·贝利尼的作品《圣母子》、提埃波罗的作品等，以15~18世纪的贝加莫派、威尼斯派画家的作品为主。

开 10:00~13:00、14:30~17:30 € €2.60 休 星期一、1/1、复活节、12/25

孤零零地坐落于此

酒店

圣洛伦佐
San Lorenzo

高级 MAP p.294-A

老市街唯一的四星级酒店

酒店是中世纪的建筑，很有情调。可以在沙龙或酒吧享用早餐。

■ Piazza L.Mascheroni,9/a ■ ☎035-237383 ■ FAX 035-237958 ■ € S €96~ T €130~ ■ 室 25间

金羔羊酒店
Agnello d'Oro

中级 MAP p.294-B

位于老市街的中心贡毕托大街

兼设餐厅，价格合理。

■ Via Gombito,22 ■ ☎035-249883 ■ FAX 035-235612 ■ € S€60~ T€70~ ■ 室 20间

北意大利的历史小城市

Pavia 帆维亚

MAP p.289-B

街的中心维多利亚广场

■交通
在米兰中央站乘坐IC特快，大约需要35分钟。
●旅游咨询处
✉Piazza della Vittoria
☎0382-597001 FAX 0382-597011
开 9:00~13:30、14:00~17:00（周六・周日10:00~18:00）
休 全年无休

帕维亚位于米兰近郊，石铺路蜿蜒不断的街道，使人心灵沉静；虽然小巧，却如都市般洗练。

历史上，在罗马时代已经是重要的军事据点之一。之后，到了中世纪，作为自由都市，与米兰、贝加莫等一起发展起来。帕维亚大学和列奥纳多・达・芬奇与彼得拉克等名人颇有渊源，是一座有名的学府。

另外，14世纪，在维斯康蒂家族的统治下，文艺日趋繁荣。16世纪以后，由西班牙、奥地利统治。到了近代，意大利统一运动兴盛。

如今的帕维亚是米兰的城郊住宅区，作为学生之街，非常活跃。

街区布局 & 游览须知

大部分景点都集中在车站东侧的老市街，从车站出发，沿着维托里奥・埃马努埃莱大道（Viale Vittorio Emanuele）前行一段，便是密内尔瓦广场（Piazza Minerva）。沿着起于广场的卡武尔大道（Corso Cavour）继续前行，可以到达维多利亚广场（Pizza Vittoria），广场上有12世纪市政府大楼的遗址，广场东侧是大教堂，北侧是帕维亚大学，再向北是维斯孔蒂城堡。徒步便可逛完整条街，一定要在这恬静的氛围中，悠哉地散散步。

另外，若有充足的时间，还可以去观光距帕维亚10公里左右的维斯康蒂家族的修道院——帕维亚修道院（Certosa di Pavoa）。修道院建于14世纪，被称作“美之女神的修道院”，是伦巴第文艺复兴时期的杰出建筑。豪华的大回廊有122个拱门、许多15~16世纪的湿壁画，同时美丽的装饰也凝聚了当时的雕刻家们的心血。

景点

维斯孔蒂城堡
Castello Visconteo

MAP p.296

■从帕维亚车站出发，步行大约需要22分钟

有角形塔的雄伟城堡

1365年，由加莱阿佐・维斯康蒂二世建造。城堡用石砖建造，庄严巍峨，不禁令人缅怀维斯康蒂家族昔日的繁荣景象。

如今，内部是市立博物馆（Museo Civico），从考古学资料至绘画，馆藏非常丰富，其中有贝格诺的《基督教的十字架》和乔凡尼・贝利尼的《圣母子像》等名作。

市立博物馆/开 10:00~18:00（1、7、8、12月9:00~13:30）休 周一 €€6

维斯孔蒂城堡，有市立博物馆和美术馆

拱门美丽绝伦的圣彼得教堂

圣彼得金天教堂
Chiesa di San Pietro in Ciel d'Oro

MAP p.296

■从维斯孔蒂城堡出发，步行需要5分钟

伦巴第大王长眠之地

建于12世纪，典型的伦巴第罗马式的教堂。内部保存着伦巴第大王的石棺，是用大理石制成的哥特式风格，精致的雕刻与浮雕令人惊叹。

开 7:00~12:00、15:30~18:30
休 全年无休
€ 免费

大教堂
Duomo

MAP p.296

■从维斯孔蒂城堡出发，步行需要15分钟

意大利最大的穹顶

罗马式的大教堂，1488年开始修建，16世纪竣工，据说列奥纳多・达・芬奇与布拉曼特参与过设计。在北侧的维多利亚广场可以看见大教堂巨大的穹顶。维多利亚广场内有12世纪的市政府大楼遗址。

帕维亚大学
Universita di Pavia

MAP p.296

■从维斯孔蒂城堡出发，步行需要10分钟

欧洲历史最悠久的大学之一

如今的建筑物建于14世纪，有5个回廊。校内设有帕维亚大学历史博物馆（Museo per la Storia dell'Universita），可以前去参观。

历史博物馆/开 周一14:00~17:00、周五9:00~12:00（其他时间需要预约☎0382-984709）
休 星期二~星期四、星期六、星期天、节日
€ 免费

人才辈出的帕维亚大学

列奥纳多・达・芬奇参与设计的大教堂

世代举行国王加冕仪式的圣米凯莱大教堂

圣米凯莱大教堂
Basilica di San Michele

MAP p.296

■从维多利亚广场出发，步行需要7分钟

美丽的青铜色的罗马教堂

12世纪代表性的罗马式建筑，青铜色的建筑正面使用砂岩，设计独特。若仔细看，可见用于装饰的蛇尾鱼头的虚构动物和弓箭。内部放置着12世纪的银制十字架，穹顶的装饰与马赛克很别致。

穹顶的内侧描绘着湿壁画《圣母的冠冕》，是15世纪的作品。

开 7:00~12:00、15:30~18:30、
休 全年无休
€ 免费

科佩尔特桥
Ponte Coperto

MAP p.296

■从维多利亚广场出发，步行需要10分钟

河岸边的一道亮丽风景

横跨提契诺河之上，是一座带屋篷的桥。建于中世纪，第二次世界大战时被炸毁，战后重建。夕阳西下之时，砖造的桥被染成红色，风情万种，无法言喻。

中世纪建成的科佩尔特桥

餐厅

每人1份的钱　需要预订　注意自己的穿着

在伦巴第大区，有比米兰料理清淡的帕维亚料理，请一定要品尝。

马罗拉餐厅
Osteria della Malora

高级 €35~　MAP p.296

可以品味乡土料理

冬季，一定要品尝帕维亚式汤，推荐帕维亚产的特选葡萄酒。

■ Via Milazzo, 79
■ 0382-34302
■ 开 12:30~15:00、20:00~22:30
■ 休 星期一、星期天晚上

玛多纳德比奥饭店
Della Madonna da Peo

中级 €35~　MAP p.296

轻松品味帕维亚料理

位于大教堂附近的简单餐厅，赶时间的话，这里很方便。

■ Via dei Liguri,28　■ 0382-302833
■ 开 12:00~14:00、19:30~22:30　■ 休 周末

酒店

在这个小镇里，酒店不多。中级以上的酒店集中在车站附近，选择在这里住宿，可以轻装上路。

现代酒店
Moderno

中级　MAP p.296

建筑时尚的酒店

四星级酒店，位于车站广场至镇中心的途中，步行至车站需要3分钟。

■ Viale Vittorio Emanuele II ,41
■ 0382-303401
■ FAX 0382-25225
■ € S €105~ T €135~
■ 休 8月的第2・3周
■ 室 50间
■ HP www.hotelmoderno.it

怡东酒店
Excelsior

经济实用型　MAP p.296

拥有近代设备的经济型酒店

在车站广场旁边，观光很方便。

■ Piazza Stazione, 25　■ 0382-28596
■ FAX 0382-26030　■ € S€65~ T€93~　■ 室 32间
■ HP www.excelsiorpavia.com

MAP p.289-B

斯特拉迪瓦里的故乡

克雷莫纳 Cremona

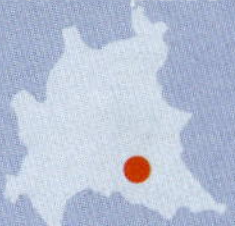

位于米兰东南方向90公里的地方，是中世纪的都市国家，中世纪时，作为自由都市发展起来，14世纪以后，由米兰统治。

这里因制作乐器而成名，17~18世纪，有制作小提琴的3大名家族，分别是斯特拉迪瓦里家族、阿玛蒂家族、瓜尔内里家族。3家相互竞争，制作出绝好的乐器。斯特拉迪瓦里琴是由安东尼奥·斯特拉迪瓦里（1644—1737）制作的。这个传统延续至今，街上有60多家小提琴作坊。

大教堂旁边的钟楼 特洛卓

■交通
从米兰中央站出发，乘坐开往曼图亚（Mantova）的火车到这里，大约需要1小时。
●旅游咨询处
✉Piazza del Comune,5
☎0372-23233
开 9:30~13:00、14:00~17:00（7·8月周末、节假日9:30~13:00）
休 1/1、12/25

街区布局 & 游览须知

许多游客都选择从米兰出发到这里的一日游，景点集中在有大教堂的市政厅广场（Piazza del Comune）。从车站至市街中心的市政厅广场，步行大约需要15分钟，沿着车站前向南延伸的帕莱斯特罗广场（Via Palestro）行走，然后在画廊处左转。

在市政厅广场，有大教堂和市政厅宫。如果有时间的话，还可以去观光大教堂旁边的钟楼，被称作特拉卓（Torrazo），建于13世纪。高111米，是意大利最高的钟楼，若脚力不好，一口气爬上近500级的楼梯，会筋疲力尽，但是上面的远景绝对令你惊叹。

回车站的路上，有市立博物馆和斯特拉迪瓦里博物馆。斯特拉迪瓦里博物馆里可以看到小提琴制作程序，对乐器感兴趣的游客请一定不要错过。

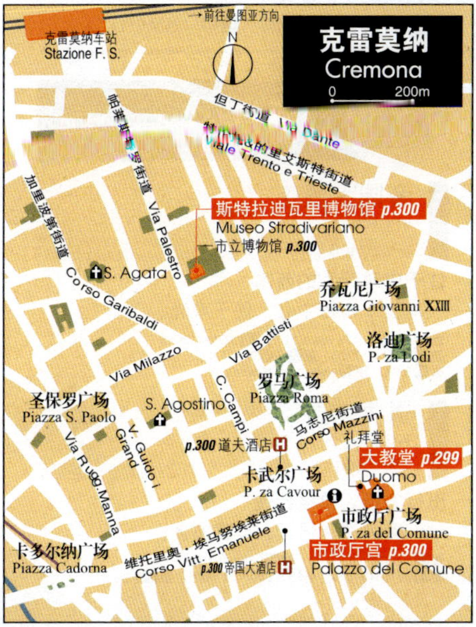

景点

大教堂
Duomo

MAP p.299

■从克雷莫纳车站出发，步行需要15分钟

美丽的13世纪末的钟楼

面向市政厅广场而建的大教堂，从1107年开始修建至1332年完工，耗时225年。靠近广场方向有优美的拱门，建筑家安泰拉米制作的带状浮雕《冻结》、大型玫瑰花玻璃窗也引人注目。钟楼上有一个大时钟，在钟楼上可以俯瞰全景，推荐您去体验。

开 7:30~12:00、15:30~18:00（星期天·节日8:00、9:30、11:00、18:00） 休 全年无休
塔/开 10:00~13:00、14:30~18:00（闭馆前30分钟禁止入场） 休 12~次年1月的星期一、非节日的星期一、1/1、12/25 € €5

大教堂的正面是白色大理石

市政厅宫
Palazzo del Comune
MAP p.299

■从克雷莫纳车站出发，步行需要15分钟

可以看到18世纪的著名乐器

面向市政厅广场，是13世纪修建的市政府大楼，展现了中世纪时期的自治都市（科穆雷）的繁荣景象。内部的小提琴陈列厅（Sala dei Violini）里展示着各种著名的小提琴，如在克雷莫纳制作的名琴“斯特拉迪瓦里琴”、“瓜尔内里琴”、“阿玛蒂琴”等。

美术厅/开 9:00~18:00，周末、节假日10:00
休 全年无休
€ €6

可以拉出优美旋律的小提琴

市政厅宫

市立博物馆的绘画角

市立博物馆
Museo Civico
MAP p.299

■从克雷莫纳车站出发，步行需要5分钟

展示克雷莫纳派画家的作品

16世纪建造的贵族馆，优美端庄的伦巴第式建筑。

内部是市立博物馆，展示克雷莫纳派画家的作品、大教堂收藏的美术品、法国的传统象牙工艺品等。

开 9:00~18:00（周末10:00~）
休 周一、1/1、5/1、12/25
€ €7（与斯特拉迪瓦里博物馆、市政厅宫的通票是€11）

斯特拉迪瓦里博物馆
Museo Stradivariano
MAP p.299

■从克雷莫纳车站出发，步行需要5分钟

展示名匠斯特拉迪瓦里的制作工具

位于市立博物馆的一角，展示克雷莫纳引以为豪的名匠斯特拉迪瓦里在制作时所用的道具、模型、设计图及16世纪以后的诗琴、大提琴、小提琴等。

开 休 与市立博物馆相同 € €7（通票€11）

酒店

帝国大酒店
Impero
高级 MAP p.299

位于市政厅宫的西侧

位于市街中心，便于观光。

■✉ Piazza della Pace,21 ■☎ 0372-413013
■FAX 0372-457295 ■€ S €76~ T €86~
■室 53间 ■HP www.hotelimpero.cr.it

道夫酒店
Astoria
中级 MAP p.299

出行方便，价格合理

离大教堂很近，非常方便。

■✉ Via Bordigallo,19 ■☎ 0372-461616
■FAX 0372-461810 ■€ S €50~ T €80~ ■室 30间

从米兰出发，
一日游的旅游胜地

MAP p.289-B

加尔达湖 Lago di Garda

雄伟壮观的景色延绵不断

米兰市民与维罗纳市民都很喜欢的湖畔旅游胜地，拥有意大利最大的湖畔面积。临近多洛米蒂山，一片生机勃勃的景致。在都市附近，有如此美丽的大自然，令人羡慕不已。

掠过湖面的微风，清爽宜人，多洛米蒂山阻挡了北方刮来的寒风，使这里有温暖的气候，还弥漫着地中海式的悠闲恬静的气氛。湖畔的小镇，鳞次栉比的房屋色彩鲜艳明亮，郁郁葱葱，橄榄树和柠檬树令人目眩神怡。

湖畔有高级酒店，也有价格适中的旅馆，还有各种类型的度假酒店，许多来自欧洲的游客到此地疗养生息。一定要细细品味这明亮广阔的美丽地方。

位置 Location

在米兰乘坐火车，大约需要1小时。从维罗纳到德森扎诺只需大约20分钟。维罗纳的巴士频繁往来，开往丽瓦镇Riva的巴士，途经加尔达、贝纳科塔区Torri del Benaco、马尔切西Malcesine等站。若从维罗纳出发，最好的选择是乘坐巴士。

●旅游咨询处

✉ Via Porto Vecchio, 34

☎ 030-9141510

开 10:00~13:00、15:00~18:00、周六10:00~13:00、14:00~19:00

休 冬季的星期六・星期天下午

信息早知道 Information

加尔达湖的观光起点是湖的南边，若乘坐火车，在德森扎诺（Desenzano）火车站下车。

沿着车站前的卡武尔大道（Via Cavour），向湖的方向步行15分钟左右，就到了卡佩莱蒂广场（Pizza Cappelletti），这里是德森扎诺的中心。广场靠近湖的老港大街（Via Porto Vecchio边），是旅游咨询处，观光前，可以先到这里买地图和时刻表。餐厅和咖啡馆等，也集中在这一区域。

湖畔的小镇中最有人气的是p.302列举的3个小镇。尤其是西尔米奥奈镇，有古罗马的遗迹、中世纪的城塞等历史遗产，走访这里也很不错。另外，在加尔达镇可以玩水上运动，如帆板运动等。在马尔切西镇乘坐缆车至巴尔多山山顶，将壮丽的景色尽收眼底。

除了这3个小镇，北边的丽瓦镇作为疗养胜地，也很受欢迎，建有13世纪的城堡。

观光游船

在德森扎诺的中心卡佩莱蒂广场，靠近湖的地方便是观光游船码头，在这里乘坐巡游加尔达湖的游船。好不容易来一次加尔达湖，一定要坐船游玩加尔达镇（Garda）、西尔米奥奈镇（Sirmione）、马尔切西内镇（Malcesine）、丽瓦镇（Riva）等。

在游船码头前的旅游咨询处，可以购买游船的时刻表，从德森扎诺出发的游船，每天有12~13班。

加尔达湖畔的旅游胜地 Best 3

可以享受水上运动的加尔达湖面

湖畔的旅游胜地 Best 1

有罗马时代遗迹的疗养地

西尔米奥奈镇

MAP p.301

离德森扎诺最近的人气小镇，位于湖上细长突出的半岛尖端。从古至今，作为疗养胜地备受欢迎。在住宅的中心，有13世纪建造的斯卡拉家族的城塞（Rocca Scaligera），结实牢固。岬的尖端是罗马时代的别墅遗迹，被称作卡图洛遗迹（Grotta di Catullo），可以窥见其昔日作为胜景之地被人们喜爱的迹象。

弥漫着地中海式欢快气氛的加尔达镇

湖畔的旅游胜地 Best 2

最浪漫的岬角

加尔达镇

MAP p.301

在德森扎诺乘坐游船，大约需要1小时可达。这里建有露天咖啡馆、餐厅等，还可以享受汽艇、帆板运动等，游客众多。

另外，加尔达镇的西边是圣维吉利奥岬（Punta S.Vigilio），是湖畔最浪漫的地方。

湖畔的旅游胜地 Best 3

加尔达湖的观景台

马尔切西内镇

MAP p.301

观景台上遗留着13~14世纪统治维罗纳的斯卡拉家族的城堡（Castello Scaligero）。湖畔有15世纪威尼斯共和国湖水管理官邸的遗址。另外，也是巴尔多山观光的据点，乘坐缆车直达山顶，加尔达湖湖光与多洛米蒂山山色，尽收眼底。

威尔第的成名作《弄臣》的舞台

曼图亚 Mantova

MAP p.289-B

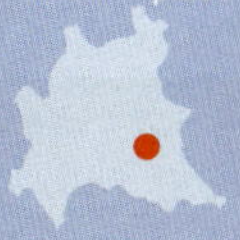

熙熙攘攘的广场

曼图亚被加索尔河的支流——明乔河形成的3个湖泊所环绕， 地形呈半岛状突出。

小镇的起源历史悠久，据说在公元前由埃特鲁斯坎人建造。之后，被罗马帝国统治，中世纪时期，处于混沌的黑暗时代。13世纪成为自由都市，进入14世纪，在贡扎加家族的统治下，迎来了繁荣时代。

15世纪末至16世纪初，费拉拉出生的伊莎贝拉·德斯特与贡扎加家族的弗朗西斯二世结为连理，采取了艺术振兴政策，曼图亚作为艺术之都，迎来了其绽放的时代。中心地带遗留许多的历史建筑物，同时，现代的曼图亚塑料工业昌盛，是个保守型小镇。

■交通

到这里，在米兰中央站乘坐火车，大约需要2小时，从维罗纳出发，大约需要50分钟。

●旅游咨询处

✉ Piazza Mantegna,6

☎ 0376-432432 FAX 0376-432433

开 9:00~18:00、10~次年3月9:00~17:00 休 1/1、复活节、12/25、12/26

街区布局 & 游览须知

有许多美景的老市街，一直延伸到车站东侧。从车站出发，沿着维托里奥·埃马努埃莱2世大道（Corso Vittorio EmanueleⅡ）东行1公里左右，就到了百草广场（Pizza Erbe），广场有13世纪的老法院真理宫和圣安德烈亚大教堂。这里还建有独具一格的圆形教堂，11世纪的罗马式建筑，圣洛伦佐圆形教堂，教堂简单朴素，优雅迷人。教堂东北边是索尔德罗广场（Pizza Sordello），建有曼图亚最大的看点公爵宫。回到百草广场，向反方向南边步行大约1.5公里，是贡扎加家族的别墅特宫（Palazzo Te）。

另外，意大利最伟大的作曲家威尔第的作品《弄臣》，是根据维克多·雨果的原作改编的歌剧，将舞台从巴黎搬到了曼图亚。街上建有剧中虚构的“弄臣之家”、“刺客斯帕拉夫契列之家”等，歌剧迷们一定要来这里体验一下。

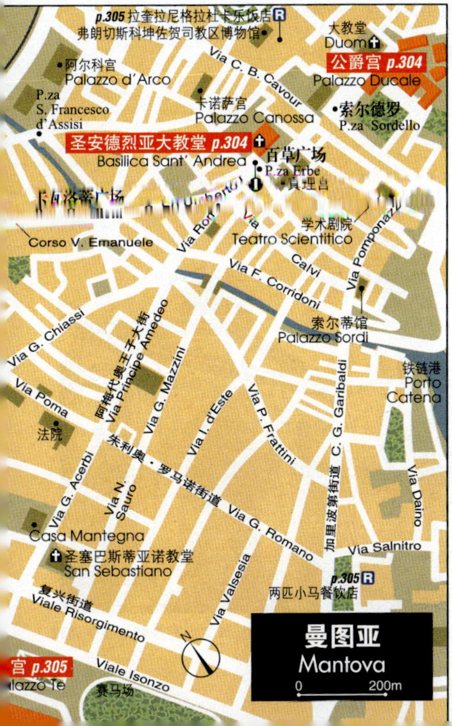

真理宫，广场的一角是旅游咨询处

公爵宫的“镜子走廊”

在中庭观赏的公爵宫

景点

公爵宫

Palazzo Ducale

MAP p.303

■从百草广场出发，步行需要5分钟

华丽的宫殿，令人惊叹

外观令人追忆至凝重的中世纪时期，其内部的豪华程度让人无法想象。在意大利也是首屈一指的壮丽宫殿之一，在贡扎加家族的最盛时期，是欧洲最大的宫殿。

宫殿建于16世纪，是由500间房间组成的建筑群。一间一间房间内，摆设着贡扎加家族收藏的艺术作品，值得一看。在“织锦展厅”内展示拉斐尔的作品，另外还有“12月的走廊”(Corridoio di Mesi)里光彩夺目的“镜子走廊”、装饰有鲁本斯与丁托列托等名家的绘画作品的“射手展厅”，豪华美丽，令人不禁惊叹。

最大的看点是宫殿对面的圣乔治城内的“结婚展厅”（Camera degli Sposi），展示着曼特尼亚从1471年开始创作、耗时3年完成的系列湿壁画，可以欣赏到精练至极的宫廷文化。

在今日看来也是豪华的宫殿。1630年，奥地利的哈布斯堡家族接管这座宫殿时，据说运去了大约2 000件美术品。

开 8:30~19:00（18:30前入场）
休 周一
€ €6.50（未满18岁、65岁以上免票）
☎041-2411897（需要预约）

圣安德烈亚大教堂

Basilica di Sant'Andrea

MAP p.303

■百草广场旁边

大放异彩的穹顶

15世纪后半叶，由当时的人气建筑家艾伯特设计，代表性的罗马式教堂。穹顶是后来加上去的。礼拜堂内有曼特尼亚的墓碑，还有他的湿壁画《圣家族》（*Le Scare Famiglie*）。

开 8:00~12:00、15:00~19:00（周六10:30~12:00、15:00~18:00，周末11:45~12:45、15:00~18:00，冬季周末11:45~12:45、15:00~17:00）
休 全年无休 € 免费

圣安德烈亚大教堂，左侧的礼拜堂内有曼特尼亚的墓碑

特宫

Palazzo Te

MAP p.303

■从百草广场出发，步行需要15分钟

贡扎加家族的别邸

费德里科二世从罗马聘请了拉斐尔的徒弟朱利奥·罗马诺，请他设计的宫殿。据说这座宫殿是费德里科二世为他的爱人拉·波斯科塔而建的，从1925年开始修建，一共耗时10年。

朱利奥·罗马诺擅长风格主义世代流行的错觉画技法，是当代一流的艺术家，馆内随处可见风格主义的手法。

在“巨人展厅”（Sala dei Giganti），罗马诺与他的弟子们在整间屋子里描绘了巨人的湿壁画。另外，在“塞克的故事”（Storia di Psiche）内，装饰着森林之神与山林女神的色情图画，被认为描绘了费德里科二世与他的爱人颓废的快乐生活。

内部装饰华美的特宫

开 9:00~18:00（周一13:00~）
休 全年无休 € €8

餐厅

€ 每人1份的钱 需要预订 注意自己的穿着

伦巴第料理主要是肉食，在这里可以尝到具有这种特色的乡土料理。

拉奎拉尼格拉杜卡乐饭店

Aquila Nigra la Ducale

高级 €60~ MAP p.303

优雅的高级餐厅

菜肴主要有炸河虾与炸西葫芦等，擅长烹饪曼图亚的乡土料理，奶酪的种类也很丰富。

■ V.lo Bonaccolsi,4 ■ ☎0376-327180
■ 开 12:00~14:00、19:30~22:00
■ 休 星期天、星期一、8月的2周、11~3月的星期天白天

两匹小马餐饮店

Trattoria Due Cavallini

中级 €25~ MAP p.303

晴天时，露天席很棒

轻松地享受曼图亚的乡土料理。伦巴第大区的玉米粥、玉米粉薄饼配上炖菜，特别美味，请一定要品尝。

■ Via Salnitro,5 ■ ☎0376-322084 ■ 开 12:00~14:00、19:45~21:45 ■ 休 星期二、7~8月的1周、2月的1周

有露天席

酒店

ABC酒店

ABC Superior

中级 MAP p.303外

面向车站前的广场，观光很便利

所有房间都配有浴室，同时兼设餐厅。

■ piazza Don Leoni, 25 ■ ☎0376-322329
■ FAX 0376-323347 ■ € S €64~ T €74~
■ 室 58间 ■ HP www.hotelabcmantova.it

比安奇

Bianchi

中级 MAP p.303外

昔日的私人宅第改装而成的酒店

酒店是由1491年建造的私人宅第改装而成的，内有17—18世纪的大理石盥洗室，古色古香的内部装饰依旧保留着原样。

■ Piazza Don Leoni, 24
■ ☎0376-326465
■ FAX 0376-321504 ■ € S €70~ T €90~
■ 室 50间（一间房带浴缸） ■ 休 12/24~12/26
■ HP www.albergobianchi.com

沉静的外观

MAP p.289-A

昔日意大利最大的海运王国

热那亚 Genova

海岸沿线的街景

热那亚的历史与小镇的发展，与海军密不可分。12世纪初期，据说热那亚海军已拥有军舰70艘。

从十字军远征时代至文艺复兴时期，与威尼斯并称两大海运王国，十分繁荣昌盛。

13世纪，因科西嘉岛的所有权与比萨对立。14世纪，因地中海贸易的制海权与威尼斯发生冲突，之后与威尼斯对立了很长一段时间。由于在东方贸易中获得了巨大的财富，作为流通业的基础，合资公司、汇票、船舶保险等经济·保险系统在这里诞生，经济得到巨大的发展。

之后，因与大西洋岸的诸港竞争，渐渐失去势力。17世纪，被法国国王路易14世炸毁。1805年，被纳入拿破仑帝国。

如今的热那亚是意大利第一的港口城市，利古里亚大区的首府，有许多海洋共和国时代的历史遗产。

另外，这里孕育了哥伦布、铜版画家奇奥索尼等名人。市内有许多景点，如展出哥伦布遗物的退思馆(Palazzo Tuisi)、哥伦布的老家(Casa Colombo)、爱德华奇奥索尼东方美术馆(Museo di Arte Orientale E.Chiossone)等。

■交通
到这里，乘坐IC特快从米兰出发，大约需要1个小时40分钟；乘坐ES特快从罗马出发，大约需要4个小时。
●旅游咨询处
✉ Piazza Raffaelle de Ferari,3
☎ 010-8606122
开 9:00~13:00、14:30~18:30
休 全年无休

街区布局 & 游览须知

与新市街相连的9月20日大道

在意大利第五的都市热那亚，有两个主要的火车站：米兰·都灵方向的王子站（Principe）与罗马方向的布利尼奥拉站（Brignole）。

热那亚市街大致可分为3个区域：有港口的海岸沿线、有狭窄的街道的老市街以及山上的住宅区。主要的看点集中在老市街，有浓厚的乡土气息。

逛街的路线是，沿着王子站前的巴尔比大街（Via Balbi）向东南方向行走，不到6分钟，到达农齐亚塔广场（Piazza della Nunziata）。然后沿着加里波第大街（Via Garibaldi）继续前行，到4月25日大道（Via XXV Aprile）后，向海边下行，大约5分钟，便是镇的中心法拉利广场（Piazza de Ferrari）。出广场进入9月20日大街（Via XX Settembre），就到了新市街。如果有充足的时间，可以乘坐观光游船，绕热那亚湾游览一周。另外，为了住宅地的市民们出行方便，有索道连接山下和山顶，游客可以坐缆车上山，一览热那亚的街景和热那亚湾的美景。索道站位于加里波第大道旁，靠近山的地方。

景点

巴尔比大街/加里波第大街
Via Balbi/Via Garibaldi

MAP p.306-A.B

■从王子站出发，步行需要3~8分钟

必看的宫殿群

巴尔比大街边，有许多热那亚最繁盛时期16~17世纪建造的华丽壮美的贵族建筑物（宫殿群）。这些宅第内有美术馆，展示了当时弗兰德派画家们游热那亚时，创作的绘画作品，请一定要去参观。

在巴尔比大街前方的加里波第大街，也排列着许多宫殿，大多数宫殿外观很平凡，内部却装饰得非常完美。一座座宫殿都是历史遗产，每一处都是景点。

王宫
Palazzo Reale

MAP p.306-A

■从王子站出发，步行需要6分钟

萨沃伊家族的别邸

1650年，热那亚的富裕阶级巴尔比家族建造的大宅第。据说是17~18世纪大富豪的豪宅林立之时热那亚最大的建筑物。之后，曾归萨沃伊家族所有。内部遗留着两大家族收藏的17~19世纪的奢华家居装饰品等。另外，还展示范迪杰克的绘画等艺术品。

开 9:00~13:30（周六~周日~19:00） 休 周一
€ €4（与斯皮诺拉国立美术馆的通票是€6.50）

典雅的王宫

白色邸馆
Palazzo Bianco

MAP p.306-B

■从王宫出发，步行需要10分钟

邂逅当时贵族的肖像画

16世纪中叶的贵族馆，18世纪后半叶改建为巴洛克风格。现在，内部是美术馆，展示鲁本斯等弗兰德派画家的绘画，其中有弗兰德派的巨匠范迪杰克于17世纪20年代在热那亚停留时描绘的贵族肖像画。斯特罗兹、马尼亚斯科、菲利波·里皮等画家的作品也很棒。

开 9:00~19:00（周五10:00~23:00、周六·周日10:00~）
休 周一
€ €8（含红色邸馆）

红色邸馆

Palazzo Rosso

MAP p.306-B

■从王宫出发，步行需要10分钟

陶醉于这座华丽的邸馆

1671—1677年建成的罗马式贵族馆，位于白色邸馆的斜对面，馆内展示17世纪的家具、雕刻、镜子、陶瓷器等。室内装饰美得令人目瞪口呆。内部是美术馆，展示范迪杰克、杜勒、丁托列托等弗兰德派、威尼斯派画家的绘画与巴洛克式雕刻。

开 休 与p.307白色邸馆相同 € €8（含白色邸馆）

斯皮诺拉国立美术馆

Galleria Nazionale di Palazzo Spinola

MAP p.306-B

■从加里波第大街出发，步行需要3分钟

位于城市商业区的豪华绚丽的宫殿

这个建筑物是斯皮诺拉馆，建筑物的正面装饰是被称作“粉刷装饰”的优美雕刻。16~18世纪典型的贵族馆，馆内有当时使用的装饰、家具、陶瓷器、银制餐具等。

斯皮诺拉国立美术馆

内部有17世纪左右装饰天井的豪华湿壁画、范迪杰克的名作《孩子的肖像》、鲁本斯的绘画、皮萨诺的雕像作品等，深受市民的喜爱。

开 星期二~星期四8:30~19:30、星期天・节日13:00~19:30

休 周一 € €4（与王宫的通票€6.5）

爱德华奇奥索尼东方美术馆

Museo di Arte Orientale "Edoardo Chiossone"

MAP p.306-B

■从加里波第大街出发，步行需要10分钟

在意大利与日本&东方艺术相会

奇奥索尼是热那亚出生的铜版画家，同时也是美术品收藏家。馆内陈列有来自中国、泰国，日本等国家的艺术品。

位于小山上的公园里，远离城市的喧嚣，在这里可以静静地欣赏港口城市的风景，是个不二的佳处。

开 9:00~19:00、周六・周日10:00~19:00

休 节假日、周一 € €4

马泰奥蒂广场

Piazza Matteotti

MAP p.306-B

■从法拉利广场出发，步行需要1分钟

反映热那亚繁华的历史

马泰奥蒂广场与法拉利广场相邻，建有昔日的海洋共和国的总督官邸公爵宫（Palazzo Ducale）。这座宫殿在13世纪修建之初是市政府大楼，热那亚共和国第一代总督将此地作为官邸，自那以后，代代总督都将官邸设在此处。现在公爵宫是市立文化中心，举办美术展。

马泰奥蒂广场上的公爵宫的塔

哥伦布故居，屋外布满爬山虎

哥伦布故居
Casa di Colombo
MAP p.306-B

从法拉利广场出发，步行需要5分钟

养育哥伦布的家庭

1492年发现美洲大陆的探险家哥伦布出生于此，长大成人，后来得到西班牙伊莎贝尔女王的赏识。现在的房子是市民为追忆哥伦布，在同样的地方再建的。

开 周六・周日、节假日10:00~18:00，平日需预约
☎ 010-2465346（预约）
休 全年无休　€ €4

餐厅

€ 每人1份的钱　需要预订　注意自己的穿着

说起热那亚的乡土料理，热那亚沙司[也称香蒜沙司（Pesto）]最有名。混合了罗勒叶和松果、橄榄油、帕尔马奶酪的味道，醇香可口，是最适合意大利面食的沙司。请一定要尝尝正宗新鲜的香蒜沙司。

另外，热那亚的所在地利古里亚大区与托斯卡纳大区、普利亚大区并称最美味的橄榄油产地，同时葡萄酒也很醇美可口。

总督府的露台
Le Terrazze del Ducale
高级 €40~ MAP p.306-B

港口的汽笛声浪漫多情

位于总督府的屋顶，可以欣赏港口城市繁华的夜景。以热那亚的鱼料理为主，还可以品尝有名的意大利料理，葡萄酒也种类丰富。

✉ Palazzo Ducale, Piazza Matteotti,5　☎ 010-588600
开 12:30~14:30、19:00~22:30
休 8月的第2・3周

阿缔雅
L'Atelier
中级 €40~ MAP p.306-B

融合了意大利与法国的传统

有煎鹅肝、新鲜的鱼贝类等主菜以及法式薄饼、意大利汤团、细舌状通心面等。点心有使用芳香醋的草莓生奶油、蜂蜜果冻。请一定要品尝品尝。

✉ Via Porta Soprana, 55/57r　☎ 010-2475959
开 12:30~14:30、19:30~22:30
休 星期六晚上、星期天、8月的第2周

酒店

热那亚大陆酒店
Hotel Continental Genova
高级 MAP p.306-A

位于王子站前的高级酒店

从站前的广场出发，上一段坡路即到。在高层可以远眺港口的风景。

✉ Via Arsenale di Terra,1　☎ 010-261641
FAX 010-261883　€ S €87~ T €97~　室 44间
HP www.hotelcontinentalgenova.it

很有风格的景致

布里斯托尔宫殿
Bristol Palace
高级 MAP p.306-B

客房内是古色古香的家具

从狭小的大门来看，很难想象这里是四星级酒店。进入前厅，呈现在眼前的是小巧却奢华的景致。

✉ Via XX Settembre, 35　☎ 010-592541
FAX 010-561756　€ S €119~ T €129~
室 133间　HP www.hotelbristolpalace.com

金羔羊
Agnello d'Oro
中级 MAP p.306-A

如居家中的酒店

离王子站很近，从巴尔比大街拐入一个小巷便到了。服务员也很热情周到。

✉ Via delle Monachette, 6　☎ 010-2462084
FAX 010-2462327　€ S €70~ T €75~　室 20间
HP www.hotelagnellodoro.it　休 12/16~12/28

MAP p.289-B

显贵达人们喜爱的高级旅游胜地

波托菲诺 Portofino

在圣乔治教堂眺望河口湾

意大利的海滨避寒胜地中，这里可以说是最高级的。曾经只是个小小的渔村，20世纪初期，电影演员、作家、艺术家等，世界的名人们开始乘坐豪华快艇，光临此地，此地渐渐成名。在最盛时期的20世纪中后期，人们过着电影场景般奢侈华丽的度假生活。

与波托菲诺山相连的小山上，景致美丽，分布着世界级富豪们为每年来此度假而建的别墅。

虽然是个小镇，但却有几家高级度假酒店，可以体验优雅的生活。

■交通

从米兰乘坐IC特快到这里，大约需要2小时20分钟。在热那亚乘坐IC到这里，大约需要30分钟。在佛罗伦萨乘坐IC到这里，大约需要3小时10分钟。圣玛格丽塔-利古雷站前是镇的中心威尼托广场（Piazza Venelo），在广场乘坐82号市内巴士到这里，大约需要15分钟，巴士约20分钟一班。

●旅游咨询处

✉ Via Roma,35 ☎ 0185-269024

开 夏季10:00~13:00、14:00~18:00（周末9:30~12:30、15:30~18:30）、冬季9:30~13:30、14:00~17:00

休 夏季的星期一、冬季的星期大·星期一

街区布局 & 游览须知

波托菲诺的大门是邻镇的圣玛格丽塔-利古雷站（S'Margherita Ligure），这个镇作为轻松休闲的度假胜地，深受人们喜爱。

从圣玛格丽塔-利古雷至波托菲诺的巴士，途经圣玛格丽塔-利古雷的中心威尼托广场（MAP p.310）、游艇停泊码头，然后沿着半岛的海岸线上坡，最后是终点站自由广场（Piazza della Liberta）。途经大约5公里的海岸线，风景美丽绝伦。

从自由广场出发，穿过罗马大街（Via Rome），即可到达波托菲诺的中心欧利维塔广场（Piazza Martiri dell' Olivetta）。罗马大道边有旅游咨询处，在这里收集地图等相关资料，还有爱马仕、路易·威登等一流品牌，不愧是世界VIP来访的高级度假胜地。用餐可以去欧利维塔广场，那里有各种餐厅，有高级的，也有随意的。

餐厅林立的欧利维塔广场

高级品牌店比比皆是的罗马大道

镇的标志——圣马丁教堂（左）与圣乔治教堂

景点

布朗城堡
Fortezza di S. Giorgio Brown

MAP p.311

从港口出发，步行需要15分钟

波托菲诺的观景台

在高高的布朗城堡上，波托菲诺的河口湾全景尽收眼底。16世纪作为要塞而建的城堡，如今已经废旧，但是从中庭眺望波托菲诺的美景依旧是绝佳的。漂浮于蓝色的海面的白色帆船与游船，静静地徜徉在河口湾的怀抱中，多么浪漫温馨的景致啊。

从布朗城堡至港口，沿着以蓝色的屋檐为标志的餐厅“德尔菲诺”（Delfino）前道路，向岬的尖端方向行走，坡路很急，坡上建有圣乔治教堂（S.Giorgio）。在教堂前的广场，可以观望位于美丽的河口湾背面的外海，在此小憩是不错的选择。

开 10:00~19:00、11月~次年2月的星期六・星期天~17:00　休 冬季每月的星期五　€ €5

从布朗城堡眺望的河口湾，美不胜收

酒店

精彩酒店
Splendido

高级　MAP p.311

世界的VIP喜爱的最高级酒店

过门而不入则无法体会高级度假胜地的魅力，若条件允许，请一定要在这样的最高级酒店体会一下最舒心的服务。作为波托菲诺最奢华的酒店，从过去到现在一直深得电影导演与女明星们的喜爱。酒店位于布朗城堡对岸的小山上，海洋与海岬的远景很是迷人。即使不住宿，也一定要在这里享用午餐或品品下午茶。

- Salita Baratta,16
- 0185-267801
- FAX 0185-267806
- € S€517~ T€880~
- 室 64间
- 开 3月末~11月中旬
- HP www.hotelsplendido.com

仿佛是从悬崖上泻下的游泳池

精彩海洋酒店
Splendido Mare
高级　MAP p.311

面向港口的优雅的酒店

位于山上的精彩酒店的姐妹酒店，港口前面是罗马大街的拐角处，购物和用餐都很方便。

Via Roma,2
0185-267802
FAX 0185-267807
€ S €495~ T €561~
室 16间
开 4~11月中旬

伊甸园酒店
Eden
中级　MAP p.311

镇上非常宝贵的酒店，价格合适

波托菲诺全是价格惊人的高级酒店，这个价格合理的三星级酒店是非常难得的，从旅游咨询处前面的小巷进入便是。

Via Dritto, 18
0185-269091
FAX 0185-269047
€ S €80~ T €140~
室 12间
HP www.hoteledenportofino.com

MAP p.289-B

轻松的夏日度假胜地
圣玛格丽塔-利古雷 Santa Margherita Ligure

豪华游艇停泊的港口

夏季，海水浴游客接踵而至，是东比埃拉非常有人气的度假胜地。阳光明媚，不论往昔还是今日，与波托菲诺一样，都深受名人们的喜爱。被波托菲诺山与港口环绕，风景怡人。

镇的规模与港口的规模都比波托菲诺大，因此建议大家不要在住宿费与餐饮费高昂，且酒店少的波托菲诺住宿，最好选择这个小镇，可以轻松愉快地享受海边度假。

■交通
至圣玛格丽塔-利古雷站，从热那亚出发，乘坐IC特快大约需要30分钟；从米兰出发，乘坐IC特快大约需要2小时。
●旅游咨询处
Piazza Vittorio Veneto
0185-287485　开 4~9月9:30~12:30、13:00~20:00，10月~次年3月 9:30~12:30、14:30~17:30
休 10月~次年3月的星期天

街区布局 & 游览须知

背对车站，沿着车站前的的里艾斯特大街（Via Trieste）向右下行，就是罗马大街（Via Rome）。继续向港口方向下行，到达威尼托广场。从广场登上4月25日大街（Via XXV Aprile），右手边即是旅游咨询处。餐厅多集中在威尼托广场旁边的卡普雷广场（Piazza Caprera）附近。

酒店

尤兰达
Jolanda
中级　MAP p.310

观光便利的三星级酒店

客房的装饰是暖色系的，兼设餐厅和浴室。

Via Luisito Costa,6
0185-287513
FAX 0185-284763
€ S €68~ T €104~
休 11/2~12/20　室 50间
HP www.hoteljolanda.it

迪古里奥米兰
Tigullio et de Milan
中级　MAP p.310

距离旅游咨询处很近的三星级酒店

客房比较小，却很干净舒适，观光也很方便。

Viale Rainusso,3
0185-287455
FAX 0185-281860
€ S €60~ T €90~
休 11/2~12/25　室 42间
HP www.hoteltigullioetdemilan.it

MAP p.289-B

悬崖峭壁上的
世界遗产村

五渔村 Cinque Terre

马纳罗拉村

面向利古里亚海的悬崖峭壁上，修建着5个渔村，总称五渔村。500多年以前，在这没有平原的荒野之地，人们花费心思修建了房屋，利用山的斜面，开垦阶梯状的土地，种植葡萄，以此度日。与险恶的自然共同生存的姿态，令人无限感动。

据说蒙特罗索、韦尔纳扎、科尔尼利亚、马纳罗拉、里奥马焦雷这五个渔村起源于11世纪前后。马纳罗拉村有14世纪的教堂，另外里奥马焦雷村有中世纪部落的遗迹。

位置Location

从起点热那亚出发，乘坐IC特快大约需要1小时40分钟，抵达拉斯佩齐亚（La Spezia）。再乘坐火车至蒙特罗索，大约需要15分钟。各村都有火车站，大约30分钟~1小时一班车，请安排好时间。

●旅游咨询处 ✉Viale Italia, 5
☎0187-770900 开9:00~19:00，周末、节假日~13:00（10~3月9:00~17:00、周末~13:00）
休 全年无休

信息早知道Information

五渔村人迹罕至，所以曾经的传统与美景都完美地保留了下来，1997年，与邻村的韦内雷港（Portovenere）一起被列为世界遗产。现在仍然没有陆路，要到访的话，只能利用沿海岸线延伸的铁路，或乘坐从拉斯佩齐亚出发的客船。

五渔村中，只有蒙特罗索设有旅游咨询处，所以先从蒙特罗索开始旅游吧。下车站的楼梯后，左手边就是旅游咨询处，在这里可以领取酒店信息资料和五渔村观光游船的时刻表。

另外，沿海岸线游访五渔村的步行道被冠名为“爱之路”，可以感受绝美的胜景，一定要去走走。从蒙特罗索到韦尔纳扎，大约徒步2小时。

有很多酒店、餐厅

蒙特罗索 Monterosso

MAP p.313-A

五渔村中最繁华的村子，在车站前的海滩上排列着五颜六色的沙滩遮阳伞，酒店、餐厅也集中在蒙特罗索。

沿着车站前的步行道向韦尔纳扎方向行走，穿过隧道，就是村子的中心。

另外，若乘坐观光游船游览五渔村，出车站后，向村子中心的反方向行走，一会儿就到了港口，在这里可以乘船。

有中世纪的教堂与色彩亮丽的房屋

韦尔纳扎

MAP p.313-A

在马纳罗拉乘坐火车，大约4分钟就能抵达。圣玛格丽塔教堂建于中世纪，有别致的圆屋顶，房屋的墙壁色彩亮丽，为粉红色、黄色，美丽至极。

在车站的正后方，有膳宿公寓，兼设酒吧。从车站至港口的道路两边，有餐厅、红酒店、酒吧等。

台地上的小村

科尔尼利亚

MAP p.313-A

只有这一个村子位于山上，在韦尔纳扎乘坐火车，大约需要4分钟抵达。出车站后，沿着车道边前行，不一会儿就可看见山的斜面呈Z字形上行的楼梯，登上楼梯后，是村子的中心广场。

在广场前面的小巷子里，有出租一间房的膳宿公寓，还有几家意大利式小餐馆。

葡萄园连绵延伸的安静小村庄

马纳罗拉

MAP p.313-A

五颜六色的房屋紧紧贴在悬崖之上，如画一样美丽。在科尔尼利亚乘坐火车，大约需要4分钟抵达这里。出车站后，按照“教堂”（Chiesa）的告示牌上坡，右手边是酒店“卡·但德里昂”，继续上行就到了小广场，建有中世纪的景致的教堂。这里是村子的中心，周边有许多小型酒店。

依山傍海、视野辽阔

里奥马焦雷

MAP p.313-A

在马纳罗拉乘坐火车，大约需要3分钟抵达这里。这个渔村非常热闹，也是悬崖边的步行道“爱之路”的起点。出车站后，穿过隧道，可以乘坐升降电梯至山腰的观景台，在这里可以欣赏美丽的悬崖与大海。

另外，穿过隧道后，继续沿陡峭的楼梯下行可以到达海滩。

酒店

五渔村
Cinque Terre
中级 MAP p.313-A

位于蒙特罗索，现代化三星级酒店

现代化设备，干净舒服的客房。

Via IV Novembre,21
0187-817543
FAX 0187-818380
€ S €90~ T €130~
室 54间 HP www.hotelcinqueterre.com 休 冬季

安德里昂之家
Ca'dAndrean
中级 MAP p.313-A

位于马纳罗拉，家庭式三星级酒店

家庭式的小型酒店。

Via A.Discovolo,101
0187-920040 FAX 0187-920452
€ S €55~ T €70~
室 10间
HP www.cadandrean.it

棕榈酒店
Palme
中级 MAP p.313-A

位于蒙特罗索，最好的四星级酒店

Via IV Novembre,18 0187-829037 FAX 0187-829081 € S €120~ T €160~ 室 50间 休 冬季

因音乐节而繁盛，活泼的港口城市
圣雷莫 Sanremo

MAP p.289-A

皇后大道的步行道

属于里维埃拉海岸的一部分，靠近法国国境的这片西里维埃拉海岸，被称作“花城”，一年间气候温暖，四季如春。山花烂漫的圣雷莫是著名的度假胜地。来自法国的游客也很多，走在街上，法语总是不绝于耳。还有高级度假酒店、娱乐场所（下图）等。

位置 Location

从热那亚出发，乘坐IC特快，大约需要1小时45分钟到这里。从米兰出发，乘坐IC特快，大约需要3小时30分钟到这里。

●旅游咨询处
Via Luigi Nuvoloni,1
0184-59059 开 9:00~19:00（周末9:00~13:00） 休 全年无休

信息早知道 Information

位于小镇西边的皇后大街（Corso Imperatrice）是一个沿海岸线的步行道，路边建有度假酒店，华丽动人。靠近山的贾科摩·马泰奥蒂大街（Corso Giacomo Matteotti）两旁也有酒店和市营娱乐场所等。沿着海岸线向东行，就是停泊着豪华游艇的太阳港口地区（Porto Sole）。车站位于郊外。

酒店

皇家酒店
Royal
高级 MAP p.314-A

位于皇后大道的豪华大酒店

面向步行道的五星级酒店，客房是复合地板，舒适宜人。

Corso Imperatrice,80
0184-5391
FAX 0184-661445
€ S €139~ T €216~
休 10/2~12/19 室 127间

洛利宫
Lolli Palace
中级 MAP p.314-A

离车站仅2分钟路程

与旅游咨询处在同一大楼内，清洁干净的三星级酒店。

Corso Imperatrice,70
0184-531496
FAX 0184-541574
€ S €58~ T €85~
休 11/1~12月中旬 室 52间

MAP p.289-A

汽车产业兴盛，皮埃蒙特大区的首府

都灵 Torino

王宫前的卡斯特罗广场

都灵是机械工业的中心都市、意大利的豪华轿车蓝旗亚与普通轿车菲亚特的总部、皮埃蒙特大区的首府，大约占意大利汽车生产量的80%。

另外，都灵是尤文图斯足球俱乐部的根据地，尤文图斯是意大利足球甲级联赛夺冠次数最多的球队。一说到足球，都灵的市民们总是满脸自豪。

11世纪以后，与法国渊源颇深的萨沃伊家族统治了都灵900年，在整齐的林荫道两边，排列着许多巴洛克式建筑，庄重威严。秩序井然的街道和建筑，使都灵的都市形象更加精练。

意大利统一后，都灵曾担任过作为首都的重任，不过只有短短的几年时间，从1861年至1865年，只是迁都佛罗伦萨前的过渡。与罗马、米兰、佛罗伦萨、威尼斯等大都市相比，都灵的外国游客很少，但是，即使再次光临的游客，依旧会有新奇之感。

■交通
从米兰中央站出发，乘坐火车大约需要1小时20分钟到这里，新门火车站（Porta Nuova），位于镇的中心。

●旅游咨询处
✉ Piazza Sorferino
☎ 011-535181 开 9:00~19:00
休 全年无休
✉ Stazione di Porta Nuova 内
☎ 011-531327 开 9:00~19:00
休 全年无休

从城堡广场延伸的加里波第大街的回廊

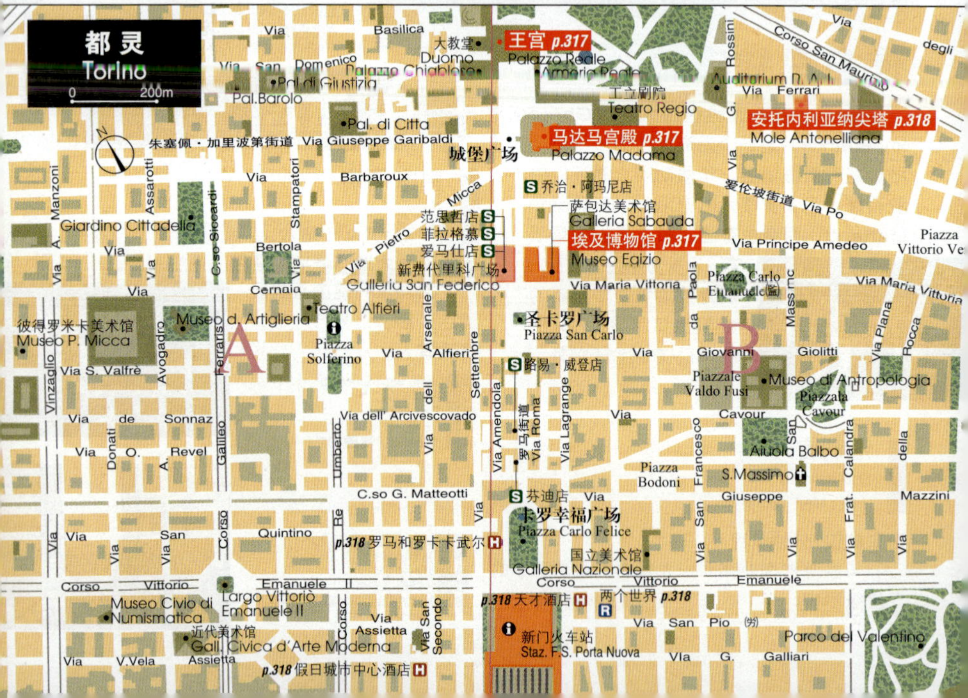

拱门很美丽，圣卡罗广场的回廊位于城堡广场正中的马达马宫殿

位于城堡广场正中央的马达马宫殿

街区布局&游览须知

新门火车站令人想起教堂正面，火车站前是卡罗幸福广场（Piazza Carlo Felice），是市民休憩的地方。

连接这片绿色的广场与城堡广场（Piazza Castello）的是罗马大街（Via Roma），大街两旁是潇洒的回廊，到了夏季，咖啡馆摆起露天桌椅，时装店内陈列着高品位的服饰，令人赏心悦目。从车站至城堡广场，步行需要十七八分钟。在途中的圣卡罗广场（Piazza San Carlo），也有时尚的咖啡馆与时装店，还有埃及博物馆（Museo Egizio）等景点。城堡广场建有马达马宫殿（Palazzo Madama）、王宫（Palazzo Reale）等历史建筑物。

波河大道从城堡广场一直延伸到波河（Fiume di Po），有美丽的回廊，与罗马大街相比，有朴素简单的平民风情，街道的布局如棋盘一样，出行很方便。

景点

王宫
Palazzo Reale
MAP p.316-B

■从车站出发，步行需要20分钟

雄伟的萨沃伊宫殿

位于镇的中心，这座典雅的建筑，尤其吸引人们的目光。从1646年至1660年建成，直至1865年，是萨沃伊家族的城堡，可以窥见萨沃伊家族昔日的繁荣景象。宫殿内展示中世纪时期的兵器。

开 8:30~19:30（19:00前入场）　休 周一
€ €6.50

马达马宫殿
Palazzo Madama
MAP p.316-B

■从车站出发，步行大约需要20分钟

古罗马门的遗址上建造的中世纪城堡

位于古罗马时代的入口大门遗址上，是中世纪时期建造的城堡。从王宫正面，只能看到法国风格的华丽宫殿，转至背后，看到的则是森严牢固的建筑。宫殿内是古典艺术博物馆（Museo Civico di Arte Antica），展示当时的装饰、皮埃蒙特大区画家们的美术品等。

开 10:00~18:00（周末~20:00），闭馆前1小时入馆
休 周一　€ €7.50（每月第一个周二免费）

埃及博物馆
Museo Egizio
MAP p.316-B

■从车站出发，步行大约需要15分钟

收藏埃及美术品，充满异国情趣的美术馆

这里珍藏着埃及美术品，是世界上最重要的博物馆之一，在欧洲其规模仅次于大英博物馆。位于科学学院馆内。馆内还有萨包达美术馆（Galleria Sabauda），设立于1832年，以萨包达皇族的个人收藏为主，收藏了贝亚托·安吉利科、丁托列托等画家的贵重的绘画作品。

✉ Via Accademia delle Scienza, 6
开 8:30~19:30
休 周一、1/1、12/25
€ €7.50

拉美西斯2世国王的雕像与木乃伊等，展示的考古资料超过3万件

安托内利亚纳尖塔

Mole Antonelliana

MAP p.316-B

■从城堡广场出发，步行大约需要15分钟

高层建筑的电影博物馆

安托内利亚纳尖塔是高达176米的摩天大楼，乘坐升降电梯到达顶层，可以一览阿尔卑斯山脚都灵的全景。馆内有成立于1941年的国立电影博物馆，展示电影技术的发展史，如电影的诞生、高速摄影、特殊效果、舞台装置等；另外，还有演员照片、服装、脚本、海报等。

✉Via Montebello,20 开9:00~20:00（周六~23:00）
休周一 €电梯€5／国立电影博物馆
开9:00~ 20:00（周六~23:00） 休周一
€€7（升降电梯与博物馆通票€9）

餐厅

€ 每人1份的钱 ☎ 需要预订 👔 注意自己的穿着

两个世界

Due Mondi

高级 €35~ MAP p.316-B

上等的皮埃蒙特料理，大饱口福

从车站出发，步行需要1分钟到这里。可以品尝到正宗的皮埃蒙特料理，都灵的著名球队尤文图斯足球俱乐部也爱来这里用餐。

✉Via S.Pio V 3/D ☎011-6692056
开12:30~14:30、19:30~23:30 休星期天・星期一的白天

购物

在都灵，购物不是很有名。但是不会因观光游客多而拥挤不堪，可以尽情地慢慢享受购物。在罗马大街有路易・威登、爱马仕、阿玛尼、菲拉格慕、范思哲等高级品牌店。

圣卡罗广场与罗马大道的拐角处，也有大型品牌购物中心，包括古奇、普拉达、芬迪、香奈儿、吉尔・桑达等人气品牌。在直销店很难入手的新品可以第一时间在这里买到，会有意想不到的收获。

酒店

坡大道与维托里奥・埃马努埃莱2世大道之间，有许多酒店。大道边多是高级酒店，在小巷里有很多价格适中的酒店。

罗马和罗卡卡武尔

Roma e Rocca Cavour

中级 MAP p.316-A

面向卡罗菲菲广场

不论是观光还是购物，都很方便。价格合理，客房柔和，使人沉静。很受欢迎。

✉Piazza Carlo Felice,60
☎011-5612772
FAX 011-5628137
€S €65~ T €86~
室90间
HP www.romarocca.it

天才酒店

Genio

中级 MAP p.316-B

车站对面，东侧

如果一路没有遇到红灯，距车站只有不到一分钟的路程。服务员沉稳周到的服务也令人满意。

✉Corso Vittorio Emanuele Ⅱ,47
☎011-6505771
FAX 011-6508264
€S €89~ T €128~
€128间
HP www.hotelgenio.it

假日城市中心酒店

Holiday Inn City Centre

中级 MAP p.316-A

位于车站西侧，拥有现代化设备的酒店

周围环境很安静舒适，兼设的餐厅很时尚高雅。

✉Via Assietta,3 ☎011-5167111 FAX 011-5167699
€S €80~ T €87~ €57间 HP www.holidayinn.com

那不勒斯

Napoli

那不勒斯
Napoli
0 300m
N
A
B
F
F
I
J
阿雷内拉
Arenella
马泰尔代伊
Materdei
安提尼亚诺
Antignano
沃梅罗山丘
Vomero
皮耶迪克劳塔
Piedigrotta
奥内·阿尔特
Rione Alto
蒙特顿特利
Montedonzelli
地铁1号线
萨尔瓦托·罗萨
Salvator Rosa
金牌
Medaglie d'Oro
Piazza Medaglie d'Oro
奎特罗·乔尔纳特
Quattro Giornata
万维泰里
Vanvitelli
万维泰里广场
Piazza Vanvitelli
弗洛里狄安娜公园
Villa Floridiana
p.329 圣埃尔莫城堡
Castel Sant Elmo
圣玛蒂诺修道院
（圣玛蒂诺国立博物馆）p.329
Certosa di S.Martino
(Museo Naz.)
圣山观光小火车
Funicolare di Montesanto
中央观光小火车
Funicolare Centrale
奇亚亚观光小火车
奇卢利姆弗莱古莱亚公司铁路
Ferrovia Circumflegrea
城市铁路
Ferrovia Cumana
p.329 国立陶瓷博物馆
Museo Nazionale della Ceramica
阿米地奥
Amedeo
Pza. Amedeo
维多利亚·埃马努埃莱大道
Corso Vittorio Emanuele
米莱大道
Majestic莫扎迪斯
切拉马雷宫
Palazzo Cellamare
圣·朱塞佩·基娅拉教堂
S.Giuseppe a Chiaia
市立美术馆
Museo civico
圣·帕斯夸里
San Pasquale
马尔蒂里广场
P.za dei Martiri
calabritto宫殿
Palazzo Calabritto
米莱利拱门
Arco Mirelli
里维埃拉基拉亚
Riviera di Chiaia
市民公园
Villa Comunale
水族馆
Aquario
维多利亚广场
P.za Vittoria
共和国广场
Piazza della Repubblica
弗兰西斯科·卡拉乔洛大街
Via Francesco Caracciolo
梅尔杰利纳
Mergellina
地铁6号线
地铁2号线
Piazza Sannazzaro
梅尔杰利纳港口
Porticciolo di Mergellina
波西利波观光缆车
Funicolare di Posillipo
去往卡普里岛，伊斯基亚
Stadio Collana
Pza. Leonardo
Pza. Mazzini
Via M. Semmola
Via A. d'Antona
Via Bernardo Cavallino
Via Domenico Fontana
Via Fontanelle
Via S. Giacomo
Via Gabriele Jannelli
Via Camaldolilli
Via Pietro Castellino
Via Gigante
Via M.R.Imbriani
Via B.Caracciolo
Via G. Orsi
Via Salvator Rosa
Via Suarez
Via Santacroce
Via Simone Martini
Via S. Altamura
Via G. Rossini
Via M.Fiore
Viale Michelangelo
Via Raffaello
Via V.Gemito
Via Luca Giordano
卢卡·焦尔达诺
Via Solimene
Via A. Scarlatti
Via Cilea
Via d. Cimarosa
Via Francesco
Via Belvedere
Via S. Stefano
Via Luigi Sanfelice
Via Filippo
Corso Europa
Via Aniello Falcone
Via Torquato Tasso
Tangenziale Est Ovest
Via Michelangelo Schipa
Via Arco Mirelli
Via del Parco Margherita
Via dei Mille
Via Crispi
Via C. Poerio
Viale Antonio Dohrn
Via Piedigrotta
Via G.Bruno
Via Privata
Via Domenico

国立卡波迪蒙特美术馆 p.329
Museo e Gallerie Nazionali di Capodimonte
Albergo dei Poveri
卡洛三世广场
Piazza Carlo III
阿雷纳恰
Arenaccia
Via Arenaccia
植物园
Orto Botanico
阿梅代奥萨沃亚大道
Corso Amedeo di Savoia Duca d'Aosta
Via della Sanità
Via S. Teresa Degli Scalzi
Via Foria
弗里亚大道
加里波第大道
Corso Garibaldi
Via Martiri d'Otranto
国家广场
Piazza Nazionale
Via Rimini
Via Casanova
Corso Novara
阿雷纳恰
Via Cesare Rosaroli
p.331 卡萨诺瓦
卡武尔广场
Piazza Cavour
卡武尔
Cavour
伦巴第 p.330
大教堂大道
Via Duomo
卡尔博纳拉
Via Carbonara
Piazza S. Francesco
卡普阿诺
翁贝托广场
Pza. P. Umberto
卡武尔
Corso Meridionale
那不勒斯中央车站
Stazione Centrale
博物馆
Museo
泰代伊
Materdei
Salvatore Rosa
国立考古学博物馆 p.328
Museo Archeologico Nazionale
博物馆广场
Pza.Museo Nazionale
尼古拉广场
Piazza E De Nicola
大教堂 p.328
Duomo
卡普阿诺城堡
Castel Capuano
地铁
加里波第
Garibaldi
p.330 贝甘蒂诺
帕拉斯
加里波第广场
Piazza Garibaldi
红月亮酒店 p.331
Corso Arnaldo Lucci
→去往庞贝古城埃尔科拉诺
地铁2号线
V.F. Saverio Correra
Via E. Pessina
阿尔梅诺教堂
Via San Gregorio Armeno
斯帕卡·那不勒斯 p.328
Supacca Napoli
法院路
Via dei Tribunali
综合医院
圣塞韦罗
Capp. Sansevero
森奎安塔饭店
贝里尼
Portalba酒店
但丁
Dante
圣比亚乔地里布莱里大道
Via S.Biagio dei Librai
Via Forcella
San Giorgio Maggiore
Via S. Cosmo Fuori Porta Nolana
那不勒斯-索伦托私营旅游专列站
Staz. Circumvesviana
但丁广场
Piazza Dante
但丁比阿特丽斯
多米尼科马焦雷教堂
S.Domenico Maggiore
多米尼科马焦雷广场
十字大道
V. B. Croce
新耶稣教堂 p.328
Gesù Nuovo
圣基娅拉教堂 p.328
S.Chiala
V.S.Chiara
那不勒斯大学
Università d. Studi
大学
Università
大教堂
Duomo
翁贝托一世大道
Corso Umberto I
Via Savarese
Via Lavinaio
Corso Garibaldi
尼古拉广场
Piazza Nicola
市集广场
Piazza Nicola
S. Maria d. Carmine
Pza.G. Pepe
Via Amerigo Vespucci
Montesanto
蒙特桑托站
Stazione Montesanto
V.Pas.Scura
萨尔沃·达奎斯托广场
Piazza Salvo D'Acquisto
Toledo
托莱多
Via Monteoliveto
Pza.d. Carità
Piazza G. Bovio
地铁1号线
新港口大道
Via Nuova Marina
Via della Marinella
中央邮局
东方酒店
中央警局
Via A. Diaz
Municipio
市政厅
乔利
安巴萨达斯
地中海酒店
翁贝托一世美术馆 p.327
Galleria Umberto(特)
Via Medina
Via A.Depretis
哥伦布大街
Via C. Colombo
p.322・323
那不勒斯银行
市政府
Municipio
市政厅广场
Piazza Municipio
奥古斯都站
Augusteo
圣卡洛
p.330 布兰迪
新城堡 p.327
Castel Nuovo (Maschio Angioino)
海洋站
Stazione Marittima
平民表决大道
Plebiscito
V.S.Carlo
圣卡洛歌剧院 p.327
Teatro S. Carlo
铁6号线
亚拉大道
Chiaia
王宫 p.326
Palazzo Reale
贝韦莱洛
Porto Beverello
省厅
甘布赖纳斯
平民表决广场 p.326
Piazza d.Plebiscito
保罗圣芳济教堂
公共公园
V.C.Console
去往卡普里岛、伊斯基亚岛、索伦托
米拉马雷
坎特纳拉
罗索利诺 p.330
Via Santa Lucia
V.N. Sauro
王室
圣卢恰湾大酒店 p.331
帕尔泰诺佩
Via Partenope
恰东酒店 p.331
那不勒斯湾
Golfo di Napli
圣卢恰湾
Porticciolo di S.Lucia
鸡蛋城堡 p.327
Castel dell'Ovo
C
D
G
H
K
L

国立考古学博物馆 p.328
S. Giuseppe
地铁2号线
Via della Sapienza
Via S. Maria d Costantinopoli
蒙特桑托
Montesanto
Via Ventaglieri
Via Olivella
S. Maria di Montesanto
麦当劳
佩西纳
Via E. Pessina
Via Bellini
Portalba酒店
贝里尼
工科大学
Policlinico
蒙特桑托站
Stazione Montesanto
蒙特桑托大道 Via Montesanto
A
Via Tarsia
但丁
Dante
A153
Port Alba
B
但丁广场
Piazza Dante A.
但丁比阿特丽斯
Via G. Ninni
Ospedale d. Pell
Vico Paradiso
Via Portamedina
Via Pignatelli
Spirito Santo
Via Cisterna dell'olio
Via San Sebastiano
圣多梅尼科马焦雷教堂
S. Domenico Maggiore
Palazzo Sang
新耶稣教堂 p.328
Gesù Nuovo
圣多梅尼科马焦雷广场
Piazza San Domenico Maggiore
V. Forno Vecchio
Via P. Scura
V. Capitelli
十字大道
Via B. Croce
Piazza Gesù Nuovo
旅游咨询处 p.324
Pal. Maddaloni
Via T. Senise
Via S. Anna d. Lombardi
Via Pallonetto a S. Chiara
圣基娅拉教堂 p.328
S. Chiara
Via B. Tuoli
Via Rignasecca
Via d. Lioy
Calata Trinità Magg.
Via dei Carrozzieri alla Posta
Via S. G. Magg. Pignatelli
Vico San Geronimo
Via Santa Chiara
圣基娅拉大道
F. Formale
Carità
托莱多
Toledo
Pal. Gravina
蒙特奥利维托大道
Via Monteoliveto
Via Mezzo
Girardi
萨尔沃·达奎斯托
Piazza Salvo D'Acquisto
Nuovo
Geiso
Via Concezione a. Montecalvario
E
Via Toledo (Via Roma)
Via G. Oberdan
Via d. Chiostro
Via Donnaibina
S. Giovanni Magg.
Vico Teatro Nuovo
Lungo Teatro
中央邮局
Posta e Telegrafi
S. Maria La Nove
Via C. Battisti
东方宾馆
Via Sedile di Porto
迪亚兹大道 Via A. Diaz
S. Maria La Nova
证券交易所
Borsa
MAXZCO
托莱多大道(罗马大道)
Via Stendhal
圣费利切大道
Via G. Sanfelice
地铁1号线
Via F. Bacco
Via P.te di Tappia
乔利·安巴萨达斯
Via Medina
Municipio
市政厅
Rua Catalana
Via d. Pisani
Via Loggia
博维奥广场
Piazza G. Bovio
Via Maio d. Porto
Via G. C. Cortese
Via Lanzien
Via San Giacomo
地中海宾馆
V. M. Cervantes
V. d. Incoronata
那不勒斯银行
Banco di Napoli
梅迪娜大道
Via San Bartolomeo
Via F. Gioia
ASST
Via A. Depretis
Via Russo
Via P. E. Imbriani
市政厅
Pal. d. Municipio
地铁6号线
戴普利斯大道
Via Alcide De Gasperi
Via Santa Brigida
Via G. Verdi
市政厅广场
Piazza Municipio
理查德·基诺里
翁贝托一世美术馆 p.327
Galleria Umberto I
Via Vittorio Emanuele III
Teatro Mercadante
哥伦布大道
Via C. Colombo
J
平民表决大道
Plebiscito
圣卡洛大道
Via San Carlo
旅游咨询处 p.324
国家海洋档案馆
arittima Archivio di Stato
圣卡洛歌剧院 p.327
Teatro S.Carlo
新城堡 p.327
Castel Nuovo (Maschio Angioino)
Via Parco d. Castello
Via F. Acton
贝韦雷洛港
Porto Beverello
王宫 p.326
Palazzo Reale (Museo)
通往圣卢恰港
海洋站
Stazione Marittima

那不勒斯市中心
Napoli Centro
0
150m
S. Maria Donnaregina
Largo Donnaregina
Via Donnaregina
Via SS. Apostoli
Via S. Sofia
卡尔博纳拉大道
Via Carbonara
Via O. Costa
Via Pisanelli
Strada d. Anticaglia
Via San Paolo
Vico Cinquesanti
Vico dei Girolomini
Vico Sedil Capuano
Via P. Trinchera
大教堂 p.328
Duomo
斯帕卡・那不勒斯 p.328
Supacca Napoli
Via Alri
尼古拉广场
Piazza E De Nicola
卡普阿诺城堡
Castel Capuano
Piazza Sisto Riario Sforza
C
D
法院路
Via dei Tribunali
圣洛伦佐马焦雷广场
S. Lorenzo Maggiore
Vico G. Maffei
Vico San Nicola a Nilo
Via S. Gregori A
Vico dei Maiorani
Vico dei Panettieri
大教堂大道
Via Duomo
Vico dei Zuroli
Vico dei Carbonari
Vico delle Zite
Vico della Pace
Via San Nicola dei Caserti
Via C. Muzy
皮埃特罗克莱塔大道
Via P. Colletta
Via Postica Maddalena
Via Maddalena
圣塞韦罗教堂
Via Nilo
圣比亚焦里布莱伊大道
Via San Blagio dei Librai
S. Giorgio Maggiore
Via Forcella
Via dell' Annunziata
安农齐亚塔教堂
SS. Annunziata
Via G Paladino
Vico San Severino
国家档案馆
Archivio di Stato
Via d. Gr. Archivio
科摩宫
Pal. Cuomo
Via S. Arcangelo a Baiano
Via S. Agostino a Zecca
Via C. Sersale
V. Egiziaca a Forcella
Via Rarieri
Maria Donnaromita
SS. Sossio e Severino
Ospedale Ascalesi
S. Agostino d. Zecca
去往那不勒斯中央站、加里波第
地铁1号线
Via B. Capasso
Via Arte d. Lana
Via d. Cimbri
大教堂
Duomo
Rompe d. Salvatore
Via Mezzocannone
Corso Umberto I
翁贝托一世
耶稣教堂
Gesù Vecchio
Via L. Rodino
大学
Università
G
Via Miroballo al Pend
尼古拉阿莫莱广场
Piazza Nicola Amore
Via G. Mattei
Via B. Chioccarelli
H
Via Giacomo Savarese
Via Lavinaio
那不勒斯大学
Università d. Studi
Via A. Sdatola Toscana
Via Duca di San Donato
十字教堂
S. Croce
Via L. Palmieri
Via Capacci
Via S. Baldacchini
Via Marselli
S. Eligio
市集广场
Piazza Mercato
S. Pietro Martire
新港口大道
S. Maria d. Carmine
Via Nuova Marina
Capitaneria di Porto
K
L
N
那不勒斯湾
Golfo di Napoli

交通 前往那不勒斯

从机场到市内

机场巴士从早上六点半运行到晚上十一点半，每三十分钟一班，从穆尼奇皮奥广场直达机场，只需3欧元，三十分钟即可到达。往返在机场和加里波第广场之间的机场巴士No.3S每整点十五分发车，车票1.3欧元。如果乘出租车的话只需要20 分钟。

飞机 / by Air

那不勒斯的空中门户卡波提吉诺机场（Capodichino）位于市中心东北方向约6公里处。法国航空、英国航空公司、意大利航空公司等的国际线以及国内线繁忙地起降。1小时15分钟即可到达米兰，1小时20 分钟即可到达都灵。

火车 / by Train

长途火车主要停靠在那不勒斯中央火车站（ST.NapoliCentrale）。部分列车停靠位于市中心西面的梅尔杰利纳站（ST.Mergellina），停靠此站的列车以M开头。

从罗马到那不勒斯

您可以在特尔米尼站或者欧斯提亚站乘坐发往那不勒斯的AV特快列车，只需1小时15分钟即可到达，或者到中央车站乘坐普通列车到梅尔杰利纳站下车，需要两个半小时。

公交车&有轨电车 Bus & Tram

虽然加里波第广场以及离市政厅很近的广场都有公交车终点站，但是由于没有标明路线图，游客们乘坐比较困难，具体的乘车方法请参考p.82。

旅游咨询处

圣卡罗歌剧院门前
🖂Via San Carlo, 9
MAP p.322-I ☎081-402394
开 9:00~19:00（周日9:00~14:00） 休 周日的下午

新耶稣大教堂广场
🖂Piazza del Gesu Nuovo
MAP p.322-B ☎081-5512701
开 9:00~19:00（周日9:00~14:00） 休 周日的下午

出租车Taxi

您可以在出租车乘车点乘车，也可以打电话叫车。起步价2.6欧元，但是短途最低也要支付4.15欧元，而深夜出车或者节假日需要附加费用。

市内交通

市内遍布地铁、公交车、有轨电车，交通方便。如果要去远离市中心的山区，当地人会乘坐缆车，而坐小火车对当地人来说是再寻常不过的事情了。还有那不勒斯—索伦托私营旅游专列，中央火车站地下即可乘坐。

地铁 Metropolitana

乘坐1、2、6号线便于观光

从中央站地下的加里波第广场（Piazza Garibaldi）站乘坐2号线，途经卡武尔广场（卡武尔）、蒙特桑托（Montesanto）、梅尔杰利纳（由意大利铁道FS运行）；还有穿越市中心北部的1号线，以及经由市中心西部、自梅尔杰利纳向西运行的6号线。而且梅尔杰利纳到市政厅的线路也已经修建开通了。地铁、公交车、有轨电车、缆车可以使用通票，一次性车票1.2欧元每张（时限60分钟），日票3.6欧元，周末日票3欧元（仅限周六、周日）。

观光缆车 Funicolare

市内西侧4号线小缆车每30分钟发一班车

有蒙特桑托站始发的蒙特桑托线（Montesanto）、翁贝托一世大街的拱廊商店街发车的中央线（centrale），还有阿米地奥站附近发车的基艾亚线、梅尔杰利纳大街始发的梅尔杰利纳线，以及4号线的缆车。

交通 推荐高效游览路线

从那不勒斯中央车站西行方向到地铁2号线的梅尔杰利纳站的这五站地区中，遍布不容错过的美丽景点。只要能充分利用地铁或公交车，两三天就可以转个遍。不过需要注意的是美术馆等地方在冬季一般下午两点就会闭馆，周日的话下午一点闭馆。地方并不大，要想提高游览效率的话，最好分三条路线来进行。

贝韦雷洛（Beverello）码头的乘船处

线路①

东城区斯帕卡·那不勒斯周围。你能感受到那不勒斯独具特色的市井风情——洗好的衣服懒洋洋地晾晒在建筑物之间——洋溢着平民区的怀旧气氛。还有标志性建筑大教堂、国立考古学博物馆、新耶稣教堂等。从地铁卡武尔站出发，上面的景点都能步行转个遍。

线路②

拥有王宫、新城堡、圣卡洛歌剧院的圣卢恰湾一带。圣卢恰湾周围高级宾馆鳞次栉比，让人享受闲适而优雅的度假氛围。乘坐公交车在王宫前下车，只需要步行10分钟就能到达港口边上的鸡蛋城堡（奥沃城堡）。

线路③

斯帕卡·那不勒斯西面的山区是广阔的沃梅罗地区。乘蒙特桑托线观光小火车15分钟，展现在你眼前的便是可以俯瞰那不勒斯城全景的圣玛蒂诺修道院（San Martino）和蒙特桑托城堡。除了上面这三条路线之外，位于城北区的国立卡波迪蒙特美术馆绝对不容错过。而那环绕王宫的美丽到令人惊叹的公园，正是当年那不勒斯·波旁家族为了展示其美术收藏品所建，现在为王室所用。从那不勒斯中央站乘坐地铁2号线在卡武尔站（Cavour）下车，然后换乘137或者160路公交车在米亚诺（Miano）下车。从王宫或但丁广场乘坐24路公交车在卡波迪蒙特（Capodimonte）下车，在杜卡达奥斯塔（CorsoA.d.Savona Duca d'Aosta）大街再往北走。

轮渡·水翼船

从贝韦雷洛或者梅尔杰利纳港到伊斯基亚岛、卡普里岛、索伦托之间有轮渡或者水翼船穿梭往来。

轮渡停靠在莫洛贝韦雷洛或者梅尔杰利纳港，而水翼船则停靠梅尔杰利纳港。乘坐轮渡到达卡普里岛需要90分钟，而水翼船大约要40分钟，单程12欧元。

享受那不勒斯之旅

那不勒斯是比萨发源地，吃这里的美食也是一大享受。地铁大教堂站北面大街上遍地都是好吃又便宜的餐厅。

受法国、西班牙以及欧洲各国的影响，那不勒斯充满了艺术气息，拥有众多的独具特色的艺术品和建筑，参观美术馆也是个不错的选择。特别是那不勒斯·波旁家族的法尔内塞美术馆绝对不容错过，也可以参观国立卡波迪蒙特美术馆。国立考古学博物馆还展出了那不勒斯·波旁家族的伊特鲁利亚文明以及埃及文明的收藏品。

想要购物的话，就要从地铁大教堂站到翁贝托一世大街了。

景区1 王宫~圣卢恰湾

Palazzo Reale~Santa Lucia

历代统治者君临的王宫

观光小贴士

乐趣
观光 ★★★
美食 ★★★★
购物 ★★
交通
地铁 ★★★★
公交车 ★★★
出租车 ★★
区域范围
从那不勒斯中央火车站到梅尔杰利纳站约5平方公里

街区布局&游览须知

市井风情与古老文化交相辉映，充满人情美的城市

那不勒斯来自希腊语，意思是“崭新的城市”，这座城市最初作为希腊人的殖民地开始了自己的历史。12世纪开始这座城市由罗马人统治，13世纪时由安茹家族以及阿拉贡家族统治，到了16世纪又受到西班牙总督的统治，到了18世纪则归入了法国波旁王朝统治之下。5平方公里大的市中心保留了各个时代的建筑物和美术艺术品。那不勒斯历经历届统治者的统治，拥有着深厚的文化积淀，这里的人们对自己的城市充满自豪感，并且热情开朗，主张自我个性。

景点

平民表决广场

Piazza del Plebiscito

从地铁2号线卡武尔站步行20 分钟

MAP p.321-K

英勇的骑马像，半圆形广场

19世纪初，当时那不勒斯的统治者波旁王室费迪南一世建造了这座广场。广场被圣·方济各·迪·帕乌拉教堂的半圆形的正面建筑环绕，中间竖立着卡诺瓦的杰作——查理三世的骑马英姿的铜像。

王宫

Palazzo Reale

距离平民表决广场1分钟的路程

MAP p.322-I

竖立着那不勒斯国王像的巴洛克建筑风格的宫殿

这座豪华的宫殿是在17世纪初那不勒斯正处于西班牙统治下时，由当时同样活跃在罗马的建筑师多梅尼科·丰塔纳设计建造而成的。18世纪以后从波旁家族开始成为历代国王的宫殿。面对平民表决广场竖立着8位那不勒斯国王的雕像。

宫殿内部现已成为美术馆，您可以看到收藏在这里的王室日常用品和绘画作品。

开 9:00~19.00（周日·节假日~20:00）
休 周三　€ €4

竖立着国王雕像的宫殿

圣卡洛歌剧院
Teatro San Carlo

紧邻平民表决广场

MAP p.322-I

顶级音乐家登台演出的歌剧院

圣卡罗歌剧院由波旁家族查理三世于18世纪中期建造而成。19世纪初虽经改建，但仍以其豪华的装潢、绝妙的音响效果而极负盛名，是意大利屈指可数的顶级歌剧院。

开 不可参观
☎ 081-400547

紧邻王宫的圣卡洛歌剧院

翁贝托一世美术馆
Galleria Umberto I

从平民表决广场步行1分钟即到

MAP p.322-I

玻璃屋顶令人流连忘返，
近代那不勒斯的象征

与位于米兰的埃马努埃莱二世拱廊一样是建成于19世纪末的近代建筑。玻璃屋顶美轮美奂。馆内现已成为购物长廊。

阳光从巨大的玻璃屋顶倾泻而下

新城堡
Castel Nuovo

从平民表决广场步行2分钟即到

MAP p.322-I

法国安茹家族的城堡

1282年出生于法国的安茹家族查理一世仿造法国昂热城堡建造而成。1467年西班牙阿拉贡家族阿方索一世成为国王，对城堡进行了全面改造。城堡正面有3座巨塔，阿方索一世在右侧两座巨塔之间，巧妙地建造了文艺复兴风格的凯旋门，把自己凯旋的英姿镌刻在了大理石上。城堡周围环绕着壕沟，内部作为博物馆对外开放。

巨塔之间显现出白色的凯旋门

Nuovo意思是“新的”，这是指Nuovo城堡比位于圣卢恰湾的鸡蛋城堡（Castel dell' Ovo）新的意思。

开 9:00~19:00 休 周日
€ €5（15岁以下的儿童以及65 岁以上的老人免费）

鸡蛋城堡
Castel dell'Ovo

从平民表决广场步行10分钟即到

MAP p.321-K

在那不勒斯的要塞城堡上享受绝妙的美景

这座城堡于12世纪由诺曼王在圣卢恰湾码头建造而成。

“鸡蛋城堡”这个名字来源于一个传说——传说建造城堡时，有人在地基里埋入了鸡蛋，并且由此说“鸡蛋若破碎，灾难就会降临城堡和那不勒斯”。

还有人说意大利谚语“朝至那不勒斯，夕死可已”中所说的美景就是从这座城堡上看到的风景。要参观城堡内部必须获得市级公共事业团体的批准。

开 10:00~13:00、16:00~18:00，周日・节假日10:00~18:00 休 全年无休 € 免费

景区 2

大教堂~斯帕卡·那不勒斯

Duomo~Spacca Napoli

斯帕卡·那不勒斯有很多比萨餐厅

大教堂

Duomo

从地铁2号线卡武尔站步行6分钟即到

MAP p.323-D

一年两次的奇迹之日时，游客纷至沓来

这座建成于13世纪末的建筑物，历尽沧桑，经历了无数次的修复，而直到今天，在教堂内墙以及屋顶仍能看到精美绝伦的画作和装饰。每年5月的第一个星期日和9月19日被称为“圣加图索奇迹之祭”。传说凝固在玻璃容器的圣加图索的血块此时将溶为液体，而人们则会排队亲吻容器。

开 9:00~12:30、16:30~19:00（周日8:00~13:30、17:00~19:30）／地下遗址9:00~12:00、16:30~18:30（周日~13:00） 休 大教堂无休假，地下遗址星期日下午休假 € 地下遗址€3

国立考古学博物馆

Museo Archeologico Nazionale

从地铁2号线卡武尔站步行4分钟即到

MAP p.321-C

古希腊·古罗马的艺术宝藏

19世纪初开馆时主要展出波旁家族查理三世从母亲法尔内塞家族继承来的艺术品，现在也经常展出庞贝、埃尔科拉诺出土的古文明遗物。有3米多高的巨幅“法尔内塞的赫拉克勒斯像”，还有维纳斯像等，收藏了很多古罗马时期的珍贵雕刻作品。

开 9:00~19:30 休 周二 € €6.50

曾为骑兵队设施的国立考古学博物馆

圣基娅拉教堂

Basilica di Santa Chiara

从地铁2号线蒙特桑托站步行15分钟即到

MAP p.322-F

中庭色彩鲜艳的哥特风格教堂

这座教堂是安茹家族罗伯特一世的妻子出资援建的，14世纪时完工。建造当初原本是普罗旺斯风格的哥特式建筑，18世纪时改建为巴洛克风格。之后，教堂在“二战”战火中被毁，于是又被改建成为哥特式风格建筑。虽然很多宝贵的艺术品在战火中被毁或者散失，但是佛罗伦萨雕刻家贝尔蒂尼等人的作品——如罗伯特一世的王墓，仍珍藏至今。教堂里面还有用陶板装饰着的美丽的克拉利斯中庭。教堂外面有专门的通道可以到达中庭。

开 7:30~12:30、16:30~19:30（周日·节假日9:00~13:00） 休 周三 € 中庭€5

新耶稣教堂

Chiesa di Gesu Nuovo

从地铁2号线蒙特桑托站步行15分钟即到

MAP p.322 B

路标——广场上耸立着的方尖塔

新耶稣教堂就在圣基娅拉教堂再往前一点。花费了17年的时间建造终于在16世纪竣工。在与教堂同名的广场上，建成于18世纪中叶的巴洛克样式的方尖塔屋顶上，竖立着金箔的圣母像。

开 7:00~12:30、16:00~19:30 休 全年无休 € 免费

斯帕卡·那不勒斯

Spacca Napoles

位于地铁2号线卡武尔站和蒙特桑托站之间

MAP p.323-C

被誉为最具那不勒斯特色的怀旧街道

斯帕卡·那不勒斯的意思是“将那不勒斯一分为二”，这个地区连接着位于托莱多大街上的但丁广场和卡里塔广场。窄窄的石板路两旁古老的建筑鳞次栉比，到处洋溢着市井的风情与活力。

沃梅罗

Vomero

圣埃尔莫城堡瞭望台

圣玛蒂诺修道院（圣玛蒂诺国立博物馆）

Certosa di San Martino (Museo Nazionale di San Martino)

MAP p.320-F

乘坐蒙特桑托观光小火车到圣玛蒂诺站下车，步行10分钟

文艺复兴时期风格的回廊令人流连忘返

圣玛蒂诺修道院位于沃梅罗山丘上，在这里可以俯瞰那不勒斯市整个街道全貌。由安茹家族于14世纪时建造而成，17世纪时进行了全面的改建。文艺复兴风格的优雅的回廊则是身兼建筑家和雕刻家的Cosimo Fanzago的杰作。

现在，修道院内部已经作为博物馆对外开放，收藏着那不勒斯王国的美术作品、民族服装以及那不勒斯画派的绘画作品等。除此之外还展示着那不勒斯圣诞节必不可少的小人偶。

开 修道院9:00~14:00（周日・节假日~13:00）／博物馆8:30~19:30（周日・节假日9:00~19:30）
休 修道院 周一／博物馆 周三
€ 修道院€4.91／博物馆€6

圣埃尔莫城堡

Castel Sant'Elmo

MAP p.320-F

乘坐蒙特桑托观光小火车到圣玛蒂诺站下车，步行10分钟

那不勒斯湾一览无余

城堡紧邻圣玛蒂诺修道院，16世纪时被西班牙人改建以后一直作为监狱使用。乘坐电梯可以到达城堡顶端的看台，在看台上极目远视，那不勒斯湾和维苏威火山的美景一览无余。

开 9:00~14:00　休 周日　€ €3

国立陶瓷博物馆

Museo Nazionale della Ceramica

MAP p.320-F

在地铁1号线万维特里站下车步行6分钟

瓷器的宝藏

国立陶瓷博物馆坐落在沃梅罗山脚下美丽的弗洛里狄安娜别墅的庭院中。博物馆建筑是典型的新古典主义风格，七宝、陶器、象牙、瓷器等高级收藏品应有尽有。

可以俯瞰全景的圣玛蒂诺修道院

开 8:30~13:30（观光团9:30、11:00、12:30）
休 周一　€ €2.50

国立卡波迪蒙特美术馆

Galleria Nazionale di Capodimonte

MAP p.321-C 外

从中央站乘坐110路等公交车到美术馆下车步行5分钟

那不勒斯杰出绘画作品的宝藏

美术馆坐落在1734年卡尔罗三世为了狩猎建造的别墅——即波旁王朝的旧王宫里面。馆内收藏了查理三世从法尔内塞家族继承而来的王室日常用具、武器、陶器，更有那不勒斯派以及锡耶纳派14~18世纪文艺复兴时期的绘画作品。环绕美术馆周围的庭院是仿照凡尔赛的特里阿农庭院风格建造的。在这里还能看到和德国迈森同样享有盛名的瓷器工厂遗址——卡波迪蒙特窑。

开 8:30~19:30（入场时间~18:30）
休 周一　€ €10.50

真情提示

在那不勒斯，去哪里购物呢？

除了平民表决广场周围的玛丝玛拉、拉夫・劳伦、贝纳通，穿过位于广场西边的基艾亚大街，就来到了遍布着古奇等世界名牌的米勒大街。不过相比罗马来说这里的店相对较少，还有需要注意的是，节假日很多店会休息。

购物区主要就是翁贝托一世大街和托莱多大街，周围还有沃梅罗一带的斯卡拉蒂等这些地方，而在圣格雷戈里奥・阿尔梅诺大街（San Gregorio Armeno）的很多店里都能买到当地的特产小人偶。

餐厅

那不勒斯——意大利面的发祥地——比萨·玛格丽特，新鲜的西红柿精心制作的西红柿沙司的意大利面

€ 每人1份的钱　☎ 需要预订　👔 注意自己的穿着

罗索利诺
Rosolino

高级　€25~　☎ 👔　MAP p.321-K

面临圣卢恰湾港的优雅餐厅

店内空间十分开阔，在这里可以品尝到虾和洋蓟风味的意大利宽面条，还有法国松露比萨等。

交 从平民表决广场步行5分钟
✉ Via N. Sauro,2/7　☎ 081-7649873
开 12:00~15:30、18:30~0:00a.m.
休 8月中旬的1个星期、12/24、25

贝甘蒂诺
Bergantino

中级　€26~　MAP p.321-D

明亮的用餐环境，酸酸的小西红柿让人胃口大开

新鲜的食材，平民的味道

这里的西红柿意大利面全部使用那不勒斯当地生长的小西红柿制作，而新鲜的海鲜类料理则是这里的招牌菜。手工制作的柠檬果子露也很好喝。

交 从那不勒斯中央车站步行2分钟
✉ Via Milano,16
☎ 081-5538996
开 12:30~16:00、18:30~23:00
休 周日

布兰迪
Brandi

中级　€[illegible]　MAP p.321-K

玛丽亚·卡拉斯等名人也会经常光顾的历史悠久的老店

1889年玛格丽特王妃在那不勒斯逗留期间曾品尝过这里的比萨，于是这家店就以王妃的名字命名了比萨，也就是今天的玛格丽特比萨。

交 从平民表决广场步行2分钟
✉ Salita S.Anna di Palazzo,2　☎ 081-416928
开 12:30~15:30、19:30~24:00
休 全年无休

伦巴第
Lombardi

中级　€40~　MAP p.321-C

意式头盘都很丰富的豪华饭店

创始于1892年的历史悠久的老店。从意式头盘到主菜，菜品丰富，菜单附有照片。强烈推荐海鲜意大利面。

交 就在地铁2号线卡武尔站
✉ Via Foria,12　☎ 081-456220
开 12:00~15:30、19:15~1:00a.m.
休 周一晚上

酒店

如果想充分享受一下旅行的氛围的话，推荐临港的宾馆。

怡东酒店
Excesior

高级　MAP p.321-K

导演们钟爱的高级宾馆

宾馆面对美丽的圣卢恰湾，绝世美景尽收眼底。从大厅到客房，整个宾馆装修风格厚重、沉稳而大气。宾馆内部经过装修后，焕然一新。

交 从平民表决广场步行10分钟
✉ Via Partenope,48
☎ 081-7640111　FAX 081-7649743
€ S €150~ T €175~
室 121间　HP www.excesior.it

圣卢恰湾大酒店
Grand Hotel Santa Lucia

高级　MAP p.321-K

鸡蛋城堡脚下的高档宾馆

让你在房间里就能享受到鸡蛋城堡和游艇停泊港的美景。宾馆里随处可见威尼斯的华丽吊灯和17世纪的豪华画作，极尽奢华。

交 从平民表决广场步行10分钟
✉ Via Partenope,46
☎ 081-7640666　FAX 081-7648580
€ S €155~ T €170~
室 96间　HP www.santalucia.it

红月亮酒店
Hotel Luna Rossa

中级　MAP p.321-H

号称那不勒斯民谣作曲家之家的三星级宾馆

11间卡普特房间，11间西班牙马略卡岛风格房间。每个房间里都有源自那不勒斯民谣的装饰品点缀，处处体现着宾馆的响名副其实。

交 从那不勒斯中央站步行10分钟
✉ Via Giuseppe Pica, 20/22
☎ 081-5548752（免费垂询电话800-136106）
FAX 081-5539277　€ S €35~ T €60~
室 21间　HP hotellunarossa.it

卡萨诺瓦
Hotel Casanova

经济型酒店　MAP p.321-D

追求舒适自然的现代派风格

天然的木质的触感，抚慰你疲惫的身心。宾馆前台摆满了各国书籍，充满艺术气息，是调养身心的一个小落脚点。所有房间都有浴室。

交 从那不勒斯中央站步行3分钟
✉ Via Venezia, 2
☎ 081-268287　FAX 081-269792
€ S €30~ T €39~　室 18间
HP www.hotelcasanova.com

那不勒斯周边游

坎帕尼亚大区 Campania

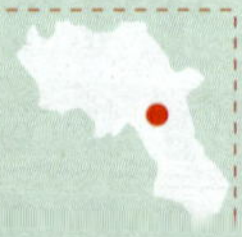

如果从那不勒斯出发，可以游遍在游客中人气颇高的古代遗址庞贝古城、高级度假区波西塔诺、索伦托等景点了。

首府那不勒斯。从阳光明媚的那不勒斯出发，沿海一路南下，从索伦托到波西塔诺再到阿玛尔菲，沿海的绝世美景连绵不断。到了历史上的阿玛尔菲共和国首都阿玛尔菲，映入眼帘的有镶嵌着彩石的大教堂，更有矗立在海角边上的高级宾馆——从13世纪的修道院改建而来——一切都是那么的浪漫。还有卡普里岛上琳琅满目的名牌店、伊斯基亚岛上的温泉SPA更是不容错过。位于阿玛尔菲海岸尽头的萨莱诺曾经是那不勒斯王国的首都，有着中世纪风情的街道布局，道路两旁种着高大的椰子树，这一切都让游客心驰神往。

断崖和海景完美融合的索伦托

坎帕尼亚大区特产

那不勒斯郊外的浮雕工艺品是当地有名的特产，这里也是高级白葡萄酒——托福格来克（Greco di Tufo）的产地。卡普里岛、阿玛尔菲海岸的度假区里的柠檬酒——柠檬果露也是当地特产。当然了，那不勒斯更是当仁不让的比萨发源地。

巴斯利卡塔大区 Basilicata

位于意大利半岛这只长靴子的脚心部位，首府波坦察（Potenza）。这里的很多地方在古代时曾经是古希腊的殖民地，当时被叫做卢卡尼亚。由于海水侵蚀作用，海边到处都能看到光秃秃的悬崖和深深的溪谷。

虽然来这里观光的游客比较少，但这丝毫不影响那被记为世界物质遗产的马泰拉洞穴居住遗址的大名鼎鼎。想要游览巴斯利卡塔大区，那么最好把据点设在邻州的普利亚大区的首府巴里。巴里南部有很多机场，从这里出发把南部的各个大区玩个遍是个不错的选择。

大区内游览须知

从那不勒斯出发，前往庞贝、卡普里岛 、索伦托 、伊斯基亚岛。从那不勒斯乘坐那不勒斯—索伦托私营旅游专列，大约 1 个小时就能到达索伦托。而乘坐“水翼船”只需要40分钟就能到达卡普里岛和伊斯基亚岛。

再从索伦托出发前往波西塔诺和阿玛尔菲。坐公交车大约45分钟就能到达波西塔诺，一个半小时到达阿玛尔菲。坐船的话，从卡普里岛到波西塔诺大约30到40 分钟，从波西塔诺到阿玛尔菲大约30分钟，从卡普里岛到阿玛尔菲需要1个小时。从罗马到巴里乘坐AV特快需要4个小时，从那不勒斯出发的话需要3小时40分钟。

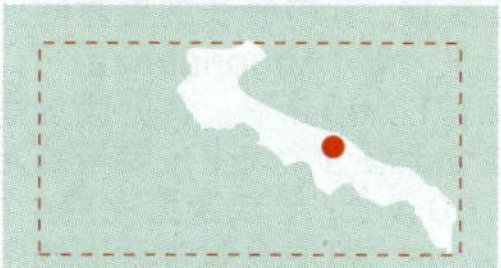

普利亚大区 Puglia

位于长靴的脚后跟位置，古时候曾经与巴斯利卡塔大区还有相邻的卡拉布里亚大区同为古希腊的殖民地。

首府巴里11世纪时受罗马人统治，直到今天，这里还保留着很多拜占庭样式的建筑默默诉说着那段历史。中世纪时，这里是十字军东征的出港地；中世纪以后作为连接南斯拉夫和希腊的海上要塞，因海运业繁盛一时。

沿海一带的街道保留着很多16~18世纪的巴洛克风格建筑，比如莱切大街、与希腊通航的布林迪西(Brindisi)，还有军港的所在地塔兰托（Taranto）。

而普利亚大区最有名的观光胜地要数阿尔贝罗贝洛（Alberobello）了，部落遗址里尖尖的屋顶，充满了神秘色彩。这些尖尖的屋顶被叫做“陶尔利”（Trulli），据说建成于15世纪以后。现在，这块拥有着世界奇观“陶尔利”的古老土地已经被认定为世界遗产。

在南部的话要巧妙利用航空

游览南部地区的困难就是交通不是很方便。从罗马到巴里即使乘坐ES特快列车也需要4个小时，从那不勒斯出发也一样需要4个小时才能到。飞机的话从米兰到巴里大约一个半小时。这就需要开动脑筋巧妙地组合航班了。

一般来说个人旅行的话，想去阿尔贝罗贝洛相对困难一些，不过如果乘坐飞机到巴里就能为您省下不少宝贵的时间。

普利亚大区特产

普利亚大区面临亚得里亚海，属于丘陵地带，到处都是橄榄地和葡萄园。美味的蒙特堡酒（Castel del Monte）很有名气。这里的橄榄油产量占世界总产量的1/10，当地所产的优质橄榄油可是馈赠亲朋好友的不二选择。

MAP p.333-B

消失于一瞬间的古城
庞贝 Pompei

从庞贝新城区眺望庞贝古城遗址全景和维苏威火山

公元79年的夏天，维苏威火山大喷发，大量的火山灰瞬间吞没了位于那不勒斯南约20公里之外的庞贝城。而在此之前，从公元前8世纪起庞贝就已经是商业要塞繁盛一时了。公元前1世纪时，罗马帝国将庞贝纳入自己的版图，并在这里建造了大量的贵族别墅。据推测，火山喷发前这里的人口已经达到了2.5万。

18世纪中期，那不勒斯国王查理三世下令挖掘火山灰，人们从厚厚的火山灰下发掘出了古代遗址，遗址生动地再现了古代人民的生活状态，这一重大的发现令人们振奋。

■交通

在那不勒斯中央站乘坐火车30分钟左右到庞贝下车，步行7分钟到达遗址入口。在那不勒斯中央站南300米处的那不勒斯—索伦托私营旅游专列站乘坐那不勒斯—索伦托私营旅游专列约40分钟，到神秘山庄站（VilladeiMisteri）下车，步行两分钟到达遗址入口。

●旅游咨询处

✉ Via dei Misteri, 2

☎ 081-8575347　开 8:30~19:30

休 全年无休

街区布局&游览须知

遗址大体呈椭圆形，一条条街道像围棋盘上的线一样交错纵横。其中最长的要数阿波坦查大道（Abbondanza）了，足有1 000米长。游览遗址需要全部徒步行走，主要景点足有60多个，全部游览完要4个多小时，即便只观赏西面的主景点也要花上两个小时。

开 8:30~19:30、（11~次年3月~17:00）关闭前半小时停止进入

休 1/1、5/1、12/25　€ €11

景点

庞贝大教堂
Basilica

MAP p.334-A

■乘坐那不勒斯—索伦托私营旅游专列到神秘山庄站下车步行5分钟

法庭判决以及商业活动的地方

这里的大教堂是最古老的巴西利卡古建筑，据推测建成于公元前2世纪末。28根巨大的圆柱涂满了厚厚的灰泥。内部被3个回廊分为3个部分，人们曾经在这里进行法庭判决以及商业活动，或者开会商讨经济、政治问题。

阿波罗神庙
Tempio di Apollo

MAP p.334-A

■就在大教堂前面

48 根圆柱包围着的大神庙

阿波罗神庙就在巴西利卡的对面，神庙四周环绕着48根爱奥尼亚圆柱，而神庙中间的正殿被40 根科林思式圆柱环抱着。神庙中有刻着供奉人名字的陶器，神庙内供奉着阿波罗青铜像。虽然阿波罗的妹妹狄安娜的雕像也已经出土，不过阿波罗神庙中供奉着的只是复制品，真正的狄安娜像（阿耳忒弥斯）收藏在那不勒斯国立考古学博物馆。

阿波罗神庙前的阿波罗神像

公共广场
Foro

MAP p.334-A

■就在大教堂前面

政治、经济设施集合地的中心

广场周围环绕着大教堂、阿波罗神庙、食品市场、圣堂、浴场等公共建筑，是庞贝的中心广场。广场呈长方形，周围环绕着两层的柱廊，地面铺着大理石。据说历代国王像曾经林立其中。

公共浴池
Terme del Foro

MAP p.334-A

■就在大教堂前面

浴池就在公共广场北面

男性浴池已经修复，冷水浴、热水浴以及桑拿浴设施齐全。地面的镶嵌工艺也再现了当年的古代风格。冷水浴池大约可以一次容纳4个人同时洗浴。出口就有可以喝酒的小店，据说刚刚洗浴过的客人都爱到这里来喝上一杯。置身其中不难想象这里当年的繁荣景象。

公共广场周围

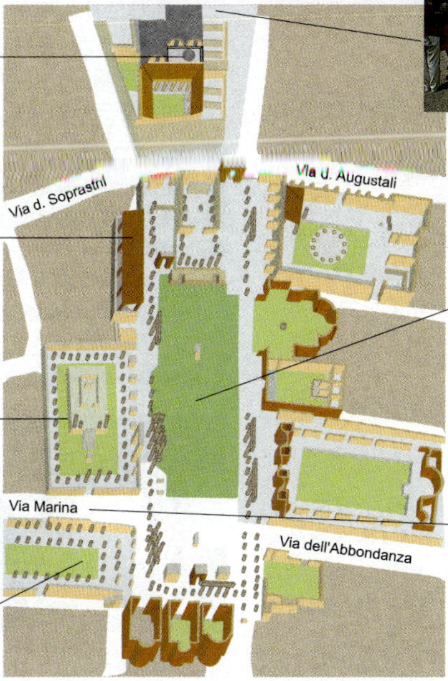

公共浴池

酒场

食品市场

公共广场

阿波罗神庙

滨海路

大教堂

朱庇特神庙
Tempio di Giove

MAP p.334-A

■距离大教堂很近

位于公共广场北侧，广场标志性建筑

神庙供奉着朱庇特、朱诺、米涅尔瓦三神。公元前2世纪半时，人们把神庙修建在了背靠维苏威火山的公共广场北面，神庙前方环绕着两层爱奥尼亚式和科林思式圆柱。

牧神之家
Casa del Fauno

MAP p.334-A

■从大教堂步行12分钟

公元前2世纪建造的巨大豪宅

据人们推测，这座宏伟的建筑是罗马将军外甥的官邸。门口大厅的祭坛环绕着科林斯式圆柱，简直就像神殿一样。正厅中供奉着家族祖先《舞动的牧神》铜像（真品收藏在国立考古学博物馆）。

维蒂之家
Casa dei Vettii

MAP p.334-A

■从大教堂步行15分钟

精美绝伦的壁画，新兴市民豪宅

这是当时的富商维蒂家的豪宅，门口以及餐室被美丽的湿绘壁画装点着，一幅描绘丘比特把酒和香水调和在一起的壁画中仍然完好保留着“庞贝红”的鲜艳的红色。

卡里古拉大帝凯旋门
Arco di Caligola

MAP p.334-A

■从大教堂步行8分钟

赞颂卡里古拉大帝的拱形门

凯旋门位于公共广场的西北方向，处在福尔图娜大街和温泉大街等4条道路的交叉处。传说是为了赞颂卡里古拉大帝的丰功伟绩而建。皇帝的骑马铜像的一部分已经出土。

真情提示

顺便去看看埃尔科拉诺遗址吧

那不勒斯和庞贝之间有一座小城同庞贝一样被维苏威火山埋没，它就是埃尔科拉诺（Ercolano）。火山喷发前这里曾经居住着约5 000人，是一个小港口城市，也是深受贵族偏爱的疗养地。与庞贝古城遗址相比这里规模虽然很小，但是由于瞬间被火山灰埋没，木材炭化，房屋的结构和室内的家具都完好地保留了本来的形状，镶嵌画也保留着原本鲜艳的色彩，很有观赏价值。时间允许的话不妨来这里感受一下。“公共浴池”、“尼普顿之家”、“萨姆尼特斯之家”都值得一看。从离那不勒斯中央站南300米远车站乘坐那不勒斯—索伦托私营旅游专列，大约20分钟到埃尔科拉诺站下车，步行5分钟即到。

开8:30~19:00（11~3月 8:30~17:00）
休1/1、5/1、12/25　€€11　MAP p.333-A

黄金丘比特之家
Casa Degli Amorini Dorati

MAP p.334-A

■从大教堂步行16分钟

金箔丘比特像装饰着的金碧辉煌的卧室

暴君尼禄大帝的妃子普碧雅娘家人宅第。面积虽不大，但极尽奢华。柱廊式的回廊里不仅有花坛，还有喷泉，卧室里更有祭祀着丘比特神等三神的祭坛。

大小剧院
Teatro Grande e Teatro Piccolo(Odeion)

MAP p.334-B

■从大教堂步行10分钟

分别可以容纳5 000人和1 500人的大小剧院

据推测这种马蹄形状的希腊式大剧院应该建于公元前3世纪至公元前2世纪。半圆形小剧院建于公元前80年左右。

与公共广场入口相连的卡里古拉大帝凯旋门

可以容纳5 000人的大剧院

MAP p.333-B

绵延不断的海岸线，绿意盎然的疗养胜地

索伦托 Sorrento

索伦托半岛那在阳光下闪耀着蔚蓝色光芒的大海

这里的民谣《回归索伦托》，脍炙人口。索伦托半岛冬暖夏凉，气候宜人，夏天是国际海水浴场，冬天则是避寒胜地，自古以来就是备受追捧的观光疗养胜地。站在山丘上极目远眺，美景尽收眼底——湛蓝的大海泛着耀眼光芒，雄伟的维苏威火山矗立远方，索伦托半岛曲折的海岸线绵延不断。附近还有大片的橘子园和柠檬园，随处可见卖着当地有名的特产柠檬酒的小店。

■交通

从那不勒斯乘坐那不勒斯—索伦托私营旅游专列约一个小时，步行5分钟就能来到塔索广场，坐公交车只需8分钟就到海边了。走水路的话，从那不勒斯梅尔杰利纳港或者贝韦雷洛港出发乘坐水翼船大约40分钟

●旅游咨询处

✉ Via Luigi de Maio, 35

☎ 081-8074033

开 8:30~16:15

休 周六、周日

街区布局&游览须知

埠头左右卡普里岛大港口（Marina Grande）和小港口(Marina Piccola)的海岸线绵延不断。以塔索广场为中心的这一片街道，一天足够你逛个遍了。这里还保留着古老的城门、中世纪风格的教堂，还能看到当地的名产——拼木工艺的作坊呢。

景点

特拉诺瓦博物馆
Museo Correale di Terranova

MAP p.337-B

■从塔索广场步行15分钟

出生在这片土地的诗人——塔索的遗物被收藏在此

索伦托的诗人塔索在当地非常有名，人们甚至用他的名字命名了广场。特拉诺瓦博物馆内收藏了诗人的遗物以及当地出土的文物。

开 9:00~19:00（7~9月周六时20:15~22:45也营业）

休 周二、节假日

€ €5

酒店

怡东维多利亚大饭店
Excelsior Vittoria

高级 MAP p.337-A

可以俯瞰整个那不勒斯湾美景的宾馆

✉ Piazza Tasso,34 ☎ 081-80777111 FAX 081-8771206 € S €252~ T €295~ 室 98间

从罗马时期开始历代君王
都将自己的寝宫建在这里

MAP p.333-A

卡普里岛 Isola di Capri

一望无际的蔚蓝的大海

小小的卡普里岛长约6 000米，宽约3 000米，如一叶扁舟漂荡在距离那不勒斯30公里左右的海面上。岛上著名的蓝色洞穴，又为这里平添了几分神秘色彩。气候宜人，风景优美，自古以来深受历代皇帝和众多贵族们的喜爱，奥古斯都大帝就在这里建造了自己的别墅。而到了今天，岛上汇聚了各个一流名牌商店和众多富有情调的咖啡馆，是集现代奢华与美丽的自然风光于一身的观光旅游胜地，深受游客们的喜爱。

■交通

从那不勒斯的梅尔杰利纳港或者贝韦雷洛港出发坐轮渡大约需要一个半小时，水翼船的话大约40分钟就能到达大港口，然后坐观光小火车到翁贝托广场下车到达卡普里岛。夏天的话，从索伦托和伊斯基亚也有船可以到卡普里岛。

●旅游咨询处

✉ Piazza Umberto Ⅰ
☎ 081-8370686
开 8:30~20:30（周日~14:30）、11月~次年4月9:00~13:00、15:30~18:45
休 冬季的每个星期日

街区布局&游览须知

卡普里岛分为卡普里和阿纳卡普里两个区，从卡普里岛大港口 (Marina Grande) 坐观光小火车就可以到达这两个所在地的山丘。

卡普里岛的街区是聚集着各大高级宾馆和一流名牌店的大本营。而住宅区中还矗立着古老的教堂，阿纳卡普里的街道则格外的静谧。岛上道路大多非常狭窄，连车都过不去，只能步行游览，不过好在这小小的海岛只需要一两天就能逛完。从卡普里到阿纳卡普里有公交车，只需要15分钟就可以到达。

电力发动的公交车

景点

大港口
Marina Grande

MAP p.338-B

■就在码头附近

卡普里岛的海上门户，随处可见白色石灰岩建筑

卡普里岛最重要的港口，来自那不勒斯等地方的船舶都停靠在这里。随处可见旅游咨询处、特产店、酒吧等。奥古斯都大帝的宫殿遗址也在这儿。而去往“蓝色洞穴”的观光船也在这里出发、停靠，更方便的是岛上就有“蓝色洞穴”的售票点。

从大港口坐5分钟观光小火车就能到达翁贝托广场，从这里再往前就是汇聚了高级宾馆和名牌商店的卡普里岛城区了。

大炮瞭望台
Belvedere di Cannone

MAP p.338-B

■从翁贝托一世广场步行15分钟

美丽的公园，巨大的全景

19世纪初，靠着制造兵器而发家致富的德国大财阀弗里德里希·奥古斯托·克虏伯，在这里建造了自己的庭院，这个瞭望台就位于庭院的一个角落。站在瞭望台上，你能看到尖尖的海角像利剑一般延伸到蔚蓝色的大海中，还有陡峭的断崖、繁忙的小港口等美景一一映入眼帘。庭院现在被称为“奥古斯托公园”，已收为卡普里市所有，并对外开放。

乔里斯别墅
Villa Jovis(Palazzo di Tiberio)

MAP p.338-B

■从翁贝托一世广场步行40分钟

卡普里岛上现存最大的罗马时代宫殿遗址

公元27年到37年期间，提庇留大帝就生活在今天的朱庇特别墅宫殿遗址中。传说皇帝死之前朱庇特宫殿好像预感到了皇帝即将死去，在地震中坍塌了。还有传说朱庇特宫殿冒出了烽烟向罗马传达消息。据史料记载，人们曾经在这里从宫殿的绝壁上把犯人扔到海里处决。

开 9:00~日落1小时之前　休 全年无休　€ €2

小港口
Marina Piccola

MAP p.338-B

■从卡普里坐公交车大约10分钟

位于大港口对面的海水浴场

小港口位于卡普里岛南部，是岛上最有人气的海水浴场。圣安德里亚教堂就在海岸附近，走几步路就能来到拱形洞穴，还有被茂盛的蕨类植被覆盖的洞穴。这里沙滩较浅，而且有的地方海水突然变深，游泳的时候一定要注意安全。

圣米凯莱别墅
Villa San Michele

MAP p.338-A

■从卡普里坐公交车大约10分钟，到阿纳卡普里维多利亚广场下车，步行5分钟

个人古代美术收藏品

著有《圣米凯莱故事》的瑞典医生阿克塞尔穆斯建造的美术馆，馆内收藏着他一生中收藏的美术艺术品以及复制品。站在美术馆后面的海角上，极目远眺，美丽的景色尽收眼底。

开 5~9月9:00~18:00、4·10月~17:00、11~次年2月~15:30、3月~16:30、12/25~13:30　休 全年无休　€ €6

圣米凯莱教堂
Chiesa di San Michele

MAP p.338-A

■从维多利亚广场步行5分钟

有着“地上乐园”美誉的教堂

圣米凯莱教堂建于17世纪末到18世纪初，是一个小小的巴洛克式建筑。教堂里的地面铺满了美丽的马略卡瓷砖。

开 11~次年3月9:30~15:00、4~10月9:00~19:00
休 全年无休　€ €2

圣索菲亚大教堂
Chiesa di Santa Sofia

MAP p.338-A

■从维多利亚广场步行5分钟

建于18世纪，圣洁的白色教堂

圣索菲亚大教堂于16世纪末建在卡罗教堂的遗址上。之后在当地的公益金活动下进行了部分的改造，形成了多种建筑风格和谐并存的奇特景观。

开 8:00~12:00、16:00~19:00　休 全年无休　€ 免费

蓝色洞穴
Grotta Azzurra

MAP p.338-A

■从大港口乘坐摩托快艇大约25分钟

卡普里岛最受欢迎的人气景点

由于数千年的海水侵蚀作用而形成的洞穴。选一个风平浪静天气好的日子，泛舟在那蓝色的闪着神秘的光芒的海面上，去洞穴里探险吧。最大的洞穴足足有70米长，25米宽，高出海面10多米。

开 7~9月9:00~17:00（由于季节、天气等原因，经常停航），冬季9:00~13:00（太阳光线很重要，建议您上午去洞穴探险）　€ €24.50（船费+入场券€4）、从陆地到大洞穴附近的路费€12.50

进入洞穴前换乘小船

餐厅

ⓔ 每人1份的钱　需要预订　注意自己的穿着

旅游达人们常会觉得旅游景点越是名气大，真正好吃的餐厅却越不见得多。不过卡普里可是个例外，美味、高级的餐厅应有尽有。到了晚上，精心地打扮好自己，好好地到外面享受一番饕餮大餐吧。

布卡迪巴库
Buca di Bacco

高级 ⓔ30~　MAP p.338-B

坐在靠窗的座位，能够一边享受美食一边欣赏美景

这家引以为傲的招牌菜要数加了奶酪生火腿的美味无比的比萨了。

海鲜意大利面、番茄酱

- Via Longano,35
- 081-8370723
- 开 12:00~15:00、19:00~0:00a.m.
- 休 周一、12~次年1月（12月26日和1月6日除外）

绿荫别墅
Villa Verde

高级 ⓔ40~　MAP p.338-B

美味的海胆意大利面

店内有露台，在这里你能品尝到美味的龙虾意大利面和海鲜意大利面。

头盘也很美味

- Via Sella Orta,6a
- 081-8377024
- 开 12:00~15:00、19:00~0:00a.m.
- 休 11~次年3月（圣诞节和1月除外）

露台餐厅
La Terrazza

高级 ⓔ75~　MAP p.338-B

鲜花簇拥中的露台餐厅

午饭有海鲜饭、沙拉和甜点套餐，非常合算。

- Via Partenope,48　081-7640111
- 开 13:00~15:00、20:00~23:00　休 周日

340

购物

小城虽小，却有很多地方可以购物。在卡普里，步行10分钟你就能看到琳琅满目的名牌店。不过需要注意很多店冬季不营业。

古奇
Gucci

MAP p.338-B

超凡脱群

这里的古奇店有的陈列着时尚的女装和高级女包，有的卖男装和高级手表。

- Via Camerelle,25-27　081-8370820
- 开 9:30~20:30（8月~22:00、11~次年3月~17:00）
- 休 全年无休

菲拉格慕
Salvatore Ferragamo

MAP p.338-B

女装店和男装店共3家店

女装店两家，男装店一家，保证都是最新款。

- Via Vittorio Emanuele,21／29
- 081-8370499
- 开 10:00~20:00、周六~21:00（3~5月~17:00、周六~20:00）
- 休 11月末~次年2月

爱马仕
Hermès

MAP p.338-B

在这里说不定能买到你梦寐以求却一直买不到的宝贝

在这里，你能买到每年两次从巴黎总店挑选出来的精品，特别是应季时的各种最新潮品，应有尽有。

- Via Camerelle,43　081-8378957
- 开 10:00~20:00（周二・周四10:00~14:00、15:00~19:00、7~8月~22:00）　休 7、8月之外的其他月份的星期二

真情提示

品尝卡普里的味道

卡普里岛周边农业发达，生产西红柿、红辣椒、无花果、柠檬、杏子等。第勒尼安海域虾、花蛤、沙丁鱼、章鱼等海产丰富。当然还有传统奶酪莫扎里拉、凝乳、羊乳奶酪等美味的奶酪，绝对不容错过。再来说说美酒，有着“南方的巴罗洛”美誉的图拉斯红葡萄酒、还有酒劲很大的干白葡萄酒托福格来克等都很有名。

酒店

卡普里岛上到处都有优雅的高级休闲宾馆。早上，一边从阳台眺望着美景，一边享受早餐；下午在游泳池里享受日光浴。慢慢享受这奢侈的幸福时光吧。

吉希萨纳大酒店
Grand Hotel Quisisana

高级　MAP p.338-B

五星级的奢华宾馆

很多名人也会来这里停留。酒店不仅购物方便，泳池、桑拿、健身房等设施也一应俱全。11月到次年3月23日休息

Via Camerelle,2
081-8370788
FAX 081-8376080
€ S €320~ T €320~
室 148间　休 11/1~3/23
HP www.quisisana.com

月神
Luna

高级　MAP p.338-B

湛蓝的大海，凉爽的海风迎接你的到来

到了晚上，在月神宾馆能够看到皎洁的月亮，正如它的名字一样。白天，在阳台上，蔚蓝的大海触手可及。泳池、酒吧、餐厅应有尽有，让你慢慢享受在这里的每一天。旁边就是贾科莫寺院遗址。酒店距离奥古斯都公园也很近。

Viale Matteotti,3　081-8370433
FAX 081-8377459　€ S €210~ T €210~
室 50间　休 11~次年3月　HP www.lunahotel.com

在泳池旁悠然地晒晒太阳，再加上到露天酒吧喝一杯

MAP　p.333-A

美酒加温泉
——伊斯基亚岛的至尊享受

伊斯基亚岛
Isola d'Ischia

氛围温和的伊斯基亚海

伊斯基亚岛曾经为奥古斯都大帝所有，面积46.3平方公里，是那不勒斯海湾最大的岛屿。在这里，最有名的有温暖气候下培育出的美味葡萄、刚刚从海里捕捞出来的新鲜海味，以及世界知名的温泉。很多游客慕名而来，其中来自德国等崇尚温泉疗法的欧洲国家游客较多，而且很多人长期逗留在这里，久久不愿离去。疗养SPA以及全身按摩的设施齐全，时间允许的话可以多在岛上逗留几天，好好享受一番。不过海上风浪大的时候船只暂停出航。

■交通

从那不勒斯的梅尔杰利纳港或者翁贝托港出发坐轮渡需要1个半小时到达伊斯基亚港，乘坐水翼船需要40分钟到达伊斯基亚港。夏季也有通往卡普里岛的船只，非常方便。

岛内交通方便，有公交车和出租车。公交车站距离码头很近，您可以在小卖店买到票（上午票、下午票、日票）。

●旅游咨询处
Bianchina Porto Salvo
081-5074231
开 9:00~14:00、15:00~ 20:00
休 周日・节假日

街区布局&游览须知

埃波梅奥山海拔778米，矗立在卡普里岛中央，山脚下一大片葡萄园平铺在你的眼前。海岸线边上零零散散的几个小镇点缀其中。船舶停靠在卡普里岛东侧的伊斯基亚港，伊斯基亚港的东南方向就是伊斯基亚城区了，坐公交车往西，只需15分钟就可以到达遍布温泉的卡扎米乔拉大街了。然后从这里再往西，坐15分钟的公交车就到了福里奥城区（Forio）。在福里奥，你能看到风景如画的海角，以及建于14世纪的古老的圣教堂。

岛上到处可见海水浴场、垂钓点，还有当地特色作坊——陶瓷作坊以及岛上最大的矿泉疗养地——波塞冬。

景点

阿拉贡城堡
Castello Aragonese d'Ischia

MAP p.342-B

从伊斯基亚港坐7路公交车8分钟到阿拉贡城堡下车，步行3分钟

建在尖尖的海角上的巨大要塞

通称伊斯基亚城堡。1441年在曾经的瞭望岛上，西班牙王室阿拉贡家族下令修建大桥，在山丘上建造了这个要塞，用来保护自己的家乡不受海盗侵扰。之后在法国的统治下阿拉贡城堡曾经被用来做修道院和监狱。

开 9:00~18:00（春季）、~19:30（夏季）、~日落时间（秋~冬季） 休 1月（冬季闭馆时间不定） € €10

波塞冬
Poseidon

MAP p.342-A

从伊斯基亚港坐2路公交车大约30分钟

拥有20多个大大小小的温泉池的巨大温泉设施

这里引入了温泉大国德国的先进温泉技术，是疗养型温泉浴场。从精确控制着温度的恒温温泉，到各自温度稍有不同的众多温泉池群，再到洞穴桑拿、全身美容，甚至餐厅，应有尽有，一切都是那么的完美。更有低调安静的私人海滩。这里是如此令人流连忘返，让人不忍心只待一天，很多游客都恋恋不舍地逗留一到两周。

✉ Via G.Mazzella,75 Forio d'Ischia ☎ 081-9007111 开 8:30~19:00（因季节而异） 休 11月~次年3月 € 1日券€30（8月€33）

酒店

伊莎贝拉
Albergo Della Regina Isabella

高级 MAP p.342-A

女演员和模特们的专用温泉宾馆

宾馆坐落在翻腾着优质温泉的卡扎米乔拉地区，除了高级餐厅，充满情调的酒吧、美容设施同样齐全。

✉ Lacco Ameno, Piazza S.Restituta, 1 ☎ 081-994322
FAX 081-900190 € S €145~ T €145~ 室 128间
休 11~次年3月（除了一月份的十天之外）
HP www.reginaisabella.it

面临入海口的房间（上）全身美容时用来做身体面膜的营养泥，还有面部按摩深受欢迎（右）

莫瑞斯卡
Il Moresco Grand Hotel e Terme

高级 MAP p.342-B

北美风情建筑，充满怀旧的感觉

就在去往阿拉贡城堡的路上，美容中心设备一应俱全。

✉ Via Emanuele Gianturco,16 ☎ [illegible]
FAX 081-992338 € S €175~ T €230~
室 68间 休 11~次年3月 HP www.ilmoresco.it

阿玛尔菲海岸边优雅的观光胜地

MAP P.333-B

波西塔诺 Positano

碧蓝的大海一望无际

阿玛尔菲海岸的疗养胜地波西塔诺热闹非凡，9世纪时曾经被纳入阿玛尔菲共和国的版图，10世纪时已经成为世界著名的海运发达城市之一。

运往欧洲各国的香料、丝绸，运往中东的高级木材都通过这个地中海的交通枢纽而走向世界。

16到17世纪波西塔诺迎来了繁荣的鼎盛时期，人们用来自世界各地的高级建材建造了巴洛克式宅第，街道布局潇洒而风雅。

波西塔诺在山地到海边之间的斜坡上延伸着自己美丽的城镇，被山与海环抱在怀中。深邃的蔚蓝大海、起伏变化的地形、温暖宜人的气候，还有极具地中海风格的白色石灰岩建筑都令人印象深刻，一见钟情。粉色的九重葛、淡淡的紫罗兰尽情地绽放着，闪耀着美丽的光芒填满了建筑物之间的缝隙。徐徐的海风迎面吹来，让人身心舒畅。波西塔诺就是如此的魅力无穷，旅游旺季的时候游客们总是会蜂拥而至。

■交通

从那不勒斯中央火车站乘坐IC特快大约30分钟到萨莱诺下车，然后步行10分钟走到肯考迪亚广场前面的港口，再乘坐马尔公司（TraVel Mar）的轮渡大约75分钟。湾内风平浪静，船只行进得非常平稳，在船上可以远远地看到阿玛尔菲和拉文纳大街。如果从阿玛尔菲出发需要大约半个小时。

坐公交车的话从萨莱诺的SITE公司的终点站出发需要3个小时，从阿玛尔菲出发需要一个半小时。

●旅游咨询处

✉ Via Salcino Saracino, 4
☎ 089-875067 FAX 089-875760
开 8:30~19:00（周日・周一~14:30）、冬季9:00~16:00
休 冬季的每个星期日

（上）旅游咨询处
（左）在船上眺望到的波西塔诺的美景

海边塔

波西塔诺风光明媚，充满魅力，毕加索等世界著名的艺术家以及音乐家都为之倾倒，经常来这里避暑。另外浪漫的波西塔诺还经常成为小说、电影的表现对象，并且颁发给舞蹈艺术以及优秀的导演和艺术家的各大奖项也让这里蜚声国际。

街区布局&游览须知

在波西塔诺你可以漫步在长长的海滩上，能住在拥有72个房间的高级宾馆里。海岸线附近山峦起伏，使得城区中心没有车道，只需悠闲地漫步街头，就能把港口一带慢慢地欣赏个够。

波西塔诺的大海滩前面是布里甘蒂诺大街，走过与布里甘蒂诺大街相交的大教堂，前面就是穆里尼大街了，这两个地方是波西塔诺最热闹繁华的地方。您要做的就是首先到萨拉奇诺大街的旅游咨询处要一张地图，然后按照地图从圣玛丽亚阿斯塔教堂（Santa Maria Assunta）开始向穆里尼出发吧。从穆里林广场你能坐上公交车，从市内一直逛到大山深处。有了这班车，住在山里宾馆的游客出行也很方便。

海边塔前面的佛尼罗海滩格外静谧，非常美丽。

景点

圣玛丽亚阿斯塔教堂
S. Maria Assunta

MAP p.343-B

■从港口步行两分钟

四四方方的屋顶给人深刻印象

圣玛丽亚阿斯塔教堂那18世纪的马略卡式四方大屋顶令人过目难忘，主祭坛供奉着13世纪的拜占庭风格的圣画。教堂里保存着的圣彼得正骨箱，是阿玛尔菲海岸的那不勒斯黄金工艺品中最令人惊叹的杰作之一。钟楼保留着中世纪的浮雕作品。

开8:00~19:00　休全年无休　€免费

穆里尼大街
Via Mulini

MAP p.343-B

■从港口步行3分钟

物美价廉的休闲装，鲜艳的色彩与大海交相辉映

街区的中心——穆里尼大街，从停泊港往北延伸，这里到处都是休闲服装店。在这些店里你能买到麻布或者丝质的比基尼和缠腰布，还有可以穿着去餐厅就餐的宽松又凉快的连衣裙，而且物超所值，买上这么一件休闲服非常方便。而且衣服质量更是有保证。

佛尼罗海滩

教堂内部

餐厅

每人1份的钱　需要预订　注意自己的穿着

在海滩附近的餐厅，品尝刚刚出海的最新鲜的海鲜；在高级休闲区，欣赏最美丽的风景。想悠闲地享受一下吗？波西塔诺就是你不二的选择。精心打扮一番，出去走走吧。

布莱克
Chez Black

高级 €40~　MAP p.343-B

大对虾比萨让你大饱口福

足足有4只大对虾的海鲜意大利面，让人垂涎三尺啊。

Via del Brigantino,19/21　☎089-875796
开 12:00~16:00、18:00~23:00　休 1~2月

酒店

很多宾馆都视野开阔，风景非常好，让人眺望着大海悠然度日。各大宾馆配套设施齐全，配有餐厅和健身中心等。

波塞冬
Poseidon

高级　MAP p.343-A

能够俯瞰海景的温泉泳池，让人心驰神往

这是从私人住宅改建而来的宾馆，充满家庭的温馨气氛。宾馆地处高台之上，每个房间的视野都很开阔，从房间内就能眺望到美丽的风景。最值得体验的就是健身房里面的露天泳池了。在这里你还可以一边在池边悠闲地晒着日光浴，一边俯瞰近在脚下的海景，如此奢华的享受千万不要错过！

Via Pusltea, 148　☎089-811111　FAX 089-875833
€ S €180~ T €216~　休 10/31~次年4/4　室 52间
HP www.hotelposeidonpositano.it

萨拉切尼
Covo dei Saraceni

高级　MAP p.343-B

一边眺望大海一边休养生息

宾馆在码头附近，靠海的房间可以眺望到那一望无际的大海。从餐厅往外眺望，风景也同样迷人。可以一边欣赏美景一边品尝美食。而且距离穆里尼大街也很近。

Via Regina Giovanna, 5　☎089-875400
FAX 089-875878　€ S €248~　T €248~　休 11月中旬~次年3月末　室 61间　HP www.covodeisaraceni.it

从波塞冬宾馆眺望的风景

普贝托
Pupetto

中级　MAP p.343-A

在弗罗尼海滩前

从能够近距离亲近大海的房间，到高高的可以眺望远处风景的房间，普贝托宾馆都应有尽有。宾馆内部餐厅菜品也十分丰富。距离中心地带500~600米远。如果您想要安静地度假，那么这里是一个不错的选择。

Via Fornillo, 37　☎089-875087　FAX 089-811517
€ S €90~　T €130~　休 冬季　室 34间
HP www.hotelpupetto.it

空气中飘散着淡淡的柠檬香气

阿玛尔菲 Amalfi

海岸边阳光下的白色房屋

阿玛尔菲是意大利最美的海岸之一——阿玛尔菲海岸的中心城市。在那屹立在穆里尼溪谷的断崖上，一座座房屋紧紧地贴着崖壁而建，白色的房屋在明媚的阳光下闪闪发光，和蔚蓝色的大海交相辉映。阿玛尔菲既是世界遗产，又是绝佳的休闲旅游胜地。中世纪时曾经辉煌一时，与威尼斯、比萨、热那亚势均力敌，并成为世界四大海运业发达国家之一。而现在当年的辉煌踪影已经完全消失不见，历史的积淀使得这里成了一个悠闲而静谧的地方。那让人引以为傲的11到12世纪时期的大教堂厚重的铜门，还有那精美复杂的装饰，都默默地诉说着那段辉煌繁荣的历史。

■交通

从那不勒斯中央站乘坐IC特快到萨莱诺大约50分钟，再从萨莱诺Sita公交车终点站乘坐蓝色巴士大约1小时20分钟到阿玛尔菲。道路沿着陡峭的崖壁延伸到远方，沿途可以看到蔚蓝的大海，大片的柠檬园、橘园、橄榄园，还有星星点点白色的房屋点缀其中，美丽的风景让人身心舒畅。

坐船的话，从萨莱诺前面的港口出发大约30分钟，一天大约7班船。

●旅游咨询处

✉Via delle Rep-ubbliche Marinare

☎089-871107 开9:00~13:00、14:00~18:00 休周日

街区布局&游览须知

街区中心就是大教堂广场，大批正在享受旅游以及购物的游客使得这里生机勃勃，充满活力。从大教堂广场往前走，穿过热那亚大街来到海边路，大海风平浪静在阳光下闪闪发光，海面上航行着豪华帆船、轮船，美景全都映入眼帘。步行街上有的人信步街头，任凭凉爽的海风轻抚脸颊；有的人坐在长椅上若有所思地望着大海，每个人都悠闲地各自享受着自己的假期，到处弥漫着避暑胜地的悠然气息。

如果想从高台上眺望翠绿色的大海，建议你可以投宿在高处宾馆或者沿着穆里尼溪谷的步行街散步。

可以一天游遍卡普里岛、伊斯基亚岛和阿玛尔菲的一日观光船路线

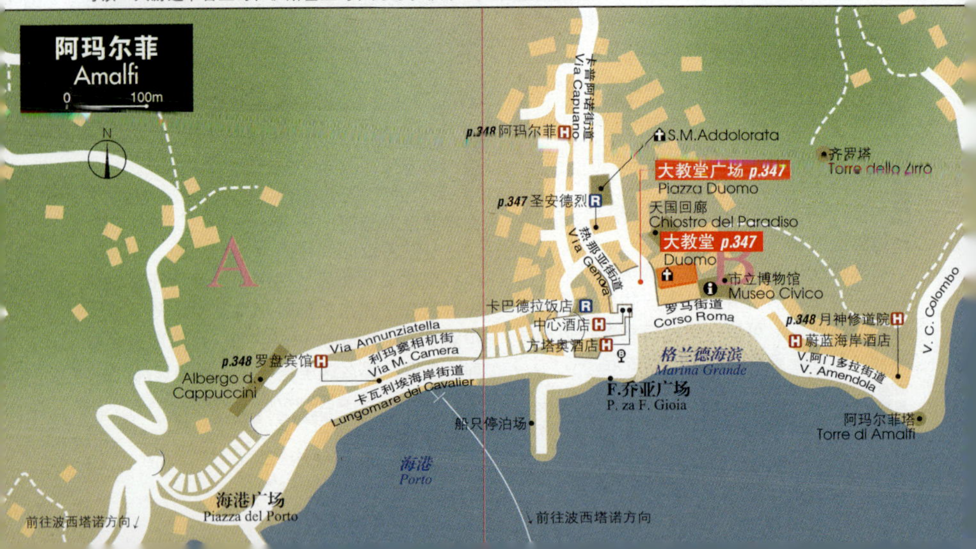

从船上眺望阿玛尔菲海岸风光

从卡普契尼肯维特宾馆看到的风光

景点

大教堂
Duomo

MAP p.346-B

■从港口出发步行3分钟

奇特的穆尔式回廊

创建于9世纪，到了11世纪，在正面安装了君士坦丁堡铸造的拜占庭风格的巨大铜门，12世纪又建造了装饰着华丽的镶嵌工艺品的正面。这极尽奢华的建筑风格，让人不难想象这个小城鼎盛时期的繁荣与富庶。整体构造呈三廊式,身廊内装饰着安德烈亚的天顶画。钟楼完成于13世纪初期。

正对着正面的左边就是曾是贵族陵墓的“天国回廊”，是建于13世纪的拱形回廊，两根柱子交叉形成拱形。茂密的椰子树将身影洒在回廊上，惹得人阵阵乡愁涌上心头。

开 夏季7:30~10:00、17:30~19:30，冬季7:30~10:00、16:00~18:30（1~2月 7:30~12:00、16:00~18:30），1/7~2/28、12/25参观仅限大教堂　休 全年无休

€ 免费（美术馆€3）

在精美复杂的装饰下显得富丽堂皇的大教堂

大教堂广场
Piazza Duomo

MAP p.346-B

■从港口出发步行3分钟

阿玛尔菲最繁华热闹的地方

大教堂前的广场就是那著名的繁华街——阿玛尔菲大街的始发点。漫无目的地在这附近逛逛也很有意思。广场中央有坡坡罗喷泉，还有卖阿玛尔菲特产柠檬酒的小店，把当地的保护神安德烈像环绕得严严实实，还有好多可爱的小店你可以买到当地的吉祥物——辣椒工艺品。周围还有很多宾馆、餐厅。

餐厅

€ 每人1份的钱　需要预订　注意自己的穿着

很多高级宾馆都可以一边欣赏海景一边悠闲地进餐。在大教堂广场周围，有很多餐厅让你既能一边欣赏华灯四起的大教堂夜景，又能一边品尝美食。打扮得漂漂亮亮的，尽情地小资一下，好好享受一番吧。

高级饭店位置从大教堂前面一直向西延伸到马泰奥·卡梅拉街道等地方。

圣安德烈
San Andrea

中级 €40~　MAP p.346-B

新鲜的海产，平民的价格

虽然圣安德烈位于大教堂的繁华地段——大台阶的旁边，但价格却绝对不高。大盘海鲜的意式前菜、奶汁烤干酪贻贝、蟹肉短通心粉、鱼汤还有整鱼，食材新鲜，菜品丰富。当然了，意大利南方的特色小吃——填馅双层比萨也非常美味。

■ Piazza Duomo,26　■ ☎ 089-871023
■ 开 11:45~15:30、18:30~0:30a.m.（9~次年5月~15:30、18:30~23:00）　■ 休 周四、12月中旬~2月中旬

扎卡利亚

Zaccaria

中级 €45~ MAP p.346-B

一边欣赏海景一边品尝海鲜

扎卡利亚一向追求只用最新鲜的海鲜，主人每天亲自骑着自行车飞奔在大街小巷，亲自采购最新鲜的海鲜。从这一点就能看出扎卡利亚对味道的执着追求。

不容错过的招牌美食——烤鱼、带大虾的细舌状通心面。

Via Cristoforo Colombo, 9　☎089-871807
开 13:00~16:00、18:00~23:00　休 周一（6~9月全年无休）

从扎卡利亚眺望到的风景

酒店

月神修道院

Luna Convento

高级 MAP p.346-B

完好保存着修道院的回廊，拥有优雅气质的宾馆

由修道院改建而来，保留着13世纪圣方济各修道院的回廊。建于16世纪的阿玛尔菲

与屹立在海角上的塔遥望的月亮修道院宾馆

塔就在马路对面。等到月亮升到海角上，此时的修道院就成了名副其实的“月光修道院”，让人感受着浪漫的旅途之美。

Via Pantaleone Comite,33　☎089-871002
FAX 089-871333　€ S €170~ T €190~　室 43间
HP /www.lunahotel.it

阿玛尔菲

Hotel Amalfi

中级 MAP p.346-B

靠近大教堂的海边宾馆

阿玛尔菲宾馆距离海边热那亚大道300米远。室内装修风格简约大方，色彩也很现代。在这个镶着玻璃的明亮的餐厅里，可以品尝到正宗的地中海料理和阿玛尔菲的地方特色料理。中庭里的橘子树和柠檬树枝繁叶茂。

Via dei Pastai, 3
☎089-872440　FAX 089-872250
€ S €40~ T €80~　室 40间
HP www.hamalfi.it

罗盘宾馆

La Bussola

中级 MAP p.346-A

由19世纪意大利面工厂的建筑物改建而来

La Bussola的意思是“罗盘”，而宾馆也名副其实，让人充分感受到大海的气息。宾馆虽然坐落在海边，但是周围环境非常安静。而现代风格的客厅又很方便，更不得不说的是它那平民般的价格，对游客充满吸引力。

Via Lungomare, 16　☎089-871533
FAX 089-871369　€ S €75~ T €110~
室 56间　HP www.labussolahotel.it

MAP p.7-G

历史悠久的地中海岛屿
撒丁岛 Sardegna

室内醒目的白灰色建筑

撒丁岛是意大利第二大岛，仅次于西西里岛，面积24 089平方公里。岛上有众多白灰色岩山，岩山上地中海特有的灌木丛茂盛地生长着。公元前2000年以前就出现了名为“努拉盖”的古代部落遗址。所谓“努拉盖”就是把开采出来的石头堆积成圆锥形的要塞，同时兼有住宅功能。卡利亚里国立考古博物馆收藏着遗址出土文物和模型。

从古至今，撒丁岛经历了曲折复杂的历史。6至8世纪时受拜占庭帝国统治，中世纪时又受海运共和国比萨和热那亚控制，而一直到18世纪撒丁岛都处在西班牙的统治之下，之后又相继受到奥地利和萨沃依公国支配。

现在的撒丁岛大区只包括撒丁岛一个岛屿。撒丁岛拥有最奢华的高级旅游胜地翡翠海岸，一到夏天旅游旺季，来自世界各地的贵客都会齐聚撒丁岛前来度假。

■交通

撒丁岛上有3个机场，阿尔盖罗机场（Alfheroo）每天有4班航班飞往罗马，距离翡翠海岸（Costa Smeralda）很近的奥尔比亚机场(Olbia)每周降落4班来自那不勒斯的航班。要去往南部的卡利亚里的话，可以在这里乘坐来自罗马、米兰、佛罗伦萨、西西里岛的巴勒莫的航班。从罗马或者米兰到撒丁岛需要一个小时。岛内交通不太方便。也可以坐飞机从奥尔比亚—卡利亚里，但是一天只有一次航班。铁道的话主要是卡利亚里—萨萨里和萨萨里—奥尔比亚的主干线，但是不如长途巴士方便。

●旅游咨询处（卡利亚里）

✉ Piazza Matteotti, 9

☎ 070-669255 开 8:00~13:30、14:00~20:00（周六、周日8:00~20:00） 休 全年无休

卡利亚里 Cagliari

MAP p.349

街区布局&游览须知

撒丁岛首府卡利亚里是个商业繁荣的都市。市内有很多历史悠久的古建筑，值得欣赏。市区中心的马泰奥蒂广场有直达机场的巴士。

景点

圣雷米城墙
Bastione di Saint-Remy

MAP p.350 B

■从马泰奥蒂广场步行15分钟

建于14世纪的宏伟壮丽的城墙

圣雷米城墙是14世纪撒丁岛受比萨统治时，为了防御外敌而建成的。这座巨大的建筑在空中划出优美的弧形，为卡利亚里增添了一道亮丽的风景。从城墙的阶梯拾级而上，便可以到达视野极其开阔的露台。

开 9:30~13:30、16:00~20:00 休 全年无休 € €3

流露着比萨统治痕迹的圣雷米城墙

圆形剧场　　国立考古博物馆展品

圣潘克拉齐奥塔
Torre di San Pancrazio

MAP p.350-A

■从马泰奥蒂广场步行20分钟

55米高的圣潘克拉齐奥塔是街区最高的建筑

这座塔自1305年建成以来，就成为了卡利亚里的标志。在西班牙统治时期曾经是市政厅。

开4~10月9:00~13:00、15:30~19:30，11~次年3月8.30~10:30　休周一　€€4

圆形剧场
Anfiteatro Romano

MAP p.350-A

■从马泰奥蒂广场坐8路公交车约5分钟

建成于2世纪的古罗马遗址

虽然阶梯状的座位大半数都已经损毁，常年处于维修状态中，但还是可以参观。剧场当时可以容纳1万观众，按照社会层级的不同座位相应地分为3个等级。

开4/1~10/31 9:30~13:30（周日，节假日 9:30~13:30、15:30~17:30），11/1~次年3/31 9:00~13:30（周日、节假日10:00~13:00）　休周一　€€4.30

国立考古学博物馆
Museo Archeologico Nazionale

MAP p.350-A

■从马泰奥蒂广场步行20分钟

了解撒丁岛文化的绝佳机会

馆内珍藏着撒丁岛从公元前6世纪到公元7、8世纪的宝贵历史资料。

和明器一模一样的形状基本完好保存的石俑、古代的要塞兼住宅——“努拉盖”的模型、出土文物、青铜箭头等展品，默默传达来自远古的信息，展示着古代人们在撒丁岛上的生活风貌，令人们无限遐思。这里是了解撒丁岛悠久的历史文化的最佳场所。

开9:00~20:00（入场时间~19:15）　休周一　€€2~4

酒店

玛格丽塔女王酒店
Regina Margherita

高级　MAP p.350-B

紧邻圣雷米城墙，便于观光

■✉Viale Regina Margherita,44　■☎070-670342　■FAX070-668325　■€S €108~ T €148~　■室100间

阿尔盖罗 Alghero

MAP p.349

完好地保存着西班牙统治时期的风貌，又被称作“撒丁岛的巴塞罗那”。加泰罗尼亚哥特式建筑钟楼尤其出类拔萃。

街区布局&游览须知

机场巴士停靠在旧街道的起点——坡尔塔特拉广场。旅游咨询处也在广场上，从这里步行走到钟楼只需要5分钟，要逛老街道自己步行就足够了。

酒店

加泰罗尼亚
Catalunya

高级

紧邻坡尔塔特拉广场的四星级酒店

■✉Via Catalogna,24　■☎079-953172　■FAX079-953177　■€S €85~ T €100~　■室128间　■HPwww.hotelcatalunya.it

普利亚首府，南方产业都市

巴里 Bari

MAP p.7-I

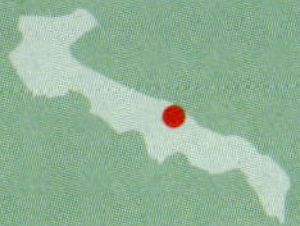

■交通
空路从罗马出发需要1个小时，从米兰出发需要1个小时30分钟。铁路从罗马出发乘坐AV特快大约需要4个小时，从那不勒斯出发大约需要4个小时
●旅游咨询处
✉Pizza A.Moro, 33/A、32/A
☎080-5242244、080-9909341
开8:00~14:00（周二・周六9:00~14:00、15:00~17:30）
休 夏季周末下午，冬季周六、周末

要游览普利亚大区，那么旅游据点就应该设在巴里。巴里以面朝亚得里亚海的港口为中心，是连接希腊和前南斯拉夫的海上交通枢纽，非常繁荣。中世纪时，东征的十字军从这里出发，巴里也由此奠定了自己海运都市的地位。

巴里城区分为两个部分，一部分是半岛的旧城区，这里狭窄的街道蜿蜒曲折，像迷宫一样，还有鳞次栉比的中世纪的建筑；一部分是新城区，建于19世纪，街道整齐。而最吸引游客的就是旧城区了。港口沿岸一带，保留着当年为了防御海盗骚扰而建造的中世纪城墙，还有很多建于11~12世纪的圣堂。而其中圣・尼古拉教堂是卡普里大区最具代表性的罗马式建筑之一。

新城区这里考古学博物馆是一定要参观的。展示的是从普利亚大区出土的美术品等作品。

街区布局&游览须知

巴里城区分为站前的阿尔多・莫罗周围的新城区和距离车站1公里远的老城区。购物街集中在卡武尔大街和斯帕拉诺巴里（Spalano da Bari）大街，众多的名胜古迹都集中在老城区。从埃马努埃莱二世大街往前就是老城区。卡武尔大道和普契尼大道的交叉处是艾利欧梅尔广场，广场上有STP公司的公交车终点站，STP公司的公交车终点站南面是SIT公司公交车终点站。

景点

大教堂
Cattedrale
Map p.351

■从中央站步行15分钟

大教堂位于老城区中心位置。大教堂外观看似朴实无华，但三廊式的内部构造却极其富丽堂皇。上部空间由连续的拱门构成，使得整个教堂构造优美而和谐。而那罗马式钟楼是11世纪教堂创建时保留下来的。从大教堂再往北走就来到了圣尼古拉教堂，这里祭祀着传说中的圣诞老人——也就是圣人圣尼古拉。

诺曼城堡
Castello Normano Svevo
Map p.351

■从中央站步行15分钟

城堡位于大教堂西侧， 11世纪诺曼时代建成，到了13世纪，神圣罗马皇帝腓特烈二世在此基础上进行了扩建。之后曾遭到拜占庭帝国的袭击，15世纪末那不勒斯王的女儿——西班牙阿拉贡家族的伊莎贝拉女王进行了扩建，将这里变成了自己的寝宫。

尖尖的屋顶，童话般的村落

阿尔贝罗贝洛 Alberobello

陶尔利屋檐连着屋檐的村落

在包括普利亚大区在内的观光路线中，最精彩的压轴大戏就是游览阿尔贝罗贝洛。石灰岩白色圆柱围成的墙壁上，尖尖的像帽子一样的屋顶静静地竖立着，这神奇的景观让人过目难忘。

这种尖尖的屋顶在当地被称作“陶尔利”，是用当地开采的石灰岩建造的。把石灰岩打磨得薄薄的，在四方的底座上堆积成圆锥形，然后在最上面安上一个被叫做“小尖塔”的小圆锥体。这个村落里完好地保存着1 000多个这样的“陶尔利”。

虽然在巴里南部，星星点点的也能看到这样的房屋，但是像这样大量地完好保存下来的就只有阿尔贝罗贝洛了。阿尔贝罗贝洛的陶尔利地区作为宝贵的人类文化遗产，已经在1996年被认定为世界遗产。尖尖的屋顶下的房屋彼此紧紧相邻，你也许会想“房子里面一定很狭小吧”，其实不然，因为三四个陶尔利才形成一户人家，所以里面出乎意料的宽敞。顺便告诉您，最大的陶尔利是村落的主教堂后面的两层陶尔利，享有“陶尔利之王”的美誉。

■交通
从巴里出发坐私营铁路Sud-est线大约一个半小时到阿尔贝罗贝洛，一个小时一班。从罗马到巴里坐AV特快大约4个小时，从那不勒斯坐火车到巴里大约4个小时。
●旅游咨询处
✉ Via Monte Nero. 1
☎ 080 4322822 开 8:30~19:00（周六、周日10:00~15:00）
休 全年无休

爬上蒙特圣米凯莱（Monte San Michele）大道的山丘，就会看到仿照陶尔利样式建造的圣安东尼奥教堂（Sant' Antonio）。

村子里还有改造成陶尔利形状的宾馆，在那里你可以充分感受住在陶尔利里的生活。

街区布局&游览须知

从阿尔贝罗贝洛站前的马奇尼大街（Mazzini）往加里波第大道走，能到达村子中间的波波罗广场。然后从这里按照“陶尔利地区”的标志往前走就能到达尖尖屋顶的陶尔利区域。

波波罗广场东面也就是独立大街北面的奥内·艾·皮卡奥拉地区（AiaPiccola）目前商业并不发达，400多个陶尔利至今仍然保持着原始的风貌，作为普通民宅使用。

圆锥形的古老屋顶和灰泥墙壁对比鲜明

波波罗广场南面的莫蒂地区，保留着1 000多个陶尔利，其中很多陶尔利已经被开发成了特产小店。莫蒂地区还有更古老的陶尔利——陶罗洛，它的两个屋顶是连着的。从波波罗广场出发，沿着埃马努埃莱大道往西走15分钟就来到了目的地，这个两层的陶罗洛内部简直就是一个小型的博物馆，一定要去看看。

淳朴的生活气息扑面而来——奥内·艾·皮卡奥拉地区

莫蒂地区除了有陶尔利这样的高级宾馆，更有极具当地特色的由陶尔利改装来的餐厅。虽然只需要两个小时就能逛完这两个区，不过建议您放慢脚步，悠闲地漫步在这个童话般的村落里，可以说是一种难得的奢侈享受吧。

如果你想品味陶尔利的生活气息就漫步在这小道上吧

真情提示

陶尔利村落从何而来

漫步在陶尔利村落，总会给人一种迷失在童话王国的梦幻感觉。这些独特的建筑建于16世纪西班牙统治时期。当时的南意大利到处遍布大地主土地所有制下的大庄园。而这里贫瘠的石灰岩土地只能种植橄榄树，小农们只能勉强维持生活。

至于像这样邻居之间共有一座墙壁，像长排房屋一样的陶尔利部落的形成原因，据推测是为了节约人力和建筑材料。建筑材料就是当地大量的石灰岩。屋顶只是用石灰岩堆积而成，没有使用水泥等任何一种黏合剂。

对于这一现象最有说服力的解释还是当时的历史原因——当那不勒斯的官吏前来征税时，主人可以立即把房子拆掉，证明这并不是固定住所，这样就可以不用交税了。而也正因为房子比较简陋，每50~60年需要整修一次。

虽然很简陋，但是陶尔利的墙壁厚度也足足有80厘米到2米，由于南意大利气候干燥炎热，这样的建筑有利于保证人体健康。参观的时候一定要感受一下陶尔利内部的绝好的通风效果。

石山与住宅融为一体的洞穴住宅群

马泰拉 Matera

MAP p.7-I

格拉维纳溪谷的洞穴群

马泰拉拥有世界著名的“萨西”——建在喀斯特高地上的独特的洞穴式住宅，当地人称之为“萨西”（Sassi），已经被认定为世界遗产。荒凉的石山上矗立着13世纪的主教座堂，住宅与白灰色的岩石浑然一体，让人分不清哪里是石山哪里是住宅，这神奇的景象壮观而独特。

洞穴住宅互相紧紧相依，家家户户的屋顶便成了道路。城镇里已经发掘出了130多座石窟教堂，人们推测，8世纪到12世纪期间从东方逃亡过来的修道士们在这些教堂里秘密地坚持自己的信仰。

■交通
　从巴里北站坐私营列车大约一个小时半到这里。有的车需要中途在阿尔塔穆拉（Altamura）站换乘。
●旅游咨询处
✉Via Spine Bianche,22
☎0835-331817
开 8:00~14:00（周一、周四8:00~14:00、15:30~18:30）
休 周六・周日

街区布局&游览须知

玛特奥迪广场在兼有公交车终点站的私营铁路马泰拉站站前广场的北面，从玛特奥迪广场往罗马大街方向走，就能到达城镇的中心地区维多利亚・威尼托广场。

住宅群分布在两个区域，分别是主教座堂北面的巴里萨诺(Barisano)和南面的卡韦奥索(Caveoso)。这两个地方只能步行，虽然也有路标，但是台阶很多，道路也很曲折。散步的时候要认准主教堂的钟楼。还有很多店14~17点之间午休，一定要提前备足水。城镇上还有由“萨西”改建而来的方便舒适的宾馆。

景点

主教堂
Cattedrale
Map p.354

■从马泰拉站步行15分钟

主教堂建于1270年，坐落在城镇最高点奇维塔山丘上，高54米的钟楼是漫步城镇的路标。它那朴实无华的罗马式外观让人很难想象教堂内部竟然如此的奢华。还有石窟中的小小的礼拜堂。

圣彼得罗・卡韦奥索教堂，从教堂可以眺望整个城镇全景

1270年主教堂建成在高地上，教堂里面可以看到13世纪的湿绘壁画

西西里岛

Sicilia

交通 前往西西里岛

环绕岛内的普尔曼

飞机 / by Air

意大利的各大都市都有飞往巴勒莫和卡塔尼亚的航班，如意大利航空、地中海航空等（机票价格以及具体需要的时间请参照p.406）。对于行程安排比较紧张的游客，建议您乘坐飞机。西西里岛很大，为了防止浪费时间，建议您来回的时候不要从一个机场出发，两次分别利用巴勒莫机场和卡塔尼亚机场。

航班咨询

意大利航空
巴勒莫
Via Mazzini,59
☎091-7020313
地中海航空
巴勒莫
☎091-720254

轮船咨询

那不勒斯旅游咨询处
✉Piazza Gesu Nuovo
☎081-5512701
巴勒莫旅游咨询处
✉Piazza Castel Nuovo,34
☎091-6058111
第勒尼安轮船
客服中心
☎892123
SNAV公司
那不勒斯 ☎081-4285555
巴勒莫 ☎091-6014211

长途汽车公司联系方式

SAIS公司以及CUFFARO公司等运行环绕西西里岛主要城镇的长途汽车（普尔曼）
SAIS(巴勒莫)
☎091-6166028

船舶 / by Sea

从那不勒斯到巴勒莫，坐船进入西西里岛是最常见的交通方式，其中GNV公司运行的船舶从北意大利热那亚出发经过20多个小时到达西西里岛。其他的还有比萨郊外里窝那（19个小时）、齐塔唯吉亚（12个小时）、卡利亚里（13个半小时）每周有几班船去往西西里。

从那不勒斯出发到西西里岛

从那不勒斯到巴勒莫每天都有几班船，大约需要10个小时，由第勒尼安轮船、SNAV公司运行（参照栏外）。关于船票价格和航行时间请咨询那不勒斯旅游咨询处（参照栏外）。

铁路 / by Train

虽然坐火车花费的时间多点，但是这可是难得的坐火车跨越海峡的体验，即使不是火车迷也难以抗拒它的魅力，难道不是吗？时间充裕的游客不妨挑战一下。

一列列来自罗马或者那不勒斯的火车，停留在船上，从意大利本土东侧的圣乔万尼 一直到西西里岛入口墨西拿，继续开往巴勒莫或者陶尔米纳、锡拉库萨、卡塔尼亚方向。从罗马到墨西拿大概8个小时，从那不勒斯到墨西拿大概6个半小时。

想要游览小镇的话，乘坐公交车或者租赁汽车都很方便

交通 分区游览西西里岛

西西里岛与意大利本土相比交通不很方便。所以，首先要考虑利用什么交通方式，然后根据交通方式仔细地制订旅游计划。岛内虽然有铁路，但是到不了内陆地区和一些小城镇，还不如长途巴士普尔曼方便。而且有很多景点只有坐巴士才能到得了。只是，长途巴士车次少，要坐巴士环绕广阔的西西里岛会让人身心俱疲，所以可以的话还是尽量从巴勒莫乘坐观光巴士或者租赁汽车吧（具体租赁方法参照p.408）。

尝试分区游览西西里岛

首先把西西里岛分为三大区，方便制定游览路线。区域1:方便作为旅游据点的巴勒莫周围。包括近郊的蒙雷阿莱、巴勒莫郊外的赛杰斯塔遗址。区域2 :卡塔尼亚周边地区。从卡塔尼亚北面的陶尔米纳到南面的锡拉库萨的这一狭长地区。区域3:南面的城镇阿格里真托。

在此区域走动花费的时间：从巴勒莫到卡塔尼亚大约2个小时40分钟、从巴勒莫到阿格里真托需要2个小时15分钟。但是周六・周日・节假日时普尔曼发车非常少，所以在日程上要安排出富裕时间。

汽车租赁公司联系方式

巴勒莫机场内有汽车租赁公司的服务窗口。（只有手动挡车）

赫次（Hertz）公司

☎091-213112

艾比斯

☎091-591684

快乐旅途不疲劳

颠簸在路上的时间可能比您想象的要多，所以要提前安排好充裕的时间。如果只有三四天的时间的话，就不要太勉强了，集中两个区域游览吧。

交通 前往巴勒莫

飞机 / by Air

意大利航空的国内航线把意大利主要城市和巴勒莫的蓬塔莱希（Punta Raisi）机场紧密地连接了起来。航班多，方便快捷，一天有10次航班飞往罗马，8次航班飞往米兰。从罗马到巴勒莫大约需要1小时，到米兰需要1小时20分钟，到博洛尼亚需要1小时20分钟，到那不勒斯需要1小时……

火车 / by Train

从罗马乘坐IC到巴勒莫大约需要11个小时。从陶尔米纳出发大约需要5个小时，从阿格里真托出发大约需要2小时半，锡拉库萨大概5个小时。巴勒莫的中央车站在距离市中心700米远处。

巴勒莫中央车站

市内交通

公交车 / Autobus

仔细确认好车次和沿途到达地点

巴勒莫的公共交通只有公交车。对于游客来讲最具有利用价值的路线就是沿途经过市中心的鲍利特埃玛剧院、威尔第广场的101、107路公交车，还有从独立广场去往蒙雷阿莱的309路公交车。一张车票1欧元，1小时内有效。乘车、下车的具体方法参照罗马（p.82）

出租车

这里的出租车没有乘车点，只能在特定的乘车地点和宾馆前乘车。起步价以及周末、节假日追加费用参照罗马。

蓬塔莱希（Punta Raisi）机场到市内

下了飞机就是机场巴士乘车点。运行时间：9:30~20:30，每30分钟发一班车。车票4.65欧元，车内买票。机场到市内需要45分钟。停靠在始发站——市中心的鲍利特埃玛剧院前。

鲍利特埃玛剧院

旅游咨询处

新城堡广场内

✉ Piazza Castel Nuovo, 34

☎ 091-6058111、091-6058351

开 8:30~14:00、15:00~18:00

休 周六、周日

真情提示

西西里岛的农家乐

在西西里岛东北部的墨西拿地区，可以享受当地的农家乐——住在乡下，品尝当地的特色料理。还可以在料理教室学习制作西西里岛的传统料理和点心，可以到附近的城镇观光，还能去奶酪作坊体验一番等，多种文化体验型路线供你选择。帕尔克公园里有再现传统的西西里岛房屋和工匠作坊的露天博物馆，还有餐厅和住宿设施。一晚50欧元（双人间，提供早餐，一人费用）。有些店内可以一边喝着葡萄酒一边试吃奶酪和萨拉米腊肠，试吃费用40欧元，传统奶酪老店的作坊的参观、试吃60欧元等。可用英语咨询。联系方式：ParcoMuseo Jalari

☎ 39-0902130696

邮 kominato.epc@gmail.com

宾馆客房

刚刚做好的奶酪像巨大的年糕一样

试吃当地特有的萨拉米腊肠和奶酪

周边地区星星点点残留着中世纪风格的城镇

交通 分区游览巴勒莫

巴勒莫位于地中海正中间，充满南国风情。最初被腓尼基人开拓，9世纪时西西里岛被阿拉伯人占领，从此西西里岛开始迅速发展。西西里岛经历了漫长曲折而复杂的历史:11世纪时诺曼王国把国都设在西西里，13世纪罗马王朝灭亡，之后西西里岛又相继经历了法国安茹家族和阿拉贡家族的统治，成为了西班牙的领地，之后又一次受到了法国波旁家族的统治，到了1860年将军流放了波旁家族，一直到意大利王国成立之前西西里岛都长年处于外国统治之下。

正是这漫长而复杂的历史，使得岛上建筑极具特色，充分显示出不同文化对西西里岛的影响。特别是阿拉伯、诺曼建筑与巴洛克、文艺复兴建筑交相辉映，营造出一种别样的多文化氛围。西西里岛因为岛上很多建筑采用了拜占庭式的镶嵌工艺而名声在外，在这里你能看到精美的镶嵌工艺，严丝合缝，丝毫不逊色于拉文纳创作的镶嵌图。这里有代表性建筑——罗马宫。

老城区和新城区

巴勒莫市内分为老城区、新城区两个城区。以诺曼宫殿为中心的一角是老城区，窄窄的道路两旁，人们晾晒的衣物像旗子一样迎风飞舞，还有热闹的市场，一切都充满了温馨的市井风情。而大部分景点也都分布在老城区。

新市街

从机场巴士停靠的鲍利特埃玛剧院往北一带是新城区。城区景观与老城区截然不同，街道两旁高楼耸立，让人感受到现代化的巴勒莫的生机与活力。

再把老城区细分为两个地区

再把老城区细分为两个地区——一个以罗马宫为中心的地区，一个以港口附近的库阿托·坎底为中心的地区，更方便游览。诺曼宫殿周围步行15分钟的范围内就有好几个景点。库阿托·坎底周围以及从普雷托利亚广场到港口的1公里范围之内散落着好几个教堂、美术馆等。行走老城区的这两个地区之间只需要10分钟。

普雷托利亚广场

租车逛巴勒莫老城区也没有想象的那么轻松，一方面车多，另一方面司机态度也很差。而且很难找到停车位，像上面这张照片写的一样很多停车场只允许当地居民停车。

巴勒莫的治安

说到西西里岛大家就会想到黑手党，难免会感到担心、害怕。的确，大街上有时候会发生枪击事件，不过这一般是黑手党党派之间的纷争，一般不会牵连到无辜的普通市民。

比黑手党更值得担心的其实是小偷和乞丐。游客应该尽量避免夜间一个人独行，特别是中央站、库阿托·坎底、主教座堂周围的街道，到了晚上不光人少还有很多僻静的拐角不容易引人注意，夜里一定要避免在这些地方行走。

西西里岛的特产

逛街逛累了就品尝一下西西里岛特产果子露吧。新鲜果汁做成的果子露美味爽口，简直让人舒服得不得了。在大街上的冰激凌店里都能吃得到。不同的店味道可能不大一样，不过自己家手工制作的一定好吃。

MAP p.357-A

不同的民族文化浑然一体，神奇的城市

巴勒莫 Palermo

普雷托利亚广场上美丽的雕像

观光小贴士

乐趣

观光	★★★★★
美食	★★
购物	★

交通方式

公交车	★
出租车	★★★★

街区布局&游览须知

要逛景点集中的老城区，首先要从普雷托利亚广场开始。信步走向街头，看着两边集不同民族文化于一体的建筑，让你切身感受到这个城市的神奇魅力。时间比较紧张的游客可以上午乘坐巴士到郊外的蒙雷阿莱，回来的时候顺路游玩独立广场。

景点

四首歌广场的建筑

普雷托利亚广场
Piazza Pretoria

从中央站步行15分钟，乘出租车5分钟

MAP p.360-B

浓郁的艺术气息让人感动

普雷托利亚广场位于市政厅前，因为那被大理石雕像装饰着的16世纪时期的喷泉（见照片）而非常有名。教堂和市政厅环绕广场周围，形成了一个像庭院一样的空间，在这个庭院中摆放着几个文艺复兴时期的雕刻，简直妙极了。这些在别的城市难以看到的豪华雕刻群是召集了佛罗伦萨众多雕刻家所产生的杰作。广场上的长椅方便游人休息。

四声部广场
Quattro Canti

与普雷托利亚广场在同一地方

MAP p.360-B

难道人们把街道建成了艺术品?

普雷托利亚广场斜前方的四声部广场上美丽的雕刻不容错过。这座建在埃马努埃莱大街和马奎埃达大街的交叉处的西班牙巴洛克式建筑，每一面都划出1/4的优美弧形，整体形成和谐的圆形空间。

圣卡塔尔多教堂
Chiesa di San Cataldo

与玛托拉纳教堂在同一地方

MAP p.360-B

标志性建筑——阿拉伯的红色圆顶

圣卡塔尔多教堂建成于1160年，紧邻玛托拉纳，是西西里岛上集诺曼建筑精美的窗边工艺和阿拉伯圆顶为一体的诺曼

圣卡塔尔多教堂醒目的红色圆顶

阿拉伯式的独特建筑。引人注目的红色圆顶象征着当时官吏们所戴帽子的颜色。内部朴实无华，只有地板和祭坛用马赛克镶嵌图装饰着。

开 9:30~13:00、15:30~18:00（周六、周日、节假日~13:00） 休 全年无休 € €1

玛托拉纳教堂
La Martorana

从普雷托利亚广场步行1分钟

MAP p.360-B

巴勒莫代表性的诺曼式建筑

建于12世纪诺曼时期，在诺曼建筑的骨架上添加了希腊十字的拜占庭式风格。

诺曼式建筑

16世纪时教堂正面被建成巴洛克风格。圆顶内部装饰着长发长须耶稣胸像，这用黄金镶嵌工艺制作的珍贵艺术品具有极高的艺术价值，是地中海地区现存艺术品中屈指可数的杰作。还可以看到翻译成阿拉伯语的拜占庭赞歌。

开 8:30~13:00、15:30~19:00（周日、节假日8:30~13:00） 休 全年无休 € 免费

大教堂
Cattedrale

从普雷托利亚广场步行7分钟

MAP p.360-A

盎格鲁–诺曼式大教堂

1184年在古代教堂遗址上建成，在阿拉伯的统治下改建成清真寺；罗马人征服了诺曼人之后，当被改为基督教教堂。1781~1801年间变化最大——在此期间，原本长方形的教堂被改建成了拉丁式十字形，还在祭坛上方加建了圆屋顶。这是1177年西西里岛国王诺曼王朝古列尔莫二世迎娶的王妃琼·英格兰的影响。大教堂内部珍藏着西西里岛最重要的人物——费德列二世的棺椁。另外，安置在祭坛右侧礼拜堂中的银钵里，珍藏着巴勒莫的守护圣人的遗骨。大教堂具体位于维多利亚埃马努埃莱大道的普雷托利亚广场斜对面的四声部广场的西南方向。

开 大教堂9:00~17:30、2·11月 9:30~13:00／礼拜堂7:00~19:00／宝物馆和地下教堂8:30~13:00、14:30~18:00，周日·节假日7:30~13:30、16:00~19:00 休 全年无休 € €3（宝物馆和地下教堂）

诺曼宫殿
Palazzo dei Normanni
从普雷托利亚广场步行10分钟

MAP p.360-A

阿拉伯诺曼式样和拜占庭式样的融合

公元前，王宫一带曾经是迦太基海洋商业区遗址，在随后的岁月里先后经历了罗马、拜占庭、阿拉伯的统治。9世纪中期，来自北非的阿拉伯人统治了这一地区并且建立了要塞。1072年罗马人入主，将这里改成了王宫。1140年，罗马王罗杰二世所建的巴勒

帕拉蒂那礼拜堂，连外面的墙壁都布满了精美的装饰

莫王宫礼拜堂更是精美绝伦。祭坛等处采用了传统的拜占庭式黄金镶嵌图案，而木质屋顶则采用了阿拉伯风格。两种艺术风格巧妙地融为一体，浑然天成。宫殿上层的罗杰二世的整个房间更是被黄金镶嵌图案包裹着。

屋顶、墙壁上的精美镶嵌画

开 8:15~17:45、周日・节假日 8:15~13:00、闭馆前45分钟禁止入馆　休 1/1、12/25
€ €8.50（周二、周四€7）

圣乔万尼埃雷米蒂教堂
San Giovanni degli Eremiti
从诺曼宫殿步行3分钟

MAP p.360-A

精致的庭院，环绕庭院的小回廊引人注目

1132年，罗马王罗杰二世命令阿拉伯工匠建造而成。教堂是诺曼式结构，整体呈拉丁平面十字形，而且教堂内没有圆柱，内部空间单一而简单。红色圆球状的屋顶尤其引人注意。传说这里原本是6世纪本笃会的修道院遗址，随后在阿拉伯人的统治下修道院被毁，曾经被改建成清真寺。还有一种传说认为圣乔万尼埃雷米蒂教堂在神圣罗马帝国皇帝查理五世的统治下进行了改建。到了近代经历了多次地震之后，被人们认为是修道院的那部分建筑已经不复存在。

现存的那些顶着阿拉伯红色圆顶的诺曼建筑源自清真寺。而最值得看的是庭院和环绕庭院周围的小小回廊。庭院建于当这里还是修道院的时候。庭院里有成对的小圆柱，柱头有虾膜花叶纹饰，还有被诺曼式尖塔拱门静静环绕着的小回廊以及阿拉伯统治时期的水井。

圣乔万尼埃勒米提教堂。回廊上装饰着镶嵌工艺，非常美丽

开 9:00~18:30（周日・节假日9:00~13:30）入场时间截止到闭馆前30分钟　休 周一、8/15　€ €6

西西里大区美术馆
Galleria Regionale della Sicilia
从普雷托利亚广场步行10分钟

MAP p.360-B

西西里岛本土艺术家杰作汇聚一堂

馆内集中收藏着西西里岛从中世纪到18世纪的艺术品。15世纪的雕刻家弗朗西斯科的杰作“阿拉贡胸像”，同为15世纪的湿绘画作“死之凯旋”，安东内洛・达墨西拿的“圣母领告”等杰作比比皆是。

教堂坐落在融合着哥特式建筑与文艺复兴建筑风格的15世纪时期的Palazzo Abatellis宫殿内。

开 9:00~17:00（周一、周六、周日、节假日 9:00~12:00）　€ €8　休 周一

考古学博物馆
Museo Archeologico
从普雷托利亚广场步行10分钟

MAP p.360-B

西西里岛古代遗址的宝贵出土文物

西西里岛上各处分布着古希腊遗址，在这里你能有幸看到遗址的宝贵出土文物。一楼展示的是雕刻在神殿上的装饰性墙面浮雕，以及享有“巴勒莫之石”美誉的埃及碑文，不容错过。二楼珍藏着出土于锡拉库萨的希腊主义时期的青铜作品《牡山羊》等杰作。博物馆正在装修。

开 8:30~13:15、15:00~18:15（周六・周日・周一 8:30~13:15）闭馆前30分钟禁止入馆　休 周一　€ €4

餐厅

€ 每人1份的钱　需要预订　注意自己的穿着

在市内很多店里都能吃得到西西里岛当地的乡土料理。除了下面介绍的这两家高级餐厅，从鲍利特埃玛剧院门前到四声部广场的罗马大街和马奎埃达大街上还有很多便宜又好吃的风格随意的餐厅。

拉·斯库蒂莉亚
La Scuderia

高级 €60~ MAP p.360-A外

正宗的西西里岛料理，好评如潮

餐厅入口处有一个流着溪水的小花园，店内气氛优雅。浇上大龙虾沙司的意大利馄饨、干鱼子意大利面等，海鲜丰富的料理让你尝尽西西里岛料理的真正美味。

Viale del Fante,9　091-520323　开 13:00~15:00、20:00~23:30　休 周日、8月第2·3·4周

即使是高级餐厅白天也可以穿T恤就餐

浇上罗勒酱汁的烤鱼脊肉

查尔斯顿
Charleston

高级 €75~ MAP p.360-A

西西里岛著名的餐厅

巴勒莫的代表性餐厅之一，丰盛的海鲜料理非常美味。如果想品尝现代的当地料理不妨来这里。

Viale Genelare Vincenzo Maglioco,15
091-450171
开 12:30~15:30、19:30~23:30
休 周末晚上、周一白天

酒店

鲍利特埃玛剧院周围罗马大道一带有很多宾馆。巴勒莫最高级的宾馆就是下面的四星级宾馆艾特德斯帕尔梅斯大酒店。还有其他四星级的商务宾馆。

艾特德斯帕尔梅斯大酒店
Grand Hotel et des Palmes

高级 MAP p.360-A

备受贵宾钟情，有着历史渊源的宾馆

建成于1856年、改建于1874年的英国贵族宅第。传说德国作曲家瓦格纳与夫人在宾馆长期逗留，在此期间写出了著名的歌剧《帕西发尔》。一楼最里面的酒吧里摆着瓦格纳最爱坐的椅子。在高级餐厅你还可以品尝到正宗的西西里岛和地中海料理。

Via Roma,398　091-6028111
FAX 091-331545　€ S €87~　T €87~　室 172间

英国建筑家设计的豪华沙龙

让人们放松身心的酒吧

鲍利特埃玛宫
Politeama Palace

高级 MAP p.360-A

从餐厅步行就能走到巴勒莫港口和普雷托利亚广场

宾馆就在鲍利特埃玛剧院前面，非常方便。

Piazza Ruggero. Settimo,15
091-322777
FAX 091-6111589
€ S €118~　T €130~
室 94间

MAP p.357-A

拜占庭与阿拉伯两种风格建筑交相辉映

蒙雷阿莱 Monreale

城区中心的大教堂

蒙雷阿莱位于巴勒莫西南方向8公里远的山丘上，享有“黄金盆地”的美誉，在这里巴勒莫湾美景尽收眼底。一到旅游旺季，游客们就会蜂拥而至。12世纪时，蒙雷阿莱作为本笃会修道院的门前街开始有人居住。

蒙雷阿莱意为“王者之山”，地处高地，风景美丽而且非常凉爽，历史上的王侯贵族们钟情于在此建造别墅，休养生息。这里还有意大利屈指可数的美丽的修道院。修道院里的柱廊艺术美得难以名状，诺曼、阿拉伯、拜占庭各种风格巧妙地融为一体。据说当年蒙雷阿莱为了与势力日渐高涨的巴勒莫抗衡，建造了这所修道院。即使你不顺路，需要从巴勒莫赶过来才能游览这所修道院，那它也绝对值得你这样做。

■交通
从巴勒莫的独立广场上的停车场出发，乘坐309、389路公交车大约需要20分钟。

街区布局&游览须知

蒙雷阿莱是个小城，值得一看的景点可以说只有大教堂和旁边的修道院里的回廊了。

公交车或者观光巴士从巴勒莫出发直达大教堂前的古列尔莫二世广场，完全不用步行就能到达景点。

观光所需的时间因人而异。时间紧张的话四五十分钟也OK，但是不多花点时间好好欣赏一下回廊的话就太可惜了。放慢脚步，好好地享受一番吧，可以在中庭悠闲地散散步；天气好的时候可以到大教堂后面看看，巴勒莫就在眼下，远处是一望无际的大海。古列尔莫二世广场周围还有很多餐厅和咖啡馆。

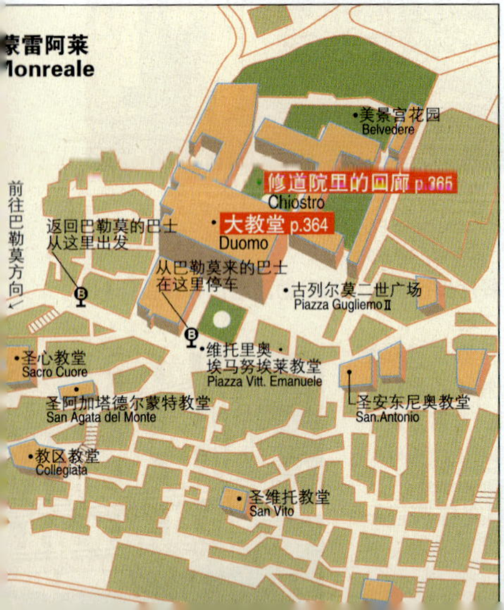

景点

大教堂
Duomo
从巴勒莫坐公交车20分钟

MAP p.364

铺天盖地的镶嵌宗教画

大教堂是12世纪时诺曼王朝古列尔莫二世下令建造的本笃会修道院。入口处的青铜大门出自哥特时期雕刻家皮萨诺之手。教堂内部有很多镶嵌宗教画详细描绘着旧约和新约圣经的场面，比如《耶稣的生涯》、《复活》、《亚当和夏娃》、《逐出乐园》。金光闪闪的镶嵌画覆盖了整个教堂，足足有6 000平方米。在这个镶嵌工艺的世界里畅游一会吧。

开 8:00~18:00（周日、节假日8:00~12:00、15:30~17:30）根据季节会有所变动/宝殿和露台9:00~17:00（周日、节假日8:00~10:00、15:30~17:30） 休 全年无休 ☎ 宝物殿€2／露台€1.50

修道院里的回廊

Chiostro

和大教堂在同一地方

MAP p.364

充满东方异域情趣

回廊紧邻大教堂右边，踏入其中，它的美丽立刻就会征服你的心，在它面前任何赞美的言语都显得那么的苍白无力。只让人茫然若失，静静地看着这美丽的回廊。

最里面有喷泉

一根根匀称的立柱环绕着中庭，上面装饰着精美的金属色和原色镶嵌工艺。靠近一看，这些镶嵌工艺呈阿拉伯风格的几何形状，非常的精致。这充满了现代感的设计风格让人丝毫感觉不到它的古老。

更值得一提的是，独占了回廊一角的喷泉更是洋溢着浓浓的东方异域风情，那种美扑面而来，冲击你的感官体验。

开9:00~19:00，周日、节假日9:00~13:30（闭馆前30分钟禁止入馆） €€6 休全年无休

小柱廊的设计也很精美

伊斯兰教寺院的中庭

MAP P.357-A

公元前5世纪的神殿

赛杰斯塔 Segesta

赛杰斯塔坐落在巴勒莫以西，这里完好地保存着公元前430年左右建造的神殿。神殿和与自己并肩的阿格里真托不同，孤独地矗立在山丘上，优美又充满张力，令人印象深刻。公元1000年，赛杰斯塔城区遭到了萨拉森人的破坏。距离神殿2公里远的山丘上，保留着希腊主义时期的半圆形剧场。

■交通

从巴勒莫坐火车大约1个小时40分钟到赛杰斯塔站下车。车次较少。从车站步行半个小时到达遗址。车站有公交车可以到剧场。

真情提示

从巴勒莫坐观光巴士节省时间

要想高效率地游览西西里岛，建议从巴勒莫乘坐观光巴士。人气路线如下：

● 巴勒莫市内&蒙雷阿莱

每周二9:00出发，12:30返回。游览巴勒莫市内老城区之后去往蒙雷阿莱。费用大概35欧元。

● 赛杰斯塔

每周日8:30出发，17:00返回。参观赛杰斯塔公元前5世纪的多利斯式神殿后，游览中世纪时期的小镇埃利斯和特拉帕尼。

联系方式 C.S.T ☎091-7487234、FAX 091-6197218（下午会多种外语的服务员会不定时休息，需注意）

MAP p.357-B

蔚蓝的大海和
巨大的古代剧场

陶尔米纳 Taormina

陶尔米纳的街道景观

陶尔米纳城海拔206米，背靠埃特纳活火山，将爱奥尼亚海尽收眼底。这里美丽的大海由于电影《伟大的蓝色》而为人们所熟知。冬天也很温暖，木槿花、柠檬树花、橘子树花竞相开放。山崖上矗立着古希腊圆形剧场遗址，美景像巨幅油画般平铺在你眼前。

■交通

从巴勒莫坐公交车或者租车大约2个小时40分钟到这里。火车的话从卡塔尼亚站到陶尔米纳加尔蒂尼站大概50分钟。火车站在沿海地区，从火车站再坐10分钟出租车到达山丘上的城镇。

●旅游咨询处 Palazzo Corvaja ☎0942-23243 开8:30~14:30、15:30~19:00 休周日、节假日

街区布局&游览须知

城区中心为埃马努埃莱广场，广场的一角有旅游咨询处。从广场往古希腊剧场大街走5分钟就来到了古希腊剧场遗址。

沿着布满商店和餐厅、宾馆的翁贝托一世大街走上12分钟，就来到了默默静立着的大教堂面前。城区很小，完全可以步行游览。

山丘下的加尔蒂尼纳克索斯拥有着绵长优美的海岸线，是国际知名的海滩、热闹非凡的旅游胜地。

古希腊剧场

景点

古希腊剧场
Teatro Greco
从埃马努埃莱广场步行5分钟

MAP p.366-B

夏天的舞台——古典剧和芭蕾舞公演

剧场建于公元前3世纪，屹立在俯瞰大海的悬崖峭壁之上。最大直径109米，是西西里岛第二大剧场。登上观众席环视整个剧场，柱廊对面蔚蓝的大海，还有埃特纳山挺拔的雄姿映入眼帘，美得摄人心魄。夏天来剧场最有意思，这时候剧场里常常举办芭蕾演出、音乐会等，欢快的节日气氛令人沉醉。

开 9:00~日落前1小时（10~次年1月~16:00、2/1~3/15~17:00）
休 全年无休
€ €8

古代的道路

翁贝托一世大街
Corso Umberto I
从埃马努埃莱广场步行5分钟

MAP p.366-A

商店林立的繁华街道

随便逛逛路旁商店也是不错的消遣。街道中心位置的4月9日广场上有瞭望台，可以看到雄伟的全景。

大街中心的4月9日广场

餐厅

每人1份的钱　需要预订　注意自己的穿着

烧烤店
La Griglia
高级　€40~　MAP p.366-A

想吃海鲜意大利面，首选该店

在翁贝托一世大街。奶酪生鱼片、虾肉意大利细面条等非常美味。

✉ Corso Umberto I,54　☎ 0942-23980　开 12:00~15:30、18:30~22:30　休 周二（8月是周二晚上）

达·洛伦佐
Da Lorenzo
高级　€35~　MAP p.366-A

美味无比的海胆意大利面

这家餐厅的海鲜料理出名的好吃。在西西里岛，那是一定要品尝海胆意大利面的。海鲜丰富的肉汁烩饭、烤鱼、烤虾等都让人垂涎三尺。坐在风景好的座位上，吹着舒服的海风，一边欣赏着美丽的木槿花一边优雅地享受美食，真是奢侈的享受啊。

✉ Via Roma,12
☎ 0942-23480
开 12:00~14:00，19:30~23:30
休 每周二、8月周二的晚上

餐厅对面的断崖到了夜晚会被点点的灯光点亮

酒店

伊科斯索
Exelsior Palace
高级　MAP p.366-A

有着宽敞的庭院和泳池的优雅宾馆

✉ Via Toselli,8
☎ 0942-628968　FAX 0942-23978
€ S €83　T €134　室 88间
HP www.excelsiorparacetaormina.it

靠海的山丘上梦幻般的古代神殿

阿格里真托 Agrigento

MAP p.357-A

协和女神神殿

阿格里真托坐落在面临地中海的山丘腹地，从6世纪希腊人进入以来得到开发。到了公元前5世纪阿格里真托发展成了一个拥有30万人口的大都市。

一个个古希腊神殿分布在被称为"神殿之谷"的考古学遗址上，默默诉说着当年的历史盛况。从面朝大海的山丘腹地到山脊一带共有9个神殿，大约10个神殿遗址、废墟，甚至还有史前时代古希腊人、古罗马人的部落遗址。

公元前5世纪以泰隆为代表的古希腊僭主们大兴土木建造了这些宝贵的神殿。古希腊诗人品达罗斯盛赞这座布满神殿的城市是"世界上最美丽的城市"。到了春天，山丘到处弥漫着巴旦杏花香。远古的梦和浪漫让阿格里真托独一无二。

■交通

坐火车从巴勒莫到这里大约需要2.5小时，坐公交车或者观光小火车的话大约需要2个小时。

●旅游咨询处

✉Piazza Aldo Moro, 1 ☎0922-20454、80031 5555（免费电话） 开8:00~14:00、14:30~19:00（周六~14:00） 休周日

街区布局&游览须知

从公交车终点站乘坐市内巴士向考古遗址出发

阿格里真托城区分为两个部分：一个是"神殿之谷"考古遗址，一个是火车站附近街区。长途巴士"普尔曼"可以到达埃马努埃莱广场。然后沿着山坡往下走，右手边就是火车站。站前是公交车终点站，去往考古区中心神殿广场的1、2、3路车从这里发车。

旅游咨询处在神殿广场。从车站到神殿广场大约3公里。神殿广场前有酒吧、咖啡馆，夏天可以在这里补充水分。

"神殿之谷"中星星点点地分布着赫库兰尼姆神殿和协和女神神殿，这些多利斯式神殿散发着夺目的美丽光芒。要想逛完这些神殿最快也要几个小时，慢慢欣赏的话需要半天时间。虽说神殿一日游也不错，不过到了晚上神殿被灯光照亮，更显得神圣而庄严，时间允许的话不妨在附近宾馆逗留一晚。晚上入口处有出租车，但是不容易打到回去的出租车，需要注意。

"神殿之谷" 开8:30~19:00（7、8月20:00~22:00仍开馆，星期六、星期日延长至23:30） €€13 休全年无休

华灯初上，梦幻般的神殿

横卧在乔维·奥林匹克神殿的男像柱，建造当时为立像

神秘而充满张力的赫库兰尼姆神殿

景点

朱诺神殿
Tempio di Giunone
从神殿广场步行25分钟
MAP p.369-B

残留着25根立柱的神殿

从神殿广场出发，沿着到处是神殿的神殿大道往上走，朱诺神殿就在山丘山脊部的最东边。朱诺神殿建于公元前470年，由于经历了大地震和漫长的岁月，神殿的上部结构都已经不复存在，但是25根圆柱和圆柱支撑着的一部分墙壁还勉强残存着。神殿东侧有一块巨大的平整的岩石，那里是古代的祭坛，曾经用来把羔羊和儿童等祭品供奉给众神。

协和女神神殿
Tempio di Concordia
从神殿广场步行12分钟
MAP p.369-B

保存最完好的神殿

阿格里真托的“神殿之谷”中共保存有20多个神殿遗址，协和女神神殿是其中最大的多利斯式神殿。公元前5世纪为了供奉狄俄斯库里神而修建。之后，在6世纪末时由司教格列高利改建成基督教大教堂，一直使用到1748年。神殿也得以基本完好保存原貌。正面6根圆柱，侧面13根，外围34根，仍保持着建造当初的状态。柱廊内侧的神室墙壁一面都是拱形门，可以看出当年作为圣堂使用残留的影响。

乔维·奥林匹克神殿
Tempio di Giove Olimpico
从神殿广场步行3分钟
MAP p.369-A

巨人像

通过交费处的大门，进入“神殿之谷”立刻就能看到乔维·奥林匹克神殿。虽然现在已经成了一片废墟，但是当年建成时长113米、宽56米，是谷内最大的神殿。圆柱之间还矗立着7.6米高的巨人像“男像柱”。真正的“男像柱”珍藏在国立考古学博物馆，乔维·奥林匹克神殿内展示的是其复制品，也是横卧姿态。

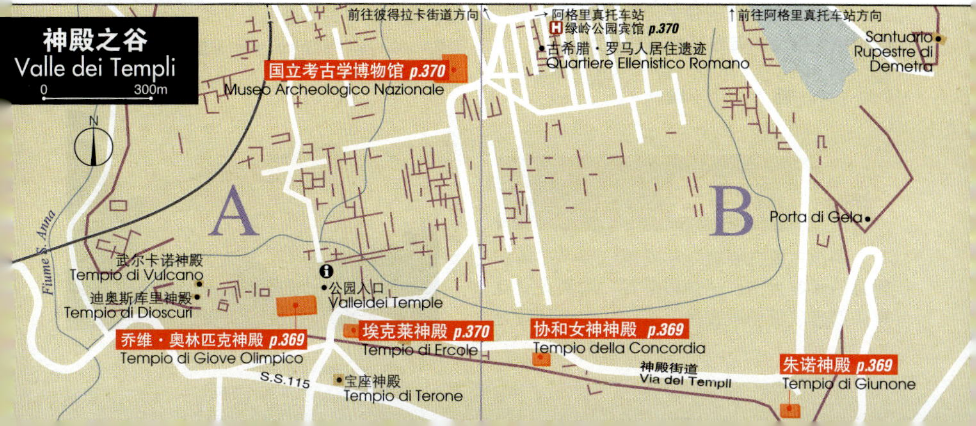

埃克莱神殿

Tempic di Ercole

从神殿广场步行23分钟

MAP p.369-A

献给赫拉格里斯神，公元前520年的古老建筑

埃克莱神殿广场前，现在仅剩8根圆柱，是谷中最古老的神殿。历经风雨的8根圆柱岿然不动地屹立在凹凸不平的岩石上，展示着惊人的力量之美。

国立考古学博物馆

Museo Archeologico Nazionale

从神殿广场步行23分钟

MAP p.369-A

（左）古希腊收藏品（下）古希腊的雕刻杰作——《阿格里真托的年轻人》

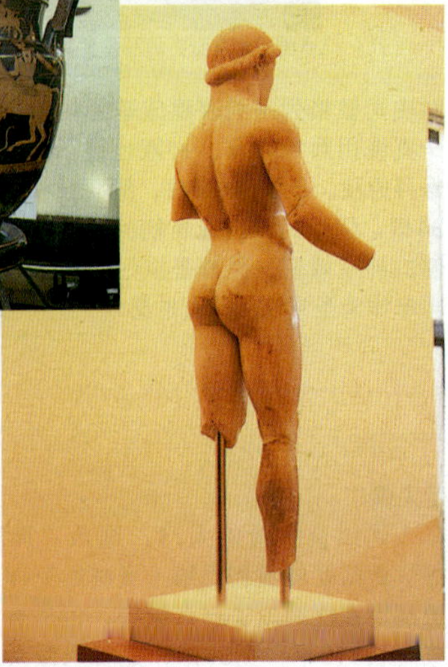

男像柱原作

馆内收藏着乔维·奥林匹克神殿巨人像“男像柱”的真品，人人都为它的气势所倾倒。馆内还收藏着公元前5世纪的美丽的大理石像《阿格里真托的年轻人》，让人联想到维纳斯的像的赤陶俑。还有描绘着黑色图案的陶器等精美的艺术品。

开 周一~周六9:00~19:00，周二、周日·节假日9:00~13:00 休 全年无休 € €6

酒店

宾馆主要在新城区的安德烈莫洛广场和附近的雅典大街，“神殿之谷”周围也有几家。要想欣赏神殿夜景，可以住在“神殿之谷”附近的宾馆。不过“神殿之谷”附近很难打到出租车，需要注意。

朱利山谷酒店

Jolly Hotel Della Valle

高级 MAP p.368外

位于新城区和“神殿之谷”中间

宾馆现代化设备齐全，服务周到。宾馆定位为高级休闲宾馆，泳池边有酒吧，室内设施也无可挑剔。

- Via la Malfa,3
- ☎ 0922-26966 FAX 0922-26412
- € 0 070 T 600 室 113间
- HP www.jollyhotels.it

（上）从房间的窗户可以看到果园（左）优雅的泳池

绿岭公园宾馆

Colleverde Park

高级 MAP p.369-B外

在德拉瓦莱稍稍靠近神殿的地方

从宾馆步行15分钟就能到国立考古学博物馆。有的房间面朝“神殿之谷”，风景很好。餐厅等设施齐全。

- Via dei Templi ☎ 0922-29555 FAX 0922-29012
- € S €75~ T €75~ FAX 50间
- HP www.topsicilia.it

在街道稍往里面的地方

MAP p.357-B

巴洛克风格建筑随处可见，是与贝里尼有着很深渊源的城市

卡塔尼亚 Catania

大教堂广场前

卡塔尼亚仅次于巴勒莫，是西西里岛第二大都市，同时也是岛上的工业中心。城区大多毁于17世纪的埃特纳火山大喷发和大地震，但是18世纪又被重建为巴洛克风格建筑。19世纪著名的音乐家贝里尼就出生在这个城市。卡塔尼亚还是游览埃特纳火山的最佳据点，从繁华的埃特纳大街就能眺望到埃特纳火山的美景。同时卡塔尼亚还是西西里岛东、南部观光的据点。

■交通

搭乘意大利航空国内航班从罗马、米兰等主要城市到卡塔尼亚大约需要1小时10分钟；坐火车的话从罗马到卡塔尼亚大约需要9个小时20分钟，从锡拉库萨、墨西拿到卡塔尼亚都需要1小时20分钟。从巴勒莫坐巴士或者租车到卡塔尼亚大约需要2小时40分钟。

●旅游咨询处 ✉Palazzo Minori Via Etna, 63/65 ☎095-4014070 开8:00~20:00 休周六·周日

街区布局&游览须知

从车站步行20分钟左右就到了城区的中心——大教堂广场。广场周围集中了众多巴洛克式建筑。在城区的任何角落都能看得到雄伟的乌尔西诺城堡，13世纪时城堡是卡塔尼亚的要塞，现在城堡内部已经被开发成市立博物馆。只需要2个小时基本就能逛完主要景点。

从机场坐机场巴士到城区

卡塔尼亚机场

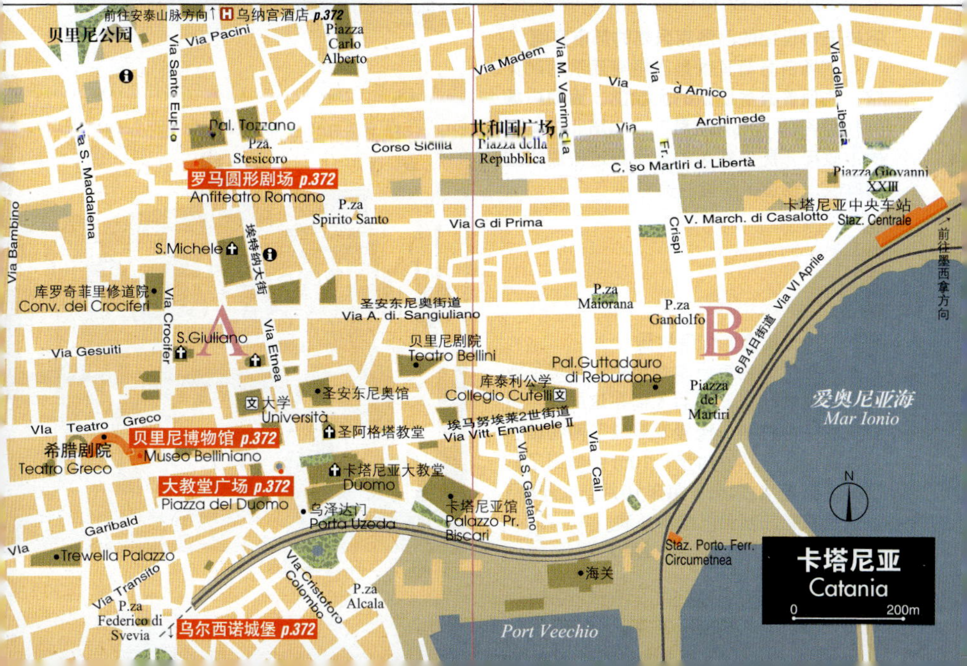

巴洛克式大教堂（上・下）

景点

大教堂广场
Piazza del Duomo
从车站步行大约20分钟
MAP p.371-A

完成于18世纪的巴洛克风格的都市空间

广场自身简直就是巴洛克建筑的展览馆。头顶着美丽屋顶的大教堂、面朝广场的18世纪的“大象喷泉”、广场北侧美丽的市政厅、历史悠久的大学等这些建筑交相辉映，创造出和谐的美感。

贝里尼博物馆
Museo Belliniano
从大教堂广场步行6分钟
MAP p.371-A

歌剧《拉・诺曼》作者故居

贝里尼博物馆原本是出生于卡塔尼亚的贝里尼的故居，之后人们在这里展示贝里尼的生平资料，慢慢发展成了博物馆。从博物馆往车站方向步行10分钟就到了马西莫・贝里尼广场，每年10月到次年6月末这里都有歌剧和芭蕾舞公演。

开 9:00~13:30　休 全年无休　€ €3

罗马圆形剧场
Anfiteatro Romano
大教堂广场步行10分钟
MAP p.371-A

罗马时代剧场遗址

从大教堂广场出发，在埃特纳大道往北走就到了罗马圆形剧场。在这个公元前2世纪竞技场遗址里还残留着部分熔岩制造的阶梯状观众席和大理石舞台。

开 9:00~13:30、14:30~18:30　☎ 095-7472268
休 全年无休　€ 免费

乌尔西诺城堡
Castello Ursino
从大教堂广场步行7分钟
MAP p.371-A外

城堡内部为市立博物馆

城堡位于大教堂南侧。这座跟要塞一样的城堡是13世纪费德列二世建造的。

开 9:00~13:00、15:00~19:00　休 周日、节假日
€ €5

酒店

乌纳宫酒店
Una Hotel Palace
高级　MAP p.371-A外

面朝埃特纳大道，交通方便

距离大教堂步行只需10分钟，四星级宾馆。优雅的餐厅内设施非常完备。

✉ Via Etnea,218　☎ 095-2505111、800606162（免费电话）
FAX 095-2505112　€ S €104~　T €126~　室 94间
HP www.unahotel.it

大教堂广场上的“大象喷泉”

MAP p.357-B

西西里岛最大的古希腊剧场 缅怀着这里古代的繁荣景象

锡拉库萨 Siracusa

奥提伽岛港口

古希腊时期，锡拉库萨与雅典势均力敌。同时锡拉库萨也是希腊著名几何学家阿基米德的故乡。在其考古遗址发现了最大的希腊剧场。位于小岛上的老城区与锡拉库萨通过桥梁连接着。老城区里可以清楚地看到古代繁荣的痕迹。

■交通

坐巴士从卡塔尼亚机场到锡拉库萨大约1个小时，从卡塔尼亚到锡拉库萨大约1小时20分钟，从巴勒莫到锡拉库萨大约4个小时。从阿格里真托到锡拉库萨需要在卡塔尼亚换车，需要2小时35分钟至3.5小时。

●旅游咨询处 ✉Via Sebastiano, 43 ☎0931-709111 开8:00~14:00 休周六・周日

街区布局&游览须知

在考古区有建造于公元前的古希腊剧场遗址，还有古罗马圆形剧场遗址等。从中央站步行15分钟就到了考古区。从中央站翁贝托一世大街往东南方向走，过了大桥再走15分钟就到了奥提伽岛老城区。

景点

罗马圆形剧场
Anfiteatro Romano

中央站步行15分钟

MAP p.373

基本保持了原貌的古罗马竞技场

3~4世纪古罗马时期的竞技场。宽140米，纵深119米。剧场内还残留着石梯状观众席和供斗剑士出入的通道。

开9:00~18:00（冬季~16:00） €€10（考古学公园入场费） 休全年无休

古希腊剧场
Teatro Greco

中央站步行15分钟

MAP p.373

最大规模的古代剧场，保存状态良好

比陶尔米纳剧场遗址规模更大。直到现在，夏天还会在这里上演古典剧和芭蕾舞。

开 € 休（同罗马圆形剧场）

天国采石场
Latomia del Paradiso

从中央站步行15分钟

MAP p.373

古希腊时期用于建造神殿的采石场

在这个古代的采石场里到处都是被称作“狄奥尼索斯”的洞穴。入口处的空洞呈驴耳朵形状，音响效果非常好。当采石场还是监狱时常传说人们能从监狱外面偷听到犯人们说话。

开 € 休（同罗马圆形剧场）

残留着石梯状观众席的古罗马剧场

狄奥尼索斯之耳

圣乔瓦尼教堂

残留着圆柱和地基的阿波罗神庙

圣乔瓦尼

San Giovanni

从车站步行20分钟

MAP p.373

地下广阔的陵寝

圣堂地下有地下礼拜堂圣马蒂诺，再往前走就是地下陵寝，有很多古代的棺椁。并且陵寝内充分利用了古希腊时期的蓄水池和自来水管道。

开 9:00~12:30、14:30~17:30（冬季~17:00）
休 冬季的每个星期二　€ €6

帕·奥尔西考古学博物馆

Museo Archeologico Regionale P.Orsi

从车站步行15分钟

MAP p.373

州立博物馆，巨大的展厅

这座以近代建筑风格为特色的博物馆位于考古区对面的兰德里那公园，宽敞的馆内分为3个展区，分别展示旧石器时代、古希腊殖民时期、锡拉库萨殖民都市时期的出土文物。

开 9:00~18:00（周日、节假日~13:00）
休 周一，每个月的第2、4个星期日　€ €8

大教堂

Duomo

从马可尼广场步行25分钟

MAP p.373

古埃特纳神殿就在这里

宏伟的古埃特纳神殿的确配得上当时能与雅典相抗衡的锡拉库萨的光辉。神殿起源可以追溯到公元前5世纪。7世纪时改建古埃特纳神殿，将其变成了圣堂。内部依然完好地保存着公元前5世纪左右的多利斯型圆柱，还有身廊。古埃特纳神殿是极少数至今为止还在使用的圣堂。锡拉库萨经历过1542年以及1693年两次毁灭性的大地震。在重建过程中，与其他受灾地区一样，古埃特纳神殿也在18世纪改建中有了巴洛克式的正面。

高贵的大教堂广场

开 7:30~19:30
休 全年无休　€ 免费

阿波罗神庙

Tempio di Apollo

马可尼广场步行13分钟

MAP p.373

公元前7世纪的神庙遗址

过了老城区奥提伽岛上的大桥就到了阿波罗神庙。神庙遗址南侧和东侧残留着圆柱和部分地基。

阿蕾图莎喷泉

Fonte Aretusa

马可尼广场步行30分钟

MAP p.373

纸莎草茂盛的温泉

传说少女化身成为这座喷泉，从这儿能眺望美丽的大海。

酒店

罗马宾馆

Roma

高级　MAP p.373

大教堂广场旁边的优雅宾馆

宾馆2000年开业，非常舒适。有的房间内可以免费上网。

- 开 Via Roma,66
- ☎ 0931-465626
- FAX 0931-465535
- € S €75~ T €105~　室 44间
- HP www.hotelroma.sr.it

奥提伽大酒店

Grand Hotel Ortigia

高级　MAP p.373

面朝老城区港口，风景宜人

宾馆就在登上奥提伽岛后最近的港口处，蔚蓝色的爱奥尼亚海就在你的眼下延伸到远方。

- 开 Via Mazzini,12
- ☎ 0931-464600
- FAX 0931-464611
- € S €155~ T €240~
- 室 58间
- HP www.grandhotelortigia.it

旅行信息「中国篇」

出发前检查确认单

- [ ] 比照行李清单检查行李准备情况
- [ ] 提前将大件的行李箱运至始发机场
- [ ] 检查护照正本、副本是否放在妥善的地方
- [ ] 准备2张个人近期证件照以备有需要时使用
- [ ] 确认所持信用卡发卡公司及入保的保险公司在旅行地的联系方式
- [ ] 安排不在家期间时报纸或者邮件的存放事宜
- [ ] 安排好近期的手头工作，并制订好出行期间的工作计划
- [ ] 安排好不在家时所养的植物及宠物
- [ ] 若患有慢性疾病或者宿疾，检查是否备好了常用药品
- [ ] 将在旅行地入住的宾馆及参团的旅行社联系方式告知家人或者朋友
- [ ] 设置不在家期间时的固定电话留言模式
- [ ] 妥善处理冰箱内未使用完的食品
- [ ] 计划好出行当天前往机场的交通方式

出发日程安排

带※号的表示以2012年为例。
节假日及相关活动的举办时间随年份而变化。

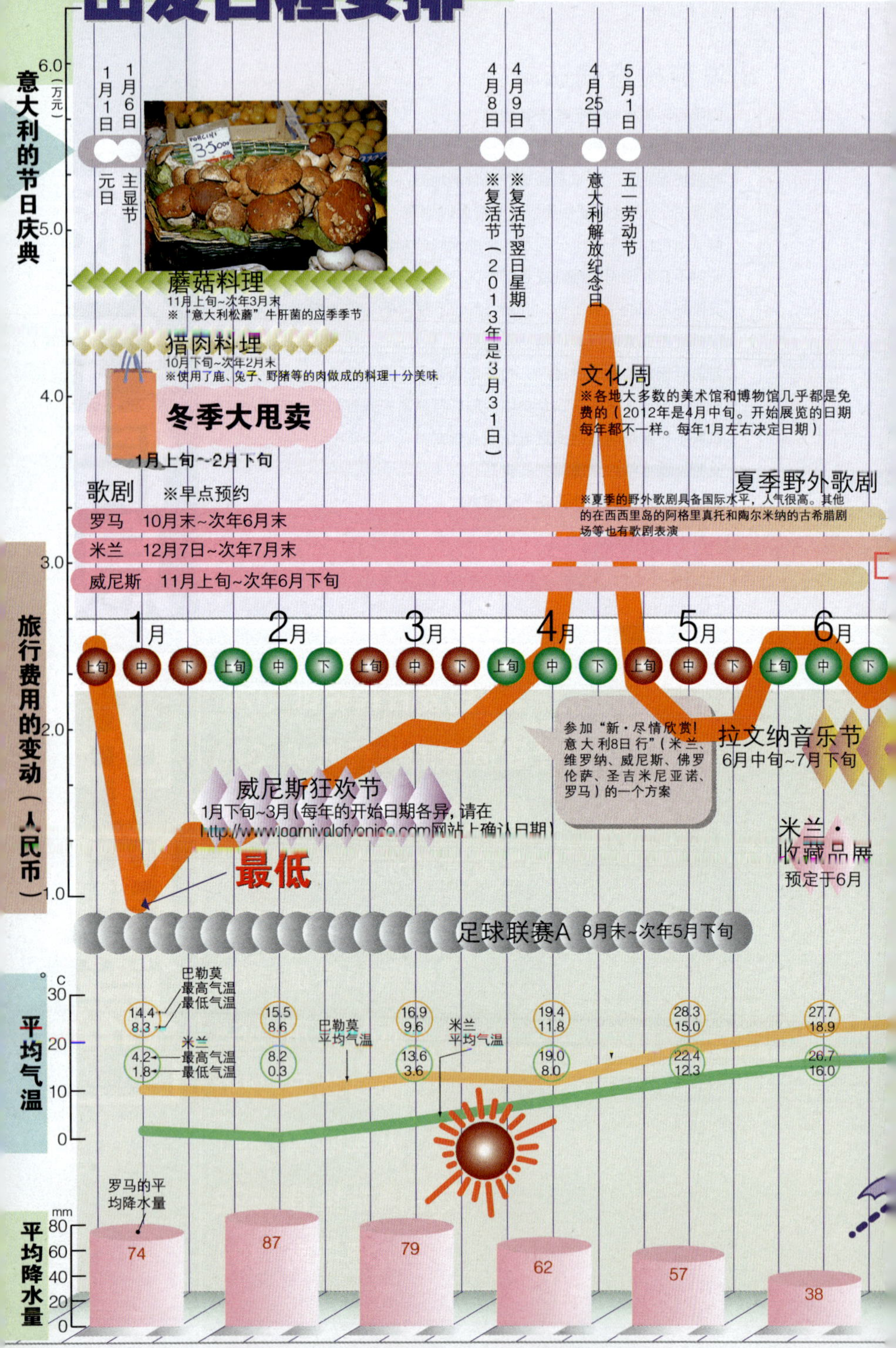

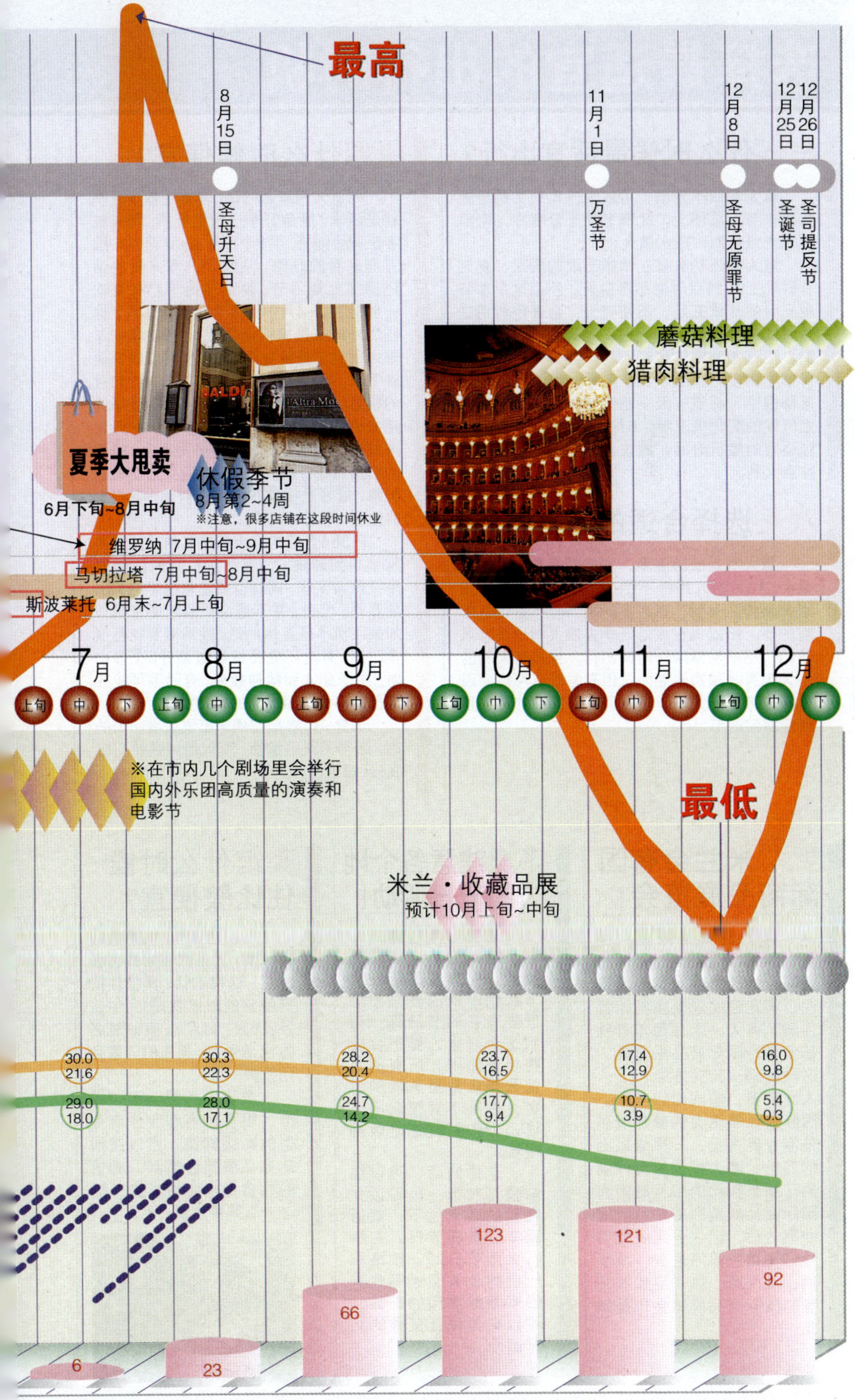

最高
8月15日 圣母升天日
11月1日 万圣节
12月8日 圣母无原罪节
12月25日 圣诞节
12月26日 圣司提反节
蘑菇料理
猎肉料理
夏季大甩卖
6月下旬~8月中旬
休假季节
8月第2~4周
※注意，很多店铺在这段时间休业
维罗纳 7月中旬~9月中旬
马切拉塔 7月中旬~8月中旬
斯波莱托 6月末~7月上旬
7月
8月
9月
10月
11月
12月
上旬 中 下
※在市内几个剧场里会举行国内外乐团高质量的演奏和电影节
最低
米兰・收藏品展
预计10月上旬~中旬
30.0 21.6
30.3 22.3
28.2 20.4
23.7 16.5
17.4 12.9
16.0 9.8
29.0 18.0
28.0 17.1
24.7 14.2
17.7 9.4
10.7 3.9
5.4 0.3
6
23
66
123
121
92

综合机票、住宿、观光淡旺季等因素考虑

选择最适宜的出行时机

气候什么时候最适宜出行？

意大利四季分明，可以说一年到头都是旅行的季节。总体上，北部冬季十分寒冷，南部夏季光照强烈，降水量大。

意大利还是有昼夜情景出现的国家，夏天有时晚上9~11点时依然是白天，所以这个季节观光时间非常充足，不妨充分、合理地利用这些时间来安排自己的行程。尤其在罗马和维罗纳，还有室外剧场和露天音乐会等，晚间活动可谓丰富多彩。至于到了冬季，因为日出和日落都很早，感觉一天一眨眼就过去了。根据以上气候的变化情况看，6月和9月相对来说是比较适宜的旅行时间，建议可以安排此段时间前往意大利。

观光选择合适的时节

意大利是旅游胜地，常年都有游客，尤其是4～10月游人络绎不绝，基本每个著名的景点都得排队参观。在人多的地方有扒手也是常有的事，所以说在旅游旺季去意大利也是有风险的，不妨考虑淡季时候出行。虽然意大利的冬天也有其独特的魅力，但有些景点可能会因整修或施工而关闭，所以说冬天很难称得上是最佳旅游时节。

机票什么时候便宜？

到意大利旅游的话，基本上除了旺季就是淡季。旅游旺季一般是年初、年末或者是黄金周等，共8个月左右。这是从中国方面来看的旺季，从欧洲方面来看的话，还得加上复活节。复活节每年都有变动，一般是在3~4月中的某个星期天。除了这些之外的就是旅行淡季了。一般在年初年末之后或者是黄金周之后，机票会很快便宜下来。具体来说，1月中旬以及6月、11月的机票比较便宜。航空公司不同，旺季的定义也是不一样的，有的机票票价一天之内就有不小的差别。旅行公司不同，机票的价格也不一样，所以要想购买到便宜的机票，最好是提前在网站上对比一下机票的价格，不要嫌费事。

P.384介绍的打折机票有的是预订得越早机票越便宜。当然买机票的话最好是在旅游淡季，同时也要注意提早购买的重要性。但是，并不是说机票越便宜越好。如果飞机不是直达的话，换乘需要花费很多时间，有时还会在机场被迫等6个多小时。由于身体和精神疲惫，有时很可能在旅行时不能有很饱满的精神旅游。

另外，如果是在周末出发或者回国的话，还得另交手续费，所以最好是平日出发、平日返回。

展览米兰会有国际商品展览会！

米兰的宾馆很多，但是在国际商品展览会开展期间，估计想住宾馆也没得住，肯定会发现很多宾馆都住满了客人。米兰每年春秋都会举行国际商品展览会，这段时间一定要注意一下，人比较多，房间比较紧张。国际商品展览会的参加者多是商业界人士，三星级以上的宾馆，客人很快就会住满的。如果自己的旅行时间和国际商品展览会的举行时间冲突的话，记住一定要提前预订宾馆。博洛尼亚、维罗纳、威尼斯、热那亚和罗马等的国际商品展览会也是如此。

节庆注意各个地方的节日活动！

还要记得检查一下各个地方的节日活动之类的，比如威尼斯狂欢节和锡耶纳的赛马节等世界有名的节日等。每到这个时候，城市会变得格外热闹，所有的宾馆和饭店都是满满的游客。住不了宾馆自不必说，恐怕到时连吃饭都很难。

这样的话，可以提前预订宾馆，也可以先在别的城市住下，然后乘车去参观节日。在举行大型节日时，铁路和巴士的公共交通等会有很多临时增加的班数，可以充分保证交通的正常运行。

宾馆什么时候住比较便宜？

可以这么想：机票便宜的时候，宾馆的住宿费也会便宜。这样的话，宾馆住宿费便宜的时候就是1月中旬以及6月、11月了。有的著名的观光景点，周末的门票会稍微贵一些。

像米兰和罗马等大城市，很多游客都会住商务型的高级宾馆，所以在国际商品展览会期间，宾馆的住宿费也会相对贵一些，这一点需要注意一下。

虽然意大利被称为“太阳之国”，但是，并不是常年都很温暖的。北部的冬天特别的寒冷，南部夏季时光照非常强烈。当然，夏季有夏季的看点，冬季有冬季的看点。要想以最好的状态去意大利旅游的话，那就一定要好好找一下符合自己的旅行目的的旅行时间了。

美食如果是美食达人的话，一定要这个季节去

意大利料理的最大魅力就是充分发挥了新鲜的食材的作用。做菜时使用的是什么样的调料倒无所谓，最重要的是做菜的材料越新鲜，意大利料理的味道越是地道。应季的食材的话，冬季的珍馐——西洋蘑菇非常出名。

意大利料理中经常会放西红柿。意大利虽然一年到头都产西红柿，但是到了冬天时，市面上会有很多产自以色列和西班牙的西红柿。当然，味道根本比不上意大利本国产的西红柿。

意大利的话，初夏季节是生产西红柿的旺季。使用这个季节的西红柿做出来的料理，即使不是在高级饭店里，味道也是相当的美。特别是对食材的新鲜程度要求非常高的意式鲜奶酪西红柿沙拉，如果用的是新鲜的食材的话，那味道真是难以言表（参考p.40）。

营业时间有的店周末和周一上午不营业

根据意大利的习惯以及劳动基本法的规定，有不少意大利店周末和周一上午不营业。虽然大城市里常年营业的店铺越来越多，但是并不是所有的店铺都是这样的，更别说小地方上的店铺了，常年营业的店铺更是少之又少。如果把购物定在了星期天，那么很可能这一天就白白浪费了。而且还有的地方，因为找不到吃饭的餐馆，所以没办法吃上饭。这种时候一定要利用比萨专卖店等速食店，随机应变很重要。

这样的话，最好就是将周末和周一上午用于自己的出行赶路上。另外，像美术馆等观光的地方，周一经常会闭馆，所以周末的时候悠闲地参观各个旅游景点等也是一个不错的安排。

记住意大利的这些习惯，以此为依据来制订自己的旅行计划吧。

购物最好是这个时间段

每年的夏季（7~8月）、冬季（12月~次年2月）是意大利商店减价的时期。但那是大致的降价时间，各个地方具体的还是不一样的，因为具体哪天降价是各个城市自己决定的。

有些店铺根本就不会等到真正的降价的季节，它们有时会提前开始降价的。与正式的降价时间相比，打折什么的可能不是那么优惠，但是如果自己的旅行时间在正式降价期间的话，那么这段时间购物的话，会比以原价购买便宜很多，还是比较实惠的。

提前降价一般是打8~9折，正式降价时会打5~7折，降价时期的后半期的话，会打4折。但是，购物的时间越早，更能够买到自己称心如意的商品，所以可以说提前降价时期是可以买到自己称心产品的时期。而且在降价比较厉害的后期的话，很可能找不到适合自己的号码的商品，或者买到的东西都是些不受欢迎的商品。

北意大利最佳时节

北意大利的冬季非常寒冷。米兰1~2月份期间，会冻得脸疼。正因为冬季如此寒冷，所以北意大利冬季运动非常兴盛。夏季时有很多观光的游客或徒步旅行或者是到有湖水的地方旅游等，非常热闹。但是，对于那些想看景点的游客来说，冬季的严寒确实是一件很痛苦的事情。而且，冬季的米兰，白天多雾，有时一周都见不到太阳。秋季到冬季是威尼斯的涨潮时期，运河沿岸会被水淹没，出现“Acqua Alta”现象（水淹广场现象），也是十分令人担心的。Acqua Alta一般上午退潮，但是在涨潮期间，圣马可尼广场会被水淹没成一片水池，所以有一条专门供游客走的路。这段时间是不适合旅行的。

南意大利最佳时节

与北意大利相比，南意大利冬季时气候非常稳定，可以说一年到头都是非常适合去旅游的。但是，南意大利有很多美丽的海岸线以及高级旅游景点，所以去旅行的最佳时间还是夏季。欧洲各地的人为了享受意大利的阳光，纷纷从各个地方赶来旅游。宾馆住宿费非常贵，而且常常满员。但是，到了旅游最佳时节的夏季时，一般的名胜古迹等地方的宾馆住宿费会便宜很多。炎热的夏季到炎热的地方去，对于身体来说确实是一件痛苦的事情。因此这时候去旅游会便宜很多。另一方面，很多旅游景点冬季时会休息不营业，适合散步。虽然不热闹，但是人少，而且宾馆的住宿费也很便宜，这一点是非常可取的。当然，这时候很多自己一直想去的店铺可能正在休息不营业，这一点也是需要认真考虑的。

精心制订出行计划

就行程时间制订旅行计划

A：6~8天

参加工作的人的旅行时间大多数都是这么长。意大利南北距离很长，什么都想看看的话是不可能的。所以制订旅行计划时最好将目标集中在一两个主要的城市上，然后再参观一下这几个城市周围的小城市。说到主要的大城市的话，除了四个大城市（罗马、米兰、佛罗伦萨、威尼斯）外，还有博洛尼亚、都灵、佩鲁贾、那不勒斯和巴勒莫等城市。

如果已经是回头客的话，参观一个城市+一个旅游景点或者是一个景点也是很好的。

B：10天

可以制订像上面的到两个城市及其周边的城市旅行的计划，或者是到三个城市旅行的计划。与中国相比，意大利的交通不是那么宽松，所以到小城市去的话，最好是多留些富余时间。

C：12~14天

可以制订到3个城市的旅行计划，旅行范围非常宽广。同时还可以制订四个城市的旅行计划。制订旅行计划时一定不要把时间安排得太紧，留些余裕时间。要是到西西里岛、撒丁岛、卡普里岛、伊斯基亚岛等岛屿旅行，或者是到南部四大区（参考p.332）旅行的话，更是应该注意时间上不要安排得太紧。因为虽然距离看起来很近，但是在地点的转换上需要花费很长时间。

另外，意大利人爱罢工是出了名的。所以在制订旅行计划时最好是多准备一天的备用日，或者是在回国的日期上多留一些到机场的时间。

罢工用意大利语说是“Sciopero”。一般罢工爆发后报纸上会有报道，但是即使是意大利人很多时候也不会知道什么时候会发生罢工运动。

先确定旅行主题

1.享受设计之国特有的购物氛围

到设计之国——意大利去旅行时一个很大的乐趣就是购物。意大利品牌是大家公认的名牌人气商品。米兰（p.255）、佛罗伦萨（p.137）等大城市自不必说，像博洛尼亚（p.196）、都灵（p.316）、维罗纳（p.250）、佩鲁贾（p.130）等地方城市，以及卡普里岛和里维埃拉海岸，这些地方都有名牌商店。正因为这些地方城市或者高级旅游胜地，所以会有很多在大城市买不到的人气款式，说不定这正是旅行时可以值得期待的一件事情。

2.古色古香、魅力十足的古建筑

意大利的伟大之处在于它现在还遗留有各个时代和各个地方繁荣起来的古都，像古代罗马帝国、神圣罗马帝国等时期。这些杰出的地方都市里还遗留很多当时全盛时期创作、建造的美术品、建筑物以及文化遗产等，还有很多不论现在花多少钱都不可能建造出来的街道等。旅行中如果能参观到这样的美景的话，肯定会人人地陶冶我们的心灵的。

3.众多被认定为世界遗产的文化遗产

在意大利被认定为世界遗产的地区和景点等共有50多处。举例子的话，有北部的里维埃拉海岸附近的五渔村（p.313）、位于威尼斯郊外的威尼斯大街（p.247）、费拉拉街道（p.212）以及都灵王宫（p.317）等。

中部有佛罗伦萨郊外的拉文纳建筑、摩德纳大圣堂（p.210）、比萨大圣堂以及包含斜塔在内的大圣堂广场（p.188）、兰布尼亚诺（p.185）这个中古世纪小镇等。

南部有罗马的古罗马广场和罗马斗兽场，罗马教皇支配区，罗马近郊的冈多夫堡（p.123）、弗拉斯卡蒂（p.123）。另外还有都灵历史遗迹和庞贝古城（p.334）、埃尔科拉诺遗址（p.336）、包含阿玛尔菲和波西塔诺在内的阿玛尔菲海岸城镇，以及阿尔贝罗贝洛的陶尔利建筑（p.353）、西西里的阿格里真托遗迹（p.368）等。遍访这些世界遗产一定会成为一次给人深刻印象的旅行的。

即使是在意大利的小城镇上也一定会有各种各样的观光景点，不论观赏多少遍都还想再看一遍。意大利就是拥有这种魅力的国度。为了不浪费时间，一定要制订好旅行计划，包括路线在内都要制定好。

4.不要错过了欣赏艺术品

不管怎么说意大利都是一个艺术国度。像列奥纳多·达·芬奇、米开朗琪罗和拉斐尔他们都是出生于意大利的伟大艺术家。而且能够近距离地欣赏到这些大家们的巨作也是意大利旅行的一大乐趣。

另外对建筑物感兴趣的人们也不要忘记了欣赏建筑物，比如：文艺复兴时期最杰出的建筑师安德烈亚·帕拉弟奥设计的理想城市——维琴察古城（p.247），同样出生于中世纪的建筑家安泰拉米也留下了数目众多的建筑物——帕尔马洗礼堂（p.206），以及在艾米利亚大道旁边、保留着13~17世纪的文化遗产的雄伟的罗马式圆顶大教堂——摩德纳大教堂（p.209），还有文艺复兴时期因为文化艺术而繁荣起来的城镇。

5.一定要去欣赏一下歌剧

意大利是歌剧的发源地。歌剧一开始是意大利的传统民间艺术，到后来传到了欧洲各国。所以到意大利旅游的话，一定要去看看发源于当地的歌剧。

一般歌剧是在10月到翌年6月演出。要想欣赏地地道道的歌剧的话，还是应该到像罗马（p.53）、米兰（p.255）、佛罗伦萨（p.137）、威尼斯（p.215）、都灵（p.319）、帕尔马（p.206）等之类的大城市去。即使在中国也可以通过网络或者是旅行代理公司等购买到门票，如果是非常受欢迎的歌剧的话，越早订票越好。

6.温泉&美容院——消除疲劳最管用

意大利是国土南北狭长的国家。虽然三面被海包围，但是因为北部有阿尔卑斯山脉、中部有亚平宁山脉，所以以这些山脉为中心到处都形成了许多温泉。氛围比较好和设施豪华的温泉比较多的地方是北部和中部地区（详情请参考p.175“意大利温泉”）泡在温泉里或悠闲地躺在美容院中来充分解除一天的疲劳。

到高级度假胜地去旅行

有很多游客到意大利旅游的原因就是为了体验充足的阳光和观赏蓝蓝的大海。意大利的高级旅游胜地就是满足这些来自世界各地的VIP们的一种度假胜地。在这样高级的度假胜地里度假，感觉是一种奢侈的享受。

像里维埃拉岸的海港城市——波托菲诺港（p.310）、卡普里岛（p.338）、阿玛尔菲海岸的阿玛尔菲镇（p.346）以及波西塔诺赛马节（p.343）等都是非常出名的地方。

观看意大利节日庆典活动

佛罗伦萨有狂欢节，锡耶纳省也有，如果想及时赶上这些节日的话，最好是能提前制订好自己的旅行计划。意大利的节日世界有名，有很多游客会在节日那天到意大利去旅行，非常拥挤，所以住宿比较困难，很有可能订不到房间。如果在有节日的城市订不到房间的话，可以到临近的城镇住宿。可以搭乘火车或者巴士等到当天有节日的城市去观看节目。

综合考虑旅游费用、内容和目的等要素

旅游方式的选择要点

如何选择合适的旅游方式

〈全程服务型旅游团〉

●很少到国外旅游的人

●想到有人气的城镇、地区旅游的人

●对自己的语言表达能力没有信心的人

●觉得有人陪伴比较放心的人

●觉得集体活动很好的人

<时间自由型旅游团>

●对旅游还算比较熟悉的人

●有一定程度的语言表达能力的人

●想自己按照自己的方式来旅游的人

●有充足的时间的人

<灵活型旅游团>

●对旅游还算比较熟悉的人

●想制订自己喜欢的旅游计划的人

●想自由、合理、顺利地安排住宿的人

<体验型旅游团>

●旅游目标很明确

●想掌握对自己的工作和个人生活有用的技术的人

●已经到意大利旅游过好多次了、想进一步挖掘一下意大利的人

参观奶酪工厂和比萨制作手艺人厨房的体验型旅游非常受欢迎

是选择根据自己的旅游目的以及预算、想参观的城市或地区来制订自己的旅行计划的个人自己安排的旅游方式呢？还是选择虽说是跟团旅游，但是可以分为有陪同人员的全日制型旅游、跟团与自己在当地自由制订旅行计划相结合的旅游方式，由于旅游的形式以及旅游公司的不同，可以自由选择跟团旅游方式的跟团旅游方式呢？一定要选择关于旅游的知识和技术以及预算等方面综合考虑来制定的最佳旅游方式。

跟团游——超划算的套餐非常吸引人

全程服务型跟团旅游

有旅游团的人陪同的、帮助安排所有的手续包括航空公司、观光以及吃饭等的跟团旅游方式。选择这种旅游方式的话，即使是对自己的语言表达能力没有自信以及不习惯旅行的人也可以放心旅游了。可以仅是在意大利旅游，也可以是在意大利旅游的同时，到周边的欧洲国家或城市像巴黎、瑞典和巴塞罗那等旅游，形式多种多样。

时间自由型跟团旅游

旅行社一般只安排往返的机票、当地工作人员到时到机场迎接等套餐计划，其他的都是自己可以随意安排的。这种跟团旅游安排的宾馆多是经济住房，去观光以及购物等都不会很麻烦。交通方面，如果只是途经当地的飞机的话，那么在途经的地方还得缴纳机场使用费以及机场税等，而且还需要花费很多时间。

灵活型跟团旅游

这是由自由制订旅游计划发展而来的旅游方式。在网络上选择完机票后会显示出适合自己行程、可以住宿的宾馆，找到符合自己预算等条件的选项，以套餐的形式申请下来。有点类似于个人自己制订旅游计划，但是作为一种旅游商品，是和套餐旅游一样的募集型的旅游计划，所以参加这种旅游方式的话，可以成为公司的旅程保险的保护对象，不过这种旅游方式大多不负责机场到宾馆之间的迎接，需自己办理入住手续。

体验型跟团旅游

最近各种主题的体验型旅游越来越多，像住在农家体验农家生活的方式，以及住在私宅里并且学习做饭和收橄榄油等。

■跟团旅游与个人旅游的优缺点

		跟团旅游	个人旅游	优缺点
国外旅游经验	初次	◎	×	首先记住跟团旅游的流程
可以事前准备的时间	充足	◎	◎	跟团旅游时事先调查一下，自由行动的话，内容会更加充实
	没有	◎	×	这种情况下，最好跟团
旅行时间	~14天	○	◎	如果是10~12天的跟团旅游的话，可能得推迟回国的时间
	14天以上	×	◎	跟团相对较贵，还是个人旅游合适
旅行人数	1人	×	○	还是跟团安全，但是单人间住宿费贵
同行者	朋友	◎	◎	不管是跟团还是个人，都可以节省住宿费
	父母	◎	×	千万不要让父母发生突发事件

个人旅游，随心所欲不受限制

如果是个人旅游的话，那么就必须自己制订旅游计划、购买机票、预订宾馆等，所有的旅游手续都需要自己办理。对于不经常出去旅游的人来说，旅游将是一件很麻烦的事，很多时候都需要自己有足够的随机应变能力。不过，个人旅游可以根据自己的旅游时间和条件等计算合适的旅费，制订自己随心所欲的旅游计划，这也是个人旅游最大的魅力。

自由选择跟团旅游还是个人旅游

适合自己这次旅游目的的到底是跟团旅游还是个人旅游呢？从下面这几个方面来考虑一下吧。

■ 跟团旅游的优缺点

像住宿费和交通费等，还是集体付费比较划算，可以节省很多钱。跟团旅游还有一个优点就是到地方城市等交通不方便的地方的话，可以将时间和费用限制在最小范围内。但是，还有一点一定要注意，如果就自己一个人跟团的话，还要额外交付单间住宿费，可能费用相对会高一些。

跟团旅游的缺点就是强制要求集体行动。如果是第一次到这个城市旅游的话跟团旅游还可以，但是对于已经不是第一次到这个城市来旅游的人来说，集体行动的跟团旅游会是一件很痛苦的事，因为这些景点他们早就已经看过了。所以要想愉快旅游的话，一定要在申请跟团旅游时询问一下旅行社"是否可以不再市内观光了"，这是一件很关键的事。

■ 个人旅游的优缺点

个人旅游的话，可以买到比较便宜的机票，在住宿费便宜时，可以住自己喜欢的宾馆，可以制订比较合理的旅游计划等，可以自由旅游。经常旅游的人，并且知道省钱旅行技巧的话，推荐还是自己自由随便地旅游较好。

缺点是，与跟团旅游相比的话，宾馆住宿费和交通费用会相对贵一些。如果旅游地的交通秩序不是很好的话，要花很长时间找巴士上车、下车的场所。特别是像被偷了东西或者是遇到灾难等，如果自己的英语不是很好的话，会很麻烦。所以个人旅游的话，最好是能参加海外旅游损害保险，或者是参加一下信用卡提供的服务等。个人旅游，一定要考虑一下自己万一遇到意外情况应该怎么处理，随身携带可以商量解决对策的地方的联系地址，做好一切准备。

■ 针对性很强的跟团旅游

专门从事旅游的公司现在组织的旅游的专门性越来越高，像专门的山地旅游、滑雪、到大自然当中的旅游等，同时游客们对这种旅游的需求也越来越大。像一些自己一个人单独行动不方便去的地方，会有对当地很熟悉的人员陪同，让人很放心。而且这种方式的旅游，自己一个人参加也会非常轻松，旅游准备工作也很方便。

确保当地的交通手段

跟团乘坐在当地发车的交通的话，可以以团体价格观光，而且这其中有些地方是个人旅游很难到达的地方。询问一下车站周边的旅游咨询处就能知道具体的交通方式。

●SITA公司：到达的范围很广，可以到达托斯卡纳、威尼托、巴西利卡塔、坎帕尼亚、普利亚这些地方。

●SAD公司：以北部山岳地带的博尔扎诺为中心，可以到达多洛米蒂地区。

●ETNA公司、SAIS公司

专门从事徒步旅游和滑雪的旅游公司

●fellow travel

专门从事徒步旅游和巡回山麓旅游以及滑雪等山岳旅游的旅游公司（可至当地旅游咨询处进行咨询）

机票

出国旅游，机票在消费开支中占相当比例，如果能在机票上省下不少钱那是再好不过了。所以准备旅行计划要从购买机票开始。如果选择自己购买机票，不妨提前咨询。现在国内也时不时推出特价机票，旅行社因为是团体订票也会订到特价机票，还有些航空公司机票代理处为宣传促销也会推出特价机票。不过要买到的话，还是需要技巧的。

机票的种类和特点

机票费用一年之内游人多的时候和少的时候变动很大，其间的差距多达2~3倍。另外，因为有诸多限制，所以即使有特价机票也未必能买到想乘坐的航班或要到达的目的地的机票。一般，机票有以下几种分类，各自的价格和搭乘条件也是不一样的，具体以相关规定为准。

●国内机票和国际机票

这是根据旅行目的地的大概范围而作的分类，一般国际机票价格会高于国内机票价格。

●单程机票和往返机票

这是根据一次行程是否来回而作的分类，一般订往返机票会比分开订去程和回程机票便宜。

●正常票和特殊票

这是根据购票要求而作的分类，一般特殊票又分为团体票、学生票、特价票等，一般特殊票价格相对比较优惠些。

●纸质票和电子票

这是根据机票的表现形态所作的分类。其实电子机票是纸质机票的电子形式，是一种电子号码记录，一旦订好票，只要拿着身份证办理登记手续就可以，比较方便。

选择直达航班更便利

到意大利旅行需要花费很长时间，就连直达米兰的飞机都要十多个小时才能到达。如果是中途停机的优惠票的话，飞行时间更长，十分消耗体力。要综合机票价格和飞行时间选择机票。

如果想在旅游地长时间逗留的话，建议搭乘直达飞机。直达飞机，飞行时间短，因此体力消耗也是最小的。目前，中国国际航空公司已经开通了北京、上海直飞罗马以及上海直飞米兰的航线，一般11个小时即可到达。

■ 途经欧洲诸国的航班也是魅力十足

法国航空公司的航班在巴黎换乘，英国航空公司的航班在伦敦换乘。因为在途经地区等飞机需要花费一定的时

意大利国内旅行

如果是到大城市旅行的话，因为意大利国内的交通方式非常发达，所以可以乘坐直达意大利的航班或者换乘飞机，都非常方便。如果买到的是直达意大利的机票的话，有的还可以再额外免费搭乘意大利国内的两趟航班。购买机票的公司不同，机票的形式也是不一样的，一定要根据自己的行程买机票。

如何不经罗马直达目的地

如果是到巴里、巴勒莫（西西里岛）等地方旅行的话，与其在米兰换乘意大利国内航班，还不如直接坐直达目的地的航班比较好。但是，有的航空公司或者有的机票可以免费在欧洲搭乘两趟航班，所以如果想到伦敦、巴黎等地方去看看的话，也可以考虑一下这种机票。如果是在米兰下飞机，直达旅行目的地的话要到离市中心比较远的马尔奔萨国际机场去坐飞机。但如果是在欧洲境内换乘飞机的话，便可以到离市中心比较近的利纳特机场去换乘飞机。

巧妙利用途中转机航班

在往返目的地途中，在换乘飞机的地方超过24小时以上的话，称为“途中转机”。如果是途中转机的话，那么就可以在出发地或目的地或者是两者之间的换乘地方待24小时以上。购买降价机票时一定要看看是不是允许途中转机。如果是途中转机的话，有时候机票会更便宜一些。

间，所以到达意大利一般是晚上或者是早上8点左右。好处是可以在欧洲的国际枢纽机场享受购物的乐趣。因此考虑到中途停机的好处，也还是可以选择卖这种票的航空公司的。有的机票不能中途停机。另外在欧洲停机的次数和费用也是不尽相同的。购买机票时要综合考虑这些所有的因素。

经济实惠的亚洲系列的航班很划算

如果想坐足够便宜的飞机的话，一定要考虑一下亚洲系列的航空公司。国泰航空在香港换乘飞机，泰国航空在曼谷换乘飞机，马来西亚航空在吉隆坡换乘飞机。换乘飞机时可能要在机场等好几个小时。亚洲系列的航班当中，大韩航空在首尔换乘飞机，一般在下午就到达意大利，所需时间仅次于直达飞机。到意大利去或者是从意大利回国时也可以搭乘亚洲系列的航班，其中也有中途停机的服务。亚洲系列的航班一般不在米兰停机。所以在购买机票时一定要综合考虑所有的这些因素。

方便快捷的电子票 (Electronic Ticketing)

现在大多数航空公司都已开始使用E票（电子客票），其实电子机票就是纸质机票的电子格式，其内容信息是通过航空公司的电脑网络系统进行管理的。也就是说游客购入国际航线的机票后便会收到附有相应内容的电子机票。现在国内有些机场简化了登机手续，只要携带身份证件，核对相应资料后即可办理登机手续。也有些是订购了电子机票后，会给购买者寄送“电子机票客户凭证”或“电子机票确认书”，拿着此凭证办理登机手续。电子机票最大的好处就是代替了以前的纸质机票。而且返航时也没有必要携带返程票，这就防止了机票的丢失以及对机票的非法利用，同时也省去了丢失机票时的补办费。

值得注意的是回国时需要出示返程的机票，所以一定要把“电子机票客户凭证”或“电子机票确认书”与护照放在一起随身携带。而且在入境检查时有时也需要出示这些东西。另外虽说是电子机票，但有时里面的内容也会出现差错，所以在收到电子机票后一定要确认里面的信息是否正确。

尝试选择一下“缺口票”

搭乘欧洲系列航空公司飞机的话，往返的航空公司有时可以不是同一家公司，可以变更出发地和所到城市，这种服务就是“缺口票”。购买缺口票的话，其中包含在米兰的旅程和在罗马的旅程，三个城市当中有一个城市不必再次去一趟，可以实现高效率的旅游。在买机票时要向卖票的工作人员透漏出自已想买缺口票的意思，不过买这种票要收取一定的手续费。再者，这种票还有一定的限制条件，如果是正规的降价机票或者优惠机票，也是不能变更途经路线的。在买机票前一定要[illegible]

护照和签证

申办护照所需材料

1.居民身份证原件、复印件
2.本人户口簿、户口簿首页、本人资料页、变更页
3.填写完整的申请表原件
4.申换护照需附上原护照
5.近期2寸淡蓝色背景彩色证件照1张
6.申请事由相关材料

费用与天数

200元工本费
5个工作日

国际学生证

国际通用的学生证。发放对象是学生，到主要的美术馆、博物馆等地方旅行时，只要出示自己的学生证，就可以享受打折待遇。请到各个大学生协会以及国际青年旅馆协会等地方申请国际学生证。

老年证

在观光胜地以及剧院等地方，出示自己的护照，如果年龄超过60岁的话，可以享受到打折优惠待遇。另外，还有意大利铁路部发行的高龄会员卡（收取年费）。

护照

无论是个人旅行还是团体旅行，只要是去往外国就需要护照。所谓护照就是国家对持有人的一种证明——也就是“官方的身份证明”。我国护照分为普通护照、外交护照和公务护照3种，公民出境旅游，办理普通护照即可，其有效期为：护照持有人未满16周岁的5年，16周岁以上的10年。对已经拥有护照的人来说，则要注意确认自己护照的有效期限，如果期限不足则要申请更换新的护照。

护照申请

第一次申办护照时，要先准备齐左栏表列出的相关材料，之后须亲自至本人户口所在地公安局的出入境管理处办理。如果有合理紧急事由请求加急办理，公安机关出入境管理机构也会受理的。注意，在申请完毕时，会收到一张标有日期的取证回执单，一定要好好保管，领取护照时会要求出示，也可以采取付费邮寄的方式获取护照。

护照的换发或补发

护照有效期即将届满的（一般要求不少于6个月）、护照签证页即将使用完毕的、护照损毁不能使用的、护照遗失或者被盗的、有正当理由需要换发或者补发护照的其他情形，可以按照规定申请换发或者补发护照，其程序和第一次申办护照一样。

护照的变更申请

如果护照上面的登记事项（包括护照持有人的姓名、性别、出生日期、出生地，护照的签发日期、有效期和签发机关）发生变更时，也要持相关证明材料，向该护照的签发机关申请护照变更加注。

签证

签证是对象国发行的入境许可证。通常在护照的签证栏上会盖有印章，这是护照发行的标志。意大利签证分国家签证和申根签证两类，其中申根签证又分为旅游、商务等类别。如果选择从中国赴意大利短期旅游，那么可以选择办理个人旅游签证（90日以内）。具体申办事宜可登录意大利签证申请中心网站http://www.italyvac.cn进行了解，该网站分北京、上海、广州页面，详细罗列了申办各类签证所需的材料、申办流程、签证费用等内容，另外还可以免费下载电子版签证申请表格。也可以登录意大利外交部网站http://www.esteri.it进行了解。

在国外万一碰到生病看医生的话，那么花费可能就会超出自己的预算。所以还是加入海外伤害保险比较安全。有的信用卡上附带保险功能，办理信用卡时确认一下有没有这项服务。

海外旅行伤害保险

坚持自由加入原则的缴费不退款保险，其保险的范围涵盖：意外事故、生病、受伤、偷盗等。各个保险公司都提供用中文服务的救急拨号、急救医疗机关的介绍以及筹备工作内容等。

保险的种类与内容

海外旅行伤害保险有很多种，分别对应伤害、疾病、财产赔偿、随身财物等。所以游客们要清楚了解保险的种类、内容和支付条件后再选择合适的加入。可以在保险公司、旅行社等地方进行申请购买。在购买前，可以先作一些了解，一般来讲，各个保险公司的保险内容差别不是很大，就看服务质量和信誉。推荐大家在负责组团旅行和购买机票的旅行社中申请，这样一来一旦出现意外，赔偿手续办理起来会比较方便顺利。

每个保险公司都与相应的援助服务公司联手合作，游客在出现意外时可以用本国语言进行求助。而且还有24小时的紧急援助体系等服务，能给游客提供不少安全感。各个保险公司的服务会有少许差异，所以请仔细阅读保险的说明。

意大利签证申请中心

北京意大利签证申请中心

北京市东城区东水井胡同5号，北京Inn，2 号楼 A座，9层 A区，A901至919室

周一~周五8:00~15:00

010-6532 5724

受理地区包括：北京、天津、重庆3个直辖市及黑龙江、吉林、辽宁、内蒙古、河北、山东、河南、湖北、湖南、江西、贵州、云南、四川、西藏、新疆、青海、甘肃、宁夏、陕西、山西

上海意大利签证申请中心

上海市徐家汇路 555 号广东发展银行大厦 3楼 （200023）

周一~周五8:00~15:00

021- 6390 1803

infosha.italycn@vfshelpline.com

受理地区包括：上海、浙江、江苏、安徽

广州意大利签证申请中心

广州市天河区林和西路1号广州国际贸易中心3楼A-2单元（510620）

周一~周五8:00~15:00

020-3878 4008

infocan@italyvac.cn

受理地区包括：广东、广西、福建、海南

签证所需材料

1. 用英文或意大利文填写完整并签名的申请表（接受用拼音签名）
2. 两张白色背景、尺寸为4cm×3.5cm的免冠近照
3. 护照复印件(需签名且在签证到期后至少有 90 天有效期，护照签发不超过10 年)
4. 往返机票预订单
5. 所有行程资料：包括火车票、飞机票、船票等，最好翻译成英文
6. 申请人户口簿原件和复印件
7. 申请人在职及准假证明
8. 在职公司证明
9. 境外医疗保险单（原件及复印件，必须在申根国家有效）
10. 其他辅助资料：房产证、行驶证(需提供原件及复印件)、退休证(原件及复印件)、结婚证(原件及复印件)、工资条(原件和复印件)

签证费用

申根签证90天内的旅游签证费用：486元人民币

*意大利自2012年12月28日起执行新的费用，6岁到12岁的孩子签证费为284元人民币。

签证申请中心服务费：220元人民币

旅行费用

欧元·人民币汇兑比率

1欧元（1€）约合8元多人民币

以2013年3月，1欧元约兑换8元多人民币的汇率为准，那么100欧元就是800多元人民币，50欧元就是400多元人民币。

在哪儿兑换货币?

每天的货币汇兑比率不同，货币兑换金额也是不一样的。最好是到可信的银行去兑换货币。兑换货币的地方的标志是“CAMBIO”。兑换货币时有事会要求出示护照。兑换到欧元后要当场检查一下。银行的营业时间是8:30~13:30、15:00~16:00。有的银行只营业半天。

意大利货币与货币兑换

货币单位与种类

意大利货币单位是欧元（意大利语：EURO）和欧分（1欧元=100欧分）。货币金额用€表示，纸币有5€、10€、20€、50€、100€、200€、500€7种。硬币从1欧分到1欧元，共有8种。硬币正面的设计和欧元正面的设计是一样的，反面是各个国家自己设计的。

意大利货币情况

到达意大利机场后，马上就要到市内或者是宾馆去，这时就会用到欧元，所以一到机场就要兑换货币。机场内有的货币兑换窗口在休息日也会营业。

货币兑换用意大利语说是“CAMBIO”。窗口上有显示的当日的汇率。兑换货币的场所不同，汇率和手续费也是不一样的，所以最好是到汇率比较合适的地方去兑换货币。

通常，银行的汇率是最可靠的。观光地的汇率和旅馆的汇率比较差。银行的防范体制和中国的不一样，每次只

欧元分类

©European Commission

海外经常会感到困惑的是认不清纸币和硬币的金额。所以在出发前能认好面额的话，到达旅行目的地后会方便很多。而且旅行中的付费方式不仅仅是现金支付方式。旅行支票可以将游人携带的现金最少化，非常方便。旅行支票被盗时还可以再次发行新的旅行支票，这也是很让人放心的一点。

允许进去一个人。有时还需要出示护照。

■根据场合灵活运用旅行卡

◆旅行支票

旅行支票就是给旅行者使用的一种支票，可以在银行内购买。其优势是安全性，即便被盗或丢失也可以重新领取。而且旅行支票也可以用来兑换，并在一流酒店、商场中进行消费。

◆信用卡

只要消费的金额不是太少，一般意大利和国内一样，宾馆、饭店、品牌店等地方可以随便使用各种卡消费。在启程旅行前至少要准备以下种类中的一种信用卡：VISA、Master Card、American Express。

◆国际借记卡

可以在国外的ATM（国际ATM网络，标记：P.IUS、Cirrus）上提取自己存在国内账户中的货币。

常见发行国际借记卡的银行如下所示：

●花旗银行（中国）
http://www.citibank.com.cn

● 中国银行
http://www.boc.cn

◆VISA现金结算卡

和信用卡不同，使用VISA现金结算卡结算的话，当场就可以从自己的银行账户中把自己的消费费用扣除掉。只要银行账户当中的余额在银行规定的余额范围之内，VICA现金结算卡不仅可以当做信用卡使用，而且在国外还可以作为国际现金卡，从有P.LUS标志的ATM（自动取款机）里取出现金。

◆预付卡

预付卡兼有国际现金卡和旅行支票的双重特点。旅行出发前将现金存入卡中，到达旅行地之后可以直接在当地的ATM（自动取款机）上取到当地的货币现金。不必专门另开账户，因此使用预付卡的账户和银行账户是同一个，非常安全。另外，购物时还可以将预付卡作为现金结算卡用。

●VISA旅行预付卡　在P.LUS和VISA的ATM上可以使用这种方式，另外还可以作为VISA现金结算卡使用

信用卡申请·咨询地址

●中国银行信用卡
http://www.boc.cn
●VISA卡
●万事达卡
●美国运通卡
●diners卡

地方城市也可以用国际借记卡

到地方城市去旅行时往往比较担心的是那里是否有国际现金ATM。但是，现在一般的街道上都有银行，只要是自己存钱的银行的话，肯定会有取款机的。银行的数目可能会比大城市少些，但是条件和大城市都是一样的，只要不是到没有银行的[illegible]，都是非常方便使用的，所以如果有的话，最好是带国际现金卡去。

用方便快捷的旅行支票

考虑到安全性，人们往往会购买旅行支票。但是，人们往往会困惑该用哪种货币。考虑到如果自己买的旅行支票过多，会有剩余的情况，最好还是用人民币换算比较划算。这样的话，将货币兑换成人民币现金，可以不会受到货币兑换比率的影响，可以全额收回自己的存款金额。

有了这些旅行更方便！

随身物品

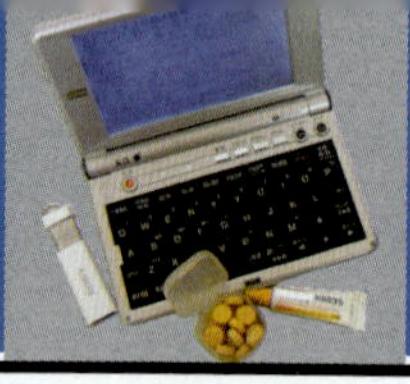

飞机上液体物品的携带

携带行李上飞机时一定要记得检查一下里面有没有饮用水的瓶子和化妆品等物品。如果带化妆品和药物上飞机的话，必须把它们装在100ml的容器中，然后放在能够打开的透明袋子中，密封起来。关于带到飞机上的行李的规定随时都可能会有变化，所以在上飞机以前最好是确认一下携带物品的限制规定。

这个怎么办？

■吹风机

高级宾馆里都会有吹风机。中级以下的宾馆，即使有的宾馆没有吹风机，找工作人员借他们也会借给旅客的。

■牙刷和牙膏

有时连高级宾馆都没有这些东西。在飞机上必须得刷牙，所以一定要带上。

■拖鞋

意大利大多数宾馆内都不提供拖鞋，需要的话自带。

■热水

有些宾馆房间内不提供热水壶，所以想喝热水的话需要自己解决。

意大利的插座和电压

意大利电压为220V，插座大部分为2孔或3孔圆头插座，和中国的不太一样。

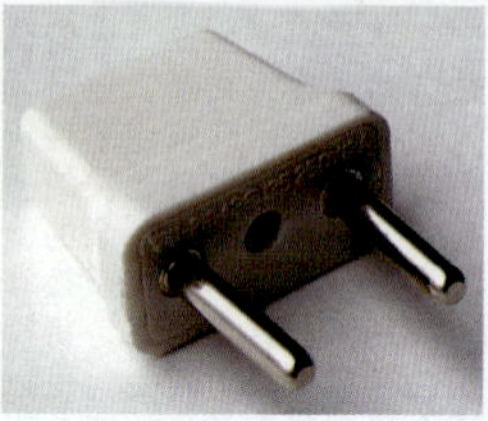

长途飞行要注意及时补给水分

到意大利旅行的话，长时间的飞行是不可避免的。在飞机上长时间一直持续保持坐姿的话，一定要注意身体健康，因为长时间坐的话，很有可能会导致深部静脉血栓症（旅行者血栓症），人的下肢和上腕以及其他静脉上会产生血栓，血栓和血液一起流往肺部，如果肺部动脉受阻的话，氧气就会供应不足。这样的话，站起来时或者开始走路时会感到胸部疼痛、呼吸困难和低血压等情况，最坏的情况，甚至可能会引起心脏停止跳动。

为了防止这种情况的发生，最好是坐着的时候也要保证手腕和脚部的体操运动。一定要注意保持脚部的运动、抬动脚趾使其上下运动、转脚腕等有助于血液循环的运动。还有，在飞机上不要忘记及时补充水分。而且酒精会加快血栓症的发生。

不要忘记带常用药

一定不要忘记放到行李箱里的就是药物了。像感冒药、肠胃药和止痛药等药物的话，最好还是从国内带到意大利去比较好。虽然意大利的药店也有卖的，但是买药时需要用到意大利语，有时服用的方法也和国内不一样。而且，除了普通药物以外，买其他药的话，必须得有处方笺才行。有老毛病的人旅行时一定要记得随身携带从国内带过去的药。为了以防万一，旅行时最好是能带上一份英文病情诊断书（p.421）。

携带行李检查表

★＝必须　☆＝必要　○＝最好带

随身行李		托运行李	
★现金		★护照复印件和证件照（p.386）	
★信用卡		☆保险公司的紧急联系方式	
★护照		☆折叠伞	
★笔记用品		★衣服	
☆海外旅行损害保险		★换洗的衣服	
★电子票（p.385）		★内衣	
☆数码相机、内存卡		★鞋子	
☆计算机、手表		☆防水短外衣	
☆指南书		☆睡衣	
★宾馆预订确认书		★杂品	
○车票（火车票等）		★洗脸用品	
○电子词典、意大利语会话书		★常用药	
○室内穿的鞋子（在飞机上也可以穿）		★化妆品	
○牙刷、化妆品		★生理用品	
○国际青年证		☆创可贴、急救箱	

火车联票

提前购买火车联票

■ 欧洲意大利全境火车票

在有效期限内可以任意乘坐意大利火车（FS）全线。有效期限是从开始可以使用车票到两个月之内。其间，可以从中选择3~10天的搭乘时间，原则是每隔一天搭乘一次。在发行的车票6个月内任意一天可以开始利用车票。

■ 欧洲·选择区间火车票

这种车票的话，可以从意大利到在欧洲里面选择的3·4·5个与意大利相邻的国家。车票中包含特快车费。有效期限是从开始可以使用车票到两个月之内，可以从这段时间内选择5天、6天、8天、10天的乘坐限制（选择5个国家的话，有时甚至能坐长达15天）。

意大利旅行好伙伴——联票

联票，有的在有效期限内可以任意搭乘一定期限内的火车，其中还包含国际特快火车，同时也可以乘坐意大利全境火车（FS）。只要付上有座位的火车费，也可以乘坐特快火车。一般车票种类会分为城市间快车票、欧洲之星快车票、欧洲之星快车之新型特快车票。

■联票的优点

・可以节省在窗口排队买票的时间和精力

・精神上会获得安心感

■购买联票的注意事项

・如果不是重复利用的话，会得不偿失

・几乎所有的火车都需要另交对号入座的手续费

在线预订车票步骤

选择坐席等级，放入购物车中

▼

票上需要标记姓名，输入护照上的姓名

▼

确认输入的信息，预订特快火车

▼

输入送票方式、住址、姓名

▼

进行结算

▼

按照自己制定的方式领票

真情提示

利用意大利铁路FS网站（英语版）非常方便

坐火车到意大利旅行时一般比较值得信赖的网站是意大利铁路FS。有英语版，对于个人旅行来说更是必不可少的。输入出发[illegible]以及车费列表。对比座位等级、火车以及车票种类（p.405）来确定自己的行程是非常有必要的。只有不需要对号入座的普通火车Regionale，有在线卖票服务 这样的话可以以电子邮件的方式获取在线[illegible]果，然后打印出来，上车时出示打印车票就可以乘车。

STEP1
寻找可乘坐的列车

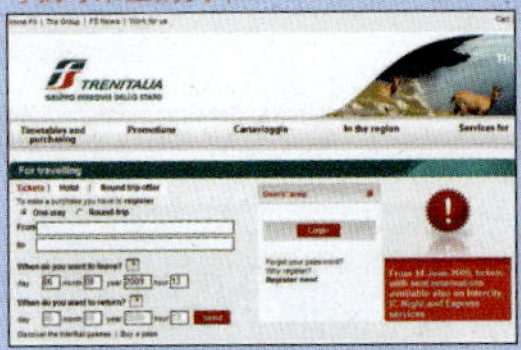

英语版检索画面。选择出发地、到达地和日程，按“SEND”按钮就会出现可乘坐的火车列表

STEP2
从检索结果中选择列车

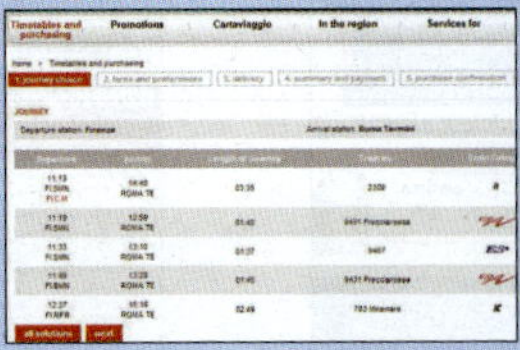

检索结果画面。上面有显示的出发·到达时间、乘车所需时间、火车编号、火车种类以及一等、二等坐席费用等。

STEP3
确认座位等级

选择好车票的种类（p.405）后会显示一等、二等座位的具体费用。一般情况下选择“BASE”比较合算

不妨利用网络搜集资料

实用网站推荐

首选这里提供的观光信息

意大利国家旅游局

http://www.enit.cn

意大利国家旅游局的官方网站，详细列出了意大利所有热门城市的旅游信息。

保证旅馆住宿最低价格

Expedia

http://www.expedia.com

预订宾馆、机票和海外旅行社的网站。宾馆的话，保证预订到的是最低价格。如果还有比这更便宜的，返差额。提供24小时的电话服务。

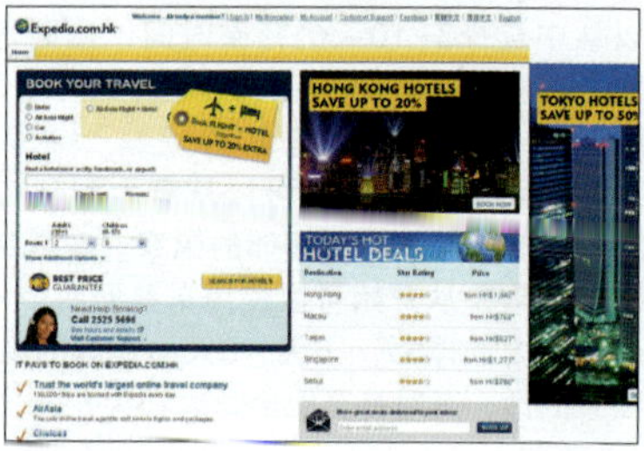

提前做足功课

罗马旅游网站

http://www.turismoroma.it

充足的有关罗马的观光信息。有英文网页。

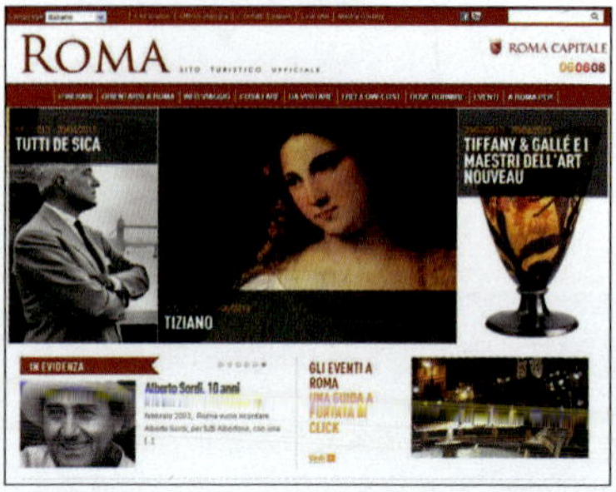

在线地图

Tutto Citt`a

http://www.tuttocitta.it/

意大利版的地图册。在左上角的Citta空栏内输入地名的话，就会出现地图。连小城市的地图信息都可以阅读到，还可以看到城市天气、温度等。

铁路之旅

TRENITALIA

http://www.trenitalia.com/

意大利铁路网站。可以在线预订火车票。有英语版。

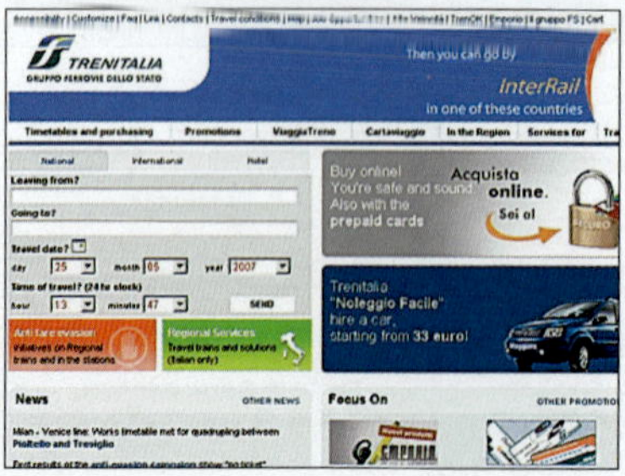

意大利航空公共网站

意大利航空

http://www.alitalia.it

不仅可以预订机票，而且还可以确认航班信息，还有有关活动的介绍等。另外，还能获得有关欧洲天气和意大利的最新信息等。

威尼斯

http://www.enit.cn

米兰

www.turismo.comune.milano.it

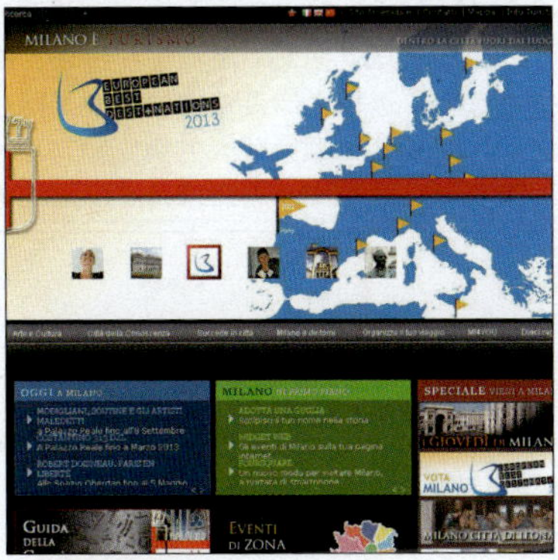

佛罗伦萨

www.firenzeturismo.it

那不勒斯

www.inaples.it

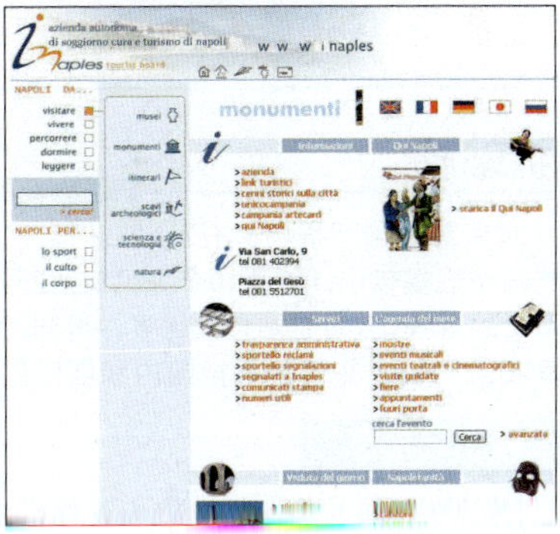

[illegible]

www.bestoutlet.it

意大利共和国报

www.repubblica.it

北京首都国际机场

机场概况

北京首都国际机场，简称首都机场，1958年开始启用，是目前中国最重要、规模最大、设备最齐全、运输生产最繁忙的大型国际航空港，是中国民航最重要的航空枢纽。首都机场位于北京东北郊顺义区天竺镇，距市中心25.35公里，通航近200余个国内外城市，每周有5000多个定期航班，是北京乃至全国的重要空中门户和对外交往的窗口。

北京首都国际机场位置示意图

航站楼

北京首都国际机场共有3个航站楼。1号航站楼规模较小，约有10个登机口。2号航站楼的规模比1号航站楼大得多，可同时停靠20架飞机，并同时承担国内和国际航班的服务。1、2号航站楼之间有乘客连接通道，同时也可乘坐摆渡车互通。3号航站楼于2007年建设完工，规模比2号航站楼更为庞大，目前是国内面积最大的单体建筑。与2号航站楼一样，它也同时承担着国内和国际航班的服务。

停车场信息

首都机场1号停车场，位于首都机场1号航站楼正南侧，共有车位约600个，其中含小车位、中巴车位、大车位、无障碍车位，主要停放机场巴士、社会临时车辆及过夜车辆。

3号停车楼位于首都机场3号航站楼南侧，一层为商业区、派出所、办公区等；二层设有机场快轨车站，并设有前往3号航站楼的通道。3号停车楼目前开放地下一层作为旅客车辆停放区域，共有车位约3300个，其中含小车位、中巴车位和无障碍车位。

主要航空公司

中国国际航空公司（CA） T3
HP www.airchina.com ☎95583
中国东方航空公司（MU） T2
HP www.ceair.com ☎95530
中国南方航空公司（CZ） T2
HP www.csair.com ☎95539

国泰航空公司（CX） T3
HP www.cathaypacific.com
☎4008-886-628
法国航空公司（AF） T2
HP www.airfrance.com.cn
☎4008-808-808

机场交通

机场快轨（东直门—机场）

全长28.1公里，沿途设4个站，到达首都国际机场T3航站楼大约只需20分钟，十分便捷。另外，机场快轨与地铁2号线的东直门站和10号线的三元桥站均有换乘站。

出租车

北京出租车的费用按跳表计算，起步价13元（3公里以内）；超过3公里后，每公里加2.3元。夜间行驶(23:00至次日5:00)计价器会自动加价20%。现在还需要多付2元的燃油附加费。正规出租车上均有发票打印机，下车前记得索取发票，上面有出租车公司的电话，若不慎在车上遗失物品还可打电话询问。

机场大巴

有10多条线路，可就近选择停靠站搭乘。北京周边城市的人士，可选择往返于机场与天津、廊坊、秦皇岛、塘沽等城市之间的省际巴士。 北京市内巴士统一票价为每人16元，省际巴士则依距离远近价格有所不同。具体线路可参见下表。

市区至机场大巴线路

线路名称	主要途经站点	首、末班时间（机场→市内）
1 线（出）	T3 航站楼→ T2 航站楼→ T1 航站楼→亮马桥→白家庄→大北窑→潘家园→十里河→方庄	7:00至次日1:00，发车间隔不超过30分钟，客满随时发车
2 线（出）	T3 航站楼→ T2 航站楼→ T1 航站楼→北小街桥西→安定门桥西→积水潭桥西→ 西直门桥南→复兴门桥东→西单	7:00~24:00，发车间隔不超过30分钟，客满随时发车
3 线（出）	T3 航站楼→ T2 航站楼→ T1 航站楼→三元桥→渔阳饭店→东直门→东四十条→朝阳门→雅宝路→北京站	7:00~24:00，发车间隔不超过30分钟，客满随时发车
4 线（出）	T3 航站楼→ T2 航站楼→ T1 航站楼→国际展览中心→西坝河→安贞桥→马甸桥→北太平庄→蓟门桥→友谊宾馆→苏州桥→紫竹桥→航天桥→公主坟	6:50至次日1:00，发车间隔不超过30分钟，客满随时发车
5 线（出）	T3 航站楼→ T2 航站楼→ T1 航站楼→小营→亚运村→学院桥→中关村	6:50~24:00，发车间隔不超过40分钟，客满随时发车
6 线（出）	T3 航站楼→ T2 航站楼→ T1 航站楼→广顺北大街→湖光中街→育慧里→北苑路大屯→大屯→奥运村→亚奥国际酒店	8:00~21:00，发车间隔不超过40分钟，客满随时发车
7 线（出）	T3 航站楼→ T2 航站楼→ T1 航站楼→朝阳公园桥→ 通惠河北路→永安里东街→广渠门→磁器口→珠市口→菜市口→广安门外→西客站南广场	7:20~24:00，发车间隔不超过30分钟，客满随时发车
8 线（出）	T3 航站楼 → T2 航站楼→ T1 航站楼→白坊→天通西苑→回龙观东大街→回龙观西大街→回龙观→上地大厦→上地信息产业区	8:00~21:00，发车间隔不超过40分钟，客满随时发车
9 线（出）	T2航站楼→T1航站楼→T3航站楼→北关站→西大街→北苑路口→翠屏北里→太阳花酒店	7:00~24:00，发车间隔不超过30分钟，客满随时发车
10 线（出）	首都机场→广渠门→肿瘤医院→玉蜓桥→北京南站北出口	9:30~21:30，发车间隔不超过30分钟，客满随时发车
11 线（出）	T2航站楼→T1航站楼→T3航站楼→窑洼湖桥北→小武基→亦庄北环西路→泰河站	每日18:00由机场发一班车

机场常用电话

机场投诉：010-64541100-9

机场服务热线：010-64541100

医疗急救站

T1航站楼：010-64540999

T2航站楼：010-64591919

T3航站楼：010-64530120

失物招领

T1航站楼：010-64540110

T2航站楼：010-64598333

T3航站楼：010-64530030

上海浦东机场

机场概况

上海浦东机场与北京首都国际机场、香港国际机场并称为中国三大国际航空港。机场位于浦东新区的江镇、施湾、祝桥滨海地带，距市中心约30公里。目前，浦东机场中外通航公司已达到48家，通航60多个国内城市、90多个国际城市，是中国重要的对外交往的窗口之一。

浦东机场位置示意图

航站楼

上海浦东机场共有两座航站楼，两座航站楼之间有通道可互通，也有免费机场摆渡大巴，非常方便。

主要航空公司

中国国际航空公司（CA）
HP www.airchina.com
☎ 95583

中国南方航空公司（CZ）
HP www.csair.com
☎ 95539

法国航空公司（AF）
HP www.airfrance.com.cn
☎ 4008-808-808

中国东方航空公司（MU）
HP www.ceair.com
☎ 95530

国泰航空公司（CX）
HP www.cathaypacific.com
☎ 4008-886-628

德国汉莎航空公司（LH）
HP www.lufthansa.com
☎ 021-53524999

机场交通

地铁

可以选择乘坐地铁2号线（绿色）到达或者离开浦东国际机场，不过，需要在广兰路站进行换乘。注意，2号线地铁在机场与广兰路站之间的运营时间为6:00~22:00，每8.5分钟发一趟，乘坐很方便。

磁悬浮（龙阳路地铁站—机场）

车票单程每人50元和往返每人80元（普通票）。运行时间为6:45~21:40。每日19:02前，发车时间为15分钟一趟；19:02后，发车时间为20分钟一趟。

地面公交

也可以利用地面公交到达或者离开浦东国际机场。目前，浦东国际机场共有大巴专线8条，外加浦东机场环一线和浦东守航线，乘坐也是很方便的。具体线路可参见下表。

地面公交线路

线路	主要途经站点	首、末班时间（机场→市内）
1线（出）	T1 航站楼→ T2 航站楼 →虹桥机场 T2 航站楼	7:00~23:00
2线（出）	T1 航站楼→ T2 航站楼→城市航站楼（静安寺）	7:00~23:00
3线（出）	T1 航站楼→ T2 航站楼→龙阳路地铁站→打浦路→肇嘉浜路天平路→银河宾馆	7:00~23:00
4线（出）	T1 航站楼→ T2 航站楼→德平路浦东大道→五角场→运光新村→鲁迅公园	7:00~23:00
5线（出）	T1 航站楼→ T2 航站楼→洋泾港桥→东方医院→延安中路成都北路（下行单向）→上海火车站	7:00~23:00
6线（出）	T1 航站楼→ T2 航站楼→龙东大道科苑路→龙阳路地铁站→张杨路东方路→老西门→延安中路石门一路→延安西路华山路→安化路定西路（中山公园）	21:00~24:00
7线（出）	T1 航站楼→ T2 航站楼→川沙路华夏东路→上南路华夏西路→上海南站	7:30~23:00
8线（出）	T1 航站楼→ T2 航站楼→当局楼→海天三路启航路→交通队→海关仓库→航油站→东方航空→河滨西路卡口→机场保税区→金闻路闻居路→祝潘公路川南奉公路→千汇路南祝公路→南祝公路周祝公路→南祝公路祝成路→南祝公路卫亭路→盐仓→人民公路城东路→南汇汽车站	7:00~19:30
机场环一线	T1航站楼→T2航站楼→当局楼→公安分局→指挥部（非高峰站）→海关仓库→航空公司→施湾→航城园	8:00~19:15
守航线	T1航站楼→T2航站楼→龙阳路地铁站→东方路张杨路→东方医院（浦东大道）→浙江中路（延安路人民广场）→石门一路（延安路）→华山路（延安路静安寺）→虹许路（延安路）→虹桥机场T1航站楼	23:00后至当日航班结束后45分钟

出租车

公里数	日间(5:00~23:00)	夜间(23:00至次日5:00)
0~3公里	14元（含1元燃油费）	18元
3~10公里	2.4元/公里	3.1元/公里
10公里以上	3.6元/公里	4.7元/公里

机场常用电话

机场问讯：96990

失物招领：021-68346324/68340417

机场投诉电话：021-68347575

行李寄存：021-68346324/68340076

候机楼广播电话：021-68346523/68346234

机场售票电话：021-68346465/68346466/68346467

机场指南

广州白云国际机场

机场概况

广州白云机场始建于20世纪30年代，现位于白云区人和镇与花都区新华街道交界处，距广州市中心约28公里，是我国著名的航空枢纽机场之一。白云机场目前与30多家航空公司建立了业务往来，已开通国内、国际航线110多条，通航国内外100多个城市，在我国民用机场布局中占有举足轻重的地位。

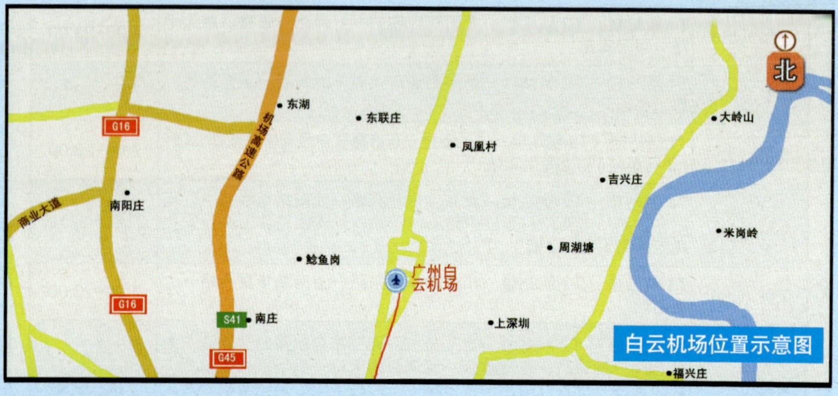

白云机场位置示意图

航站楼

广州白云国际机场航站楼包括地上3层及地下1层。其中，1层为到达层、接机大厅和商业层，2层为到达夹层，3层为出发及候机大厅，地下1层则通往地铁、停车场和机场酒店。

机场交通

机场大巴

机场大巴有两种：空港快线与机场快线。1~4号大巴为空港快线，5~10号大巴为机场快线。同时，机场还有前往周边城市的直达班车，乘坐很方便。

地铁

乘坐地铁3号线的北延伸段（体育西路至机场南站），可往来于机场与市区之间。机场地铁位于航站楼地下1层。

出租车

机场设有两处出租车搭乘处，分布在航站楼两侧。一般从市区前往机场费用相对比较高，要100多元。

机场常用电话

航班查询台：020-36066999
机场投诉电话：020-36066315
机场民航售票处：
020-86130088（国内）
020-86130099（国际）
咨询电话：020-86137273
航站楼急救站：020-36062664
空港快线查询：020-86122102
行李寄存台：020-36066854
机场行李查询：
020-36066763（国内）
020-36066790（国际）

旅行信息「意大利篇」

Travel Imformation

入境检查

罗马达·芬奇机场航站楼

机场有4个航站楼，分别是国内航线的1号航站楼和国际航线的2号航站楼、3号航站楼、5号航站楼。中国国际航空公司飞往罗马的国际航班停靠在3号航站楼。

从中国直接入境意大利

从中国乘坐直达航班到意大利罗马和米兰，飞机分别停靠在罗马达·芬奇机场和米兰的马尔奔萨国际机场。下机后，可以先到到达大厅货币兑换处、宾馆预订窗口及租赁汽车公司窗口等处办理相关事项，而且搭乘前往市区的电车、公交车、出租车多位于这些地方附近。要是在罗马换乘意大利国内航线的话，可直接前往罗马国际机场1号航站楼。

◆到达机场→入境

下机 Arrivi/Arrival	下机后，沿指示标志“arrivi / arrival”前行。
入境检查 Immigration	分“欧盟区国家”和“其他国家”两处。中国公民应前往“其他国家”队列排队等候检查，备好护照及相关证件。
领取行李 Baggage Claim	入境检查结束后，到标有“Baggage”指示标志的地方领取托运行李。根据自己搭乘的航班号，选择行李传送带所在位置领取行李。
关税检查 Customs	领取行李后，前去办理关税检查。根据相关规定，无须交税的到标有“Nothing to Declare”的绿灯处、需要交税的到标有“Goods to Declare”的绿灯处进行关税检查。
到达大厅 Arrival Lobby	到达机场大厅后，根据自己的需要办理相关事项，比如兑换货币、寻找搭乘去市区的火车或者巴士乘车处。如果是团体旅游的话，会有人接机，帮忙处理这些事情。

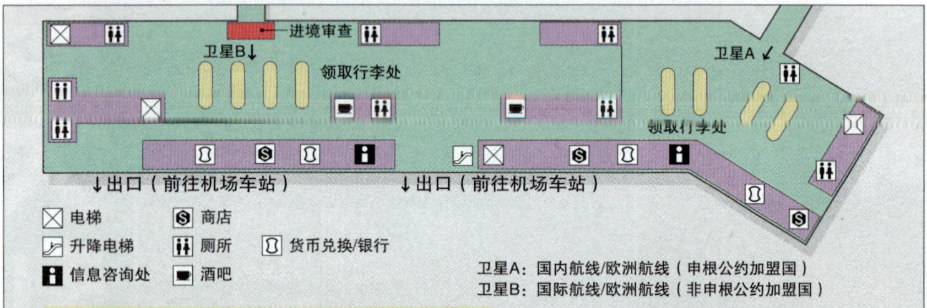

米兰 马尔奔萨国际机场 到达大厅（1楼）

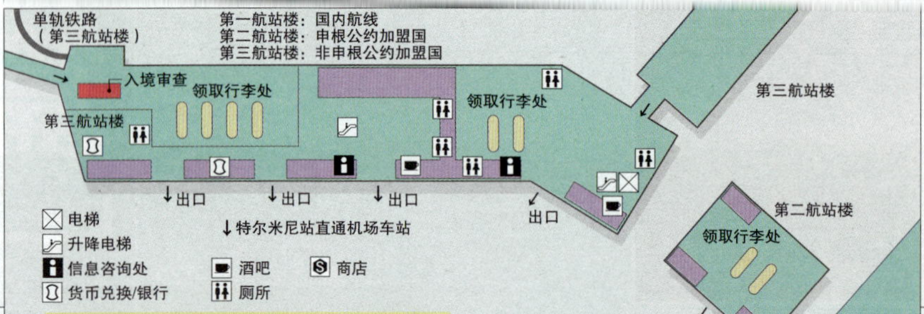

罗马 达·芬奇机场 到达大厅（1楼）

搭乘的航班以及出发和到达的地方不一样，登机的机场以及航站楼可能也不一样，所以在上飞机前一定要好好确认一下，以免弄错。

从欧洲其他国家中转入境意大利

乘飞机

选择的航空公司以及航班不一样的话，到达罗马国际机场的航站楼也可能会不一样。如果从“申根条约”的加盟国（冰岛、奥地利、荷兰、希腊、瑞士、瑞典、西班牙、丹麦、德国、挪威、芬兰、法国、比利时、葡萄牙、卢森堡）搭乘航班到罗马的话，飞机停靠在2号航站楼，至于欧洲国家其他航班抵达的多是3号航站楼。如果从欧洲其他国家搭乘航班到米兰的话，则停靠在马尔奔萨机场。如果选择的是欧洲范围内的廉价航空公司的航班，可能有时不停靠罗马国际机场，而是抵达钱皮诺机场。

坐火车

欧洲国际列车在意大利的米兰和都灵都有停车站。被人们亲切地称为“TGV Artésia”的特快列车有从巴黎通往米兰（途经都灵）的线路。国际特快列车齐萨尔皮诺CIS以及欧洲城市列车EC有从瑞士的苏黎世、巴塞尔、日内瓦通往米兰的线路。CIS和EC还把佛罗伦萨、罗马、博洛尼亚与德国慕尼黑、奥地利因斯布鲁克连接起来了。另外，夜行特快列车EN还连接着瑞士、奥地利、法国等国家。

到达意大利火车站

●向导指示处

一般，意大利大的火车站里有两种向导指示的地方，其标志都是“i”。一种是火车站咨询处，这里通常有铁路路线图、列车时刻表、办理退款、城市周游票的盖章等。倘若遇到不知要换乘哪辆列车的时候不妨去这里咨询一下。还有一种是旅游咨询处，在这里会有给游客市内观光的地图以及观光手册等，可以在这里预订宾馆和饭店，并提供各种活动节日的信息等。

●货币兑换处

国际列车到达的大型车站里都会有货币兑换处，并且通常是常年无休。不过，车站里进进出出的人很多，如果在这里兑换不是很安全。建议兑换大额货币的话，最好到市区相对安全的地方去。这个地方兑换些小额货币以备急用就行。

●行李寄存处

要到车站周边的城市去观光或是找宾馆住宿的话，如果携带行李不方便，可考虑暂时把行李寄存在车站的行李寄存处，这样会非常方便。费用是按12小时收费。每个行李€5左右。另外，罗马、米兰等中心车站，还有超市，周末也营业。意大利的超市很少，能在车站等地方找到超市，实在是一件很令人欣慰的事。

坐车时一定要找对车厢

有时候车厢不一样，到达的地点也是不一样的，所以坐车时一定要注意看好车厢。还有的时候特快火车的各个车厢之间是隔离的。一定要注意，因为时间太急，飞奔赶上了火车到了别的车厢，但是找不到自己的座位的情况时有发生。坐火车的时候一定要时间充裕，时间一定不要太紧。

车站里的各种标志

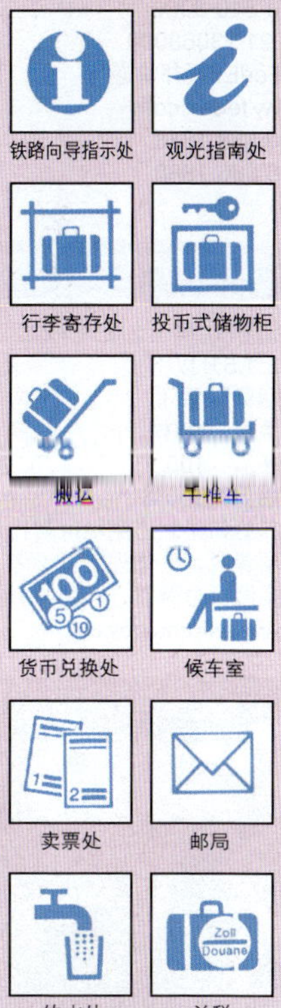

国际快递公司

在意大利，使用国际快递公司如TNT快递、DHL中外运敦豪、FedEx联邦快递等往国内寄送大件行李的话会非常方便，只要打一个电话就会有人上门来办理此类业务。一般到国内只需一周左右的时间。

<联系地址>

●TNT快递
www.tnt.com
www.tnt.com.cn
800 820 9868

●EMS 中国速递服务公司
www.ems.com.cn
11185

●DHL中外运敦豪
www.cn.dhl.com
800-810-8000
86 21 23068000

●FedEx联邦快递
www.fedex.com
800 988 1888
400 886 1888

入境中国时的免税范围

●酒精饮料　2瓶（12度以上，1.5升以下）
●烟草制品
●香烟　400支
●雪茄　100支
●烟丝　500克

※其他如果超出免税范畴，需要课税，具体规定可参考中国海关总署官方网站：www.customs.gov.cn

确认好回国航班的出发时刻

等到快要回国时一定要及时确认好回国的飞机出发时刻。亚洲系列的航班的话，有一部分航班如果是自己个人订的票的话，在回国之际往往需要进行航班的再确认。如果自己乘坐的航班是需要再确认的航班，一般是在回国72小时（3天）前，电话咨询或者直接到相应航空公司的窗口前进行再确认。为了保险起见，一定要确认。同时还要选择确认好从住所到达机场的交通方式。

STEP1　将行李分为随身携带和托运两类

如果搭乘欧洲航班的话，允许带上飞机的行李总重量，经济舱是20kg以内，商务舱是30kg以内；如果搭乘国内航班的话，带上飞机的行李除了随身需要携带的物品之外，具体携带的托运行李规定咨询相应的航空公司；如果搭乘意大利航班的话，物品尺寸不超过25cm×35cm×55cm，重量在5kg以内（手提包以及免税店里的购物袋和笔记本电脑等不属于上述范围之内）。注意，如果携带的物品超重的话，就要缴纳相应的超重费用，具体计费方式要视经济舱还是商务舱、单程机票还是往返机票、成人还是儿童等因素而定，建议最好事先咨询一下相关部门。

另外随身携带行李的话，还有液体物品、刀具等物品的限制条件，具体可参考相应的规定。至于贵重物品和易碎物品及常备药品最好放在随身携带的行李里。在海关处得到免税证明书的产品也一定要放在随身携带的物品里面。如果没有证明书的话，就要交关税了。

STEP2　确定好到达机场的交通方式

如果是个人旅游等自己个人预订机票的话，事先一定要确认好去机场的交通方式以及出发时刻。从罗马回国的话，连接机场和特尔米尼车站之间的机场直通列车“莱昂纳多特快”（向导指示处会有“Regionake”标志），每隔30分钟发车一趟，大约30分钟就能到机场。费用单程€12。从米兰到马尔奔萨国际机场的话，乘坐马尔奔萨特快比较方便。从卡多那车站（北站）到机场大约需要30分钟，费用是单程€11。从中央车站到米兰马尔奔萨机场的摆渡巴士每隔30分钟发一班车。如果想乘坐机场直通火车的话，必须提前买好车票再上车。如果没有买票就上车，事后被售票员发现了的话，会被处以罚款的，最好不要这样做。

STEP3　最好提前2小时到达机场

如果遇到乘机高峰时刻，办理飞机登机手续需要花很长时间，这种情况也很常见。为了避免误机，建议到达机场的时间至少也得提前1.5小时，如果还打算申报关税或者在免税店购物的话，那就一定要提前2小时到达机场。

如果还打算在机场吃些食物或者购物的话，那就不要提前把欧元都兑换为人民币，要把欧元一直留到不会再用了为止。如果还有海外旅游打算的话，考虑到再次将欧元兑换为人民币会因汇率损失一些钱的话，也可以将欧元留到下次旅游时再用。

■确认乘车时刻表

以从罗马市内到机场为例

机场直达列车　特尔米尼车站→机场　所需时间大约30分钟

飞机起飞时刻		时		分
▼	飞机起飞2小时前			
到达机场		时		分
▼	到达时刻30分钟前			
从特尔米尼车站出发		时		分

STEP4　飞机起飞30分钟前到达机场入口处

到达出发大厅后，需要申报关税的即前往关税办理处办理手续（参见p.414）；不需要办理关税申报的可以到免税店里享受最后的购物乐趣。在飞机起飞30分钟之前最好到达机场入口处，等待办理登机手续。飞机登机口不同，前往办理登机手续所需的时间也不一样，所以一定要留有充裕的时间去办理手续。

STEP5　到达国内后的入境检查

到达国内之后的手续流程大体上是：入境审查→ 领取托运的行李→关税检查。即使购买的物品在免税范围之内，也要进行申报。超过课税范围的还需要填写申报表（主要是填写购买物品的种类、数量、价格等），到达机场之后按照关税申报处的标志前去接受关税检查，之后再到指定的地方交税。

机场特快到达/停车的米兰卡多那车站

限制带入中国的物品

●无线电收发报机、通信密码机；
●烟、酒；
●濒危的和珍贵的动物、植物（均含标本）及其种子和繁殖材料；
●国家货币；
●海关限制进境的其他物品。

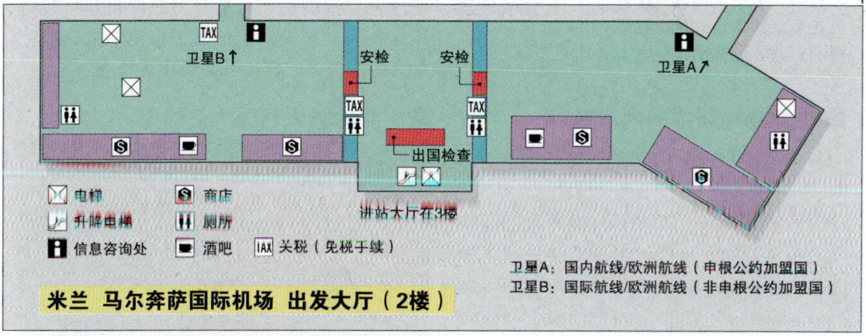

米兰　马尔奔萨国际机场　出发大厅（2楼）

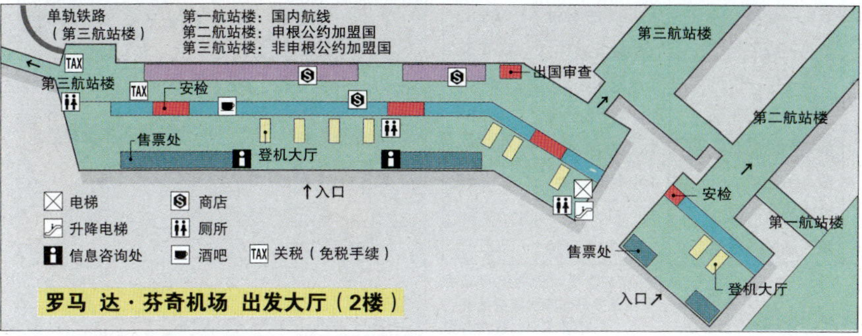

罗马　达·芬奇机场　出发大厅（2楼）

美好旅行的主要搭档 飞机

意大利国内航线公司

●意大利航空
http://www.alitalia.com/
●子午线航空
http://www.meridiana.it/en/
●意大利第一航空
http://flyairone.com/
●风捷航空
http://w2.volawindjet.it/

国际航线中转国内航线

搭乘国内航线到达意大利境内以后，直接换乘其他方式到意大利的其他城市去的话，还需要再进行一次入境审查&关税检查。所有的手续都办完之后，到达自己要换乘的飞机起飞的航站楼处（在罗马的话），再次寄存行李，办理登机手续。

国内航线

意大利各个城市之间的航线非常发达。特别是从米兰和罗马这两个城市到其他各个城市之间的航线更是很多。运营的航班数最多的是意大利航空。其次是子午线航空、意大利第一航空以及经过西西里岛的风捷航空等这些意大利国内航线。

在国内预订・购买机票

旅行出发之前，可以在意大利航空的国内办事处或航空代理处等地方预订国内航线的机票。乘坐意大利航空或者中国国际航空公司运营的航班，从国内到意大利时，如果途中转机（p.384）的话，有时在意大利境内的两趟航班可能会免费搭乘，所以在预订时如果需要的话一定要同时预订上。但是，如果是从国内到罗马的话，从直达的飞机到达的地方——米兰到罗马去另算作一趟航班，这一点要注意一下。

提前核查机票情况

搭乘意大利国内航班的人，也要检查一下优惠机票系列的航空公司的费用情况。比如上述的意大利第一航空和风捷航空等，在网上订票的话，可能订得越早机票打折打得越厉害。使用这些网站需要一定的英语运用能力，航空公司不同，搭乘的条件也不一样，有必要事先检查一下。

主要路线所需时间和费用

主要的各个城市之间的所需时间和费用（单程）（单位：€）

米兰—卡利亚里	1 小时 25 分钟	358.92
米兰—罗马	1 小时 15 分钟	366.26
米兰—那不勒斯	1 小时 30 分钟	333.26
米兰—巴勒莫	1 小时 40 分钟	343.26
米兰—巴里	1 小时 30 分钟	312.26
罗马—都灵	1 小时 15 分钟	366.83
罗马—威尼斯	1 小时 5 分钟	328.83
罗马—佛罗伦萨	1 小时	261.83
罗马—卡利亚里	1 小时 10 分钟	281.83
罗马—巴勒莫	1 小时 10 分钟	304.83
罗马—巴里	1 小时 5 分钟	212.83
那不勒斯—都灵	1 小时 30 分钟	342.15
那不勒斯—威尼斯	1 小时 15 分钟	305.15

※价格包含税/特殊费用/手续费
※上述航空费用是罗马国际机场的情况。季节不同，运费各异

主要的意大利国内航线图

预订火车票时将要到的地方、乘车日期、车号和坐车人数等提前写在纸上会比较方便。买票时主要将事先写好的纸出示给售票员看一下就能买到车票了。

火车

Alta velocita

“欧洲之星”的新型特快火车。米兰和博洛尼亚之间之前需要1小时47分钟，现在只需要1小时5分钟，是连接全国各个城市之间的最快的火车。另外，到米兰方向去的电车有时还可以到米兰马尔奔萨国际机场去。从米兰到罗马的中途不停车的快车——AV-FAST，运行时速超过300公里。全部都是对号入座，需要交纳一定的费用。

Eurostar Italia

最高时速300公里的欧洲之星，被亲切地称为“Cisalpino”。连接意大利的主要城市，像都灵、威尼斯、米兰、佛罗伦萨、罗马、那不勒斯等。全部是对号入座，需要交纳一定的费用。ETR500里有单间、餐车和酒吧等，长途旅行也很舒服。有时费用比Alta velocita要便宜，是长距离旅行当中使用频率最高的列车之一。

Inter City

连接意大利主要的城市之间的车，相当于意大利的特快车。停车站比“欧洲之星”多，而且费用便宜。客车的话每个座位上6个人，非常舒服。二等车的话就比较挤了。很多时候都非常拥挤，最好是早一些预订。还有在意大利境内行驶的卧铺车“ICN”。除了基本费用以外，还需要再交特快车费用。全部都是对号入座，需要交纳一定的费用。

Eurostar City

在没有Alta velocita和Eurostar Italia行驶的区间行驶的特快火车。客车用的是之前一直用的路线。还有夜间行驶的卧铺车。全部都是对号入座，需要交纳一定的费用。

Regionale

在各个车站都停车。客车分为一等车和二等车，不能提前预订。与“欧洲之星”等特快车相比，乘车时间平均要多花40%，但是运费却是它们的1/3，非常划算。时间上比较富余的时候可以尝试乘坐这种火车。

其他

时刻表上用“E”标记出来的夜间特快车也全部都是对号入座的。普通列车的话，有用“D”表示的相当于特快车的Diretto和用“IR”标记的Interregionale以及用“R”标记的Regionale等。

预订·购买车票的方法

车票分一等车票和二等车票。一等车票的费用是二等车票的1.4倍，其中包含站台票和可以随时变更车票的费用（超过站台票的20%）。即使是站台票，只要是在火车出发之前，只要到窗口办理一下手续就可以变更火车票了。在车站窗口或旅行公司代理店购买车票。从乘车前2个月到发车前3天这段时间内都可以到车站窗口购买车票。窗口的营业时间一般是早上7点半到晚上8点，但是大多数时候都很挤，所以最好是提前预订。预订费用是€1.6。在意大利的网站上检索列车，非常方便。全部都是对号入座，车票是将车票和对号入座的票一体化的全包运费车票，所以即使购买的联票，也需要预订并交纳对号入座的费用。需要注意的一点是能使用铁路联票的只有普通列车。

列车种类

意大利铁路总长1.6万公里。主要的列车种类有以上列举的那些。进行长距离的旅行的话，推荐运行速度比较快的Alta velocita、中途不停车的“AV- FAST”。

方便实惠的出行方式 火车

上车之前一定要检火车票。一定要注意，别忘记了，忘记了的话，会被罚款的

卧铺车种类

卧铺车分为普通卧铺(Vettura Letto)和简易卧铺(Cuccetta)。

普通卧铺非常小巧，有洗舆间和淋浴，设备齐全。除了床铺之外还有客厅，实行男女分开售票。

简易卧铺的话，床上没有窗帘，三层的卧铺两两相对构成一个房间，共6个人。床和路之间有窗户。卖票的时候男女不分开售票。

火车票

除了普通的相当于特快的火车“Diretto”和各个车站停车的“Regionale”之外，所有的火车都是对号入座的。车票是将乘车票和对号入座的车票一体化的包括运费的车票。乘车时一定确认好票下面标记的车厢类型(一等还是二等)、车厢号和座位号等。

列车时刻表

像书籍似的时刻表花€5左右就可以在车站售货亭买到。封皮是黄色的，标记有“Orario dei Treni”、“Nuovo Orario”等。在意大利铁路FS网站上也可以检索到详细的这些信息。

●意大利铁路FS
参照p.391

通过售票机买票的方法

主要的车站里都设有售票机。主要的车站的对面的亭子越来越少，现在一般都是在标记有“biglietto veloce (fast ticket)”的机器上买票，其买票步骤如下：

1. 选择“ticket issue”
2. 输入出发地和目的地
3. 输入出发日期
4. 选择出发的时间段
5. 从候选的列车中选择自己要搭乘的火车→选择有无打折减价
6. 选择“乘车人数、对号入座、等级（一等／二等）、单程／往返”
7. 显示金额→选择付费方式（现金/信用卡）

火车票的看法

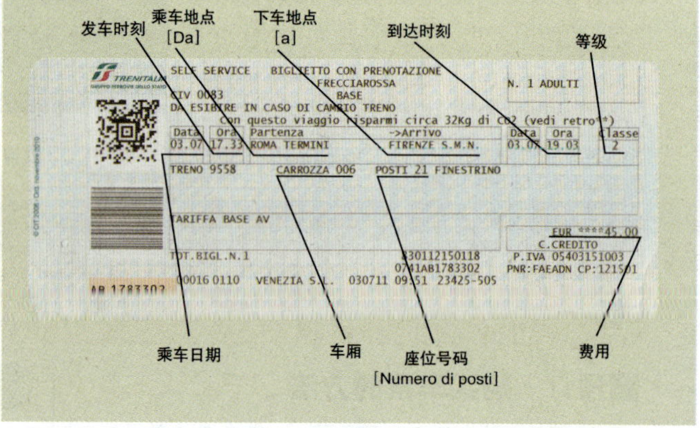

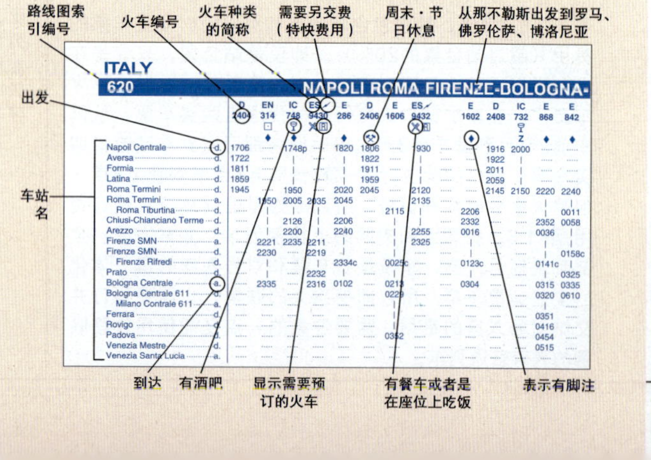

巴士&轮渡

巴士 Pulman

意大利的火车站一般都位于老市区的外面，所以从机场到市中心区的话，最好的方式就是乘坐巴士了。特别是南部和西西里等地区火车不是很发达，使用巴士的情况更是多见，而且还可以欣赏沿途的风景。

●长途汽车

一般经过的是罗马和意大利半岛南端以及西西里等。

●中途汽车

大多数城市里都有与近郊的小城市相连接的路线。纵横网罗西西里岛的路线也很发达。

●预订・购买车票

出发前1个小时在汽车总站购买车票。这时一定不要忘了看一看巴士乘车场。在地方城市更是不易知道巴士的乘车场所。

巴士公司

●米兰

Autostradale
☎02-33910794
http://www.autostradale.it/

●佛罗伦斯

SITA ☎055-47821
http://www.sitabus.it/
LAZZI ☎055-5218355
http://www.lazzibus.it/

●那不勒斯

SITA ☎081-7527337
http://www.sitabus.it/

●巴勒莫

SAIS ☎091-6166028
http://www.saisautolinee.it/
Segesta ☎091-6167919
http://www.segesta.it/

轮渡 Nave

从那不勒斯到西西里，以及从热那亚、里窝那、奇维塔韦基亚、那不勒斯到撒丁岛去的话，可以坐轮渡或者是水中翼船等。那不勒斯—卡普里岛的观光也非常受欢迎。

主要的轮渡路线

轮渡公司

●热那亚—巴勒莫

Grandi Navi Veloci
☎010-2094591
http://www1.gnv.it/

●那不勒斯—巴勒莫
卡利亚里—巴勒莫

Tirrenia di Navigazione
☎892-123
http://www.tirrenia.it/

●那不勒斯—巴勒莫
奇维塔韦基亚—奥尔比亚
那不勒斯—卡普里岛
那不勒斯—伊索拉岛

SNAV
☎081-4285555
http://www.snav.it/

■主要航路所需时间

热那亚—巴勒莫	轮渡20小时
那不勒斯—巴勒莫	轮渡10小时
奇维塔韦基亚—奥尔比亚	轮渡7小时
卡利亚里—巴勒莫	轮渡7小时
那不勒斯—卡普里岛	轮渡80分钟
	水中翼船35分钟
那不勒斯—伊索拉岛	水中翼船45分钟

随心而动的交通方式

租车

开车时使用的意大利语

- 道路 / strada
- 高速公路（收费）/ Autostrada
- 高速公路（免费）/ Superstrada
- 驾照 / patente di guida
- 国际驾照 / la patente internazionale
- 摩托车 / macchina con cambio automatico
- 手推车 / macchina con manuale
- 无铅汽油 / Senza Piombo
- 停车场 / parcheggio

Senso Unico 单行道
Divieto di Accesso 禁止入内
Divieto di Sorpasso 禁止翻越
Sosta Vietata 禁止停车
Passaggio a Livello 小心火车
Lavori in Corso 正在施工
Rallentare 减速
Pericolo 危险
Curva Pericolosa 注意刹车

从预租到还车

❶ 预租

虽然也可以在当地预租，但还是推荐在国内就提前预租。这样的话，有时可以享受到减价的优惠，也可以保证航空公司的积分的累加，租到自己想租借的车型。意大利很少有AT 车，而且价格会稍贵一些。如果想租借这种车型的话，一定要预租。想在当地找分店的话，这些分店一般都设在机场和大城市的中央车站等地方。

❷ 租赁

租车时需要以下3种证件：①驾驶执照；②信用卡；③护照。即使是现金付费，也还是需要护照的，这时护照被当作身份证使用。另外，如果是现金支付的话，还需要交纳押金。关于年龄的限制，比较高级的租借要求25岁以上，一般的租借要求21岁以上。预租了的话，有关人员会给自己一份预租确认书。租借的时候一定要确认一下租借的天数、停靠的地方、联络方式、还到哪里去以及有没有加入什么保险等。一般，租借里面都包含车辆损害保险，但是除了这个以外，再加入车辆损坏补偿制度（CDW）、搭乘人保险（PI）和盗窃保险这些其中之一的保险比较好。完成这些书面的文件之后，要当场确认一下车上有没有损坏的地方等。要是有损坏的话，一定要让有关人员在文件上表明有损坏。只有这样才能避免到还车时被要求支付车辆损坏的费用的危险。

❸ 还车

如果租车时选择了满装汽油提前付费的制度（FPO）的话，还车时的车辆的汽油也必须还是满满的。还车人让负责人检查一下车辆，然后返还钥匙，自己确认一下付费的明细表上有没有什么金额计算错误的。

意大利车辆情况

意大利高速公路纵横交错，交通设施非常完备。道路最左边是超车路，右边是行驶道路。变更行车路线时很多人都不打指示灯的，所以一定要注意保持车距。在城市里面的道路上经常会出现双重停车以及车辆拥挤等情况，所以在没有指示信号的单行道的转盘的地方一定要多加小心。转盘是向左旋转的单行道。行驶的时候转盘里面的车辆优先。开车的时候要十分小心注意转盘的左侧，进入转盘之后绕着圆圈慢慢行驶，绕到圆圈的外围，驶往目的地。要想实现自己的安全舒适的旅行的话，事先最好在书店里买一本详细的地图看一看，对于大体的地理位置等有个印象。

给汽车加油时的意大利语

请给我加20欧元的汽油。
Venti euro di benzina, per favore!
可以告诉我加油的方法吗？
Mi scusi! Come si usa la pompa?
请给我加满。
Il pieno, per favore
可以帮忙检查一下刹车和轮胎吗？
Potrebbe controllare I,olio dei freni e le gomme?

城市里的堵车时间一般集中在早上8点到10点、晚上6点到8点。所以在这段时间最好不要开车出门。另外还要特别小心注意城市街道上的转盘。

意大利的道路标志

警戒标志

前方是优先道路，请让路

前方是十字路口，我方优先

转盘

前方行人与车辆对面通行

禁止标志

禁止车辆通行

对面车优先

禁止超车

限制区间结束

义务标志

指定车辆的行驶路线

限制区间结束

巴士专用线

转盘

指示标志

高速公路

停车处

对向车时，我方优先

单行道

道路标志与限速

高速公路限速在130公里以内，但是很多人在驾驶的过程中速度会开到140~160公里。高速公路分收费的和免费的两类。收费的高速公路在入口的地方会发票，到了最后下车时出付费。门口有专用的自动课税系统——“Telepass”，不要到“Telepass”门口，最好是用现金支付的门口付费。现金支付的门口的标志是“biglietto”。汽车专用高速公路是绿色的，标志是“A1-Firenze”。快要到达目的地时会看到写着“Centro”标志的牌子，顺着这个指示牌走就能到城市中心。

给汽车加油

加油站分人工服务和自助服务两种。有人工服务的加油站，可以选择是按钱的多少加还是加满。自助服务的加油站，将纸币（€20或者是€10）投到自动售油机里，选择加油量和油的种类，之后将加油的管子放到加油口就行了。加满之后会自动停止加油。无铅汽油的标志是“Senza Piombo”，高辛烷值汽油的标志是“Super”。

路上停车场

●白色是免费的，蓝色是收费的

在城市的中心部是很难找到停车的地方的。路上也有停车场，但是停车之前要先看一看边缘的颜色是什么样的。一般的话，白色的表示的是免费的停车场，但是一般都会有规定的停车时间，这一点一定要确认一下。蓝色的表示的是收费的停车场。在旁边的停车收费处买票，买的时间一定要足够用到自己需要的时间，然后将票放在车子的前窗口让人能够看见的地方。有黄线的地方表示的是禁止停车区域。如果在这样的地方停车的话，车子很快就会被牵引车拉走，一定要千万注意。

打电话·上网·取款

意大利的公共电话。大多数都是这种插卡类型的电话

主要城市的市外区号

罗马	☎06
米兰	☎02
佛罗伦萨	☎055
威尼斯	☎041
那不勒斯	☎081
维罗纳	☎045
巴勒莫	☎091

意大利的公共电话

意大利的公共电话有时难免出故障，不过因为其国内有许多公共电话，所以即使这个电话坏掉了，也很快能够找到别的公共电话。确认电话是不是有故障的方法是投入硬币或者是插入电话卡之后有没有“吱”的声音，如果没有的话就是有故障的。

公共电话的种类

一般，城市里面的大多数公共电话都是插卡型（左照）的，不过也有用硬币和电话卡的。

公共电话的拨打方法

基本上和国内一样。

❶ 拿起听筒。放入硬币或者是电话卡。可以使用的硬币类型是10欧分、20欧分、50欧分、€1、€2。

❷ 确认投入的硬币金额或者是电话卡上的余额。打一次电话至少需投入20欧分。打电话时最好是多投入一些硬币。

❸ 拨号。拨打意大利国内其他城市电话时，也要拨前面加“0”的市外区号。

❹ 通话结束后放下听话筒。

在宾馆拨打电话

在宾馆房间里可以拨打意大利市内、国内电话以及国外的长途电话。拨打电话时首先拨连接外线的号码。各个宾馆的外线号码是不一样的，找放在客房里的册子看一下号码是多少。但是，有一点不得不注意的是，从宾馆里打电话非常贵。不论哪个国家，从宾馆里向外打电话都很贵，而且意大利的格外贵，这一点一定要注意。

拨打国际长途电话的方法

1 直拨

用硬币或者是电话卡都可以拨打。

按下国际长途的识别号码“00”，然后是中国国际编码“86”，然后按市外区号，按市外区号时去掉“0”，最后是对方的电话号码。

比如给北京的10-1234-5678拨打电话时

00	86	10	1234-5678
国际长途识别号码	中国国际编码	去掉“0”的市外区号	对方电话号码

2 不花现金直拨电话

公共电话或者是宾馆里可以使用这种方式。打电话的费用直接从信用卡上扣，所以不用担心要准备零钱的问题，也不用担心临走时电话卡里还有余额等问题。有一部分公共电话开始时必须插入意大利的电话卡，但是不用担心，里面的余额不会变少的。

在国内可以查意大利的电话号码。意大利的电话号码咨询处的人多是使用英语。

上网

在意大利，在宾馆的客房里直接使用自己从国内带来的电脑就可以上网。但是费用会很贵，所以最好还是到商务便利店或者是网吧去上网，价格可能会比较划算些。

非常便利的一点就是，意大利全国的60个城市里大约有115家商务便利店经营上网业务，并且大多数的店里都有可以输入中文的PC机。

■internettrain　http://www.internettrain.it/

internettrain的使用方法

连接网络

▼

点击首页上的“Dove Siamo”

▼

按照城市名称找寻店铺

▼

进店→使用→用完→付费

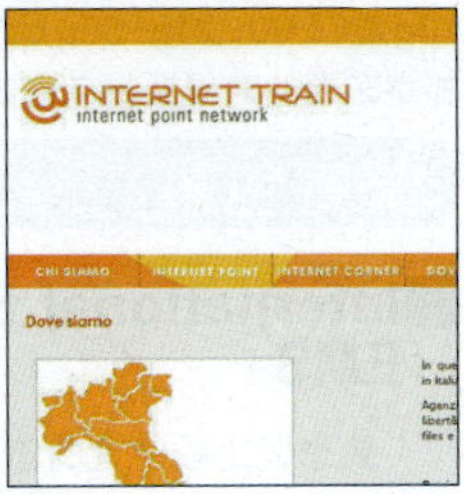

取款（ATM的使用方法）

◆提取现金的操作方法

1. 插入卡

▼

2. 输入密码

▼

3. 选择交易方式
现金卡选择WITHDRAWAL（取存款）
信用卡选择CASH ADVANCE（现金）

▼

4. 输入金额

▼

5. 提取货币

用所有的卡取欧元的时候，各个公司都有自己独自的汇率，另外还会加收3%的手续费。有时候取一次钱，可能需缴纳几块人民币的手续费，提取钱的次数越多花费的手续费越多，所以一定要给自己制订一个取钱计划。另外信用卡的海外融资归根到底也还是融资，在返回上所花的钱之前都是需要交纳利息的。

意大利的电话卡

在自动贩卖机、邮局、电话局、网吧和杂货店等地方卖电话卡。电话卡有€2.5、€5、€7这三种。有的电话卡使用时需要沿线折掉卡的一角才能使用。按照箭头指示的方向插卡。

电话卡

省钱拨打电话小窍门

用诸如skype等网络软件也可以拨打国际长途，而且这个费用很低，不过有时因为信号问题，通话质量可不敢恭维。

邮寄信与包裹

邮筒

意大利的邮筒是四角形的，分为蓝色和红色两种。蓝色是发往国外的，红色是发往国内的。往中国邮寄东西时，放在标有“ESTERO”标志的蓝色邮筒里。

营业时间

●大城市的国家邮局

星期一~星期五　8:30~19:00

周六　8:30~12:00

●其他邮局

星期一~星期五　8:30~14:00

周六　8:30~12:00

快递

规定的可以使用快递的标准是：重量不超过25kg，尺寸的话，长+宽+高的总和不超过160cm等。

●另外邮寄需要的费用

10kg以内　€150（从罗马）

€120（从米兰）

20kg以内　€200（从罗马）

€170（从米兰）

（以上费用时有变动，以当地邮寄实际价格为准）

意大利邮局

意大利的邮局标志是在黄色的封底上用蓝字写着“PT”标志。往中国寄信的话，一般7~10天左右到。往中国寄信时，在收信人的最下面写上国家名“CHINA”（英文）或者是“CINA”（意大利文），在显眼的地方写上“Air Mail” （英文）或者是“Via Aerea” （意大利文）。如果不写的话，就会被当成走水路运输而不是航空邮寄处理，那样到中国的时间会晚很多。如果是用船邮寄的话，大体上要花费2个月左右。往中国邮寄东西的邮费：包括明信片和信封在内不超过20g是€1.60，21g~50g是€3.30。费用随时都可能有变动，在邮寄东西的时候要提前去邮局确认一下具体的邮资。

邮寄包裹

International Express Mail Service（EMS）

要想以比较便宜的价格邮寄不超过30kg的书籍或者是行李的话，有国际邮局服务的EMS是一个不错的选择。可以在网上24小时查询行李的发送状况。从意大利到国内需要5~10个工作日。尺寸的话，要不超过20cm×11cm×0.5cm，三边不超过225cm。费用情况：不超过1Kg是€40，3kg是€45，5kg是€65，10kg是€95，20kg是€175，30kg是€230（以上信息时有变动，邮寄的话最好以当地邮局EMS实际价格为准）。由于行李的丢失和破坏造成的损失，邮费当中已经包含了这样的保险费。如果再额外加保险费的话，可能会得到更多金额的补偿费用。

国际包裹的邮寄方法

❶在邮局里买用于装包裹的箱子或者是在文具店里买比较结实的箱子。长宽高加起来不超过225cm，重量不超过30kg。

❷在箱子的表面写上收件人和寄件人的姓名和地址。明确标记好“petit paquet”。不要把贵重物品和现金放在箱子里。

❸到窗口拿邮寄表，在上面填上必填项目，像：收信人姓名和地址、意大利寄信人的姓名和地址，以及邮寄的东西的价值。

❹办理这些业务的时候要在邮局的工作日内，也就是星期一~星期五。

意大利邮局

http://www.poste.it/en/

意大利邮局官网，也有英语版的，设置有专门计费的页面，可以简单计算送包裹到中国的费用。

节假日

节日

意大利一年到头有很多基督教的节日和起源于故事的节日等，节日各种各样。在节日这天去旅行固然不错，但是这时候人会非常多，要想不遇到这么拥挤的长龙的话，最好是不要在这个时候去旅行。在有各种活动的时候也很难预订到宾馆住宿。

1月1日　元旦
1月6日　主显节/纪念耶稣显灵的节日
4月8日　2012年的复活节
（春分后过完第一个满月后的星期天）
4月9日　复活节翌日星期一
4月25日　意大利解放纪念日
5月1日　五一劳动节
6月2日　共和国纪念日
8月15日　圣母升天日
11月1日　万圣节
12月8日　圣母无原罪节
12月25日　圣诞节
12月26日　圣斯特凡诺节
※过上述节日的时候公司和商店不营业。
各个博物馆的闭馆日也是不一样的，去的话请单个确认一下。

轻装漫步

如果行李过多的话，可以选择国际快递方式送到家里。邮寄的地址写自己的，将在旅行的地方买的物品和携带的行李邮寄到自己的家里的话，算另寄的物品。如果和自己随身携带的物品加在一起不超过中国海关的相关规定是免税的。这样邮寄物品的条件是收件人是自己。如果收件人是自己的家人或者朋友的话，邮寄的东西就会成为课税的对象，需要交纳进口关税和消费税，这一点一定要注意。如果是另寄的话，一定要在上面写明白是另寄，标记上“另寄物品”字样。邮寄物品的单子在回国经过关税检查的时候还会用到，所以这个单子在回到中国之前一定要保存好。

应对内急

在意大利旅行，让人非常不知所措的一点就是厕所很少。在酒吧这种地方上厕所是很方便的，但是酒吧里的厕所一般都锁着。

要是在这里上厕所的话，给柜台的人打个招呼，要来钥匙，再上厕所。在像美术馆和高级宾馆这样的地方上厕所的时候也是这样。上这些地方的厕所的话，临走时需要放€0.50的小费。

方便时可用到的意大利语

厕所
　Bagno
　或者是Gabinetto
　或者是Toilette
男厕所　Uomo
女厕所　Donnna
厕所在哪里？
Dove il bagno?

各个城市的节日和活动

意大利各个城市都有自己规定的守护神节，到了这一天整个街道上都洋溢着节日的气氛。另外，有些城市的活动本来就是活动而已，但是因为太过热闹了后来也就变成了节日。有时在节日和活动期间，银行、办公室和饭店等地方会关门。

●威尼斯
2~3月　狂欢节
4月25日　街道节日
●维罗纳
7~9月　音乐节。野外歌剧
●佛罗伦萨
6月24日　街道节日
●锡耶纳
7月2日，8月16日　赛马节
穿上中古时代的服装，在田野广场上举行场面宏大的赛马活动
●都灵·热那亚
6月24日　街道节日
●罗马
6月29日　街道节日
●巴勒莫
7月15日　街道节日
●那不勒斯
9月19日　街道节日
●博洛尼亚
10月4日　街道节日
●巴里
12月6日　街道节日
●米兰
12月7日　街道节日

满足一定条件可退税

购物

退税条件

同一天在同一家店铺买超过€154.94的物品，而且带到EU圈外的国家去的话，可以享受退税。但有一点要注意的是如果在意大利或者是EU圈的国家之内的机场里忘记盖免税章印的话不能享受到免税服务。如果在离开意大利之后还要途经EU圈的其他国家的话，退税是在最后离开EU圈的机场的时候。

●最低购买额 €154.94

●最大免税额 14.5%

●VAT（增值税）

衣服类 20%

食品 10%

其他 19%

也可以回国后退税

如果是在Global Blue（环球蓝联）加盟店购物的话，在北京、上海、广州等地都可以找到其退税服务网站，具体信息可登录网站www.globablue.cn进行查询。

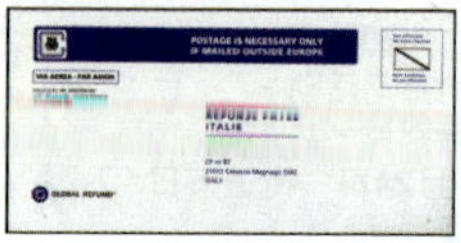

免税申请表的封套

Global Blue

环球蓝联标志

折扣季节

意大利的降价季节一般是在7月初到9月初，以及1月初和2月初，共两次。各个城市的降价日期多少会有些不同。

意大利购物情况

按照常规的话，进出店铺的时候给店员打招呼是礼貌之一。想看的产品可以拜托店员让他们帮忙拿下来看一看。一定要注意不要随便碰摸商品。一般是一个店员为一个顾客服务，所以不要找正在为其他客人服务的店员帮忙。

退税

根据商品种类的不同，意大利的购物中会包含10%~20%的附加价值税。如果生活在EU圈之外的人购物达到一定的标准之后，如果不使用这些东西便寄到国外去，那么可以免收附加价值税。如果只是在意大利国内使用或者是送人的话，享受不到这种待遇。

■在写有免税标志的Global Blue的加盟店购物的时候

❶付钱的时候向店员出示"Tax Free Check Please"，领取免税表。

❷店员会出示一份免税申请表和封套，在回国前一定要好好保管。

■退款方式

❶免税的商品不要托运，要随身携带。购物时被贴上封缄的商品，不要将封缄打开。

❷最后在到EU圈外的国家去的时候，办理完出国审查后，带着写着"Tax Free Cash Refund"或者是"VAT Refund"的纸到退税柜台，出示护照、未使用的商品、收据和申请书，让有关人员在这些文件上盖上章。

❸盖完关税章之后按照下面的方法获得退款。

■在意大利或者是EU圈国家领取退税款

到机场的退税柜台，出示已经盖上海关印章的申请书，选择是领取现金还是将钱打到自己的信用卡的账户上。如果选择的是欧元现金的话，当场就可以领取到现金。之后将申请用的文件放到封套里，投入到退税柜台前的邮筒里。这样就算办完所有的手续了。如果是打到自己的账户上去的话，会在两三个月之后将钱打到自己的账户上。

提前预订

住宿

宾馆种类

意大利的宾馆分为一星到五星级（有的州还有5星L）的宾馆，按照设备基本可以分为5~6种。单间的话，5星级的宾馆最贵，大约是€250，4星级的大约是€140~，3星级的大约是€110~，2星级的大约是€70~，等等。2星级的宾馆，有的写的招牌不是宾馆而是旅馆。经济宾馆里面还有称为“pensione”和“locanda”的家族经营的旅馆和两个人合住的宾馆等青年旅馆。

宾馆的级别的判定不是看建筑物的好坏和服务的好坏，而是以饭店和咖啡馆的数量以及淋浴等设施为基准的。有的3星级的酒店的消费和4星级的差不多。另外，宾馆的费用一年当中也是有变动的。旅游的人很少的11月~次年3月很便宜，住客很多的4~5月和9月、10月会很贵。6~8月的消费居中。另外宾馆的费用当中一般都包含早餐费。至于用餐的种类，4星级的宾馆，一般都是可以随便选择自己喜欢的东西吃的自助餐的形式；3星级的宾馆，一般都是吃鸡蛋、面包，喝咖啡或红茶、饮料等；2星级的宾馆，一般都是吃面包、喝咖啡或者是红茶、饮料等的欧式早餐。

宾馆预订

■通过代理处预订

一般3星级以上的宾馆，都可以通过国内的代理处或者是旅行社及相关网站来预订。预订完成之后有关人员会给出宾馆住宿凭证或者是预订确认书。一定要把这些资料带到当地去。

■自行预订

也可以自己直接给宾馆发送传真或者是邮件预订宾馆。为了防止纠纷麻烦，最好还是能够保存记录的传真或者是邮件比较好。有时在网上预订宾馆的话，还能享受打折的优惠，所以个人自己预订宾馆的一个好处就是可以根据自己的检索找到比较便宜的宾馆。

■在当地寻找

如果没有预订宾馆就到机场的话，还可以在机场的宾馆向导柜台或者是观光指南处或者是宾馆预订处等地方预订宾馆。有的地方会收取介绍费。

住宿相关礼仪及注意事项

不能在走廊和吃早饭的餐桌边穿睡衣。外出的时候把钥匙寄存在前台处。如果自己办理宾馆入住手续是在晚上的话，要跟宾馆说一声自己的到达时刻。还有要遵守的规则就是往浴槽里倒水的时候不要让水溢出来。有的时候如果浴槽里的水溢出来的话，会被罚款的。这些千万要注意。

宾馆的设备和服务

●前台(receptionist)

负责传达宾馆入住和退房的信息，以及保管钥匙等。

●礼宾部

担任街道的观光指导。也可以拜托其预订饭店和剧院等。

●门童

可以帮忙把行李从门口运到大厅里。还可以帮忙打车。

●行李工

可以帮忙把行李从门口搬到房间里，专门负责搬运行李。

●客房服务

准备房间里的饮食，担任客房服务等。如果想借宾馆里的像吹风机等之类的物品的话，拜托这里就可以了。

小费

让宾馆里的人员帮助自己什么特殊的服务的时候，要给他们小费。请房间的服务人员帮忙时要给他们小费。也要给帮助我们搬运行李的门童以及帮我们打车的房间管理人员小费。

使用浴槽时的注意事项

往浴槽里放水的时候一定要注意不要让水溢出来。万一要是溢出来了的话，会弄湿楼下的天花板，不仅会带来麻烦，而且还会被要求赔偿的。用浴槽洗澡的时候，把浴槽幔放在浴槽里，防止浴槽里的水溢到外面。

自来水的话，“F”(Acqua Fredda)表示的是凉水，“C”(Acqua Calda)表示的是开水。

就餐

从美食构成到结账

饭店营业时间

饭店的营业时间一般是12:00~14:30、19:00~24:00。休息日的话，各个店铺是不一样的，但是一般都是在周末或周一。另外，根据每周的情况不一样，白天有时也会休息。

就餐时会用到的意大利语

刀子	coltello
餐叉	forchetta
汤匙	cucchiaio
小汤匙	cucchiaino
玻璃酒杯	bicchiere
餐巾纸	tovagliolo
盐	sale
糖	zucchero
酱油	pepe
芥末	mostarda

? 小费怎么付

如果账单上没有写“包含服务费”的话，从店里出去的时候要在盘子上放10%左右的小费。像饮食店之类的店里还有咖啡馆的话，不用付小费。

饭店种类

■餐馆Ristorante

从高级店到中级店，有各种各样的饭店。到高级饭店去的话，最好是提前预订，穿得整整洁洁地出门。在餐馆里按照菜单上菜。一定要做好心理准备，就是从点菜到付款都需要花费一定的时间。

■饮食店／Osteria

比起餐馆更让人有家庭的感觉。更让人舒适的Osteria，也可以同时点意大利面食、沙拉和红酒等。费用的话，有的店和餐馆的级别很像，都是高级消费，同时也有便宜的价格的，各种各样的都有，种类齐全。

■Tavola Calda

桌上摆着事先准备好的饭菜，可以从这些饭菜当中自由选择自己喜欢的部分的轻松食堂。想要在很短的时间内吃完饭的话，这样的饭店是一种很好的选择。即使觉得自己的语言表达能力不是很好，但是在这样的饭店里只要指着菜单点菜就可以了。

■比萨专卖店

是比萨的专卖店。在意大利一般的餐馆里是不卖比萨的。想吃比萨的时候还得去比萨专卖店里。有可以坐在座位上吃的比萨，也有买好比萨后带走的。有的地方不仅有卖的比萨，而且还有意大利面食类的菜单。

■Enoteca

将店里也卖白酒的红酒店称为“Enoteca”（在威尼斯称为“Bacaro”）。这里可以买到成杯的高级红酒，而且不仅有卖的下酒菜，还有卖的轻便的食物等。

饭菜构成

意大利料理一般会分成5个部分。想知道都有哪些料理的话，请参照p.40~47。

1 Antipasto＝拼盘
2 Primo Piatto（第一个菜）=意大利面食、汤和番茄炒饭
3 Secondo Piatto（第二个菜）=肉类料理和鱼类料理
4 Contorno＝蔬菜拼盘
5 Dolce＝甜点。蛋糕和水果等。

点菜

意大利饭店里没有很死板的规定，所以怎么点菜都可以，也不用执着于上菜的程序问题。各个店都是不一样的，比如有的店里只有拼盘和甜点等，有的店里只有意大利面食和红酒。如果点的是全部套餐的话，饭量小的女

没有时间用餐时，即使飞快地跑进饭店吃点简单的饭菜，店员们服务还需花一定的时间，而且自己还会觉得很着急。所以这样的时候，还是到提前已经摆好饭菜、可以从中自由选择自己喜欢的东西吃的“Tavola Calda”（右边的照片）或者是咖啡馆里比较好。

性，两个人可以吃一份。如果是吃饭少的人的话，分量正好。这样的情况下，事先点菜的时候就可以告诉服务员，“一份饭两个人吃”，这样的话，上菜的时候一开始他们就会把饭分在两个盘子里端上来。点菜的话，一般都是服务员来拿菜单的时候，点好除了甜点以外的所有的饭菜，等到吃完饭后再点甜点和咖啡。

餐桌礼节

餐桌边的服务员会负责倒红酒。如果没有餐桌负责人的话，性别相同的无所谓，但如果是有男女的话，一般最好还是不让女的倒酒。吃面或者是喝汤的时候也不要发出声音来。另外，男性还要注意要让女性坐在安静、视线好的地方。不要把刀叉碰在盘子上，切肉的时候不要用刀子刮盘子发出声音。服装的话，在意大利一般穿得休闲一点就可以了（本书中关于饭店里的穿着有做的标志，请作参考）。

结账

意大利是在餐桌上付款。告诉服务员说“我要结账”之后，服务员就会用盘子端来账目结算。首先确认一下账单，检查一下账单上的菜单和自己吃的是不是一样。如果是在人非常拥挤的时候吃饭的话，很可能会出错，所以一定要仔细确认一下。然后是看一看账单上有没有写着“包含服务费”。如果账单中不包含付服务费的话，付款时是要付小费的。不管是用现金结算还是用信用卡结算，服务员都会把盘子全部端下去，过后再用盘子将找的零钱等一起端上来。

巧妙利用咖啡厅的方法

“没有咖啡厅的人生是难以想象的”，这句话说的就是全世界咖啡消费量最大的意大利人。他们每天早上和傍晚都会在咖啡厅里喝意大利浓缩咖啡。对于游人来说将茶馆和熟食店结合起来的咖啡厅非常方便，令人喜爱。咖啡厅里面可以站着喝，也有座席，但是站着喝的话会便宜很多。点咖啡的基本流程是：在收银台处说明自己想要的商品，付钱，带着收据到柜台去领取商品。在咖啡厅里一般都是站着喝的，但是走累的时候也可以悠闲地坐下来喝点东西，这未尝不是一件令人愉快的事。另外，如果想打电话或者是上厕所的话，去咖啡厅里也是一个不错的选择。

关于咖啡厅里的基本的饮食和零食，请参照p.45。

红酒怎么选

如果不知道该怎么选红酒的话，可以找服务员让他们推荐一下。点完除了甜点之外的菜之后，问一下服务员“Potrebbe consigliarmi un vino adatto？”（适合吃这种菜的红酒是什么？）就可以了。

另外，意大利几乎全境都产红酒，点当地的红酒的话，一般会和点的饭菜比较搭配。点当地的红酒的话，可以用意大利语说“Vorrei un vino locale”（我们要当地产的红酒）。

这样的情况下也要指明自己的预算和点的是vino rosso（红酒）还是vino bianco（白酒）。另外店里除了名牌的红酒之外还有vino da tavola（用酒杯盛起来的便宜的红酒）。一般店里的店长和服务员都会推荐物美价廉的红酒，所以大可放心点酒。

点酒水时可用到的意大利语

“请给我一瓶矿泉水”用意大利语说是“Una bottiglia di acquaminerale, per favore.”饭店里的水一般都是含碳酸的水gassata和不含碳酸的普通水naturale。如果1瓶太多的话，可以说“我点半瓶”，用意大利语说是“Una mezza bottiglia di acqua minerale.”

吸烟可以吗？

现在意大利全国像宾馆等人口聚集的地方都禁止吸烟，当然也没有烟灰缸。如果不遵守这些规定的话，会被饭店罚款的，一定要注意。

以登录数量世界最多为荣
世界遗产

按照国家分类的话，登录为世界遗产最多的国家就是意大利。截止到2011年，意大利从南到北，有47处文化遗产，2处自然遗产。下面就来介绍一下意大利的这些世界遗产。

意大利北部

❶ **位于皮埃蒙特及伦巴第圣山**

16、17世纪建造的被称为“圣山”的教堂群。位于皮埃蒙特大区·伦巴第大区。

❷ **萨沃伊家族王宫** →p.017

皮埃蒙特大区·都灵。

❸ **卡莫尼卡岩画**

沿海的大约长70公里的岩壁上有公元前18—公元前2世纪画的大约14万处岩画。位于伦巴第大区。

❹ **克莱斯比工业城**

由19世纪的资本家克莱斯比建造的工业城。里面还遗留着理想的资本家与劳动者相互合作的理想状态的工业城市的形态。位于伦巴第大区。

❺ **圣玛丽亚教堂和德尔格契修道院，这里收藏着列奥纳多·达·芬奇创作的《最后的晚餐》** →P268

❻ **曼国亚城和萨比奥内塔城**

曼图亚城和萨比奥内塔城都是具体地实现了文艺复兴时期的城市建设规划的典型城市。→p.303

❼ **瑞提阶铁路阿尔卑斯线•伯尔尼纳线及其周边的风景**

毫无破坏地完整地保存了阿尔卑斯山脉难关处的自然景观，在这个地方建造成了令人叹为观止的铁道，自然景观非常美丽。1904年开通了途经阿尔卑斯山顶的阿尔布拉线。这条线路上111个地方的高架桥也甚为壮观。途经伯尔尼纳山顶的伯尔尼纳线连接莫里茨和意大利的提拉诺之间长达61公里的距离。世界遗产属于瑞士和意大利共同拥有。位于伦巴第大区。

❽ **威尼斯及其海滩** →p.215

❾ **维罗纳市** →p.250

公元前曾是圆形的竞技场，现在是室外歌剧场的舞台。

❿ **维琴察市街和威尼托地区的帕拉弟奥样式的住宅群** →p.247

由16世纪的建筑师安德烈亚·帕拉弟奥设计的建筑群点缀着街道。

⓫ **帕多瓦植物园** →p.244

是帕多瓦大学的附属植物园，于1222年建成，是世界上最早的植物园。

可以看到壮观的镶嵌建筑的拉文纳

⓬ **阿奎莱亚遗迹地区和总主教圣堂——圣彼得大教堂**

阿奎莱亚是东罗马帝国中最大的富裕城市。在这里可以看到各种遗迹和11世纪的教堂、总主教圣堂等。位于威尼斯·朱利安大区阿奎莱亚。

⓭ **新街和罗利宫殿**

建造于16~17世纪的，给贵族们居住的豪华的大住宅区非常壮观。位于利古里亚大区热那亚。

⓮ **波托维内莱、五渔村和小岛群** →p.313

面向大海，沿着岩壁的5个村子。

⓯ **拉文纳初期的基督教建筑群** →p.192

保留着拜占庭帝国时代的镶嵌型艺术。

⓰ **费拉拉：文艺复兴时期的街道以及波河三角洲地带** →p.212

飘荡着美学家族特有的余香的宫廷文化。

⓱ **多洛米蒂山脉** →p.14

马尔莫拉达山（3342米）上有冰河，包括马尔莫拉达山在内，这里有18个高达3000米以上的山峰绵延不断。像由于岩溶侵蚀以及冰河削弱作用形成的断壁悬崖和美丽的湖泊等都是富于变化的，非常美丽。多洛米蒂的中心地带是科尔蒂纳丹佩佐。整体跨越3个大区。分别是特伦蒂诺—阿尔托阿迪杰大区、威尼托大区和威尼斯·朱利安大区。●自然遗产

⓲ **圣乔治奥山**

⓳ **意大利的伦巴第族：权势的遗址**／※2011年新登录为世界遗产（参照右下栏）

⓴ **阿尔卑斯山脉周边的史前时代的杭上住居群**／※2011年新登录为世界遗产

位于意大利中部。

中世纪的塔街——圣吉米尼亚诺

㉑ **摩德纳主教座堂、市民塔和大广场**

12世纪罗曼式建筑物代表了当时的建筑的最高水平→p.209

㉒ **圣马力诺历史地区和蒂塔诺山** →p.203

㉓ **佛罗伦萨历史地区** →p.137

㉔ **比萨的大教堂** →p.188

㉕ **锡耶纳历史地区** →p.181

㉖ **圣吉米尼亚诺历史地区**

现在还遗留着许多的塔。 →p.185

㉗ **皮恩扎市街的历史地区**

位于锡耶纳南方的小城镇——皮恩扎，是15世纪罗马教皇保罗二世想象的理想城市，由文艺复兴时期的建筑师建造。位于托斯卡纳大区罗塞利诺。

㉘ **奥尔恰谷**

田园地带非常广阔的拉迪克法尼、卡斯提尼道尔恰、圣奎道尔恰、皮恩托、蒙塔奇诺等这些地域是自然保护地区。位于托斯卡纳大区锡耶纳郊外。

残留着密涅瓦神殿的阿西西

㉙ **乌尔比诺历史地区** →p.200

位于罗马及其周边

㉚ **阿西西：圣弗朗切斯科教堂及其他的圣方济各遗迹** →p.134

㉛ **罗马历史地区、教皇领和城外圣保罗大教堂** →p.53

㉜ **阿德里亚纳的别墅**

哈德良帝的别墅遗迹。 →p.121

㉝ **蒂沃利的埃斯特家族别墅**

可以零散地看见遍布在各处的数十种的雕刻喷泉。 →p.120

㉞ **位于切尔韦泰里和塔尔奎尼亚之间的伊特鲁利亚墓地** →p.136

伊特鲁利亚是“Etruria”的音译。位于塔尔奎尼亚和切尔韦泰里之间的近郊，这个墓地将伊特鲁利亚文化流传至今。位于拉齐奥大区的切尔韦泰里和塔尔奎尼亚之间。

㉟ **教廷城国** →p.94

位于意大利南部。

㊱ **那不勒斯历史地区** →p.319

位于坎帕尼亚大区那不勒斯。

㊲ **庞贝、埃尔科拉诺和托雷安农齐亚塔遗迹地区** →p.334~p.336

㊳ **阿玛尔菲海岸** →p.343~p.348

㊴ **卡塞塔地区的18世纪的王宫和公园、韦凡特里大渡槽和圣莱乌西住宅群**

波旁家族卡洛斯三世让建筑师韦凡特里修建的城堡。目的是为了防止来自海上的攻击，并且建成比卢浮宫更高级的城堡。位于坎帕尼亚大区的卡塞塔。

㊵ **奇伦托里面有帕埃斯图姆神庙和韦利亚古代遗迹群、帝诺溪谷国立公园、萨莱诺修道院**

帕埃斯图姆神庙在公元前由英国人所建的殖民地地区。平坦的草原上现在还遗留着广阔的神殿群和圆形的竞技场等。位于坎帕尼亚大区萨莱诺和帕埃斯图姆地区。

庞贝古建筑物

卡塞塔18世纪的王宫

㊶ **阿尔贝罗贝洛的陶尔利** →p.352~p.353

㊷ **德尔蒙特城堡**

建造在山丘上的城堡，形状是八角形。1240年时由神圣罗马教皇费德里戈二世建造而成。曾在这里举行皇帝喜爱的猎鹰活动，其中一个塔是专门用于饲养鹰的小屋。位于普利亚大区的安德烈亚。

㊸ **马泰拉的洞窟住居** →p.354

这里密集着古代的洞穴住居地。

位于西西里岛和撒丁岛。

㊹ **阿格里琴托遗迹地域** →p.368

㊺ **罗马纳-德-卡萨莱别墅**

公元前4世纪左右，曾经是古代罗马王侯贵族们喜爱的西西里中部的疗养地区。现在还遗留着用自然石制作的罗马时代最大的镶嵌装饰宫殿。由此可以窥见当时的贵族们豪华优雅的生活状态。位于西西里大区的亚美林娜广场地带。

㊻ **锡拉库萨和潘塔立克石墓群** →P373

㊼ **诺托谷的晚期的巴洛克式城镇**

8个城镇都是按照巴洛克式风格建成的。分别是西西里大区的卡塔格罗尼、卡塔尼亚、米里泰罗、莫迪卡、那托、帕拉佐罗、拉古萨和西克里。

㊽ **埃奥利群岛**

矗立在西西里岛北面的第勒尼安海上，呈Y形。岛上有活火山，是意大利登录的世界遗产当中唯一的自然遗产。位于西西里大区的埃奥利群岛。／●自然遗产

㊾ **巴鲁米尼**

古代撒丁人为了防御来自地中海的外敌的袭击建造的堡垒。是史前时代重要的建筑物。位于撒丁大区巴鲁米尼地区。

位于西西里东南部的诺托谷地区的卡塔柏罗尼城镇

真情提示

意大利新登录的世界遗产

自2011年6月以来，意大利又有两处地方被新登录为世界遗产。一处是意大利的伦巴第族的权势遗迹（19等）。568年伦巴第族建国之后，一直到74年被卡鲁大帝灭亡，在这6~8个世纪期间统治着意大利半岛，发展了他们自己独特的文化。登录为世界遗产的是遗留在意大利各地的伦巴第族的要塞、教堂、修道院等7个地方的遗迹，全国7个地方同时被登录为世界遗产。另一处是阿尔卑斯山脉周边的史前时代的杭上住居群（20等）。从公元前5000年到公元500年，其间在阿尔卑斯山脉周边的湖畔上建立起来了111个遗迹，其中北部的19个被瑞士、德国、奥地利、法国和斯洛文尼亚同时申请登录为世界遗产了。

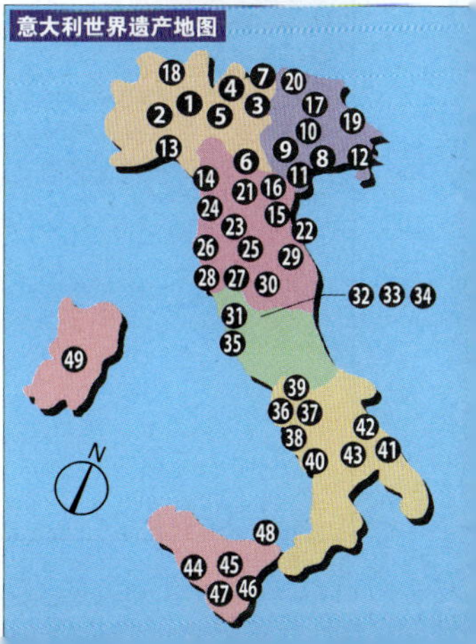

安全与健康管理

紧急联系方式

中国驻意大利大使馆
http://it.chineseembassy.org
Via Bruxelles, 56, 00198 Rome
☎06-96524266

中国驻米兰总领事馆
http://milano.china-consulate.org
VIA BENACO，4-20139 MILAN

中国驻佛罗伦萨总领事馆
http://firenze.chineseconsulate.org
Via Dei Della Robbia，89 -50132 Firenze
☎055-573889

警察Polizia ☎113
救护车Ambulanza ☎113

紧急情况下使用的意大利语

●救命！ Aiuto!
●住手！ Fermate!
●急救医院
Pronto Soccorso
●请给警察打电话
Chiami la polizia
●小偷！抓住他！
Un ladro! Fermatelo!
●请给我叫救护车
Chiamatel' Ambulanza.
●请帮我叫医生
Mi chiami un dottore, perfavore.
●信用卡丢了。
Ho perso la carta di credito.
●护照丢了。
Ho Perso il passaporto.
●请给我一份被盗证明书。
Faccia una dichiarazione difurto.

在旅行地往往会因为自己对地方的地理位置不是很清楚或者是疏忽大意等，造成很多游客受害等意想不到的犯罪问题。为了能够享受到愉快的旅行，一定要有在意大利比在中国危险的心理准备，注意防止麻烦的发生。

意大利的治安情况

意大利的治安一点也不好。经常会发生小偷偷盗或者抢劫等犯罪行为。像放在饭店和咖啡馆的椅子背上或者是脚底下的包被盗、买火车票时放在地上的包被盗等情况经常发生。千万要注意护照、现金和信用卡等贵重物品的保管。

危机管理与自我责任

一定要将“海外比中国危险”这句话铭记在心。如果疏忽大意的话，很可能会遇到麻烦。在享受愉快的旅游的同时，要经常在心里注意警戒周边的情况。遇到可疑的人时马上离开，遇到对自己过于亲密的人要多加小心注意。做到这些，以真正做到防患于未然。

在旅行的地方，最基本的一点就是要明白自己要保护自己这种“自我责任意识”。将贵重物品分开随身带，在饭店时不要将包放在脚底下（无论如何都得放时，要用身体的一部分时常碰一碰，看看是不是还在），不要在手里拿着好几个名牌产品的包走来走去或者是身上带着高级名牌产品及珠宝饰品等太过招摇地走路，晚上不在人很少的黑暗道路上走路，等等，这些一定要十分注意。

陌生人邀请自己的话，绝对不能到那个人的家里去；也不能将不认识的人带到自己的房间里去。另外，有时遇到推销商品的人，可能自己会无话可说，这时候一定要鲜明地表明自己的立场，哪怕是用中文也可以，要对他们明确地说“不买”、“不需要”。为了以防万一，一定要将自己的旅行计划写好交给自己的家人，也不要将自己的旅行日程安排得太紧张，弄得自己身心疲惫。总之，设计一个时间充裕的旅行计划也是很重要的。

遇到被盗·丢失·事故的话

●现金、护照丢失

自己的现金或者是护照被盗了的话，要马上到当地的警察那里让他们给自己出示一份被盗/丢失证明书。现金是不可能再找回来的，但是回国时需要的回国书以及机票退款等需要这个证明书，所以在出现这种情况的时候一定不要忘记开这种证明。

为了以防万一，最好是将自己的护照、信用卡和海外旅行保险书的号码和紧急联系地址等记在笔记本上，将它们和贵重物品分开放。有老毛病的人一定要注意备份一份用英语书写

为了以防万一，最好是将自己的护照、信用卡和海外旅行保险合同及紧急联系地址等记在笔记本上，将它们和贵重物品分开放。有老毛病的人一定要注意备份一份用英语书写的病状诊断书，这样的话，旅行时会放心很多。

的病情诊断书，这样的话，旅行时会放心很多。

护照的补办需要一定的时间，所以如果当天就急着回国的话，可以申请补办回国入境证明文件，所需材料有：①护照被盗或者丢失证明；②相片2张；③回国机票或者机票预订证明；④护照补办申请文件。

●信用卡

丢了信用卡的话，为了防止被不正当地使用，要马上联系信用卡公司的当地的窗口，办理信用卡停用手续。接着办理再次申请发放信用卡的申请手续。信用卡的公司不同，办理需要的时间也是不一样的，有的信用卡公司仅需几天就能办理完新卡的制作。另外，现金或者是信用卡被盗的话，有的公司会临时借给受害人钱，在办理这些手续的时候可以咨询一下有关人员。为了以防万一，最好是备份一份信用卡公司的海外联系地址。

●旅行支票

遇到被盗或者丢失时要联系发行旅行支票的公司，办理再次发行的手续。消费时不要忘记索取使用完了的支票号码和使用金额的附件。

生病或者受伤了的话

如果是肚子疼、感冒等比较轻微的生病或者是受伤等的话，要及时拜托宾馆的人帮自己找医生，或者联系海外旅行保险的紧急联系地址让其帮忙介绍合作医院。如果是海外旅行保险的合作医院的话，其服务会非常周到，可以帮助安排翻译人员一直到办理最后的付费手续。另外，如果自己的信用卡上有保险的话，回国后将医师的处方笺和发票出示给合作的保险公司，保险公司会按照规定给自己退款。还有，如果住的是高级宾馆的话，很多宾馆里都有专门的医生，如果是紧急情况的话，可以打前台的电话，找他们就诊。

在意大利当地看病，医药费非常贵，所以建议最好是在出发前办理海外旅行损害保险（参照p.387）。

最好备份英文诊断书

有老毛病的人，在旅行出发之前最好是到医院去诊断一下，听一下医生的意见。准备一份自己平时吃的药，用英文记下来，做一份英文的治疗证明书和简易诊断书，随身携带。为了防止旅行过程中遇到事故或者是灾难等情况，身体有老毛病的人最好是能在旅行出发前带上大约1个星期的药量。把这些药分散地放在旅行箱里和自己随身携带的行李中，这样的话，即使自己的行李被送错了地方（自己的行李被送到别的机场，这样的话，再次收到行李大约需要1天的时间）的话也还能及时吃到药。

在医院里常用的英语

●我身体不舒服。
I feel sick.
●请帮我找个医生吧。
Please get me a doctor.
●内科
internalmedicine
●外科
surgery
●耳鼻喉科
otolaryngology
●我头疼。
I have a headache.
●我肚子疼。
I have a stomachache.
●我头晕。
I feel dizzy.
●我腹泻。
I have diarrhea.
●我感觉很冷。
I have a chill.
●我痛得厉害。
A sharp pain.
●痒
itchy
●我对XXX过敏。
I,m allergic to XXX.
●抗生素
Antibiotics
●我已经入了旅行保险。
I have travel accident insurance.
●请给我开具一份保险需要用的诊断书及收据。
[illegible]
certificate and receipt for my insurance?

护照被盗事件经常发生

根据意大利相关部门提供的信息，在此列举一些在意大利旅行过程中可能会遇到的突发事件和相关纠纷案例以及应对措施。另外，还有可能会在某些饭店、宾馆以及出租车里遭遇抢劫的情况，意外情况难免会发生，建议出门在外最好多加留意。

案例1 利用安眠药进行偷盗

对于那些过分亲密接触观光客的人一定要提高警惕。因为有些人说不定会借此机会接近作案目标，并且瞄准空隙给游客喝一些加了安眠药的饮料，趁着入睡后迷糊不清时抢走游客的贵重物品，这样的事件也发生过。曾有这样的报道：一个受害人，碰到一个伪装成来自阿拉伯国家的背包旅行客问路，之后还让帮忙照相。一来二去熟悉后，两人一起去酒吧里点啤酒喝。喝酒过程中，受害人就觉得有点意识不清，等到清醒过来的时候，现金、手表和护照等贵重物品全被拿走了。

应对 向游客模样的人问路，这件事本身就有点不对劲，所以对于那些刻意亲近自己来问路搭话的人一定要多加小心。千万不要轻易相信假装善意亲近自己的人和用不熟练的中文向自己搭讪的人。再者，酒吧里遇到陌生人请自己喝饮料的话，千万要注意，不要贸然就喝。

案例2 佯装好意帮自己

在乘坐米兰或者罗马地铁里的电梯时，有些穿戴不错的人会故意将液体泼在搭电梯的人背后，然后对对方说“你的衣服脏了，我给你擦擦吧”，说完还搭手帮对方一起脱外套，就趁这段时间，结果被害者的钱包等贵重物品被瞬间卷走也不知情。另外，在罗马的地铁上还发生过作案人用刀将受害者的包偷偷划破、窃取钱包的事件。传说，罗马地铁里有专门利用这种方式作案的偷盗团伙。一般，偷盗事件还多发生在机场与市内相通的摆渡车或者直达火车上。

应对 在公共场所，如果有人过于亲昵地朝自己打招呼的话，要多抱一些怀疑态度，多留意一下，保持警惕，看管好自己的贵重物品。搭乘地铁或者巴士时最好把行李放置在视线能及的范围。另外，建议不要在上下班高峰时段乘坐地铁或者巴士，以免人多拥挤发生物品被偷的情况。坐火车时，尽量随行的人坐一起，彼此可以照应一下。

案例3 扮成母子或利用孩子等进行扒窃

在罗马和米兰的地铁里，有很多装作抱着孩子的母亲会接近乘客，趁对方看地图或者买东西警惕性放松的一瞬间，偷走对方的贵重物品。从外表看，是母亲抱着孩子，双手不自由，其实那是假象，孩子被绑在身上呢，根本不需要抱着。

米兰和罗马发生的偷盗事件多集中在有名的观光景点前，有些小孩和流浪者用报纸挡住脸，将游客团团围住以此偷盗物品。

还有，在观光景点前有人会主动拜托游客帮他们照相，就在游客为他们照相的时候不知不觉游客的口袋里或者包里的钱被偷了。

应对 外出时，尽量搭伴同行，这样彼此有个照应。如果遇到流浪的人或者小孩围过来的话，可以采取回避逃走的应对方式。可能会碰到真的需要帮忙照相的人，但也应该因为不能辨识到底是否不怀好意加以拒绝，尽管显得有点无情，那也是没办法的事。

案例4 乘火车时发生的被盗事件

在乘火车时，放在车厢里的行李箱不见了，这样的事情也时有发生。其实，最有可能是在刚上车就有人趁人不注意把行李箱拿走了，等自己意识到之后再去追也来不及了，因为火车门已经关上了，火车要开动了。

在米兰中央车站附近也偶尔会发生被盗事件。一般，小偷都是在这样的情况下下手的：游客看列车时刻表、买票、打公共电话和兑换货币、在机场等出租车及上下车……还有可能是发生在机场航站楼，放在手推车上的小袋子一不留神被偷了。

应对 列车门开启的时候要多留意自己的行李箱。一般情况下，要将自己的行李箱放在靠近自己座位能看到的地方。如果购买的是卧铺，在夜间休息的时候要谨防行李物品被盗。最保险的方法是将贵重物品放在枕边。

另外在人口聚集的车站里，也经常会有小偷。买票时要多留意自己的贵重物品和身边的人。不要将放有贵重物品的包放在手推车上，最好放在自己的腋下夹着。

案例5 购物时被盗

尤其是在像米兰这样的“购物天堂”试装购物时，往往会忽略了自己的包，有些扒手便瞄准这种时机，装作是购物的客人，顺手牵羊将不在受害者视野范围内的包拎走。尤其是参加意大利国际商品展销会，怕现场不支持刷卡消费，特意随身携带大量现金，所以经常会听到“为了能买到中意的物品，包里放了很多现金，结果被盗了”的情况。

应对 购物试穿时，要随身看管好自己的包，最好将其放在视野能及的范围内，一定要谨记。因为一不留神的话，包就有可能被动机不良的人偷偷拿走。如果实在不得已，要将包放在地上的话，一定要经常用脚时不时碰一碰自己的行李，千万不要放松警惕。在饭店或者酒吧里的时候最好把包放在自己椅子的靠背处等能看到或者感觉到的地方。

案例6 修车时遭遇被盗

租来的车没开多远突然就爆胎了（其实是人为的）。在修车时，伴装是修车的两个人，其中一个“帮忙”修理爆胎，另一个人则趁人不注意把车里面的贵重物品拿走逃跑了。

另外还有将自己租赁来的车停放在路边时也往往会遇到被盗窃的事件。

应对 如果驾驶的租赁车爆胎了的话，此时要提高警惕，首先要想一想是不是人为的。再者，最好不要把车随意停靠在路边，应该看看是否有专业的停车处。如果有陌生人表示好意，也不要贸然接受，应视当时情况寻找最佳的解决问题途径。

租车时最好要选择信誉好的正规汽车租赁公司，而且在租车前要了解一下相关事项，不要显得很不专业，以免被忽悠。另外在驾驶过程中，也不要把从高档品牌店里购买的贵重物品及包装袋放在显眼的地方，不妨将这些物品放在后备箱或者是座位下面等不易被车外的人看见的地方。

案例7 伪装成警察骗人

伪装成当地警察来偷盗的事件也是时有发生的。这些人会拿着伪造的警察证件，以检查物品的名义查看作案目标对象的相关物品，再顺势将被查对象钱包里的现金及贵重物品随手一抓撒腿就跑，让人措手不及。

应对 在意大利，特意在公共场所检查游人物品及进行职务性的询问等事情是不常有的。即使有职务性的询问，也不会提“让我看看你的钱包”等要求的。就算对方出示了他的警察证件等类似证明身份的东西也不要轻易相信，而是要多留意，密切观察“警察”的动向，沉着冷静地对待这样的情况。

案例8 放置在宾馆客房里的物品被盗

将携带的现金和护照等贵重物品放置在入住宾馆房间里的保险箱里，并且是上了锁后方才离开宾馆的。结果回来时发现保险箱内的物品都不见了。

应对 特别贵重的物品最好不要放置在宾馆里，即使入住的客房里有专门的保险箱，也不要轻易相信，建议最好放在宾馆前台的保险箱里，这样是最稳妥的。因为即使客房被锁门，但贵重物品丢失了的情况还是会发生。

再者，如果入住的是中级以下的宾馆，即使将自己的贵重物品放在前台了，但如果碰上值班人员交接班的时候，却没有将物品交接，这样也有可能会造成物品丢失。是否要选择把自己的贵重物品寄存在宾馆前台，要综合考虑一下酒店的服务设施及相关情况后再做判断。

旅行会话

意大利语＋英语

要想随心所欲、顺心如意地享受旅行，很多情况下需要准确地将自己的意思传达给别人。不要害羞，大胆、清晰地说出来吧。热情的意大利人一定会倾听一个旅行者的话的。再者，为了避免一些麻烦也需要过语言关。

基础用语●旅行时一定要记住的必备词语和会话

中文	意大利语 / 英语
早上好	**Buon giorno** Good morning
你好！	**Buon giorno** Hello
晚上好	**Buona sera** Good evening
再见	**Arrivederci** Goodbye
是	**Si** Yes
不是	**No** No
谢谢	**Grazie** Thank you
不客气	**Prego** You're welcome
劳驾	**Scusi** Excuse me
对不起	**Mi scusi** I'm sorry
我（我们）	**io（noi）** I(we)
你（你们）	**tu（voi）** you(you)
他（他们）	**lui（loro）** he(they)
她（她们）	**lei（loro）** she(they)
男子	**uomo（uomini）** man(men)
女子	**donna（donne）** woman(women)
多少钱？	**Quanto costa？** How much is it?
我是中国人	**Sono Cinese** I am a Chinese.
我的名字叫	**Mi chiamo** My name is
你叫什么名字？	**Come si chiama？** What's your name?
救命！	**Aiuto！** Help!
我不明白。	**Non capisco** I can't understand.
请告诉我如何？	**Potrebbe indicarmi come？** Please tell me how to
你可以~？	**Potrebbe~.？** Would you

数字	意大利语	英语
0	**zero**	zero
1	**uno**	one
2	**due**	two
3	**tre**	three
4	**quattro**	four
5	**cinque**	five
6	**sei**	six
7	**sette**	seven
8	**otto**	eight
9	**nove**	nine
10	**dieci**	ten
11	**undici**	eleven
12	**dodici**	twelve
13	**tredici**	thirteen
14	**quattordici**	fourteen
15	**quindici**	fifteen
16	**sedici**	sixteen
17	**diciassette**	seventeen
18	**diciotto**	eighteen
19	**diciannove**	nineteen
20	**venti**	twenty

基本单词

中文	意大利语	英语
今天	**oggi**	today
明天	**domani**	tomorrow
昨天	**ieri**	yesterday
清晨	**mattina**	morning
中午	**mezzogiorno**	noon
傍晚	**sera**	evening
夜晚	**notte**	night
早上	**mattina**	morning
下午	**pomeriggio**	afternoon
星期	**settimana**	week
月	**mese**	month
日	**giorno**	day
一小时	**un'ora**	1hour
一百	**cento**	a(one) hundred
一千	**mille**	a(one) thousand
一万	**diecimila**	ten thousand
丈夫	**marito**	husband
妻子	**moglie**	wife
孩子	**figlio**	child(children)
家庭	**famiglia**	family
右	**destra**	right
左	**sinistra**	left
上	**sopra**	up
下	**sotto**	down
大的	**grande**	big(large)
小的	**piccolo**	small
长的	**lungo**	long
短的	**corto**	short
很多	**molto**	many(much), a lot
很少	**poco**	few

旅行基本用词

好	**buono** good	推	**spingere** push
坏	**cattivo** bad	拉	**tirare** pull
贵	**caro** expensive	开门	**aperto** open
便宜	**buon mercato** inexpensive	关门	**chiuso** close
疼痛	**avere male** be painful	出口	**uscita** exit
热	**caldo** hot	入口	**entrata** entrance
冷	**freddo** cold	禁止入内	**divieto d'ingresso** no admittance/no entry
去	**andare** go	空位	**libero** vacancies
买	**comprare** buy	客满	**tutto esaurito** no vacancies
吃	**mangiare** eat	已预订	**prenotato** reserved (seat)
看	**guardare** see,look,watch	单程	**andata** one way
走、步行	**camminare** walk	往返	**andata e ritorno** return
乘坐	**prendere** ride	故障	**guasto** out of order
降落	**scendere** get off	厕所	**bagno** wash room (bathroom,toilet)
使用中	**occupato** occupied	空位	**libero** vacant
半日游	**gita di mezza giornata** half day sightseeing tour	一日游	**gita di una giornata** one day sightseeing tour
预订	**prenotazione** reservation/booking	付款	**pagare** pay
禁止用闪光灯拍照	**vietato fotografare col stroboscopio（flash）** no flash photography		

英语在意大利的使用

说英语的意大利人相对来说比较多。尽管他们说的英语未必流利，但是当外国游客在用英语和他们进行交流的时候，大多数人是用英语回答的。这就和我们在国内碰到外国人游客询问时，用不是很流利的英语回答他们一样。

一般情况下，在意大利诸如美术馆窗口、观光指南处、星级宾馆、大的百货商场和中高档饭店等地方，讲英语的人比较多。而且他们所说的英语是我们听习惯了的美式英语，也容易听得懂。所以记住一句“C' e qualcuno che parla inglese？”（意大利语：“有人会讲英语吗？”），很多问题也是可以通过英语能解决的。

不过很多情况下，尽管意大利人说英语，但遇到自己不知道的英语单词时他们也会用夹杂意大利语来表达。因此，如果一点儿也不懂意大利语，说得又快又听不清时，很容易产生理解上的偏差。所以，最好还是学一些简单的意大利语，再借助身体语言，就没什么问题了。不妨大胆地和热情的意大利人交流吧，他们会非常乐意介绍自己国家的。如果还是对自己的意大利语水平不放心的话，可以带本旅行会话书去。本套书系中的旅行会话《欧洲5国语》就有关于意大利语的相关总结，不妨善于利用。这本书不仅囊括了旅行中可能会遇到的各种场景对话，还罗列了非常实用的相关单词和短语，相信对旅行会很有帮助。

基础会话

＜飞机上＞

顶灯（耳机）坏了。
La luce（le cuffie）non funziona（funzionano）.
My light (earphones) isn't working.

劳驾，请拿一条毯子（扑克牌、杂志）给我。
Potrebbe darmi una coperta（le carte da gioco，le riviste），per favore.
Please lend me a blanket

我可以放斜我的座椅吗？
Potrei inclinare il mio sedile？
May I put my seat back?

请给拿一些喝的，好吗？咖啡就行，谢谢！
Vuole qualcosa da bere？ Del caffè，per favore.
Would you like anything to drink? Yes,please. Coffee, please.

你喜欢吃鱼肉还是牛肉（鸡肉）？
Preferisce pesce o carne（pollo）？
Which would you like, fish or beef (chicken)?

靠窗的座位。
vicino al finestrino
window seat

靠过道的座位。
vicino al corridoio
aisle seat

＜机场里＞

你的旅行目的是什么？
Qual'è il motivo del suo viaggio？
What is the purpose of your trip?

旅游（商务访问）。
Turismo（Affari）
Sightseeing.（Business）

我的行李丢失了。
Non trovo la mia valigia.
My luggage might be missing./ I can't find my luggage.

我想换钱。
Vorrei cambiare dei soldi.
I would like to change some money.

我想确认我的机票，好吗？
Vorrei riconfermare il mio volo？
May I reconfirm(my flight)?

请问的士站（巴士站、旅游咨询处）在哪儿？
Dov'è il posteggio dei taxi(la fermata dell'autobus,l'ufficio turistico)？
Could you tell me where the taxi stand (bus depot、tourist information)is?

从A口出去，你就会看到
→Esca dall'Uscita A，è lì.
Go out of exit A and you'll see it .

＜出租车里＞

劳驾，请把我带到ABC饭店（地址上的这个地方）。
Potrebbe portarmi all'Hotel ABC（a questo indirizzo），per favore？.
Please take me to the ABC hotel (this address).

＜酒店内＞

我用王杰的名字预订的，请问我可以办理入住登记吗？
Ho prenotazione a nome Wang Jie.
Posso fare la registrazione，per favore？
I have a reservation for Wang Jie. Can I check in?

有给我的留言吗？
C'è qualche messaggio per me？
Do you have any messages for me?

我可以把这个东西放在保险箱里吗？
Potrebbe metterlo nella cassaforte？
Could you put this in the safety box for me ?

请帮我打开保险箱，好吗？
Potrebbe aprirmi la cassaforte？
Could you open the safety box?

我想使用洗衣服务。
Vorrei far lavare la mia biancheria.
I would like to use your laundry service.

我叫王杰，住123号房间。请给我送点咖啡、汤、面包。
Mi chiamo Wang Jie，camera 123，potrebbe portarmi caffè，zuppa e toast，per favore.
This is Mr.Wang speaking in room 123.Please bring

me coffee, soup and toast.

劳驾，请给我123号房间的钥匙。

La chiave della camera 123，per favore.

Can I have the key to room 123?

劳驾，请帮我叫一辆出租车，好吗？

Potrebbe chiamarmi un tassi，per favore？

Would you call a taxi for me？

我想预订3月4日8点的晚餐。

Potrebbe prenotare la cena per 8，il 4 marzo，per favore.

I would like to make a reservation for two person at 8p.m. on March 4th.

我把钥匙放在房间里了。

Ho lasciato la chiave nella camera.

I have left my key in my room.

请帮我把行李拿下去。

Potrebbe mettere giù la mia valigia，per favore.

Please take down my luggage.(Please ask the bell man to take down my luggage)

（房间）的电话坏了。

Il televisore non funziona.

The telephone doesn't work.

你们接受旅行支票吗？

Accettate traveller' s check？

Do you accept(take) traveller's checks?

我想办理退房手续。

Vorrei fare il check-out.

I would like to check out, please.

这是什么费用？

Perche cos' è questa cifra？

What is this charge for?

我没有消费迷你吧里的食品。

Non ho preso niente dal mini bar.

I didn't use the mini-bar.

＜观光时＞

劳驾，请在到站时告诉我下车，好吗？

Potrebbe dirmi quando devo scendere，per favore？

Could you tell me when I'll reach my destination?

这是到XXXX的巴士（火车）吗？

Questo autobus（treno）va a XXXX？

Is this bus (train)going to XXXX?

我想参加这次旅行，请问还有名额吗？

Vorrei partecipare a questa gita. C' è ancora un posto？

I would like to take part in this tour .Is there any space?

包括午餐吗？

Il pranzo è incluso？

Is lunch included?

这次旅行中有讲中文的导游吗？

C' è qualche gita con la guida che parla Cinese？

Do you have a tour with a Chinese explanation?

我可以把这封信（包裹）寄到中国吗？

Vorrei mandare una lettera（un pacco）per Cina.

Can I mail this letter (parcel) to China?

我可以拍照吗？

Potrei fare una foto？

Can I take a picture？

劳驾，请给我拍张照？

Potrebbe farmi una foto，per favore？

Can you take a picture?

＜购物时＞

你要什么？

Cosa desidera？

May I help you ?

我只是看看，谢谢

Sto solo guardando，grazie.

No, thanks. Just looking.

可以给我打一点折扣吗？

Potrebbe farmi un po' di sconto？

Can you give me a discount?

我可以试穿吗？

Posso provarlo？

Can I try this one on?

有点窄了（大、长、短、素、花哨）。
Èun po' troppo stretto (largo,corto,lungo, sobrio,vivace).
It's little small.(big, long, short, plain, gaudy)

给我这个。
Mi dia questo.
This one please.(I would like to get this.)

我可以用这张信用卡付账吗？
Posso pagare con questa carta di credito?
Can I use this credit card?

我能退税吗？
Potrei comprarlo esente da tasse?
Can I get tax refund?

你能帮我送到饭店吗？
Potrebbe consegnarlo al mio albergo?
Can you deliver it to my hotel?

<就餐时>

我想预订3月14日晚8点的双人晚餐。
Vorrei prenotare la cena per le 8，il 14 marzo，per 2 persone.
I would like to make a reservation for dinner for two people at 8p.m. on March 14th.

有哪些餐厅可以向我推荐的吗？
Che cosa mi consiglia?
What dish do you recommend?

劳驾，我想要和那些人正在吃的菜一样的菜。
Vorrei lo stesso piatto che quelle persone stanno mangiando, per favore.
I would like the same dish as those people over there.

劳驾，请向我推荐一款适合这道菜的葡萄酒。
Potrebbe consigliarmi un vino che vada bene con questo piatto, per favore?
Please select a good wine for this meal.

这不是我要的那道菜。
Questo non è quello che ho ordinato.
This is not what I ordered.

味道好极了。
È buonissimo!
It was very delicious.

请结账。
Il conto, per favore.
Check,please.

<看演出>

今晚有什么节目？
Quale spettacolo c' è stasera?
What is showing tonight?

多少钱一张票？
Quanto costa il biglietto?
How much is the ticket?

劳驾，我想退票。
Mi rimborsi, per favore.
Please give me a refund.

<碰到麻烦时>

我的浴室里到处都是水。
La mia stanza da bagno è allegata.
My bathroom has flooded.

我把钱包忘在出租车里了。
Ho lasciato il mio portafoglio in tassi.
I have left my purse(wallet) in the taxi.

请取消我的信用卡。
Potrebbe invalidare la mia carta di credito?
Please cancel my credit card .

请帮我重新注册新的信用卡。
Potrebbe rilasciarmi una nuova carta di credito?
Please issue a new card.

我没赶上去北京的航班。
Ho perso il volo per Pechino.
I have missed the flight to Beijing.

我可以买其他飞往北京的机票吗？
Potrei prendere un altro volo per Pechino?
Can I take another Beijing flight?

我有海外旅行保险。
Ho una assicurazione di viaggio.
I have a travel insurance.

我不舒服。

Non mi sento bene.

I don’t feel well.

请帮我叫辆救护车。

Chiami l’ambulanza, per favore.

Please call an ambulance.

我要看病。

Vorrei vedere un medico.

I would like to see a doctor.

我发烧了。

Ho la febbre.

I have a fever.

我肚子疼。

Ho mal di pancia.

I have a stomachache.

这个坏了，劳驾，请换一下。

Non funziona. Potrebbe cambiare, per favore?

This one doesn't work. Please change it.

我的包被偷了。

Mi hanno rubato la mia borsa.

My bag has been stolen.

有人会说中文吗？

C’è qualcuno che parla Cinese?

Is there anybody here who can speak Chinese?

紧急情况下的用语

虽然大家都不想卷入麻烦当中，但有时候还是避免不了。为了不受到伤害，建议记住下面这些警告语。此外，最好一并记住对付麻烦的应对用语。

举起手来！ **Mani in alto!**
Spread'em!

向后退！ **Vada indietro!**
Get back!

住口！闭嘴！ **Zitt!/Fate silenzio!**
Shut up! / Be quiet!

放下！ **Lascialo!**
Drop it!

趴下！ **A terra!**
Hit the floor ! / Get on the floor!

站住！ **Fermo!/Non muoverti!**
Hold it ! Don't move ! Freeze! /
Stay where you are!

面朝墙！ **Faccia al muro!/Contro il muro!**
Get against wall. /Face to wall!

别动！ **Fermo!/Stop!/Alt!**
Stop! / Freeze!

照我说的做！ **Fa’ come dico!**
Do what I say! / Do what I tell you!

再跑就杀了你！ **Se muovi, ti uccido!**
Move and you're dead !

不开玩笑！ **Non scherzo!**
I mean it.

救命！ **Aiuto!**
Help!

我照做！ **Farò come dice.**
I will do what you want. / I'll do anything (you say).

站住！ **Ferma per favore!**
Please stop.

不要开枪！ **Non spari!**
Don't shoot.

出来！ **Te ne vai!**
Get out.

不许动！ **Non tocchi!**
Don't touch. / Hands off!

我没兴趣！ **Non mi interessa !**
I am not interested !

对不起，我有急事！（我赶时间！） **Scusi, ma sono di fretta!**
Sorry.I'm in a hurry.

定制服装轻松搞定
购物用语

难得在国外购物，能买到自己称心如意的物品比什么都好。如果语言不通的话有时会买到自己不称心的东西，所以一定要学会本页的这些实用表达，即使是用手比划也得买适合自己的东西。

衬衫
camicia
shirt

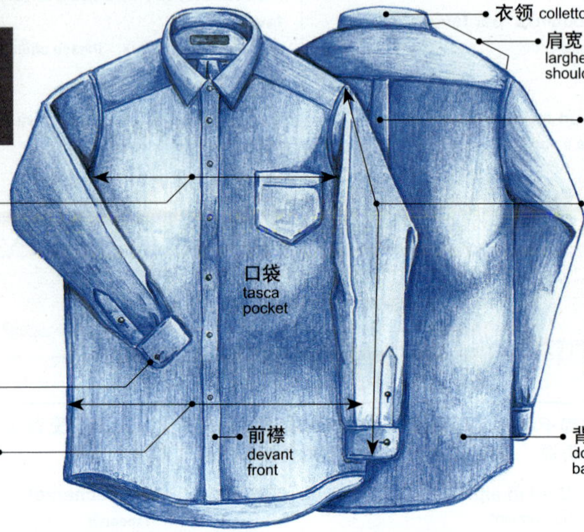

布料 materiale material	**毛料** lana wool	**衣扣** bottone button	**毛衫** maglia knitwear
丝绸 seta silk	**麻** lino linen	**链扣** gemelli cuff links	**套头衫** maglione pull over
棉 cotone cotton	**人造纤维** fibra sintetica synthetics	**缝制** cucitura seam	**开襟羊毛衫** cardigan cardigan sweater

●我想试一下尺码大一些的衣服，好吗？
Potrei provare una misura superiore?
Could you show me the next larger size?

●还有别的颜色吗？
Ne ha di altri colori?
Do you have the same thing in a different color?

刺绣名字（手绣、机绣）
nome ricamato（a mano/a macchina）
embroidering（by hand, by machine）

颜色

白色 bianco white	**橘黄色** arancione orange	**淡蓝色** blu chiaro light blue	**粉色** rosa pink
黄色 giallo yellow	**草绿色** giallo verde yellow green	**蓝色** blu blue	**红色** rosso red
	绿色 verde green	**紫色** viola purple	**棕色** marrone brown

鞋子 scarpe shoes

包 borsa bag

分割面
divisorio
divider

皮肩带
tracolla
strap

拉链
chiusura
fastener / zipper

插袋
tasca
pocket

鞋包头
puntina
stud

钱包
portafoglio
wallet

硬币包
portamonete
coin purse

皮革 pelle leather	山羊皮 pelle di capra goatskin	猪皮 pelle di maiale pigskin	人造皮革 pelle artificale artificial leather
小牛皮 pelle di vitello calf leather	蛇皮 pelle di serpenti snakeskin	压制皮革 cuoio stampato florentine leather	小山羊皮 pelle di capretto kidskin
鳄鱼皮 coccodrillo crocodile		鸵鸟皮 struzzo ostrich leather	

米色
beige
beige

黑色
nero
black

灰色
grigio
grey

色调的表示

花哨 vivace vivid	亮色 chiaro bright	
淡雅 debole pale	深色 carico deep	浅灰色 grigiastro grayish
浅色 pallido light	暗色 scuro dark	暗淡色 cupo dull

●请给我拿一件浅色的，好吗？
Potrebbe mostrarmi qualcosa di colore più chiaro?
Could you show me something a little brighter?

●请给我拿一件介于这两种色之间的，好吗？
Potrebbe mostrarmi qualcosa di tono medio tra questi due?
Could you show me something in between these two shades?

问路

在陌生的城市里难免会迷路。遇到这种情形，不要害怕，找个热心的人去问路。这也是和当地人进行交流的最好机会。要想让他们指路，找到目的地，就记住下面的句子吧。

●禁止入内
Vietato entrare / Divieto d'ingresso
no admittance/no entry

●靠左侧通行
Tenere la sinistra
keep (to the) left

●靠左边停车
Stare a sinistra
stand on the left

●景点
località turistica
sightseeing spot/tourist attraction

●旅游咨询处
ufficio turistico
Tourist Information

●美术馆
museo
art museum

●遗址
rovine
remains/ruins

●城堡
castello
castle

●禁止停车
Divieto di sosta/Sosta vietata
no parking

●缓行
Rallentare
Slow (down)

●禁止左（右）转弯
Divieto di svolta a sinistra (destra)
no left (right) turn

●您能告诉我它在地图上的位置吗？
Potrebbe indicarmi su questa

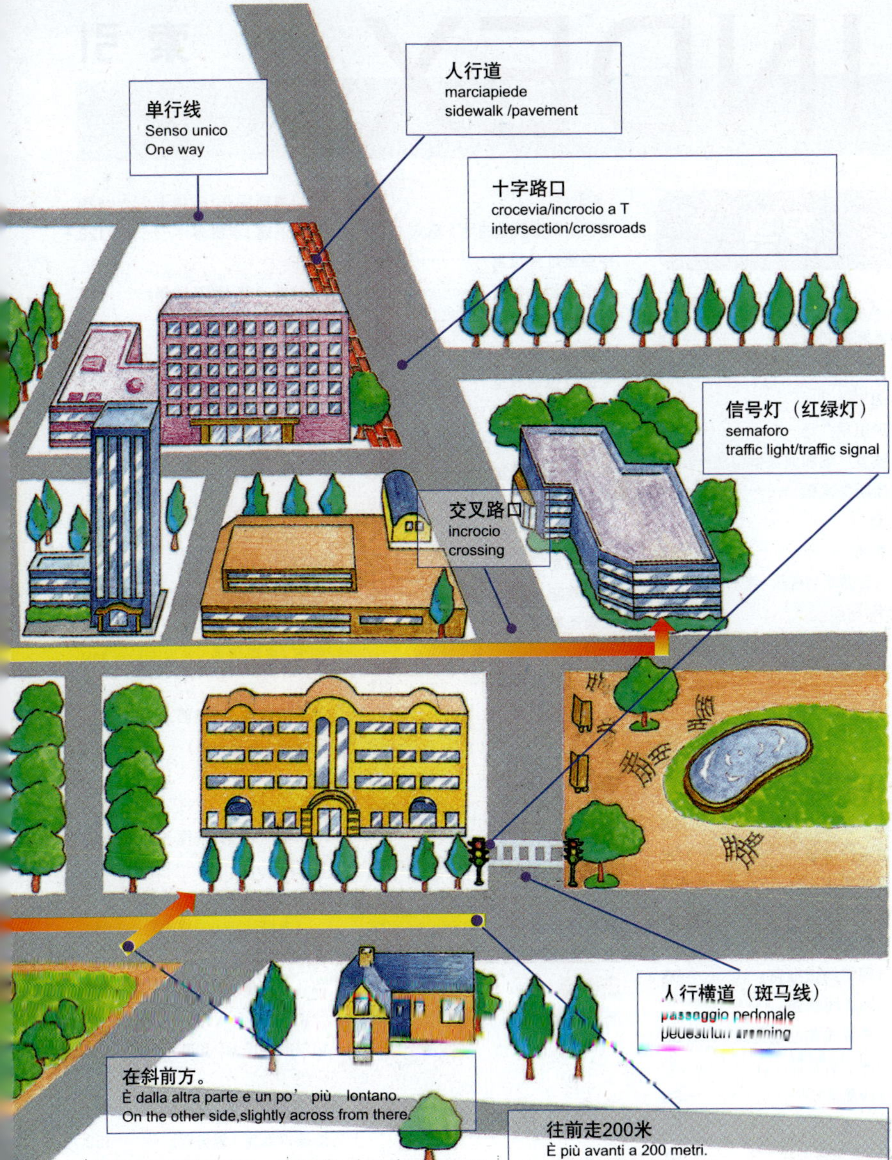

piantina dove si trova,per favore?
Could you show me the location on the map?

●我迷路了。
Mi sono perso.
I'm lost

●这是哪里？您能在地图上指给我吗？
Potrebbe indicarmi su questa piantina dove siamo ora, per favore?
Where am I now ? Please show me on this map?

●有靠近的参照物吗？
C’è qualche punto di riferimento vicino a ?
Are there any landmarks near ?

●需步行一刻钟。
Ci vogliono circa 15 minuti a piedi.
It takes about 15 minutes on foot.

●步行距离
distanza percorribile a piedi
walking distance

●高速路专用道
autostrada highway/motorway

●东、西、南、北
est，ovest，sud，nord
east,west,south ,north

INDEX 索引

罗马

罗马周边游

佛罗伦萨

佛罗伦萨周边游

威尼斯

威尼斯周边游

米兰

米兰周边游

那不勒斯

那不勒斯周边游

西西里岛

乐游全球丛书
翻译委员会

丛书翻译统筹

潘寿君

翻译审订（以音序排名）

陈燕生　程长善　侯　越　潘寿君　王　怡　谢立群
颜　悦　陶芳英　张建邦　张文颖　张志军　周　洁

翻译成员（以音序排名）

陈　晨　迟晓春　董娜娜　宫　静　郭攀霞　郭文雅　韩佳梅
黄叶清　黄奕纬　凌　艳　刘东婧　刘　芳　柳慕云　罗芳芳
满新茹　潘　丽　裴　玺　任二青　王丽珠　王　平　吴媛媛
徐　超　徐　琳　徐珊珊　阎婷婷　杨　欢　张静超　张　楠
张　潇　张亚林　张　永　张　玉　赵　丽　赵季玉　郑　凤
钟萍萍　周　微　宗文玉

Staff

Producer ——
飯田敏子 Toshiko IIDA

Writers ——
飯田敏子 Toshiko IIDA
竹内花音 Kanari TAKEUCHI
フリーライター。ローマ、オスティア・アンティーカ、ティヴォリ、カステッリ・ロマーニ、ナポリ、ポンペイ、カプリ島を執筆。
甲斐美也子 Miyako KAI
[illegible]ローニャ、ヴェローナを執筆。
望月いづみ Izumi MOCHIZUKI
フリーライター。フィレンツェ、ヴェネツィア、ミラノの観光とホテルガイドを執筆。
江藤誌惠 Fumie ETO
特集などを執筆。
柴田香葉美 Kayomi SHIBATA
フリーライター。現地での基礎知識を執筆。

Assistant Writers ——
藤原裕之 Hiroyuki FUJIWARA
フィエーゾレ、プラート、ルッカ、モデナ、フェッラーラ、トリノの取材を担当。
中嶋弥生 Yayoi NAKAJIMA
ヴィテルボ、サン・マリノ共和国、ウルビーノ、アマルフィ、ポジターノの取材を担当。
佐久間由美子 Yumiko SAKUMA
パヴィア、トリエステ、ジェノヴァ、マントヴァ、パドヴァの取材を担当。

Photographers ——
末永尚人 Hisato SUENAGA
フリーカメラマン。本書の大半の写真を担当。
飯田敏子 Toshiko IIDA
フィレンツェ、ピサ、アッシージ、北部を担当。
箕輪　均 Hitosi MINOWA
フリーカメラマン
大平信隆 Nobutaka OHIRA
建築史家

Art Director ——
(有) リブアート Liveart
山田晴久 Haruhisa YAMADA

Designers・Illustrators ——
デザイン倶楽部
住中るみ子 Rumiko SUMINAKA
(有) リブアート Liveart
山田[illegible] [illegible] YAMADA
蜂谷由美子 Yumiko HACHIYA
根津修一 Shuichi NEZU
[illegible]
オムデザイン OMU
道信勝彦 Katsuhiko MICHINOBU
目次、出発日検討カレンダーほか、シリーズ共通ページのデザインを担当。
岡本倫幸 Tomoyuki OKAMOTO
空港に行く(p.390～400)のページデザイン、空港平面図を担当。

Map Production ——
(株)千秋社 Sensyu-sya
イタリア全図、広域地図、各都市地図などを制作。
(株)ジェオ GEO
美術館平面マップなどを制作。

Map Design,Graphic Map ——
(株)チューブグラフィックス TUBE
木村博之 Hiroyuki KIMURA
地図デザインと、鉄道路線図(p.8～9)

Cover Designer ——
鳥居満智栄 Machie TORII

Editorial Cooperation ——
河野貴子 Takako KAWANO
森高由美 Yumi MORITAKA
ハイフォン Hyfong Inc.
高砂雄吾 Yugo TAKASAGO
マイケル・ネンディック Michael NENDICK

Special thanks to:
マルコ・ドナティ Marco DONATI
(取材協力)
アントニオ・クァリエリ Antonio QUAGLIERI
(イタリア語監修)
佐藤修一 Shuichi SATO (編集協力)

北京市版权局著作权合同登记图字：01-2011-1625
审图号：GS（2013）561号

总 策 划：刘　权
执行策划：陈凤玲
责任编辑：陈　志

图书在版编目（CIP）数据

意大利／实业之日本社海外版编辑部编著；张潇，赵季玉译.--北京：旅游教育出版社，2014.1
（乐游全球．自由行系列）
ISBN 978-7-5637-2692-9

Ⅰ.①意…　Ⅱ.①实…　②张…　③赵…　Ⅲ.①旅游指南—意大利　Ⅳ.①K954.69

中国版本图书馆CIP数据核字（2013）第148512号

乐游全球
意大利

实业之日本社海外版编辑部　编著
张潇　赵季玉　译
颜悦　审订

出版单位：旅游教育出版社
地　　址：北京市朝阳区定福庄南里1号
邮　　编：100024
发行电话：（010）65778403 65728372
　　　　　65767462（传真）
本社网址：www.tepcb.com
E-mail：tepfx@163.com
印刷单位：北京利丰雅高长城印刷有限公司
经销单位：新华书店
开　　本：880毫米×1230毫米　1/32
印　　张：13.75
字　　数：664千字
版　　次：2014年1月第1版
印　　次：2014年1月第1次印刷
定　　价：78.00元

（图书如有装订差错请与发行部联系）